Fundraising

Michael Urselmann

Fundraising

Professionelle Mittelbeschaffung für gemeinwohlorientierte Organisationen

7. Auflage

Michael Urselmann
Technische Hochschule Köln
Köln, Deutschland

ISBN 978-3-658-20330-6 ISBN 978-3-658-20331-3 (eBook)
https://doi.org/10.1007/978-3-658-20331-3

Die Deutsche Nationalbibliothek verzeichnet diese Publikation in der Deutschen Nationalbibliografie; detaillierte bibliografische Daten sind im Internet über http://dnb.d-nb.de abrufbar.

Springer Gabler
1.-5. Auflage erschienen im Haupt-Verlag: 1998, 1999, 2002, 2007, 2012
© Springer Fachmedien Wiesbaden GmbH, ein Teil von Springer Nature 2014, 2018
Das Werk einschließlich aller seiner Teile ist urheberrechtlich geschützt. Jede Verwertung, die nicht ausdrücklich vom Urheberrechtsgesetz zugelassen ist, bedarf der vorherigen Zustimmung des Verlags. Das gilt insbesondere für Vervielfältigungen, Bearbeitungen, Übersetzungen, Mikroverfilmungen und die Einspeicherung und Verarbeitung in elektronischen Systemen.
Die Wiedergabe von Gebrauchsnamen, Handelsnamen, Warenbezeichnungen usw. in diesem Werk berechtigt auch ohne besondere Kennzeichnung nicht zu der Annahme, dass solche Namen im Sinne der Warenzeichen- und Markenschutz-Gesetzgebung als frei zu betrachten wären und daher von jedermann benutzt werden dürften. Der Verlag, die Autoren und die Herausgeber gehen davon aus, dass die Angaben und Informationen in diesem Werk zum Zeitpunkt der Veröffentlichung vollständig und korrekt sind. Weder der Verlag noch die Autoren oder die Herausgeber übernehmen, ausdrücklich oder implizit, Gewähr für den Inhalt des Werkes, etwaige Fehler oder Äußerungen. Der Verlag bleibt im Hinblick auf geografische Zuordnungen und Gebietsbezeichnungen in veröffentlichten Karten und Institutionsadressen neutral.

Lektorat: Margit Schlomski

Gedruckt auf säurefreiem und chlorfrei gebleichtem Papier

Springer Gabler ist ein Imprint der eingetragenen Gesellschaft Springer Fachmedien Wiesbaden GmbH und ist ein Teil von Springer Nature.
Die Anschrift der Gesellschaft ist: Abraham-Lincoln-Str. 46, 65189 Wiesbaden, Germany

Für Karin

Vorwort

Dieses Buch stellt Ihnen das aktuell verfügbare Wissen über professionelles Fundraising und sein systematisches Management zur Verfügung. Dabei profitieren Sie sowohl von den neuesten wissenschaftlichen Erkenntnissen zu Nonprofit-Management und Fundraising als auch von meiner mehr als 25-jährigen Praxiserfahrung aus über 90 Beratungsprojekten zum Auf- und Ausbau von Fundraising in kleinen und großen gemeinwohlorientierten Organisationen. Ich habe größten Wert darauf gelegt, das Wissen klar und stringent zu strukturieren und didaktisch leicht nachvollziehbar aufzubereiten. 300 Best-Practice-Beispiele aus der Praxis sowie über 300 Abbildungen und Tabellen veranschaulichen Ihnen praxisnah und leicht nachvollziehbar, wie Sie das Fundraising für Ihre gemeinwohlorientierte Organisation erfolgreich einsetzen können. Auch für kleinere Organisationen werden zahlreiche Tipps und Empfehlungen gegeben. Jedes Kapitel schließt mit einer Zusammenfassung der wichtigsten Erkenntnisse sowie Angaben zu vertiefender Literatur. Ein umfassender Service-Teil am Ende des Buchs nennt Adressen von Fachverbänden, Anbietern von Aus- und Weiterbildung sowie Fundraising-Dienstleistern in Deutschland, Österreich und Schweiz.

Seit Erscheinen der 1. Auflage vor genau 20 Jahren ist der Professionalisierungsprozess des Fundraising im deutschsprachigen Raum in großen Schritten vorangekommen und hat längst Anschluss an die Entwicklungen im führenden, angloamerikanischen Raum gefunden. Die 7. Auflage trägt dieser Entwicklung Rechnung, indem die 6. Auflage nicht nur gründlich überarbeitet und aktualisiert, sondern nochmals erweitert wurde. Dies gilt insbesondere für das zentrale Thema Online-Fundraising, das sich unaufhaltsam zum Herzstück des Fundraising entwickelt. Auch wenn die anteiligen Spendeneinnahmen immer noch vergleichsweise gering sind, können die rasanten Entwicklungen des Online-Fundraising nicht mehr länger ignoriert werden. Das große Potenzial, das in den vielfältigen Angeboten und Möglichkeiten des Online-Fundraising steckt, wird ausführlich und detailliert dargestellt und anhand von 40 Beispielen anschaulich und leicht nachvollziehbar erläutert.

Da Fundraising eine spezielle Ausprägung des Marketing einer gemeinwohlorientierten Organisation darstellt, wurde auch die 7. Auflage konsequent der Marketing-Logik und -Systematik untergeordnet. Dadurch kann das Fundraising stärker von Entwicklungen im Marketing profitieren und begriffliche Fragen präziser klären. Die neue Auflage ist nicht nur für Einsteiger oder Einsteigerinnen[1] sondern auch für Fortgeschrittene im Fundraising relevant, die ständig vor den Herausforderungen der Professionalisierung ihres Fundraising in einem sich kontinuierlich verschärfenden Wettbewerbsumfeld stehen. Dies erfordert selbst von erfahrenen Fundraisern lebenslanges Lernen und die kritische Auseinandersetzung mit neuesten Entwicklungen. Ziel des Buches ist, alle Leser auf dem neuesten Stand des modernen Fundraising zu halten. Dies war auch für mich als Autor nicht möglich, ohne die Unterstützung von 31 Experten aus unterschiedlichsten Bereichen des Fundraising, die ihr Wissen und ihre Erfahrung in Experten-Interviews zur Verfügung gestellt haben. Aus Platzgründen findet sich die namentliche Nennung im Anhang. Diesen Experten gilt mein ganz besonderer Dank! Darüber hinaus danke ich dem Team von Springer Gabler für die engagierte und professionelle Zusammenarbeit. Insbesondere bei Frau Margit Schlomski möchte ich mich stellvertretend für das ganze Team herzlich bedanken.

Tagesaktuelle Informationen rund um das Thema Fundraising finden Sie auf urselmann. de und facebook.com/UrselmannFundraisingConsulting. Für Ergänzungen und Kritik bin ich jederzeit dankbar. Am einfachsten erreichen Sie mich per E-Mail (michael@urselmann. de).

Anregende Lektüre und erfolgreiche Umsetzung wünscht Ihnen

Michael Urselmann

---

[1] Im Interesse einer besseren Lesbarkeit wird im Rahmen dieses Buches darauf verzichtet, jedes Mal die männliche und weibliche Form zu nennen. Die Leserinnen des Buches mögen dies entschuldigen!

Abkürzungsverzeichnis

ADD	Aufsichts- und Dienstleistungsdirektion (Rheinland-Pfalz)
ADH	Aktion Deutschland Hilft e. V.
AFP	Association of Fundraising Professionals
AGMA	Arbeitsgemeinschaft Media-Analyse
ALS	Amyotrophe Lateralsklerose
ANF	Agentur für Nachlass-Fundraising
AO	Abgabenordnung
API	Application Programming Interface
ARC	American Red Cross
ASB	Arbeiter-Samariter-Bund
BBE	Bundesnetzwerk Bürgerschaftliches Engagement
BCG	Boston Consulting Group
BDSG	Bundesdatenschutzgesetz
BFS	Bank für Sozialwirtschaft
BGB	Bürgerliches Gesetzbuch
BGH	Bundesgerichtshof
BIC	Bank Identifier Code
BITKOM	Bundesverband Informationswirtschaft, Telekommunikation und neue Medien e. V.
BSM	Bundesarbeitsgemeinschaft Sozialmarketing e. V. (seit 2003: Deutscher Fundraising Verband)
BUND	Bund für Umwelt und Naturschutz Deutschland
CC	Corporate Citizen
CCCD	Centrum für Corporate Citizenship Deutschland
CCV	Call Center Verband
CEPS	Center for Philanthropy Studies
CI	Corporate Identity
CMS	Content Management System
CPC	Cost-per-Click
CPI	Cost-per-Impression
CPL	Cost-per-Lead

CRM	Customer Relationship Management
CSR	Corporate Social Responsibility
CTR	Click-Through-Rate
DDV	Deutscher Dialogmarketing Verband
D2D	Door-to-Door
DFB	Deutscher Fußball-Bund
DFRV	Deutscher Fundraising Verband
DFÜ	Datenfernübertragung
DGCS	Deutsche Gesellschaft für Management und Controlling in der Sozialwirtschaft e. V.
DGzRS	Deutsche Gesellschaft zur Rettung Schiffbrüchiger
Diss.	Dissertation
DIW	Deutsches Institut für Wirtschaftsforschung
DPSG	Deutsche Pfadfinderschaft St. Georg
DRK	Deutsches Rotes Kreuz
DRTV	Direct Response Television
DSGVO	Datenschutz-Grundverordnung (der EU)
DSK	Deutsches Spendeninstitut Krefeld
DZI	Deutsches Zentralinstitut für soziale Fragen
EFA	European Fundraising Association
EFF	Europäischer Fischereifonds
EFQM	European Foundation for Quality Management
EFRE	Europäischer Fonds für regionale Entwicklung
EGFL	Europäischer Garantiefonds für die Landwirtschaft
EKD	Evangelische Kirche Deutschlands
ELER	Europäischer Landwirtschaftsfonds für die Entwicklung des ländlichen Raumes
ESB	Europäische Sponsoring-Börse
ESF	Europäischer Sozialfonds
ESR	Einzahlungsschein mit Referenznummer
EStG	Einkommenssteuergesetz
EU-DSGVO	EU-Datenschutzgrundverordnung
EUFIS	EU-Fachinformationssystem
e. V.	eingetragener Verein
F2F	Face-to-Face
FASPO	Fachverband Sponsoring
FVA	Fundraising Verband Austria
GDN	Google Display-Werbenetzwerk
gGmbH	gemeinnützige Gesellschaft mit beschränkter Haftung
GPS	Global Positioning System
GVC	Geschäftsvorfallscode
HBR	Harvard Business Review

Hrsg.	Herausgeber
HTML	Hypertext Markup Language
IBAN	International Bank Account Number
IdW	Institut der Wirtschaftsprüfer
INSM	Initiative Neue Soziale Marktwirtschaft
KfW	Kreditanstalt für Wiederaufbau
KMU	Kleine und mittlere Unternehmen
KPI	Key Performance Indicator
KStG	Körperschaftsteuergesetz
LTV	Lifetime Value
Marketing-ZFP	Marketing – Zeitschrift für Forschung und Praxis
MIME	Multipurpose Internet Mail Extensions
NABU	Naturschutzbund Deutschland
NFC	Near Field Communication
NGO	Non-Government(al)-Organisation
NJW	Neue Juristische Wochenschrift
NPO	Nonprofit-Organisation
NRO	Nichtregierungsorganisation
NSFRE	National Society of Fund-Raising Executives (heute: AFP)
OLG	Oberlandesgericht
PAL	Postauslieferungstag
PFRA	Public Fundraising Regulatory Association
PO	Profit-Organisation
PPC	Pay per Click
PR	Public Relations
PwC	PricewaterhouseCoopers AG
QISH	Qualitätsinitiative Straßen- und Haustürwerbung e.V.
QR	Quick Response (Code)
QTFR	Qualitätszirkel Telefon-Fundraising
QUIF	Qualitätsinitiative Fördererwerbung
RDS	Register Deutscher Spendenorganisationen
Rh.Pf. SammlG	Sammlungsgesetz für Rheinland-Pfalz
RSPCA	Royal Society for the Prevention of Cruelty against Animals
SEA	Search Engine Advertising
SEM	Search Engine Marketing
SEO	Search Engine Optimization
SEPA	Single Euro Payments Area
SERP	Search Engine Result Page
SGE	Strategische Geschäftseinheit
SM	Sozio- oder Social Marketing
SMS	Short Message Service
SOEP	Sozio-ökonomisches Panel

SOFII	Showcase of Fundraising Innovation and Inspiration
SPSS	Superior Performing Software System
TKP	Tausenderkontaktpreis
TLS	Transport Layer Security
TMG	Telemediengesetz
TQE	Total Quality Excellence
TQM	Total Quality Management
UNICEF	United Nations Children Fund
URL	Uniform Resource Locator
USD	US-Dollar
USP	Unique Selling Proposition
UWG	Gesetz gegen den unlauteren Wettbewerb
VENRO	Verband der entwicklungspolitischen Nichtregierungsorganisationen in Deutschland
VM	Verbands-Management
VMI	Verbands-Management Institut
WASG	Arbeit & Soziale Gerechtigkeit – Die Wahlalternative
WSPA	World Society for the Protection of Animals
WWF	World Wide Fund For Nature
WZB	Wissenschaftszentrum Berlin für Sozialforschung
ZEWO	Schweizerische Zertifizierungsstelle für gemeinnützige, Spenden sammelnde Organisationen
ZHAW	Zürcher Hochschule für Angewandte Wissenschaften
ZögU	Zeitschrift für öffentliche und gemeinwirtschaftliche Unternehmen

Inhaltsverzeichnis

1	**Definition des Begriffs „Fundraising"**	1
1.1	Was ist mit „benötigte Ressourcen" gemeint?	1
1.2	Wer ist mit „gemeinwohlorientierter Organisation" gemeint?	5
1.3	Wer ist mit „Ressourcenbereitsteller" gemeint?	6
1.4	Welche „Bedürfnisse" haben die Ressourcenbereitsteller?	7
1.5	Was ist mit „zu möglichst geringen Kosten" gemeint?	9
1.6	Fundraising – eine Erscheinungsform des Marketing	10
1.7	Fundraising – Freiwillige Umverteilung von Ressourcen	12
	Weiterführende Literatur	13
2	**Fundraising bei Privatpersonen**	15
2.1	Relationship Fundraising	15
	2.1.1 Spenderpyramide und Upgrading	18
	2.1.1.1 Spenderpyramide und Pareto-Prinzip	19
	2.1.1.2 Beziehungsaufbau durch Dialog	21
	2.1.1.3 Fundraising – erst säen, dann ernten	24
	2.1.1.4 Was ich in diesem Abschnitt gelernt habe	25
	2.1.2 Die Stufe der Interessenten	25
	2.1.2.1 Wer ist Interessent?	26
	2.1.2.2 Gewinnung von Interessenten	27
	2.1.2.3 Bindung von Interessenten	32
	2.1.2.4 Was ich in diesem Abschnitt gelernt habe	33
	2.1.3 Die Stufe der Erstspender	34
	2.1.3.1 Wer ist Erstspender?	34
	2.1.3.2 Gewinnung von Erstspendern	35
	2.1.3.3 Bindung von Erstspendern	40
	2.1.3.4 Rückgewinnung von abwandernden Erstspendern	44
	2.1.3.5 Was ich in diesem Abschnitt gelernt habe	46
	2.1.4 Die Stufe der Mehrfachspender	47
	2.1.4.1 Wer ist Mehrfachspender?	47
	2.1.4.2 Gewinnung von Mehrfachspendern	47

		2.1.4.3	Bindung von Mehrfachspendern	47

        2.1.4.3 Bindung von Mehrfachspendern 47
        2.1.4.4 Was ich in diesem Abschnitt gelernt habe 49
    2.1.5 Die Stufe der Dauerspender. 49
        2.1.5.1 Wer ist Dauerspender? 50
        2.1.5.2 Gewinnung von Dauerspendern 54
        2.1.5.3 Bindung von Dauerspendern 67
        2.1.5.4 Rückgewinnung von abwandernden Dauerspendern . . . 68
        2.1.5.5 Was ich in diesem Abschnitt gelernt habe 69
    2.1.6 Die Stufe der Großspender 69
        2.1.6.1 Wer ist Großspender? 71
        2.1.6.2 Gewinnung und Bindung der Top Donor 73
        2.1.6.3 Gewinnung und Bindung der Major Donor 83
        2.1.6.4 Gewinnung und Bindung der High Donor 91
        2.1.6.5 Großspendergewinnung durch Capital Campaign 93
        2.1.6.6 Was ich in diesem Abschnitt gelernt habe 96
    2.1.7 Die Stufe der Testamentspender 96
        2.1.7.1 Wer ist Testamentspender? 96
        2.1.7.2 Das Potenzial für Testamentspenden 98
        2.1.7.3 Gewinnung von Testamentspendern 100
        2.1.7.4 Bindung von Testamentspendern 118
        2.1.7.5 Rückgewinnung von abwandernden Testamentspendern . 119
        2.1.7.6 Was ich in diesem Abschnitt gelernt habe 119
    2.1.8 Exkurs: Fundraising-Software bzw. Fundraising-Datenbank 120
        2.1.8.1 Warum eine Fundraising-Datenbank? 120
        2.1.8.2 Aufbau einer Fundraising-Datenbank 120
        2.1.8.3 Pflege einer Datenbank 124
        2.1.8.4 Beschaffung einer geeigneten Fundraising-Datenbank . . 126
        2.1.8.5 Was ich in diesem Abschnitt gelernt habe 128
2.2 Entscheidungen im Rahmen des Fundraising-Mix 129
2.3 Produkt- und Programmpolitik 131
    2.3.1 Produktpolitische Entscheidungen. 131
        2.3.1.1 Grundnutzen 132
        2.3.1.2 Zusatznutzen 137
    2.3.2 Programmpolitische Entscheidungen 139
        2.3.2.1 Produktinnovation 139
        2.3.2.2 Produktmodifikation 142
        2.3.2.3 Produktelimination 142
    2.3.3 Einzelspende 143
        2.3.3.1 Sonderform Mikrospende. 143
        2.3.3.2 Sonderform Restgeldspende 153
        2.3.3.3 Sonderform Anlassspende 158
        2.3.3.4 Sonderform Spendenaktion 164

	2.3.4	Dauerspende	168
		2.3.4.1 (Förder-)Mitgliedschaft	168
		2.3.4.2 Patenschaft	168
		2.3.4.3 Sonderform Spenderdarlehen	169
	2.3.5	Großspende	170
		2.3.5.1 Top Donor	170
		2.3.5.2 Major Donor und High Donor	172
		2.3.5.3 (Zu-)Stiftung zu Lebzeiten	173
		2.3.5.4 Planned Giving	174
	2.3.6	Testamentspende	175
		2.3.6.1 Erbschaft	177
		2.3.6.2 Vermächtnis	177
		2.3.6.3 Vertrag zugunsten Dritter	177
		2.3.6.4 (Zu-)Stiftung von Todes wegen	178
	2.3.7	Was ich in diesem Abschnitt gelernt habe	178
2.4	Preispolitik		179
	2.4.1	Entscheidungen im Rahmen der Preispolitik	179
		2.4.1.1 Kundenorientierte Preisbildung	179
		2.4.1.2 Kostenorientierte Preisbildung	182
		2.4.1.3 Konkurrenzorientierte Preisbildung	183
	2.4.2	Preispolitik bei der Einzelspende	183
	2.4.3	Preispolitik bei der Dauerspende	184
	2.4.4	Preispolitik bei der Großspende	186
	2.4.5	Preispolitik bei der (Zu-)Stiftung	189
	2.4.6	Preispolitik bei der Testamentspende	191
	2.4.7	Zahlungsverfahren	191
		2.4.7.1 Barzahlung	192
		2.4.7.2 Überweisung	192
		2.4.7.3 Lastschrift	195
		2.4.7.4 Dauerauftrag	197
		2.4.7.5 Kreditkarte	197
		2.4.7.6 Online-Zahlungsverfahren	198
		2.4.7.7 Mobile Zahlungsverfahren	200
		2.4.7.8 Scheck	200
		2.4.7.9 Einzahlungsschein	201
	2.4.8	Was ich in diesem Abschnitt gelernt habe	202
2.5	Vertriebspolitik		203
	2.5.1	Entscheidungen im Rahmen der Vertriebspolitik	203
	2.5.2	Postvertrieb (Mailing)	204
		2.5.2.1 Eigenadress-Mailing	205
		2.5.2.2 Fremdadress-Mailing	206
		2.5.2.3 Inhouse versus Outsourcing	208

		2.5.2.4 Rechtliche und ethische Aspekte des Postvertriebes . . . 209
	2.5.3	Online-Vertrieb 214
		2.5.3.1 Inhouse versus Outsourcing 214
		2.5.3.2 Rechtliche und ethische Aspekte des Online-Vertriebes . 215
	2.5.4	Telefonvertrieb (Telefon-Fundraising) 216
		2.5.4.1 Inbound und Outbound 216
		2.5.4.2 Telefonische Gewinnung von Spendern 217
		2.5.4.3 Telefonische Bindung und Upgrading von Spendern . . . 217
		2.5.4.4 Telefonische Rückgewinnung von Spendern 222
		2.5.4.5 Inhouse versus Outsourcing 223
		2.5.4.6 Rechtliche und ethische Aspekte des Telefon-Fundraising 225
	2.5.5	Persönlicher Vertrieb (Face-to-Face-Fundraising) 227
		2.5.5.1 Persönliches Gespräch mit Groß- und Testamentspendern 229
		2.5.5.2 Event 230
		2.5.5.3 Haussammlung 234
		2.5.5.4 Straßensammlung 235
		2.5.5.5 Kollekte 240
		2.5.5.6 Inhouse versus Outsourcing 240
		2.5.5.7 Rechtliche und ethische Aspekte des Face-to-Face-Fundraising 242
		2.5.5.8 Trend: Back to the Roots! 245
	2.5.6	Nutzung der Vertriebskanäle von (Unternehmens-)Partnern 246
	2.5.7	Was ich in diesem Abschnitt gelernt habe 248
2.6	Kommunikationspolitik 248	
	2.6.1	Entscheidungen im Rahmen der Kommunikationspolitik 249
	2.6.2	Abgrenzung von Werbung und Öffentlichkeitsarbeit 250
	2.6.3	Abgrenzung von Mediawerbung, Direktwerbung und Dialogwerbung. 251
	2.6.4	Der Einsatz von Mediawerbung im Fundraising 251
		2.6.4.1 Fernsehwerbung 252
		2.6.4.2 Radiowerbung 255
		2.6.4.3 Kinowerbung 257
		2.6.4.4 Printwerbung 258
		2.6.4.5 Außenwerbung 260
	2.6.5	Der Einsatz von Direktwerbung im Fundraising 262
		2.6.5.1 Briefwerbung (Mailing) 263
		2.6.5.2 Faxwerbung 268
		2.6.5.3 Hauswurfsendung 268
	2.6.6	Der Einsatz von Dialogwerbung im Fundraising 269
	2.6.7	Der Einsatz eigener Kommunikationskanäle im Fundraising . . . 270
	2.6.8	Nutzung der Kommunikationskanäle von (Unternehmens-)Partnern 271

		2.6.9 Integrierte Multi-Channel-Kommunikation im Fundraising 272

- 2.6.9 Integrierte Multi-Channel-Kommunikation im Fundraising 272
- 2.6.10 Erfolgreiche Gestaltung von Kommunikationsmitteln 282
- 2.6.11 Storytelling 292
- 2.6.12 Der Einsatz von Prominenten in der Fundraising-Kommunikation 293
- 2.6.13 Was ich in diesem Abschnitt gelernt habe 297
- 2.7 Online-Fundraising 297
  - 2.7.1 Internet als Vertriebskanal für das Fundraising 302
    - 2.7.1.1 Online-Spendenformular 303
    - 2.7.1.2 Website 311
    - 2.7.1.3 Social Media 322
    - 2.7.1.4 Mobile Fundraising 332
    - 2.7.1.5 Spendenplattformen 342
    - 2.7.1.6 Crowdfunding 344
  - 2.7.2 Internet als Kommunikationskanal für das Fundraising 346
    - 2.7.2.1 Suchmaschinen-Marketing 347
    - 2.7.2.2 Display-Marketing 352
    - 2.7.2.3 Affiliate-Marketing 358
    - 2.7.2.4 E-Mail-Marketing 360
    - 2.7.2.5 Messenger-Marketing 368
    - 2.7.2.6 Nutzung der Online-Kommunikationskanäle von (Unternehmens-)Partnern 372
  - 2.7.3 Multichannel-Online-Fundraising 373
  - 2.7.4 Was ich in diesem Abschnitt gelernt habe 376
- 2.8 Volumen von Privatpersonen zur Verfügung gestellter Ressourcen 377
  - 2.8.1 Wachsendes Volumen privat zur Verfügung gestellter Ressourcen 377
  - 2.8.2 Wachsender Wettbewerb um private Ressourcen 382
- Literatur 383

3 Fundraising bei Unternehmen 391
- 3.1 Corporate Social Responsibility 392
- 3.2 Formen der Unterstützung durch Unternehmen 394
  - 3.2.1 Unternehmensspende 394
    - 3.2.1.1 Geldspende (Corporate Giving) 395
    - 3.2.1.2 Sachspende 397
    - 3.2.1.3 Zeitspende (Corporate Volunteering) 398
  - 3.2.2 Sponsoring 399
  - 3.2.3 Cause-Related Marketing 405
  - 3.2.4 Bereitstellung von Infrastruktur 410
  - 3.2.5 Unternehmensstiftung (Corporate Foundation) 421
- 3.3 Management des Fundraising bei Unternehmen 424
  - 3.3.1 Analyse 425
  - 3.3.2 Planung 426

		3.3.3	Durchführung	430

        3.3.3   Durchführung 430
        3.3.4   Kontrolle 431
  3.4   Volumen von Unternehmen zur Verfügung gestellter Ressourcen 433
  3.5   Ethische Aspekte des Fundraising bei Unternehmen 438
  3.6   Was ich in diesem Kapitel gelernt habe 439
  Weiterführende Literatur 441

4 Fundraising bei Stiftungen 443
  4.1   Stiftung und Stiftungs-Fundraising 443
  4.2   Erscheinungsformen von Stiftungen 444
        4.2.1   Stiftungen des bürgerlichen vs. öffentlichen Rechts 444
        4.2.2   Gemeinnützige vs. privatnützige Stiftungen 444
        4.2.3   Selbständige vs. unselbständige Stiftungen 445
        4.2.4   Gemeinschaftsstiftungen und Bürgerstiftungen 445
        4.2.5   Stiftungs-GmbH und Stiftungs-Verein 446
        4.2.6   Operative vs. fördernde Stiftungen 447
  4.3   Management des Stiftungs-Fundraising 447
        4.3.1   Analyse 448
        4.3.2   Planung 449
        4.3.3   Durchführung 450
        4.3.4   Kontrolle 453
  4.4   Volumen von Stiftungen zur Verfügung gestellter Ressourcen 454
  4.5   Ethische Aspekte des Fundraising bei Stiftungen 455
  4.6   Was ich in diesem Kapitel gelernt habe 456
  Weiterführende Literatur 457

5 Fundraising bei öffentlichen Ressourcenbereitstellern 459
  5.1   Fördermittel der Europäischen Union 460
  5.2   Fördermittel von Bund, Ländern und Kommunen 463
  5.3   Bußgelder und Geldauflagen 464
  5.4   Fördermittel aus Kirchensteuern 468
  5.5   Was ich in diesem Kapitel gelernt habe 469
  Weiterführende Literatur 469

6 Fundraising-Management 471
  6.1   Analyse im Fundraising 473
        6.1.1   Analyse von Größe und Entwicklung des Gesamtmarktes 473
        6.1.2   Zielgruppenanalyse im Fundraising 474
                6.1.2.1   Demografische Zielgruppenmerkmale von Spendern . . . 474
                6.1.2.2   Soziografische Zielgruppenmerkmale von Spendern . . . 483
                6.1.2.3   Geografische Zielgruppenmerkmale von Spendern 485
                6.1.2.4   Psychografische Zielgruppenmerkmale von Spendern . . 487

		6.1.2.5 Verhaltensorientierte Zielgruppenmerkmale von Spendern	487
		6.1.2.6 Ganzheitliche Ansätze der Zielgruppenbeschreibung	490
		6.1.2.7 Analyse-Methoden	490
	6.1.3	Konkurrenzanalyse im Fundraising	496
	6.1.4	Was ich in diesem Abschnitt gelernt habe	497
6.2	Planung im Fundraising		498
	6.2.1	Warum Planung?	498
	6.2.2	Was ist Planung?	498
	6.2.3	Normative Grundlagen und ethische Standards	503
	6.2.4	Strategische Fundraising-Planung	508
		6.2.4.1 Entscheidungen bzgl. der Ressourcenbereitsteller	509
		6.2.4.2 Entscheidungen bzgl. der anzubietenden Produkte	509
		6.2.4.3 Entscheidungen bzgl. der zu wählenden Vertriebs- und Kommunikationskanäle	510
		6.2.4.4 Entscheidungen bzgl. der zu wählenden Zahlungsverfahren	512
		6.2.4.5 Entscheidungen bzgl. des Outsourcings von Fundraising-Aktivitäten	513
		6.2.4.6 Entscheidungen bzgl. des Aufbaus von Fundraising in föderal strukturierten Organisationen	514
	6.2.5	Operative Fundraising-Planung	515
	6.2.6	Planung unbedingt schriftlich	524
	6.2.7	Was ich in diesem Abschnitt gelernt habe	524
6.3	Controlling im Fundraising		526
	6.3.1	Was ist Controlling?	526
	6.3.2	Strategisches Fundraising-Controlling	526
		6.3.2.1 SWOT-Analyse	527
		6.3.2.2 Portfolio-Analyse	532
	6.3.3	Operatives Fundraising-Controlling	538
		6.3.3.1 Umwandlungsquoten	539
		6.3.3.2 Wanderungsanalysen	544
		6.3.3.3 Kennzahlen zu Fundraising-Erlösen	545
		6.3.3.4 Kennzahlen zu Fundraising-Kosten	552
		6.3.3.5 Kennzahlen zu Verhältnis aus Kosten und Erlösen	554
		6.3.3.6 Kennzahlen des Online-Fundraising	557
	6.3.4	Was ich in diesem Abschnitt gelernt habe	558
6.4	Qualitäts-Management im Fundraising		559
	6.4.1	Was ist Qualitäts-Management?	559
	6.4.2	Leistungsqualität im Fundraising	560
	6.4.3	Prozessqualität im Fundraising	562
	6.4.4	Strukturqualität im Fundraising	565
	6.4.5	Qualitäts-Managementsystem TQE	565

		6.4.6	Was ich in diesem Abschnitt gelernt habe 568
	6.5	\multicolumn{2}{l}{Organisation im Fundraising .... 568}
		6.5.1	Was ist Organisation? 568
		6.5.2	Aufbauorganisation im Fundraising 568
		6.5.3	Fundraising in föderal strukturierten Organisationen 573
		6.5.4	Was ich in diesem Abschnitt gelernt habe 574
	6.6	\multicolumn{2}{l}{Führung im Fundraising .... 574}
		6.6.1	Was ist Führung? 575
		6.6.2	Förderung der Leistungsbereitschaft der Fundraiser 576
		6.6.3	Förderung der Leistungsfähigkeit der Fundraiser 578
		6.6.4	Was ich in diesem Abschnitt gelernt habe 579
	6.7	\multicolumn{2}{l}{Beispiel 1 für Fundraising-Management .... 580}
	6.8	\multicolumn{2}{l}{Beispiel 2 für Fundraising-Management .... 583}
	6.9	\multicolumn{2}{l}{Fundraising als komplexes Optimierungsproblem .... 587}
	\multicolumn{3}{l}{Literatur .... 591}

7 Service-Teil: Weitere Informationsquellen zum Fundraising 595
  7.1 Ausbildungsmöglichkeiten im Fundraising 595
  7.2 Weiterbildungsmöglichkeiten im Fundraising 596
  7.3 Fundraising-Fachzeitschriften 597
  7.4 Informationsquellen im Internet 597
  7.5 Wichtige Adressen für Fundraiser 597
  Weiterführende Literatur 601

Anhang 603

Sachverzeichnis 605

Abbildungsverzeichnis

Abb. 2.1	Anteil der Deutschen, der spendet (in %)	17
Abb. 2.2	Die Spenderpyramide	18
Abb. 2.3	Pareto-Prinzip bei SolidarMed	20
Abb. 2.4	Massenhafte und persönliche Spenderbetreuung	21
Abb. 2.5	Dialogplattform des WWF	23
Abb. 2.6	Beispiel für Fülleranzeigen zur Interessentengewinnung	29
Abb. 2.7	Beispiel für ein Plakat zur Interessentengewinnung mit Call-to-Action Telefon	30
Abb. 2.8	Beispiel für ein Plakat zur Interessentengewinnung mit Call-to-Action Website	31
Abb. 2.9	Kommunikation einer (Erst-)Spende über eine Anzeige	39
Abb. 2.10	Kommunikation einer (Erst-)Spende über einen Flyer/Beileger	39
Abb. 2.11	Kommunikation einer (Erst-)Spende über ein Plakat	40
Abb. 2.12	Das Service-Scheckheft von Greenpeace (Deckblatt und Inhaltsverzeichnis)	44
Abb. 2.13	Veränderung von Mitgliedschaften im Zeitverlauf	51
Abb. 2.14	Entwicklung der Anzahl von Kinderpatenschaften in Deutschland (2005–2016)	52
Abb. 2.15	Flyer zu Themenpatenschaften der Welthungerhilfe	53
Abb. 2.16	Die NABU Wolf-Patenschaft als Beispiel für eine Tierpatenschaft	54
Abb. 2.17	Dauerspendergewinnung auf der Website	56
Abb. 2.18	Dauerspendergewinnung über Standwerbung	57
Abb. 2.19	Fülleranzeige zur Dauerspendergewinnung	60
Abb. 2.20	Anzeige zur Dauerspendergewinnung	61
Abb. 2.21	Anzeige und Beikleber zur Dauerspendergewinnung	62
Abb. 2.22	Anzeige zur Dauerspendergewinnung in „Ihr Reiseplan"	63
Abb. 2.23	Beileger zur Dauerspendergewinnung	64
Abb. 2.24	Plakat zur Dauerspendergewinnung	65
Abb. 2.25	Postwurfsendung zur Dauerspendergewinnung	66
Abb. 2.26	„Member-gets-Member" zur Dauerspendergewinnung	67
Abb. 2.27	Upgrading durch Beratung potenzieller Großspender der Welthungerhilfe	74

Abb. 2.28	Anzeige zur Kaltakquisition von Großspendern	75
Abb. 2.29	Schritte der Kaltakquisition eines Top Donor	76
Abb. 2.30	Virtueller Projektbesuch dank Virtual-Reality-Brille	81
Abb. 2.31	Kostengünstiges Gestell der Tierschutzorganisation iAnimal	81
Abb. 2.32	Matching Gift von Top Donor	83
Abb. 2.33	Großspendergewinnung auf der Website des WWF	86
Abb. 2.34	Broschüre „Werden Sie Global 200-Protector!"	87
Abb. 2.35	Betreuung der Global 200-Protectoren beim WWF	88
Abb. 2.36	Digitales Bilderbuch von Robin Wood	89
Abb. 2.37	High-Donor-Gewinnung beim DRK über ein spezielles Mailing	92
Abb. 2.38	Organigramm einer Capital Campaign	95
Abb. 2.39	Geldvermögen Privathaushalte und Erbschaftssteueraufkommen (1949–2014)	99
Abb. 2.40	Berücksichtigung einer Spendenorganisation in Testament oder Erbvertrag (in der Schweiz)	99
Abb. 2.41	Beispiel einer Erbschaftsbroschüre	101
Abb. 2.42	Formular zum Erbschafts-Fundraising des WWF	103
Abb. 2.43	Broschüre „Erben und Vererben"	104
Abb. 2.44	Infos zur Testamentspende auf der Website von SOS Kinderdorf	105
Abb. 2.45	Nachruf auf eine Testamentspenderin	107
Abb. 2.46	Hinweis auf Testamentsbroschüre in Spenderzeitschrift	108
Abb. 2.47	Flyer „Kinder brauchen Stifter" (Vorderseite)	109
Abb. 2.48	Flyer „Kinder brauchen Stifter" (Rückseite)	110
Abb. 2.49	Mailing-Flyer Erbschaftsbroschüre (Vorderseite)	111
Abb. 2.50	Mailing-Flyer Erbschaftsbroschüre (Rückseite)	111
Abb. 2.51	Erbrechtsveranstaltung KNH 2017 (Vorderseite)	112
Abb. 2.52	Erbrechtsveranstaltung KNH 2017 (Rückseite)	113
Abb. 2.53	Testamentsspendergewinnung *WSPA* per Anzeige	115
Abb. 2.54	Testamentspendergewinnung *Malteser Hilfsdienst* per Anzeige	116
Abb. 2.55	Testamentspendergewinnung per Fülleranzeige	117
Abb. 2.56	Übersicht über den Fundraising-Mix und seine Elemente	130
Abb. 2.57	Beispiel Fundraising-Mix für Dauerspende UNICEF	131
Abb. 2.58	Grund- und Zusatznutzen für Patinnen	132
Abb. 2.59	Spendermotive und ihre Verknüpfung mit den Grundmotiven, Grundbedürfnissen und Grundwerten	133
Abb. 2.60	Emotionen, Spendermotive und Grundbedürfnisse	136
Abb. 2.61	ebay für Charity	141
Abb. 2.62	Elektronischer Klingelbeutel	142
Abb. 2.63	Fernsehwerbung kommuniziert SMS-Spende	146
Abb. 2.64	Plakat kommuniziert SMS-Spende in U-Bahn-Station	147
Abb. 2.65	Plakat kommuniziert SMS-Spende im Zug	147
Abb. 2.66	Anzeige zur Kommunikation der SMS-Spende in „Ihr Reiseplan"	148

Abb. 2.67	Fülleranzeige zur Kommunikation der SMS-Spende	149
Abb. 2.68	Gewinnung von SMS-Spendern über die Spendentüte von Renovabis	151
Abb. 2.69	Kommunikation der SMS-Spende auf der Website einer Organisation	151
Abb. 2.70	Kommunikation der SMS-Spende auf der Facebook Site einer Organisation	152
Abb. 2.71	Anzeige SMS-Spende mit Unterstützung eines Prominenten	152
Abb. 2.72	Restgeldsammlung über Sammeldosen	154
Abb. 2.73	Sammelschiffchen der DGzRS mit QR Code und NFC	154
Abb. 2.74	Devisenrestgeldsammlung Change for Good	155
Abb. 2.75	Anzeige für Restgeldaktion *Deutschland rundet auf*	157
Abb. 2.76	Pfandspende	158
Abb. 2.77	Beileger Anlassspende (Vorderseite)	160
Abb. 2.78	Beileger Anlassspende (Rückseite)	161
Abb. 2.79	Kommunikation der Anlassspende auf der Website	162
Abb. 2.80	Kommunikation der Anlassspende in einer E-Mail	163
Abb. 2.81	Kommunikation der Trauerspende auf der Website	164
Abb. 2.82	Spendenaktion	166
Abb. 2.83	Kommunikation Spendenaktion der Kindernothilfe auf Facebook	168
Abb. 2.84	Flyer Spender- und Stifterdarlehen	169
Abb. 2.85	Verewigung von Top Donor auf einem Wandmosaik	171
Abb. 2.86	Shopping-List als Slider auf Website (50 €)	180
Abb. 2.87	Shopping-List als Slider auf Website (2500 €)	181
Abb. 2.88	Spenden-Shop von *UNICEF*	181
Abb. 2.89	Spendenbarometer auf der Homepage der Arche	184
Abb. 2.90	Shopping-List für Dauerspende auf Beileger	185
Abb. 2.91	Shopping-List für Großspende in Mailing	189
Abb. 2.92	In die IBAN integrierte Multifunktionale Kontonummer	194
Abb. 2.93	Einzahlungsschein auf Website	201
Abb. 2.94	Stand-Fundraising mit VR-Brille	237
Abb. 2.95	Indirekter Vertrieb von UNICEF-Dauerspenden über Europcar	247
Abb. 2.96	Druckvorlagen für Fülleranzeigen als Download auf Website	259
Abb. 2.97	Anzeige und aufgespendete Antwortkarte als Beikleber	261
Abb. 2.98	Versandhülle mit Teaser	264
Abb. 2.99	Versandhülle mit Fenster und Give-away	264
Abb. 2.100	Mailing-Bestandteil Anschreiben	265
Abb. 2.101	Mailing-Bestandteil Folder	267
Abb. 2.102	Nicht adressierte Postwurfsendung mit Teaser	269
Abb. 2.103	Kommunikation der Kinderpatenschaft über ein Banner in der E-Mail-Signatur der Mitarbeiter	271
Abb. 2.104	Integriertes Multi-Channel-Fundraising (Offline)	273
Abb. 2.105	TV-Spot zur Kommunikation der Kinderpatenschaft von Plan International	273

Abb. 2.106 Fülleranzeige zur Kommunikation der Kinderpatenschaft von *Plan International* 274

Abb. 2.107 Beileger zur Kommunikation der Kinderpatenschaft von *Plan International* (Vorderseite) 274

Abb. 2.108 Beileger zur Kommunikation der Kinderpatenschaft von *Plan International* (Rückseite) 274

Abb. 2.109 City-Light-Poster zur Kommunikation der Kinderpatenschaft von *Plan International* 275

Abb. 2.110 Großflächenplakat zur Kommunikation der Kinderpatenschaft von *Plan International* 275

Abb. 2.111 Plakatierung von Stadtmöbel (Bushaltestelle) zur Kommunikation der Kinderpatenschaft von *Plan International* 276

Abb. 2.112 Mailing (Briefhülle) zur Kommunikation der Kinderpatenschaft von *Plan International* 276

Abb. 2.113 Mailing (Anschreiben) zur Kommunikation der Kinderpatenschaft von *Plan International* 277

Abb. 2.114 Mailing (Give-Away) zur Kommunikation der Kinderpatenschaft von *Plan International* 278

Abb. 2.115 Mailing (Flyer, Vorderseite) zur Kommunikation der Kinderpatenschaft von *Plan International* 279

Abb. 2.116 Mailing (Flyer, Rückseite) zur Kommunikation der Kinderpatenschaft von *Plan International* 280

Abb. 2.117 Mailing (Response-Element, Vorderseite) zur Kommunikation der Kinderpatenschaft von *Plan International* 281

Abb. 2.118 Mailing (Response-Element, Rückseite) zur Kommunikation der Kinderpatenschaft von *Plan International* 281

Abb. 2.119 Mailing (Response-Umschlag) zur Kommunikation der Kinderpatenschaft von *Plan International* 282

Abb. 2.120 Homepage zur Kommunikation der Kinderpatenschaft von *Plan International* 283

Abb. 2.121 Landing-Page zur Kommunikation der Kinderpatenschaft von *Plan International* 284

Abb. 2.122 Display zur Kommunikation der Kinderpatenschaft von *Plan International* 285

Abb. 2.123 Facebook-Werbung zur Kommunikation der Kinderpatenschaft von *Plan International* 286

Abb. 2.124 Anzeige mit konkreten Handlungsanweisungen 287
Abb. 2.125 Negativbeispiel: Anzeige ohne konkreten Call-to-Action 288
Abb. 2.126 Einsatz emotionaler Reize 290
Abb. 2.127 Einsatz physisch intensiver Reize 291
Abb. 2.128 Einsatz kognitiv überraschender Reize 291
Abb. 2.129 Zweistufige Kommunikation über Plakat und Website 292

Abb. 2.130	Storytelling in einem Flyer	293
Abb. 2.131	Offline-Kommunikation des Online-Vertriebs	298
Abb. 2.132	Anteil der Online-Spenden am Gesamtspendenvolumen	299
Abb. 2.133	Anteil Internet-Nutzer und Spender nach Altersklassen	300
Abb. 2.134	Informationsquellen der 14- bis 29-Jährigen	301
Abb. 2.135	Video-Storytelling eines Testimonials auf der Website	303
Abb. 2.136	Online-Spendenformular mit Slider	305
Abb. 2.137	Nutzung der Zahlungsverfahren Online in Deutschland	306
Abb. 2.138	Nutzung der Zahlungsverfahren Online in Österreich	307
Abb. 2.139	Nutzung der Zahlungsverfahren Online in der Schweiz	307
Abb. 2.140	Spendenformular der DKMS mit Möglichkeit der SMS-Spende	308
Abb. 2.141	Möglichkeit der Bitcoin-Spende	309
Abb. 2.142	Prominenter Spendenhinweis gleich auf der Startseite	313
Abb. 2.143	Homepage mit Störer auf jeder Unterseite	314
Abb. 2.144	Spendenseite mit Überblick über alle angebotenen Spendenprodukte	315
Abb. 2.145	Angebot der Einzelspende auf Website	316
Abb. 2.146	Angebot der Dauerspende auf Website	316
Abb. 2.147	Angebot der Großspende auf Website	317
Abb. 2.148	Angebot der Testamentspende auf Website	318
Abb. 2.149	Angebot Spendenaktion auf Website	319
Abb. 2.150	Gewinnung von E-Mail-Adressen durch Angebot E-Newsletter und Petition	320
Abb. 2.151	Gewinnung von E-Mail-Adressen über eCards	321
Abb. 2.152	Online-Spendenformular integriert in Facebook-Fanpage	323
Abb. 2.153	Spenden-Button auf Facebook	325
Abb. 2.154	Spendenaktion über Facebook starten	326
Abb. 2.155	Aufruf von Facebook, eine Geburtstags-Spendenaktion zu starten	327
Abb. 2.156	Geburtstags-Spendenaktion über Facebook	327
Abb. 2.157	Facebook-Werbung für Spenden zugunsten von UNICEF	329
Abb. 2.158	Einsatz von Blogs im Fundraising	331
Abb. 2.159	Widget für SMS-Spende	335
Abb. 2.160	Widget auf der Website eines Medienpartners	336
Abb. 2.161	Angebot einer SMS-Spende auf einer mobilen Website	337
Abb. 2.162	Spendenaktion über SMS	338
Abb. 2.163	Spende per QR Code und NFC für Adenauer Stiftung	340
Abb. 2.164	Seite der Organisation *arche* auf Spendenplattform betterplace	342
Abb. 2.165	Payback-Punkte für Viva von Agua dank einer Partnerschaft zwischen betterplace und Payback	344
Abb. 2.166	Ergebnisseite auf Google zum Keyword Kinderpatenschaft	349
Abb. 2.167	Banner mit Handlungsaufforderung Spende an Oxfam	353
Abb. 2.168	Standardgrößen für Banner	354

Abb. 2.169	Download-Möglichkeit von Bannern auf der Website von Aktion Deutschland Hilft	356
Abb. 2.170	Wettbewerb „SOS Affiliate des Jahres"	359
Abb. 2.171	Entscheidungsbaum E-Mail-Marketing-Automation (Ausschnitt)	362
Abb. 2.172	E-Newsletter-Anmeldung auf der Website der ADH	363
Abb. 2.173	E-Newsletter mit Call-to-Action	364
Abb. 2.174	Hinweis auf WhatsApp-Newsletter auf Homepage DKMS	369
Abb. 2.175	Anmeldung zum WhatsApp-Newsletter DKMS	370
Abb. 2.176	Multichannel Online-Fundraising	373
Abb. 2.177	Entwicklung steuerlich geltend gemachter Spenden 2001–2011 (alle Angaben in Tsd. Euro)	378
Abb. 3.1	CSR und Nachhaltigkeit	393
Abb. 3.2	Maßnahmen des Corporate Citizenship	394
Abb. 3.3	Akquisition von Unternehmensspenden	396
Abb. 3.4	Corporate Volunteering über die Initiative SeitenWechsel	400
Abb. 3.5	Hinweis auf Sponsoren ohne besondere Hervorhebung	402
Abb. 3.6	Hinweis auf Sponsoren auf einer Website	404
Abb. 3.7	Eigene Körperschaft für Fundraising bei Unternehmen	405
Abb. 3.8	Werbung für Charity-Shopping-Plattformen auf Website der DKMS	408
Abb. 3.9	Werbung auf Twitter für Charity-Shopping-Plattform	409
Abb. 3.10	Werbung für AmazonSmile und Gooding auf Website	410
Abb. 3.11	Spendenaktion für Japan auf der Website von DocuWare	412
Abb. 3.12	Spendenaktion für Nepal über das Intranet von SAP und Betterplace	413
Abb. 3.13	Spendenplattform auf Website des Unternehmens Fressnapf	414
Abb. 3.14	Spendenplattform auf Website des Unternehmens Payback	415
Abb. 3.15	Matching Gift von Facebook zugunsten der Erdbebenopfer in Nepal	415
Abb. 3.16	Aufrunden des Rechnungsbetrages auf der Website eines Online-Händlers	416
Abb. 3.17	eBay für Charity	417
Abb. 3.18	Die Affinity Credit Card des WWF Schweiz	418
Abb. 3.19	Pfandspenden zugunsten der Tafeln in Lidl-Filialen	420
Abb. 3.20	Beratungsangebot von Ärzte ohne Grenzen an Unternehmen	422
Abb. 3.21	Unternehmensnahe Stiftungen	423
Abb. 3.22	Überblick Sponsoring-Management	424
Abb. 3.23	Erfolgskette aus Sicht des Sponsors	428
Abb. 3.24	Zielgruppenplanung im Sponsoring	429
Abb. 3.25	Typische Fehler im Sponsoring	433
Abb. 3.26	Wahrscheinlichkeit, im Zeitraum 2006–2008 CSR-Aktivitäten durchzuführen nach der Größe des Unternehmens (Anzahl der Beschäftigten nach Vollzeitäquivalenten)	436
Abb. 4.1	Management des Stiftungs-Fundraising	448
Abb. 4.2	Schritte bei der Durchführung des Stiftungs-Fundraising	451

Abb. 4.3	Dank an Förderstiftungen im Geschäftsbericht	454
Abb. 4.4	Errichtungen rechtsfähiger Stiftungen bürgerlichen Rechts in Deutschland	455
Abb. 5.1	Kommunikation eines Ansprechpartners für Zuweiser von Geldauflagen auf der Website	467
Abb. 6.1	Management-Aufgabe Steuerung, bestehend aus Planung, Controlling und Qualitäts-Management	473
Abb. 6.2	Anteil der Spender nach Altersgruppen	475
Abb. 6.3	Entwicklung der Generation „Wiederaufbauer" und ihres Anteils an Spendern	477
Abb. 6.4	Entwicklung der Generation „Babyboomer" und ihres Anteils an Spendern	478
Abb. 6.5	Entwicklung der „Generation X" und ihres Anteils an Spendern	479
Abb. 6.6	Entwicklung der Generation „Millenials" und ihres Anteils an Spendern	480
Abb. 6.7	Entwicklung der Generation „iBrains" und ihres Anteils an Spendern	481
Abb. 6.8	Altersverteilung am Beispiel des Vornamens „Ursula"	492
Abb. 6.9	Das RFM-Modell	494
Abb. 6.10	Stakeholder einer gemeinnützigen Organisation	500
Abb. 6.11	Der Planungswürfel	502
Abb. 6.12	Zusammenhang zwischen SWOT- und Portfolio-Analyse	527
Abb. 6.13	Erfahrungskurve	533
Abb. 6.14	Das Produkt-Lebenszyklus-Modell	534
Abb. 6.15	Marktwachstums-Marktanteils-Portfolio einer Organisation	534
Abb. 6.16	Marktwachstums-Marktanteils-Portfolio Spendenprodukte	536
Abb. 6.17	Marktwachstums-Marktanteils-Portfolio Vertriebskanäle	537
Abb. 6.18	Zu- und Abgänge auf der Stufe der Dauerspender	545
Abb. 6.19	Typische Verlaufskurve eines Mailings	547
Abb. 6.20	Beispiel für ein Flussdiagramm zum Prozess „Versand eines Mailings" (Ausschnitt)	564
Abb. 6.21	Qualitätsmodell der EFQM	566
Abb. 6.22	Übersicht über das TQE-Modell	567
Abb. 6.23	Beispiel Stabsstelle „Öffentlichkeitsarbeit und Fundraising"	570
Abb. 6.24	Beispiel Stabsstelle „Fundraising"	570
Abb. 6.25	Beispiel Fundraising-Abteilung mit mehreren Stellen	571
Abb. 6.26	Beispiel Fundraising-Bereich mit mehreren Abteilungen	572
Abb. 6.27	Funktionaler Zusammenhang zwischen den Fundraising-Aufwendungen F und den Fundraising-Erträgen C einer einzelnen Organisation	590

Tabellenverzeichnis

Tab. 2.1	Beispiel einer Spendentabelle für eine Capital Campaign	94
Tab. 2.2	Abgrenzung Werbung von Öffentlichkeitsarbeit	250
Tab. 2.3	Abgrenzung Fundraising-Kommunikation von Öffentlichkeitsarbeit	250
Tab. 2.4	Entwicklung steuerlich geltend gemachter Spenden 2001–2011 (alle Angaben in Tsd. Euro)	379
Tab. 3.1	Einsatzfelder für die Bereitstellung von Infrastruktur	411
Tab. 3.2	Glaubwürdigkeit im Hinblick auf soziales Engagement	425
Tab. 3.3	Vorlaufzeiten im Sponsoring	426
Tab. 3.4	Motive des sozialen Engagements der Unternehmer	426
Tab. 3.5	Wert des Engagements inhabergeführter Unternehmen	435
Tab. 3.6	CSR-Engagement mittelständischer Unternehmen 2006–2008	437
Tab. 3.7	Entwicklung des Sponsoring-Marktes in Deutschland (in Mrd. Euro)	438
Tab. 6.1	Spenderquote nach Alter (in der Schweiz)	475
Tab. 6.2	Durchschnittliches Spendenvolumen pro Person nach Alter (in Deutschland)	475
Tab. 6.3	Spenderquote nach Geschlecht (in Deutschland)	481
Tab. 6.4	Spenderquote nach Geschlecht (in der Schweiz)	482
Tab. 6.5	Spenderquote nach Haushaltskonstellation (in der Schweiz)	483
Tab. 6.6	Spenderquote nach Bildungsabschluss (in Deutschland)	483
Tab. 6.7	Spenderquote nach Bildungsabschluss (in der Schweiz)	484
Tab. 6.8	Spenderquote nach Erwerbsstatus	484
Tab. 6.9	Spenderquote nach beruflicher Stellung	484
Tab. 6.10	Spenderquote nach Haushaltsnettoeinkommen (in Deutschland)	484
Tab. 6.11	Spenderquote nach Haushaltseinkommen (in der Schweiz)	485
Tab. 6.12	Spenderquote nach Bundesländern	486
Tab. 6.13	Spenderquote nach Region (in der Schweiz)	486
Tab. 6.14	Spenderquote nach Wohnstruktur (in der Schweiz)	486
Tab. 6.15	Nutzung von Zahlungsverfahren für Spenden (in der Schweiz)	490
Tab. 6.16	Operative Planung aller Fundraising-Maßnahmen bei „Unternehmen"	518
Tab. 6.17	Operative Planung aller Fundraising-Maßnahmen bei „Privatpersonen/Dauerspenden"	519

Tab. 6.18	Gesamtplanung mit Übersicht über alle „Ressourcenbereitsteller" und „Spendenprodukte"	520
Tab. 6.19	Beispiel für operative Planung eines Mailings mit Hilfe der Software MS Project (Ausschnitt)	522
Tab. 6.20	Beispiel für Kennzahlen in der operativen Planung (Mailing)	523
Tab. 6.21	Analyse-Raster für SWOT- und PEST-Analyse	529
Tab. 6.22	Kennzahlen für Mailings	541
Tab. 6.22	(Fortsetzung)	542
Tab. 6.23	Wanderungsanalyse für die Stufe der Dauerspender	546
Tab. 6.24	Wanderungsanalyse über alle Stufen der Spenderpyramide	546
Tab. 6.25	Übersicht über die strategische Grobplanung der Kinderhilfe	582
Tab. 6.26	Maßnahmenplan „Einrichtung einer halben Stabsstelle Fundraising"	582
Tab. 6.27	Maßnahmenplan „Erwerb und Aufbau einer Fundraising-Datenbank"	583
Tab. 6.28	Übersicht über die strategische Grobplanung von Sanctus	586
Tab. 6.29	Maßnahmenplan „Gründung einer Stiftung"	586
Tab. 6.30	Maßnahmenplan „Durchführung von Erbrechtsvorträgen"	587

Über den Autor

Prof. Dr. Michael Urselmann ist seit 2004 Professor für Sozialmanagement mit dem Forschungsschwerpunkt Fundraising, seit 2005 an der *Technischen Hochschule Köln*. Daneben berät er seit 2004 freiberuflich gemeinwohlorientierte Organisationen in allen Fragen des Fundraising (urselmann.de, facebook.com/UrselmannFundraisingConsulting). Von 1997 bis 2004 leitete Urselmann die Agentur *GFS Fundraising & Marketing GmbH* in Bad Honnef, Berlin und Hamburg, seit 2000 als Geschäftsführer. Seine 1997 fertig gestellte Dissertation zum Thema „Erfolgsfaktoren im Fundraising von Nonprofit-Organisationen" wurde 1999 mit dem Lorenz-Werthmann-Preis des *Deutschen Caritasverbandes* ausgezeichnet. Urselmann war von 1994 bis 2001 Vorstandsmitglied des *Deutschen Fundraising Verbandes*. Seit 2009 ist er gewähltes Mitglied im *Deutschen Komitee für UNICEF*, seit 2016 Mitglied im Beirat der *Rheinischen Stiftung für Bildung* und seit 2017 ehrenamtlicher Botschafter der Sachspendenplattform *Innatura*.

Definition des Begriffs „Fundraising" 1

Zunächst soll der Begriff Fundraising definiert werden. Eine exakte Definition ist wichtig, da der Begriff weiten Teilen der Gesellschaft nach wie vor nicht geläufig ist. Selbst wenn der Begriff bekannt ist, bestehen oft nur diffuse Vorstellungen. Fundraising wird dann gerne in einen Topf geworfen mit Spendenwerbung, Spendenmarketing und Sponsoring. Auch wenn alle diese Begriffe etwas miteinander zu tun haben, so können sie doch nicht synonym verwendet werden. Fundraising ist weit mehr als nur „Geldbeschaffung" (to raise funds). Sich dessen klar zu werden lohnt sich! Zunächst soll eine Definition vorgeschlagen und anschließend die einzelnen Elemente der Definition anhand von Beispielen erläutert werden:

▶ **Fundraising** ist die *systematische* Analyse, Planung, Durchführung und Kontrolle sämtlicher Aktivitäten einer *gemeinwohlorientierten Organisation*, welche darauf abzielen, *alle benötigten Ressourcen* (Geld-, Sach- und Dienstleistungen) durch eine konsequente Ausrichtung an den *Bedürfnissen* der *Ressourcenbereitsteller* (Privatpersonen, Unternehmen, Stiftungen, öffentliche Institutionen) *zu möglichst geringen Kosten* zu beschaffen.

Es geht dem Fundraising also nicht nur um die Beschaffung von Geld, mit dessen Hilfe eine Organisation dann in einem zweiten Schritt die Ressourcen erwerben kann, die sie zur Erfüllung ihres Satzungszwecks benötigt. Vielmehr sollte sie versuchen, die benötigten Ressourcen direkt – und nicht über den Umweg des Geldes – zu „fundraisen".

1.1 Was ist mit „benötigte Ressourcen" gemeint?

Jede Organisation benötigt zur Erfüllung ihres Satzungszwecks eine Vielzahl von Ressourcen. Das Beispiel der *Tafeln* (www.tafel.de) soll dies veranschaulichen. Eine Tafel sammelt unverkäufliche Lebensmittel bei Händlern ein und verteilt sie an Bedürftige und gemeinnützige Organisationen. Zur Erfüllung dieses Satzungszwecks benötigt eine Tafel u. a. folgende Ressourcen:

- Mitarbeiter, die die Lebensmittel beim Handel abholen, zur Tafel transportieren, dort sortieren und den Bedürftigen aushändigen.
- Transporter, mit denen die Lebensmittel vom Handelsunternehmen zur Tafel transportiert werden können.
- Räumlichkeiten, in denen die Lebensmittel sortiert und anschließend den Bedürftigen ausgehändigt werden können.

Statt Geldspenden zu sammeln, mit denen die Transporter bezahlt werden könnten, wird diese benötigte Ressource mittels Fundraising beschafft: *Mercedes-Benz* und andere Unternehmen stellen Transporter als **Sachleistung** zur Verfügung. Darüber hinaus konnte die Tafel erreichen, dass *Continental* neue Reifen und der *ADAC* einen Schutzbrief für jeden Transporter bereitstellen.

Statt Geldspenden zu sammeln, mit denen die Miete für die Räumlichkeiten bezahlt werden könnte, wird versucht, auch diese benötigte Ressource als Sachleistung bei Eigentümern von Gewerbeimmobilien mittels Fundraising zu beschaffen.

Selbst die unverkäuflichen Lebensmittel, die die Tafel Bedürftigen zur Verfügung stellt, sind Sachleistungen der Händler. Das kostenlose Überlassen der Lebensmittel hat dabei nicht nur altruistische Gründe. Die Händler sparen sich die Entsorgungskosten für die unverkäuflichen Lebensmittel.

Neben Sachleistungen benötigt jede Organisation immer auch eine ganze Reihe von **Dienstleistungen**. Dies können Dienstleistungen im Rahmen der Kernkompetenz einer Organisation sein. So versucht in obigem Beispiel die Tafel, die benötigte Ressource Arbeitsleistung (Transport, Sortierung und Verteilung der Lebensmittel) so weit wie möglich zu fundraisen. Statt jedoch Geldleistungen einzuwerben, mit denen die Gehälter der Mitarbeiter bezahlt werden könnten, wird versucht, die benötigte Ressource Arbeitsleistung so weit wie möglich direkt als Dienstleistung zu fundraisen: Die Tafel arbeitet mit Ehrenamtlichen, die ihre Arbeitszeit als Zeitspende zur Verfügung stellen. Die Anzahl der hauptamtlichen Mitarbeiter wird auf ein Minimum beschränkt.

Daneben können im Rahmen des Fundraising aber auch lediglich unterstützende **Dienstleistungen** eingeworben werden, die nicht zur Kernkompetenz einer Organisation gehören. Hier einige Beispiele:

- Transportmittel für Mitarbeiter (Auto, Bahn, Flugzeug). Beispiel: Die Autovermietung *Sixt* stellt Mitarbeitern der Organisation *McDonald's Kinderhilfe Stiftung* kostenlos Mietwagen zur Verfügung, um die nötige Mobilität zu ermöglichen.
- Kommunikationsmittel für Mitarbeiter. Beispiel: Der Mobilfunkanbieter *Vodafone* stellt Sozialarbeitern der Organisation *Off Road Kids* Mobiltelefone zur Verfügung, um die nötige Kommunikation für die aufsuchende Jugendsozialarbeit zu ermöglichen.

1.1 Was ist mit „benötigte Ressourcen" gemeint?

- Management-Beratung zur Optimierung der Abläufe in der Organisation. Beispiel: Das Beratungsunternehmen *Booz, Allen und Hamilton* überließ 1996 dem *Deutschen Roten Kreuz* Top-Management-Berater pro bono für Strategieberatung.
- Steuerberatungsleistungen wie Kontierung von Belegen, Erstellen eines Jahresabschlusses, Formulierung einer Steuererklärung etc.
- Netzwerkbetreuung des Computer-Netzwerks einer steuerbegünstigten Organisation.
- Gebäudereinigung.
- Catering.
- u. v. m.

Fazit: Statt Geldleistungen zu sammeln, mit denen alle benötigten Sach- und Dienstleistungen bezahlt werden müssen, sollte jede Organisation versuchen, Sach- und Dienstleistungen so weit wie möglich direkt bei Privatpersonen und Unternehmen mittels Fundraising zu beschaffen.

Beim Auffinden benötigter **Sachleistungen** helfen:

- Internet-Plattformen wie sachspende.de (siehe hierzu ausführlich Abschn. 2.7.1.5).
- das gemeinnützige Sachspendenportal innatura.org, das fabrikneue Sachspenden von Unternehmen (wie z. B. *Amazon, Beiersdorf* und *Procter & Gamble*) an gemeinnützige Organisationen gegen eine geringe Verwaltungsgebühr von 5–15 % verteilt. Dadurch sparen NPO bei der Beschaffung von Produkten aus den Kategorien Haushalt, Körperpflege & Gesundheit, Babybedarf & Schwangerschaft, Spielzeug, Sport & Outdoor, Bekleidung & Schuhe, Büro & Bastelmaterial sowie Unterhaltung 80–95 % im Vergleich zum Kauf im Einzelhandel.
- das IT-Portal der *Haus des Stiftens gGmbH*, das in Deutschland (Stifter-helfen.de), Schweiz (Stifter-helfen.ch) und Österreich (Stifter-helfen.at) gegen eine geringe Verwaltungsgebühr Produktspenden von über 40 namhaften IT-Unternehmen (wie z. B. HP, Lenovo und Microsoft) in Form von Hardware (z. B. generalüberholte PCs, Laptops oder Server), Software (z. B. Betriebssysteme, Office-Anwendungen, Bildbearbeitungssoftware oder Sicherheitslösungen) oder IT-Schulungen (z. B. Webinare, Workshops oder Fachartikel) online ausschließlich an gemeinnützige Organisationen vermittelt. Die geringe Verwaltungsgebühr beträgt nur einen Bruchteil des Marktpreises.

Beim Auffinden benötigter **Dienstleistungen** helfen:

- Internet-Plattformen wie betterplace.org, buerger-helfen-buergern.com, govolunteer.com oder gute-tat.de (siehe hierzu ausführlich Abschn. 2.7.1.5).
- Freiwilligenagenturen, früher Ehrenamtsbörsen genannt. Sie stellen eine interessante Möglichkeit dar, benötigte Dienstleistungen zu fundraisen. Freiwilligenagenturen bringen Anbieter und Nachfrager ehrenamtlich erbrachter Leistungen zusammen. Bürger, die sich gerne ehrenamtlich engagieren möchten, können sich unter Angabe ihrer Kenntnisse, Erfahrungen und zeitlichen Verfügbarkeit in eine Datenbank aufnehmen

lassen. Organisationen, die (qualifizierte) ehrenamtliche Unterstützung benötigen, können in dieser Datenbank gezielt nach einem Wunschprofil suchen lassen. Ausführliche Informationen findet man auf den Plattformen bagfa.de (Deutschland), benevol-jobs.ch (Schweiz) und freiwilligenweb.at (Österreich).

- die eigene Website (Beispiele: caritas-ehrenamt.de, unicef.de/ichundunicef).
- Unternehmen, die im Rahmen des sog. *Corporate Volunteering* Mitarbeiter während der Arbeitszeit gemeinnützigen Organisationen kostenlos zur Verfügung stellen (siehe hierzu ausführlich Abschn. 3.2.1.3).

> **Beispiel**
> Auf ichhelfe.jetzt werden Geldspenden, Sachspenden und Zeitspenden für Geflüchtete vermittelt.

Alle Beispiele zeigen, dass es beim Fundraising nicht immer nur um die Beschaffung finanzieller Mittel gehen muss. Im Gegenteil: Für eine Organisation ist es mindestens genauso wertvoll, wenn sie die Sach- und Dienstleistungen, die sie für ihre satzungsmäßige Arbeit benötigt, *direkt* bereitgestellt bekommt. Diese Form der Unterstützung wird im Englischen auch **Non-Cash Assistance** genannt, was man wohl am besten mit „Überlassen geldwerter Vorteile" ins Deutsche übersetzen könnte. Dahinter steht die Erfahrung, dass es für ein Unternehmen wesentlich interessanter ist, seine angebotenen Sach- oder Dienstleistungen bereitzustellen, als den entsprechenden Gegenwert in Geldleistung. Die (variablen) Kosten für die Sach- oder Dienstleistung können weit unter dem Verkaufspreis liegen.

> **Beispiel**
> 2016 stellt *Microsoft* 8000 gemeinnützigen Organisationen in Deutschland Software im Wert von 53 Mio. € zur Verfügung. Die tatsächlichen Kosten für die Bereitstellung der Software liegen für Microsoft natürlich ganz erheblich unter diesem Wert.

Der finanzielle Wert einer solchen Non-Cash Assistance lässt sich problemlos in Euro oder Schweizer Franken berechnen; schließlich bieten die Bereitsteller die Leistung ja normalerweise zu Marktpreisen kommerziell an. Die überlassenen („geldwerten") Güter und Dienstleistungen sind dadurch exakt monetarisierbar und damit der Beschaffung von finanziellen Mitteln gleichgestellt. Die Beschaffung von Non-Cash Assistance soll deshalb dem Fundraising unmittelbar zugerechnet werden, auch wenn die Silbe „Fund" in Fundraising einen zunächst nur an die Beschaffung finanzieller Mittel denken lässt.

Schlussfolgerung und Empfehlung Den Aspekt der Non-Cash Assistance innerhalb des Fundraising haben die meisten Organisationen noch längst nicht voll ausgeschöpft. Stellen Sie sich selbst einmal folgende Fragen:

- Welche Sachleistungen benötigen wir und wer könnte sie uns billiger oder gar kostenlos zur Verfügung stellen?

- Welche Dienstleistungen benötigen wir und wer könnte sie uns billiger oder gar kostenlos zur Verfügung stellen?

Auf jeden Fall ist es für einen kommerziellen Anbieter von Sach- oder Dienstleistungen immer einfacher, einer gemeinnützigen Organisation seine Leistungen billiger oder kostenlos anzubieten, als den entsprechenden finanziellen Gegenwert als Geldspende zur Verfügung zu stellen! Auf Seiten des Unternehmens ist dabei jedoch zu beachten, dass Sachspenden in der Regel umsatzsteuerpflichtige Entnahmen darstellen. Bemessungsgrundlage für die Umsatzsteuer sind die Wiederbeschaffungskosten der Sachspenden. Einzige Ausnahme stellen Sachspenden in Form von Lebensmittelspenden an die Tafeln oder vergleichbare Organisationen dar, die kurz vor dem Mindesthaltbarkeitsdatum stehen oder Frischwaren wie Obst und Gemüse, die nicht mehr verkäuflich sind, da der fiktive Preis, der noch erzielt werden könnte, mit null Euro bewertet wird (OFD Niedersachsen, Verfügung vom 09.02.2016, Az. S 2223 – 324 – St 2455 7100 – 674). Entsprechend kann für eine solche Sachspende auch keine Zuwendungsbestätigung mehr ausgestellt werden (siehe hierzu auch Abschn. 3.2.2).

1.2 Wer ist mit „gemeinwohlorientierter Organisation" gemeint?

Nach obiger Definition geht es hier um das Fundraising einer „gemeinwohlorientierten Organisation". Damit sind zunächst einmal steuerbegünstigte Organisationen gemeint. (Steuer-)Rechtlich gesehen, wäre es eigentlich präziser von einer „steuerbegünstigten Körperschaft" zu sprechen. In der nicht-juristischen Literatur ist der Begriff „Organisation" jedoch verbreiteter. Eine Organisation wird dann steuerbegünstigt (d. h. von einigen Steuern wie z. B. der Körperschaftssteuer, Gewerbesteuer oder Erbschaftssteuer befreit), wenn ihr Satzungszweck von den zuständigen Finanzbehörden anerkannt wird als:

- **„gemeinnützig"** (§ 52 Abgabenordnung), Beispiel: Selbstlose Förderung der Jugend- und Altenhilfe.
- **„mildtätig"** (§ 53 Abgabenordnung), Beispiel: Selbstlose Unterstützung von Personen, die infolge ihres körperlichen, geistigen oder seelischen Zustandes auf die Hilfe anderer angewiesen sind.
- **„kirchlich"** (§ 54 Abgabenordnung), Beispiel: Selbstlose Förderung einer Religionsgemeinschaft, die Körperschaft des öffentlichen Rechts ist.

In Bezug auf das Drei-Sektoren-Modell, wonach die Versorgung einer Gesellschaft mit Waren und Dienstleistungen durch den Markt (Erster Sektor), den Staat (Zweiter Sektor) und den Nonprofit-Sektor (Dritter Sektor) erfolgen kann, wird das Fundraising hier also zunächst auf den Nonprofit-Sektor bezogen. Demnach wird Fundraising (in Abgrenzung zum Versorgungssystem „Markt") von „Nonprofit-Organisationen (NPO)" betrieben, die manchmal auch (in Abgrenzung zum Versorgungssystem „Staat") „Nichtregierungsorganisationen (NRO)" bzw. „Non-Governmental Organizations (NGO)" genannt werden.

Darüber hinaus können sich aber auch Organisationen am Gemeinwohl orientieren, die nicht formal steuerbegünstigt sind, so z. B. die zahlreichen nicht eingetragenen Vereine und Initiativen. Natürlich können auch sie Fundraising betreiben – Spenden an solche Organisationen sind dann aber nicht steuerlich abzugsfähig.

Selbstverständlich orientiert sich auch der **Staat** am Gemeinwohl und kann (zusätzlich zu seiner vorherrschenden Finanzierung über Zwangsabgaben in Form von Steuern) freiwillig gegebene Mittel im Rahmen des Fundraising einwerben. So haben in den letzten Jahren immer mehr öffentliche Hochschulen, Schulen, Kindertagesstätten, Theater, Museen und Krankenhäuser begonnen, Fundraising zu betreiben. Informationsplattformen wie staatshilfe.de informieren rund um die Themen Sponsoring und Spenden in der öffentlichen Verwaltung.

> **Beispiel**
>
> Seit der Umstrukturierung der Stadtverwaltung von Hochheim im Jahr 2009, wirbt ein Mitarbeiter durch gezielte Fundraising-Maßnahmen Ressourcen für städtische Projekte ein.

Auch die Amtskirchen, die als Körperschaften des öffentlichen Rechts mit kirchlicher Zielsetzung per se steuerbefreit sind, betreiben neben der Erhebung von Kirchensteuern immer schon Fundraising-Aktivitäten, indem sie um Spenden, (Zu-)Stiftungen und öffentliche Mittel, beispielsweise für kirchliche Schulen und Hochschulen, werben.

Prinzipiell wird auch im **Ersten Sektor** von Fundraising gesprochen, wenn Unternehmen sich auf Finanzmärkten mit Kapital versorgen. Auch im deutschsprachigen Raum wird insbesondere dann von Fundraising gesprochen, wenn Beteiligungsgesellschaften (Private-Equity-Fonds) außerbörslich Gelder einwerben, um damit unterbewertete Unternehmen aufkaufen zu können, die profitabler gemacht und anschließend zu einem höheren Preis wieder verkauft werden sollen. Diese Form des Fundraising orientiert sich nicht am Gemeinwohl, sondern am Wohl einzelner Investoren. Im vorliegenden Buch geht es ausschließlich um das Fundraising zugunsten gemeinwohlorientierter Organisationen des Nonprofit-Sektors und des staatlichen Sektors.

1.3 Wer ist mit „Ressourcenbereitsteller" gemeint?

Jede gemeinwohlorientierte Organisation benötigt also zur Erreichung ihrer satzungsmäßigen Ziele verschiedenste Ressourcen. Wer könnte die benötigten Ressourcen in Form von Geld-, Sach- und Dienstleistungen zur Verfügung stellen? Im Fundraising werden vier Gruppen von **Ressourcenbereitstellern** unterschieden:

- Privatpersonen,
- Unternehmen,
- Stiftungen,
- Öffentliche Institutionen.

Die erste Gliederungsebene dieses Buches orientiert sich an dieser Einteilung. Wie man diese Ressourcenbereitsteller im Einzelnen anspricht, wird in den folgenden Kapiteln ausführlich erläutert.

1.4 Welche „Bedürfnisse" haben die Ressourcenbereitsteller?

Eine zentrale Frage des Fundraising ist, warum (potenzielle) Ressourcenbereitsteller einer gemeinwohlorientierten Organisation ihre Geld-, Sach- und Dienstleistungen zur Verfügung stellen sollten? Aus welcher Motivation bzw. dahinter stehenden Bedürfnissen heraus tun sie dies? Welchen Nutzen zieht ein Ressourcenbereitsteller aus seinem Tun?

Bei den **Privatpersonen** ist man zunächst geneigt, selbstlose Gründe zu unterstellen. Da die gemeinwohlorientierte Organisation selbstlos ihre Zwecke verfolgt, wird vermutet, dass auch die Ressourcenbereitstellung der Privatpersonen altruistisch erfolgt. Bei genauerer Betrachtung unterstützen Privatpersonen gemeinwohlorientierte Organisationen jedoch nicht nur aus reinem Altruismus. Vielmehr erwarten sie – ausgesprochen oder unausgesprochen – zumindest immaterielle Formen der Gegenleistung. *Kotler* und *Levy* schreiben dazu: „Fund raisers have learned that people give because they are getting something."[1] Damit wird deutlich, dass trotz Immaterialität der Gegenleistung, ein Ressourcenbereitsteller nicht nur altruistische, sondern durchaus auch egoistische Ziele verfolgen kann.

> **Beispiel**
> Plattformen wie omaze.com, IfOnly.com und CharityStars.com bieten Spendern als Gegenleistung für ihre Spende an eine gemeinnützige Organisation die Teilnahme an der Verlosung einer Once-in-a-Lifetime Experience (z. B. ein Meet & Greet mit einem Prominenten) an.

In einer umfangreichen empirischen Studie fand *Schneider* sogar heraus, „dass egoistischen Nutzenkomponenten hohe Bedeutung zukommt, während altruistische Motive einen zwar immer noch hochsignifikanten, jedoch tendenziell geringeren Einfluss ausüben."[2] Dies wird später im Rahmen der Analyse bzw. Marktforschung (siehe Abschn. 6.1) genau

---

[1] Kotler, Philip; Levy, Sidney J.: Broadening the Concept of Marketing, in: Journal of Marketing, Vol. 33 (1969), S. 10–15, S. 14.
[2] Schneider, Willy: Die Akquisition von Spenden als eine Herausforderung für das Marketing, Berlin 1996, S. 406.

zu erforschen, und anschließend im Rahmen der Produkt- und Programmpolitik (siehe Abschn. 2.3) zu entscheiden sein.

Bei **Unternehmen** als Ressourcenbereitsteller dürften wohl die Wenigsten eine selbstlose Motivation unterstellen – obwohl diese, wie beim klassischen Mäzen angenommen, durchaus denkbar wäre. Ist Altruismus bei einer Privatperson denkbar, so muss sie beispielsweise auch bei einem mittelständischen Unternehmer denkbar sein, der ja schließlich gleichzeitig Privatperson ist. In aller Regel dürften bei Unternehmen aber (zumindest teilweise) Eigeninteressen im Spiel sein, wenn sie steuerbegünstigte Organisationen unterstützen. Zu nennen sind beispielsweise folgende Interessen:

- Positive Beeinflussung des Unternehmensimage bei allen relevanten internen und externen Stakeholdern (Anspruchsgruppen): Kunden, Mitarbeiter, Lieferanten, Geldgeber, Öffentlichkeit.
- Steigerung der Identifikation und Motivation der Mitarbeiter mit dem Unternehmen.
- Differenzierung vom Wettbewerb.
- Dokumentation der Übernahme gesellschaftlicher Verantwortung („Corporate Social Responsibility"), siehe Abschn. 3.1.

Dass Unternehmen auch Eigeninteressen verfolgen, ist wohl genauso wenig verwerflich wie bei Privatpersonen. Allerdings bekommt die Frage der Gegenleistung für ein unterstützendes Unternehmen an anderer Stelle eine wichtige Bedeutung: Aus steuerrechtlicher Sicht wird großer Wert auf die Unterscheidung gelegt, ob die Ressourcenbereitstellung durch ein Unternehmen aus selbstlosen Gründen in Form einer (Unternehmens-)Spende erfolgt, oder ob eine Gegenleistung vorliegt, die ein Sponsoring begründet. Im Falle eines Sponsoring gelten nach dem sog. Sponsoring-Erlass nämlich sowohl für das unterstützende Unternehmen als auch für die unterstützte Organisation teilweise andere steuerliche Regelungen als bei einer Spende. Diese Unterscheidung wird später in Abschn. 3.2.2 noch näher auszuführen sein.

Übrigens haben selbst **Stiftungen**, die steuerbegünstigten Organisationen Ressourcen zur Verfügung stellen (siehe Kap. 4) durchaus Eigeninteressen. Sie streben in aller Regel eine Erhöhung ihres Stiftungskapitals durch Zustiftungen an und sind deshalb an ähnlichen Gegenleistungen interessiert, wie auch Unternehmen (siehe oben). Dies darf beim Fundraising gegenüber Stiftungen nie vergessen werden.

Sogar **öffentliche Institutionen** sind nicht vollkommen frei von Eigeninteressen. Wenn schon nicht auf institutioneller Ebene, so doch oft auf persönlicher Ebene. Ein Mitarbeiter einer öffentlichen Institution tendiert dazu, bevorzugt solche steuerbegünstigten Organisationen zu unterstützen, bei denen er mit professioneller Projektadministration rechnen kann – was seinen eigenen administrativen Aufwand bei der Abwicklung der Förderung minimiert.

1.5 Was ist mit „zu möglichst geringen Kosten" gemeint?

Das Fundraising soll die von einer steuerbegünstigten Organisation benötigten Ressourcen zu möglichst geringen Kosten beschaffen. Im Idealfall verzichtet ein Ressourcenbereitsteller ganz auf eine (materielle) Gegenleistung. Die Ressourcen werden dann als (Geld-, Sach- oder Zeit-)**Spende** freiwillig und unentgeltlich zur Verfügung gestellt. Dies heißt übrigens nicht, dass damit gar keine Kosten entstehen. Wie bereits ausgeführt, erwarten die meisten Spender immaterielle Formen der Gegenleistung wie Dank, Anerkennung und Informationen (z. B. in Form von Rechenschaft über die Verwendung der Spenden). Diese immateriellen Formen der Gegenleistung sind nicht zum Nulltarif zu haben. Es entstehen beispielsweise Kosten für die Erstellung und den Versand von Geschäftsberichten oder für den Aufbau und die Pflege einer Website. Dass Kosten entstehen ist also unvermeidbar – entscheidend ist die Frage, wie hoch der Anteil dieser Kosten an den eingeworbenen Ressourcen ist. Damit ist der sog. Verwaltungskostenanteil angesprochen, auf den in Abschn. 6.3.3.5 noch näher einzugehen sein wird.

Selbst wenn nicht erreicht werden kann, dass ein Ressourcenbereitsteller ganz auf eine materielle Gegenleistung verzichtet, kann auch dann noch von einem Fundraising-Erfolg gesprochen werden, wenn es einer Organisation aufgrund ihrer Gemeinwohlorientierung gelingt, die benötigten Ressourcen zu einem Preis unterhalb des Marktpreises zu beschaffen. Ein realisierter Preisnachlass kann durchaus als „gefundraist" angesehen werden, da der Differenzbetrag ansonsten hätte bezahlt werden müssen.

▶ **Tipp** Beschaffen Sie von Ihrer Organisation benötigte Artikel aus den Kategorien Haushalt, Körperpflege & Gesundheit, Babybedarf & Schwangerschaft, Spielzeug, Sport & Outdoor, Bekleidung & Schuhe, Büro & Bastelmaterial sowie Unterhaltung über den Online-Shop des bereits erwähnten Sachspendenportals innatura.org als fabrikneue Sachspenden von Unternehmen mit einem Preisnachlass von 80 bis 95 % im Vergleich zum Kauf im Einzelhandel!

Ist der Ressourcenbereitsteller ein Unternehmen, das eine Gegenleistung erwartet, so ist von Seiten der steuerbegünstigten Organisation immer darauf zu achten, dass die Kosten für die Erbringung der erwarteten Gegenleistungen minimiert werden und noch in einem vernünftigen Verhältnis zu den beschafften Ressourcen stehen. So manche gemeinwohlorientierte Organisation fühlt sich verpflichtet, unverhältnismäßig hohe Gegenleistungen für erhaltene Ressourcen zu erbringen.

1.6 Fundraising – eine Erscheinungsform des Marketing

Die oben vorgestellte Definition des Fundraising-Begriffs orientiert sich ganz bewusst an gängigen Definitionen des Marketing-Begriffs[3], weil das Fundraising hier als eine Erscheinungsform des Marketing betrachtet wird. Wie auch im Marketing, geht es im Fundraising um die systematische Gestaltung von Austauschbeziehungen.

Dabei sind zwei Betrachtungsweisen denkbar:

Zum einen könnte man das Fundraising als eine Erscheinungsform des **Beschaffungsmarketings** einer steuerbegünstigten Organisation betrachten, da es dem Fundraising um die Beschaffung derjenigen Ressourcen geht, die eine steuerbegünstige Organisation benötigt, um ihre Absatzleistung (Hilfeleistung, Beratungsleistung, Aufklärungsleistung etc.) erbringen zu können. An dieser Stelle ist jedoch ein wesentlicher Unterschied zwischen gemeinwohlorientierten Organisationen (des Zweiten oder Dritten Sektors) einerseits und kommerziellen Unternehmen (des Ersten Sektors) andererseits zu beachten. Kommerzielle Unternehmen finanzieren die Beschaffung der von ihnen benötigten Ressourcen aus den Umsatzerlösen des Absatzes ihrer Produkte oder Dienstleistungen. Sie beschaffen die von ihnen benötigten Ressourcen auf kommerziellen Waren- und Dienstleistungsmärkten (Arbeitsmarkt, Immobilienmarkt, Telekommunikationsmarkt etc.). Dies ist gemeinwohlorientierten Organisationen oft dadurch nicht (vollständig) möglich, dass der Absatz ihrer (gemeinnützigen) Dienstleistung vom Leistungsempfänger nicht (vollständig) bezahlt werden kann. Damit können auch keine (ausreichenden) Umsatzerlöse erzielt werden, aus denen die Beschaffung der benötigten Ressourcen auf kommerziellen Märkten (vollständig) finanziert werden könnte. Die Ressourcen müssen dann anderweitig – durch Fundraising – beschafft werden. Wie bereits erläutert, gelingt dies zum einen, in dem Ressourcenbereitsteller (insbesondere Privatpersonen und Unternehmen, weniger Stiftungen und öffentliche Institutionen) benötigte Sach- und Dienstleistungen unmittelbar als Sach- und Zeitspenden und damit unter Verzicht auf eine (adäquate) Bezahlung zur Verfügung stellen.

Zum anderen können Ressourcenbereitsteller aber auch Geldleistungen in Form von Geldspenden zur Verfügung stellen, mit denen sich eine steuerbegünstigte Organisation ihre benötigten Ressourcen anschließend auf kommerziellen Beschaffungsmärkten besorgen kann. Bei dieser mittelbaren Form der Ressourcenbereitstellung stellt sich aus Marketing-Sicht die Frage nach den zugrundeliegenden Austauschprozessen anders dar. Streng genommen stellt das Einwerben von Geldspenden aus Sicht einer gemeinwohlorientierten Organisation noch nicht die eigentliche Beschaffung dar. Die erfolgt erst anschließend, wenn die Organisation mit Hilfe der Geldspenden ihre benötigten Ressourcen auf (kommerziellen) Beschaffungsmärkten (Arbeitsmarkt, Immobilienmarkt, Telekommunikationsmarkt etc.) beschafft. Somit stellt sich die Frage, welche Art Austauschbeziehung

---

[3] Siehe beispielsweise: Meffert, Heribert; Burmann, Christoph; Kirchgeorg, Manfred: Marketing, Grundlagen marktorientierter Unternehmensführung, Konzepte – Instrumente – Praxisbeispiele, 12. Auflage, (Springer) Wiesbaden 2014.

1.6 Fundraising – eine Erscheinungsform des Marketing

zwischen Geldspender und steuerbegünstigter Organisation vorliegt, wenn keine (unmittelbare) Beschaffungsbeziehung?

Hier soll das Einwerben von Geldspenden im Rahmen des Fundraising als eine Erscheinungsform des **Absatzmarketing** einer steuerbegünstigten Organisation betrachtet werden, bei der ein immaterielles (Spenden-)Produkt angeboten wird, aus dessen Verkaufserlösen die eigentlich benötigten Ressourcen auf (kommerziellen) Beschaffungsmärkten beschafft werden können. Neben ihrer **originären** Absatzleistung (dem Absatz ihrer gemeinwohlorientierten Dienstleistung an bedürftige Leistungsempfänger) erbringt eine Fundraising betreibende, gemeinwohlorientierte Organisation demnach eine zweite, eine **derivative** Absatzleistung um die benötigten Ressourcen – trotz geringer oder fehlender Umsatzerlöse aus der originären Absatzleistung – finanzieren zu können. Entsprechend orientiert sich das vorliegende Buch zum Fundraising in Aufbau, Systematik und Vorgehensweise am (Absatz-)Marketing.

Aufgrund der Immaterialität des (Spenden-)Produktes, schlägt *Gahrmann* vor, in dem Produkt eine Dienstleistung zu sehen, die eine Organisation an ihre Ressourcenbereitsteller absetzt.[4] Tatsächlich könnte man aus Marketing-Sicht im Einwerben einer Geldspende zunächst einmal so etwas wie den Absatz einer Dienstleistung sehen. Die Dienstleistung bestünde dann in einer Art Treuhandleistung, die die steuerbegünstigte Organisation für den Spender erbringt. Ist es einem Spender aus zeitlichen, räumlichen, kapazitären, fachlichen oder anderen Gründen nicht möglich, durch Bereitstellung von Zeit- und Sachmitteln selber und unmittelbar zur Erreichung der Ziele einer Organisation beizutragen, so betrachtet er seine Geldspende als mittelbare Möglichkeit zur Zielerreichung beizutragen. Nach dieser Überlegung gibt er der Organisation so etwas wie einen treuhänderischen Auftrag, die Zielerreichung stellvertretend für ihn voranzutreiben. Tatsächlich betrachtet ein Spender eine durch ihn geförderte Organisation ja auch als seinen „verlängerten Arm". Die Organisation soll in seinem Auftrag die jeweiligen Satzungsziele möglichst effektiv und effizient erreichen, und anschließend Rechenschaft ablegen. Die Geldspende wäre dann der Preis bzw. die Bezahlung des Spenders für die Erbringung der (treuhänderischen) Dienstleistung durch die Organisation.

Dieser Überlegung muss jedoch entgegengehalten werden, dass dem (Spenden-)Produkt eines der drei konstitutiven Merkmale einer Dienstleistung fehlt. Nach der von *Meffert* und *Bruhn* vertretenen Drei-Phasen-Auffassung von Dienstleistungen resultiert erst aus den spezifischen Fähigkeiten und der Bereitschaft des Dienstleistungsanbieters zur Erbringung einer Dienstleistung (Potenzialorientierung) und der Einbringung des externen Faktors durch den Dienstleistungsnachfrager als prozessauslösendes und -begleitendes Element (Prozessorientierung) ein Dienstleistungsergebnis (Ergebnisorientierung). Dabei ist der Dienstleistungsprozess gekennzeichnet durch Synchronität von Erbringung und Inanspruchnahme der Dienstleistung.[5] Diese Synchronität liegt im Fall des (Spenden-)Pro-

---
[4] Vgl. Gahrmann, Christian: Strategisches Fundraising, (Gabler) Wiesbaden 2012, S. 19 ff.
[5] Vgl. Meffert, Heribert; Bruhn, Manfred: Dienstleistungsmarketing, Grundlagen – Konzepte – Methoden, 8. Aufl., (Springer) Wiesbaden 2015, S. 12–14.

dukts jedoch nicht vor, da die immaterielle Gegenleistung der Organisation sowohl in Form der Durchführung des Treuhandauftrages als auch in Form von Dank, Anerkennung etc. in der Regel erst deutlich nach der Leistung der Geldspende (und damit zeitlich entkoppelt) erfolgt. Anstelle einer Dienstleistung soll im Fundraising hier deshalb der (derivative) Absatz eines immateriellen (Spenden-)Produktes im Sinne des generischen Produktbegriffs nach Kotler gesehen werden, der unter einem Produkt „alles versteht, was einer Person angeboten werden kann, um ein Bedürfnis oder einen Wunsch zu befriedigen."[6] Welche Bedürfnisse ein (Spenden-)Produkt befriedigen kann, wird später in Abschn. 2.3.1 zu klären sein.

Abschließend kann an dieser Stelle auch noch auf die Idee der Charity-Shops verwiesen werden, die deutsche Fundraiser in den letzten Jahren von ihren britischen Kollegen übernommen haben. In einem Charity-Shop verkauft eine gemeinwohlorientierte Organisation mit Hilfe von Ehrenamtlichen Gebrauchtwaren, die sie vorher als Sachspenden gefundraist hat. Der Verkauf der Gebrauchtwaren stellt ebenfalls eine derivative Absatzleistung in obigem Sinne dar, die einzig das Ziel verfolgt, Umsatzerlöse zu generieren, mit denen auf kommerziellen Beschaffungsmärkten die von der gemeinwohlorientierten Organisation benötigten Ressourcen beschafft werden können.

> **Beispiel**
>
> Über ihre *Oxfam Deutschland Shops gGmbH* verkauft *Oxfam Deutschland e. V.* Sachspenden (insbesondere Kleidung und Bücher) als Gebrauchtwaren in 52 Shops bzw. Secondhand-Läden in 34 Städten Deutschlands.

1.7 Fundraising – Freiwillige Umverteilung von Ressourcen

Fundraising sorgt also für freiwillige Umverteilung von Ressourcen von Ressourcenbereitstellern auf gemeinwohlorientierte Organisationen des Zweiten oder Dritten Sektors. Damit erfüllt das Fundraising eine ähnliche Umverteilungsfunktion wie das Steuersystem. Mit dem entscheidenden Unterschied freilich, dass Ersteres eine freiwillige und Zweiteres eine Zwangsumverteilung darstellt. Hierüber lohnt es sich noch einmal nachzudenken. Einerseits scheint sich jeder Bürger einen Sport daraus zu machen, seine persönliche Steuerlast nach Möglichkeit zu minimieren. Andererseits sind Bürger zunehmend bereit, Teile ihres Vermögens der Gesellschaft freiwillig zur Verfügung zu stellen. Das wohl bekannteste Beispiel für freiwillig geleistete Umverteilung stellt die Initiative *The Giving Pledge* (http://givingpledge.org) dar. Nachdem die Multimilliardäre Bill Gates, Melinda Gates und Warren Buffett 2010 erklärt hatten, mindestens die Hälfte ihres Vermögens bis zu ihrem Lebensende steuerbegünstigen Zwecken zukommen lassen zu wollen, sprachen sie seitdem weltweit weitere Milliardäre an. Inzwischen haben sich laut Website 170 Perso-

---

[6] Kotler, Philip; Keller, Kevin L.; Bliemel, Friedhelm: Marketing-Management: Strategien für wertschaffendes Handeln, 12. Aufl., (Addison-Wesley) München 2007, S. 12.

nen bzw. Paare der Initiative angeschlossen (Stand November 2017), darunter mit dem SAP-Gründer Hasso Plattner auch ein erster Deutscher.

Statt immer nur über weitere Zwangsumverteilung in Form von höherer Einkommens- und Erbschaftssteuer, sollte in der politischen Diskussion mehr über Anreize zur freiwilligen Umverteilung nachgedacht werden – sie kann offensichtlich erhebliche Beträge mobilisieren. Erste Schritte in diese Richtung wurden in Deutschland mit dem „Gesetz zur weiteren steuerlichen Förderung von Stiftungen" (2000) und dem „Gesetz zur weiteren Stärkung des bürgerschaftlichen Engagements (Hilfe für Helfer)" (2007) bereits gegangen. Schließlich hat sich in Deutschland durch eine (historisch einzigartige) Friedensphase von mittlerweile 73 Jahren (Stand 2018) ein enormes Vermögen akkumuliert, das sich – u. a. bedingt durch die demografische Entwicklung – auf immer weniger Köpfe verteilt. Fundraising sollte neben dem Steuersystem stärker dazu beitragen können, die (derzeit auseinander gehende) „Vermögensschere" in der Bevölkerung wieder besser zu schließen. Ähnliches gilt für die Kirchen. Bei rückläufigen Kirchensteuereinnahmen sollte nicht über neue Zwangsabgaben (z. B. in Form der Wiedereinführung von Kirchgeld) nachgedacht werden. Viel erfolgsversprechender erscheint, auf freiwillige Abgaben der Gläubigen zu setzen.

Weiterführende Literatur

Fabisch, N.: Fundraising – Spenden, Sponsoring und mehr, 3. Aufl. Deutscher Taschenbuch Verlag, München (2013)

Gahrmann, C.: Strategisches Fundraising. Gabler, Wiesbaden (2012)

Güssow, C.: Die Ökonomie der Spende, Dissertation, St. Gallen (2007)

Kotler, P., Levy, S.J.: Broadening the concept of marketing. J. Mark. **33**, 10–15 (1969)

Kotler, P., Keller, K.L., Bliemel, F.: Marketing-Management: Strategien für wertschaffendes Handeln, 12. Aufl. Addison-Wesley, München (2007)

Lichtsteiner, H.: Gewinnung und Bindung von Zeitspendern. In: Urselmann, M. (Hrsg.) Handbuch Fundraising, S. 17–32. Springer, Wiesbaden (2016)

Luthe, D.: Fundraising als beziehungsorientiertes Marketing – Entwicklungsaufgaben für Nonprofit-Organisationen. Maro, Augsburg (1997)

Meffert, H., Bruhn, M.: Dienstleistungsmarketing, Grundlagen – Konzepte – Methoden, 8. Aufl. Springer, Wiesbaden (2015)

Meffert, H., Burmann, C., Kirchgeorg, M.: Marketing, Grundlagen marktorientierter Unternehmensführung, Konzepte – Instrumente – Praxisbeispiele, 12. Aufl. Gabler, Wiesbaden (2014)

Müllerleile, C.: Charity Shops als Fundraising-Instrument – Britische Organisation gewinnt mit erfolgreicher Geschäftsidee auch in Deutschland an Boden. BSM-Newsl. **2** (1995)

Schneider, W.: Die Akquisition von Spenden als eine Herausforderung für das Marketing. Duncker & Humblot, Berlin (1996a)

Schneider, W.: Philanthropie und Gratifikationsprinzip – Ein Beitrag zur theoretischen und empirischen Erforschung des Problemfeldes „Spendenmarketing. zfbf **48**(4), 394–408 (1996b)

Uekermann, J.: Fundraising-Grundlagen – Wie Sie Freunde und Spenden für Ihre gute Sache gewinnen. Fundraiser Magazin, Dresden (2010)

Urselmann, M.: Erfolgsfaktoren im Fundraising von Nonprofit-Organisationen. Gabler, Wiesbaden (1998). Nachdruck 2006

Fundraising bei Privatpersonen 2

In der Definition des Fundraising-Begriffs wurden vier Gruppen von Ressourcenbereitstellern (Privatpersonen, Unternehmen, Stiftungen und öffentliche Institutionen) unterschieden. Da sich das Vorgehen im Fundraising gegenüber diesen vier Gruppen von Ressourcenbereitstellern deutlich unterscheidet, wird das vorliegende Buch auf der ersten Gliederungsebene nach diesen vier Gruppen gegliedert. Als erstes soll hier das Fundraising bei Privatpersonen vorgestellt werden, da Privatpersonen die wichtigste Gruppe von Ressourcenbereitstellern darstellen. Im Mittelpunkt steht die Frage, wie es gelingen kann, Privatpersonen zu gewinnen, zu (Geld-, Sach- und/oder Zeit-)Spendern zu werden?

2.1 Relationship Fundraising

Ausgangspunkt ist folgende, simple Überlegung: Benötigte Ressourcen kann eine gemeinwohlorientierte Organisation nur bei denjenigen Privatpersonen einwerben, die diese Organisation auch kennen und ihr vertrauen. Bekanntheit und Vertrauen können nur durch nachhaltige Kommunikation aufgebaut werden. Dabei erweist sich der Dialog erfahrungsgemäß als erfolgreicher als der Monolog (darauf wird später noch genauer einzugehen sein). Soll Fundraising erfolgreich sein, so muss es ihm also gelingen, durch Kommunikation eine vertrauensvolle Beziehung zu den Ressourcenbereitstellern aufzubauen. Dies gilt natürlich nicht nur für die privaten sondern auch für alle anderen Ressourcenbereitsteller. *Burnett* spricht in diesem Zusammenhang von „**Relationship Fundraising**", was etwa mit „Fundraising durch Beziehungsaufbau" übersetzt werden könnte: „Relationship fundraising is an approach to the marketing of a cause which centers not around raising money but on developing to its full potential the unique and special relationship that exists between a charity and its supporter. Whatever strategies and techniques are employed to boost funds, the overriding consideration in relationship fundraising is to care for and develop that special bond and not to do anything that might damage or jeopardise it. In relationship fundraising every activity of the organisation is therefore geared towards making donors feel important, valued and considered. In this way relationship fundraising will ensure more funds per donor in the long term".[1]

Dem Relationship Fundraising geht es also nicht um den „schnellen Euro", sondern um Aufbau und Pflege einer dauerhaften, langfristigen und möglichst individuellen Beziehung zwischen einer Organisation und ihren Spendern. Relationship Fundraising fordert von einer Organisation, ihre Spender entsprechend ihrer hohen Bedeutung für die Finanzierung der Organisation wertzuschätzen und zu würdigen. Dies ist leider längst nicht so selbstverständlich, wie man glauben möchte. Auch heute noch gibt es Organisationen, die ihre Spender lediglich als „zu melkendes Spendenvieh" betrachten. Nach dem Motto: „Du darfst uns gerne Dein Geld zur Verfügung stellen, ansonsten aber bitte den Betrieb nicht stören. Rückfragen, Anregungen und Kritik oder gar Mitsprache unerwünscht!"

Mittlerweile lässt sich jedoch ein Generationswechsel unter den Spendern beobachten. Die in der Nachkriegszeit zu mehr Kritikfähigkeit Erzogenen sind ins „spendenrelevante" Alter von fünfzig plus gekommen. Viel stärker als ihre Elterngeneration knüpfen sie ihre Spendenbereitschaft an konkrete Forderungen. Sie wollen nicht die Organisation als solche, sondern gezielt Projekte unterstützen, die sie sich selbst unter verschiedenen Alternativen aussuchen können. Ein Mitspracherecht bei der Mittelverwendung ist ihnen ebenso wichtig wie Transparenz, Information und Rechenschaft. Für die Organisation bedeutet dies die Notwendigkeit, sich ihren Spendern zu öffnen, sich auf sie einzulassen, ja sie aktiv in ihre Arbeit einzubeziehen. Auf den Generationswechsel bei den Spendern wird in Abschn. 6.1 noch ausführlich einzugehen sein.

Nur Organisationen, denen es gelingt, in diesem Sinne eine möglichst individuelle und nachhaltige Beziehung zu ihren Spendern aufzubauen, werden künftig im Fundraising Erfolg haben. Hier liegt übrigens gerade eine große Chance kleinerer Organisationen, die in der Regel noch eine persönlichere Beziehung zu ihren Spendern haben. Längst wird jeder Bundesbürger (vor allem in der Vorweihnachtszeit) gleich von mehreren Organisationen als potenzieller Spender umworben. Ein Spendenwilliger wird sich in dieser Auswahlsituation immer für diejenige Organisation entscheiden, der es am besten gelingt, eine persönliche Beziehung zu ihm aufzubauen und seine spezifischen Interessen und Wünsche möglichst individuell zu berücksichtigen. Wie im Folgenden noch detailliert auszuführen sein wird, stellt das Relationship Fundraising heute also deutlich höhere Anforderungen an eine Organisation als in der Vergangenheit.

Ziel des Beziehungsaufbaus ist die **langfristige Bindung** eines Spenders an die Organisation. Sie ist aus mehreren Gründen von hoher Bedeutung. Zum einen bedeutet die langfristige Bindung eines Spenders immer auch bessere **Planbarkeit** der zur Verfügung stehenden Mittel. Diese Planbarkeit ist umso wichtiger, je höher der Anteil der Personalkosten einer Organisation ist. Schließlich können Personalkosten (schon allein aus arbeitsrechtlichen Gründen) bei Spendeneinbrüchen kurzfristig nicht beliebig gesenkt werden. Auch dürfen steuerbegünstigte Organisationen aus Spenden nur in sehr begrenz-

---
[1] Burnett, Ken: Relationship Fundraising – A Donor-Based Approach to the Business of Money Raising, (White Lion Publishing) London 1992, S. 59.

tem Umfang Rücklagen bilden. Prinzipiell unterliegen Spenden dem Gebot der „zeitnahen Mittelverwendung". Nach Abgabenordnung ist eine zeitnahe Mittelverwendung gegeben, wenn die Mittel spätestens in den auf den Zufluss folgenden zwei Kalender- oder Wirtschaftsjahren für die steuerbegünstigten satzungsmäßigen Zwecke verwendet werden.[2] Mittel- und langfristig angelegte Projektarbeit kann demnach nicht aus Rücklagen, sondern nur mit kontinuierlichen und einigermaßen prognostizierbaren Mittelzuflüssen, erreicht werden. Regelmäßige Einnahmen von dauerhaft gebundenen Spendern ermöglichen demnach eine deutlich bessere Finanzplanung für die Projektarbeit.

Ein weiterer wichtiger Grund für die Notwendigkeit einer langfristigen Bindung von Spendern liegt im zunehmenden **Verdrängungswettbewerb** auf dem Spendenmarkt. Laut der „Bilanz des Helfens 2017", erhoben vom Marktforschungsinstitut *GfK* im Auftrag des *Deutschen Spendenrates*, sank der Anteil der Bevölkerung, der spendet („Spenderquote") von 42,6 % im Jahr 2006 auf 32,7 % im Jahr 2016 (siehe Abb. 2.1). Eine Ausnahme stellt die außergewöhnlich hohe Spenderquote von 50,9 % im Jahr 2005 dar. In dieses Jahr fällt der Großteil der Spenden zugunsten der Katastrophenhilfe im Zusammenhang mit dem Tsunami in Südostasien vom 26.12.2004. Die Anzahl der Spender ist in Deutschland also seit zehn Jahren rückläufig.

Die Anzahl der neu auf den deutschen Spendenmarkt drängenden Organisationen steigt jedoch kontinuierlich. Dies liegt zum einen an Stiftungen, die ins Fundraising einsteigen, da in der Niedrigzinsphase der letzten Jahre die Erträge auf ihr Stiftungskapital abgeschmolzen sind. Und zum anderen an den bereits erwähnten staatlichen Organisationen (siehe Abschn. 1.2) wie öffentliche Hochschulen, Schulen, Kindertagesstätten, Theater,

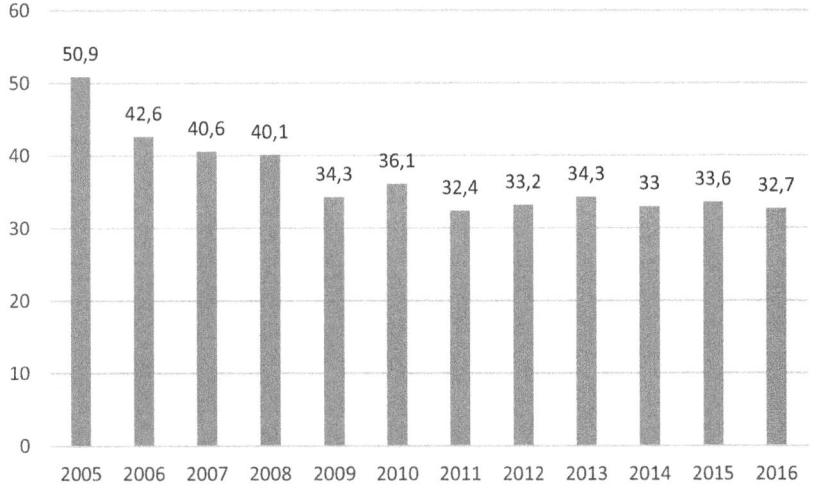

Abb. 2.1 Anteil der Deutschen, der spendet (in %). (Quelle: GfK und Deutscher Spendenrat e. V., Bilanz des Helfens 2017)

---
[2] Siehe § 55 Abs. 1 Nr. 5 Abgabenordnung.

Museen und Krankenhäuser, die ebenfalls mit Hilfe des Fundraising zusätzliche Mittel einwerben wollen.

Der sich dadurch verschärfende Verdrängungswettbewerb hat zu einer geschätzten Verzehnfachung der Kosten der (Erst-)Spendergewinnung zwischen 1990 und 2010 geführt. Bei Vollkostenbetrachtung liegen die Kosten für die Gewinnung eines Erstspenders je nach Organisation heute schon zwischen 100 und 200 €. Auch sinkt die Verweildauer von Spendern bei einer Organisation, wenn sich diese nicht aktiver als bisher um die Bindung ihrer Spender bemüht.

2.1.1 Spenderpyramide und Upgrading

Ziel des Relationship Fundraising muss deshalb der Aufbau einer langfristigen Beziehung zwischen einer Organisation und ihren Spendern sein. Je besser und länger diese Beziehung ist, umso größer kann das Vertrauen des Spenders in „seine" Organisation werden. Je größer dieses Vertrauen, umso größer die Bereitschaft, (im Rahmen der jeweiligen finanziellen Möglichkeiten) Schritt für Schritt auch mehr (finanzielle) Verantwortung für die Organisation zu übernehmen. Veranschaulichen lassen sich die Überlegungen des Relationship Fundraising am Modell der **Spenderpyramide** (siehe Abb. 2.2).

In einem ersten Schritt gilt es, aus der breiten Öffentlichkeit zunächst einmal Diejenigen zu identifizieren, die überhaupt ein Interesse an den Zielen der Organisation haben – selbst wenn sie (noch) nicht bereit sein sollten, auch gleich Geld zu geben. Umgekehrt wird jemand, der nicht einmal Interesse an den Aufgaben einer Organisation hat, ihr auch nicht spenden. Voraussetzung für Interesse ist wiederum ein entsprechender Bekanntheitsgrad. Wie bereits erwähnt, kann eine Organisation Spenden nur von Menschen bekommen, die die Organisation und ihre Ziele auch kennen. Für eine Organisation wie das Deutsche

Abb. 2.2 Die Spenderpyramide. (Quelle: Eigene Abbildung)

Rote Kreuz (DRK) ist das kein Problem. Das DRK verfügt über einen Bekanntheitsgrad von über 90 % in der Bevölkerung. Andere Organisationen müssen sich im Vorfeld des Fundraising durch entsprechende Öffentlichkeitsarbeit (siehe Abschn. 2.6.2) einen ausreichenden Bekanntheitsgrad als Grundlage erfolgreichen Fundraising erst mühevoll erarbeiten und anschließend erhalten. Gute Öffentlichkeitsarbeit ist also eine wichtige Voraussetzung für erfolgreiches Fundraising! Wie eine Organisation ihre Interessenten als Basis der Spenderpyramide finden und gewinnen kann, wird in Abschn. 2.1.2 ausführlich dargestellt werden.

Relationship Fundraising zielt nun darauf ab, **Interessenten** durch regelmäßige Information über ihre Arbeit an die Organisation heranzuführen. Dabei werden ihnen immer auch konkrete Angebote unterbreitet, das (bislang eher passive) Interesse an der Organisation in eine aktive Unterstützung in Form einer (Geld-, Sach- oder Zeit-)Spende münden zu lassen. Im Modell der Spenderpyramide bedeutet dies eine Heraufstufung (engl. **Upgrading**) von der Stufe des Interessenten auf die Stufe des **Erstspenders**. Erstspendern wiederum werden im Rahmen des Relationship Fundraising systematisch Angebote unterbreitet, **Mehrfachspender** und schließlich **Dauerspender** zu werden, die sich langfristig für die Organisation engagieren. Dauerspender, die es sich leisten können, könnten eines Tages zu **Großspendern** werden und am Ende ihres Lebens vielleicht sogar den Wunsch verspüren, die Organisation über ihren eigenen Tod hinaus durch Erbschaft oder Vermächtnis unterstützen zu wollen und so zum **Testamentspender** werden.

Eine Organisation sollte also jedem Interessenten bzw. Spender aktiv anbieten, sein Engagement für die Organisation auf die nächst höhere Stufe in der Spenderpyramide zu steigern. Freilich wird nicht jeder Spender bereit sein, alle Stufen der Spenderpyramide zu „erklimmen", weshalb sich die Spenderpyramide ja auch nach oben verjüngt. Angeboten werden muss es ihm trotzdem. Ohne entsprechendes Angebot von Seiten der Organisation werden erfahrungsgemäß nur wenige Spender von sich aus Veranlassung sehen, den jeweils nächsten Schritt zu gehen. Auch im deutschsprachigen Raum gilt der Fundraising-Grundsatz „You only get what you ask for!". Professionell arbeitende Fundraiser haben dies längst erkannt und für jede Stufe der Spenderpyramide ein eigenes, in sich geschlossenes Marketing-Konzept entwickelt. Darin ist detailliert festgelegt, wie mit einem Spender auf der jeweiligen Stufe kommuniziert werden soll bzw. welche konkreten Angebote ihm für das Erklimmen der nächst höheren Stufe unterbreitet werden sollten. So ist beispielsweise genau festgelegt, wer einem Interessenten wann welche Information zukommen lässt und wann in welcher Form um eine erste Spende gebeten wird. Ähnliches wird für alle weiteren Stufen der Spenderpyramide erarbeitet. Das genaue Vorgehen wird in den folgenden Kapiteln detailliert erläutert.

2.1.1.1 Spenderpyramide und Pareto-Prinzip

Je höher die Stufe in der Spenderpyramide, umso höher der Betrag, der pro Kopf gespendet wird. Untersuchungen bei verschiedenen Organisationen ergaben, dass auch hier das bekannte **Pareto-Prinzip** gilt. Demnach steuert bei einer Organisation mit ausgereiftem Fundraising eine Mehrheit von 80 % der Spender (in der Basis der Spenderpyramide) lediglich 20 % der Spendeneinnahmen bei, während umgekehrt eine Minderheit von 20 % der Spender (in der Spitze der Spenderpyramide) für den Löwenanteil von 80 % der Spendeneinnahmen verantwortlich ist.

> **Beispiel**
>
> Eine Auswertung der Spenderdatenbank der Schweizer Organisation *SolidarMed* im Jahr 2017 ergibt, dass die 20 % besten Spender der Schweizer Organisation tatsächlich genau 80 % des Spendenvolumens beisteuern (siehe Abb. 2.3).

Dass die 20 % besten Spender in der Spitze der Spenderpyramide auch eine überdurchschnittliche Betreuung verdient hätten, scheint auf der Hand zu liegen. Tatsächlich aber haben viele Organisationen in der Vergangenheit alle ihre Spender gleich gut – leider muss man oft auch sagen: gleich schlecht – betreut. Übrigens: Daraus umgekehrt zu schließen, sich bei der Betreuung von Spendern nur noch auf die Spitze der Spenderpyramide zu konzentrieren, wäre ebenso falsch. Ohne den, zum Teil langjährigen Vertrauensaufbau in der Basis der Spenderpyramide ist ein nachhaltiger Erfolg in der Spitze der Spenderpyramide nicht zu haben. Viele Spender, die das Potenzial zum Großspender haben, testen zunächst einmal mit kleineren Spenden, ob eine Organisation größere Spenden überhaupt

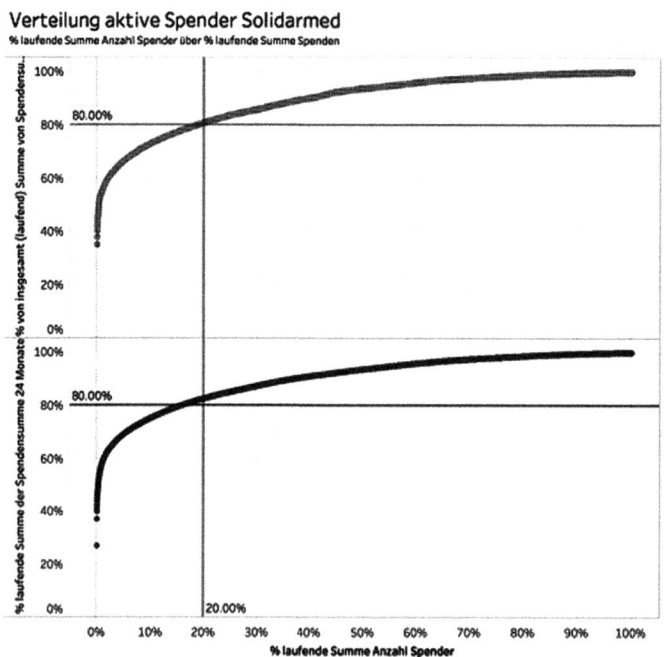

Abb. 2.3 Pareto-Prinzip bei SolidarMed. (Quelle: SolidarMed, 2018)

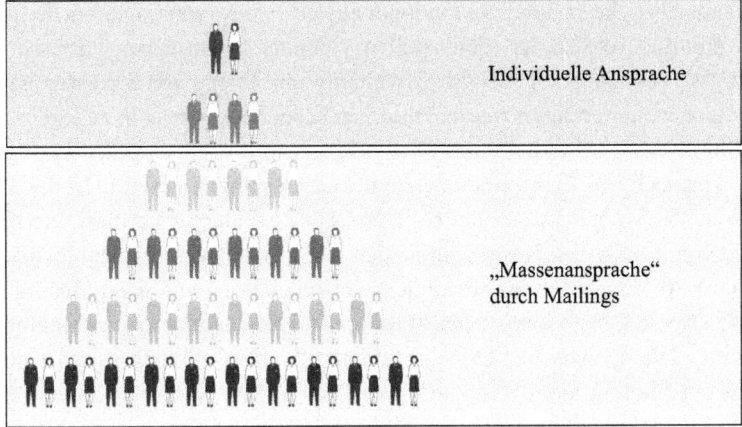

Abb. 2.4 Massenhafte und persönliche Spenderbetreuung. (Quelle: Eigene Abbildung)

verdient. Auf eine solide „Grundlagenarbeit" in der Basis der Spenderpyramide kann also nicht verzichtet werden.

Der zentralen Frage, *wie* die angestrebte Beziehung zu den Spendern in der Praxis aufzubauen ist, wird in den folgenden Kapiteln noch ausführlich einzugehen sein. Vorab jedoch noch eine grundsätzliche Überlegung dazu: Die beste Möglichkeit, eine vertrauensvolle Beziehung aufzubauen, ist aus kommunikationstheoretischer Sicht immer das persönliche Gespräch. Allerdings muss in der Fundraising-Praxis der (zeitliche und damit finanzielle) Aufwand eines persönlichen Gesprächs im Verhältnis zur (erwartbaren) Spende stehen. Ein persönliches Gespräch eines hauptamtlichen Fundraiser mit allen Kleinspendern würde allein schon durch die anfallenden Lohnkosten unverhältnismäßige „Verwaltungskosten" verursachen. Deshalb wird in der Basis der Spenderpyramide (vom Interessenten bis zum Dauerspender) die kostengünstigere Massenansprache (i. d. R. in Form eines Mailings) gewählt. Spätestens von der Ebene der Großspender an aufwärts, ist jedoch eine persönliche Betreuung nicht nur ökonomisch sinnvoll sondern wird von den Großspendern auch – zu Recht – erwartet. Die Aufteilung in „massenhafte" und persönliche Spenderbetreuung veranschaulicht Abb. 2.4.

2.1.1.2 Beziehungsaufbau durch Dialog

Im Fundraising muss es uns also gelingen, eine möglichst individuelle Beziehung zu jedem unserer Spender aufzubauen. Aus Alltagserfahrung wissen wir, dass Beziehungen nur durch Dialog aufgebaut und aufrechterhalten werden können. Ohne Dialog keine Beziehung. Also auch kein Fundraising ohne Dialog. Diese Erkenntnis hat Konsequenzen. Für die dem Fundraising vorgelagerte Öffentlichkeitsarbeit mag der lediglich monologisch ausgerichtete Einsatz der klassischen Massenmedien Fernsehen, Radio und Print (siehe Abschn. 2.6.4) ausreichen, um die Zielsetzung der Öffentlichkeitsarbeit zu erreichen, Bekanntheit und Vertrauen in der Öffentlichkeit aufzubauen. Fundraising braucht darüber hinaus aber die persönliche, individualisierte Ansprache. Die wiederum ist nur möglich, wenn die Adresse der (potenziellen) Spender in Form von Postanschrift oder E-Mail-Adresse bekannt sind. Auf die Gewinnung und Pflege von Adressen ist deshalb, wie später noch weiter erläutert werden wird, ein besonderes Gewicht zu legen.

In der Spitze der Spenderpyramide (Großspender aufwärts) wird der Dialog mit den Spendern „klassisch" in Form eines persönlichen Gesprächs geführt. In der Basis der Spenderpyramide (vom Interessenten bis zum Dauerspender) wäre dies, wie bereits erwähnt, jedoch mit zu hohen Kosten verbunden (wenn nicht von ehrenamtlichen Kräften übernommen). Als Ersatz für das persönliche Gespräch muss auf andere Instrumente zurückgegriffen werden, insbesondere das Mailing. Dem kostengünstigeren Mailing muss es gelingen, einen Dialog zwischen Organisation und Spender möglichst gut zu simulieren. Dabei führt ein Mailing nicht automatisch zu Dialog. Erst wenn wir unseren Spendern Antwort- bzw. Reaktionsmöglichkeiten anbieten, kann aus einem zunächst monologischen Mailing auch wirklich Dialog entstehen. Solche Response-Möglichkeiten können vielfältig sein: ein Zahlschein, eine Antwortpostkarte, ein Antwortfax, die Nummer eines Spendertelefons oder eine Einladung, die Website der Organisation zu besuchen.

Spender sollten von der Organisation, wo immer es geht, aktiv dazu ermutigt werden, ihre passive Rolle aufzugeben, ihre Meinung mitzuteilen, Beiträge und Anregungen zu liefern und sich bei Unzufriedenheit mit der Organisation bzw. ihrer Arbeit auch zu artikulieren. Auf jeden Fall muss es gelingen, die Angeschriebenen zu einem Feedback, einer aktiven Reaktion zu bewegen. Auf die wiederum die Organisation reagieren kann. So entsteht nach und nach Dialog und Beziehung. Dazu *Burnett*: „Make the dialogue as two-way as you possibly can!"[3]

> **Beispiel**
> Die Umweltorganisation WWF Deutschland bietet allen Interessierten den Dialog auf einer eigens dafür eingerichteten Dialogplattform im Internet an (http://dialog.wwf.de). Über den Slogan „Wir müssen reden" wird explizit zum Dialog aufgefordert. Die Dialogplattform wird über Plakate und andere Kommunikationskanäle breit kommuniziert (siehe Abb. 2.5).

Eigene wissenschaftliche Untersuchungen ergaben, dass Organisationen, denen es gelang, eine individuelle Beziehung zu ihren Spendern aufzubauen, sich als signifikant erfolgreicher erwiesen, als solche denen dies nicht oder weniger gelang.[4] Dieser Zusammenhang mag nach einer Binsenweisheit klingen. Gerade größere Organisationen scheuen jedoch den echten Dialog mit einer fünf-, sechs- oder gar siebenstelligen Anzahl von Spendern. Aus Zeit- und Kostengründen ist dies ja auch nachvollziehbar. Dafür muss jedoch in Kauf genommen werden, dass die Beziehung zu ihren Spendern bei vielen, gerade

---

[3] Burnett, Ken: Relationship Fundraising – A Donor-Based Approach to the Business of Money Raising, (White Lion Publishing) London 1992, S. 59.
[4] Vgl. Urselmann, Michael: Erfolgsfaktoren im Fundraising von Nonprofit-Organisationen, (Gabler) Wiesbaden 1998, S. 92 ff. und S. 163 ff.

Abb. 2.5 Dialogplattform des WWF. (Quelle: wwf.de (Zugriff am 26.05.2013))

größeren Organisation, auf einem nur geringen Niveau stagniert, was in der Praxis zu abnehmender Spendertreue führt.

Die Qualität der Beziehung zu einem Spender zeigt sich auch und gerade bei Unzufriedenheit eines Spenders. Durch Beschwerde-Management, verstanden als aktiver Umgang mit Beschwerden für eine zielgerichtete Gestaltung der Marktbeziehungen[5], kann es einer Organisation wie gesagt gelingen, unzufriedene Spender zurückzugewinnen. Relationship Fundraising zeichnet sich deshalb auch dadurch aus, dass kritische Briefe und Äußerungen von Spendern als Warnungen erkannt werden, auf die angemessen und positiv durch die Organisation reagiert werden muss. Unzufriedene Spender beschweren sich, weil ihnen die Organisation noch am Herzen liegt. In diesem Fall hat die Organisation noch eine Chance, den unzufriedenen Spender zurückzugewinnen. Viel schlimmer für die Organisation sind jene unzufriedenen Spender, die sich nicht mehr beschweren, weil sie längst resigniert haben. Ihre Unzufriedenheit erfährt die Organisation (wenn überhaupt) erst viel später, nämlich dann, wenn der betreffende Spender sie nicht mehr unterstützt. Der Aufwand, der dann für die Rückgewinnung des Spenders betrieben werden muss, ist ungleich höher.[6] Beschwerden stellen also eine Art „Frühwarnsystem" dar, das wertvolle Hinweise auf Schwachstellen in der eigenen Organisation geben kann.[7] Eigene wissenschaftliche Untersuchungen bestätigten, dass solche Organisationen, die individuell auf Beschwerden

---

[5] Vgl. Hansen, Ursula; Jeschke, Kurt; Schöber, Peter: Beschwerdemanagement – Die Karriere einer kundenorientierten Unternehmensstrategie im Konsumgüterbereich, in: Marketing ZFP, o.Jg., 1995, Nr. 2, S. 77–88, S. 77.
[6] Burnett, Ken: Relationship Fundraising – A Donor-Based Approach to the Business of Money Raising, (White Lion Publishing) London 1992, S. 51 f.
[7] Vgl. Riemer, Martin: „Beschwerde-Management" in sozialen Einrichtungen – Unzufriedenheit bei der Klientel als Anlass für Organisationsentwicklung, in: Blätter der Wohlfahrtspflege, o.Jg., 1988, Nr. 3, S. 58–60, S. 58.

ihrer Spender eingehen, sich als tendenziell erfolgreicher erwiesen, als jene, die dies nicht taten.[8]

Wann ist das Ziel einer vertrauensvollen Beziehung zwischen einer Organisation und einem Spender erreicht? Wenn ein Spender sich soweit mit „seiner" Organisation identifiziert, dass er sich als einen Teil der Organisation versteht. Er spricht dann nicht mehr von „denen", sondern von „wir". Diese „Innen-Außen-Problematik", wer zur Organisation gehört bzw. außerhalb steht, führt in der Praxis immer wieder zu Irritationen. Hauptamtliche Mitarbeiter einer Organisation neigen dazu, sich selbst als „Innen" zu definieren, (Geld-, Sach- und Zeit-)Spender aber als „Außen". Entsprechend behandelt, entsteht bei Spendern ein dem Fundraising abträgliches Gefühl des „Nicht-Dazugehörens". Diese „Innen-Außen-Problematik" sollten Fundraiser (aber auch alle anderen Mitarbeiter einer Organisation) im Eigeninteresse regelmäßig selbstkritisch reflektieren.

2.1.1.3 Fundraising – erst säen, dann ernten

Fundraising ist also nicht möglich ohne das Vertrauen der (potenziellen) Spender in eine Organisation. Dieses Vertrauen muss durch Beziehungsaufbau im Rahmen des Relationship Fundraising erworben werden. Das kostet Zeit – viel Zeit! Organisationen, die ihr Fundraising „von Null weg" aufbauen, müssen wissen, dass die Zeitdauer vom Beginn der Fundraising-Aktivitäten bis zu dem Zeitpunkt, an dem die eingeworbenen Spenden die bis dahin angefallenen Fundraising-Kosten gerade decken (man spricht vom sog. „Break Even Punkt"), bei etwa drei Jahren liegt. Erst nach dem dritten Jahr ist also mit Überschüssen aus dem Fundraising zu rechnen, die in die Projekte gesteckt werden können. Fundraising stellt immer zunächst eine Investition dar, die sich erst später (hoffentlich) auszahlt. Oder anders ausgedrückt: Bevor geerntet werden kann, muss gesät werden. Diese simple Weisheit führt in der Praxis immer wieder zu Problemen. So warten viele Organisationen mit der Einführung von Fundraising so lange, bis sie durch Kürzungen staatlicher Unterstützung finanziell bereits „mit dem Rücken zur Wand stehen". Es bleibt dann weder die Zeit noch das Investitionsvolumen, die wegbrechenden öffentlichen Mittel durch Fundraising zu kompensieren. Aufgrund des langen Vorlaufs sollten Fundraising-Aktivitäten deshalb bei Zeiten begonnen werden. Ein anderes, in diesem Zusammenhang häufig auftretendes Problem beim Aufbau des Fundraising sind die Arbeitsverträge der neu eingestellten Fundraiser. Befristet auf ein oder zwei Jahre, lassen sie dem Fundraiser i. d. R. keine Chance, bei noch so guter Arbeit den Break Even Punkt für das Fundraising zu erreichen, was regelmäßig zu Frustrationen auf beiden Seiten führt. Bei zeitlich befristeten Arbeitsverträgen oder erfolgsabhängiger Vergütung für den Fundraiser sollte deshalb die Dauer der anfänglichen Investitionsphase nicht unterschätzt werden.

---

[8] Vgl. Urselmann, Michael: Erfolgsfaktoren im Fundraising von Nonprofit-Organisationen, (Gabler) Wiesbaden 1998, S. 92 ff. und S. 163 ff.

2.1.1.4 Was ich in diesem Abschnitt gelernt habe

- Bauen Sie eine möglichst individuelle, langfristige Beziehung zu jedem Ihrer Spender auf!
- Versuchen Sie, in der Bevölkerung ihre Interessenten zu identifizieren und diese durch Relationship Fundraising schrittweise zu Erst-, Mehrfach-, Dauer-, Groß- und Testamentspender zugunsten Ihrer Organisation zu machen („Upgrading")!
- Konzipieren Sie für jede Stufe der Spenderpyramide ein eigenes Marketing-Konzept! Erstspender müssen anders als Großspender und die wiederum anders als (potenzielle) Testamentspender angesprochen werden!
- Stellen Sie sicher, dass ein Spender jederzeit und niedrigschwellig mit Ihrer Organisation kommunizieren kann!
- Richten Sie ein spezielles Spendertelefon ein (möglichst mit einer gebührenfreien Nummer) über das Sie für Ihre Spender jederzeit erreichbar sind!
- Sorgen Sie dafür, dass das Spendertelefon zu den üblichen Geschäftszeiten durchgängig mit einer kompetenten Kraft besetzt ist! Sollte dies nicht möglich sein, lagern Sie diese Funktion auf einen externen Dienstleister aus!
- Weisen Sie Ihre Spender bei jeder möglichen Gelegenheit explizit auf die Existenz dieses Spendertelefons hin!
- Ermutigen Sie Ihre Spender immer wieder zu jeder Form von Dialog (Fragen, Beiträge, Anregungen, Kritik etc.)!
- Sehen Sie in Beschwerden Ihrer Spender eine Chance zur Verbesserung Ihres Fundraising!
- Ermuntern Sie unzufriedene Spender nachdrücklich, ihren Unmut der Organisation mitzuteilen!
- Schulen Sie die Kraft am Spendertelefon Ihrer Organisation in Beschwerde-Management und verpflichten Sie sie, in jedem Fall eine positive Lösung für den unzufriedenen Spender anzubieten!
- Sorgen Sie dafür, dass alle Ihre Mitarbeiter Spendern ein Gefühl der Zugehörigkeit vermitteln („Innen-Außen-Problematik")!
- Beginnen Sie mit dem Aufbau des Fundraising bei Zeiten! Berücksichtigen Sie den etwa dreijährigen Vorlauf bis Fundraising echte Überschüsse erzielt!
- Schließen Sie nur Arbeitsverträge ab, die die Investitionsphase beim Aufbau des Fundraising angemessen berücksichtigen!

2.1.2 Die Stufe der Interessenten

Nach der Klärung, wer als Interessent zu betrachten ist, soll im Rahmen dieses Kapitels aufgezeigt werden, wie eine Organisation in der Praxis Interessenten gewinnen und anschließend binden kann.

2.1.2.1 Wer ist Interessent?

Als Interessent ist jeder zu betrachten, der auf irgendeine Art und Weise Interesse an der Zielsetzung einer Organisation zeigt. Da jeder Interessent einen potenziellen Spender für die Organisation darstellt, muss er von Anfang an entsprechend behandelt bzw. betreut werden. Bereits an dieser Stelle verschenken die meisten Organisationen ein enormes Potenzial! Adressen von Interessenten werden nicht systematisch erfasst, obwohl sie die Voraussetzung für einen (zunächst schriftlichen) Dialog darstellen. Dabei hätten die meisten Organisationen weit mehr Gelegenheiten, Adressen von Interessenten zu erhalten, als sie oftmals auf den ersten Blick erkennen.

Erster Schritt des Relationship Fundraising muss also sein, die Adressen aller bzw. möglichst vieler Interessenten zu erfassen – im Rahmen der datenschutzrechtlichen Auflagen der Datenschutz-Grundverordnung der EU (siehe Abschn. 2.5.2.4). An dieser Stelle sei eine kurze Bemerkung erlaubt: Die Empfehlung zur Erfassung von Adressen mag bei dem Einen oder der Anderen ein unwohles Gefühl auslösen. Das riecht nach „gläsernem Mensch" und George Orwell's „big brother is watching you". Die Adresserfassung bereits bei den Interessenten ist für professionelles Fundraising jedoch unerlässlich und – verantwortlich gehandhabt – letztlich auch im Interesse eines (potenziellen) Spenders. Nur wenn eine Organisation die individuellen Adressen und Erwartungen ihrer Interessenten gespeichert hat, kann sie bei der Vielzahl der Interessenten auch wirklich individuell auf sie eingehen. Würde eine Organisation nicht auf die individuellen Wünsche ihrer Interessenten eingehen (können), würde sie ihre Interessenten verärgern. Das kann dazu führen, dass sie sich einer anderen Organisation zuwenden, die besser den individuellen Vorstellungen entsprechen kann.

> **Beispiel**
>
> Bei jeder Organisation erwartet ein Teil der Interessenten Rechenschaft, z. B. in Form eines Geschäftsberichtes. Andere Interessenten betrachten das Verschicken von Geschäftsberichten als Verschwendung und bevorzugen, die entsprechenden Mittel lieber in die Projektarbeit zu stecken. Diesen entgegengesetzten Erwartungen kann eine Organisation nicht dadurch gerecht werden, dass sie entweder allen oder keinen Interessenten einen Geschäftsbericht zuschickt. Ein solch pauschales Vorgehen würde immer den Teil der Interessenten verärgern, auf dessen Bedürfnisse keine Rücksicht genommen wurde. Die Lösung kann nur darin bestehen, auf die individuellen Bedürfnisse der Interessenten auch individuell einzugehen. Dies ist ohne Adresserfassung in einer geeigneten Datenbank nicht möglich. Jeder, der einen Geschäftsbericht wünscht, wird als solcher in der Datenbank markiert und kann anschließend dann auch für den Versand eines Geschäftsberichtes selektiert werden. Analog erhalten alle, die dies nicht wünschen, keinen Geschäftsbericht. Näheres zur Speicherung individueller Spenderwünsche in einer Fundraising-Datenbank später in Abschn. 2.1.8.

2.1.2.2 Gewinnung von Interessenten

Wie kann eine Organisation nun systematisch die Adressen ihrer Interessenten gewinnen? Indem sie mit dem Naheliegenden beginnt und zunächst alle Personen um ihre Adresse bittet, die **im direkten Umfeld** der Organisation ihr Interesse bereits dadurch aktiv signalisieren, dass sie:

- Informationsmaterial über die Organisation (schriftlich, telefonisch oder per Internet) anfordern,
- die Organisation besuchen,
- Informationsveranstaltungen und Feste der Organisation besuchen (z. B. „Tag der offenen Tür", Sommerfeste, Weihnachtsfeiern etc.),
- der Organisation selbst einmal angehört haben („Ehemalige", z. B. einer Universität),
- ein fachliches Interesse an der Arbeit der Organisation haben (z. B. Ärzte bei Organisationen, die Hilfe für kranke Menschen anbieten),
- die Leistungen der Organisation in Anspruch nehmen (Klienten) oder deren Angehörige, die mittelbar von den Leistungen der Organisation profitieren.

Eine Ausnahme bilden jedoch Bewohner von **stationären** Pflegeeinrichtungen. Das Heimgesetz regelt in § 14, dass es einem Träger eines Heimes untersagt ist, sich von oder zugunsten von Bewohnern Geld oder geldwerte Leistungen über das vereinbarte Entgelt hinaus versprechen oder gewähren zu lassen. Vermieden werden soll, dass sich Heimbewohner aus einem Abhängigkeitsverhältnis heraus zu einer Spende genötigt fühlen könnten, die eine geringwertige Aufmerksamkeit übersteigen. Diese Regelung gilt übrigens nicht für Organisationen, die **ambulante** Pflegeleistungen anbieten.

Sind die Adressen der Interessenten aus dem direkten Umfeld der Organisation erfasst, sollten auch Interessenten **aus dem weiteren Umfeld** der Organisation angesprochen und gewonnen werden. Dazu muss eine Organisation zunächst über diejenigen zielgruppenadäquaten Kommunikationskanäle der Mediawerbung (siehe Abschn. 2.6.4), der Direktwerbung (siehe Abschn. 2.6.5) und der Dialogwerbung (siehe Abschn. 2.6.6) auch im Internet (siehe Abschn. 2.7.2) kommunizieren, mit denen sie ihre Interessenten im weiteren – je nach Organisation lokalen, regionalen, nationalen oder internationalen – Umfeld erreicht. Kann eine Organisation die Zielgruppe ihrer Interessenten noch nicht genau definieren, so muss sie dies im Rahmen ihrer Marktforschung nachholen (siehe Abschn. 6.1).

Kann eine Organisation die Zielgruppe(n) ihrer Interessenten genau definieren, so kann auch entschieden werden, über welche Kommunikationskanäle sie zielgruppenadäquat angesprochen werden können. Um die für den späteren Dialog so wichtige Adresse (Postanschrift und/oder E-Mail-Adresse) von den so angesprochenen Interessenten zu erhalten, ist von zentraler Bedeutung, dass zum einen die Kommunikation den angesprochenen Interessenten eine klare Handlungsanweisung (**Call-to-Action**) gibt, wie sie ihr Interesse der Organisation mitteilen können: „Wenn Sie mehr über unsere Arbeit erfahren möchten, dann …

- "... rufen Sie uns unter folgender Telefonnummer an!"
- "... schicken Sie uns die aufgespendete Postkarte ausgefüllt zurück!"
- "... besuchen Sie eine Veranstaltung von uns!"
- "... besuchen Sie unsere Website oder Social Media Sites!"

Zum anderen muss sichergestellt sein, dass ein Interessent, der auf einen Call-to-Action reagiert, auch tatsächlich seine Adresse mitteilt:

- Anrufer müssen im Verlauf des Telefonats nach ihrer Adresse gefragt werden,
- Besucher unserer Veranstaltung mögen sich in Teilnehmerlisten eintragen,
- Besucher unserer Website können z. B. durch abonnieren eines E-Newsletters (zumindest) ihre E-Mail-Adresse hinterlassen (Näheres siehe Abschn. 2.7.3),
- Besucher unserer Social Media Sites werden gebeten unsere Seite zu „liken". Dadurch ermöglichen sie uns, dass wir sie mit unseren Nachrichten (Posts) auf ihrem Newsfeed erreichen und so die Grundlage für einen späteren Dialog legen können.

Wie die folgenden Kapitel anhand von Beispielen zeigen werden, kann im Prinzip jeder Kommunikationskanal für die Interessentengewinnung genutzt werden. Welche Kombination von Kommunikationskanälen konkret im Einzelfall eingesetzt wird, hängt einzig und allein vom Zielgruppenprofil der Interessenten einer Organisation ab.

2.1.2.2.1 Interessentengewinnung über Fernseh-, Radio-, und Kinowerbung

Gute Möglichkeiten, Adressen von Interessenten zu gewinnen, sind Aufrufe über Fernsehwerbung (siehe Abschn. 2.6.4.1), Radiowerbung (siehe Abschn. 2.6.4.2) und Kinowerbung (siehe Abschn. 2.6.4.3).

> **Beispiel**
>
> Die Berliner Jugendhilfeorganisation *Cirkus Cabuwazi* schaltet Radio-Spots, um Besucher für ihre Benefiz-Veranstaltung und darüber Interessenten für ihre Jugendsozialarbeit zu werben. Der Berliner Regionalsender *Radio Paradiso* verzichtet auf die üblichen Schaltungskosten für diese Radio-Spots. Als Call-to-Action wird die Telefonnummer einer Ticket-Hotline kommuniziert. Beim Verkauf der Eintrittskarten für die Benefiz-Veranstaltung wird der Käufer (und damit Interessent) nach seiner Adresse (Postanschrift und/oder E-Mail-Adresse) gefragt, um die Tickets (offline oder online) zuschicken zu können.

2.1.2.2.2 Interessentengewinnung durch Printwerbung

Auch Printwerbung eignet sich hervorragend zur Interessentengewinnung. Besonderer Beliebtheit bei der Interessentengewinnung erfreuen sich **Fülleranzeigen** (Details hierzu siehe Abschn. 2.6.4.4).

2.1 Relationship Fundraising

Abb. 2.6 Beispiel für Fülleranzeigen zur Interessentengewinnung. (Quelle: kindernothilfe.de/freianzeigen (Zugriff am 16.03.2018))

> **Beispiel**
> Das Kinderhilfswerk *Kindernothilfe* bemüht sich um die Schaltung von Fülleranzeigen (siehe Abb. 2.6), um neue Interessenten zu gewinnen. Der Call-to-Action besteht in der Aufforderung, die Website zu besuchen.

Neben kostenlosen Fülleranzeigen kann es für eine Organisation auch sinnvoll sein, zur Interessentengewinnung bezahlte **Anzeigen** in Printmedien zu schalten (Details hierzu siehe Abschn. 2.6.4.4).

Auch **Beilagen**, **Beihefter** und **Beikleber** in Printmedien werden von Organisationen gerne zur Interessentengewinnung eingesetzt (Details hierzu siehe Abschn. 2.6.4.4).

2.1.2.2.3 Interessentengewinnung durch Außenwerbung

Ein wichtiger Kommunikationskanal zur Interessentengewinnung ist die Außenwerbung (siehe Abschn. 2.6.4.5).

Abb. 2.7 Beispiel für ein Plakat zur Interessentengewinnung mit Call-to-Action Telefon

Beispiel
Das Kinderhilfswerk *Kindernothilfe* schaltet Plakate zur Interessentengewinnung. In der Vergangenheit bestand der Call-to-Action in der Aufforderung, sich telefonisch über die Arbeit der *Kindernothilfe* zu informieren (siehe Abb. 2.7). Mit stärkerer Verbreitung des Internets auch bei älteren Menschen ist die Organisation mittlerweile zu einem Call-to-Action übergegangen, der auffordert, sich auf der Website über die Arbeit der *Kindernothilfe* zu informieren (siehe Abb. 2.8).

2.1.2.2.4 Interessentengewinnung durch Unterschriftenlisten

Auch über **Unterschriftenlisten** werden Adressen von Interessenten (z. B. in Fußgängerzonen) gesammelt. Dabei sollte sichergestellt werden, dass die anschließende Verwendung der Adressen weder gegen Bestimmungen des Datenschutzes verstößt, noch ohne Zustimmung der Unterschreibenden erfolgt. Die Organisation sollte die Unterschreibenden deshalb bitten, einer weiteren Verwendung der Adresse zu Informationszwecken explizit zuzustimmen. Dies kann beispielsweise durch das Ankreuzen eines Feldes „Ja, ich möchte weitere Informationen über die Arbeit der Organisation erhalten" auf der Unterschriftenliste sichergestellt werden. Ansonsten könnten die Unterschreibenden verärgert werden –

Abb. 2.8 Beispiel für ein Plakat zur Interessentengewinnung mit Call-to-Action Website. (Quelle: Kindernothilfe Plakatkampagne 2016, kindernothilfe.de (Zugriff am 16.03.2018))

das wäre das Gegenteil von Vertrauensaufbau und würde dem Beziehungsaufbau im Sinne des Relationship Fundraising entgegenstehen.

Im Zeitalter des Internet hat sich mit der **Online-Petition** längst eine Online-Variante der Unterschriftenliste entwickelt. Auf Plattformen wie change.org oder openpetition. de kann auch jede gemeinwohlorientierte Organisation kostenlos eine Online-Petition starten. Im Rahmen einer Kampagne kann sie damit Gleichgesinnte mobilisieren, um Unterzeichnung der Online-Petition bitten und so – unter Hinweis auf die Adressnutzung – Interessentengewinnung betreiben.

2.1.2.2.5 Interessentengewinnung über Telefon

Eine zunehmende Rolle bei der Bereitstellung von Kontaktaufnahmemöglichkeiten für Interessenten spielt das Telefon. Immer mehr Organisationen weisen auf eine leicht zu merkende und möglichst kostenlose Service-Nummer hin, unter der ein Interessent einen Ansprechpartner erhält, der kompetent Auskunft über die Organisation und ihre Ziele geben kann. Aufgabe des Telefonisten ist, die Adresse des Interessenten vollständig und korrekt aufzunehmen. Dabei ist unerheblich, ob der Telefonist in der Organisation oder bei einem beauftragten Dienstleister sitzt. Nähere Informationen zum Einsatz des Telefons im Fundraising werden in Abschn. 2.5.4 gegeben.

2.1.2.2.6 Interessentengewinnung im Internet

Eine immer größere Bedeutung bei der Interessentengewinnung kommt dem Internet zu. Insbesondere über die eigene **Website** (siehe Abschn. 2.7.1.2), **Social Media Sites** (siehe Abschn. 2.7.1.3), **Suchmaschinen-Marketing** (siehe Abschn. 2.7.2.1), **Display Marketing** (siehe Abschn. 2.7.2.2) und **Affiliate Marketing** (siehe Abschn. 2.7.2.3) lassen sich Interessenten leicht gewinnen. Dem wichtigen Thema Online-Fundraising wird in diesem Buch ein eigenes Kapitel eingeräumt (siehe Abschn. 2.7).

2.1.2.2.7 Interessentengewinnung durch Lead-Generierung

Bei der Interessentengewinnung können einer gemeinwohlorientierten Organisation aber auch Dritte behilflich sein. In diesem Zusammenhang wird im Marketing (im Allgemeinen) und im Fundraising (im Speziellen) von Lead-Generierung gesprochen. Ein **Lead** ist im Fundraising ein qualifizierter Interessent, der sich für eine gemeinwohlorientierte Organisation (im Allgemeinen) oder ein Spenden-Produkt wie z. B. eine Fördermitgliedschaft (im Speziellen) interessiert, und deshalb einem Dritten seine Kontaktdaten (Postanschrift oder E-Mail-Adresse) überlässt. Ein guter Lead kann mit hoher Wahrscheinlichkeit zum Spender upgegradet werden.

> **Beispiel**
>
> Ein Call Center telefoniert im Auftrag eines Konsumgüterherstellers, der umweltfreundliche Reinigungs- und Waschmittel herstellt, mit dessen Kunden. Da zu erwarten ist, dass Kunden umweltfreundlicher Produkte ein gesteigertes Interesse an Umweltschutzthemen haben könnten, werden sie vom Call Center am Telefon gefragt, ob sie Interesse an der Arbeit von Umweltschutzorganisationen und einer Kontaktaufnahme haben. Kunden, die dies bejahen, stellen einen Lead dar, den das Call Center im Auftrag des Konsumgüterherstellers anschließend an eine Umweltschutzorganisation verkaufen kann, um so für den Konsumgüterhersteller einen Deckungsbeitrag zu den Call Center-Kosten zu erwirtschaften. Fundraiser würden natürlich immer versuchen, den Lead zu fundraisen statt ihn bezahlen zu müssen.

2.1.2.3 Bindung von Interessenten

Hat ein Interessent sein Interesse für eine gemeinwohlorientierte Organisation erkennbar artikuliert, ist ein „neuralgischer" Zeitpunkt im Aufbau der Beziehung zu ihm erreicht. Der Interessent muss die gewünschten Informationen nun schnell, freundlich und kompetent erhalten. In diesem frühen Beziehungsstadium ist das Involvement eines Interessenten i. d. R. noch sehr gering. Wird auf das gezeigte Interesse nicht entsprechend reagiert, verebbt es schnell wieder. Organisationen sollten deshalb sämtliche denkbaren Prozesse der Kontaktaufnahme durch einen Interessenten genauestens untersuchen und optimieren. So muss z. B. der Empfang wissen, an wen er telefonische Anfragen schnell weiterleiten kann bzw. wer einen abwesenden Ansprechpartner vertritt. Ein Anrufbeantworter muss auch außerhalb der Geschäftszeiten der Organisation die Kontaktaufnahme jederzeit ermöglichen. Auch bei schriftlichen Anfragen muss ein Interessent umgehend umfassendes

Informationsmaterial, verbunden mit einem Dank für sein Interesse, erhalten. Das zugesandte Informationsmaterial sollte bereits eine Möglichkeit zur Spende (beispielsweise durch beigelegten oder aufgespendeten Überweisungsträger), eventuell noch eine Antwortkarte zum Anfordern weiteren Informationsmaterials, umfassen.

Dass viele, auch große gemeinwohlorientierte Organisationen noch deutlichen Nachholbedarf bei der Qualität der Beantwortung von Interessentenanfragen haben, zeigte der 2011 von der Initiative ProDialog durchgeführte „Spenden-TÜV". Getarnt als ein normaler privater Interessent, kontaktierte eine Mitarbeiterin von ProDialog 50 deutsche Organisationen. Einmal per Brief und einmal per E-Mail wurde um Informationsmaterial über die Organisation gebeten. Untersucht wurde die Reaktionszeit, Reaktionsqualität und wie spezifisch eine Organisation auf die Anfragen reagierte. Die Ergebnisse zeigten noch erheblich Verbesserungspotenziale bei den meisten Organisationen!

Hat die Organisation die Adresse eines Interessenten gewonnen und ihn mit einführenden Informationen über die Organisation versorgt, so ist allenfalls ein erster Schritt getan. Dem müssen nun weitere folgen. Ziel ist es, den Interessenten so zu betreuen, dass er baldmöglichst bereit sein wird, die nächste Stufe der Spenderpyramide zu erklimmen und die Organisation mit einer ersten Spende zu unterstützen. Dazu muss der Interessent regelmäßig so über die Organisation informiert werden, dass er die Organisation immer besser kennenlernt und irgendwann der Wunsch reift, die Organisation auch selber zu unterstützen. Im Sinne des Relationship Fundraising sind schon zu Beginn der Beziehung immer wieder Dialogangebote zu machen. Wie bereits erwähnt, lassen sich solche Dialogangebote am kostengünstigsten durch ein Mailing unterbreiten. Deshalb setzt praktisch jede Organisation diesen Kommunikationskanal ein, indem sie ihre Interessentenadressen von Anfang an in ihren Mailing-Zyklus aufnimmt! Mit ihren Mailings informiert die Organisation Ihre Interessenten nach und nach über Ihre verschiedenen Projekte. Außerdem wird jedem (!) Mailing als Response-Element zumindest ein Zahlschein beigelegt.

Früher oder später werden so aus einzelnen Interessenten Erstspender. Sicherlich ist nicht jeder Interessent bereit, irgendwann einmal Erstspender zu werden. Deshalb verjüngt sich die Spenderpyramide ja auch nach oben hin. Es kann sein, dass sich unterschiedliche Interessentengruppen unterschiedlich gut zu Erstspendern upgraden lassen. Organisationen sollten dies testen, indem Sie jeder Interessentengruppe in der Adressdatenbank ein eigenes Herkunftskennzeichen (z. B. für Besucher des Tages der offenen Tür, für Angehörige oder für Ehemalige) geben und anschließend analysieren, welche Gruppe am häufigsten mit einer Erstspende reagiert hat.

2.1.2.4 Was ich in diesem Abschnitt gelernt habe

- Sehen Sie in jedem Interessenten an Ihrer Organisation einen potenziellen Spender und behandeln Sie ihn entsprechend!
- Erfassen Sie sofort und systematisch zumindest die Adresse (Postanschrift und/oder E-Mail-Adresse) jedes Interessenten! Die Adresse ist eine unverzichtbare Grundlage für das Fundraising.

- Machen Sie es einem Interessenten möglichst einfach, Ihnen seine Adresse zu übermitteln (z. B. durch eine vorbereitete Antwortkarte oder eine Maske auf der Website Ihrer Organisation)!
- Geben Sie einem Interessenten Anreize, seine Adresse zu übermitteln (Zusendung von Information, Teilnahme an Verlosung etc.)!
- Weisen Sie Interessenten mit Hilfe aller zielgruppenadäquaten Kommunikationskanäle (Print, Rundfunk, Fernsehen, Internet, Plakate, Unterschriftenlisten etc.) auf die Möglichkeit hin, Informationsmaterial zu erhalten!
- Fordern Sie Interessenten mit einem Call-to-Action explizit auf, sich das angebotene Informationsmaterial zu bestellen!
- Es sollte für einen Interessenten möglichst einfach und bequem sein, mit Ihrer Organisation (z. B. per Telefon oder auf der Website) in Kontakt zu treten!
- Sorgen Sie dafür, dass ein Interessent die gewünschten Informationen schnell, freundlich und kompetent erhält!
- Sorgen Sie zumindest durch einen Anrufbeantworter für ständige Erreichbarkeit der Organisation!
- Betreuen Sie Ihre Interessenten indem Sie sie in Ihren Mailing-Zyklus aufnehmen, sie über Ihre verschiedenen Projekte informieren und ihnen kontinuierlich Dialogangebote unterbreiten! Insbesondere der Zahlschein darf nie fehlen!

2.1.3 Die Stufe der Erstspender

Reagiert ein Interessent auf ein erhaltenes Mailing irgendwann mit einer ersten Spende, ist aus Fundraising-Sicht ein wichtiger Schritt getan. Aus dem Interessent ist ein **Erstspender** geworden. Viele Organisationen unterschätzen die Bedeutung dieses Schrittes. Jemand ist erstmals bereit, aus der Passivität des „Sich-informieren-lassens" in die Aktivität der Unterstützung zu wechseln. Der Organisation ist es gelungen, einen weiteren aktiven Mitstreiter zu gewinnen. Ähnlich wie Henry Ford im Verkauf eines seiner Autos nicht den Abschluss des Geschäfts sah, sondern den Beginn einer Beziehung[9], sollte die Erstspende nicht als der Abschluss der Fundraising-Bemühungen, sondern im Sinne des Relationship Fundraising als der Beginn einer nach Möglichkeit langjährigen Beziehung zum Spender gesehen werden.

2.1.3.1 Wer ist Erstspender?

Unter einem Erstspender soll eine Privatperson verstanden werden, die zum ersten Mal in ihrem Leben eine Einzelspende (nicht Dauerspende) an eine bestimmte Organisation gegeben hat. Dieser Begriff ist nicht automatisch deckungsgleich mit dem Begriff

---

[9] Zitiert nach Simon, Hermann; Homburg, Christian: Kundenzufriedenheit als strategischer Erfolgsfaktor – Einführende Überlegungen, in: Simon, Hermann; Homburg, Christian (Hrsg.): Kundenzufriedenheit – Konzepte, Methoden, Erfahrungen, (Gabler) Wiesbaden 1995, S. 17–27, S. 17.

„**Neuspender**". Zwar gibt es Organisationen die beide Begriffe synonym verwenden. Für andere Organisationen kann ein Neuspender jedoch auch ein Spender sein, der nach einer inaktiven Phase erneut gewonnen (im Sinne von reaktiviert) werden konnte (siehe Abschn. 2.1.3.4).

Zusammenfassend soll ein Erstspender hier wie folgt definiert werden:

▶ Ein **Erstspender** ist ...

- ... eine *Privatperson*, die ...
- ... einer *bestimmten* gemeinwohlorientierten Organisation ...
- ... zum *ersten* Mal in ihrem Leben ...
- ... eine *Einzelspende* (nicht Dauerspende) zuwendet.

2.1.3.2 Gewinnung von Erstspendern

Nachdem geklärt wurde, wer als Erstspender betrachtet werden kann, soll nun der Frage nachgegangen werden, über welche Vertriebskanäle (siehe Abschn. 2.5) und welche Kommunikationskanäle (siehe Abschn. 2.6) Erstspender gewonnen werden können. Lange Jahre war der Postvertrieb der mit Abstand wichtigste Vertriebskanal für die Erstspendergewinnung.

2.1.3.2.1 Erstspendergewinnung durch Postvertrieb

Im Rahmen des Postvertriebs (siehe Abschn. 2.5.2) wird potenziellen Erstspendern ein Spendenbrief bzw. Mailing zugeschickt, das mit Hilfe eines beigelegten Zahlscheins eine Spende ermöglicht. Nach der Systematik der Spenderpyramide werden zunächst alle vorab gewonnenen Interessenten als potenzielle Erstspender betrachtet und mit einem sog. **Eigenadress-Mailing** (siehe Abschn. 2.5.2.1) angeschrieben. Darüber hinaus können aber auch angemietete Adressen Fremder mit einem sog. **Fremdadress-Mailing** (siehe Abschn. 2.5.2.2) angeschrieben werden.

2.1.3.2.2 Erstspendergewinnung durch Online-Vertrieb

Neben dem Postvertrieb spielt mittlerweile auch der Online-Vertrieb (siehe Abschn. 2.5.3) eine wichtige Rolle bei der Erstspendergewinnung. Immer mehr Menschen nutzen die Möglichkeit, einer Organisation eine Erstspende über das Internet (Website, Social Media Site, Spendenplattform u. a.) zu geben. Aufgrund seiner steigenden Bedeutung, soll auf das Online-Fundraising später in Abschn. 2.7 noch einmal separat und ausführlich eingegangen werden.

2.1.3.2.3 Erstspendergewinnung durch Telefon-Vertrieb

Die Erstspendergewinnung durch Telefon-Vertrieb (siehe Abschn. 2.5.4) ist in Deutschland problematisch. Im Gegensatz zur Schweiz, ist es in Deutschland rechtlich nicht zulässig, Privatpersonen (im Gegensatz zu Unternehmen) ohne bestehende Geschäftsbeziehung im Rahmen des **aktiven Telefon-Fundraising** (siehe Abschn. 2.5.4.1) anzurufen, um sie um eine Erstspende zu bitten. Wann genau eine solche Geschäftsbeziehung vorliegt ist ebenso juristisch ungeklärt wie die Frage, ob eine steuerbegünstigte Organisation überhaupt unter diese Regelung fällt. Unstrittig zulässig ist ein Anruf nur dann, wenn der Interessent vorab schriftlich eingewilligt hat, dass ihn die Organisation anrufen darf. In der Fundraising-Praxis liegt diese Einwilligung jedoch in der Regel nicht vor. Anders verhält es sich, wenn eine gemeinwohlorientierte Organisation im Rahmen des **passiven Telefon-Fundraising** (siehe Abschn. 2.5.4.1) von einer Privatperson angerufen wird, die eine Erstspende machen möchte. Dies ist selbstverständlich immer möglich.

2.1.3.2.4 Erstspendergewinnung durch persönlichen Vertrieb

Die Erstspendergewinnung durch persönlichen Vertrieb (siehe Abschn. 2.5.5) ist in der Regel unverhältnismäßig teuer und deshalb sehr selten. Ausnahmen bestehen nur dann, wenn der – z. B. im Rahmen einer Capital Campaign (siehe Abschn. 2.1.6.5) angesprochene – (potenzielle) Erstspender gleich ein (potenzieller) Großspender ist. Oder aber die Kosten der persönlichen Ansprache deshalb nur sehr gering sind, weil die Ansprache durch einen Ehrenamtlichen erfolgt.

> **Beispiel**
>
> Im Rahmen der sog. „Caritas-Sammlung" bitten Ehrenamtliche (meist Pfarreimitglieder) die Bewohner eines bestimmten Wohngebietes (oft ihre Nachbarn) an der Haustüre um eine (kleinere) Erst- bzw. Einzelspende. Die normalerweise hohen (Personal-)Kosten des persönlichen Vertriebes werden hier dadurch vermieden, dass die Ehrenamtlichen auf eine Bezahlung verzichten.

2.1.3.2.5 Kommunikation der Erstspende über eigene Kommunikationskanäle

Für die Kommunikation der Erstspende und ihre verschiedenen Vertriebskanäle sollten alle Kommunikationskanäle genutzt werden (siehe Abschn. 2.6), die im Rahmen des begrenzten Kommunikationsbudgets einer Organisation geeignet sind, die Zielgruppe der (potenziellen) Erstspender zu erreichen. Über welche Merkmale sich die Zielgruppe(n) potenzieller Erstspender einer bestimmten Organisation charakterisieren lassen, kann zu Beginn bei Aufbau des Fundraising noch unklar sein. Allenfalls können bestimmte Affinitäten und Interessen vermutet werden. Durch Tests und systematische Analysen (siehe Abschn. 6.1) sind die Zielgruppenmerkmale nach und nach herauszufinden und zu präzisieren.

Am kostengünstigsten sind i. d. R. eigene Kommunikationskanäle, über die eine Organisation selber verfügen kann. Sie sind daraufhin zu überprüfen, ob sie geeignet sind, potenzielle Erstspender zu erreichen. Neben den bereits erwähnten Vertriebskanälen (Mailing, Website, Social Media Site, Telefon und persönliches Gespräch), die ja immer auch Kommunikationskanäle darstellen[10], verfügt jede Organisation über eine ganze Reihe von eigenen (Offline- und Online-)Kommunikationskanälen (siehe Abschn. 2.6.7).

---

[10] Zum Unterschied von Vertriebs- und Kommunikationskanal im Marketing siehe Abschn. 2.2.

Bei den **eigenen Offline-Kommunikationskanälen** könnte beispielsweise in einem redaktionellen Beitrag oder einer Anzeige für eine Erstspende zugunsten der Organisation in einer oder mehreren Zeitschriften geworben werden, die eine Organisation für ihre verschiedenen Stakeholder (Mitarbeiter, Ehrenamtliche, Freiwillige, Spender, Mitglieder, Klienten etc.) herausgibt. Theoretisch kann sogar auf jedem beliebigen Printerzeugnis einer Organisation für eine Erstspende geworben werden: von Flyern über Broschüren und Plakate bis hin zu den Visitenkarten der (haupt- und ehrenamtlichen) Mitarbeiter.

Bei den **eigenen Online-Kommunikationskanälen** könnte neben den bereits erwähnten Websites und Social Media Sites auch im Intranet, in E-Newslettern sowie in der E-Mail-Signatur aller (haupt- und ehrenamtlichen) Mitarbeiter für eine Erstspende geworben werden.

2.1.3.2.6 Kommunikation der Erstspende über fremde Kommunikationskanäle

Neben den eigenen können auch **fremde Kommunikationskanäle** interessant sein, um für eine Erstspende zu werben, wenn sie die Zielgruppe der (potenziellen) Erstspender erreichen. Selbst dann, wenn ein redaktioneller Beitrag oder eine werbliche Schaltung (z. B. Anzeige, Radio-, Fernseh- oder Kinospot etc.) mit Kosten verbunden ist. In diesem Fall ist (i. d. R. durch Tests) zu überprüfen, ob die entstehenden Kosten in einem sinnvollen Verhältnis zu den erwartbaren Einnahmen stehen. Natürlich würde jeder Fundraiser versuchen, diese Kosten dadurch zu vermeiden, dass er die Schaltung fundraist, also ohne materielle Gegenleistung erhält. Aufgrund der immer schwierigeren wirtschaftlichen Situation vieler Medien wird dies jedoch immer unwahrscheinlicher.

Dazu können alle Kommunikationskanäle der Mediawerbung (siehe Abschn. 2.6.4), der Direktwerbung (siehe Abschn. 2.6.5) und der Dialogwerbung (siehe Abschn. 2.6.6) auch im Internet (siehe Abschn. 2.7.2) genutzt werden, die im Rahmen eines begrenzten Kommunikationsbudgets geeignet sind, die Zielgruppe(n) der (potenziellen) Erstspender zu erreichen.

Wie in den folgenden Unterkapiteln noch an Beispielen aufzuzeigen sein wird, können grundsätzlich dieselben (zielgruppenrelevanten) Kommunikationskanäle eingesetzt werden wie oben bereits bei der Interessentengewinnung dargestellt, jedoch nicht zunächst zur Interessenten-, sondern gleich zur Erstspendergewinnung. Eine solche Abkürzung in der Vorgehensweise (statt Interessenten nur um ihre Adresse gleich um ihre Erstspende zu bitten) ist insbesondere dann sinnvoll, wenn vorab durch erfolgreiche Öffentlichkeitsarbeit eine Organisation bereits über einen hohen Bekanntheitsgrad und ein positives Image verfügt. Entsprechend lautet die konkrete Handlungsanweisung (Call-to-Action) in der Kommunikation dann nicht mehr „Informieren Sie sich unter folgender Telefonnummer!", sondern „Spenden Sie unter folgender Telefonnummer!".

2.1.3.2.7 Erstspendergewinnung durch Fernseh-, Radio- und Kinowerbung

Bei der Gewinnung von (Erst-)Spendern können Massenmedien wie Fernsehen, Radio und Kino einen enormen Multiplikator für das Fundraising darstellen. Hierauf wird in Abschn. 2.6.4 noch ausführlich einzugehen sein.

> **Beispiele**
> - José Carreras konnte mit Hilfe von 18 Fernsehgalas (siehe Abschn. 2.6.4.1) in der ARD zwischen 1995 und 2012 über 100 Mio. € an Spenden für seinen Verein *Deutsche José Carreras Leukämie-Stiftung* einsammeln.
> - Der *Bayerische Rundfunk* unterstützt mit Radiosendungen (siehe Abschn. 2.6.4.2) und Fernsehsendungen seit 20 Jahren seinen Verein *Sternstunden*. Dieser hat bislang (Stand 2013) für mehr als 2200 Kinderhilfsprojekte eine Gesamtfördersumme von über 150 Mio. € eingeworben.
> - *Ärzte ohne Grenzen* ruft 2016 in einem 90-sekündigen Kinospot (siehe Abschn. 2.6.4.3) zu (Erst- bzw. Einzel-)Spenden auf. Die Kinowerbung kann unter dem Titel „Eine Hebamme hilft in Krisen- und Kriegsregionen – Kinospot Ärzte ohne Grenzen Deutschland 2016" auf YouTube angesehen werden.

2.1.3.2.8 Erstspendergewinnung durch Printwerbung

Neben kostenlosen **Fülleranzeigen** kann es für eine Organisation auch sinnvoll sein, zur Gewinnung von (Erst-)Spendern bezahlte **Anzeigen** in Printmedien zu schalten (Details hierzu siehe Abschn. 2.6.4.4).

> **Beispiel**
> Die UNO-Flüchtlingshilfe ruft 2017 mit einer Anzeige im SPIEGEL zu (Erst-)Spenden zugunsten der Flüchtlingshilfe auf (siehe Abb. 2.9).

Auch **Beilagen**, **Beihefter** und **Beikleber** in Printmedien werden von Organisationen gerne zur Gewinnung von (Erst-)Spendern eingesetzt (Details hierzu siehe Abschn. 2.6.4.4).

> **Beispiel**
> Die Caritas legt zur (Erst-)Spendergewinnung eigenen und fremden Medien ihren Flyer „Am Ende bin ich nicht allein – Ihre Spende für den Hospiz-Betreuungsdienst" bei (siehe Abb. 2.10).

2.1.3.2.9 Erstspendergewinnung durch Außenwerbung

Ein wichtiger Kommunikationskanal zur Gewinnung von (Erst-)Spendern ist die Außenwerbung (siehe Abschn. 2.6.4.5).

> **Beispiel**
> Die Organisation *Rote Nasen* schaltet Plakate zur Gewinnung von (Erst-)Spendern. Der Call-to-Action „Jetzt spenden!" verweist auf den Online-Vertrieb über die Website der Spendenplattform *betterplace*, die auch über einen QR-Code aufgerufen werden kann (siehe Abb. 2.11).

Abb. 2.9 Kommunikation einer (Erst-)Spende über eine Anzeige. (Quelle: UNO-Flüchtlingshilfe)

Abb. 2.10 Kommunikation einer (Erst-)Spende über einen Flyer/Beileger. (Quelle: Caritas Berlin)

Abb. 2.11 Kommunikation einer (Erst-)Spende über ein Plakat

2.1.3.3 Bindung von Erstspendern

Soweit zur Gewinnung von Erstspendern. Jetzt zu deren Bindung. Der erfolgreichen Bindung von Erstspendern kommt aus mehreren Gründen eine immer größere Bedeutung zu, die sich auch in zunehmender Literatur zu diesem Thema wiederspiegelt.[11] Ein erster, wichtiger Grund besteht darin, dass durch den zunehmenden Verdrängungswettbewerb auf dem Spendenmarkt die meisten Organisationen in Deutschland in den letzten Jahren unter einer sinkenden Anzahl von gewonnenen Erstspendern leiden. Nach einer umfassenden Studie des Fundraising-Dienstleisters Blackbaud ist die Anzahl der von US-amerikanischen Organisationen gewonnenen Erstspender zwischen 2006 und 2011 um 14 % gesunken. Umso wichtiger wird es, die kleinere Anzahl gewonnener Erstspender anschließend auch zu binden.

Ein zweiter, wichtiger Grund für eine erfolgreiche Bindung von Erstspendern liegt in der Tatsache, dass erfahrungsgemäß nur 50 % der gewonnenen Erstspender später auch be-

---

[11] Vgl. Naskrent, Julia: Verhaltenswissenschaftliche Determinanten der Spenderbindung – Eine empirische Untersuchung und Implikationen für das Spenderbindungsmanagement, (Peter Lang) Frankfurt/Main 2010. Peter Lang.

reit sein werden, mindestens eine zweite Spende zu geben – Tendenz sinkend! Führt man sich vor Augen, dass sich die Kosten der Gewinnung eines Erstspenders zwischen 1990 und 2010 verzehnfacht haben, und bei Vollkostenbetrachtung mittlerweile zwischen 100 und 200 € liegen, wird deutlich, wie (auch finanziell) schmerzlich geringe Bindungsraten mittlerweile geworden sind. Schon aus diesem Kostendruck heraus werden Organisationen künftig um eine substantiell verbesserte Erstspenderbindung nicht mehr herumkommen – selbst wenn auch die mit zunächst höheren Kosten verbunden ist. Gelingt es, so zeigt die Erfahrung, einen Erstspender in den ersten zwölf Monaten zu einer zweiten Spende zu bewegen, so ist mit hoher Wahrscheinlichkeit danach mit einer langen Bindung des Spenders zu rechnen. Fazit: Der wichtigste Teil der Spenderbindung steht gleich am Anfang der Beziehung zu einem Spender!

Wie kann diese Bindung erreicht werden? Zunächst sollte selbstverständlich sein, dass einem Erstspender schnellstmöglich und angemessen gedankt wird. Schon Cicero wusste: „Keine Schuld ist dringender als die, Dank zu sagen." Ein rascher **Dank** ist zum einen deshalb so wichtig, weil der Spender erst mit erhaltenem Dank wirklich sicher sein kann, dass seine Spende auch tatsächlich angekommen und nicht irgendwo verloren gegangen ist. Organisationen, die nicht sofort bedanken, machen immer wieder die Erfahrung, dass besorgte Spender anrufen und sich nach dem Erhalt ihrer Spende erkundigen. Es gibt aber noch ein zweites, schlagendes Argument für eine rasche Bedankung: Den Abbau eventueller kognitiver Dissonanzen beim Spender. Wie auch beim Kauf von Produkten, können bei einem Spender nach der Spende innere Konflikte entstehen, die Verunsicherung und Spannung auslösen: Wäre es nicht besser gewesen, das Geld lieber zu sparen als es zu spenden? Habe ich vielleicht doch zu viel gespendet? Habe ich wirklich der richtigen Organisation gespendet oder hätte ich es nicht besser einer anderen Organisation anvertraut? Diese (potenziellen) kognitiven Dissonanzen können von der Organisation in einem Dankschreiben vorsorglich aufgegriffen und entkräftet werden: „Sehr geehrter Herr Meyer, dank Ihrer Spende können wir auch weiterhin zahlreiche Betroffene unterstützen. Dies ist ein wichtiger und unverzichtbarer Beitrag zu unserem Projekt. Ich danke Ihnen im Namen unserer Organisation sehr herzlich für Ihre Hilfe!".

Leider wird auch im Fundraising die Bedeutung eines angemessenen Dankes immer wieder unterschätzt. Minimum sollte ein möglichst individueller **Dankbrief** oder Postkarte sein. Um dem Erstspender eine Freude zu bereiten, sollten bei der Erstellung des Dankbriefes der Kreativität keine Grenzen gesetzt werden.

> **Beispiele**
> - Eine Kindertagesstätte bedankt sich bei Erstspendern mit Postkarten, die von den Kindern der Einrichtung bemalt wurden.
> - Die Deutsche Hospiz-Stiftung bedankt sich bei (Erst-)Spendern ab einer gewissen Größenordnung mit einem individualisierten Dankschreiben, das von der Schauspielerin Uschi Glas original unterschrieben wird. Der Spender erhält so ein Dankschreiben mit Autogrammcharakter und freut sich, dass auch bekannte Persönlichkeiten sich demselben Anliegen widmen wie er selbst.

Ein sofortiger Dankbrief ist übrigens auch dann zu empfehlen, wenn sich eine Organisation entschlossen hat, keine Einzelzuwendungsbestätigungen (wie die „Spendenquittungen" bzw. „Spendenbescheinigungen" im Amtsdeutsch korrekt heißen) zu versenden, sondern (aus Kostengründen) nur Sammelzuwendungsbestätigungen zu Beginn des Folgejahres. Würde ein Erstspender, der im Januar eines Jahres seine erste Spende tätigt, durch ein solches Verfahren erst zu Beginn des Folgejahres wieder von der Organisation in Form einer Sammelzuwendungsbestätigung kontaktiert werden, so wäre dies sicher deutlich zu spät und damit kontraproduktiv für den Aufbau der angestrebten Beziehung.

Noch individueller, aber auch aufwendiger als ein Dankbrief ist ein **Dankanruf** beim Erstspender. Bis vor wenigen Jahren war ein Dankanruf nur Großspendern vorbehalten und wurde von dem, für die Großspenderbetreuung zuständigen Mitarbeiter der Organisation durchgeführt. Inzwischen gehen immer mehr (größere) Organisationen dazu über, *jeden* Erstspender durch eine beauftragte Telefon-Fundraising-Agentur anrufen zu lassen – schon ab einer Erstspende von 10 €! Rechnet man überschlägig mit ca. 8 € pro Dankanruf, erscheint die telefonische Bedankung auf der ersten Blick deutlich teurer als der Versand eines Dankschreibens für ca. 1 €. Rechnet man jedoch auch die Personalkosten des Fundraisers ein, der das Dankschreiben verfasst, so gelangt man schnell in eine ähnliche Kostenregion. Außerdem kann im persönlichen Gespräch am Telefon ein ganz anderer Grad an Wertschätzung für die Erstspende und damit ein ganz anderer Grad an Beziehungsaufbau erreicht werden. Meist wird im Rahmen des Dankanrufs auch gleich nach einem Upgrading zum Dauerspender gefragt, womit 9–12 % der angerufenen Erstspender einverstanden sind. Besonders erfolgreich sind telefonische Angebote, eine Dauerspende nur zeitlich befristet (z. B. auf zwei Jahre) zu übernehmen.

Die Frage, ob ein Dank auch gleich mit einer nächsten Spendenanfrage verbunden werden sollte, ist aber durchaus strittig – nicht nur beim Dankanruf, auch beim Dankbrief, dem gleich wieder ein Zahlschein beigelegt wird. Die Befürworter rechtfertigen dieses Vorgehen mit der Erfahrung, dadurch zusätzliche Spenden zu gewinnen. Gegner halten dies für eine unschöne Geste nach dem Motto „kleinen Finger erhalten, ganze Hand gewollt". Letztlich muss diese Frage jede Organisation für sich selbst entscheiden. Am besten nach Befolgung eines weiteren, wichtigen Fundraising-Grundsatzes: „Testen, testen, testen!".

> **Beispiel**
>
> Die vier Fundraiserinnen der „Ridge Meadows Hospital Foundation" in Maple Ridge (Kanada) bedanken sich für jede (!) Spende telefonisch. Egal ob es sich um eine Erst- oder Folgespende handelte, und egal wie hoch die Spende war. Im Rahmen des Anrufs wird nur ein Dank ausgesprochen, nicht nach weiteren Spenden gefragt. Nach eigener Einschätzung der Fundraiserinnen hat sich durch dieses Vorgehen die Bindung ihrer Spender deutlich erhöht.

Alternativ zu einem Test können Erstspender auch einfach befragt werden, wie sie sich den weiteren Dialog mit der Organisation vorstellen. So schicken beispielsweise einige Organisationen nach Erhalt einer Erstspende dem neuen Spender ein kleines „**Welcome**

Package" zu. Neben einem persönlichen Dankschreiben erhält der Erstspender Informationen über die verschiedenen Aktivitäten und Angebote einer Organisation. Auf einer vorbereiteten Antwortkarte fragt ihn die Organisation beispielsweise,

- nach der Telefonnummer (wichtig für die telefonische Bedankung und Upgrading, siehe Abschn. 2.5.4),
- E-Mail-Adresse (wichtig für das Online-Fundraising, siehe Abschn. 2.7),
- Geburtsdatum (wichtig für das Testamentspender-Fundraising, siehe Abschn. 2.1.8),
- Anzahl der Kinder (wichtig für das Testamentspender-Fundraising, siehe Abschn. 2.1.8),
- über welche Projekte er künftig näher informiert werden möchte,
- ob er eine Zeitschrift der Organisation beziehen möchte oder nicht,
- ob Interesse an einer dauerhaften Förderung besteht,
- ob Interesse an der Erbschaftsbroschüre besteht,
- ob er sich ehrenamtlich für die Organisation engagieren möchte,
- ob eine jährliche Sammelzuwendungsbestätigung ausreicht.

> **Beispiel**
> Greenpeace fragt die Präferenzen seiner (Erst-)Spender mit Hilfe eines **Service-Scheckheftes** ab. Mit jedem Blatt kann eine bestimmte Leistung angefordert werden: Analysen, Informationen, Bücher und Versicherungen (siehe Abb. 2.12). Gleichzeitig kann jedes Blatt als Response-Element genutzt werden, das weitere Informationen über den Erstspender liefert. So kann die Organisation den Erwartungen des Spenders gerecht werden.

Eine große amerikanische Organisation bedankt sich bei jedem Erstspender, dessen Erstspende einen bestimmten Betrag überschreitet, persönlich im Rahmen eines **Besuches**. Dies wird dadurch möglich, dass die Organisation über ein Netz aus Ehrenamtlichen verfügt, das sich über das ganze Land erstreckt. Für jeden Bezirk gibt es einen designierten Ehrenamtlichen, der – von der Zentrale seiner Organisation benachrichtigt – jeden Erstspender, der in seinem Bezirk wohnt, kurz persönlich besucht und sich für die Erstspende bedankt. Bei dieser Gelegenheit kann er auch noch kurz die Organisation und ihre Ziele näher vorstellen. Auf diese Weise ist der Grundstein für eine persönliche Beziehung des Spenders zur Organisation gelegt.

Eine weitere Möglichkeit, Erstspender frühzeitig zu binden, ist die Durchführung einer **Spenderbefragung**. So befragt der Volksbund Deutsche Kriegsgräberfürsorge sechs bis acht Wochen nach dem Dankanruf seine Erstspender schriftlich. Nähere Informationen zu dieser Form der Spenderbefragung werden in Abschn. 6.1.2.7 gegeben.

Im Anschluss an einen zeitnahen (schriftlichen und möglichst auch telefonischen) Dank, besteht die Standardbetreuung von Erstspendern in der Aufnahme in den Mailing-Zyklus der Organisation aus vier bis (durchschnittlich) sechs Mailings pro Jahr. Ziel der Mailings ist, Spender dadurch zu binden und zu erneuten Spenden zu motivieren, dass eine Organisation dem Spender ihre Vorgehensweise, Wirkung und Erfolge nachvollzieh-

Abb. 2.12 Das Service-Scheckheft von Greenpeace (Deckblatt und Inhaltsverzeichnis). (Quelle: Greenpeace Deutschland)

bar darstellt. *Phineo* empfiehlt auf seiner Website, die folgenden Fragen in eine logische Kette zu bringen:

- Was genau möchte die Organisation erreichen, bezogen auf die Zielgruppe und die Gesellschaft allgemein?
- Welche Aktivitäten und Maßnahmen werden deshalb durchgeführt und mit welchem Ziel?
- Welche Wirkungen erzielen die Maßnahmen? Wer wurde erreicht und was konnte konkret verändert werden?
- Welche Erhebungsmethoden werden eingesetzt, um all das zu dokumentieren und zu „messen"?

2.1.3.4 Rückgewinnung von abwandernden Erstspendern

In den vorangegangenen Kapiteln wurde deutlich, wie aufwendig die Gewinnung und Bindung eines Erstspenders ist. Umso erschreckender ist die bereits beschriebene Erfahrung, dass es nur bei etwa der Hälfte der Erstspender gelingt, sie zu einer zweiten Spende zu bewegen und damit zu einem Mehrfachspender upzugraden. Oder anders ausgedrückt: Die

Hälfte der Erstspender wandert sofort nach der Erstspende wieder ab. Im anglo-amerikanischen Sprachraum sprechen Fundraiser in diesem Zusammenhang von einer „**Attrition Rate**" (siehe Abschn. 6.3.3.1) von 50 %. Die verschiedenen Gründe für eine Abwanderung von Spendern hat *Hunziker* untersucht. Er hat sechs Typen von Abwanderern identifiziert (unbewusste Abwanderer, unkonstante Spender, Variety Seeker, frustrierte Abwanderer, unzufriedene Abwanderer und Zwangsabwanderer), die aus sehr unterschiedlichen Gründen abwandern und entsprechend zurückgewonnen werden müssen.[12]

Mit solchen Verlusten muss sich eine Organisation also nicht abfinden. Sie kann versuchen, abwandernde Spender zurückzugewinnen. In der Regel ist dies kostengünstiger als neue Spender zu akquirieren. In der Praxis wird wie folgt vorgegangen: Die Rückgewinnung beginnt, sobald ein Spender als „**inaktiv**" betrachtet wird. Wann ein (bis dahin aktiver) Spender als inaktiv angesehen wird, ist Definitionssache. Die meisten Organisationen betrachten einen Spender als inaktiv, wenn seine letzte Spende mehr als 24 Monate zurückliegt. Bei anderen Organisationen muss die letzte Spende mehr als 12 oder 36 Monate zurückliegen. Unterhalb von 12 Monaten sollte der Zeitraum aber nicht liegen, da es eine ganze Reihe von Spendern gibt, die nur einmal pro Jahr geben. Meist zu festen Anlässen wie Weihnachten oder Ostern. Fortgeschrittene Fundraiser definieren die Inaktivität für jeden ihrer Spender nach dessen bisherigem, individuellen Spendenverhalten. So wird beispielsweise ein Spender, der bislang alle sechs Monate gespendet hat, schon dann inaktiv, wenn er in den letzten sieben Monaten nicht mehr gespendet hat. Ein anderer Spender, der bislang immer nur zu Weihnachten gespendet hat, wird erst inaktiv, wenn er 12 Monate später zum nächsten Weihnachtsfest nicht mehr spendet. Welche Spender jeweils konkret inaktiv geworden sind, ist kontinuierlich mit Hilfe der Fundraising-Datenbank (siehe Abschn. 2.1.8) zu ermitteln. Für die Rückgewinnung inaktiv gewordener (Erst-)Spender gibt es eine ganze Reihe denkbarer Maßnahmen:

2.1.3.4.1 Rückgewinnung per Mailing
Die wohl am meisten verbreitete Maßnahme zur Rückgewinnung von (Erst-)Spendern ist das Mailing (siehe Abschn. 2.5.2). Leider wird in der Praxis nur in den seltensten Fällen ein spezielles Rückgewinnungs-Mailing konzipiert. Normalfall ist hingegen, längst inaktiv gewordenen (Erst-)Spendern einfach weiterhin die Standard-Mailings zuzuschicken – obwohl sie darauf schon länger nicht mehr reagiert haben. Dieses Vorgehen ist nicht nur ineffektiv bei der Rückgewinnung, es verursacht zudem auch noch unnötige Kosten.

2.1.3.4.2 Rückgewinnung per Telefon
Deutlich erfolgreicher ist die Rückgewinnung inaktiver Spender per Telefon. Sie sollte im Idealfall unmittelbar nach Eintritt der von der Organisation definierten Inaktivität gestartet werden. Diese erfolgversprechende Methode wird derzeit in der Praxis erstaunlicherweise nur von wenigen Organisationen angewandt. Wenn überhaupt, erfolgt die telefonische

---
[12] Hunziker, Beat: Abwanderungsverhalten von Spendern – Eine Analyse des Abwanderungsprozesses und der Rückgewinnungsmöglichkeiten, (Gabler) Wiesbaden 2010 Gabler.

Rückgewinnung leider nicht unmittelbar nach Eintritt der individuellen Inaktivität, sondern aus organisatorischen Gründen nur einmal pro Jahr oder Halbjahr. Bis dahin ist die Inaktivität vieler Spender dann oft schon unnötig fortgeschritten, was die Rückgewinnung erschwert. Ausführliche Überlegungen und Kostenberechnungen zur telefonischen Rückgewinnung von Erst- und Einzelspendern werden in Abschn. 2.5.4.4 angestellt.

2.1.3.4.3 Rückgewinnung per Spenderbefragung

Auch die bereits erwähnte Spenderbefragung (siehe Abschn. 6.1.2.7) wurde erfolgreich zur Rückgewinnung inaktiv gewordener (Erst-)Spender eingesetzt. Durch das, in der Form der Befragung signalisierte, besondere Interesse an den (inaktiven) Spendern, kann ein Teil von ihnen wieder reaktiviert werden.

2.1.3.5 Was ich in diesem Abschnitt gelernt habe

- Gewinnen Sie Erstspender durch Upgrading von Interessenten!
- Setzen Sie auch Fremdadress-Mailings ein! Lassen Sie sich bei der Auswahl geeigneter Fremdadresslisten von kompetenten und erfahrenen Listbrokern beraten (siehe Abschn. 2.5.2.2)!
- Selektieren Sie die Ihnen angebotenen Fremdadressen möglichst exakt nach dem spezifischen Merkmalsprofil Ihrer Förderer!
- Testen Sie verschiedene Fremdadresslisten gegeneinander!
- Testen Sie auch bei Mailings mit Fremdadressen den Einsatz von Give-aways!
- Legen Sie größten Wert auf die Bindung Ihrer (Erst-)Spender!
- Danken Sie einem Erstspender möglichst schnell und individuell für seine Erstspende!
- Legen Sie von vornherein feste Bedankungskategorien je nach Höhe der erhaltenen Erstspende fest!
- Prüfen Sie, ob Sie (Erst-)Spenden telefonisch bedanken (lassen)!
- Prüfen Sie, ob ein Ehrenamtlicher Ihrer Organisation einem Erstspender vor Ort persönlich für seine Erstspende danken kann!
- Schicken Sie Ihren Erstspendern ein möglichst persönliches Dank- und Begrüßungsschreiben, am besten zusammen mit Informationen über die Aktivitäten Ihrer Organisation („Welcome Package")!
- Geben Sie Ihren Erstspendern dabei möglichst viele Gelegenheiten zum Response und damit zum Aufbau eines Dialogs!
- Fragen Sie bei jeder Gelegenheit nach zusätzlichen Informationen über die Erstspender (z. B. Geburtsdatum, E-Mail-Adresse, Telefonnummer etc.)!
- Suchen Sie das persönliche Gespräch mit Ihren besten Spendern! Hören Sie ihnen aufmerksam zu und versuchen Sie herauszufinden, was ihnen wichtig ist!
- Bitten Sie prominente Förderer Ihrer Organisation, Dankschreiben für größere (Erst-)Spenden zu unterschreiben!

- Definieren Sie einen (pauschalen oder besser noch individuellen) Zeitraum, ab dem Sie einen Spender Ihrer Organisation als inaktiv betrachten wollen!
- Starten Sie Ihre Maßnahmen zur Reaktivierung zeitnah nach Eintritt der Inaktivität Ihrer Spender!

2.1.4 Die Stufe der Mehrfachspender

2.1.4.1 Wer ist Mehrfachspender?

Ein Mehrfachspender soll hier wie folgt definiert werden:

▶ Ein **Mehrfachspender** ist ...

- ... eine *Privatperson*, die ...
- ... nach ihrer Erstspende ...
- ... *mindestens* eine *weitere Einzelspende* (nicht Dauerspende) zuwendet.

2.1.4.2 Gewinnung von Mehrfachspendern

Die wohl verbreitetste Methode für die **Gewinnung** von Mehrfachspendern ist, Erstspender in den Mailing-Zyklus der Organisation (von durchschnittlich sechs Mailings pro Jahr, siehe Abschn. 2.5.2.1) aufzunehmen (wenn sie da als Interessenten nicht längst schon gewesen sind). Mit jedem neuen Mailing erhalten sie so auch einen neuen Zahlschein. Nutzt ein Erstspender einen solchen neuen Zahlschein für eine weitere Spende, wird er automatisch Mehrfachspender. Wie bereits erwähnt, gelingt dieses Upgrading vom Erst- zum Mehrfachspender in der Praxis den meisten Organisationen leider nur sehr schlecht. Nach einer Faustformel ist nur die Hälfte der Erstspender bereit, anschließend eine zweite Spende zu tätigen. Deshalb wird an dieser Stelle nochmals auf die zentrale Bedeutung von Maßnahmen im Rahmen der Bindung von Erstspendern (siehe Abschn. 2.1.3.3) hingewiesen.

2.1.4.3 Bindung von Mehrfachspendern

Zur Bindung von Mehrfachspendern werden in der Praxis folgende Maßnahmen eingesetzt:

2.1.4.3.1 Bindung von Mehrfachspendern durch Mailings

In aller Regel beschränkt sich die Bindung von Mehrfachspendern (wie auch schon die Bindung von Erstspendern) auf die Aufnahme in den Mailing-Zyklus der Organisation. Dabei könnte eine Organisation viel mehr für die Bindung einer so wichtigen Gruppe wie die der Mehrfachspendern tun.

> **Beispiel**
>
> Die „Deutsche Lepra- und Tuberkulose Hilfe (DAHW)" kontaktiert ihre Mehrfachspender per Mailing oder Telefon zu bestimmten **Spenderjubiläen**:
>
> - „Vielen Dank, dass Sie uns jetzt schon seit fünf Jahren unterstützen!"
> - „Vielen Dank, dass Sie uns schon zum zehnten Mal unterstützt haben!"
> - „In Summe haben Sie uns über die letzten Jahre bereits mit 1000 € unterstützt. Dafür vielen Dank!"

2.1.4.3.2 Bindung von Mehrfachspendern über Projektfortschrittsberichte

Selbst wenn ein Mehrfachspender von der Organisation durchschnittlich sechs Mailings pro Jahr bekommt, heißt das noch nicht automatisch, dass er in der Folge seiner (Erst- oder Mehrfach-)Spende auch einen Projektfortschrittsbericht zu genau dem Projekt erhält, das er bespendet hat. Der Grund liegt darin, dass die meisten Organisationen gleichzeitig eine Vielzahl unterschiedlicher Projekten durchführen. In Interesse einer Gleichbehandlung aller Projekte, wird in jedem neuen Mailing auch auf ein neues Projekt hingewiesen, und so für einen gewissen Proporz zwischen allen Projekten gesorgt. So nachvollziehbar dieses Vorgehen aus Sicht der Organisation und im Hinblick auf eine gerechte Kommunikation aller Projekte ist, so unbefriedigend ist es aus Sicht des Spenders. Der hat schließlich für ein ihn besonders interessierendes Projekt gespendet, und würde im nächsten Mailing gerne erfahren, wie es mit „seinem" Projekt weitergegangen ist. Stattdessen erhält er ein Mailing zu einem ganz anderen, aus Proporzgründen gerade anstehenden Projekt, das ihn u. U. aber gar nicht interessiert. Entsprechend spendet er dafür auch nicht. Diesem, in der Praxis häufig auftretenden Problem kann gerade eine Organisation mit vielen, unterschiedlichen Projekten theoretisch eigentlich nur beggnen, indem sie ihre Spender nach Projektinteresse segmentiert und jedem Spendersegment eine eigene Mailing-Variante mit einem projektspezifischen Projektfortschrittsbericht zuschickt. In der Praxis scheitert diese theoretische Überlegung i. d. R. am Mehraufwand, pro Mailing-Aussendung nicht mehr nur eine (Projekt-)Variante sondern deren mehrere recherchieren, vorbereiten und produzieren zu müssen. Zumindest was den Produktionsaufwand betrifft, gibt es mit dem Digitaldruck jedoch mittlerweile technische Möglichkeiten, mehrere unterschiedliche Mailing-Flyer mit Projektfortschrittsberichten auch bei kleinen Auflagen kostengünstig zu produzieren.

> **Beispiel**
>
> Das Generalsekretariat des *Malteser-Hilfsdienstes* verschickt an seine Spender im Digitaldruck individualisierte Mailing-Flyer mit Fortschrittsberichten zu den jeweils letzten drei Projekten, die ein Spender bislang unterstützt hat. Auf diese Weise wird eine Beziehung zum Projekt und zur Organisation aufgebaut, die den (Mehrfach-)Spender bindet.

Was weitere Maßnahmen zur Bindung von Mehrfachspendern betrifft, so ist durchaus noch mehr Kreativität gefragt!

> **Beispiele**
> - Der *Malteser-Hilfsdienst* warb eine gebrauchte Friseurladenausstattung als Sachspende in Deutschland ein, die für ein Ausbildungszentrum für Jugendliche in Südamerika wieder aufgebaut wurde. Über eine Webcam konnten die Spender in Deutschland den Projektfortschritt begleiten.
> - Der *Hermann-Gmeiner-Fonds* verschickt einmal jährlich, zusammen mit der Jahreszuwendungsbestätigung, eine Dankeschön-DVD, auf der der HGF-Geschäftsführer im Nachrichten-Stil über Projekterfolge des zurückliegenden Jahres berichtet.

2.1.4.3.3 Bindung von Mehrfachspendern durch Spenderbefragung

Eine ebenfalls sehr erfolgreiche Idee zur Bindung von Mehrfachspendern hat die Fundraising-Agentur *Fundgiver* aus Hamburg entwickelt. Sie führt spezielle **Spenderbefragungen** für Organisationen durch (siehe Abschn. 6.1.2.7).

2.1.4.4 Was ich in diesem Abschnitt gelernt habe

- Beschränken Sie die Bindung Ihrer Mehrfachspender nicht auf die bloße Aufnahme in den regulären Mailing-Zyklus!
- Binden Sie Ihre Mehrfachspender durch Dank anlässlich bestimmter Spenderjubiläen!
- Binden Sie Ihre Mehrfachspender durch Projektfortschrittsberichte!
- Binden Sie Ihre Mehrfachspender durch regelmäßig durchgeführte Spenderbefragungen!

2.1.5 Die Stufe der Dauerspender

Im Sinne des Upgrading werden Mehrfachspendern als nächstes systematische Angebote unterbreitet, wie sie – wenn sie es denn möchten und finanziell in der Lage dazu sind – die nächste Stufe der Spenderpyramide erklimmen können. Ziel ist, möglichst viele Dauerspender unter den Mehrfachspendern zu gewinnen. Auch wenn auf dieser Stufe der Spenderpyramide in den letzten Jahren die Anstrengungen großer Organisationen erheblich gesteigert wurden, schöpfen viele kleine und mittlere Organisationen ihr Fundraising-Potenzial auf dieser Stufe bei weitem noch nicht aus. Wie dies geschehen kann, soll im Folgenden ausführlich dargestellt werden.

2.1.5.1 Wer ist Dauerspender?

Zunächst ist zu klären, was genau unter einem „Dauerspender" zu verstehen ist.

▶ Ein **Dauerspender** ist ...

- ... eine Privatperson, die ...
- ... regelmäßig (monatlich, quartalsweise oder jährlich) ...
- ... bis auf Widerruf (also auf zunächst unbestimmte Zeit) ...
- ... in Form einer Lastschrifteinzugsermächtigung oder eines Dauerauftrages ...
- ... unter Bezeichnungen wie „Freund", „(Förder-)Mitglied", „Förderer", „Pate" etc. zuwendet.

Der Hauptvorteil der Dauerspender liegt in der Regelmäßigkeit ihrer Unterstützung. Damit erhält eine Organisation planbare Einnahmen mit denen sie fest rechnen kann. Entsprechend kann sie sich auch in längerfristigen Projekten guten Gewissens engagieren. Über die Jahre erwirbt sie nämlich Erfahrungswerte, wie lange sie ein Dauerspender durchschnittlich unterstützt. Durchschnittlich sind es um die sieben Jahre. Dann wenden sich die Dauerspender anderen Themen zu, können aus finanziellen Gründen nicht mehr unterstützen oder versterben. Ein weiterer, gewichtiger Vorteil der Dauerspender liegt darin, dass laut verschiedener Benchmarking-Analysen Dauerspender einer Organisation durchschnittlich fast das Doppelte an Jahresspendensumme geben als Einzelspender.

Dauerspender treten in verschiedenen Erscheinungsformen auf. Eine (Förder-)Mitgliedschaft kann der Ebene der Dauerspender ebenso zugerechnet werden wie eine (Personen-, Projekt- oder Tier-)Patenschaft. In der Regel beginnen viele Organisationen ihre Fundraising-Aktivitäten zunächst mit dem Gewinnen von **Mitgliedern**. Bereits bei der Gründung hat eine Organisation großen Finanzbedarf. Neben entsprechenden Räumlichkeiten muss zunächst für benötigte Infrastruktur (Telefon, Fax, PC etc.) und Kommunikation (v. a. zur Bekanntmachung der neuen Organisation) gesorgt werden. Als allerersten Schritt zur Deckung des Finanzbedarfs erheben die meisten Organisationen, die i.d.R in der Rechtsform eines eingetragenen Vereins (e. V.) gegründet werden, zunächst einen Beitrag von ihren Mitgliedern. Für die Gründung eines Vereins sind in Deutschland mindestens sieben Mitglieder erforderlich, in der Schweiz nur drei.[13] Die Zahl der Mitglieder ist jedoch meist von Anfang an höher bzw. wächst sehr schnell an. Grundsätzlich ist eine solide Grundfinanzierung über Mitgliedsbeiträge sehr zu empfehlen. Mitglieder zeichnen sich i.d.R durch hohe Identifikation mit der Organisation aus und bleiben ihr oft jahrelang treu.

Jede Organisation wird deshalb von Anfang an versuchen, zum einen ihre Mitgliederzahl und zum anderen die Höhe des Mitgliedsbeitrages so schnell wie möglich zu steigern. Um zu verhindern, dass mit einer Vielzahl von neuen Mitgliedern auch Entscheidungen

---

[13] Zur Gründung eines Vereins siehe: Kempfler, Herbert: Wie gründe und leite ich einen Verein? – Gründung, Anmeldung, Mitglieder, Mitgliederversammlung, Vorstand, Haftung, Austritt, Ausschluss, Auflösung, (Goldmann) Berlin 1993.

2.1 Relationship Fundraising

schwerer steuerbar werden, bieten viele Organisationen neben oder statt der **ordentlichen Mitgliedschaft** mit Stimmrecht eine **Fördermitgliedschaft** ohne Stimmrecht in der Mitgliederversammlung an. Wie bereits erwähnt, schöpfen die allermeisten Organisationen ihr Potenzial an (Förder-)Mitgliedsbeiträgen jedoch bei weitem noch nicht voll aus.

Schon seit längerem wird die klassische Mitgliedschaft hinterfragt. Gerade jüngere Menschen würden sich vor einer Mitgliedschaft scheuen. Zum einen seien sie nicht mehr bereit, sich fest an eine Organisation zu binden. Zum anderen empfänden sie diese Form des Engagements als antiquiert und lehnten die damit oftmals verbundene „Vereinsmeierei" grundsätzlich ab. So pauschal ist dies jedoch nicht richtig. Eine Untersuchung von *Dathe/Priller/Thürling* zeigt, dass zwar Gewerkschaften und Parteien im Untersuchungszeitraum (1991–2009) kontinuierlich Mitglieder verloren haben, Sportvereine und vor allem Umweltorganisationen aber kontinuierlich Mitglieder hinzugewinnen konnten (siehe Abb. 2.13).

Neben der (Förder-)Mitgliedschaft ist die **Patenschaft** eine sehr erfolgreiche Erscheinungsform der Dauerspender. Ein Dauerspender wird dabei Pate für ein Kind, ein Tier oder ein Projekt. Einen Überblick und Vergleich aller Anbieter von **Kinderpatenschaften** in Deutschland liefert patenvergleich.de. Obwohl in den Medien immer wieder kritisch diskutiert[14], scheint vielen Spendern diese sehr konkrete Form der Unterstützung zu

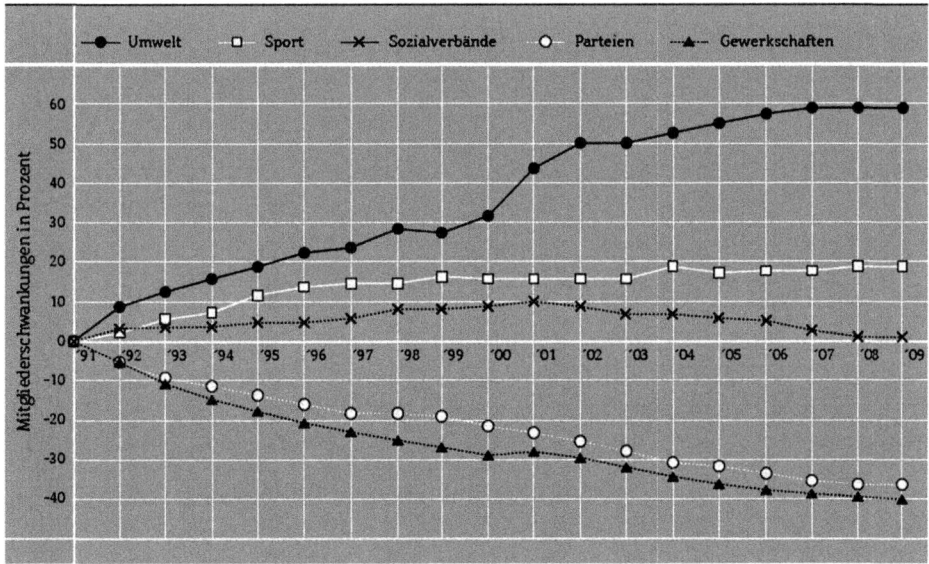

Abb. 2.13 Veränderung von Mitgliedschaften im Zeitverlauf. (Quelle: Dathe, Dietmar; Priller, Eckhard; Thürling, Marleen: Mitgliedschaften und Engagement in Deutschland, WZBrief Zivil-Engagement, Heft 2, August 2010)

---

[14] Siehe beispielsweise: Der SPIEGEL: Studie kritisiert Kinderpatenschafts-Werbung, Heft 22/2005 vom 30.05.2005, S. 18.

gefallen. Veranschaulicht werden kann dies an der Entwicklung der in Deutschland übernommenen Kinderpatenschaften (siehe Abb. 2.14): Die Anzahl der Kinderpatenschaften, die allein bei den Organisationen *Plan International, World Vision, Kindernothilfe* und *Child Fund* in Summe übernommen wurden, konnten von 464.081 im Jahr 2005 auf 563.727 im Jahr 2011 um 21,5 % gesteigert werden. Ab 2011 scheint die Entwicklung auf den ersten Blick zu stagnieren bzw. sogar leicht rückläufig zu sein. Bei genauerem Hinsehen lässt sich diese Entwicklung jedoch erklären: Um das Jahr 2010 begannen große Kinderhilfswerke wie *UNICEF Deutschland, SOS-Kinderdorf* und *SOS-Kinderdörfer*, ihre Dauerspende unter der Bezeichnung „Pate" anzubieten. Zwar wird nicht explizit von „Kinderpatenschaft" gesprochen, um eine Verwechslung mit dem Produkt zu vermeiden, das eine 1:1-Beziehung zwischen Pate und Patenkind herstellt (wie bei *Plan International, World Vision, Kindernothilfe* und *Child Fund*). Für (potenzielle) Dauerspender klingt das Produkt „Pate" von einem Kinderhilfswerk jedoch sehr ähnlich wie die geschätzte Kinderpatenschaft. So konnte *UNICEF Deutschland* die Anzahl seiner Paten von 174.500 im Jahr 2010 auf 231.545 im Jahr 2016 um knapp ein Drittel (32,7 %) steigern. In ähnlicher Größenordnung dürfte die Steigerung der Anzahl der Paten bei *SOS-Kinderdorf* und *SOS-Kinderdörfer* liegen, die jedoch – im Gegensatz zu den anderen Organisationen – dazu keine Angaben machen möchten.

Auch die regelmäßige Unterstützung in Form einer **Projektpatenschaft** kann aus Sicht potenzieller Dauerspender interessant sein. Sie ermöglicht ihnen eine gezielte Zweckbin-

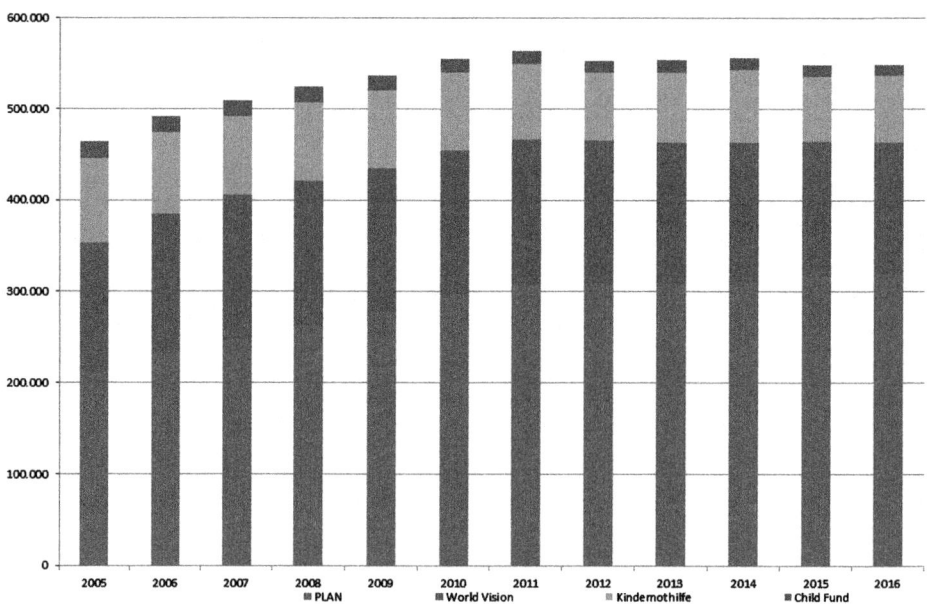

Abb. 2.14 Entwicklung der Anzahl von Kinderpatenschaften in Deutschland (2005–2016). (Quelle: Eigene Abbildung auf Basis der Geschäftsberichte und Befragungen der betreffenden Organisationen)

dung auf ihre Dauerspende – im Gegensatz zu einer (Förder-)Mitgliedschaft, die eine Organisation als Ganzes regelmäßig fördert. Und deshalb aus Sicht einer Organisation interessanter ist.

> **Beispiel**
>
> Die Organisation *Welthungerhilfe* kommuniziert mit Hilfe eines Flyers (siehe Abb. 2.15) das Angebot einer Dauerspende in Form einer Themenpatenschaft zu einem der vier Themenfelder Ernährung, Wasser, Bildung und Nothilfe zu einem Preis von mindestens 1000 € pro Jahr.

Neben der Kinder- und Projektpatenschaft erfreut sich auch die **Tierpatenschaft** großer Beliebtheit.

> **Beispiel**
>
> Die Naturschutzorganisation *NABU* kommuniziert im Rahmen ihrer Kampagne *Willkommen Wolf!* Insbesondere über das Internet das Angebot einer Dauerspende in Form einer Wolf-Patenschaft zu einem vorgeschlagenen Preis von 30 € pro Monat (siehe Abb. 2.16).

Abb. 2.15 Flyer zu Themenpatenschaften der Welthungerhilfe

Sorgen Sie mit uns gemeinsam dafür, dass der Wolf in Deutschland wieder sicher leben kann. Werden Sie jetzt Wolf-Pate!

JA, ICH WERDE WOLF-PATE

... und mache Deutschland zur sicheren Heimat für die Wölfe.

Ich helfe mit monatlich:

○ 15 €   ● 30 €   ○ 50 €   ○ [   ] €   → Jetzt Pate werden!

☐ Ich verschenke die Patenschaft

Abb. 2.16 Die NABU Wolf-Patenschaft als Beispiel für eine Tierpatenschaft. (Quelle: nabu.de/spenden-und-mitmachen/patenschaften/wolf (Zugriff am 16.03.2018))

2.1.5.2 Gewinnung von Dauerspendern

Nachdem geklärt wurde, wer als Dauerspender betrachtet werden kann, soll nun der Frage nachgegangen werden, über welche Vertriebskanäle (siehe Abschn. 2.5) und welche Kommunikationskanäle (siehe Abschn. 2.6) Dauerspender gewonnen werden können. Lange Jahre war der wichtigste Vertriebskanal, auch für die Dauerspende, der Postvertrieb.

2.1.5.2.1 Dauerspendergewinnung durch Postvertrieb

Die frühestmögliche Gewinnung von Dauerspendern über den Postvertrieb (siehe Abschn. 2.5.2) kann gleich nach Erhalt der Erstspende erfolgen. Zusammen mit dem Dankschreiben für die Erstspende wird ein **Welcome Package** (siehe Abschn. 2.1.3.3) verschickt, das dem Erstspender auch gleich die Möglichkeit der Dauerspende anbietet und die Vorteile (hohe Bequemlichkeit für den Spender bei geringen Kosten für die Organisation) erläutert.

Die meisten Organisationen dürften jedoch ihre Dauerspendergewinnung im Rahmen der **Mailings an die Mehrfachspender** betreiben. Dazu hängt am Anschreiben neben dem Zahlschein für eine Einzelspende noch ein kleiner Abschnitt, mit dem der Angeschriebene eine Dauerspende übernehmen kann. Da Anschreiben und Zahlschein im Rahmen der Laserbeschriftung sowieso personalisiert werden müssen, verursacht es so gut wie keinen Zusatzaufwand, auch noch einen anhängenden Abschnitt für die Übernahme einer Dauerspende zu personalisieren. Der Vorteil dieses Verfahrens liegt in den vergleichsweise geringen Zusatzkosten. Nachteilig ist, dass die Dauerspendergewinnung nicht im Vordergrund steht, sondern lediglich ein „Abfallprodukt" der Bitte um eine Einzelspende darstellt. Dadurch fällt das Angebot der Dauerspende nur wenigen Empfängern des Mailings auf.

Dem Grundsatz folgend, dass ein Mailing im Idealfall immer nur einer Zielsetzung dienen sollte und nicht mehreren, ist es erfolgsversprechender, Mehrfachspender mit der alleinigen und expliziten Zielsetzung anzuschreiben, doch bitte eine Dauerspende zu übernehmen. Dazu müssen gar nicht alle Mehrfachspender angeschrieben werden. Man kann sich auch auf diejenige Teilmenge aller Mehrfachspender konzentrieren, bei denen aufgrund ihres bisherigen Spendenverhaltens eine höhere Wahrscheinlichkeit besteht, eine Dauerspende zu übernehmen. So können beispielsweise im Rahmen einer Abfrage der Fundraising-Datenbank die Adressen all derjenigen Mehrfachspender selektiert werden, die in den letzten 12 oder 24 Monaten mindestens drei Einzelspenden getätigt haben. Aufgrund dieses relativ regelmäßigen Spendenverhaltens ist die Wahrscheinlichkeit hoch, dass die hinter den Adressen stehenden Menschen bereit sein könnten, sich auch dauerhaft zu engagieren.

2.1.5.2.2 Dauerspendergewinnung durch Online-Vertrieb

Auch bei der Dauerspendergewinnung kommt neben dem Postvertrieb dem Online-Vertrieb (siehe Abschn. 2.5.3) eine immer größere Bedeutung zu. Dieser Vertriebskanal steht bequem und günstig jederzeit zur Verfügung. Immer mehr Menschen nutzen die Möglichkeit, einer Organisation eine Dauerspende über das Internet (Website, Social Media Site, Spendenplattform u. a.) zu geben. Aufgrund seiner steigenden Bedeutung, soll auf das Online-Fundraising später in Abschn. 2.7 noch einmal separat und ausführlich eingegangen werden.

Die allermeisten Organisationen verfügen mittlerweile über eine **Website**. Viele Organisationen nutzen sie auch, um ihre Besucher um eine Einzelspende zu bitten. Umso erstaunlicher ist, dass sie oft nicht explizit genauso um eine Dauerspende bitten, die für sie ja viel vorteilhafter als eine Einzelspende ist. Zwar findet sich auf praktisch allen Online-Spendenformularen (siehe Abschn. 2.7.1.1) neben der Möglichkeit zu einer Einzelspende immer auch die Möglichkeit zu einer Dauerspende. Allerdings sollte eine Organisation schon viel früher und prominenter auf der Website, insbesondere gleich auf der Homepage, explizit auch um Dauerspenden werben.

> **Beispiel**
> Die Organisation *SOS Kinderdorf* weist gleich auf ihrer Homepage (siehe Abb. 2.17) mehrfach auf die Möglichkeit hin, eine Dauerspende in Form einer Patenschaft zu übernehmen.

2.1.5.2.3 Dauerspendergewinnung durch Telefon-Vertrieb

Der Telefon-Vertrieb (siehe Abschn. 2.5.4) ist für die Dauerspendergewinnung in den letzten Jahren immer wichtiger geworden. Eine erste Möglichkeit, Dauerspender mit Hilfe des Telefons zu gewinnen, ist gleich zu Beginn des Beziehungsaufbaus zu einem neuen Spender. Mit Hilfe beauftragter Telefon-Fundraising-Agenturen bedanken sich viele, insbesondere größere Organisationen im Rahmen der **telefonischen Erstspenderbegrüßung** (neudeutsch: Welcome Call) für die erhaltene Erstspende und bitten den Erstspen-

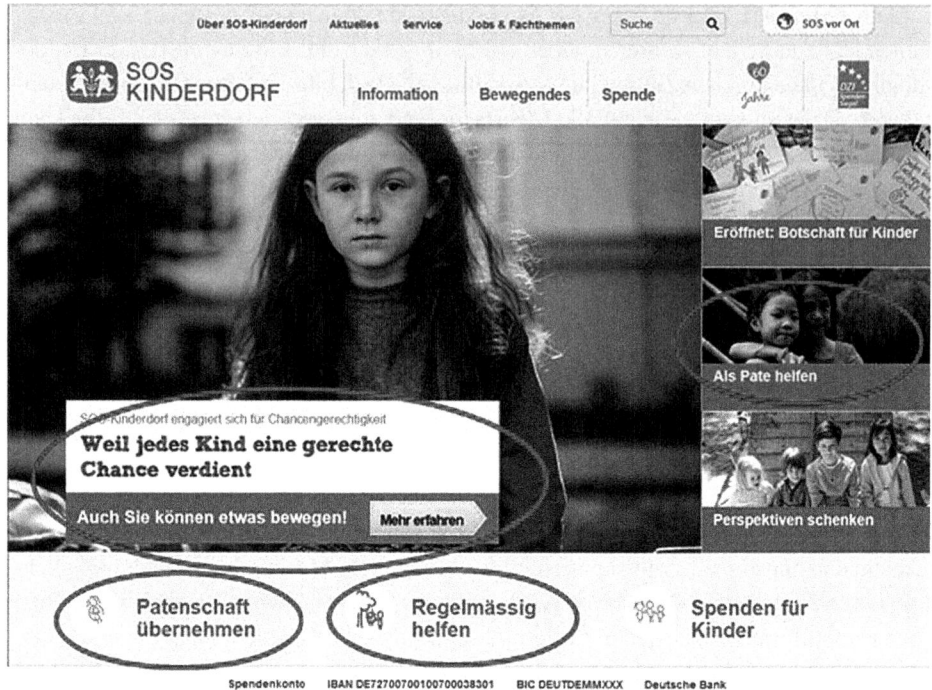

Abb. 2.17 Dauerspendergewinnung auf der Website. (Quelle: sos-kinderdorf.de (Zugriff am 09.11.2017))

der bei dieser Gelegenheit i. d. R. auch gleich um die Übernahme einer Dauerspende. Die Erfahrung zeigt, dass ca. 9 % der angerufenen Erstspender dazu bereit sind (siehe Abschn. 2.5.4.2). Ein ähnliches Verfahren wird mittlerweile übrigens auch bei SMS-(Erst-)Spendern erfolgreich eingesetzt (siehe Abschn. 2.3.3.1).

Eine zweite Möglichkeit, Dauerspender mit Hilfe des Telefons zu gewinnen, sind die sog. **Upgrading-Calls** (siehe Abschn. 2.5.4.3). Hier ruft die beauftragte Telefon-Fundraising-Agentur bestimmte Mehrfachspender einer Organisation an und bittet sie um die Übernahme einer Dauerspende. Der Erfolg dieser Anrufe ist umso höher, je strengere Kriterien bei der Auswahl in Frage kommender Mehrfachspender angelegt werden in Bezug auf die sog. Recency (wann war die letzte Spende eines Mehrfachspenders?), Frequency (wie regelmäßig hat ein Mehrfachspender bislang gespendet?) und Monetary Value (in welcher Höhe hat ein Mehrfachspender bislang gegeben?). Näheres zu einer solchen RFM-Analyse siehe Abschn. 6.1.2.7.

2.1.5.2.4 Dauerspendergewinnung durch persönlichen Vertrieb

Als besonders erfolgreich erweist sich schon seit längerer Zeit die Dauerspendergewinnung über den persönlichen Vertrieb (auch: Face-to-Face-Fundraising, siehe Abschn. 2.5.5). Dabei können die Vorteile einer Dauerspende in der Fußgängerzone

2.1 Relationship Fundraising

(**Standwerbung**) oder an der Haustüre (**Haustürwerbung**) im persönlichen Gespräch erläutert werden. Im Dialog lässt sich auf eventuelle Rückfragen, Vorbehalte und Kritik viel besser und unmittelbarer eingehen.

> **Beispiele**
> - Die *Aktion Fischotterschutz* gewinnt mit Hilfe der **Standwerbung** neue Fördermitglieder für den Verein (siehe Abb. 2.18).
> - Hilfsorganisationen wie das *Deutsche Rote Kreuz, Malteser, Johanniter, Arbeiterwohlfahrt* oder *Arbeiter-Samariter-Bund* gewinnen mit Hilfe der **Haustürwerbung** jedes Jahr eine sechsstellige Anzahl neuer Fördermitglieder in Deutschland.

Beim persönlichen Vertrieb (wie zum Teil auch beim Online-Vertrieb) erfolgt die Dauerspendergewinnung durch Kaltakquisition, da „wildfremde" Menschen auf eine Dauerspende angesprochen werden, die bislang noch keine (erkennbare) Beziehung zur Organisation hatten. Dieses Vorgehen widerspricht der Logik der Spenderpyramide, wonach auf die vergleichsweise teure Dauerspende nur Diejenigen angesprochen werden sollten, zu denen vorab über die Stadien Interessent, Erst- und Mehrfachspender bereits eine Beziehung im Sinne des Relationship-Fundraising aufgebaut werden konnte. Deshalb empfiehlt

Abb. 2.18 Dauerspendergewinnung über Standwerbung. (Quelle: Aktion Fischotterschutz, 2013)

sich die vergleichsweise direkte Vorgehensweise des persönlichen Vertriebs in erster Linie bei etablierten Organisationen mit hoher Bekanntheit und positivem Image, die bei den Angesprochenen dadurch bereits ein entsprechendes Vertrauen genießen. Ist eine Organisation noch unbekannt, so dürften die wenigsten Angesprochenen in einer Fußgängerzone bereit sein, gleich eine dauerhafte Verpflichtung einzugehen.

2.1.5.2.5 Kommunikation der Dauerspende über eigene Kommunikationskanäle

Für die Kommunikation der Dauerspende und ihre verschiedenen Vertriebskanäle sollten alle Kommunikationskanäle genutzt werden (siehe Abschn. 2.6), die im Rahmen des begrenzten Kommunikationsbudgets einer Organisation geeignet sind, die Zielgruppe der (potenziellen) Dauerspender zu erreichen. Am kostengünstigsten sind i. d. R. eigene Kommunikationskanäle, über die eine Organisation selber verfügen kann. Sie sind daraufhin zu überprüfen, ob sie geeignet sind, potenzielle Dauerspender zu erreichen. Neben den bereits erwähnten Vertriebskanälen (Mailing, Website, Social Media Site, Telefon und persönliches Gespräch), die ja immer auch Kommunikationskanäle darstellen[15], verfügt jede Organisation über eine ganze Reihe von eigenen (Offline- und Online-)Kommunikationskanälen (siehe Abschn. 2.6.7).

Bei den **eigenen Offline-Kommunikationskanälen** könnte beispielsweise in einem redaktionellen Beitrag oder einer Anzeige für eine Dauerspende zugunsten der Organisation in einer oder mehreren Zeitschriften geworben werden, die eine Organisation für ihre verschiedenen Stakeholder (Mitarbeiter, Ehrenamtliche, Freiwillige, Spender, Mitglieder, Klienten etc.) herausgibt. Theoretisch kann sogar auf jedem beliebigen Printerzeugnis einer Organisation für eine Dauerspende geworben werden: von Flyern über Broschüren und Plakate bis hin zu den Visitenkarten der (haupt- und ehrenamtlichen) Mitarbeiter.

Bei den **eigenen Online-Kommunikationskanälen** könnte neben den bereits erwähnten Websites und Social Media Sites auch im Intranet, in E-Newslettern sowie in der E-Mail-Signatur aller (haupt- und ehrenamtlichen) Mitarbeiter für eine Dauerspende geworben werden.

2.1.5.2.6 Kommunikation der Dauerspende über fremde Kommunikationskanäle

Neben den eigenen können auch fremde Kommunikationskanäle interessant sein, um für eine Dauerspende zu werben, wenn sie die Zielgruppe unserer (potenziellen) Dauerspender erreichen. Selbst dann, wenn ein redaktioneller Beitrag oder eine werbliche Schaltung (z. B. Anzeige, Radio-, Fernseh- oder Kinospot etc.) mit Kosten verbunden ist. In diesem Fall ist (i. d. R. durch Tests) zu überprüfen, ob die entstehenden Kosten in einem sinnvollen Verhältnis zu den erwartbaren Einnahmen stehen. Natürlich würde jeder Fundraiser versuchen, diese Kosten dadurch zu vermeiden, dass er die Schaltung fundraist, also ohne materielle Gegenleistung erhält. Aufgrund der immer schwierigeren wirtschaftlichen Situation vieler Medien wird dies jedoch immer unwahrscheinlicher.

---

[15] Zum Unterschied von Vertriebs- und Kommunikationskanal im Marketing siehe Abschn. 2.2.

Dazu können alle Kommunikationskanäle der klassischen Werbung (z. B. Anzeigen, Fülleranzeigen, Beilagen, Beihefter, Beikleber, Plakate, Fernsehen, Radio und Kino) (siehe Abschn. 2.6.4), der Direktwerbung (z. B. Mailings) (siehe Abschn. 2.6.5) und der Dialogwerbung (z. B. Standwerbung, Haustürwerbung und Events) (siehe Abschn. 2.6.6) genützt werden, auch im Internet (z. B. Website, Social Media Sites und Suchmaschinen) (siehe Abschn. 2.7). Hier einige Beispiele:

2.1.5.2.7 Dauerspendergewinnung durch Fernseh-, Radio- und Kinowerbung

Wenn redaktionelle Beiträge nicht möglich sind, können (lokale, regionale, nationale oder gar internationale) Fernseh-, Radio- und/oder Kinowerbung (siehe Abschn. 2.6.4) eine gute Möglichkeit sein, Dauerspender zu gewinnen. Können die Schaltungskosten nicht (teilweise) gefundraist werden, können die entstehenden Kosten zwar sehr hoch werden. Aufgrund der entsprechend hohen Reichweite und Zielgruppenfokussierung der Massenmedien kann die Schaltung aber trotzdem sinnvoll sein. Dies ist im Einzelfall zu testen und detailliert zu kalkulieren!

Beispiele
- Die Organisation *Kindernothilfe* wirbt mit bezahlten DRTV-Spots um Patenschaften. Kommuniziert wird der Online-Vertrieb.
- Das Kinderhilfswerk *UNICEF Deutschland* wirbt in Radio-Spots um Dauerspenden. Kommuniziert wird der Online-Vertrieb.
- Das katholische Hilfswerk *misereor* wirbt mit Kino-Spots um monatliche Dauerspenden in Höhe von zwei Euro (Aktion *Zwei-Euro-helfen*). Kommuniziert wird der Telefon- und Online-Vertrieb.

2.1.5.2.8 Dauerspendergewinnung durch Printwerbung

Im Rahmen der Printwerbung kann durch (kostenlose) **Fülleranzeigen**, (bezahlte oder gefundraiste) **Anzeigen** sowie (bezahlte oder gefundraiste) **Beileger**, **Beihefter** bzw. **Beikleber** in zielgruppenaffinen Zeitungen oder Zeitschriften für eine Dauerspende geworben werden (Details hierzu siehe Abschn. 2.6.4.4).

Beispiel

Die Kinderhilfsorganisation *SOS-Kinderdörfer* kommuniziert per **Flülleranzeige** die Möglichkeit der Übernahme einer SOS-Nothilfe-Patenschaft (siehe Abb. 2.19). Als Vertriebskanal wird auf den Online-Vertrieb und den Postvertrieb hingewiesen.

Abb. 2.19 Fülleranzeige zur Dauerspendergewinnung. (Quelle: SOS-Kinderdörfer)

2.1 Relationship Fundraising

Beispiel

Die Kinderhilfsorganisation *SOS-Kinderdörfer* kommuniziert per **Anzeige** die Möglichkeit der Übernahme einer SOS-Patenschaft (siehe Abb. 2.20). Als Vertriebskanal wird auf den Telefon-Vertrieb, den Online-Vertrieb und den Postvertrieb hingewiesen.

Abb. 2.20 Anzeige zur Dauerspendergewinnung. (Quelle: SOS-Kinderdörfer)

Beispiel

Die Kinderhilfsorganisation *SOS-Kinderdorf* kommuniziert per ganzseitiger **Anzeige** in einer Publikumszeitschrift die Möglichkeit der Übernahme einer Dauerspende in Form einer Patenschaft. Als Vertriebskanal wird auf Online-Vertrieb und Postvertrieb hingewiesen. Um die Anforderung des Informationsmaterials im Rahmen des Postvertriebs zu erleichtern, ist auf die Anzeige ein **Beikleber** (Antwortkarte) aufgespendet (siehe Abb. 2.21).

Abb. 2.21 Anzeige und Beikleber zur Dauerspendergewinnung. (Quelle: SOS-Kinderdorf)

Beispiel

Die Kinderhilfsorganisation *World Vision Deutschland* kommuniziert per **Anzeige** im Faltblatt „Ihr Reiseplan" die Möglichkeit der Übernahme einer Kinderpatenschaft (siehe Abb. 2.22). Als Vertriebskanal wird auf den Online-Vertrieb und den Telefon-Vertrieb hingewiesen.

Abb. 2.22 Anzeige zur Dauerspendergewinnung in „Ihr Reiseplan". (Quelle: Ihr Reiseplan, Deutsche Bahn)

Abb. 2.23 Beileger zur Dauerspendergewinnung. (Quelle: Beileger von *UNICEF Deutschland*)

> **Beispiel**
> Das Kinderhilfswerk *UNICEF Deutschland* kommuniziert per **Beilage** in den Fachzeitschriften *Eltern* und *Eltern for family* die Möglichkeit der Übernahme einer Dauerspende (siehe Abb. 2.23). Als Vertriebskanal wird auf den Telefon-Vertrieb, den Online-Vertrieb und den Postvertrieb hingewiesen.

2.1.5.2.9 Dauerspendergewinnung durch Außenwerbung

Ein wichtiger Kommunikationskanal zur Gewinnung von Dauerspendern ist die Außenwerbung (siehe Abschn. 2.6.4.5).

> **Beispiel**
> Die Kinderhilfsorganisation *World Vision Deutschland* fragt auf Großflächenplakaten: „Wann werden Sie Pate?" (siehe Abb. 2.24). Als Vertriebskanal wird auf den Online-Vertrieb hingewiesen.

Abb. 2.24 Plakat zur Dauerspendergewinnung. (Quelle: World Vision)

2.1.5.2.10 Dauerspendergewinnung durch Direktwerbung

Die Möglichkeiten, per Briefwerbung (Mailing) auf Dauerspenden aufmerksam zu machen, wurden oben bereits bei der Dauerspendergewinnung durch Postvertrieb (Abschn. 2.1.5.2.1) vorgestellt. Zusätzlich kann auch die Postwurfsendung zur Gewinnung von Dauerspendern genutzt werden (siehe Abschn. 2.6.5.3).

> **Beispiel**
>
> Die Kinderhilfsorganisation *PLAN International* bittet per Postwurfsendung (siehe Abb. 2.25) die Empfänger um die Übernahme einer Kinderpatenschaft (insbesondere für Mädchen). Dabei wird PLAN von vom ehemaligen Tagesthemen-Moderator Ulrich Wickert unterstützt.

Abb. 2.25 Postwurfsendung zur Dauerspendergewinnung. (Quelle: Plan International)

2.1.5.2.11 Dauerspendergewinnung durch „Member-gets-Member"-Programme

Eine weitere Möglichkeit der Dauerspendergewinnung ist, bereits gewonnene Dauerspender anzusprechen und zu bitten, weitere Dauerspender in deren jeweiligem Freundes- und Bekanntenkreis zu werben. Bei diesem Vorgehen spricht man von **Member-gets-Member** bzw. Mitglied-wirbt-Mitglied. Dabei handelt es sich um eine Offline-Variante des Peer-to-Peer-Fundraising.

> **Beispiel**
>
> Das Kinderhilfswerk *UNICEF Deutschland* bittet seine (Förder-)Mitglieder, ihre Freunde für eine (Förder-)Mitgliedschaft zu gewinnen. Als Incentive wird beispielsweise der Teddy „Max Wunderbär" (siehe Abb. 2.26) angeboten. Die Incentives sollten Sachspenden des jeweiligen Herstellers sein, die keine Kosten für die Organisation verursachen.

Abb. 2.26 „Member-gets-Member" zur Dauerspendergewinnung. (Quelle: UNICEF Deutschland)

2.1.5.3 Bindung von Dauerspendern
Ist ein Dauerspender gewonnen, so wird durch geeignete Bindungsmaßnahmen versucht, eine möglichst lange Verweildauer bei der Organisation zu erreichen.

2.1.5.3.1 Bindung mittels Zeitschrift
Die meisten Organisationen betreuen ihre Dauerspender durch eine regelmäßig erscheinende (Fördermitglieder-, Mitglieder- oder Paten-)**Zeitschrift**. Um Portovergünstigungen der Post in Anspruch nehmen zu können, sollten Spenderzeitschriften mindestens viermal pro Jahr als sog. Postvertriebsstück verschickt werden. Auf Größe und Umfang kommt es dabei nicht an. Beides sollte zur jeweiligen Organisation passen. So gibt es beispielsweise kleine Initiativen, die sich auf eine oder wenige Seiten schwarzweiß beschränken. Größere Organisationen versenden regelmäßig ganze Magazine, die professionell gestaltet werden. Näheres zu Mitglieder- und Fördererzeitschriften findet sich bei *Fraunberg*.[16]

---

[16] Fraunberg, Bero von: Mitglieder- und Fördererzeitschriften, in: Fundraising Akademie (Hrsg.): Fundraising – Handbuch für Grundlagen, Strategien und Instrumente, (Gabler) Wiesbaden 2001, S. 635–640.

2.1.5.3.2 Bindung mittels Events

Auch ist denkbar, Dauerspender durch eine exklusive Einladung zu besonderen **Events** zu binden.

> **Beispiel**
>
> Das Kinderhilfswerk *UNICEF Deutschland* lädt u. a. seine Dauerspender zu einer Sondervorführung des Kinofilms „Lilja 4-ever" mit anschließender Diskussion über das Problem der Prostitution Minderjähriger in die schwedische Botschaft in Berlin ein.

Bei zufriedenen Dauerspendern ist neben einem Upgrading zu Großspendern (siehe nächstes Kapitel) auch ein Upgrading *innerhalb* der Kategorie Dauerspender möglich. So ergaben Tests von Telefon-Fundraising-Agenturen, dass 50 % der Dauerspender nach zwei bis drei Jahren bereit sind, telefonisch einer Erhöhung ihrer Dauerspende um durchschnittlich 30 % zuzustimmen.

2.1.5.4 Rückgewinnung von abwandernden Dauerspendern

Neben der Gewinnung von Dauerspendern soll an dieser Stelle auch noch auf die Bedeutung der Rückgewinnung abwandernder Dauerspender hingewiesen werden. Oben wurde bereits erwähnt, dass Dauerspender nach durchschnittlich sieben Jahren ihre Unterstützung einstellen. Wenn dies aufgrund von Arbeitslosigkeit oder gar Tod erfolgt, muss sich ein Fundraiser natürlich damit abfinden. Die Erfahrung zeigt jedoch, dass es auch abwandernde Dauerspender gibt, die zurückgewonnen werden können. Viele Organisationen beauftragen deshalb regelmäßig Telefon-Fundraising-Agenturen mit der telefonischen Rückgewinnung abwandernder Dauerspender (siehe Abschn. 2.5.4.4).

> **Beispiel**
>
> Eine deutsche Naturschutzorganisation lässt alle Dauerspender, die ihre Unterstützung nach Jahren plötzlich einstellen von einer entsprechend spezialisierten Telefon-Fundraising-Agentur anrufen. Gefragt wird nach dem Grund der Beendigung des Engagements. Viele der angerufenen (Ex-)Dauerspender sind positiv überrascht, dass es der Organisation offensichtlich doch auf jeden einzelnen Spender ankommt. Im Gespräch stellt sich heraus, dass teilweise Trägheit oder Verärgerung über die Organisation zum Rückzug geführt haben. Ein Teil der bereits verloren geglaubten Spenderbeziehungen können auf diese Weise zurückgewonnen werden. Die Kosten für die telefonische Rückgewinnung sind allemal geringer als die Kosten für die Gewinnung von Neuspendern.

Voraussetzung für eine zeitnahe Rückgewinnung ist freilich, dass eine Organisation überhaupt bemerkt, dass ein Dauerspender seine Unterstützung einstellt. Die Kündigung einer **Lastschrifteinzugsermächtigung** kann problemlos erkannt werden, da der Dauerspender die Kündigung ja gegenüber der Organisation aussprechen muss. Eine Minderheit von 3–5 % der Dauerspender spendet jedoch nicht per Lastschrifteinzug sondern per **Dau-**

erauftrag.[17] In diesem Fall ist es schon schwieriger, die Kündigung zu erkennen, da sie vom Spender nur gegenüber seiner Bank, nicht aber der Organisation ausgesprochen werden muss. Das Ausbleiben einer Dauerauftragszahlung kann nur erkannt werden, wenn vorher ihr Eingang von der Organisation erkannt wurde. Dies ist theoretisch anhand des sog. Geschäftsvorfallscodes (GVC) möglich, der bei der Gutschrift einer Spende per Dauerauftrag im Rahmen des beleglosen Zahlungsverkehrs von der Bank des Spenders an die Bank der Organisation elektronisch mit übertragen wird. Bei der *Bank für Sozialwirtschaft (BFS)* steht beispielsweise der GVC 052 für eine Dauerauftrags-Gutschrift. Mit Hilfe dieses Codes müssen Organisationen also in ihrer Fundraising-Datenbank Dauerauftragsspender sofort als solche markieren (siehe Abschn. 2.1.8). Dann (und nur dann) kann später erkannt werden, wenn eine Zahlung von einem so markierten Spender ausbleibt. Leider gibt es jedoch Banken, die den GVC für eine Dauerauftrags-Gutschrift nicht übertragen. Dann bleibt einer Organisation nur noch die Möglichkeit, ausbleibende Dauerspenden daran zu erkennen, dass in der Vergangenheit mit einer bestimmten Regelmäßigkeit (insbesondere monatlich und quartalsweise) eintreffende Zahlungen, die keine Lastschrifteinzüge sind, plötzlich ausbleiben. Letztere Auswertung ist aber schon komplexer als erstere.

Übrigens: Am Erfolg versprechensten ist erfahrungsgemäß eine Rückgewinnung von solchen Dauerspendern, die im Jahr vor ihrer Kündigung zusätzlich zur Dauerspende noch Einzelspenden gegeben haben.

2.1.5.5 Was ich in diesem Abschnitt gelernt habe

- Streben Sie unbedingt eine solide Grundfinanzierung Ihrer Organisation über Dauerspenden an!
- Überlegen Sie, ob Sie neben einer (Förder-)Mitgliedschaft eine (Kinder-, Projekt- oder Tier-)Patenschaft anbieten können!
- Unterbreiten Sie im Sinne des Relationship Fundraising einem Mehrfachspender aktiv Upgrading-Angebote, Dauerspender zu werden!
- Überprüfen Sie alle von Ihnen genützten Kommunikationskanäle darauf, ob Sie darüber auch Dauerspender gewinnen könnten!
- Binden Sie gewonnene Dauerspender mit Hilfe einer Spenderzeitschrift!
- Informieren Sie gerade jüngere Spenderzielgruppen kostengünstig über E-Newsletter!
- Versuchen Sie, abwandernde Dauerspender telefonisch zurückzugewinnen!

2.1.6 Die Stufe der Großspender

Die Gruppe von Menschen, die einer Organisation weit überdurchschnittlich geben kann, wächst von Jahr zu Jahr. Über 70 Jahre Frieden seit Ende des Zweiten Weltkrieges (übri-

---

[17] In der Schweiz ist umgekehrt der Anteil der Dauerspender, der per Dauerauftrag spendet, deutlich höher als der, der per Lastschrifteinzug gibt!

gens die längste Friedensphase in der deutschen Geschichte) haben auch in Deutschland beträchtliche Vermögen akkumuliert. Immer mehr Vermögende sind bereit, ihr Vermögen (oder Teile davon) zugunsten gemeinnütziger Zwecke zu spenden oder zu stiften.

> **Beispiele**
> - Susanne Klatten, Unternehmerin und Erbin des Quandt-Vermögens, fördert über die SKala-Initiative im Zeitraum 2016–2020 etwa 100 gemeinnützige Organisationen mit Spenden in Höhe von insgesamt 100 Mio. €.
> - Wie bereits erwähnt (siehe Abschn. 1.7), schloss sich SAP-Gründer Hasso Plattner 2013 der Initiative „The Giving Pledge" an und verpflichtete sich damit, bis zu seinem Lebensende mindestens die Hälfte seines, auf fast sechs Milliarden Euro geschätzten Vermögens gemeinnützigen Zwecken zukommen zu lassen.

Vorbild bleibt die Schweiz mit einer Friedensphase von mittlerweile 170 Jahren seit dem letzten Krieg (dem „Sonderbundskrieg" von 1847, der jedoch eher ein Bürgerkrieg war). Eine solch lange Friedensphase hat in der Schweiz (auch durch Zinseszinseffekte) so viel Vermögen akkumuliert, dass heute jeder zehnte Schweizer als Millionär gilt. Entsprechend hoch ist auch das Potenzial für Fundraising.

Im Sinne des Upgradings auf der Spenderpyramide besteht die Aufgabe darin, unter (Erst-, Mehrfach- und Dauer-)Spendern (potenzielle) Großspender zu identifizieren, zu gewinnen und zu betreuen. Dabei gilt auch und gerade bei Großspendern der Fundraising-Grundsatz, dass eine Organisation i. d. R. nur diejenigen (Groß-)Spenden erhält, um die sie auch aktiv gebeten hat. So banal dies klingen mag, viele Menschen wären durchaus bereit, mit einem Teil ihres Vermögens ein sinnvolles Anliegen auch weit über eine durchschnittliche Spende hinaus zu unterstützen. Sie werden nur nie darum gebeten. Offensichtlich besteht in Deutschland (ganz im Gegensatz zu den USA) nach wie vor eine gewisse Scheu, um größere Spenden zu bitten. Dies drückt sich auch in den Stellenplänen deutscher Fundraising-Abteilungen aus. Nicht einmal hundert Organisationen dürften derzeit über eine eigene Stelle für Großspender-Fundraising verfügen. In den USA sind es tausende. Sie stellen eine gute Investition dar – holen sie doch ein Vielfaches ihrer Personalkosten wieder herein.

Auch in Deutschland werden der Bedarf und die Nachfrage nach Spezialisten im Großspender-Fundraising in den nächsten Jahren rapide steigen. Die Gründe dafür sind zweierlei. Zum einen erkennen immer mehr Organisationen die Gültigkeit des Pareto-Prinzips auch für ihre Organisation. Wie bereits ausgeführt, ergeben entsprechende Analysen der Fundraising-Datenbanken immer wieder, dass die besten 20 % der Spender in der Spitze der Spenderpyramide 80 % der Spendeneinnahmen beisteuern. Damit wächst auch die Einsicht, sich speziell um diese (Groß-)Spender besser kümmern zu müssen. Zum anderen wird – wie noch aufgezeigt werden wird – das künftige Wachstumspotenzial im Fundraising in der Spitze der Spenderpyramide liegen.

2.1.6.1 Wer ist Großspender?

Zunächst einmal muss aber der Frage nachgegangen werden, wer überhaupt als Großspender zu betrachten ist bzw. ab welchem Betrag ein Spender zum Großspender wird. Ein Spender in Deutschland gab laut der *Bilanz des Helfens*, die das Marktforschungsinstitut *GfK* im Auftrag des *Deutschen Spendenrates* regelmäßig erhebt, im Jahr 2016 eine durchschnittliche Jahresspendensumme in Höhe von 240 €. Alles darüber wäre also zunächst schon einmal überdurchschnittlich. Ab welchem Schwellenwert eine Organisation einen Spender tatsächlich als Großspender ansieht, kann in der Praxis sehr unterschiedlich sein. Mitte der 1990er Jahre begannen die ersten Organisationen mit systematischem Großspender-Fundraising in Deutschland. Sie setzten einen ersten Schwellenwert (eher willkürlich) bei 10.000 DM an. Dabei wurde sehr schnell klar, dass sich dieser Schwellenwert nicht nur auf eine Einzelspende beziehen konnte. Auch wer in einem Jahr zwei Spenden à 5000 DM oder vier Spenden zu 2500 DM leistete, erreichte den Schwellenwert und war folglich als Großspender zu behandeln. Entscheidend für die Großspenderdefinition sind also nicht die Einzelspenden sondern die Jahresspendensumme. Auch kann bei erstmaligem Einsatz eines Großspenderkonzeptes sinnvoll sein, die Jahresspendensummen der letzten drei Jahre statt nur des letzten Jahres zu betrachten. Im Extremfall sogar alle Spenden, die uns ein Spender in seinem Leben insgesamt gegeben hat. Wichtig ist jedoch, dass dieser Schwellenwert von 10.000 DM keinerlei Allgemeingültigkeit besaß. Kleinere Organisationen betrachteten zum Teil schon (Einzel-)Spenden in Höhe von 1000 DM, 500 DM oder gar nur 200 DM als Großspenden.

Auch die größeren Organisationen erkannten in einem zweiten Schritt, dass natürlich auch Jahresspendensummen zwischen 1000 DM und 10.000 DM immer noch als „groß" – im Sinne von weit überdurchschnittlich – anzusehen, und ihre Spender auch unterhalb des Schwellenwertes von 10.000 DM entsprechend zu betreuen waren. Nach und nach setzten sich in der Praxis zwei oder gar drei Großspenderkategorien durch.

Beispiele
- Die Umweltschutzorganisation *Greenpeace Deutschland* definiert drei Großspenderkategorien mit folgenden Schwellenwerten: *Major Donor B* (ab 1000 €), *Major Donor A* (ab 5000 €) und *Top Donor* (ab 10.000 €).[18]
- Die Organisation *SOS-Kinderdörfer* definiert drei Großspenderkategorien mit relativ hohen Schwellenwerten: *Middle Donor* (ab 2000 € Jahresspende auf Dreijahresbasis), *Großspender* (ab 6000 € Jahresspende auf Dreijahresbasis) und *Premiumspender* (ab 30.000 € Jahresspende auf Dreijahresbasis),
- Die Organisation *NABU* definiert dagegen nur zwei Großspenderkategorien mit deutlich niedrigeren Schwellenwerten: Großspender (ab 500 € Spendensumme in den letzten 24 Monaten) und Topspender (ab 2000 € Spendensumme in den letzten 24 Monaten).

---

[18] Vgl. Stöhr, Melanie: Großspenden-Fundraising. In: Fundraising Akademie (Hrsg.) Fundraising – Handbuch für Grundlagen, Strategien und Methoden, 5. Aufl., Springer Gabler, Wiesbaden 2016, S. 479–485, S. 479.

Wichtig ist, noch einmal explizit darauf hinzuweisen, dass weder die Schwellenwerte (500 €, 1000 € und 10.000 €) noch die Bezeichnungen (High, Major und Top Donor) standardisierte Größen sind. Vielmehr kann jede Organisation eigene Schwellenwerte und Bezeichnungen definieren. So sprachen bei einer 1991 in den USA durchgeführten Befragung von Bildungsinstitutionen

- 10 Institutionen ab einem Spendenvolumen von $ 10.000,– von Großspendern,
- 21 Institutionen erst ab einem Spendenvolumen von $ 25.000,– und
- 10 Institutionen erst ab einem Spendenvolumen von $ 100.000,–.

Man sprach bei einer Einzelspende in Höhe von

- $ 100.000 oder mehr von einer „*Major* Gift",
- $ 10.000 bis $ 99.999 von einer „*Special* Gift",
- weniger als $ 10.000 von einer „*General* Gift".[19]

Entscheidend ist also nicht so sehr, welche Schwellenwerte eine Organisation für ihr Großspender-Fundraising wählt, sondern dass sie überhaupt welche festlegt. Präzise Schwellenwerte sind deshalb so wichtig, weil die darauf basierende Einstufung eines Spenders als Großspender eine ganz andere Qualität von persönlicher Betreuung (im Gegensatz zur personalisierten Massenansprache in der Basis der Spenderpyramide) zur Folge haben sollte. Dadurch steigen zwar die absoluten Betreuungskosten pro Spender, dafür sinken jedoch die relativen Betreuungskosten pro Spender mit zunehmender Stufe in der Spenderpyramide: *Lauber* geht bei Spenden bis 500 € von Vollkosten zwischen 0,30 und 0,60 € pro Spendeneuro aus. Bei Spenden zwischen 500 und 5000 € schätzt er die Vollkosten zwischen 0,20 und 0,30 € pro Spendeneuro, wohingegen bei Großspenden über 5000 € seiner Erfahrung nach die Vollkosten bei 0,05 und 0,15 € pro Spendeneuro liegen dürften.[20]

Im Rahmen des Großspender-Fundraising sind also gleich zu Beginn zwei wichtige Entscheidungen zu fällen: Wie viele Großspenderkategorien sollen für eine Organisation definiert werden, und ab welchen Schwellenwerten? In der Praxis definieren Organisationen in aller Regel ein, zwei oder drei Großspenderkategorien, selten mehr. Dabei ist zunächst einmal gar nicht so wichtig, wie viele Großspenderkategorien definiert werden, sondern dass anschließend auch wirklich eine praxistaugliche Differenzierung zwischen den verschiedenen Kategorien in der Bearbeitung möglich wird, die Großspendern zudem sinnvoll kommuniziert werden kann. Eine verwirrende Anzahl von Großspenderkategorien, deren Unterschiede bzw. Abgrenzung sich nicht mehr auf Anhieb erschließen, irritieren nur die betreffenden Spender und verkomplizieren das Management im Großspender-

---

[19] Vgl. Dove, Kent E.: Conducting a Successful Capital Campaign – A Comprehensive Fundraising Guide for Nonprofit Organizations, San Francisco 1988, S. 90.
[20] Vgl. Lauber, Josef: Wie Sie mit einem „Major-Donor-Programm" Kosten minimieren, in: Gemeinnützigkeit + Management, Nr. 48 vom 01.05.1997, S. 2.

Fundraising unnötig. Unstrittig ist, dass es mindestens eine Großspenderkategorie geben sollte, bei der die Kommunikation mit dem Spender von der Massenansprache zur individuellen, persönlichen Ansprache wechseln sollte bzw. muss. Diese Kategorie wird, auch im deutschsprachigen Raum, gerne (aber nicht immer) „Top Donor" genannt.

In der Fundraising-Praxis wird der Begriff des Großspenders manchmal auch breiter definiert, und umfasst dann auch Unternehmen und Stiftungen, die größere Beträge geben. Da es für das Fundraising bei Unternehmen und Stiftungen in diesem Buch eigene Kapitel gibt (siehe Kap. 3 und 4), wird in diesem Kapitel nur das Großspender-Fundraising bei Privatpersonen behandelt. Dabei ist unerheblich, mit welcher Art von Zuwendung eine Privatperson bestimmte Schwellenwerte bei Jahresspendensummen überschreitet: Dies können (höhere) Spenden an einen Verein genauso sein wie (höhere) Zustiftungen an eine bestehende Stiftung oder gar die Errichtung einer eigenen Stiftung. Für welche Art von Zuwendung sich ein Großspender entscheidet, hängt neben persönlichen Präferenzen auch von unterschiedlicher steuerlicher Behandlung ab (dazu später mehr).

Zusammenfassend soll ein Großspender hier wie folgt definiert werden:

▶ Ein **Großspender** ist ...

- ... eine *Privatperson*, ...
- ... deren Zuwendungen zu *Lebzeiten* ...
- ... in Form von Spende(n) und/oder Zustiftung(en) und/oder Stiftungserrichtung(en) ...
- ... in Jahressumme ...
- ... einen oder mehrere Schwellenwerte überschreiten.

2.1.6.2 Gewinnung und Bindung der Top Donor

Ab welchem Schwellenwert ein Spender zum „Top Donor" wird, ist wie gesagt sehr unterschiedlich und für jede Organisation individuell festzulegen. Auf die individuelle Festlegung eines Schwellenwertes für eine bestimmte Organisation wird später in Abschn. 2.4.4 noch näher eingegangen. Der wohl häufigste Schwellenwert liegt in der Praxis bei einer Jahresspendensumme von 10.000 €. Wie werden Top Donor nun gewonnen und betreut?

2.1.6.2.1 Gewinnung durch Upgrading

Sehr oft erfolgt eine erste Großspende, die (für sich allein oder in Jahresspendensumme) den definierten Schwellenwert übersteigt, relativ unspektakulär auf die Massenansprache im Rahmen eines Standard-Mailing hin – sozusagen ohne, dass explizit um eine Großspende gebeten wurde. Den ersten Schritt in Richtung Großspende geht ein Spender also sehr oft von sich aus und aus eigenem Antrieb. Hier kann eine Organisation ansetzen und das telefonische oder persönliche Gespräch suchen, um die Chancen für ein **Upgrading** auszuloten.

Abb. 2.27 Upgrading durch Beratung potenzieller Großspender der Welthungerhilfe. (Quelle: youtube.com/watch?v=XYUdn2lfNl0 (Zugriff am 16.03.2018))

> **Beispiel**
> Die Hilfsorganisation *Welthungerhilfe* bündelt ihr Großspender-Fundraising in einem Team *Philanthropie plus X*. Dieses Team berät (potenzielle) Großspender in allen (steuer-, erb- und stiftungsrechtlichen) Fragen rund um die Themen Spenden und Stiften zu Lebzeiten oder von Todes wegen zugunsten der Welthungerhilfe. Ein Erklärvideo „Ihr Engagement maßgeschneidert: So funktioniert es!" auf YouTube erläutert das Vorgehen (siehe Abb. 2.27).

Im Extremfall kann sogar gleich die Erstspende eine Großspende sein, die dann zwar nicht als Ergebnis von Upgrading-Bemühungen betrachtet werden kann, aber für einen Einstieg in ein Upgrading genutzt werden kann. In den meisten Fällen erfolgt der Einstieg ins Großspender-Fundraising im Allgemeinen und bei Top Donor im Speziellen im deutschsprachigen Raum also (noch) **reaktiv** – als Reaktion auf ein überdurchschnittliches Engagement eines Spenders aus Eigeninitiative. Im Gegensatz zum anglo-amerikanischen Raum, ist ein **proaktives** Vorgehen im deutschsprachigen Raum noch wenig verbreitet, bei dem potenzielle Großspender auch ohne bereits erfolgtes (überdurchschnittliches) Engagement im Rahmen einer Kaltakquisition angesprochen werden.

2.1.6.2.2 Gewinnung durch Kaltakquisition

Eine Gewinnung von Top Donor durch **Kaltakquisition** widerspricht zunächst der Logik der Spenderpyramide, wonach auf eine teure Großspende nur Diejenigen angesprochen werden sollten, zu denen vorab über die Stadien Interessent, Erst-, Mehrfach- und Dauerspender bereits eine Beziehung im Sinne des Relationship-Fundraising aufgebaut werden konnte. Deshalb empfiehlt sich die Großspendergewinnung durch Kaltakquisition – wenn überhaupt – nur bei etablierten Organisationen mit hoher Bekanntheit und positivem Image, die bei den Angesprochenen dadurch bereits ein entsprechendes Vertrauen genießen.

> **Beispiel**
>
> Die Organisation *SOS-Kinderdorf* betreibt Kaltakquisition bei potenziellen Großspendern, indem sie über eine Anzeige in einer Zeitschrift den Telefon-, Online und Postvertrieb einer Großspende kommuniziert (siehe Abb. 2.28).

Bei der Kaltakquisition von Großspendern werden über einen Zeitraum von 18 bis 24 Monaten nacheinander die folgenden sieben Phasen (siehe Abb. 2.29) durchlaufen: Nach der *Identifikation* potenzieller Top Donor durch Auswertung öffentlich zugänglicher Quellen wie z. B. die Forbes-Liste der reichsten Menschen, Mitgliederverzeichnisse von Service Clubs (Rotary Clubs, Lyons Clubs, Kiwanis Clubs etc.), Sport Clubs (Golf Clubs, Tennis Clubs, Polo Clubs etc.), Tagespresse, Yellow-Press und zunehmend auch von sozialen Netzwerken im Internet (Xing, Facebook oder Linked-In) werden im Rahmen der *Recherche*-Phase Informationen über die identifizierten Personen (Interessen, Vorlieben, Vermögen etc.) gesammelt. Dieses Vorgehen wird im Anglo-Amerikanischen *Prospect Research* genannt.[21] In den USA haben sich die entsprechenden Experten, die sogenannten „Prospect Researcher" schon 1988 zur *American Prospect Researcher Association* zusammengeschlossen, die sich zur internationalen *Association of Professional Researchers for Advancement* weiterentwickelte. Neben dem Prospect Researcher als etablierten

Abb. 2.28 Anzeige zur Kaltakquisition von Großspendern. (Quelle: SPIEGEL Chronik 2014, S. 79)

---

[21] Siehe beispielsweise: Filla, Jennifer J.; Brown, Hellen E.: Prospect Research for Fundraisers: The Essential Handbook, Hoboken 2013.

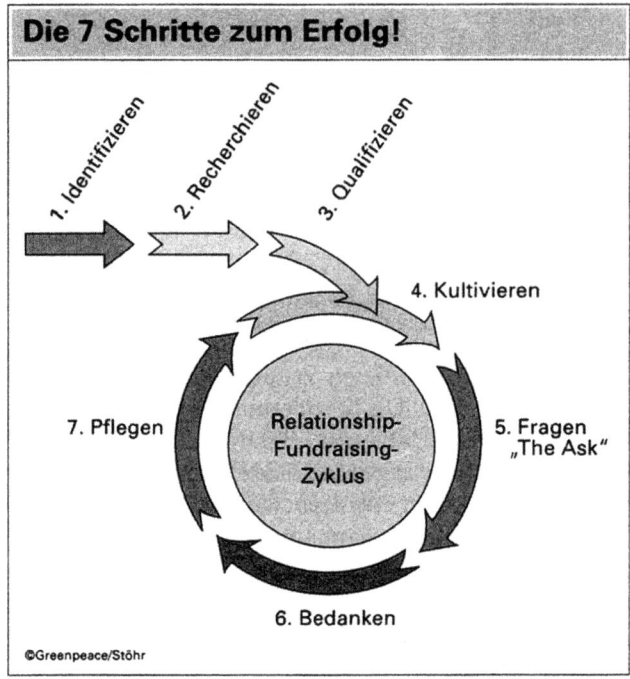

Abb. 2.29 Schritte der Kaltakquisition eines Top Donor. (Quelle: Stöhr, Melanie: Großspenden-Fundraising. In: Fundraising Akademie (Hrsg.) Fundraising – Handbuch für Grundlagen, Strategien und Methoden, 5. Aufl., Springer Gabler, Wiesbaden 2016, S. 479–485, S. 482)

Beruf gibt es in Nordamerika und Großbritannien zudem Unternehmen, die Spenderrecherchen als Dienstleistung anbieten.

In der *Qualifizierungsphase* werden die recherchierten Informationen bewertet und versucht, ein attraktives Projekt für die (potenziellen) Top Donor zu entwickeln. Auch wird überlegt, wer sinnvollerweise den Erstkontakt herstellt. In der *Kultivierungsphase* wird der Kontakt durch Veranstaltungen, Treffen und Telefonate vertieft, bevor es nach 18 bis 24 Monaten in der fünften Phase zur eigentlichen *Bitte um Unterstützung* („The Ask") kommt (siehe Abschn. 2.5.5.1). Die Phasen 6 (*Bedanken*) und 7 (*Pflegen*) sind schon nicht mehr der Gewinnung sondern der Betreuung bzw. Bindung der Top Donor zuzurechnen (siehe folgende Kapitel). Eine ausführliche Darstellung der sieben Phasen findet sich bei *Haibach/Uekermann*.[22]

---

[22] Vgl. Haibach, Marita, Uekermann, Jan: Großspenden-Fundraising – Wege zu mehr Philanthropie: Grundlagen, Strategien und praktische Umsetzung, Fundraiser-Magazin GbR, Dresden 2017, S. 188–258.

2.1.6.2.3 Bindung durch telefonischen Kontakt

Egal ob durch Upgrading oder Kaltakquisition gewonnen, sollte zu einem (neue gewonnenen) Top Donor so schnell wie möglich der persönliche Kontakt gesucht werden. Der persönliche Kontakt ist zwar mit wesentlich höheren Kosten verbunden als der schriftliche, angesichts der Höhe der erhaltenen Spenden aber allemal gerechtfertigt. Nach Erhalt der (ersten) Großspende, sollte der erste persönliche Kontakt zu einem neuen Top Donor ein telefonischer **Dankanruf** sein. Ziel des Dankanrufes ist,

- sich für die erhaltene Großspende angemessen zu bedanken,
- die Bedeutung der Großspende für die Organisation herauszustellen,
- den künftigen Ansprechpartner für den Top Donor persönlich vorzustellen,
- dem Top Donor ein persönliches Treffen anzubieten.

In einer kleinen Organisation sollte dieser Dankanruf von der Geschäftsführung kommen, um dem neuen Top Donor eine besondere Wertschätzung entgegenzubringen. Nachteil dieses Vorgehens ist, dass ein Geschäftsführer nicht automatisch über Fundraising-Erfahrung verfügt, und das Gespräch deshalb aus Sicht des Großspender-Fundraising suboptimal verlaufen könnte. Abhilfe kann eine entsprechende Schulung der Geschäftsführung leisten. Bei größeren Organisationen kann der Dankanruf durch einen ausgebildeten (Großspender-)Fundraiser erfolgen.

Haibach/Uekermann geben folgende Beispiele für Fragen im Rahmen eines ersten (Dank-)Telefonats:

- Vielen Dank für Ihre großzügige Unterstützung!
  Gibt es dafür einen besonderen Anlass?
- Warum unterstützen Sie gerade unsere Organisation?
- Welche Schwerpunkte interessieren Sie besonders?
- Sie helfen sicher vielen guten Werken?
- Gibt es bei Ihnen einen persönlichen Bezug zum Thema?
- Kennen Sie unser Haus? Gerne laden wir Sie auf einen Besuch ein, wenn Sie einmal in der Nähe sind.
- Wir freuen uns, dass Sie unsere Arbeit schätzen.
  Was finden Sie besonders unterstützenswert?
- Haben Sie einen bestimmten Wunsch, welches Projekt mit Ihrer Spende unterstützt werden soll?
- Was ist Ihnen an unserer Arbeit besonders wichtig?
- In zwei Wochen bin ich bei Ihnen in der Nähe. Dürfte ich Sie einmal besuchen und persönlich kennenlernen?
- Schön, dass ich Sie jetzt in der Urlaubszeit erreiche. Fahren Sie denn noch weg?
- Dürfen wir etwas Spezielles/etwas Schönes für Sie tun?

- Demnächst planen wir ein Abendessen für besondere Freunde und Förderer. Dürfen wir Sie dazu einladen?
- Dürfen wir Sie einladen, unseren Präsidenten kennenzulernen?[23]

Erhaltene Antworten auf diese Fragen sollten zeitnah in der Fundraising-Datenbank (siehe Abschn. 2.1.8) der Organisation festgehalten werden, damit diese Informationen nicht verloren gehen, und später von Nachfolgern des aktuellen Großspender-Fundraisers nachvollzogen werden können.

2.1.6.2.4 Bindung durch persönliche Treffen

Sollte ein Top Donor mit einem ersten persönlichen **Treffen** einverstanden sein, so ist zunächst der Ort dafür zu klären: Je nach Wunsch kann das Treffen beim Großspender oder in der Organisation oder an einem neutralen dritten Ort (z. B. in einem Café oder Restaurant) stattfinden. Ziel des ersten Treffens ist zum einen, sich als Großspenderbetreuer dem Großspender als persönlichen Ansprechpartner für alle Fragen, Anregungen und Wünsche vorzustellen. Dieses „Kümmern" wird im anglo-amerikanischen Raum auch „Stewardship" genannt.

Zum anderen sollte der Großspenderbetreuer im Verlauf des Treffens versuchen, Antworten auf folgende, zentrale Fragen zu bekommen (sofern er sie nicht schon im Rahmen des ersten Dankanrufes erhalten hat):

- Was für ein Mensch ist der Top Donor? Welche Bedürfnisse, Werte und (Spender-)Motive leiten ihn (siehe Abschn. 2.3.1.1)?
- Welche Ziele verfolgt er? Welche Träume hat er?
- Welchen Bezug hat der Top Donor zur Organisation? Warum gerade diese Organisation?
- Was hat den Top Donor motiviert, der Organisation einen größeren Betrag zu geben?
- Für welche Projekte der Organisation interessiert sich der Top Donor besonders?
- Was erwartet sich der Top Donor von der Organisation?
- Kann sich der Top Donor eine weitergehende Unterstützung der Organisation vorstellen?

Haibach/Uekermann geben folgende Beispiele für Fragen im Rahmen eines ersten persönlichen Treffens:

- Ich habe eine Vision ... Ihr Name auf unserer Stifterwand.
  Können Sie sich das vorstellen?
- Haben Sie einen persönlichen Bezug zu Land XY?
  Waren Sie selbst schon einmal dort?

---

[23] Vgl. Haibach, Marita, Uekermann, Jan: Großspenden-Fundraising – Wege zu mehr Philanthropie: Grundlagen, Strategien und praktische Umsetzung, Fundraiser-Magazin GbR, Dresden 2017, S. 264 f.

- Oh, Sie können rudern? Ich hätte Sie gerne an Bord.
  Könnten Sie sich vorstellen, dabei zu sein?
- Darf ich Sie fragen, welche anderen Organisationen Sie unterstützen?
- Wir wollen uns und unsere Arbeit stets verbessern:
  Was können wir aus Ihrer Sicht besser machen?
- Was machen Sie beruflich?
- Wir sammeln Geld. Was sammeln Sie? (Briefmarken, Kunst, Oldtimer, ... ?)[24]

Erhaltene Antworten auf diese Fragen sollten zeitnah in der Fundraising-Datenbank (siehe Abschn. 2.1.8) der Organisation festgehalten werden.

2.1.6.2.5 Bindung durch schriftlichen Kontakt

Schriftlicher Kontakt zu einem Top Donor wird zunächst dadurch gehalten, dass er nach wie vor dieselben Mailings erhält, die auch alle anderen Spender erhalten. Manche Organisationen entwickeln sogar eigene Großspender-Mailings, die sich z. B. durch ein größeres Format, höhere Papierqualität, handschriftliche Elemente (Adresse auf Umschlag, Anrede, Unterschrift auf Anschreiben etc.), echte Briefmarken, eigene Projekte nach Vorstellung des Top Donors, eigene Shopping-List mit höheren Beträgen u. v. m. auszeichnen.

Darüber hinaus werden Top Donor zu Geburtstagen, Jubiläen oder besonderen Ehrentagen (z. B. Goldene Hochzeit) individuell und persönlich angeschrieben. Sie erhalten eine von Hand geschriebene Karte zu Weihnachten und Ostern.

▶ **Tipps**

- Schicken Sie Ihrem Top Donor eine **Ansichtskarte** aus dem Urlaub! Sein Dankanruf nach Ihrer Rückkehr ist eine willkommene Möglichkeit zum Dialog!
- Schicken Sie Ihrem Top Donor eine **Gratulationskarte zum Namenstag**! Listbroker bieten mittlerweile eine Datei mit 30.000 Vornamen inklusive interessanter Informationen zum Namenspatron an.
- Fügen Sie einem Standard-Mailing an Ihren Top Donor eine kurze persönliche, **handschriftliche Notiz** (z. B. Post-it) bei!
- Schicken Sie Ihrem Top Donor die **Kopie eines Zeitungs- oder Zeitschriftenartikels** von dem Sie wissen, dass ihm das Thema am Herzen liegt!

2.1.6.2.6 Bindung durch Projektreisen

Besonders intensiv ist die Bindung im Rahmen von **Projektreisen** bzw. **Spenderreisen** ins In- oder Ausland. Dabei können Top Donor persönlich und unmittelbar erleben, welche Erfolge ein Projekt dank ihrer Unterstützung für die betroffenen Menschen erzielen kann. Mittlerweile gibt es sogar Dienstleister, die sich auf solche Reisen spezialisiert haben.[25]

---

[24] Vgl. ebenda.
[25] Zum Beispiel *Travel Beyond* aus Hamburg (www.travelbeyond.de) und *Make a Difference* aus Köln (www.makeadifference.de).

Verfügt eine Organisation nicht über ausreichende eigene Kapazitäten für die Organisation und Durchführung von Spenderreisen, so kann eine Lösung im Outsourcing gefunden werden.

> **Beispiel**
>
> Eine Organisation, die sich für die Erhaltung des Regenwaldes einsetzt, bietet ihren Großspendern regelmäßig eine Projektreise ins Amazonasgebiet an. Vor Ort kann sich der Großspender ein eigenes Bild vom Projektfortschritt verschaffen. Für die Kosten der Projektreise kommt ein Großspender selbstverständlich selber auf. Die Erlebnisdimension kann dadurch verstärkt werden, dass prominente Förderer der Organisation an der Reise teilnehmen.

Ist auch eine outgesourcte Spenderreise – gerade für kleine Organisationen – noch zu aufwendig, so kann (Groß-)Spendern mittlerweile mit Hilfe von **360-Grad-Videos** und **Virtual-Reality-Brillen** zumindest ein virtueller Besuch ermöglicht werden.

> **Beispiel**
>
> Die Tierschutzorganisation *iAnimal* hält die Situation in Schlachthöfen in 360-Grad-Videos fest, und zeigt sie (potenziellen) Großspendern (aber auch potenziellen Dauerspendern, siehe Abschn. 2.5.5.4) anschaulich und lebensnah mit Hilfe von Virtual-Reality-Brillen und Kopfhörern (siehe Abb. 2.30). Hier ist die Virtuelle Realität der Realität vielleicht sogar überlegen, da wohl die wenigsten Menschen einen echten Schlachthof besichtigen wollen.

Da wohl die wenigsten Großspender über eine Virtual-Reality-Brille verfügen, kann man ihnen ein kostengünstiges Gestell aus Karton (z. B. das *Google* Cardboard) per Mailing zuschicken, das schon ab einem Preis von einem Euro im Internet erhältlich ist. In dieses Gestell kann ein Großspender dann sein Smartphone einspannen, und ein 360-Grad-Video mit Hilfe einer App ansehen.

> **Beispiel**
>
> Die Tierschutzorganisation *iAnimal* hat ein kostengünstiges Gestell aus Karton produzieren lassen, das sie auch Großspendern zur Verfügung stellen kann (siehe Abb. 2.31).

2.1.6.2.7 Bindung durch exklusive Events

Bindung kann auch durch **Events** (siehe Abschn. 2.5.5.2) erzielt werden. Besonders attraktiv sind Events, die einerseits einen inhaltlichen Bezug zur Arbeit der Organisation haben, und andererseits mit einer gewissen Exklusivität für den Top Donor verbunden sind. Hierbei ist Kreativität wichtiger als hoher finanzieller Aufwand. Aber auch sonstige freudige Anlässe in einer Organisation könnten für die Bindung von Top Donor von Interesse sein.

Abb. 2.30 Virtueller Projektbesuch dank Virtual-Reality-Brille. (Quelle: ianimal360.de (Zugriff am 16.03.2018))

Abb. 2.31 Kostengünstiges Gestell der Tierschutzorganisation iAnimal. (Quelle: ianimal360.de (Zugriff am 16.03.2018))

> **Beispiel**
>
> Einer ehrenamtlichen Mitarbeiterin der Hilfsorganisation *Malteser-Hilfsdienst* wurde durch Bundespräsident Horst Köhler das Bundesverdienstkreuz verliehen. Eine Großspenderin nahm die Einladung der Fundraiserin gerne an, an der Verleihung in Schloss Bellevue in Berlin teilnehmen zu können. Beides war geradezu idealtypisch gegeben: Exklusiver Rahmen ohne großen finanziellen Aufwand und inhaltlicher Bezug zur Arbeit der Organisation.

2.1.6.2.8 Bindung durch Mitarbeit

Eine sehr weitreichende Form der Bindung stellt das Angebot zur **Mitarbeit** dar. Dabei ermöglicht eine Organisation einem Top Donor, sich – bei Interesse – aktiv in die Arbeit der Organisation einbringen zu können. Denkbar ist die Mitarbeit in einem (Aufsichts-)Gremium (z. B. Kuratorium) oder die Verleihung eines Ehrentitels (z. B. Ehrensenator einer Hochschule). In den USA kann Vorstandsmitglied (Board Member) oftmals nur werden, wer vorab eine substantielle Großspende geleistet hat. Ein Top Donor bringt also nicht nur sein Geld, sondern auch sein Kontaktnetzwerk und Know-how ein. Er identifiziert sich entsprechend stark mit „seiner" Organisation und fühlt sich ihr verbunden. Natürlich dürfen auch die Nachteile einer solchen Form der Bindung nicht verschwiegen werden: Durch die Mitarbeit eines Top Donors kann sein Einfluss auch (zu) dominant werden, und mit den Interessen der Mitgliederversammlung oder des Vorstands kollidieren. Im Extremfall kann eine Mitarbeit im Laufe der Zeit sogar kontraproduktiv werden.

> **Beispiel**
>
> In der von *Karlheinz Böhm* gegründeten Organisation *Menschen für Menschen* bekam ein Top Donor immer größeren Einfluss. Nach jahrelanger, für beide Seiten fruchtbarer Zusammenarbeit, entstand folgendes „Luxusproblem": Der Top Donor wollte eine Zuwendung leisten, die ein Vielfaches des aktuellen Budgets dargestellte, und eine strategische Neuausrichtung erfordert hätte. Darüber entstand 2012 ein Streit zwischen Vorstand und Top Donor, der öffentlich ausgetragen wurde und das Image der Organisation existenziell bedrohte.

2.1.6.2.9 Bindung durch Matching Gift

Auch bei der Bindung von Top Donor ist Kreativität gefragt.

> **Beispiel**
>
> Eine innovative Idee zur Bindung von Top Donor hat das Kinderhilfswerk *UNICEF Deutschland* in Form einer **Matching-Gift** entwickelt. Im Rahmen des Weihnachts-Mailing 2013 erklärten sich die Top Donor *Susan und Stefan Findel* bereit, Spenden, die auf das Mailing hin getätigt werden, bis zu einem Gesamtbetrag von einer Million Euro zu verdoppeln (siehe Abb. 2.32).

2.1 Relationship Fundraising

Abb. 2.32 Matching Gift von Top Donor. (Quelle: Mailing von UNICEF Deutschland)

2.1.6.3 Gewinnung und Bindung der Major Donor

Im vorangegangenen Kapitel wurde deutlich, welch hoher Aufwand mit der individuellen Betreuung von Top Donor verbunden ist. Dieser besondere Aufwand ist erst ab einer entsprechend hohen Jahresspendensumme (siehe Abschn. 2.4.4) gerechtfertigt. Damit stellt sich jedoch die Frage, wie (Groß-)Spender betreut werden sollten, deren Zuwendungen zwar unterhalb der Schwelle für Top Donor liegen, aber immer noch deutlich oberhalb der durchschnittlichen Jahresspendensummen von 240 €? In der Praxis wurde für diese Gruppe im Laufe der Zeit eine zweite Großspenderkategorie (meist „Major Donor" genannt) eingeführt, manchmal sogar noch eine dritte Großspenderkategorie (meist „High Donor" genannt, siehe Abschn. 2.1.6.4). Der wesentliche Unterschied zwischen Top und Major Donor besteht darin, dass der Aufwand für Gewinnung und Betreuung bei den

Major Donor aufgrund der geringeren Höhe der Zuwendungen entsprechend geringer ausfallen muss. Dies wird durch einen deutlich höheren Grad an Standardisierung in der Kommunikation erreicht. Auch für die Kategorie der Major Donor sind eindeutige Schwellenwerte zu definieren (siehe Abschn. 2.4.4). Meist liegen sie im Bereich zwischen 1000 und 9999 € Jahresspendensumme.

> **Beispiel**
>
> Die Umweltschutzorganisation *WWF Deutschland* spricht nicht von Major Donor sondern von *Global 200-Protectoren*. Gesucht werden 2000 Personen, die als Global 200-Protector einen von weltweit 238 besonders schutzwürdigen Lebensräumen mit einer Lastschrifteinzugsermächtigung in Höhe von mindestens 1000 € pro Jahr (z. B. in Form von monatlich 84 €) unterstützen.

An diesem Beispiel kann man sehr gut die Grundüberlegung eines Major-Donor-Programms verdeutlichen: Es geht darum, (potenzielle) Großspender nicht um eine einmalige sondern eine kontinuierliche Großspende zu bitten – und sie dadurch zu binden. Die Grundüberlegung eines Major-Donor-Konzeptes entspricht somit dem eines Dauerspenderkonzeptes – nur mit deutlich höheren Beträgen. Entsprechend können die anschließenden Bindungsmaßnahmen in Abgrenzung zum Dauerspenderkonzept aufwendiger ausfallen, sollten jedoch in Abgrenzung zum Top-Donor-Konzept aus Kostengründen standardisiert werden. Als Variante kann potenziellen Major Donor angeboten werden, ihre Dauergroßspende auf drei bis fünf Jahre begrenzt zu übernehmen. Eine solche zeitliche Begrenzung erleichtert zwar die Entscheidung für den Spender, erfordert dafür aber nach Ablauf der Frist eine erneute Kontaktaufnahme zur Verlängerung des Engagements (die wiederum mit Kosten verbunden ist).

Wer könnte Interesse haben, Major Donor zu werden? Zunächst Diejenigen, die bereits einmalig einen Betrag in dieser Größenordnung geben konnten. Mit der Einschränkung, dass es natürlich auch Spender gibt, die einen vierstelligen Betrag nur zu einem runden Geburtstag zusammen bekommen, nicht aber kontinuierlich. Eine weitere Gruppe potenzieller Major Donor stellen Spender dar, die bislang nur kleinere Beträge gegeben haben, obwohl sie eigentlich sehr wohlhabend sind und auch mehr geben könnten. Wie kann eine Organisation diese Gruppe identifizieren? In dem sie ihre Spenderdatenbank von einem spezialisierten Dienstleister mit einer Datei wohlhabender Menschen abgleichen lässt.

> **Beispiel**
>
> Der *Malteser Hilfsdienst Berlin* hat mit Hilfe des Kölner Dienstleisters *Liebetrau Listservice GmbH* 33.000 Fördermitglieder gegen die Wohlhabendendatei *Wealth Overlay* des niederländischen Anbieters *Major Giving Solutions* abgleichen lassen. Auf diese Weise konnten unter den Fördermitgliedern 150 (= 0,5 %) wohlhabende Menschen identifiziert werden, auf deren Potenzial die Malteser ohne diesen Abgleich unter Umständen nie aufmerksam geworden wären.

Wie können die so identifizierten potenziellen Major Donor nun gewonnen und anschließend gebunden werden?

2.1.6.3.1 Gewinnung per Telefon

Wie auch schon beim Top Donor, sollte der Erstkontakt zum potenziellen Major Donor telefonisch erfolgen. Zumindest dann, wenn der potenzielle Major Donor bereits eine (Einzel-)Spende in besagter Größenordnung geleistet hat. Nach einem angemessenen Dank kann am Telefon am einfachsten eruiert werden, ob ein weiteres, dauerhaftes Förderinteresse besteht. Mit hoher Wahrscheinlichkeit wird ein potenzieller Major Donor eine Förderentscheidung dieser Dauer und Größenordnung jedoch nicht spontan am Telefon treffen. Ihm wird deshalb angeboten, entsprechendes schriftliches Informationsmaterial zukommen zu lassen. Etwa zwei Wochen nach Zusendung des Informationsmaterials kann dann nochmal telefonisch nachgefasst werden: Haben Sie die versprochenen Unterlagen erhalten? Konnten Sie schon mal einen Blick hineinwerfen? Haben Sie noch Fragen dazu? Da das beschriebene, dreistufige Vorgehen (Anruf – Zusendung schriftlicher Unterlagen – Anruf) arbeitsintensiv ist, und die Anzahl potenzieller Major Donor schon bei mittelgroßen Organisationen schnell drei- oder gar vierstellig werden kann, sollte die Durchführung auf eine spezialisierte Telefon-Fundraising-Agentur ausgelagert werden (Outsourcing). Während die Anrufe potenzieller Top Donor unbedingt inhouse durch den (Großspender-)Fundraiser erfolgen sollten, um die Grundlage für eine persönliche Beziehung zu legen, können die Anrufe potenzieller Major Donor durch externe Dienstleister erfolgen, da es sich auf dieser Stufe aus Kostengründen noch um einen weitgehend standardisierten Kontakt handeln muss. Ist eine Organisation im Großspender-Fundraising jedoch personell so gut ausgestattet, dass sie auch die potenziellen Major Donor selbst anrufen kann (dies kommt in der Praxis leider nur in seltenen Ausnahmefällen vor), so spricht freilich auch nichts dagegen, die Anrufe selbst durchzuführen.

2.1.6.3.2 Gewinnung per Mailing

Ist eine telefonische Kontaktaufnahme nicht möglich oder nicht gewollt, so kann alternativ auch eine schriftliche Kontaktaufnahme per Mailing erfolgen. Im Idealfall wird dafür ein eigenes Mailing konzipiert, das das ausschließliche Ziel verfolgt, Major Donor zu gewinnen. Weniger erfolgsversprechend wäre, im Rahmen eines Standard-Mailings lediglich „Huckepack" auf das Major-Donor-Konzept hinzuweisen. Sei es durch einen beigelegten Flyer, oder auch nur durch einen entsprechenden Hinweis im Post Scriptum (P.S.).

2.1.6.3.3 Gewinnung über Spenderzeitschrift

Auch im Rahmen eigener Kommunikationskanäle (siehe Abschn. 2.6.7) wie z. B. der Spenderzeitschrift, die regelmäßig an alle aktiven Spender verschickt wird, sollte immer wieder einmal auf die Möglichkeit hingewiesen werden, Major Donor werden zu können. Sei es in eigens dafür entworfenen Anzeigen, sei es in Form redaktioneller Beiträge, in denen ein Major Donor als Testimonial vom Großspender-Fundraiser interviewt und nach seiner Motivation gefragt wird. Die Leser der Spenderzeitschrift sollen auf diese Weise inspiriert werden, selbst über ein Engagement als Major Donor nachzudenken. Am Ende des Interviews wird der Großspender-Fundraiser als Ansprechpartner (mit Foto und Telefonnummer) genannt, der bei Interesse kontaktiert werden kann.

2.1.6.3.4 Gewinnung durch Spenderbefragung

Eine erfolgsversprechende Maßnahme der Identifikation potenzieller Major Donor ist die bereits erwähnte Spenderbefragung (siehe Abschn. 6.1.2.7). Dabei werden alle (Mehrfach-)Spender, die von der Organisation in die Spenderbefragung einbezogen werden, auch danach gefragt, ob sie das Major-Donor-Produkt kennen bzw. Interesse daran haben. Wer Interesse artikuliert, wird zeitnah telefonisch kontaktiert.

2.1.6.3.5 Gewinnung per Internet

Mittlerweile werden längst auch im Internet Major Donor gewonnen. Insbesondere die **Website** einer Organisation kommt dafür infrage.

Abb. 2.33 Großspendergewinnung auf der Website des WWF. (Quelle: wwf.de/spenden-helfen/protector-werden/ (Zugriff am 16.03.2018))

Abb. 2.34 Broschüre „Werden Sie Global 200-Protector!". (Quelle: *WWF*-Broschüre)

> **Beispiel**
> Die Umweltschutzorganisation *WWF Deutschland* bietet auf ihrer Website die Möglichkeit an, für (mindestens) 1000 € pro Jahr Global 200-Protector werden zu können (siehe Abb. 2.33). Zum Download bereit stehen eine ausführliche Info-Broschüre „Werden Sie Global 200-Protector" (siehe Abb. 2.34) und ein Anmeldeformular zum Ausdrucken.

2.1.6.3.6 Bindung durch Projektfortschrittsberichte

Nach der Gewinnung ist es wichtig, die Major Donor möglichst langfristig zu binden. Ein geeignetes Bindungsinstrument sind Projektfortschrittsberichte, die in Wort und Bild anschaulich dokumentieren, welche Fortschritte ein gefördertes Projekt dank der Großspenden eines Major Donor erzielen konnte.

> **Beispiel**
> Die Umweltschutzorganisation *WWF Deutschland* stellt ihren Global 200-Protectoren in regelmäßigen Protectorenberichten jeweils drei Global 200 Ökoregionen vor. Für die Protectorenberichte wurde ein eigenes Corporate Design (CD) entwickelt, das sich bewusst von den üblichen Mailings der Organisation abhebt und dadurch zu etwas Besonderem wird (siehe Abb. 2.35). Zur Aufbewahrung dieser Berichte erhalten Protectoren einen eigens gestalteten Sammelordner.

Abb. 2.35 Betreuung der Global 200-Protectoren beim WWF. (Quelle: Informationsmaterial des *WWF Deutschland*)

Beispiel
Getreu dem Motto „Ein Bild sagt mehr als tausend Worte" schickt die Umweltschutzorganisation *Robin Wood* ihren Großspendern ein digitales Bilderbuch auf CD (siehe Abb. 2.36). Viel ansprechender als durch endlose „Bleiwüsten" wird die Schutzbedürftigkeit der Natur und die Arbeit von Robin Wood in Form anspruchsvoller Fotografien dokumentiert.

▶ **Tipp für kleinere Organisationen** Anstelle von aufwendig produzierten Projektfortschrittsberichten können Major Donor auch einfach Fotokopien von Zeitungsberichten über das Projekt zugeschickt werden. Zusammen mit einer kurzen handschriftlichen Notiz wird bestimmt eine ebenso gute Bindung erzielt.

Abb. 2.36 Digitales Bilderbuch von Robin Wood. (Quelle: Mailing von *Robin Wood*)

2.1.6.3.7 Bindung durch Events

Auf die besondere Bedeutung von Events bei der Großspenderbindung wurde bereits im vorangegangenen Kapitel zu den Top Donor eingegangen. Auch bei der Bindung von Major Donor spielen Events eine große Rolle. Während zur Bindung von Top Donor sehr exklusive Events eingesetzt werden, die eine individuelle Betreuung jedes einzelnen Großspenders durch den Großspenderbetreuer („One-to-One") ermöglichen, kommt es bei Events zur Bindung von Major Donor eher darauf an, mit mehreren Großspendern gleichzeitig in eine kostengünstigere und zunächst unverbindlichere Form von persönlichem Kontakt zu kommen. Für den Major Donor liegt der Vorteil eines solchen Events darin, dass es nicht gleich zu einem intensiven Kontakt 1:1 mit dem Großspenderbetreuer kommt. Vielmehr werden auf der Stufe Major Donor zunächst mehrere Großspender gleichzeitig eingeladen, zu denen der Großspenderbetreuer dann in der Gruppe einen unverbindlicheren Erstkontakt aufnehmen kann („One-to-Many"). In diesem ersten Schritt wird für den Großspenderbetreuer die Beziehungsgrundlage geschaffen, später im individuellen Kontakt auch Top Donor gewinnen zu können.

Ein geeignetes Format für den unverbindlicheren Erstkontakt „One-to-Many" sind beispielsweise folgende Events:

- Einladung zu einem Fachvortrag eines Projektmitarbeiters,
- Einladung zu einem Kamingespräch mit dem Vorstand der Organisation,
- Einladung zu einer Videokonferenz mit einem Projektleiter vor Ort,
- Einladung zu einer Führung durch die Gebäude der Organisation,
- Einladung zu Schiffs- oder Busfahrten zu Inlandsprojekten,
- Einladung zu einer feierlichen Jubiläumsveranstaltung,
- Einladung zu einem Kochkurs mit Spezialitäten aus dem Projektland (z. B. Maniok) unterstützt durch einen Fernsehkoch,
- Einladung zur Verleihung eines Preises.

> **Beispiel**
> Die Kinderhilfsorganisation *Kindernothilfe* lädt ihre Großspender zur jährlichen Verleihung seines Medienpreises „Kinderrechte in der Einen Welt" nach Berlin ein. Über die ausgezeichnete Medienberichterstattung in den fünf Kategorien Print/Online, Hörfunk, TV, Foto und Preis der Kinderjury werden immer auch Anliegen der *Kindernothilfe* anschaulich transportiert. Auch durch prominente Moderatoren und Laudatoren ist für eine erlebnisorientierte Veranstaltung gesorgt.

2.1.6.3.8 Bindung durch Reisen

Wie schon zur Bindung von Top Donor können Spenderreisen auch zur Bindung von Major Donor beitragen.

> **Beispiel**
> Die Umweltschutzorganisation *WWF Deutschland* bietet ihren Global 200-Protectoren Projektreisen an, die sie jeweils in eine der Global 200-Regionen führen. Sie erhalten exklusiv die Möglichkeit daran teilzunehmen und mit neuen Eindrücken von der WWF-Arbeit nach Hause zurückzukehren.

2.1.6.3.9 Bindung durch Give-aways

Kleine Geschenke erhalten die Freundschaft. Diese Weisheit gilt auch für die Bindung von Major Donor. Sie erhalten von der Organisation kleine Werbeartikel, sogenannte Give-aways (siehe Abschn. 2.3.1.2).

2.1 Relationship Fundraising

> **Beispiele**
> - Früher erhielten Global 200-Protectoren vom WWF einen exklusiv für sie gestalteten Panda-Pin aus echtem Sterlingsilber. Die limitierte Auflage wurde mit freundlicher Unterstützung von TIFFANY ermöglicht.
> - Heute erhalten Global 200-Protectoren vom WWF einen WWF-Kulturbeutel als praktisches Accessoire für ihre Reisen.

2.1.6.4 Gewinnung und Bindung der High Donor

Zusätzlich zu Top Donor und Major Donor wird in der Praxis manchmal noch eine dritte Großspenderkategorie (meist „**High Donor**" genannt) eingeführt. Auch für die Kategorie der High Donor sind eindeutige Schwellenwerte zu definieren (siehe Abschn. 2.4.4). Meist liegen sie im Bereich zwischen 500 und 999 € Jahresspendensumme. Wie auch bei den Major Donor, kann es bei den High Donor aus Kostengründen nur um ein stark standardisiertes Großspenderprodukt gehen, das sich der Kategorie Dauerspender noch stärker annähert als die Kategorie Major Donor. Im anglo-amerikanischen Sprachraum wird bei dieser Größenordnung oftmals auch schon nicht mehr von Großspendern, sondern nur noch von **Middle Donor** oder **Mid-Level Donor** gesprochen, deren Jahresspendensumme mit 500 und 999 € in einem mittleren Bereich zwischen den Dauer- und den Großspendern liegt.

Egal wie man diese Kategorie nun auch immer bezeichnet. Sinnvoll ist sie grundsätzlich nur dann, wenn Spender in dieser Kategorie auch substantiell anders betreut werden als vorher als Dauerspender einerseits und nachher als Major Donor andererseits. Gelingt es nicht, ein wirklich eigenständiges Konzept für diese Kategorie zu entwickeln, so kann auch auf sie verzichtet werden. Die entsprechenden Spender werden dann eben nur als „größere" Dauerspender bzw. „kleinere" Major Donor behandelt. Im Interesse einer möglichst trennscharfen und klaren Einteilung sowie eines möglichst einfachen Managements, kann auch hier weniger manchmal mehr sein.

Entscheidet man sich trotzdem für eine Kategorie High Donor (bzw. Middle Donor), so wird – wie auch auf der Ebene der Dauerspender – um eine Lastschrifteinzugsermächtigung gebeten. Im Gegensatz zum Dauerspender liegt die Lastschrifteinzugsermächtigung beim High Donor jedoch zum einen höher und ist zum anderen zeitlich auf die Dauer des speziellen High-Donor-Projektes (drei bis fünf Jahre) begrenzt.

Ein aus Fundraising-Sicht gutes High-Donor-Projekt zeichnet sich durch folgende Merkmale aus:

- Dringlichkeit (Warum muss jetzt geholfen werden?),
- Bedrohung (Was passiert, wenn nicht geholfen werden kann?),
- Berichtbarkeit (Kann über den gesamten Projektzeitraum hinweg kontinuierlich über einen Projektfortschritt berichtet werden?),
- Finanzbedarf (Besteht ein ausreichend großer Finanzbedarf über mehrere Jahre?),
- Sympathieträger (Kann dem Projekt über einen Sympathieträger „ein Gesicht" gegeben werden?).

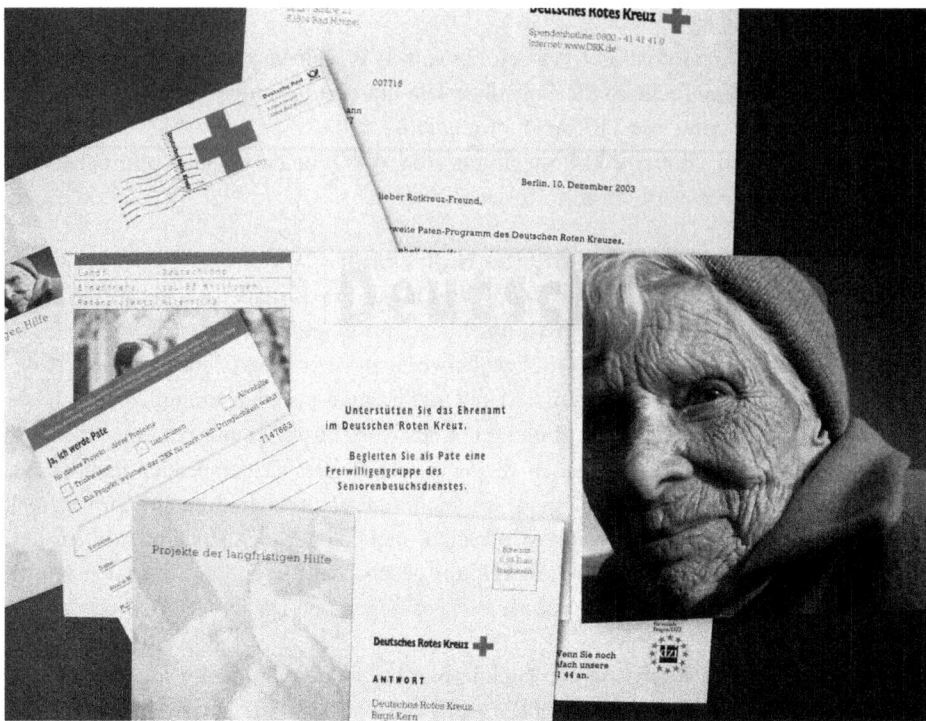

Abb. 2.37 High-Donor-Gewinnung beim DRK über ein spezielles Mailing. (Quelle: Mailing des DRK)

2.1.6.4.1 Gewinnung durch Mailing

Die Gewinnung von High Donor kann auf mehreren Wegen erfolgen. Praktisch immer eingesetzt wird ein spezielles Mailing, das einmal pro Jahr an alle Spender geht, deren Jahresspendensumme der letzten 12 Monate innerhalb der festgelegten Schwellenwerte liegt. Das Mailing ist insofern speziell als es sich z. B. durch ein anderes Format (z. B. A5) sowie besseres und schwereres Papier um eine höherwertigere, exklusivere Anmutung bemüht (siehe Abb. 2.37). Ziel des Mailings ist, vom Angeschriebenen eine Lastschrifteinzugsermächtigung zu erhalten. Auch im Post Scriptum (P.S.) eines normalen Mailings kann „Huckepack" auf das High-Donor-Programm hingewiesen werden.

2.1.6.4.2 Gewinnung durch Telefon

Neben dem Mailing kann aber auch das Telefon zur Gewinnung von High Donor eingesetzt werden. Hat z. B. ein Spender auf ein normales Mailing zu einem ähnlichen Thema, wie es auch im High-Donor-Projekt aufgegriffen wird, mit einer überdurchschnittlichen Einzelspende reagiert, so erhält er einen Dankanruf, in dem ihm das High-Donor-Projekt angeboten wird.

2.1.6.4.3 Bindung durch Projektfortschrittsberichte

High Donor erhalten meist zwei Berichte pro Jahr, die den zwischenzeitlichen Projektfortschritt im speziellen High-Donor-Projekt dokumentieren. Trotzdem bleibt festzuhalten, dass die Betreuung auf der Ebene der High Donor immer noch weitgehend Massenansprache bedeutet, wenn auch exklusiver als noch bei den Dauerspendern. Übrigens belassen Organisationen wie der WWF ihre High Donor im normalen Mailing-Zyklus. Zusätzlich zu den Projektberichten erhält der Spender dann auch nach wie vor noch die regulären Mailings (an die Mehrfachspender). Die Erfahrung zeigt, dass trotz Lastschrifteinzugsermächtigung im Rahmen des High-Donor-Programms auf die normalen Mailings nach wie vor gespendet wird.

2.1.6.5 Großspendergewinnung durch Capital Campaign

Neben der Großspendergewinnung durch Upgrading gibt es noch eine zweite Möglichkeit: Die Großspendergewinnung durch eine sog. **Capital Campaign** oder **Kapitalkampagne**. Eine ausführliche Vorstellung von Kapitalkampagnen findet sich bei *Haibach*.[26] Hier sollen nur die wichtigsten Überlegungen zusammengefasst werden. Von einer Kapitalkampagne spricht man, wenn für ein bestimmtes Projekt (z. B. den Bau eines Gebäudes) ein hoher Betrag (i. d. R. über eine Million Euro) in einem begrenzten Zeitraum (i. d. R. drei bis fünf Jahre) eingesammelt werden soll. Dabei wird systematisch so vorgegangen, dass

- zuerst von Wenigen der Großteil des benötigten Betrages eingeworben wird und anschließend von Vielen der kleinere Rest. Ähnlich wie bei der Spenderpyramide spricht man von einem „Von-oben-nach-unten-Ansatz" („Top-down-Approach").
- zuerst Interessierte innerhalb der Organisation angesprochen werden, die anschließend auch potenzielle (Groß-)Spender außerhalb der Organisation ansprechen. Man spricht deshalb auch von einem „von-innen-nach-außen-Ansatz" („Inside-out-Approach"). Neben Privatpersonen können auch Unternehmen und Stiftungen als Förderer eingebunden werden.

Der erste Schritt einer Capital Campaign ist eine 4- bis 6-monatige **Machbarkeits- und Planungsstudie** (Feasibility Study). Neutrale, externe Berater führen interne Analysen (insbesondere Interviews mit internen Schlüsselpersonen) und externe Analysen (insbesondere Interviews mit externen hochkarätigen Persönlichkeiten) durch. Vor allem ist zu klären, ob die folgenden fünf Voraussetzungen für eine erfolgreiche Capital Campaign erfüllt sind:

- ein überzeugendes und motivierendes Fundraising-Zielbild („Case for Support", siehe unten),
- dringende Förderprojekte und plausibler Finanzbedarf,

---

[26] Haibach, Marita: Handbuch Fundraising – Spenden, Sponsoring, Stiftungen in der Praxis, 4. Aufl., (Campus Verlag) Frankfurt am Main 2012, S. 350–358.

- Zugang zu potenziellen Großspendern,
- Engagement ehrenamtlicher Führungspersönlichkeiten und Fürsprecher,
- interne Fundraising-Bereitschaft (Institutional Readiness).

Ein **Case for Support** ist ein schriftliches Dokument, das in einfacher und klarer Sprache allgemeinverständlich wiedergibt, was eine Organisation mit dem Geld aus der Capital Campaign erreichen möchte. Kurz und knapp sollten nicht nur rationale Aspekte (Zahlen und Statistiken), sondern vor allem auch emotionale Aspekte angesprochen werden (Wie verbessert das Projekt das Leben der betroffenen Menschen?).

Ergebnis der Machbarkeits- und Planungsstudie ist ein Abschlussbericht, der abwägt, ob eine Capital Campaign Aussicht auf Erfolg hat. Und wenn ja, welches Finanzziel realistischerweise erreicht werden könnte. Eine Spendentabelle (Gift Table) errechnet, welche Einzelspenden zur Erreichung des Finanzziels notwendig sind. Dabei kann sie sich auf die Faustregel des 40/40/20-Prinzips stützen: Mindestens 40 % des Gesamtziels resultieren aus nicht mehr als 10 Spenden (die größte Spende deckt 10 % des Finanzziels ab), die nächsten 40 % aus 100 Spenden, die restlichen 20 % aus vielen mittleren und kleineren Spenden. Ein Beispiel für eine Spendentabelle für ein Finanzziel von 30 Mio. € liefert Tab. 2.1.

> **Tipp** Der amerikanische Fundraising-Dienstleister *Blackbaud* bietet auf seiner Website einen Gift Range Calculator an, der Vorschläge für eine sinnvolle Aufteilung der im Rahmen der Kapitalkampagne benötigten Gesamtsumme automatisch errechnet: blackbaud.com/company/resources/giftrange/giftcalc.aspx.

Kommt der Abschlussbericht zu einer positiven Empfehlung, schließt sich an die Machbarkeits- und Planungsstudie eine **Vorbereitungsphase** an, in der folgende Arbeiten zu erledigen sind:

Tab. 2.1 Beispiel einer Spendentabelle für eine Capital Campaign. (Quelle: Haibach, Marita: Handbuch Fundraising – Spenden, Sponsoring, Stiftungen in der Praxis, 4. Aufl., (Campus Verlag) Frankfurt am Main 2012, S. 356)

Spendenhöhe	Potenzial benötigt	Anzahl Spender	Gesamt Euro	Kumulativ Euro	Anteil %
Initialspenden					
3.000.000	3	1	3.000.000		
2.000.000	6	2	4.000.000		
1.000.000	15	5	5.000.000	12.000.000	40
Leadership-Spenden					
500.000	18	6	3.000.000		
200.000	60	20	4.000.000		
100.000	120	50	5.000.000	12.000.000	40
Alle anderen Spenden				6.000.000	20

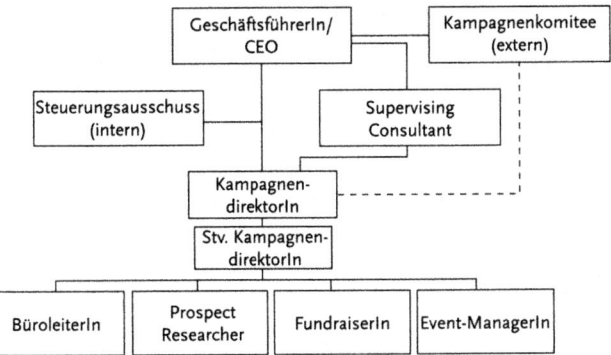

Abb. 2.38 Organigramm einer Capital Campaign. (Quelle: Haibach, Marita: Handbuch Fundraising – Spenden, Sponsoring, Stiftungen in der Praxis, 4. Aufl., (Campus Verlag) Frankfurt am Main 2012, S. 357)

- Aufbau verschiedener Gremien: Interner Steuerungsausschuss, externes Kampagnenkomitee und ein angesehener, ehrenamtlicher Kampagnendirektor (siehe Abb. 2.38).
- Festlegung der Würdigungskategorien für die verschiedenen Spendenhöhen (z. B. Tafeln und Plaketten mit den Spendernamen).
- Prospektmaterialien zu den verschiedenen Projektbereichen.

Anschließend gilt es im Rahmen einer „stillen" Phase etwa 40 bis 50 % des Finanzziels und insbesondere die Initialspenden einzuwerben. Erst wenn dieser Anteil tatsächlich vorliegt (dies kann alles in allem zwei bis drei Jahre dauern), wird mit der Capital Campaign an die Öffentlichkeit gegangen. Erst jetzt sind genügend (interne) Förderer in den oberen Kategorien gefunden, so dass auch mit hoher Wahrscheinlichkeit zu erwarten ist, dass externe Förderer in den mittleren und niedrigeren Kategorien folgen werden.

> **Beispiel**
> Die öffentlichkeitswirksamste Capital Campaign in Deutschland dürfte in den letzten Jahren der Wiederaufbau der Frauenkirche in Dresden gewesen sein (www.wiederaufbau-frauenkirche.de). Zwischen 1990 und 2005 wurden die Baukosten in Höhe von insgesamt 178,5 Mio. € aus verschiedenen Quellen eingeworben. 90,7 Mio. € wurden aus Spenden gedeckt. Unter anderem wurden sog. „Stifterbriefe" angeboten:
>
> - Der Stifterbrief in Platin kostete 10.000 €
> - Der Stifterbrief in Gold kostete 1500 €
> - Der Stifterbrief in Silber kostete 750 €
> - Der Stifterbrief in Bronze kostete 250 €

2.1.6.6 Was ich in diesem Abschnitt gelernt habe

- Haben Sie keine Scheu, Großspender für Ihre Organisation zu gewinnen!
- Definieren Sie eine feste Jahresspendensumme als Schwellenwert, ab dem ein Förderer Ihrer Organisation als Großspender betrachtet werden soll!
- Definieren Sie ggf. mehrere Schwellenwerte, um innerhalb der Großspender nochmal nach verschiedenen Kategorien zu differenzieren!
- Bieten Sie Ihren Großspendern persönliche Betreuung an! Jeder einzelne Großspender entscheidet für sich, ob er sie in Anspruch nehmen möchte oder nicht!
- Laden Sie Großspender ein, Projekte Ihrer Organisation (z. B. im Rahmen eines Besuches oder einer Reise) persönlich kennenzulernen!
- Setzen Sie zur Information aber auch Medien (DVD, CD, YouTube) ein!
- Richten Sie für die Betreuung von Großspendern eine eigene Stelle ein!
- Prüfen Sie, ob Sie im Umfeld der Organisation einen Ehrenamtlichen für die Großspenderbetreuung finden können, der Zutritt zu wohlhabenden gesellschaftlichen Kreisen hat!
- Erfahren Sie bereits im Vorfeld von einer geplanten Großspende, so beraten Sie den (künftigen) Großspender, welche Förderalternative für ihn die auch steuerlich vorteilhafteste ist!
- Weisen Sie den (künftigen) Großspender darauf hin, dass er steuerberaterliche Unterstützung in Anspruch nehmen sollte!

2.1.7 Die Stufe der Testamentspender

2.1.7.1 Wer ist Testamentspender?

Die Spitze der Spenderpyramide bilden die **Testamentspender**. Das sind Menschen, die im Laufe ihres Lebens so viel Vertrauen in „ihre" Organisation aufgebaut haben, dass der Wunsch entstanden ist, ihr Vermögen (oder einen Teil davon) am Ende ihres Lebens einer Organisation (oder mehreren) von Todes wegen zuzuwenden. Dies kann in Form einer Erbschaft oder eines Vermächtnisses an einen Verein geschehen. Umgangssprachlich werden Erbschaft und Vermächtnis fälschlicherweise gerne synonym verwendet. Wird eine gemeinwohlorientierte Organisation von einem Testamentspender als Erbin eingesetzt, so wird sie Rechtsnachfolgerin (mit allen Rechten und Pflichten) des Erblassers und kann als Erbberechtigte einen bestimmten (Teil-)Anspruch auf die Erbschaft erheben. Nicht so, wenn sie als Vermächtnisnehmerin eingesetzt wird. Dann wird ihr lediglich der Anspruch auf einen einzelnen Nachlassgegenstand (z. B. in Form eines festgelegten Geldbetrages) vermacht, ohne dass dadurch jedoch ein Erbanspruch besteht. In der Schweiz wird anstelle von „Vermächtnis" von „Legat" gesprochen.

Ein Testamentspender kann sein Vermögen (oder einen Teil davon) aber auch einer bereits errichteten Stiftung von Todes wegen zustiften, oder mit seinem Vermögen eine neue Stiftung von Todes wegen errichten (siehe Abschn. 4.2). Zusammenfassend soll ein Testamentspender hier wie folgt definiert werden:

▶ Ein **Testamentspender** ist …

- … eine *Privatperson*, …
- … die ihr *Vermögen* oder einen *Teil* davon …
- … *von Todes wegen* …
- … *einer* Organisation (oder *mehreren*) …
- … als *Erbschaft* oder *Vermächtnis* …
- … in Form von *Spende(n)* und/oder *Zustiftung(en)* und/oder *Stiftungserrichtung(en)* zuwendet.

Dass Organisationen testamentarisch bedacht werden, ist nicht neu. So ist die Kirche in ihrer 2000-jährigen Geschichte immer wieder als Erbin eingesetzt worden. Aber auch bei nicht-kirchlichen Organisationen sind die Einnahmen aus Testamentspenden in den letzten Jahren kontinuierlich gestiegen.

> **Beispiel**
> Die höchsten Einnahmen aus Testamentspenden dürfte in Deutschland die *Deutsche Krebshilfe* erhalten. Ein Rekordjahr war 2016, als sie beachtliche 199,6 Mio. € aus Erbschaften und Vermächtnissen erzielte. Das waren 85 % ihrer originären Einnahmen. Dieser – selbst für die *Deutsche Krebshilfe* – außergewöhnlich hohe Betrag ist jedoch auf den Sondereffekt einer außergewöhnlich hohen Einzelerbschaft von alleine schon 141,4 Mio. € zurückzuführen. Trotzdem, die *Deutsche Krebshilfe* erhielt auch schon in 2015 immerhin 61,7 Mio. € aus Erbschaften und Vermächtnissen. Das waren immer noch zwei Drittel (66 %) ihrer originären Gesamteinnahmen.

Natürlich kann es bei Testamentspenden nicht Ziel sein, die gesetzlichen Erben um ihre Erbschaft zu bringen. Das versteht sich von selbst. Gibt es jedoch keine Erben (mehr) oder sind sie nicht mehr ermittelbar, so greift das gesetzliche Erbrecht des Staates: „Ist zur Zeit des Erbfalls kein Verwandter, Ehegatte oder Lebenspartner des Erblassers vorhanden, erbt das Land, in dem der Erblasser zur Zeit des Erbfalls seinen letzten Wohnsitz oder, wenn ein solcher nicht feststellbar ist, seinen gewöhnlichen Aufenthalt hatte. Im Übrigen erbt der Bund."[27] So trat allein das Land Nordrhein-Westfalen 1992 ein Erbe von 800 Mio. Mark in Fällen an, in denen andere Erben nicht ermittelbar waren. Ein gezielter Einsatz für einen bestimmten Verwendungszweck, der dem Erblasser vielleicht besonders am Herzen lag, ist dann nicht mehr möglich. Bei einer gemeinwohlorientierten Organisation hingegen kann die Verwendung des Vermögens im Interesse des Erblassers testamentarisch genau definiert werden. Dazu kommt das Argument, dass Testamentspenden an steuerbegünstigten Organisationen grundsätzlich von der Erbschaftssteuer befreit sind.

---

[27] § 1936 Bürgerliches Gesetzbuch.

Trotzdem war die aktive Bitte um Testamentspenden unter den Organisationen zunächst sehr umstritten. Die Bedenken, ein Tabu zu brechen und sich dem Vorwurf der „Erbschleicherei" auszusetzen, waren sehr groß. Bis sich die ersten Organisationen über diese Bedenken hinwegsetzten und durchweg über sehr positive Erfahrungen berichten konnten. Werden bestimmte Grundregeln eingehalten (siehe nächstes Kapitel), so stößt das Erbschafts-Fundraising der Organisationen bei Förderern auf reges Interesse, ja auf Genugtuung, mit dem eigenen Vermögen (sozusagen seinem „materialisierten Lebenswerk") die Zukunft über den eigenen Tod hinaus aktiv mitgestalten zu können. Viele sind froh, auf diese Weise über ihren eigenen Tod hinaus etwas Positives und Bleibendes bewirken zu können. Auch sind sie erleichtert, wenn sie zu Lebzeiten die oft jahrelang aufgeschobene Frage der persönlichen Vermögensnachfolge endlich zugunsten einer guten Sache geregelt haben.

2.1.7.2 Das Potenzial für Testamentspenden

Bevor es im nächsten Kapitel um die Gewinnung von Testamentspendern gehen wird, soll vorab das Potenzial für Testamentspenden abgeschätzt werden, um die besondere Bedeutung des Themas zu verdeutlichen. Das *Deutsche Institut für Altersvorsorge* (*DIA*) lässt regelmäßig die Entwicklung des (vererbten) Vermögens in Deutschland untersuchen. Nach der neuesten Analyse „Erben in Deutschland 2015–24: Volumen, Verteilung und Verwendung" hat sich rückblickend allein das Geldvermögen der Deutschen zwischen 1994 und 2014 mehr als verdoppelt (+126 %), und zwischen 1984 und 2014 sogar verfünffacht (+409 %). Fast parallel dazu stieg auch das Aufkommen der Erbschaftssteuer (siehe Abb. 2.39). Das Gesamtvermögen aller rund 81 Mio. in Deutschland verteilt auf 40 Mio. Haushalte lebender Menschen, wird 2015 (nach Abzug aller Verbindlichkeiten) auf 11,1 Billionen € geschätzt (davon 5,2 Billionen € Geldanlagen, 4,7 Billionen € Immobilien und 1,2 Billionen € Sachvermögen). Von diesen 11,1 Billionen € werden im Zehnjahreszeitraum 2015–2020 schätzungsweise 3,1 Billionen € (28 %) vererbt.[28]

Laut einer Emnid-Umfrage zum Thema „Erbrecht" im Auftrag des *Deutschen Forums für Erbrecht* möchten 76,5 % der Bevölkerung in Deutschland für die Erbfolge nach ihrem Tod juristisch und wirtschaftlich klar geregelte Verhältnisse schaffen. Allerdings haben laut derselben Untersuchung 69,2 % der Bevölkerung bisher noch keine letztwillige Verfügung getroffen. Laut einer anderen Umfrage des *Institutes für Demoskopie Allensbach* aus dem Jahre 1998 erklären nur 23 % der Deutschen ihren letzten Willen, davon jedoch 20 Prozentpunkte unvollständig und damit anfechtbar. Nur 3 % hinterließen 1998 ein einwandfreies Testament. Diese Zahlen belegen eindrucksvoll, dass es einerseits zwar ein großes Bedürfnis gibt, geregelte Verhältnisse zu schaffen. Andererseits bestehen jedoch gravierende Unsicherheiten und ein großer Informationsbedarf. Hier kann die Gewinnung von Testamentspendern ansetzen.

---

[28] Vgl. Deutsches Institut für Altersvorsorge: Erben in Deutschland 2015–24: Volumen, Verteilung und Verwendung, Berlin 2015, S. 5.

2.1 Relationship Fundraising

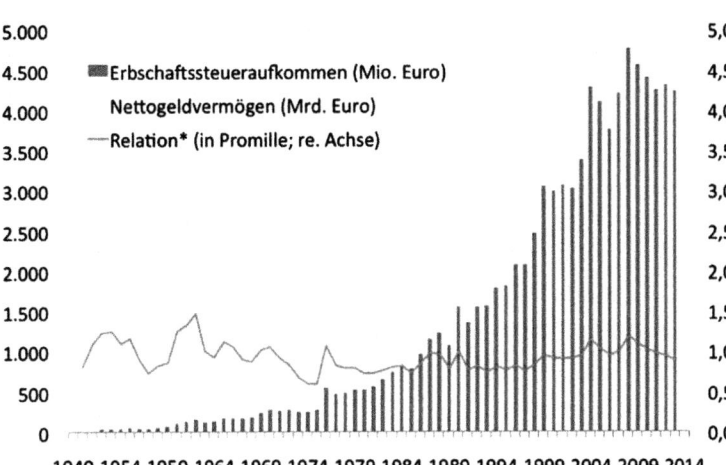

Abb. 2.39 Geldvermögen Privathaushalte und Erbschaftssteueraufkommen (1949–2014). (Quelle: Deutsches Institut für Altersvorsorge: Erben in Deutschland 2015–24: Volumen, Verteilung und Verwendung, Berlin 2015, S. 4)

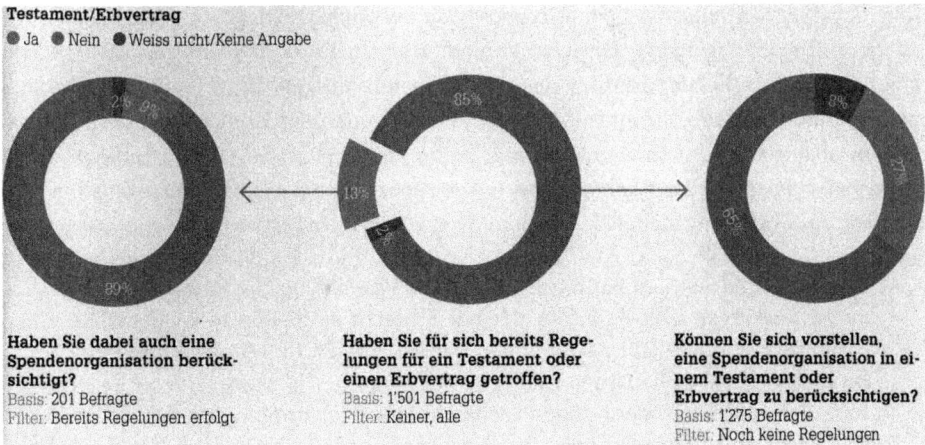

Abb. 2.40 Berücksichtigung einer Spendenorganisation in Testament oder Erbvertrag (in der Schweiz). (Quelle: Swissfundraising und DemoSCOPE: Spendenmarkt Schweiz 2016, St. Gallen 2017, S. 13)

In der Schweiz geben 13 % der Bevölkerung an, für sich bereits Regelungen für ein Testament oder einen Erbvertrag getroffen zu haben (siehe Abb. 2.40). Von diesen 13 % haben wiederum 9 % eine Spendenorganisation berücksichtigt. Von den 85 %, die noch keine Regelungen für ein Testament oder einen Erbvertrag getroffen zu haben, können sich 27 % vorstellen, eine Spendenorganisation zu berücksichtigen.

2.1.7.3 Gewinnung von Testamentspendern

Das vorangegangene Kapitel hat gezeigt, dass das Potenzial für Testamentspenden enorm ist. Entsprechend groß ist das Interesse der Organisationen an diesem Thema. Für die Gewinnung von Testamentspendern wurde der (vielleicht etwas unglückliche) Begriff **Erbschafts-Fundraising** geprägt. Über welche Vertriebskanäle (siehe Abschn. 2.5) und welche Kommunikationskanäle (siehe Abschn. 2.6) können nun im Rahmen des Erbschafts-Fundraising Testamentspender gewonnen werden?

2.1.7.3.1 Testamentspendergewinnung durch persönlichen Vertrieb

Wie auch schon bei der Gewinnung von Großspendern, ist der **persönliche Vertrieb** (siehe Abschn. 2.5.5) der zentrale Vertriebskanal bei der Gewinnung von Testamentspendern. Wie oben bereits angedeutet, kann eine Testamentspende auf sehr unterschiedliche Weise als Erbschaft oder Vermächtnis, als Spende, Zustiftung oder Errichtung einer neuen Stiftung von Todes wegen erfolgen. Entsprechend komplex und erklärungsbedürftig ist das Produkt Testamentspende. Eine angemessene Beratung erfordert deshalb das persönliche Gespräch (siehe Abschn. 2.5.5.1). Im Rahmen eines persönlichen Treffens gelingt es am einfachsten, die für die Testamentspende nötige Vertrauensbeziehung zwischen dem potenziellen Testamentspender und dem zuständigen Erbschafts-Fundraiser herzustellen, falls diese nicht durch langjährige (Groß-)Spenderbetreuung schon längst gewachsen ist. Über die nötige Vertrauensbeziehung hinaus bedarf es aber auch der entsprechenden Fachexpertise. Da der zuständige Erbschafts-Fundraiser i. d. R. kein Rechtsanwalt ist, kann er aus standesrechtlichen Gründen nur allgemein informieren. Eine fundierte Beratung darf nur durch einen Rechtsanwalt erfolgen, der aufgrund der Komplexität des Themas Fachanwalt für Erbrecht sein sollte. Dafür sollte die Organisation einem (potenziellen) Testamentspender eine Liste mit Anschriften von spezialisierten Erbrechtsanwälten in seiner Nähe zur Verfügung stellen.

▶ **Tipp** Nehmen Sie Kontakt mit der *Deutschen Vereinigung für Erbrecht und Vermögensnachfolge* (*DVEV*) auf, in der auf Erbrecht spezialisierte Fachanwälte organisiert sind! Die DVEV kann Ihnen kompetente Partner für Ihr Erbschafts-Fundraising in allen Regionen Deutschlands nennen. Wichtig ist, einen Anwalt zu finden, der neben der nötigen Fachkompetenz auch mit älteren Menschen niveauvoll und vertrauensvoll umgehen kann, sich (fach-)sprachlich auf sie einstellen kann, und von ihnen akzeptiert wird.

Gerade ältere (potenzielle) Testamentspender nehmen gerne das Angebot des zuständigen Erbschafts-Fundraisers an, sie zu einem ersten Beratungstermin beim Erbrechtsanwalt zu begleiten. Viele (potenzielle) Testamentspender fühlen sich durch die Begleitung eines Vertrauten sicherer und bauen eventuelle Schwellenängste leichter ab. Sollte es dann tatsächlich zur Abfassung eines Testaments kommen, bietet der Fundraiser selbstverständlich diskret seinen Rückzug an.

Die vergleichsweise hohen Kosten des persönlichen Vertriebs sind im Fall einer Testamentspende gerechtfertigt, da eine durchschnittliche Testamentspende in Deutschland bei ca. 25.000 € liegt.

2.1.7.3.2 Testamentspendergewinnung durch Postvertrieb

Auch der **Postvertrieb** (siehe Abschn. 2.5.2) spielt eine wichtige Rolle bei der Gewinnung von Testamentspendern – wenn auch in aller Regel nur in Kombination mit dem persönlichen Vertrieb. Meistens bedarf es eben doch des klärenden Gesprächs. Trotzdem ist natürlich denkbar, dass alle Fragen rund um die Testamentspende auch schriftlich auf dem Postwege geklärt werden können. Dabei spielt die sog. **Erbschaftsbroschüre** (siehe Abb. 2.41) eine zentrale Rolle. Darin werden die wichtigsten Fragen rund um das Thema „Vererben" in einfachen und verständlichen Worten beantwortet. Im Kontext dieser

Abb. 2.41 Beispiel einer Erbschaftsbroschüre. (Quelle: Erbschaftsbroschüre von *UNICEF Deutschland*)

Serviceleistung wird dann auch auf die Möglichkeit hingewiesen, eine Organisation steuerbegünstigt bedenken zu können.

Erbschaftsbroschüren sollten Antworten auf folgende Fragen geben:

- Sollte ich ein Testament machen?
- Welchen Anforderungen muss ein Testament genügen?
- Wann muss ich einen Notar hinzuziehen?
- Wie sieht die gesetzliche Erbfolge aus?
- Welche Pflichtteilsansprüche muss ich berücksichtigen?
- Welche Steuersätze und Freibeträge gibt es?
- Wie kann ich eine gemeinnützige Organisation in meinem Testament berücksichtigen?

Hilfreich ist es für potenzielle Testamentspender auch, beispielhaft zu sehen, in welchen Projekten die Organisation vergleichbare Testamentspenden in der Vergangenheit bereits eingesetzt hat. Im Idealfall kann die Organisation anbieten, auf Wunsch ein solches Projekt mit einem potenziellen Testamentspender zu besuchen. Je konkreter die Arbeit der Organisation erfahrbar wird, umso besser!

Um eine (zumindest grobe) Abschätzung anstellen zu können, in welcher Höhe Einnahmen aus Testamentspenden in den nächsten Jahren zu erwarten sind, legt die Naturschutzorganisation *WWF Deutschland* ihrer Erbschaftsbroschüre ein Formular bei, mit dem ein Testamentspender unverbindlich Einzelheiten zu seinem Erbe angeben kann (siehe Abb. 2.42).

> **Tipp für kleinere Organisationen** Es muss nicht unbedingt die selbst gestaltete Erbschaftsbroschüre sein. Ihre Erstellung kostet viel Zeit und Geld. Eine gute Alternative ist die Broschüre „Erben und Vererben", die das *Bundesministerium der Justiz* auf seiner Website (www.bmjv.de) zum kostenlosen PDF-Download anbietet (siehe Abb. 2.43). Auch einige *Landesjustizministerien* (z. B. die von Rheinland-Pfalz und Sachsen-Anhalt) bieten ähnliche Broschüren gegen Übernahme des Portos an. Einer solchen Broschüre muss eine kleine Organisation dann nur noch ein Blatt mit Informationen zur Organisation und dem Ansprechpartner beilegen.

Die Erfahrung zeigt, dass ein Testamentspender gerne mehrere Organisationen, meist zwei oder drei, testamentarisch bedenkt. In der Erbschaftsbroschüre sollte deshalb ausdrücklich darauf hingewiesen werden, dass eine Organisation nicht zwangsläufig alleine bedacht werden muss. Eine Erbschaftsbroschüre kann immer nur den Einstieg in das Thema ermöglichen. Wie bereits erwähnt, müssen anschließend weitergehende, detaillierte Fragen in einem persönlichen Gespräch geklärt werden. Dafür sollte am Ende der Erbschaftsbroschüre immer auf einen persönlichen Ansprechpartner bei der Organisation (mit Foto, Telefonnummer und E-Mail-Adresse) hingewiesen werden, den man anrufen oder gleich für ein persönliches Gespräch treffen kann.

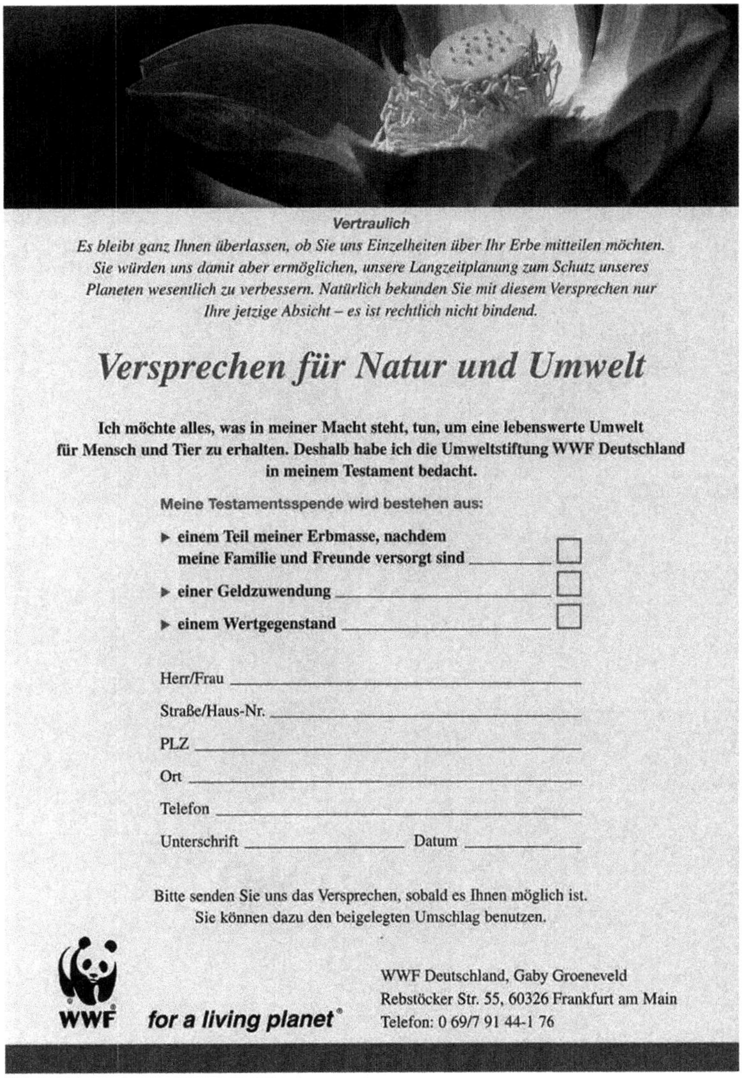

Vertraulich

Es bleibt ganz Ihnen überlassen, ob Sie uns Einzelheiten über Ihr Erbe mitteilen möchten. Sie würden uns damit aber ermöglichen, unsere Langzeitplanung zum Schutz unseres Planeten wesentlich zu verbessern. Natürlich bekunden Sie mit diesem Versprechen nur Ihre jetzige Absicht – es ist rechtlich nicht bindend.

Versprechen für Natur und Umwelt

Ich möchte alles, was in meiner Macht steht, tun, um eine lebenswerte Umwelt für Mensch und Tier zu erhalten. Deshalb habe ich die Umweltstiftung WWF Deutschland in meinem Testament bedacht.

Meine Testamentsspende wird bestehen aus:

- **einem Teil meiner Erbmasse, nachdem meine Familie und Freunde versorgt sind** ______ ☐
- **einer Geldzuwendung** ______ ☐
- **einem Wertgegenstand** ______ ☐

Herr/Frau ______

Straße/Haus-Nr. ______

PLZ ______

Ort ______

Telefon ______

Unterschrift ______ Datum ______

Bitte senden Sie uns das Versprechen, sobald es Ihnen möglich ist.
Sie können dazu den beigelegten Umschlag benutzen.

WWF *for a living planet®*

WWF Deutschland, Gaby Groeneveld
Rebstöcker Str. 55, 60326 Frankfurt am Main
Telefon: 0 69/7 91 44-1 76

Abb. 2.42 Formular zum Erbschafts-Fundraising des WWF

2.1.7.3.3 Testamentspendergewinnung durch Telefonvertrieb

Eine erste Möglichkeit der Testamentspendergewinnung durch **Telefonvertrieb** (siehe Abschn. 2.5.4) ist also, dass sich ein Interessent nach Lektüre der Erbschaftsbroschüre von sich aus telefonisch beim genannten Ansprechpartner meldet. Telefon-Fundraising-Experten sprechen in diesem Fall von Inbound (= ankommende) Telefonie. Umgekehrt ist aber auch Outbound (= ausgehende) Telefonie denkbar bzw. sogar empfehlenswert. Dabei wird ein potenzieller Testamentspender auf Initiative des zuständigen Fundrai-

Abb. 2.43 Broschüre „Erben und Vererben". (Quelle: bmjv.de (Zugriff am 13.03.2018))

sers angerufen. Dies ist insbesondere als Nachfassmaßnahme kurze Zeit nach Versand der Erbschaftsbroschüre empfehlenswert: „Haben Sie die gewünschte Erbschaftsbroschüre erhalten? Konnten Sie schon einen Blick hineinwerfen? Gibt es noch Fragen zu dem Thema?" Leider scheuen viele deutsche Organisationen die Outbound-Telefonie im Erbschafts-Fundraising einzusetzen. Aus Pietätsgründen möchten sie nicht bei potenziellen Testamentspendern anrufen, obwohl diese u. U. dringenden Beratungsbedarf hätten. Erfahrungen aus anderen Ländern zeigen, dass die selbst auferlegte Zurückhaltung kontraproduktiv ist. So kann beispielsweise die aus den Niederlanden stammende *ANF – Agentur für Nachlass-Fundraising*, die seit 2012 auch eine Niederlassung in Berlin betreibt, von positiven Erfahrungen mit dem Einsatz des Telefons berichten – auch in Deutschland! Egal ob Inbound- oder Outbound-Telefonie, Ziel der Gespräche am Telefon sollte immer ein persönliches Treffen sein.

2.1.7.3.4 Testamentspendergewinnung durch Online-Vertrieb

Eine immer wichtigere Rolle bei der Gewinnung von Testamentspendern spielt der **Online-Vertrieb** (siehe Abschn. 2.5.3) – wenn auch in aller Regel nur in Kombination mit dem persönlichen Vertrieb. Meistens bedarf es eben doch des klärenden Gesprächs. Trotzdem ist natürlich denkbar, dass alle Fragen rund um die Testamentspende auch der Website beantwortet werden können. Auf ihrer Website sollte eine Organisation deshalb die wichtigsten Fragen rund um eine Testamentspende aufgreifen, zumindest aber auf ihre Erbschaftsbroschüre sowie den zuständigen Ansprechpartner verweisen. Erstaunlich ist, bei wie vielen Organisationen diese Informationen auf der Website vergeblich gesucht werden müssen!

> **Beispiel**
>
> Auf der Website der Kinderhilfsorganisation *SOS-Kinderdorf* gibt es eine eigene Seite „Schenkung und Erbschaft", auf der häufige Fragen und Antworten ebenso genannt werden wie die Möglichkeiten, mit einer vorgestellten Ansprechpartnerin in Kontakt treten zu können (siehe Abb. 2.44).

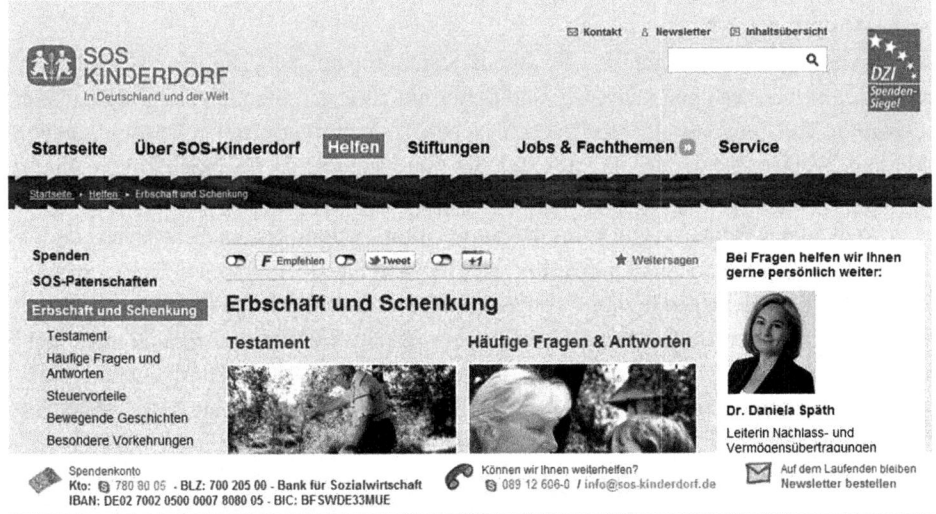

Abb. 2.44 Infos zur Testamentspende auf der Website von SOS Kinderdorf. (Quelle: sos-kinderdorf.de (Zugriff am 13.05.2013))

2.1.7.3.5 Kommunikation der Testamentspende über eigene Kommunikationskanäle

Für die Kommunikation der Testamentspende und ihre verschiedenen Vertriebskanäle sollten alle Kommunikationskanäle (siehe Abschn. 2.6) nach innen und außen genutzt werden, die geeignet sind, die Zielgruppe der (potenziellen) Testamentspender zu erreichen. Zu dieser Zielgruppe gehören insbesondere kinderlose Ehepaare oder Alleinstehende (v. a. Frauen), spätestens ab einem Alter von 70 Jahren. Erfahrungen der „ANF – Agentur für Nachlass-Fundraising" aus den Niederlanden zeigen, dass

- 96 % der Testamentspender keine Kinder hatten,
- 70 % der Testamentspender weiblich sind,
- die große Mehrheit der Testamentspender im Alter zwischen 70 und 80 Jahren ihr letztes Testament macht,
- die große Mehrheit der Testamentspender im Alter zwischen 80 und 90 Jahren verstirbt.

An dieser Stelle wird abermals die Bedeutung des Relationship Fundraising deutlich. Es werden entweder alle vorhandenen (Erst-, Mehrfach-, Dauer- und Groß-)Spender angesprochen, oder – falls in der Datenbank selektierbar – nur diejenige Teilmenge, die zur engeren Zielgruppe gehört. Leider liegen einer Organisation in ihrer Datenbank oft keine Informationen über die beiden wichtigsten Merkmale potenzieller Testamentspender – ihr Alter und die Anzahl ihrer Kinder – vor. Beide können in aller Regel nur über eine Spenderbefragung (siehe Abschn. 6.1.2.7) in Erfahrung gebracht werden. Das Alter eines Spenders kann zudem über eine Vornamenanalyse zumindest grob geschätzt werden (siehe Abschn. 6.1.2.7).

Am kostengünstigsten sind i. d. R. eigene Kommunikationskanäle, über die eine Organisation selber verfügen kann. Sie sind daraufhin zu überprüfen, ob sie geeignet sind, potenzielle Testamentspender zu erreichen. Neben den bereits erwähnten Vertriebskanälen (Mailing, Website, Social Media Sites, Telefon und persönliches Gespräch), die ja immer auch Kommunikationskanäle darstellen[29], verfügt jede Organisation über eine ganze Reihe von **eigenen (Offline- und Online-)Kommunikationskanälen** (siehe Abschn. 2.6.7).

Ziel der Ansprache ist ein **Upgrading** innerhalb der Spenderpyramide. Über die Möglichkeit der Testamentspende zu informieren, ist für viele (langjährige) Förderer sicherlich nicht abwegig. Aber die meisten dürften darüber bislang schlicht und einfach noch nicht nachgedacht haben. Man muss sie also in geeigneter Form darauf ansprechen. Natürlich ist es nach wie vor delikat, mit dem Thema Testament letztlich auch das tabuisierte Thema Tod anzusprechen. Andererseits besteht in Sachen Testament ein enormes Informationsbedürfnis. Kaum jemand kennt die zum Teil komplizierten rechtlichen und formalen Vorschriften, die an ein rechtskräftiges Testament geknüpft sind. Beim Erbschafts-Fundraising muss deshalb der Informationsaspekt im Vordergrund stehen.

---

[29] Zum Unterschied von Vertriebs- und Kommunikationskanal im Marketing siehe Abschn. 2.2.

2.1.7.3.6 Kommunikation über die Spenderzeitschrift der Organisation

Ein zentraler Kommunikationskanal praktisch jeder Organisation ist ihre Spenderzeitschrift, die regelmäßig – meist quartalsweise – an alle Spender verschickt wird. Darin lässt sich sehr gut im redaktionellen Teil auf die Testamentspende hinweisen. Eine Möglichkeit ist das **Interview mit Testimonials**. Interviewt werden Menschen, die sich bereits für ein Testament zugunsten ihrer Organisation entschieden haben. Sie geben Auskunft darüber, was sie zu diesem Schritt motiviert hat, wie sie vorgegangen sind und wer von der Organisation sie dabei unterstützt hat. Durch das Interview werden die Leser der Spen-

Abb. 2.45 Nachruf auf eine Testamentspenderin. (Quelle: SOS-Kinderdörfer weltweit – Magazin)

derzeitschrift inspiriert, vielleicht auch einmal über einen solchen Schritt nachzudenken. Dieselbe Funktion können regelmäßige **Nachrufe auf Testamentspender** in der Spenderzeitschrift der Organisation erfüllen (siehe Abb. 2.45).

Am Ende des Interviews oder des Nachrufs wird dem interessierten Leser angeboten, den ersten Schritt zu gehen und einen, möglichst mit Name, Foto und direkter Telefondurchwahl genannten Ansprechpartner der Organisation unverbindlich zu kontaktieren.

Abb. 2.46 Hinweis auf Testamentsbroschüre in Spenderzeitschrift. (Quelle: Kindernothilfe-Magazin)

Abb. 2.47 Flyer „Kinder brauchen Stifter" (Vorderseite). (Quelle: Kindernothilfe)

Auch (regelmäßig) eingebundene **Anzeigen** in der Spenderzeitschrift können potenzielle Testamentspender unter den Lesern der Spenderzeitschrift ebenso motivieren, Kontakt mit dem genannten Ansprechpartner aufzunehmen, wie (regelmäßige) **Beileger** in der Spenderzeitschrift.

> **Beispiel**
> Das Kinderhilfswerk *Kindernothilfe* weist in seinem „Kindernothilfe Magazin" regelmäßig auf seine Testamentsbroschüre „Eine bessere Welt für Kinder – Ihr Testament für Kinder in Not – Ein Ratgeber" (siehe Abb. 2.46) hin.

> **Beispiel**
> Die Kinderhilfsorganisation *Kindernothilfe* weist über den Flyer „Kinder brauchen Stifter", beigelegt dem „Kindernothilfe Magazin" oder einem Mailing, regelmäßig auf die Informationsbroschüre der *Kindernothilfe-Stiftung* hin (siehe Abb. 2.47 und 2.48).

Abb. 2.48 Flyer „Kinder brauchen Stifter" (Rückseite)

2.1.7.3.7 Kommunikation über Mailings

Eine weitere Möglichkeit, die Testamentspende und ihre verschiedenen Vertriebskanäle zu kommunizieren, ist der Versand eines **Mailing**. Im Idealfall wird ein Mailing verschickt, das als alleinige Zielsetzung die Gewinnung von Testamentspendern verfolgt. In dem Mailing wird im Anschreiben und einem beiliegenden Flyer grob über das Thema „Testament" informiert sowie auf die Möglichkeit hingewiesen, sich durch Anforderung der Erbschaftsbroschüre und/oder Kontaktaufnahme zu den vorgestellten Ansprechpartnern ausführlich zu informieren.

> **Beispiel**
>
> Die Organisation *Malteser Hilfsdienst* weist über einen Flyer in einem Mailing (siehe Abb. 2.49 und 2.50) auf die Möglichkeit hin, ihre Testamentspenderbroschüre bestellen zu können.

Zusätzlich kann auch in Standard-Mailings, die nicht der Testamentspendergewinnung dienen, sozusagen „Huckepack" auf die Testamentspende hingewiesen werden, z. B. im Post Scriptum (P.S.).

2.1 Relationship Fundraising

Unser Ratgeber – kostenlos für Sie (Bestellformular umseitig)

„Liebe, die bleibt"

An wen möchten Sie einmal Werte weitergeben, und das, was Sie erarbeitet haben? Unser Ratgeber rund ums Testament zeigt, wie Sie Ihren Nachlass in Ihrem Sinne regeln können. Durch ein Testament beugen Sie Missverständnissen vor und sichern Ihre Angehörigen ab. Lesen Sie auch, wie Ihr Nachlass Kindern eine Zukunft schenken und Menschen in Not helfen kann.

Ihr Nachlass gut geregelt

- Jeder braucht ein Testament
- Die gesetzliche Erbfolge
- Vererben von Immobilien
- Der Pflichtteil
- Die Erbschaftsteuer
- Die Schenkung
- Ihre persönliche Vermögensaufstellung

Malteser …weil Nähe zählt.

Abb. 2.49 Mailing-Flyer Erbschaftsbroschüre (Vorderseite). (Quelle: Malteser Hilfsdienst)

Gutschein – für den Malteser-Testamente-Ratgeber

Überlegen Sie, in wessen Hände Sie Ihr Hab und Gut einst legen möchten? Wer soll Ihre Wohnung/Ihr Haus eines Tages übernehmen oder auflösen? Möchten Sie vorsorgen und Ihren Nachlass regeln?

Dann bestellen Sie kostenfrei den informativen Malteser-Testamente-Ratgeber:

Name, Vorname

Straße, Hausnummer

PLZ, Ort

Telefon

um Mitgliedsnummer ergänzen, falls zur Hand

Bitte ausgefüllt zurücksenden an:
Malteser Hilfsdienst e.V. | Kalker Hauptstr. 22-24 | 51103 Köln

 **Malteser** …weil Nähe zählt.

Monika Willich

Für Informationen zur Nachlassgestaltung stehe ich Ihnen gern zur Verfügung!

Ihre Monika Willich

E-Mail: monika.willich@malteser.org
Fax: 0221-982 27 85 15
www.malteser-spenden.de/testamente.html

Abb. 2.50 Mailing-Flyer Erbschaftsbroschüre (Rückseite)

2.1.7.3.8 Kommunikation über Spenderbefragung

Auch im Rahmen der bereits erwähnten **Spenderbefragung** (siehe Abschn. 6.1.2.7) kann ermittelt werden, ob ein Spender Interesse am Thema „Testament" hat bzw. ob er die entsprechenden Informationsangebote der Organisation kennt. Im Interesse des Erbschafts-Fundraising sollte in der Spenderbefragung immer auch nach der Anzahl der Kinder gefragt werden. Im bereits erwähnten Beispiel der Spenderbefragung der Organisation „Brot für die Welt" zeigten von 75.000 befragten Spendern immerhin 251 Befragte ($=0,3\,\%$) Interesse an einer Testamentspende, 104 Befragte ($=0,1\,\%$) Interesse an einer Zustiftung und 297 Befragte ($=0,4\,\%$) Interesse an einem Stifterdarlehn. In relativen Werten mag das geäußerte Interesse auf den ersten Blick vielleicht gering erscheinen. Die absoluten Werte sind jedoch hoch und verursachen das „Luxusproblem", kurzfristig persönlichen Kontakt zu mehreren hundert Menschen aufnehmen zu müssen. In der Planung müssen deshalb entsprechende Kapazitäten für Abarbeitung des in der Spenderbefragung geäußerten Interesses vorgesehen werden.

2.1.7.3.9 Kommunikation über Events (Erbrechtsvorträge)

Aufgrund des hohen Interesses am Thema „Testament" haben viele Organisationen gute Erfahrungen damit gemacht, ihre Spender zu **Events** in Form von **Erbrechtsvorträgen** einzuladen. Ein Erbrechtsspezialist erläutert in einfachen Worten die wichtigsten Grundlagen des Erbrechtes. Die etwa zweistündigen Veranstaltungen sind in der Regel kostenlos, finanzieren sich aber über freiwillige Spenden praktisch kostendeckend. Für die (Groß- und Testamentspender-)Fundraiser der Organisation sind die Erbrechtsvorträge zudem eine willkommene Gelegenheit zum persönlichen Kontakt „One-to-Many".

> **Beispiel**
>
> Die Kinderhilfsorganisation *Kindernothilfe* weist über einen Flyer in einem Mailing (siehe Abb. 2.51 und 2.52) auf die Möglichkeit hin, an Expertenvorträgen zu den Themen „Testament", „Erbrecht" und „Private Vorsorge" teilnehmen zu können.

Die Idee der Erbrechtsvorträge ist so gut angekommen, dass einige Organisationen daraus eine ganze Vortragsreihe entwickelt haben.

Abb. 2.51 Erbrechtsveranstaltung KNH 2017 (Vorderseite). (Quelle: Kindernothilfe)

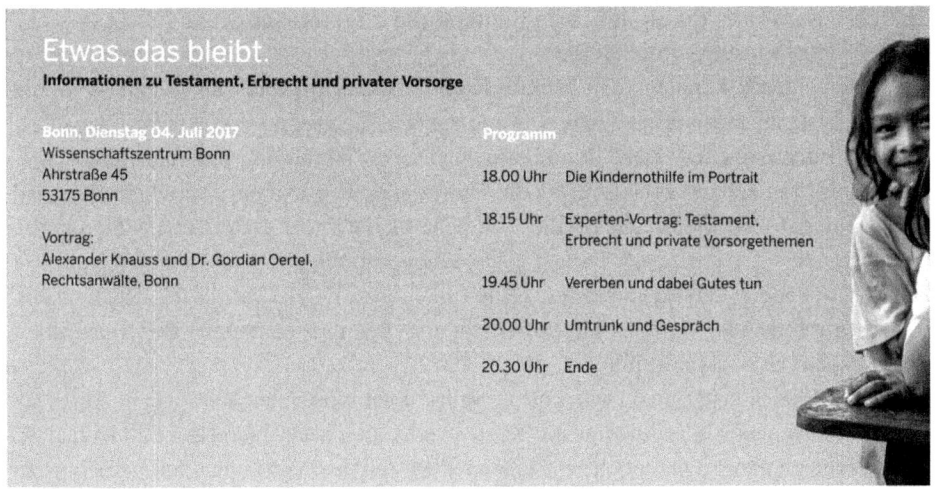

Abb. 2.52 Erbrechtsveranstaltung KNH 2017 (Rückseite)

Beispiel

Die *Pax-Bank* hat in Kooperation mit der *CaritasStiftung im Erzbistum Köln* eine Vortragsreihe zu folgenden Themen entwickelt:

- „Vorsorgeveranstaltung Erbrecht und Testament"
- „Stiftungen mit Blick nach vorn – für die Zukunft gut gerüstet"
- „Vorsorgeveranstaltung für Priester"
- „Vorsorgeveranstaltung Behindertentestament"

2.1.7.3.10 Kommunikation der Testamentspende über eigene Online-Kommunikationskanäle

Abschließend sei noch auf die eigenen Kommunikationskanäle hingewiesen, die einer Organisation **Online** zur Verfügung stehen, um die Möglichkeit der Testamentspende zu kommunizieren. Dafür stehen im Prinzip alle Online-Kommunikationskanäle zur Verfügung, die eine Organisation einsetzt:

- Hinweis auf die Testamentspende auf der **Website** der Organisation,
- Hinweis auf die Testamentspende auf **Social Media** Sites der Organisation,
- Hinweis auf die Testamentspende im **Intranet** der Organisation,
- Hinweis auf die Testamentspende im **E-Newsletter** der Organisation,
- Hinweis auf die Testamentspende in der **E-Mail-Signatur** aller (haupt- und ehrenamtlichen) Mitarbeiter der Organisation.

2.1.7.3.11 Kommunikation der Testamentspende über fremde Kommunikationskanäle

Neben den eigenen könnten auch **fremde Kommunikationskanäle** interessant sein, um für eine Testamentspende zu werben, wenn sie die Zielgruppe der (potenziellen) Testamentspender erreichen. Der Grund dafür liegt in der Erfahrung praktisch aller Organisationen, dass sie regelmäßig etwa die Hälfte aller Erbschaften, Vermächtnisse und (Zu-)Stiftungen von Menschen erhalten, zu denen kein in der Datenbank dokumentierter Kontakt zu deren Lebzeiten bestand. Ganz offensichtlich gibt es also eine Vielzahl von Testamentspendern, die zu Lebzeiten keine (erkennbare) – der Logik des Relationship Fundraising folgende – langjährige Beziehung zur Organisation hatten, der Organisation aber trotzdem verbunden waren.

Fremde Kommunikationskanäle können selbst dann interessant sein, wenn ein redaktioneller Beitrag oder eine Anzeige mit Kosten verbunden wäre. In diesem Fall ist (i. d. R. durch **Tests**) zu überprüfen, ob die entstehenden Kosten in einem sinnvollen Verhältnis zu den erwartbaren Einnahmen stehen.

Prinzipiell können alle Kommunikationskanäle der **Mediawerbung** (z. B. Anzeigen, Fülleranzeigen, Beilagen, Beihefter, Beikleber, Plakate, Fernsehen, Radio und Kino) (siehe Abschn. 2.6.4), der **Direktwerbung** (z. B. Mailings) (siehe Abschn. 2.6.5) und der **Dialogwerbung** (z. B. Standwerbung, Haustürwerbung und Events) (siehe Abschn. 2.6.6) getestet werden, auch im **Internet** (z. B. Website, Social Media Sites und Suchmaschinen) (siehe Abschn. 2.7). Hier einige Beispiele:

2.1.7.3.12 Kommunikation über (Füller-)Anzeigen

Organisationen kommunizieren über Anzeigen und Fülleranzeigen ihre Vertriebskanäle für Testamentspenden. Die anfängliche Skepsis, ob das sensible Thema „Testament" tatsächlich auf diese Weise „kalt" (also ohne bestehende Beziehung zu einer Organisation) kommuniziert werden könne, ist nach zahlreichen positiv verlaufenen Tests mittlerweile gewichen.

> **Beispiele**
> - Die Tierschutzorganisation *WSPA* kommuniziert mit Hilfe einer **Anzeige** im Faltblatt „Ihr Reiseplan" der *Deutschen Bahn* ihren Post-, Telefon- und Online-Vertrieb einer Testamentspende (siehe Abb. 2.53).
> - Die Hilfsorganisation *Malteser Hilfsdienst* kommuniziert mit Hilfe einer **Anzeige** in verschiedenen Zeitschriften ihren Post- und Telefon-Vertrieb einer Testamentspende (siehe Abb. 2.54).

Abb. 2.53 Testamentsspendergewinnung *WSPA* per Anzeige. (Quelle: Anzeige in Faltblatt „Ihr Zugbegleiter")

Abb. 2.54 Testamentspendergewinnung *Malteser Hilfsdienst* per Anzeige. (Quelle: Anzeige des Malteser Hilfsdienstes)

Abb. 2.55 Testamentspendergewinnung per Fülleranzeige. (Quelle: Fülleranzeige des WWF im Preußenspiegel)

Beispiel

Die Umweltorganisation *WWF Deutschland* kommuniziert mit Hilfe einer **Fülleranzeige** ihren Post- und Telefonvertrieb einer Testamentspende (siehe Abb. 2.55).

2.1.7.3.13 Kommunikation über Multiplikatoren

Es wurde bereits erwähnt, dass die Beratung von (potenziellen) Testamentspendern die Expertise von Spezialisten (Notare, Fachanwälte für Erbrecht, Fachanwälte für Stiftungsrecht, Steuerberater, Vermögensverwalter, Beerdigungsinstitute etc.) einbeziehen muss. Umgekehrt stellen diese Spezialisten wichtige **Multiplikatoren** für die Kommunikation mit potenziellen Testamentspendern dar. Organisationen sollten daher versuchen, die genannten Spezialisten über persönliche Ansprache, Mailings oder deren Fachverbände als Multiplikatoren für sich zu gewinnen.

> **Beispiele**
> - Eine steuerbegünstigte Organisation kann sich gegen Gebühr in den *Deutschen Spenden-Spiegel* aufnehmen lassen. In einer Auflage von 30.000 Exemplaren wird das Nachschlagewerk auf nationaler Ebene zielgerichtet an Notare, Anwaltskanzleien, Steuerberater, Amtsgerichte und Beerdigungsinstitute abgegeben. Das Buch kann zum Preis von 20 € zzgl. Porto und Mehrwertsteuer über das Internet bestellt werden.
> - Eine steuerbegünstigte Organisation kann sich gegen Gebühr in den *Ein Dankeschön ans Leben – Wegweiser für Testamentspenden in Ihrer Region* aufnehmen lassen. Der Wegweiser bietet eine lokale Plattform, sich bei Fachanwälten, Notaren und deren Mandanten sowie Nachlassgerichten (zusätzliche) Bekanntheit zu verschaffen.

2.1.7.3.14 Kommunikation über gemeinsame Initiativen

Seit 2013 haben sich 23 gemeinnützige Organisationen (Stand 2017), darunter *Ärzte ohne Grenzen*, *SOS-Kinderdörfer* und *Welthungerhilfe*, zur **Initiative** *Mein Erbe tut Gutes. Das Prinzip Apfelbaum* mit dem Ziel zusammengeschlossen, gemeinsam das Thema „gemeinnützig Vererben" in **Deutschland** bekannter zu machen. In Kooperation mit der *Deutschen Vereinigung für Erbrecht und Vermögensnachfolge* und dem *Deutschen Fundraising Verband* wird durch eine gemeinsame Website (mein-erbe-tut-gutes.de), Facebook Site, Videos auf YouTube, Ausstellungen und zahlreiche Veranstaltungen „Testament und Erbschaften" in ganz Deutschland auf das Thema aufmerksam gemacht.

Eine ähnliche Zielsetzung verfolgt in der **Schweiz** die Initiative *MyHappyEnd – Bleiben Sie in bester Erinnerung*, in der sich 25 Organisationen (Stand 2017), darunter *Greenpeace*, *Heilsarmee* und *IKRK*, zusammengeschlossen haben.

Auch in **Österreich** gibt es mit *Vergissmeinnicht – Es gibt ein Leben nach dem Leben* eine vergleichbare Initiative, der sich mittlerweile schon 68 Organisationen (Stand 2017), darunter Caritas, UNICEF und WWF, angeschlossen haben.

Daneben haben sich vergleichbare Initiativen mittlerweile auch in Australien, Belgien, Großbritannien, Irland, Kanada, Norwegen, Spanien und USA gegründet. Die Initiativen haben sich zusammengeschlossen und den *International Legacy Day* ins Leben gerufen.

2.1.7.4 Bindung von Testamentspendern

Die Bindung von Testamentspendern obliegt in größeren Organisationen den Mitarbeitern der Nachlassabteilung oder den Großspenderbetreuern. In kleineren Organisationen ist die Bindung von Testamentspendern oft Chefsache. Inhaltlich weicht die Bindung von Testamentspendern nicht wesentlich von der der Großspender ab (siehe Abschn. 2.1.6.2). I. d. R. wird ein persönlicher Kontakt gepflegt, dessen Intensität von den Präferenzen des Testamentspenders bestimmt wird.

2.1.7.5 Rückgewinnung von abwandernden Testamentspendern

Das Thema Rückgewinnung mag bei Testamentspendern auf den ersten Blick sinnlos bzw. sogar makaber klingen, kann man doch einen verstorbenen Testamentspender nicht mehr zurückgewinnen. Es gibt jedoch auch eine ganze Reihe von Spendern, die sich relativ früh, im Alter von 50 oder 60 Jahren, für die Abfassung eines Testaments zugunsten einer steuerbegünstigten Organisation entscheiden. Werden sie nach Abfassung ihres Testaments ihrer Auffassung nach nicht angemessen betreut, so ändern nicht wenige Testamentspender ihr Testament noch einmal zugunsten einer anderen Organisation. Dies sollte durch eine gute Betreuung der Testamentspender zu Lebzeiten verhindert werden. Falls doch einmal Unzufriedenheiten beim Testamentspender erkennbar werden, sollte eine Organisation schnell ein offenes Gespräch suchen und eventuell aufgekommene Irritationen baldmöglichst aus der Welt schaffen.

2.1.7.6 Was ich in diesem Abschnitt gelernt habe

- Scheuen Sie sich nicht, Ihren Spendern Informationen über die Möglichkeit der Testamentspende anzubieten!
- Bieten Sie eine Erbschaftsbroschüre an, die die wichtigsten Informationen anschaulich und verständlich darstellt!
- Benennen Sie in der Erbschaftsbroschüre einen konkreten Ansprechpartner, der kompetent Auskunft zu allen Sachfragen, aber auch über die Organisation geben kann!
- Setzten Sie die Informationsbroschüren des Bundes- bzw. der Landesjustizministerien ein, wenn Sie keine eigene Broschüre erstellen wollen oder können!
- Weisen Sie darauf hin, dass Vermögen an den Staat fallen, wenn keine Erben ermittelt werden können!
- Weisen Sie darauf hin, dass Testamentspenden an gemeinnützige Organisationen grundsätzlich von der Erbschaftssteuer befreit sind!
- Weisen Sie auf die verschiedenen Alternativen einer letztwilligen Verfügung – Erbschaft, Vermächtnis, (Zu-)Stiftung von Todes wegen – hin!
- Bieten Sie potenziellen Testamentspendern verschiedene Modelle und Fördermöglichkeiten bis hin zu konkreten Projekten an!
- Zeigen Sie beispielhaft auf, in welchen Projekten die Organisation vergleichbare Testamentspenden in der Vergangenheit eingesetzt hat!
- Besuchen Sie mit dem potenziellen Testamentspender solche Projekte, um sie möglichst persönlich erfahrbar zu machen!
- Berichten Sie regelmäßig in den Fördererzeitschriften der Organisation über Projekte, die durch Testamentspenden unterstützt wurden!
- Inspirieren Sie durch einen Nachruf auf einen Erblasser und ein Dankeschön an seine Familie auch andere Spender, über die Möglichkeit der Testamentspende nachzudenken!
- Überprüfen Sie auch alle anderen schriftlichen Materialien der Organisation daraufhin, ob auf die Möglichkeit der Testamentspende hingewiesen werden kann!

- Bereiten Sie eine Antwortkarte vor, mit deren Hilfe ein Interessent Ihre Erbschaftsbroschüre schnell und einfach anfordern kann!
- Streuen Sie eine solche Antwortkarte – zusammen mit einem Flyer, der erste Informationen gibt – möglichst breit (z. B. durch Einheften oder Aufspenden in entsprechenden (Förderer-)Zeitschriften oder durch Beilage in Mailings)!
- Laden Sie Ihre Förderer zu Erbrechtsvorträgen ein! Kontaktieren Sie die DVEV, die ihnen kostenlos das Know-how eines geeigneten Referenten in Ihrer Region vermittelt!
- Prüfen Sie, ob für Ihre Organisation die Mitgliedschaft in einer der Erbschaftsinitiativen infrage kommt – falls nicht schon geschehen!

2.1.8 Exkurs: Fundraising-Software bzw. Fundraising-Datenbank

2.1.8.1 Warum eine Fundraising-Datenbank?

Zu Beginn des Abschn. 2.1 wurde bereits darauf hingewiesen, dass der Erfolg im Fundraising entscheidend davon abhängt, inwieweit es einer Organisation gelingt, eine Beziehung zu ihren Ressourcenbereitstellern aufbauen und erhalten zu können (Relationship Fundraising). Als Privatpersonen schaffen wir es vielleicht noch, uns die Einzelheiten zu Beziehungen zu unseren wichtigsten Austauschpartnern (Partner, Familienangehörige, Freunde, Kollegen, Nachbarn etc.) ohne Hilfsmittel merken zu können, da es sich um eine für das menschliche Gehirn noch überschaubare Anzahl handelt. Im Gegensatz dazu, ist es für eine Organisation unmöglich, Einzelheiten zu Beziehungen zu einer fünf-, sechs- oder gar siebenstelligen Anzahl von Spendern ohne Unterstützung einer Software abzuspeichern. Unabdingbare Voraussetzung und Herzstück für das Management einer Beziehung zu so vielen Spendern ist deshalb eine entsprechend leistungsfähige Fundraising-Datenbank. Im kommerziellen Marketing wird in diesem Zusammenhang von „Customer Relationship Management (CRM)" gesprochen. Übertragen auf das Fundraising könnte man entsprechend auch von „Donor Relationship Management" sprechen. Nur mit Hilfe einer Fundraising-Datenbank ist es möglich, die sehr unterschiedlichen Erwartungen, (Informations-)Bedürfnisse und Präferenzen sehr vieler Spender (im Rahmen der datenschutzrechtlichen Auflagen der Datenschutzgrundverordnung der EU, siehe Abschn. 2.5.2.4). festhalten und anschließend individuell bedienen zu können. Es geht also nicht darum, Spender „auszuspionieren" sondern sie entsprechend ihren individuellen Vorstellungen zu behandeln. Darauf legen sie großen Wert.

2.1.8.2 Aufbau einer Fundraising-Datenbank

Die zentralen Module einer Fundraising-Datenbank sind die Angaben zum Spender, die Kontakthistorie und die Zahlungshistorie. Alle drei Module werden im Folgenden detailliert dargestellt. Abschließend wird auf weitere denkbare Module einer Fundraising-Datenbank eingegangen.

2.1.8.2.1 Angaben zum Spender

Am besten kann eine Organisation auf einen Spender eingehen, wenn sie möglichst viel über ihn weiß. Eine unabdingbare Mindestangabe ist zunächst einmal die **Adresse** des Spenders. Dabei denkt man erst einmal an die Postanschrift eines Spenders, bestehend aus Name, Vorname(n), ggf. akademischer Titel, ggf. Adelstitel, Straße, Hausnummer, Postleitzahl, Ort und Land. Ohne sie ist professionelles Fundraising nicht möglich. Jedenfalls wenn wir dabei an Offline-Fundraising denken. Anders sieht es im Online-Fundraising aus (siehe Abschn. 2.7). Hier ist lediglich eine (aktuelle) E-Mail-Adresse die unabdingbare Mindestangabe. Im Extremfall liegt zu ihr noch nicht einmal der zugehörige Name des Inhabers der E-Mail-Adresse vor.

Der Aufbau einer Fundraising-Datenbank beginnt also mit der fehlerfreien Erfassung der Adressen aller (potenziellen) Spender einer Organisation. Hat eine neue oder noch junge Organisation ihre Adressen bislang noch nicht mit dem Computer verwaltet, so bleibt ihr nichts anderes übrig, als die Adressen nach und nach manuell einzugeben oder von einem Dienstleister eingeben zu lassen. Professionelle Fundraising-Datenbanken bieten jedoch eine benutzerfreundliche Eingabemaske, die auch Aushilfskräften ermöglicht, die Adressen nach einer vorher von der Organisation genau festgelegten Konvention einzugeben. Organisationen, die ihre Adressen bereits mit dem Computer verwaltet haben, aber auf eine professionelle Fundraising-Datenbank umsteigen wollen, sollten vom Software-Anbieter Unterstützung bei der Datenkonvertierung in das Format der neuen Fundraising-Datenbank erhalten.

Die Adressen als Mindestangaben sollte ein Fundraiser schnellstmöglich um **demografische, soziografische, psychografische, geografische und verhaltensbezogene Angaben** ergänzen (siehe Abschn. 6.1), um sich nach und nach ein immer vollständigeres Bild von seinen Spendern machen zu können. Jeder Kontakt zu einem Spender stellt auch eine Möglichkeit dar, weitere Angaben über ihn zu erfragen. Besonders wichtig ist es für Fundraiser, die benötigten Angaben zu allen vom Spender präferierten Kommunikationskanälen zu erhalten und abzuspeichern. Neben der bereits erwähnten Postanschrift und E-Mail-Adresse sind dies insbesondere die **Telefonnummer(n)** (für Festnetz- und/oder Mobilfunkanschlüsse). Alle anderen Angaben zu Kommunikationskanälen wie z. B. die Fax-Nummer oder der Skype-Name eines Spenders spielen, wenn überhaupt, nur eine untergeordnete Rolle.

Soweit das zentrale Modul (Adressmanagement) einer Fundraising-Datenbank für die wichtigsten Angaben zum Normalfall eines **privaten (Einzel-)Spenders**. Darüber hinaus verfügt eine professionelle Fundraising-Datenbank aber auch noch über eigene Module für eine Reihe von Sonder- und Spezialfällen im Fundraising. So gibt es beispielsweise **eigene Module** für die Verwaltung von

- **Anlassspendern** (siehe Abschn. 2.3.3.3), die zu einem bestimmten Anlaß Dritte auf eine Spende ansprechen, deren Adressen ebenfalls erfasst und mit der des Anlassspenders verknüpft werden sollen.

- **Mitgliedern** (siehe Abschn. 2.3.4.1), deren Mitgliedsbeiträge evtl. nicht (voll) steuerlich abzugsfähig sind.
- **Paten** (siehe Abschn. 2.3.4.2), die evtl. besondere Leistungen erhalten.
- **Großspendern** (siehe Abschn. 2.3.5), zu denen sehr individuelle und detaillierte Angaben zu speichern sind, die aus Datenschutzgründen nur von ihren persönlichen Ansprechpartnern eingesehen werden dürfen.
- **Testamentspendern** (siehe Abschn. 2.3.6), da die Abwicklung von Erbschaften und Vermächtnissen sehr komplex werden kann.
- **Zeitspendern** (Ehrenamtliche, Freiwillige).
- **Bußgeldzahlern** (siehe Abschn. 5.3), die ihre Zuwendung nicht freiwillig sondern auf gerichtliche Veranlassung hin leisten. Sie müssen separat verwaltet werden, da sie beispielsweise keine Zuwendungsbestätigung erhalten dürfen, da Bußgelder nicht steuerlich abzugsfähig sind.
- **Unternehmensspendern** (siehe Abschn. 3.2.1), die z. B. anderen steuerlichen Abzugsfähigkeiten unterliegen können als Privatpersonen.

2.1.8.2.2 Kontakthistorie

Nachdem alle wichtigen Angaben zu jedem Spender mit einem adäquaten Standard-, Sonder- oder Spezialmodul in der Fundraising-Datenbank erfasst wurden, kann im Rahmen der sog. **Kontakthistorie** festgehalten werden, wann jeder einzelne Interessent oder Spender zu welchem Zweck (z. B. Spendenaufruf, Bedankung, Zusendung Zuwendungsbestätigung, Upgrading, Rückgewinnung, Reaktion auf Reklamation etc.) über welchen Kommunikationskanal (z. B. Mailing, E-Mail, E-Newsletter, Telefon, Besuch, Event) von der Organisation angesprochen bzw. kontaktiert wurde. Aufgrund des zeitlichen Aufwandes verfolgt leider nicht jeder Fundraiser die Aktualisierung der Kontakthistorie mit der nötigen Konsequenz.

Beauftragt eine Organisation einen externen Dienstleister mit der Durchführung des Kontaktes, so muss gemeinsam sichergestellt werden, dass alle Kontakte des Dienstleisters mit einem Spender genauso in der Kontakthistorie der Fundraising-Datenbank berücksichtigt werden, wie ein eigener Kontakt der Organisation mit einem Spender.

Beispiele
- Eine Agentur für Telefon-Fundraising führt im Auftrag einer Organisation telefonische Erstspenderbegrüßung mit dem Ziel des Upgradings eines Erstspenders zum Dauerspender durch (siehe Abschn. 2.5.4.4). Alle tatsächlich geführten Telefonate (ob erfolgreich oder nicht) sollten in der Kontakthistorie des betreffenden Spenders historisiert werden. Dazu bedarf es eines regelmäßigen Datenaustausches zwischen Dienstleister und Organisation.
- Eine Agentur für Face-to-Face-Fundraising führt im Auftrag einer Organisation Standwerbung in einer Fußgängerzone durch (siehe Abschn. 2.5.5.4). Alle erfolgreichen Kontakte die zur Übernahme einer Dauerspende geführt haben, sollten baldmöglichst in die Fundraising-Datenbank der Organisation eingespeist werden.

Die derzeit mit Abstand weitverbreitetste Form der Kontaktaufnahme einer Organisation mit ihren (potenziellen) Spendern, ist das Mailing. Entsprechend muss jedes Mailing, das an einen (potenziellen) Spender verschickt wird, in dessen Kontakthistorie historisiert werden. Dies wird durch einen sog. **Werbecode** im Mailing bewerkstelligt. Werbecodes sind von der Organisation vergebene eindeutige Buchstaben-/Zahlenkombinationen, die für ein bestimmtes Mailing das Thema, den Postauflieferungstermin, die Version des Mailings (beim Test verschiedener Versionen), den selektierten Adresspool (beim Einsatz verschiedener Fremdadresslisten) und jede weitere gewünschte Information verschlüsselt enthalten. Im Falle eines Mailings wird der jeweilige Werbecode einer Aktion in der Zeile „Verwendungszweck" des Zahlscheins vermerkt. Überweist ein Förderer anschließend mit Hilfe dieses Zahlscheins eine Spende, so kann die bedachte Organisation anhand des in der Verwendungszweckzeile angegebenen Werbecodes zurückverfolgen, auf welches Mailing hin der Förderer gespendet hat. Voraussetzung ist natürlich, dass die Bank des Förderers auch bereit war, die Verwendungszweckzeile einzulesen und weiterzuleiten (was leider nicht immer der Fall ist). Die erhaltene Spende wird dann samt Werbecode in die Kontakt- und Zahlungshistorie (siehe nächstes Kapitel) des Spenders in der Fundraising-Datenbank gespeichert.

2.1.8.2.3 Zahlungshistorie

Die **Zahlungshistorie** gibt Auskunft, wann ein Spender eine Zahlung, in welcher Höhe, über welches Zahlungsverfahren (siehe Abschn. 2.4.7) getätigt hat. Auch wird über den Werbecode festgehalten, auf welchen Kontakt hin (z. B. auf welches Mailing hin) die Zahlung erfolgte. Kontakthistorie und Zahlungshistorie werden also miteinander verknüpft. Eine professionelle Fundraising-Software verfügt dazu über eine Schnittstelle, mit deren Hilfe alle von der Hausbank der Organisation im Rahmen des beleglosen Zahlungsverkehrs gelieferten elektronischen Zahlungsdaten direkt in die Zahlungs- und Kontakthistorie jedes Spenders eingelesen werden können.

Die Angaben zu einem Spender werden also mit seiner Kontakthistorie und seiner Zahlungshistorie im Sinne einer **relationalen Datenbank** verknüpft. Die Idee einer relationalen Datenbank ist, dass jede Information nur einmal eingegeben werden muss. Spendet ein Spender beispielsweise mehrfach, so muss sein Name nur einmal und nicht mit jeder neuen Spende erneut eingegeben werden. Die verschiedensten Informationen zu einem Spender werden in einer relationalen Datenbank in verschiedenen Modulen gespeichert, die über einen sogenannten „Schlüssel" miteinander verknüpft sind. Der Schlüssel stellt eine eindeutige Identifikation des Spenders dar, mit dem gewünschte Informationen über einen Spender aus den verschiedenen Dateien der relationalen Datenbank beliebig miteinander kombiniert (in Relation gesetzt) werden können. So kann beispielsweise für jeden Spender untersucht werden können, auf welches Mailing, zu welchem Thema er wann erstmals in welcher Höhe gespendet hat. Als Schlüssel wird meist eine Spendernummer vergeben, die eindeutig sein muss. Der Name eines Spenders wäre als Schlüssel ungeeignet, da er in vielen Fällen nicht eindeutig ist. So kann es jeder Organisation beispielsweise passieren, nicht nur einen Hans Meier unter ihren Spendern zu haben.

2.1.8.2.4 Weitere denkbare Module einer Fundraising-Datenbank

Über die dargestellten, zentralen Module hinaus, bieten einige Anbieter von Fundraising-Datenbanken weitere Module an, die je nach Organisation von Interesse sein können. Führt eine Organisation beispielsweise regelmäßig Events durch, so können mit Hilfe eines **Event Management Moduls** Teilnehmer, Referenten, Räume und Verpflegung verwaltet werden und Anmeldungen sogar online erfolgen.

Mit dem Einsammeln und Verbuchen von Geldern ist es nicht getan. Anschließend müssen insbesondere zweckgebundene Mittel konkreten Projekten der Organisation zugeteilt werden. Stiftungen (siehe Kap. 4) oder öffentlichen Ressourcenbereitsteller (siehe Kap. 5) verlangen Projektabrechnungen und Verwendungsnachweise von den von ihnen geförderten Organisationen. Hierbei kann ein **Project Management Modul** hilfreich sein.

Für das Fundraising-Controlling (siehe Abschn. 6.3) interessant sind **Auswertungsmodule**, die aus der Fundraising-Datenbank heraus automatisch wichtige Kennzahlen für das Fundraising generieren: Anzahl der Spender pro Monat, Summe Spenden pro Monat, Verweildauer von Spendern, Pareto-Analyse, RFM-Analyse etc.

Organisationen, die im Internet einen Web Shop (z. B. für Merchandizing Artikel) oder einen Spenden-Shop betreiben möchten, schätzen ein entsprechendes **Shop-Modul** für ihre Fundraising-Datenbank.

Mit Hilfe eines **Document Management Moduls** kann eine Organisation ihr Microsoft Office in die Fundraising-Datenbank integrieren und ihre Ressourcenbereitsteller mit zugehörigen Dokumenten verknüpfen.

Bietet ein Anbieter von Fundraising-Datenbanken diese und weitere Module (z. B. für die **Finanzbuchhaltung**) nicht selber an, so ist auf die Kompatibilität zwischen der Fundraising-Datenbank und diesen (externen) Modulen zu achten!

2.1.8.3 Pflege einer Datenbank

Selbst wenn sich beim Erfassen einer Adresse in die Datenbank keine Lese-, Hör- oder Schreibfehler eingeschlichen haben, ist es mit dem Erfassen bei weitem nicht ein für alle Mal getan. Adressen können sich beispielsweise durch Heirat, Umzug oder Tod immer wieder ändern. Allein durch Umzug ändert sich in Deutschland jährlich jede zehnte Adresse. Da etwa 90 % der Umziehenden jedoch einen Nachsendeantrag bei der Post stellen, bietet ein Beteiligungsunternehmen der *Deutschen Post* und *Bertelsmann*, die *Deutsche Post Adress* im Rahmen des Dienstes *Postadress Move* jeder Organisation die Möglichkeit, ihren Adressbestand gegen eine wöchentlich aktualisierte **Umzugsdatei** abgleichen zu lassen und so die neuen Adressen von umgezogenen Förderern zu erfahren. Der Adressabgleich erfolgt i. d. R. über einen spezialisierten Dienstleister. Bezahlt wird pro Treffer: Kann dank der Umzugsdatei eine Spenderadresse als nicht mehr aktuell identifiziert und durch die neue Adresse des Spenders ersetzt werden, berechnet die *Deutsche Post Adress* eine Gebühr von 1,40 € (Stand 2017).

Für kleine und mittlere Organisationen (bis zu 300.000 Adressen) bietet ein anderes Tochterunternehmen der *Deutschen Post*, die *Deutsche Post Direkt GmbH* eine noch effizientere Möglichkeit zur Aktualisierung der Adressen innerhalb von 24 h. Organisationen können mit Hilfe des kostenlos aus dem Internet ladbaren Programmes „ADRESSFACTORY", die eigene Spenderdatei per Adressabgleich über das Internet aktualisieren lassen (postdirekt.de). So werden beispielsweise falsch geschriebene Vor- und Nachnamen korrigiert, postalische Fehler korrigiert und unzustellbare Adressen gekennzeichnet. Die Preise für den Abgleich selber finden sich im Internet unter der gleichen Adresse. Um vor der Adressbereinigung zu erfahren, wie viele Adressen nicht mehr aktuell sind (und damit wie viel die Adressbereinigung kosten wird), bietet die *Deutsche Post Direkt* die Möglichkeit eines Checks (für bis zu 300.000 Adressen) an. Bis zu fünf dieser Checks sind gratis – selbst wenn die als veraltet identifizierten Adressen anschließend nicht mit Hilfe der Umzugsdatei aktualisiert werden.

Ähnlich funktioniert die **Verstorbenendatei** der Deutschen Post Direkt. Pro Jahr versterben in Deutschland ca. 850.000 Menschen, also etwa ein Prozent der Bevölkerung. Von etwa der Hälfte der Fälle erfährt dies die Post über ihre Briefträger weil die Haushalte aufgelöst und eintreffende Briefe mit dem Vermerk „verstorben" zurückgesandt werden. Aber auch in den Fällen, in denen der Haushalt nicht aufgelöst wird, weil in ihm weiterhin Angehörige wohnen, ist ein Datenabgleich aus Pietätsgründen wichtig. Es schmerzt Angehörige, wenn der Verstorbene trotzdem noch weiter angeschrieben wird.

In einem weiteren Sinne kann auch der Einsatz einer **Schuldnerdatei** als Datenpflege betrachtet werden. Durch den Abgleich eines (Fremd-)Adressbestandes mit einer Schuldnerdatei werden diejenigen Adressen ausgesondert, bei denen sich der Adressinhaber in Zahlungsschwierigkeiten befindet und deshalb kaum auf ein Mailing reagieren dürfte. Auf diese Weise werden Streuverluste weiter minimiert.

Verzichtet eine Organisation auf die kontinuierliche Pflege ihrer Adressen, so erhöht sich bei Mailings die Zahl der **Retouren** (wegen Adressänderungen, Annahme verweigert, unbekannt verzogen, verstorben) immer mehr. Dies ist nicht nur kostspieliger als die regelmäßige Pflege der Datenbank, sondern verärgert auch die betreffenden Spender.

Ebenfalls zur Adresspflege gehört der sog. „**Doublettenabgleich**". Unter Doubletten versteht man unerwünschte Mehrfacheingaben ein und desselben Spenders. Bei der Adresserfassung kann durch die bloße Falscheingabe nur eines Buchstabens eine Doublette, also ein zweiter oder gar mehrfacher Eintrag entstehen. Ein und dieselbe Person erhält von da an zwei oder mehr Exemplare desselben Mailings, was nicht nur mehr Kosten, sondern auch den Eindruck von Verschwendung und damit Verärgerung nach sich zieht. Gute Fundraising-Datenbanken verhindern deshalb die versehentliche Eingabe von Doubletten in dem sie neu eingegebene Zeichenkombinationen mit bereits vorhandenen vergleichen („**Matchcode-Abgleich**") und bei (potenzieller) „Doublettengefahr" sofort warnen. Bessere Fundraising-Datenbanken bieten eine noch leistungsfähigere Version, die über einen „phonetischen Matchcode-Abgleich" auch bei phonetisch gleich klingenden Wörtern verschiedener Schreibweise Doublettengefahr erkennt und entsprechend warnt. Beispiele für phonetisch gleich klingende Wörter unterschiedlicher Schreibweise sind die Namen Meier, Meir, Meyer, Meyr, Maier etc. oder Schmidt, Schmid, Schmitt, Schmied etc.

Datenpflege heißt jedoch nicht, dass Adressen, die längere Zeit inaktiv geblieben sind (also nicht gespendet haben), automatisch aus der Datenbank gelöscht werden sollten. Dafür gibt es mindestens drei gute Gründe.

- Erstens kann versucht werden, inaktive Spender zu reaktivieren.
- Zweitens können selbst Adressen, die endgültig als inaktiv zu betrachten sind, trotzdem noch nützlich sein. Dann nämlich, wenn sich eine Organisation entschließt, Fremdadressen anzumieten. In diesem Fall kann sie ihre inaktiven Adressen gegen angebotene Fremdadressen abgleichen und so verhindern, dass die, für die Organisation unbrauchbaren Adressen nochmals angemietet werden und so vermeidbare Kosten verursachen.
- Und drittens haben Fundraiser eine zehnjährige Aufbewahrungspflicht um jederzeit die Rechtmäßigkeit ausgestellter Zuwendungsbestätigungen auf Anfrage der Finanzbehörden nachweisen zu können. Dies gilt selbstverständlich auch für Spender, die zwischenzeitlich inaktiv geworden sind.

2.1.8.4 Beschaffung einer geeigneten Fundraising-Datenbank

Je nach Größe und Bedarf, kann eine Organisation mittlerweile zwischen einer Vielzahl von Anbietern eine geeignete Fundraising-Datenbank auswählen. Eine umfassende Aufstellung von Anbietern in Deutschland kann kostenlos im Mitgliederverzeichnis auf der Website des Deutschen Fundraising Verbandes (www.fundraisingverband.de) unter „Dienstleister" (Art der Dienstleistung: „Software") oder auf www.social-software.de (Kategorie „Mitglieder- und Spendenverwaltung, Fundraising, CRM-Systeme") eingesehen werden. Eine umfassende Aufstellung von Anbietern in der Schweiz liefert kostenlos die jährlich neu erscheinende Dienstleister-Liste des Schweizer Fundraising Verbandes *swissfundraising* (swissfundraising.org/dienstleistungen/dienstleister-liste/). Eine umfassende Aufstellung von Anbietern in Österreich liefert das kostenlose Dienstleister-Verzeichnis (Kategorie Datenbank) auf der Website des *Fundraising Verbandes Austria* (fundraising.at).

Umgekehrt macht eine Vielzahl von Anbietern aber auch eine Auswahl erforderlich, welche Lösung für eine Organisation am besten geeignet ist. Diese Auswahl stellt eine strategische Entscheidung dar, der viel Aufmerksamkeit geschenkt werden sollte, da mit ihr i.d.R neben Software- auch Hardware-, Netzwerk- sowie aufbau- und ablauforganisatorische Fragen berührt werden. Hilfestellung leistet die *Fachgruppe IT* des *Deutschen Fundraising Verbandes* mit ihrem „**Software-Katalog**", der auf der Website des Verbandes (auch für Nicht-Mitglieder kostenlos) wichtige Kriterien für eine Kaufentscheidung und detaillierte Informationen zu einzelnen Anbietern gibt.

Für Mitglieder des *Deutschen Fundraising Verbandes* stellt die *Fachgruppe IT* zusätzlich noch folgende **Entscheidungshilfen** für die Auswahl einer geeigneten Fundraising-Software zur Verfügung:

2.1 Relationship Fundraising

- „Wie finde ich die richtige Software?",
- „Spendensoftware richtig zeigen lassen",
- „Entscheidungshilfen – auf der Suche nach dem ‚besten' Softwareprogramm wird Ihnen dieser Guide eine unerlässliche Hilfe",
- Muster für einen „Software Pflegevertrag",
- Muster für einen „Software Dienstleistungsvertrag",
- Muster für eine „Software Checkliste",
- Muster für eine „Software Checkliste zur Patenschaftsverwaltung",
- Muster für eine „Software Checkliste zur Mitgliedschaftsverwaltung".

Zumindest aber sollte folgende Checkliste vor der Beschaffung einer professionellen Fundraising-Software abgearbeitet werden:

- Welche Hard- und Software-Voraussetzungen sind erforderlich?
- Ist die Fundraising-Datenbank netzwerkfähig?
- Bietet sie Kennwortschutz?
- Unterstützt die Software einen reibungslosen Datenaustausch mit der Hausbank der Organisation?
- Stellt die Software eine komplette, prüfbare Nebenbuchhaltung dar, mit korrekter Buchung von Stornos, Umbuchungen und Splitting?
- Sind alle Varianten des Drucks von Zuwendungsbestätigungen abgedeckt (Einzel- und Sammelzuwendungsbestätigung, Zweitschrift)?
- Wie anwenderfreundlich ist die Oberfläche der Fundraising-Datenbank?
- Wie (intensiv) erfolgt die Einweisung in das Programm (Schulung)?
- Wird eine verständliche Dokumentation (Handbuch) mitgeliefert?
- Welche Formen des Support werden angeboten (per Mail, per Telefon, per Zuschaltung des Supporters über Fernzugriff)?
- Wie gut ist der Anbieter bei Fragen telefonisch erreichbar?
- Wie viele Ansprechpartner im Support stehen wie vielen Nutzern gegenüber?
- Zu welchen Konditionen wird der Support angeboten?
- Handelt es sich um einen nachhaltigen Anbieter, der langfristig entsprechende Software-Aktualisierungen (Updates) garantieren kann?
- Kann die Software mit unserer Organisation wachsen?
- Kann Standardsoftware (z. B. MS Office) problemlos eingebunden werden?
- Können wir bei Bedarf unseren gesamten Datenbestand auf den Anbieter auslagern (Outsourcing)?
- Kann die Software auf Spezifika unserer Organisation angepasst werden?
- Prüft die Software bei Adresseingabe die postalische Korrektheit der Adresse?
- Werden von der Software (phonetische) Doubletten sofort erkannt?
- Welche Referenzen kann der Anbieter vorweisen?

▶ **Tipp** Verzichten Sie als kleine Organisation darauf, zunächst mit einer selbst entwickelten Fundraising-Datenbank zu starten. Zwar lässt sich immer ein „Computer-Freak" in den eigenen Reihen ausmachen, der sich dafür bereitwillig zur Verfügung stellt und auch durchaus qualifiziert sein mag. Aus folgenden Gründen haben viele Organisationen damit jedoch spätestens mittel- und langfristig schlechte Erfahrungen gemacht:

- Eine Person ist oft überfordert, gleichzeitig Schulung, Hotline und Updates zur Verfügung zu stellen.
- Ist die Person in Urlaub, erkrankt oder sonst unabkömmlich, sind die Nutzer der Fundraising-Software bei auftretenden Problemen blockiert.
- Wechselt die Person zu einer anderen Organisation oder scheidet sie aus anderen Gründen aus, so ist oft kein Ersatz vorhanden.
- Auch die im Zusammenhang mit der Anschaffung einer Fundraising-Datenbank entstehenden Kosten sind mittlerweile kein Argument mehr für eine eigene Programmierung. Verschiedene Software-Anbieter stellen auch für kleine Organisationen erschwingliche und modular erweiterbare Lösungen zur Verfügung.

▶ **Tipp** Gerade kleine und mittlere Organisationen, die nicht über entsprechende personelle Kapazitäten verfügen, können ihre Fundraising-Datenbank (insbesondere beim Einstieg ins Fundraising) (zunächst) auf einen externen Dienstleister (siehe Dienstleisterlisten oben) ins **Outsourcing** geben. Dies hat folgende Vorteile:

- Die Fundraising-Datenbank wird immer automatisch in ihrer aktuellen Version eingesetzt.
- Der Dienstleister muss angemessene Datenschutzmaßnahmen ergreifen.
- Der Dienstleister muss für eine verlässliche Datensicherung sorgen.
- Manche Dienstleister können im Outsourcing Entlastung von Routinearbeiten (wie Adresseingabe und -pflege, Spendenbuchungen, Dankbriefdruck etc.) anbieten.

2.1.8.5 Was ich in diesem Abschnitt gelernt habe

- Achten Sie auf einheitliche Dateneingabe wenn mehrere Personen auf die Fundraising-Datenbank Zugriff haben!
- Pflegen Sie Ihre Adressen systematisch und kontinuierlich!
- Bauen Sie eine Kontakt- und Zahlungshistorie für jeden Spender auf!
- Vergeben Sie Werbecodes, um Kontakte zu Ihren Förderern rekonstruieren zu können!
- Führen Sie regelmäßig einen Adressabgleich gegen eine Umzugsdatei und Verstorbenendatei durch!
- Führen Sie regelmäßig einen Doublettenabgleich durch!

- Löschen Sie inaktive Adressen nicht, sondern legen Sie diese nur still!
- Vergessen Sie nicht, den Werbecode der jeweiligen Fundraising-Aktion in die erste Verwendungszweckzeile des Überweisungsträgers einlasern zu lassen!
- Verwalten Sie Bußgelder auf einem separaten Konto und mit einem eigens dafür vorgesehenen Modul einer Fundraising-Software!
- Setzen Sie von Anfang an eine professionelle Fundraising-Datenbank ein!
- Wählen Sie sorgfältig unter den verschiedenen Anbietern von Fundraising-Datenbanken aus! Nutzen Sie dazu die Dienstleisterlisten der Fundraising-Verbände!
- Beachten Sie obige Checkliste zur Auswahl einer geeigneten Fundraising-Datenbank!
- Kontaktieren Sie eine oder mehrere Organisationen, die vom Anbieter der jeweiligen Fundraising-Datenbank als Referenz angegeben werden und fragen Sie nach deren Erfahrungen!
- Verzichten Sie auf eine selbst entwickelte Fundraising-Datenbank! Professionelle Software-Anbieter stellen mittlerweile auch für kleine Organisationen erschwingliche und modular erweiterbare Lösungen zur Verfügung.

2.2 Entscheidungen im Rahmen des Fundraising-Mix

In Abschn. 2.1 wurde ein Überblick über das Vorgehen im (Relationship-)Fundraising gegenüber Privatpersonen gegeben. Systematisiert anhand des Modells der Spenderpyramide wurde aufgezeigt, wie (potenziellen) Spendern auf jeder Stufe der Spenderpyramide (durch Upgrading oder Kaltakquisition) ein neues, weiteres (Spenden-)Produkt angeboten werden kann. Wie in Abschn. 1.6 ausgeführt, wird das Einwerben von Geldspenden im Rahmen des Fundraising hier als der (derivative) **Absatz immaterieller (Spenden-)Produkte** betrachtet. Dabei wird sowohl die Einzelspende (egal ob Erst- oder Mehrfachspende) als auch die Dauerspende, Großspende und Testamentspende jeweils als ein eigenes Produkt angesehen, das von einer Organisation im Rahmen des Fundraising erfolgreich im Sinne des Marketing vermarktet werden muss. Der Systematik des (Absatz-)Marketing folgend, sind demnach auch für jedes einzelne Produkt die Entscheidungen im Rahmen des sog. **Marketing-Mix**, den berühmten 4P, zu fällen:

- Produkt- und Programmpolitik („**P**roduct" siehe Abschn. 2.3),
- Preispolitik („**P**rice" siehe Abschn. 2.4),
- Vertriebspolitik („**P**lace" siehe Abschn. 2.5),
- Kommunikationspolitik („**P**romotion" siehe Abschn. 2.6).

Diese vier zentralen Entscheidungsbereiche des Marketing-Mix werden im Folgenden ausführlich dargestellt und auf das Fundraising, als einer Erscheinungsform des Marketing (siehe Kap. 1), übertragen. Durch die Übertragung wird hier im Folgenden dann konsequenterweise nicht mehr von Marketing-Mix sondern von **Fundraising-Mix** gesprochen. Einen einleitenden Überblick über die Elemente des Fundraising-Mix und ihre Verbindun-

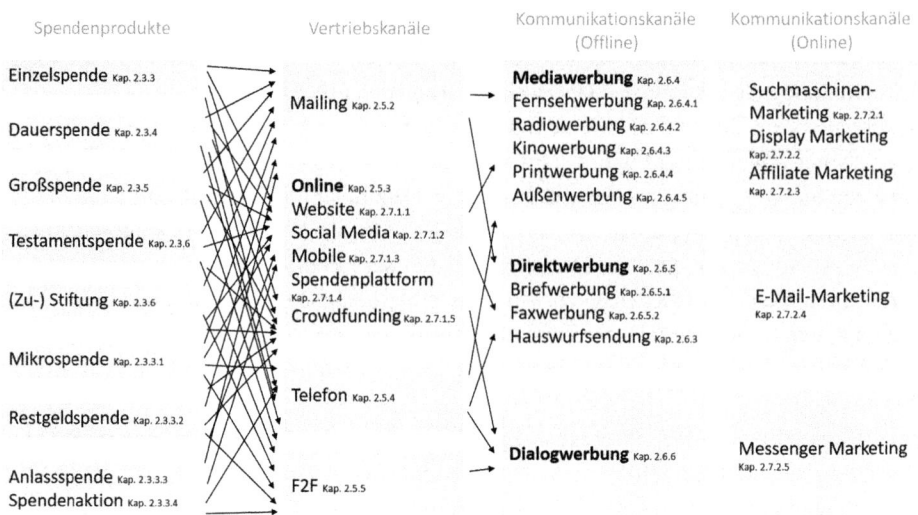

Abb. 2.56 Übersicht über den Fundraising-Mix und seine Elemente. (Quelle: Eigene Abbildung)

gen untereinander (zunächst *nur* bezogen auf das Fundraising bei Privatpersonen, später erweitert auf alle Gruppen von Ressourcenbereitstellern) gibt Abb. 2.56. Zu jedem Element wird in der Abbildung auch das zugehörige Kapitel genannt, in dem es ausführlich erläutert wird. Diese Abbildung ist deshalb für das Verständnis von Aufbau und Struktur des vorliegenden Buches von zentraler Bedeutung.

> **Beispiel**
>
> Innerhalb seines Fundraising-Mix hat das Kinderhilfswerk *UNICEF Deutschland* – neben vielen anderen Elementen – entschieden, die Dauerspende (**P**roduct) zu 8 € monatlich (**P**rice) über die Vertriebskanäle Telefon und Online (**P**lace) zu vertreiben, beworben über den Kommunikationskanal Fülleranzeige (**P**romotion) (siehe Abb. 2.57).

Im vorliegenden Buch wird bewusst von der, in der Marketing-Literatur üblichen Reihenfolge abgewichen, wonach die *operativen* Entscheidungstatbestände des Marketing-Mixes aufgrund ihrer systematischen Ableitung aus den Ergebnissen der *Marktforschung* und den darauf aufbauenden *strategischen* Entscheidungen auch erst *nach* Marktforschung und Strategie dargestellt werden. Die Einordnung operativer Fundraising-Entscheidungen in den Gesamtkontext des Fundraising-Managements soll hier jedoch bewusst erst ganz am Schluss in Kap. 6 erfolgen. Dadurch wird ermöglicht, auf strategischer Entscheidungsebene nicht nur die Produkte für private Ressourcenbereitsteller (Kap. 2) zu berücksichtigen, sondern auch diejenigen für Unternehmen (Kap. 3), Stiftungen (Kap. 4) und öffentliche Ressourcenbereitsteller (Kap. 5). Diese Reihenfolge in der Darstellung entspricht den Besonderheiten des Fundraising besser, das sich gleichzeitig mit verschiedenen Produkten an verschiedene Ressourcenbereitsteller wenden kann. Hinzu kommen

Abb. 2.57 Beispiel Fundraising-Mix für Dauerspende UNICEF. (Quelle: Fülleranzeige von *UNICEF Deutschland*)

didaktische Vorteile, wenn vor den abstrakteren, strategischen Entscheidungen zunächst die konkreteren, operativen Entscheidungen vorgestellt werden.

2.3 Produkt- und Programmpolitik

2.3.1 Produktpolitische Entscheidungen

Nach Marketing-Verständnis, umfasst die Produktpolitik alle Entscheidungen rund um die Gestaltung eines Produktes. Dabei ist insbesondere der **Produktnutzen** für den Kunden zu definieren. Nach Möglichkeit sollte mit dem Produkt ein einzigartiges Nutzenversprechen im Sinne eines **Alleinstellungsmerkmales** (Unique Selling Proposition – **USP**) verknüpfbar sein, das dem Produkt einen **Wettbewerbsvorteil** gegenüber Konkurrenten sichert. Übertragen auf das Fundraising sind im Rahmen der Produktpolitik also alle Entscheidungen rund um die Gestaltung des „Spendenproduktes" (als immaterielle Gegenleistung für die Spendenzahlung) zu fällen.

> **Beispiel**
> Die Kinderhilfsorganisation *Plan International* dokumentiert im Zusammenhang mit ihrem Produkt Kinderpatenschaft einmal pro Jahr den **Grundnutzen** über:
>
> - aktuelle Fotos vom Patenkind und seiner Familie,
> - einen Fortschrittsbericht über das Patenkind und seine Familie,

Abb. 2.58 Grund- und Zusatznutzen für Patinnen. (Quelle: Beilage von Plan International)

- Informationen über die Projekte im Umfeld des Patenkindes,
- vier Ausgaben des Patenmagazin,
- einen Rechenschaftsbericht und
- automatisch eine Spendenbescheinigung.

Als **Alleinstellungsmerkmal** wird die spezielle Förderung von Mädchen (Because I am a Girl) herausgestellt, die gezielt Frauen als Patinnen ansprechen soll. Als **Zusatznutzen** erhält jede Patin ein T-Shirt (siehe Abb. 2.58).

2.3.1.1 Grundnutzen

Zunächst ist ein attraktiver **Grundnutzen** (oder mehrere) zu definieren, der die wesentlichen Bedürfnisse eines Spenders im Zusammenhang mit seiner Spende in möglichst hohem Ausmaß befriedigen kann. Damit ist die Frage nach den Bedürfnissen, Werten und Motiven eines Spenders angesprochen. Eine umfassende psychologische Betrachtung zu diesen Größen und ihrem Zusammenhang findet sich bei *Buss*.[30] Auf Basis der Grund-

---

[30] Buss, Peter: Fundraising – Grundlagen, System und strategische Planung, (Haupt) Bern/Stuttgart/Wien 2012.

2.3 Produkt- und Programmpolitik

bedürfnisse nach *Maslov*[31] (physiologische Bedürfnisse, Sicherheitsbedürfnisse, Soziale Bedürfnisse, Wertschätzungsbedürfnisse und Selbstverwirklichungsbedürfnisse), den drei Grundwerten (Bedürfnis nach Sicherheit, Wunsch nach Geborgenheit und Bedürfnis nach Wohlbefinden) sowie den vier Grundmotiven nach *Lawrence/Nohria*[32] (Erwerben, Verteidigen, Binden, Lernen) leitet *Buss* fünf Spendermotive ab (siehe Abb. 2.59).

Demnach geben Spender aus einem oder mehreren der folgenden fünf **Spendermotive**:
Spendermotiv 1: **Verbundenheit**

- „Ich bin dankbar für selbst erhaltene Hilfe."
- „Ich möchte der Gesellschaft etwas zurückgeben."
- „Ich will helfen."
- „Ich empfinde Mitleid."
- „Ich will ein konkretes Problem bekämpfen."

Abb. 2.59 Spendermotive und ihre Verknüpfung mit den Grundmotiven, Grundbedürfnissen und Grundwerten. (Quelle: Buss, Peter: Fundraising – Grundlagen, System und strategische Planung, (Haupt) Bern, Suttgart, Wien 2012, S. 55)

---

[31] Maslov, Abraham H.: Motivation und Persönlichkeit, (rororo) Reinbeck 2002.
[32] Lawrence, Paul R.; Nohira, Nitin: Driven: How Human Nature Shapes Our Choices, (Wiley & Sons) San Francisco 2001.

Spendermotiv 2: **Verantwortung und Einflussnahme**

- „Ich möchte Verantwortung übernehmen."
- „Ich fühle mich meinen Mitmenschen gegenüber verantwortlich."
- „Der Staat macht zu wenig."
- „Ich möchte, dass sich etwas verbessert und weiterentwickelt."

Spendermotiv 3: **Moral und Ethik, Glaube**

- „Ich möchte dem Hilfsgebot meines religiösen Glaubens gerecht werden."
- „Ich möchte meinen moralisch-ethischen Werten gerecht werden."

Spendermotiv 4: **Zugehörigkeit**

- „Ich bin Fördermitglied in unserem lokalen Kunstverein, weil mir die Leute dort wichtig sind."
- „Ich spende als Mitglied des Rotary Clubs."
- „Ich spende als Hörer von SWR 3."
- „Ich spende als Zuschauer einer TV-Gala."
- „Spenden hat Tradition in unserer Familie."
- „Ich spende, um von der Gruppe akzeptiert zu werden."
- „Durch meine (Zeit-)Spende reduziere ich meine Isolation."

Spendermotiv 5: **Anerkennung**

- „Ich möchte Anerkennung und Wertschätzung erhalten."
- „Ich bin stolz auf mich, dass ich gespendet habe."
- „Ich möchte als Spender öffentlich oder zumindest ‚im engsten Kreis' genannt werden."

Buss weist darauf hin, dass diese Spendermotive nicht von sich allein aus zu einer Spende führen, sondern über unsere Emotion(en) respektive der Reize, die unsere Emotionen auslösen, stimuliert werden müssen. Dabei definiert er Emotionen als „subjektive Gefühlszustände, die durch eine bewusste oder auch unbewusste Wahrnehmung und Verarbeitung äußerer Reize entstehen und die uns zu einer bestimmten Reaktion oder einem bestimmten Verhalten führen. Emotionen wirken somit handlungsauslösend und handlungssteuernd. Emotionen steuern auch die Reaktion des Spenders auf eine Bitte um eine Spende. Emotionen entscheiden darüber, ob und wie ein Mensch spendet!" Der Spender handelt also nicht rein rational, sondern vor allem emotional!

Ekman[33] unterscheidet die sieben Grundemotionen Angst, Trauer, Ekel, Verachtung, Zorn, Überraschung und Freude. Wobei nur die Freude eine positiv wirkende Grundemotion ist, die Überraschung neutral ist, und alle anderen Grundemotionen negativ wirken.

---

[33] Ekman, Paul: Gefühle lesen – Wie Sie Emotionen erkennen und richtig interpretieren, 2. Aufl., (Spektrum) Heidelberg 2010.

Nach Auffassung *Ekmans* lassen sich aus Kombinationen dieser sieben Grundemotionen alle anderen Emotionen als Sekundäremotionen ableiten. So ist beispielsweise die Eifersucht eine Kombination der Grundemotionen Zorn und Angst. Oder die Reue eine Kombination aus Ekel und Trauer. *Buss* weist darauf hin, dass diese Emotionen mit obigen (Spender-)Motiven und Grundbedürfnissen harmonisch zusammenwirken müssen, will man einen Spender gewinnen. In sorgfältiger Abwägung sind bei der Ansprache eines Spenders die tragenden Spendermotive zu finden und diese mit den richtigen Emotionen zu verknüpfen. Eine grafische Veranschaulichung der Zusammenhänge liefert Abb. 2.60.

> **Beispiel**
> Bei Katastrophenhilfeaufrufen wie anlässlich des Tsunami im Jahr 2004 ist das mobilisierte Spendermotiv fast ausschließlich die Verbundenheit mit den notleidenden Menschen (Solidarität), dies als Teilmotiv des Grundmotivs Verteidigung und abdeckend das Grundbedürfnis nach eigener Sicherheit. Vielleicht spielt auch noch das Spendermotiv Hilfsgebot des Glaubens eine Rolle, dies je nach persönlichem Hintergrund und Wertemuster. Treibend und ausschlaggebend sind dabei aber die Emotionen, die akut hochkommen: So ist der Spender von dem, was er medial im Fernsehen, Radio, Print und Internet wahrnimmt stark betreten oder gar schockiert (Ergebnis aus Überraschung und Traurigkeit). Er ist (bewusst oder unbewusst) auch beunruhigt darüber, dass eine solche Katastrophe auch ihn treffen könnte. Er hat erlebte Überschwemmungen im eigenen Lande vor Augen (Ergebnis aus Überraschung und Angst). Weil er aber sieht, dass vor Ort konkret geholfen werden kann, zeigen sich auch Hoffnung (Ergebnis aus Freude und Angst) und Erleichterung (Ergebnis aus Freude und Überraschung), starke positive Gefühle, die ihm helfen, mit der Situation fertig zu werden.[34]

Das Beispiel zeigt, dass die optimale Ansprache eines Spenders ein komplexer Vorgang ist. Die Komplexität wird noch dadurch erhöht, dass jeder Mensch das Spenden individuell und leicht anders empfinden kann. Abhängig von seinen demografischen, soziografischen, psychografischen, geografischen und verhaltensbezogenen Merkmalen, die deshalb im Rahmen der Spenderanalyse (siehe Abschn. 6.1) möglichst detailliert zu untersuchen sind. Eine individuelle Ansprache, die dieser Komplexität gerecht werden kann, ist – wenn überhaupt – nur bei Groß- und Testamentspendern in der Spitze der Spenderpyramide denkbar. In der Basis der Spenderpyramide ist eine geeignete Segmentierung der (Erst-, Mehrfach- und Dauer-)Spender vorzunehmen, die die jeweiligen Grundbedürfnisse, (Grund- und Spender-)Motive sowie die situativeren Emotionen zumindest im Rahmen der technischen Möglichkeiten angemessen anspricht. Dies ist schon schwierig genug. Umso schwieriger, dabei auch noch das eingangs erwähnte Alleinstellungsmerkmal (USP) im Rahmen des Grundnutzens zu definieren, um sich von konkurrierenden Organisationen abheben zu können. Oft wird deshalb versucht, eine Differenzierung zum Wettbewerb über die Definition von (einem oder mehreren) Zusatznutzen zu erreichen.

---

[34] Vgl. Buss, Peter: Fundraising – Grundlagen, System und strategische Planung, (Haupt) Bern, Suttgart, Wien 2012, S. 97.

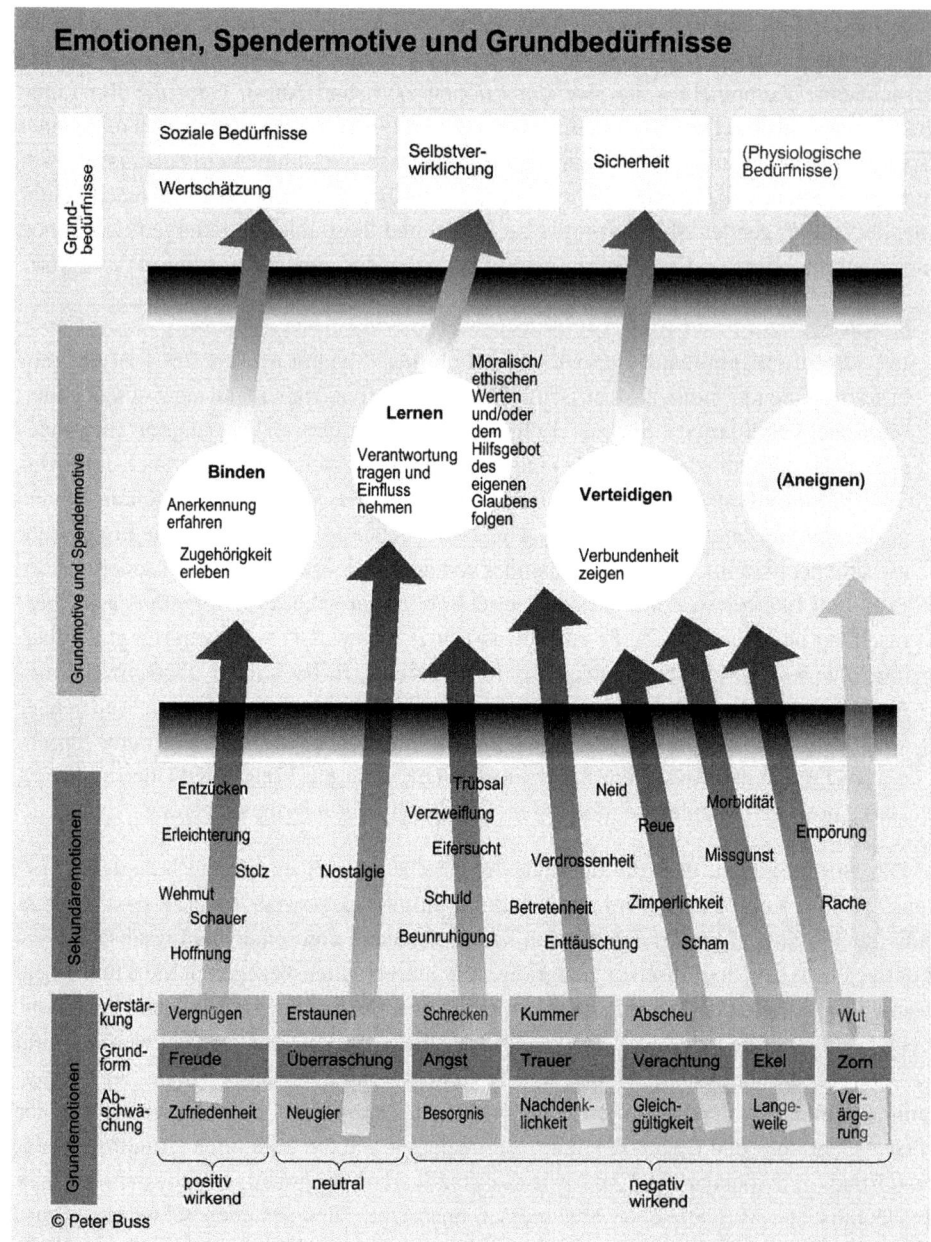

Abb. 2.60 Emotionen, Spendermotive und Grundbedürfnisse. (Quelle: Buss, Peter: Fundraising – Grundlagen, System und strategische Planung, (Haupt) Bern, Suttgart, Wien 2012, S. 98)

2.3.1.2 Zusatznutzen

Unter **Zusatznutzen** soll hier eine über den Grundnutzen hinausgehende, vom Spender als relevant erachtete Bedürfnisbefriedigung durch das (Spenden-)Produkt verstanden werden. Im Zusammenhang mit einer Spende gibt es eine ganze Reihe von Möglichkeiten, sich durch das Angebot eines Zusatznutzens von konkurrierenden Organisationen abzusetzen. Eine beliebte Möglichkeit ist der Einsatz sogenannter **Give-aways**. Darunter werden kleine Geschenke als Zugabe zum Hauptprodukt verstanden. Im Rahmen des Fundraising findet man sie vor allem als Zugabe in einem Mailing (siehe Abschn. 2.5.2), aber auch bei der Standwerbung (siehe Abschn. 2.5.5.4) und anderen Gelegenheiten. Dabei sind der Kreativität der Fundraiser keine Grenzen gesetzt. Eingesetzt werden kann alles, was sich mit vertretbarem Aufwand verschicken lässt: Aufkleber, Adressaufkleber, Wand- oder Taschenkalender, Straßenkarten, Kofferanhänger und Post-it®, jeweils mit dem Logo der Organisation. Neben dem eigentlichen (Zusatz-)Nutzen, kann ein Spender mit dem Give-away auch seine Verbundenheit mit der Organisation ausdrücken, und als Multiplikator einen gewissen PR-Effekt zur Steigerung der Bekanntheit und zur Image-Bildung einer Organisation beisteuern. Im Idealfall hat das Give-away einen direkten Bezug zur Arbeit der Organisation oder zu einem bestimmten Projekt. So könnte einem Mailing, das Mittel für die Renaturierung ehemals industriell genutzter Landschaften einwerben möchte, als Give-away ein Tütchen mit Pflanzensamen beigelegt werden. Oder: Eine christliche Organisation legt ihrem Weihnachts-Mailing eine Wachsplatte und einen Docht bei, aus denen der Angeschriebene selber eine Kerze für die Adventszeit drehen kann. Der Wert der Give-aways hat sich in den letzten Jahren z. T. dadurch erhöht, dass CDs, DVDs oder sogar Regenschirme verschickt wurden. Dabei ist zum einen zu beachten, dass die Give-aways von den Angeschriebenen nicht als zu hochwertig und damit als Verschwendung von Spendengeldern empfunden werden dürfen – was selbstverständlich kontraproduktiv wäre. Um den Vorwurf der Verschwendung zu entschärfen, kann versucht werden, das Give-away beim Lieferanten zu fundraisen. Die verschickten Regenschirme sind dann Sachspende eines Regenschirmherstellers oder -händlers, oder aber gesponsert. Und zum anderen ist auch ein steuerlicher Aspekt zu beachten: eine Spende hat nämlich grundsätzlich freiwillig und unentgeltlich zu erfolgen.[35] Letzteres erfordert, dass eine Spende immer selbstlos gegeben werden muss. Dem Spender dürfen also keine geldwerten Vorteile aus seiner Spende erwachsen – auch nicht durch ein zu wertvolles Give-away. Hinzu kommt, dass das *Deutsche Zentralinstitut für soziale Fragen (DZI)* und der *Dachverband der entwicklungspolitischen Nichtregierungsorganisationen in Deutschland (VENRO)* es in ihrer Handreichung „Ethik in Spenden-Mailings" (siehe Abschn. 2.5.2.4) für nicht vertretbar halten, mit sehr aufwendig erscheinenden Beigaben (wie z. B. einem Regenschirm) zu suggerieren, dass für die „geschenkte" Beigabe nun eine Art Gegenleistung erwartet wird.

Ein weiterer, gern genannter Zusatznutzen einer Spende wird in ihrer **steuerlichen Abzugsfähigkeit** gesehen. Tatsächlich sollte ihre Abzugsfähigkeit nicht als Grundnutzen einer Spende angesehen werden (was manchmal geschieht), sondern allenfalls als Zu-

---

[35] Vgl. BFH-Urteil vom 25.11.1987 (I R 126/85) BStBl. 1988 II, S. 220.

satznutzen. Schließlich dürfte die Abzugsfähigkeit für sich allein genommen nur in den allerwenigsten Fällen ein ausreichender Grund für das Tätigen einer Spende sein. Aber selbst wenn, dann taugt die Abzugsfähigkeit kaum bis gar nicht zur Differenzierung, da auch alle anderen steuerbegünstigten Organisationen die Abzugsfähigkeit anbieten können.

Besser ist eine Differenzierung vom Wettbewerb zu erreichen, wenn Serviceleistungen als Zusatznutzen angeboten werden können. So kommt der Service einer einfach abzuwickelnden SMS-Spende als Mikrospende (siehe Abschn. 2.3.3.1) der **Bequemlichkeit** vieler Spender entgegen. Restgeldspenden in Spendenboxen, die beim Bäcker oder Metzger (z. B. zugunsten des *Kinderhilfswerkes*) oder in Filialen von McDonald's (zugunsten der *McDonald's Kinderhilfe Stiftung*) aufgestellt werden (siehe Abschn. 2.3.3.2), liefern **Entlastung** für den Geldbeutel von sperrigem Kleingeld. Sachspendensammlungen (z. B. Altkleider, Handys) liefern den Service der **Entsorgung**. Aber auch allein schon der Service einer verlässlichen Zusendung der Sammelzuwendungsbestätigung zu einem frühen Zeitpunkt im Jahr, kann für alle Spender, die eine Einkommensteuererklärung machen müssen, einen relevanten Zusatznutzen darstellen. Eine Anlassspende, beispielsweise anlässlich eines runden Geburtstags, bietet dem Anlassspender den Zusatznutzen der **Sicherheit**. Er kann sicher sein, dass sein Geschenk den Vorstellungen des Jubilars entspricht und damit seine Wirkung nicht verfehlt. Auf die Anlassspende, deren Potenzial von den meisten Organisationen bei weitem noch nicht voll ausgeschöpft wird, wird in Abschn. 2.3.3.3 noch ausführlich eingegangen.

Sowohl Grund- als auch Zusatznutzen eines Spendenproduktes können schnell imitiert werden. Daher herrscht eine hohe Homogenität zwischen den, von verschiedenen Organisationen angebotenen Spendenprodukten. In einer solchen Situation kommt der **Marke** einer Organisation eine zentrale Bedeutung bei der Differenzierung zu. *Buss* ist überzeugt, dass eine starke Marke, mit der sich ein Spender identifizieren kann, der beste emotionale Türöffner für eine Spende sei.[36] Entsprechend sollten steuerbegünstigte Organisationen in Zukunft deutlich mehr Sorgfalt auf ihre Markenbildung verwenden als in der Vergangenheit. In engem Zusammenhang mit einer Differenzierung über die Marke steht eine Differenzierung über ein besonderes **Qualitätsversprechen**. So versuchen Organisationen mit dem Spenden-Siegel des *Deutschen Zentralinstituts für Soziale Fragen (DZI)* (siehe Abschn. 6.3) oder mit dem Gewinn des Transparenzpreises der *PricewaterhouseCoopers AG (PwC)* sich durch besondere Vertrauenswürdigkeit und Qualität vom Wettbewerb abzuheben.

Soweit die zu fällenden Entscheidungen rund um ein einzelnes (Spenden-)Produkt. Die geschilderten grundsätzlichen Überlegungen sind im Folgenden noch für die verschiedenen Spendenprodukte Einzelspende (Abschn. 2.3.3), Dauerspende (Abschn. 2.3.3.4), Großspende (Abschn. 2.3.5) und Testamentspende (siehe Abschn. 2.3.6) zu konkretisie-

---

[36] Vgl. Buss, Peter: Fundraising – Grundlagen, System und strategische Planung, (Haupt) Bern, Suttgart, Wien 2012, S. 89.

ren. Zuvor werden jedoch noch die vorab zu fällenden programmpolitischen Entscheidungen vorgestellt.

2.3.2 Programmpolitische Entscheidungen

Es ist deutlich geworden, dass eine Organisation im Fundraising gegenüber Privatpersonen nicht nur ein Spendenprodukt einsetzt, sondern viele – ein ganzes Programm. Im Rahmen der Programmpolitik sind deshalb regelmäßig (auf strategischer und operativer Ebene) Entscheidungen zu treffen, ob noch weitere, neue (Spenden-)Produkte entwickelt (Produktinnovation), bestehende (Spenden-)Produkte verändert (Produktvariation bzw. -differenzierung) oder veraltete (Spenden-)Produkte vom Markt genommen werden sollen (Produktelimination).

2.3.2.1 Produktinnovation

Auf einem chinesischen Propagandaplakat stand zu lesen: „Imitation zum Einholen, Innovation zum Überholen". Wenn man neu ins Fundraising einsteigt, liegt es nahe, zunächst auf bewährten Pfaden zu wandeln. Zum Einholen anderer Organisationen reicht dies auch bis zu einem gewissen Grade aus. Aufgrund des hohen Verdrängungswettbewerbs auf dem Spendenmarkt beschreiten jedoch immer mehr Organisationen die bewährten Pfade. Stagnierende oder gar sinkende Erträge sind für die meisten von ihnen die Folge. Umso wichtiger wird es, mit viel Kreativität nach neuen Wegen, nach Innovation im Fundraising zu suchen. Eine **Innovation** ist etwas neu Geschaffenes, das es in dieser Form bisher nicht gab. Dabei muss es sich gar nicht immer um eine Weltneuheit handeln. Es kann durchaus etwas innovativ für den deutschen Spendenmarkt sein, das auf dem Spendenmarkt eines anderen Landes längst existiert.

Ganz allgemein gesprochen, entstehen Chancen für Fundraising-Innovationen überall da, wo auf einen Schlag viele Menschen (schnell und günstig) erreicht und auf eine Spende angesprochen werden können oder dort, wo es um Geld (aber bisher noch nicht um Fundraising) geht. Innovative Fundraiser sind ständig auf der Suche nach neuen Kontakten zu Menschen, Organisationen oder Unternehmen, die genau das bieten können. Die Kunst besteht darin, eine „Win-win-Situation" für diese Menschen, Organisationen oder Unternehmen einerseits und die Organisation andererseits herzustellen. Dafür ist es erforderlich, die Bedürfnisse eines (potenziellen) Partners genau zu erforschen und mit den eigenen in Einklang bringen zu können.

Innovative Fundraising-Ideen können in allen Entscheidungsbereichen des Fundraising-Mix entwickelt werden. Neben innovativen Spenden-Produkten wie verschiedenste Formen der Mikrospende (siehe Abschn. 2.3.3.1) oder der Restgeldspende (siehe Abschn. 2.3.3.2), können auch innovative Kommunikationskanäle wie z. B. bei der SMS-Spende (siehe Abschn. 2.3.3.1) genutzt werden. Das größte Potenzial für Innovationen, dürfte aber wohl das Internet liefern, das dem Fundraising ganz neue Kommunikations- und Vertriebskanäle sowie Zahlungsverfahren eröffnet. Wie keinem anderen Medium gelingt es dem Internet schnell und kostengünstig eine große Zahl von Menschen zu erreichen (siehe Abschn. 2.7).

> **Beispiel**
> Über eine Partnerschaft mit dem Webhosting-Dienstleister *United Internet* kann das Kinderhilfswerk *UNICEF Deutschland* schnell und kostengünstig die 57 Mio. in Deutschland registrierten Kunden (23 Mio. kostenpflichtige Kundenverträge und 34 Mio. werbefinanzierte Free-Accounts, Stand: 2017) der Marken *web.de*, *GMX* und *1&1* u. v. m. im Zusammenhang mit Katastrophen (wie z. B. dem Tsunami) per E-Mail erreichen. Eine E-Mail mit Spendenaufruf und Hyperlink zur Spendenseite bedeutet für UNICEF einen mächtigen Hebeleffekt. Über die Jahre hat sich die Zusammenarbeit zwischen UNICEF und United Internet so intensiviert, dass sogar eine eigene Stiftung *United Internet for UNICEF* entstanden ist.

> **Beispiel**
> Auch das Online-Auktionshaus *ebay* erreicht Millionen von Kunden. Seine Initiative *ebay für Charity* (siehe Abb. 2.61) ermöglicht steuerbegünstigten Organisationen innovative Möglichkeiten für ihr Fundraising. So kann eine Organisation beispielsweise ihre prominenten Unterstützer (siehe Abschn. 2.6.12) bitten, einen Gegenstand aus ihrem Besitz oder die Teilnahme an einem interessanten Event zur Verfügung zu stellen, der über ebay versteigert werden kann. Der Erlös der Versteigerung fließt ohne Abzüge an die Organisation. *ebay* verschafft der Versteigerung kostenlos ein großes Publikum und verzichtet auf die üblichen Gebühren. Der Gewinn für *ebay* liegt darin, dass eine Versteigerung von ungewöhnlichen Gegenständen oder Events mit Prominenten für eine hohe Medienaufmerksamkeit sorgen kann, die wiederum neue *ebay*-Nutzer anlockt. Im Idealfall entsteht nicht nur eine Win-win-, sondern sogar eine Win-win-win-Situation. Nämlich dann, wenn für eine spektakuläre Versteigerung sogar auflagenstarke Offline-Medien gewonnen werden können, die auf die Online-Versteigerung hinweisen. Was haben die Offline-Medien davon? Sie haben ihre Leser auf eine außergewöhnliche Versteigerung aufmerksam gemacht und sogar noch Corporate Social Responsibility (siehe Abschn. 3.1) übernommen. Dies wird für die Offline-Medien umso interessanter, je besser der Prominente auch zu ihrer Zielgruppe passt.

▶ **Tipp für kleine Organisationen** *ebay* kooperiert bei seiner Initiative *ebay für Charity* mit der Spendenplattform *betterplace*, die auch kleinsten Organisationen eine Infrastruktur für Online-Spenden zur Verfügung stellt. Übrigens zum Einwerben von Geld-, Sach- und Zeitspenden!

Partner im Internet sind deshalb *die* Multiplikatoren der Zukunft. Das Potenzial für Fundraising-Innovationen, das in Partnerschaften mit ihnen steckt, ist noch längst nicht voll ausgeschöpft. Das gilt übrigens nicht nur für die Großen im Fundraising.

2.3 Produkt- und Programmpolitik

Abb. 2.61 ebay für Charity. (Quelle: pages.ebay.de/ebayfuercharity (Zugriff am 14.11.2017))

▶ **Tipp für kleine Organisationen** Sichern Sie sich rechtzeitig eine Partnerschaft mit regionalen Internet-Plattformen (z. B. koeln.de) oder Anbietern (z. B. netcologne.de) bzw. mit themenspezifischen Partnern im Netz (z. B. Kinder.de)!

Mit diesen wenigen Beispielen ist das Potenzial für Fundraising-Innovationen im Internet freilich noch längst nicht erschöpft. Auch die sozialen Medien (allen voran *facebook*) erreichen ein Millionenpublikum, das eine interessante Zielgruppe für das Fundraising darstellt (siehe Abschn. 2.7.1.2).

▶ **Tipp** Unter dem Titel sofii (showcase of fundraising innovation and inspiration) werden im Internet Fundraising-Innovationen aus aller Welt gesammelt und vorgestellt (sofii.org). Auch wenn nicht jede, dort vorgestellte Fundraising-Innovation 1:1 von einer deutschsprachigen Organisation umgesetzt werden kann, stellt sofii doch eine wunderbare Quelle der Inspiration dar – kostenlos!

Abb. 2.62 Elektronischer Klingelbeutel. (Quelle: lefigaro.fr (Zugriff am 18.01.2018))

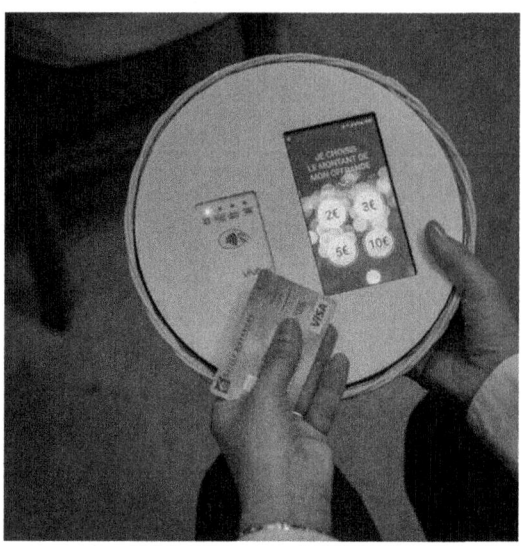

2.3.2.2 Produktmodifikation

Im Rahmen der **Produktmodifikation** kann zwischen der Produktvariation und der Produktdifferenzierung unterschieden werden. Bei der **Produktvariation** wird ein bestehendes Produkt durch ein neues ersetzt. Bei der **Produktdifferenzierung** wird ein modifiziertes (abgewandeltes) Produkt neben und zusätzlich zum ursprünglichen Produkt angeboten.

> **Beispiel**
>
> Im Rahmen ihrer Gottesdienste sammeln Religionsgemeinschaften schon seit Jahrhunderten Spenden in Form von Kollekten mit Hilfe des sog. **Klingelbeutels**. Diese Form der Spende hat den Nachteil, dass der Spender i. d. R. keine Zuwendungsbestätigung erhält, mit der er seine Spende anschließend steuerlich geltend machen könnte. Hier schuf eine Produktdifferenzierung Abhilfe: Die Diözese Paris testet den Einsatz von *elektronischen Kollektenkörben* (siehe Abb. 2.62), die kontaktlose Zahlungen per Kreditkarte und NFC (siehe Abschn. 2.7.1.4) bei der Kollekte im Gottesdienst ermöglichen.

2.3.2.3 Produktelimination

Eine **Produktelimination** (auch: Produkteliminierung) ist eine Bereinigung des Produktprogramms durch Herausnahme eines Produktes aus dem Produktprogramm. Die Entscheidung für eine Produktelimination kann dadurch nötig werden, dass ein (Spenden-)Produkt veraltet ist und im Produktlebenszyklus die Degenerationsphase erreicht hat (siehe Abschn. 6.3.2.2).

> **Beispiel**
> Viele Organisationen haben jahrzehntelang Spenden über die Auslage von Zahlscheinen an den Bankschaltern verschiedener Banken eingeworben. Durch die immer größere Verbreitung von Online-Banking veraltet diese Form der Spendenwerbung immer mehr. Sobald das Verhältnis von Aufwand und Ertrag eine Organisation nicht mehr überzeugt, muss sie im Rahmen ihrer Programmpolitik eine Entscheidung für die Eliminierung eines Produkts treffen. Solche Entscheidungen werden oft dadurch erschwert, dass mit den zu eliminierende Produkten Mitarbeiter und Kollegen verbunden sind, die sich um dieses Produkt bislang kümmern. Für sie muss dann ein anderes, zukunftsfähigeres Betätigungsfeld gefunden werden.

Aber auch eine frühere Entscheidung für eine Produktinnovation, die sich im Nachhinein als Fehlentscheidung erwies, kann durch eine anschließende Produkteliminierung korrigiert werden.

2.3.3 Einzelspende

In Abschn. 2.3.1 wurden die produktpolitischen Entscheidungen im Allgemeinen vorgestellt, die im Zusammenhang mit einem Spendenprodukt zu fällen sind. In diesem und den folgenden Kapiteln soll nun auf die Besonderheiten produktpolitischer Entscheidungen für die Spendenprodukte Einzel-, Dauer-, Groß- und Testamentspende im Speziellen hingewiesen werden. Dabei liegen die Besonderheiten weniger im Bereich des Grundnutzens, der für alle genannten Spendenprodukte relativ gleich ist. Die Besonderheiten in den produktpolitischen Entscheidungen für die verschiedenen Produkte liegen viel mehr im Bereich des Zusatznutzens bzw. der Zusatznutzen.

Bei den Einzelspenden (egal ob Erst- oder Mehrfachspende) ist es noch vergleichsweise schwer, über produktpolitische Entscheidungen ein echtes Alleinstellungsmerkmal herauszuarbeiten. Am ehesten gelingt dies noch über den Aufbau einer starken (Organisations-)Marke. Es gibt jedoch **spezielle Erscheinungsformen** von **Einzelspenden**, die einen echten Zusatznutzen anbieten können. Sie sollen im Folgenden vorgestellt werden.

2.3.3.1 Sonderform Mikrospende

Eine spezielle Erscheinungsform der Einzelspende ist die **Mikrospende**, auch **Kleinspende** oder **Kleinstspende** genannt. In der Literatur finden sich keine Angaben zu Schwellenwerten bis zu denen eine Spende noch als Mikrospende anzusehen ist. Eine Mikrospende sollte jedoch deutlich unterhalb der 35 € liegen, die in Deutschland durchschnittlich pro Spende gegeben werden.[37] Von einer Mikrospende soll hier gesprochen werden, wenn

---

[37] Vgl. Deutscher Spendenrat und GfK: Bilanz des Helfens 2017, Handouts zu Pressekonferenz vom 28.02.2017, S. 5.

eine Einzelspende einen Schwellenwert von 10 € nicht übersteigt. Mikrospenden können in verschiedenen Erscheinungsformen auftreten. Die wohl älteste Form dürfte die Mikrospende im Rahmen der Kollekte einer Religionsgemeinschaft mit Hilfe des Klingelbeutels sein. Eine spezielle Erscheinungsform der Mikrospende ist die Restgeldspende, der ein eigener Abschnitt (Abschn. 2.3.3.2) gewidmet wird. Eine immer größere Bedeutung erlangen Mikrospenden, die im Rahmen von sog. (Telefon-)Mehrwertdiensten bargeldlos gegeben werden können. So kann beispielsweise durch den Anruf oder die Zusendung einer SMS an eine spezielle Serviceufnummer eine Mikrospende ausgelöst werden, die vom Telekommunikationsdienstleister zusammen mit den Verbindungsgebühren abgerechnet wird. Die Zusatznutzen dieser Form von Einzelspende für den Spender liegen auf der Hand: Zum einen kann die Mikrospende einfach und bequem abgewickelt werden. Und zum anderen belastet sie das Budget des Spenders nur in geringem Umfang. Sie wendet sich deshalb insbesondere (aber nicht ausschließlich) an jüngere Zielgruppen.

Der Einsatz von Mikrospenden im Rahmen des Fundraising soll hier am Beispiel der **SMS-Spende** näher erläutert werden. Eine SMS-Spende ist eine Spende, die durch das Versenden einer sog. „Charity SMS" ausgelöst wird. Eine Charity SMS ist eine spezielle SMS, bei der ein bestimmtes, vorher festgelegtes Stichwort an eine bestimmte Kurzwahlnummer versandt wird. Der Versand der Charity SMS löst eine Mikrospende in vorher festgelegter Höhe bis zu 29,99 € (üblicherweise 5 oder 10 €) aus, die über die Telefonrechnung des jeweiligen Mobilfunkanbieters des SMS-Spenders abgerechnet wird (siehe Abschn. 2.4.7.7). Über das Keyword kann die SMS-Spende einer bestimmten Organisation eindeutig zugeordnet und abgerechnet werden.

> **Beispiele**
> - Wer der Jugendhilfeorganisation *Offroad Kids* eine SMS-Spende zukommen lassen möchte, schickt eine SMS mit dem Keyword „Road" an die Kurzwahlnummer 81190.
> - Wer der Organisation *Stiftung Denkmalschutz* eine SMS-Spende zukommen lassen möchte, schickt eine SMS mit dem Keyword „Kulturgut" an die Kurzwahlnummer 81190.
> - Wer der Organisation *SOS Kinderdorf* eine SMS-Spende zukommen lassen möchte, schickt eine SMS mit dem Keyword „SOS" an die Kurzwahlnummer 81190.

Einziger Anbieter der Charity SMS in **Deutschland** ist das Unternehmen *Burda Wireless GmbH*, auf dessen Website ein Antragsformular für die Einrichtung einer Charity SMS heruntergeladen werden kann (http://wireless.burdadigital.de/charity.shtml). Auf dem Formular können ein Wunschkennwort, die gewünschte Preisstufe (zwischen 1 und 10 €) und Informationen über die Organisation angegeben werden. Leider steht mit 81190 in Deutschland (im Gegensatz zu anderen Ländern, siehe unten) nur eine Kurzwahlnummer zur Verfügung. Sowohl *Burda Wireless* als auch die Mobilfunkanbieter verzichten aufgrund der Gemeinnützigkeit der Organisation (die über einen Freistellungsbescheid

2.3 Produkt- und Programmpolitik

von der Organisation nachzuweisen ist) auf die üblichen Erlösanteile und leiten den gesamten Betrag – bis auf eine kleine technische Gebühr – an die Organisation weiter. Verschiedene Online-Fundraising Agenturen (siehe Abschn. 2.7.1) bieten darüber hinaus noch zusätzliche Dienstleistungen (z. B. zur statistischen Auswertung der SMS-Spenden oder zur Folgekommunikation mit SMS-Spendern) an. Die gemeinwohlorientierte Organisation erhält nur die Mobilfunknummer des SMS-Spenders, jedoch keine weiteren personenbezogenen Daten.

In der **Schweiz** unterstützen die Mobilfunkbetreiber *Orange*, *Sunrise* und *Swisscom* seit 2010 die SMS-Spende. Der Dienst kann dort über mehrere Kurzwahlnummern abgesetzt werden. Die Höhe der SMS-Spende (siehe Abschn. 2.4) kann die gemeinwohlorientierte Organisation innerhalb einer Spanne 1 bis 100 CHF frei wählen. Je nach Mobilfunkanbieter variieren die Kosten und liegen im Durchschnitt bei 7 % der erhaltenen SMS-Spende.

In **Österreich** unterstützen die Mobilfunkbetreiber *A1 Telekom Austria*, *Orange Austria* und *T-Mobile Austria* in Verbindung mit der technischen Zahlungsabwicklungsstruktur der *paybox Bank* die SMS-Spende über technische Dienstleister. Die Höhe der SMS-Spende (siehe Abschn. 2.4) kann die gemeinwohlorientierte Organisation innerhalb einer Spanne 1 und 100 € frei wählen. Die Kosten liegen bei 1 % der erhaltenen SMS-Spende. Neben der Einzelspende kann auch eine Dauerspende per SMS eingeworben werden.

Für eine Organisation werden SMS-Spenden nur dann wirklich interessant, wenn es gelingt, die geringe Spendenhöhe durch eine entsprechend große Anzahl von Menschen auszugleichen, die zu einer SMS-Spende motiviert werden können. Dazu ist eine möglichst breite Kommunikation dieses Produkts erforderlich.

> **Beispiel**
>
> Das Kinderhilfswerk *UNICEF Deutschland* kommunizierte an Sylvester 2005 sein Angebot einer SMS-Spende auf der Festmeile am Brandenburger Tor. Über **Plakate** und **Großbildschirme** wurden ca. 700.000 Besucher auf die innovative Spendenmöglichkeit aufmerksam gemacht. Wer eine SMS mit dem Keyword „UNICEF" an die Nr. 81190 schickte, spendete 2,99 €, die über die Handy-Rechnung eingezogen wurden. Allein auf der Festmeile kamen so rund 350.000 € zusammen.

Im Rahmen des Fundraising-Mix der SMS-Spende können im Prinzip alle zielgruppenadäquaten Kommunikationskanäle der **Mediawerbung** (siehe Abschn. 2.6.4), der **Direktwerbung** (siehe Abschn. 2.6.5) und der **Dialogwerbung** (siehe Abschn. 2.6.6) genützt werden, auch im **Online-Fundraising** (siehe Abschn. 2.7.2). Tatsächlich schalten Organisationen in Großbritannien, wo die SMS-Spende eine wesentlich größere Rolle spielt als im deutschsprachigen Raum, bezahlte Fernseh-, Radio- und Kinowerbung für die SMS-Spende ebenso wie Print- und Außenwerbung.

> **Beispiel**
> Die britische Tierschutzorganisation *Friends of the Earth* kauft sich für ihre Bienenkampagne „The Bee Cause" über folgende bezahlte Kommunikationskanäle große Aufmerksamkeit (auch) für die Möglichkeit der SMS-Spende:
>
> - **TV-Spot** mit Call-to-Action *„Text BEE to 88080"*
>   (siehe Abb. 2.63).
> - **Plakat** in U-Bahn-Station mit Call-to-Action *„Text BEE to 70444 to give 3 Pounds"*
>   (siehe Abb. 2.64).
> - **Plakat** im Zug mit Call-to-Action *„Text BEE to 70123 to give 3 Pounds"*
>   (siehe Abb. 2.65).
>
> Über die unterschiedlichen Nummern, an die die SMS verschickt werden kann, kann die Organisation auswerten, durch welchen Kommunikationskanal die SMS-Spende ausgelöst wurde. Dadurch kann das Kommunikationsbudget nach und nach optimiert werden.

Durch die vergleichsweise hohen Investitionen in Kommunikationskanäle konnten britische Organisationen ihre Einnahmen aus SMS-Spenden in nur zwei Jahren von 32 Mio. GBP (2014) auf 115 Mio. GBP (2016) mehr als verdreifachen. Da in Großbritannien neben der Einzelspende auch die Dauerspende per SMS möglich ist, kommen mittlerweile auch 12–15 % der monatlichen Dauerspenden über SMS.[38]

In Deutschland sind gemeinwohlorientierte Organisationen (noch) nicht bereit, in diesen Größenordnungen in Kommunikationskanäle zu investieren, um entsprechende Reich-

Abb. 2.63 Fernsehwerbung kommuniziert SMS-Spende. (Quelle: Friends of the Earth)

---

[38] Vgl. Wolfe, Jo, de Gregorio, Paul: Mobile is eating the world, Kongressdokumentation zum International Fundraising Congress (IFC) 2017.

2.3 Produkt- und Programmpolitik

Abb. 2.64 Plakat kommuniziert SMS-Spende in U-Bahn-Station. (Quelle: Friends of the Earth)

Abb. 2.65 Plakat kommuniziert SMS-Spende im Zug. (Quelle: Friends of the Earth)

weiten erzielen zu können. Sie konzentrieren sich auf kostengünstigere Kommunikationskanäle wie die Printwerbung (siehe Abschn. 2.6.4.4) in Form von Anzeigen und Fülleranzeigen, sowie eigene Kommunikationskanäle (siehe Abschn. 2.6.7) wie die eigene Website und das eigene Social Media Site.

> **Beispiel**
> Die Jugendhilfeorganisation *Off Road-Kids* kommuniziert ihr Angebot einer SMS-Spende über eine **Anzeige** im Faltblatt „Mein Reiseplan" des Unternehmenspartners *Deutsche Bahn* (siehe Abb. 2.66).

> **Beispiel**
> Die Organisation *Stiftung Denkmalschutz* kommuniziert ihr Angebot einer SMS-Spende über eine **Fülleranzeige** (siehe Abb. 2.67).

Abb. 2.66 Anzeige zur Kommunikation der SMS-Spende in „Ihr Reiseplan". (Quelle: Anzeige der *Off Road Kids* im Faltblatt „Ihr Reiseplan")

Abb. 2.67 Fülleranzeige zur Kommunikation der SMS-Spende. (Quelle: Fülleranzeige der *Deutschen Stiftung Denkmalschutz*)

> **Beispiel**
>
> Das Osteuropahilfswerk *Renovabis* kommuniziert sein Angebot einer SMS-Spende auf den **Spendentüten** (siehe Abb. 2.68), die im Rahmen der *Renovabis*-Kollekte an Pfingsten in Gottesdiensten verteilt werden.

> **Beispiel**
>
> Das Kinderhilfswerk *SOS Kinderdorf* kommuniziert sein Angebot einer SMS-Spende auf seiner **Website** (siehe Abb. 2.69). Angeboten werden sogar zwei Preiskategorien (5 und 10 €). Vorbildlich: Auch der Nutzen für den SMS-Spender wird explizit angesprochen („Ihr Gewinn").

> **Beispiel**
>
> Das Hilfswerk *Caritas International* kommuniziert sein Angebot einer SMS-Spende über **facebook** (siehe Abb. 2.70).

Grundsätzlich sollte im Zusammenhang mit der Kommunikation einer SMS-Spende auf der eigenen Website oder Social Media Site jedoch beachtet werden, dass SMS-Spenden immer nur eine Ergänzung, nicht aber Ersatz für reguläre (Online- oder Offline-)Spenden sein sollten. Während sehr junge Spender vielleicht eine SMS-Spende, aber keine Online-Spende in durchschnittlicher Höhe geben können, geben ältere Spender deutlich höhere Beträge über eine (Online- oder Offline-)Spende als sie über eine SMS-Spende. Wird online nur die SMS-Spende angeboten, könnte dies also – zumindest bei älteren Spendern – zu einem unerwünschten Downgrading führen.

Ideal ist, wenn die für eine SMS-Spende benötigte breite Aufmerksamkeit durch Unterstützung eines **Prominenten** (siehe Abschn. 2.6.12) gesteigert werden kann.

> **Beispiel**
>
> Die Initiative *Freiburger Münsterturm – Wir bauen mit!* des *Freiburger Münsterbauvereins* kommuniziert ihr Angebot einer SMS-Spende über eine **Anzeige**. Als prominenter Unterstützer konnte Fußball-Nationaltrainer *Jogi Löw* gewonnen werden (siehe Abb. 2.71).

Wie jede andere Spende, sollte auch eine SMS-Spende angemessen bedankt werden. Der Dank erfolgt i. d. R. über den automatischen Versand einer Dank-SMS (mit individuell festlegbarem Text) an den SMS-Spender. In der Dank-SMS kann gefragt werden, ob der SMS-Spender einverstanden ist, auch künftig Informationen über die unterstützte Organisation über das Smartphone zu erhalten. Dieses Angebot nehmen erfahrungsgemäß ca. 2–3 % der SMS-Spender an. Etwa 30 % dieser Teilgruppe können im Rahmen eines späteren Anrufs zu Dauerspendern upgegradet werden.

2.3 Produkt- und Programmpolitik

Abb. 2.68 Gewinnung von SMS-Spendern über die Spendentüte von Renovabis

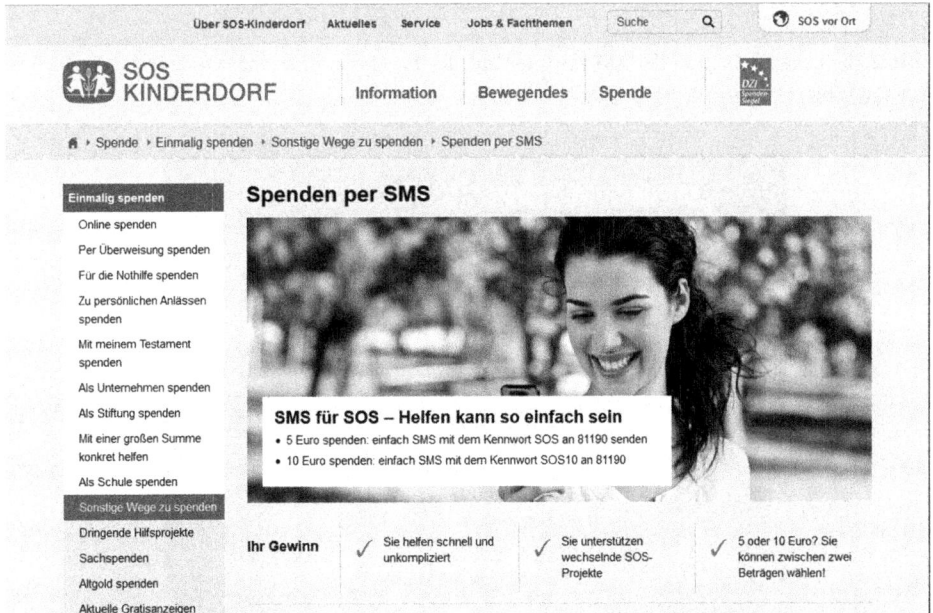

Abb. 2.69 Kommunikation der SMS-Spende auf der Website einer Organisation. (Quelle: sos-kinderdorf.de/portal/spende/einmalig-spenden/sonstige-wege-zu-spenden/spenden-per-sms (Zugriff am 16.03.2018))

Abb. 2.70 Kommunikation der SMS-Spende auf der Facebook Site einer Organisation. (Quelle: Werbeanzeige von *Caritas International* auf Facebook)

Abb. 2.71 Anzeige SMS-Spende mit Unterstützung eines Prominenten. (Quelle: Anzeige des *Freiburg Münsterbauvereins*)

2.3 Produkt- und Programmpolitik

> **Beispiel**
> Eine österreichische Organisation ließ 2000 SMS-Spender, die vorab per SMS ihr Einverständnis gegeben hatten, von einer Telefon-Fundraising-Agentur anrufen. In 1500 geführten Telefonaten erklärten sich 450 Angerufene bereit, eine Dauerspende von durchschnittlich 90 € pro Jahr zu übernehmen. 450 Dauerspender, die durchschnittlich sieben Jahre lang durchschnittlich 90 € pro Jahr geben, erhöhen die Einnahmen der Organisation um insgesamt 283.500 €!

2.3.3.2 Sonderform Restgeldspende

Eine spezielle Erscheinungsform der Mikrospende ist die **Restgeldspende**. Auch bei der Restgeldspende geht es um kleine Spendenbeträge. Allerdings haben diese kleinen Spendenbeträge keine feste Höhe (wie z. B. bei der SMS-Spende), sondern fallen variabel in der Höhe an, in der das Restgeld bei einem Spender gerade übrig bleibt. Eine Restgeldspende hat gleich mehrere Zusatznutzen für den Spender: Die Spende kann ohne großen (technischen) Aufwand, also bequem, gegeben werden, und tut dem Spender aufgrund des geringen Betrages „nicht weh". Bei der Restgeldspende von Bargeld (Kleingeld) kommt für manche Menschen der Zusatznutzen der Entlastung hinzu, das „schwere" und „voluminöse" Kleingeld nicht mehr „mitschleppen" zu müssen. Wenn es gelingt, viele zu einer Restgeldspende zu bewegen, „macht Kleinvieh auch Mist". Deshalb hat die Restgeldspende Fundraiser immer wieder zu Fundraising-Innovationen inspiriert. Die wohl älteste Form der Restgeldspende dürfte die Spende von Wechselgeld an der Kasse von Geschäften (Bäcker, Metzger, Handelsunternehmen) sein.

> **Beispiel**
> Über die ca. 4000 Spendenhäuschen (siehe Abb. 2.72) in Deutschlands McDonald's Restaurants und bei Unternehmenspartnern wurden im Jahr 2016 Restgeldspenden in Höhe von insgesamt 3,2 Mio. € zugunsten der *McDonald's Kinderhilfe Stiftung* getätigt.

▶ **Tipp** Auf schoener-spenden.de finden gemeinwohlorientierte Organisationen ein breites Angebot an *Spendenboxen* aller Größen, Formen und Materialien.

Eine Weiterentwicklung der Spendendose stellen die Sammelschiffchen der *Deutschen Gesellschaft zur Rettung Schiffbrüchiger (DGzRS)* dar (siehe Abb. 2.73). Mit ihnen kann man weiterhin Restgeldspenden geben. Darüber hinaus aber auch über einen, auf dem Schiffchen abgebildeten QR-Code und über NFC online über sein Smartphone spenden (siehe Abschn. 2.7.1.4). Diese Weiterentwicklung dürften nach und nach auch alle anderen Spendendosen übernehmen.

Dabei kann das Restgeld natürlich auch aus Devisen bestehen.

Abb. 2.72 Restgeldsammlung über Sammeldosen. (Quelle: *McDonald's Kinderhilfestiftung*)

Abb. 2.73 Sammelschiffchen der DGzRS mit QR Code und NFC. (Quelle: *DGzRS*)

2.3 Produkt- und Programmpolitik

Abb. 2.74 Devisenrestgeldsammlung Change for Good. (Quelle: *UNICEF*)

Beispiel

Im Rahmen der Initiative *Change for Good*® sammeln mehrere internationale Fluggesellschaften (*Aer Lingus, Alitalia, All Nippon Airways, American Airlines, Asiana Airlines, Cathay Pacific, Finnair, JAL* und *QANTAS*) auf ihren Flügen mit Hilfe von Sammeltüten (siehe Abb. 2.74) Restgeld in Form von Devisen ein, die ihre Fluggäste nach einem Auslandsaufenthalt übrig haben. Insgesamt kamen seit 1987 bislang über 70 Mio. US$ zugunsten des Kinderhilfswerks *UNICEF* zusammen.

Eine historische Fundraising-Chance stellte die Währungsumstellung auf den Euro zum 01.01.2002 dar. Zwischen dem 1. Januar und dem 28. Februar 2002 mussten die jeweiligen nationalen Bargeldbestände der teilnehmenden EU-Länder gegen die neue Euro-Währung ausgetauscht werden. Viele Organisationen nutzten diese Umstellung für ihr Fundraising.

Beispiel

Das Hilfswerk *Rotes Kreuz* sammelte im Rahmen der Aktion *Münzen für mehr Menschlichkeit* unter dem Motto *Geben Sie uns den Rest!* Restmünzen der von der Umstellung betroffenen Währungen zugunsten der eigenen gemeinnützigen Arbeit ein. Neben Deutschland wurde die Aktion 2001/2002 auch in Österreich, Frankreich, Griechenland, Portugal und Spanien mit Unterstützung des Mineralölkonzerns *BP*, der *Europäischen Zentralbank* (*EZB*) und zahlreichen nationalen Partnern durchgeführt.

Ebenfalls um Restgeld, wenn auch in Form von Buchgeld statt Bargeld, geht es beim sog. **Payroll-Giving**. Dabei erklären sich die Mitarbeiter großer Unternehmen bereit, jeden Monat auf den Cent-Betrag ihres (Netto-)Gehaltes (bei einem Gehalt von 5321,73 €

also 73 Cent) zu verzichten und ihn einer steuerbegünstigten Organisation zu spenden (siehe auch Kap. 3). Hat eine Firma beispielsweise 10.000 Mitarbeiter und beträgt der durchschnittliche Cent-Betrag des Gehalts statistisch gesehen 50 Cents, so kommen ohne größeren Aufwand für die Organisation jeden Monat 5000 € bzw. jedes Jahr 60.000 € zusammen.

> **Beispiel**
>
> 154 Mitarbeitende des Generalvikariats des *Bistums Essen* spenden 2017 im Rahmen ihrer Aktion *Restcents* die Cent-Beträge ihrer monatlichen Nettobezüge im Wert von 780 €. Das Bistum verdoppelt die Summe auf 1560 € zugunsten der *Caritas Flüchtlingshilfe Essen*.[39]

Eine weitere Variante von Restgeldspenden sind Spenden durch **Aufrunden**. Beim Kauf eines Produkts oder einer Dienstleistung wird gefragt, ob der Kunde einverstanden wäre, seinen Rechnungsbetrag zugunsten einer gemeinnützigen Organisation aufzurunden. Auch hier geht es nicht um einen festen Betrag, sondern um denjenigen variablen Betrag der jeweils nötig ist, um auf den nächst höheren „geraden" Betrag zu erreichen.

> **Beispiel**
>
> Mit der Aktion *Aufrunden bitte!* zugunsten der Stiftung *Deutschland rundet auf* bitten die Kassierer von derzeit 17 Handelsunternehmen (darunter *Netto*, *Penny* und *Kaufland*) ihre Kunden in allen Filialen, den jeweiligen Rechnungsbetrag des Einkaufs um einen kleinen Betrag ihrer Wahl aufzurunden. Die Möglichkeit zur Restgeldspende wird über Anzeigen (siehe Abb. 2.75) und andere Kommunikationskanäle insbesondere im Internet breit in der Öffentlichkeit kommuniziert. Auf der Website der Stiftung kann man mit Hilfe eines aktuellen Spendentickers die Anzahl der Aufrundungen (155.178.228 im Zeitraum 01.03.2012–31.10.2017) und die Spendensumme (7.314.312,05 € im Zeitraum 01.03.2012–31.10.2017) ablesen.

Die Idee des **Aufrundens** lässt sich natürlich auch auf **Online-Käufe** übertragen.

> **Beispiel**
>
> Mit einer vom Berliner Start-up-Unternehmen *elefunds GmbH* entwickelten Software, können seit dem 11.11.2011 Kunden beim Online-Shopping ihre Kaufbeträge aufrunden und, ohne großen Aufwand, kleinste Beträge an gemeinnützige Organisationen spenden – sozusagen als Online-Restgeldspende. *elefunds* agiert somit als Vermittler zwischen E-Commerce-Unternehmen, steuerbegünstigten Organisationen und Konsumenten. Zurzeit können Käufer in 21 Online-Shops zugunsten von 18 steuerbegünstigten Organisationen (darunter SOS Kinderdörfer, Welthungerhilfe und WWF) aufrunden.

---

[39] Vgl. bistum-essen.de/presse/artikel/bistums-mitarbeitende-spenden-mit-gehaltsabrechnungen (Zugriff am 28.01.2018).

Abb. 2.75 Anzeige für Restgeldaktion *Deutschland rundet auf*. (Quelle: Anzeige von *Deutschland rundet auf*)

Eine weitere Form der Restgeldspende ist die **Pfandspende**. Bei der Rückgabe von Leergut kann das Flaschenpfand anstelle von Auszahlung „auf Knopfdruck" gespendet werden (siehe Abb. 2.76).

Die Ausführungen zeigen, dass Mikro- und Restgeldspenden zumeist in enger Kooperation mit (möglichst großen) Unternehmen eingeworben werden. Diese stellen – egal ob offline oder online – lediglich ihre Infrastruktur (insbesondere Zahlungsverfahren) zur Verfügung, jedoch kein Geld. Das (Rest-)Geld wird von den Kunden der Unternehmen gespendet. Auf diesen Aspekt wird noch einmal gesondert in Abschn. 3.2.4 eingegangen.

Abb. 2.76 Pfandspende. (Quelle: Eigenes Foto)

2.3.3.3 Sonderform Anlassspende

Eine gemeinwohlorientierte Organisation kann eine Privatperson bitten, nicht selber Spender sondern Fundraiser für die Organisation zu werden. Als Fundraiser bittet die Person dann zu einem besonderen Anlass sein persönliches Umfeld (Verwandte, Freunde, Bekannte, Kollegen etc.) um Spenden für die Organisation. Diese Spenden werden **Anlassspende** genannt. Geeignete besondere Anlässe finden sich im Leben einer Person viele: Geburt, Taufe, Kommunion/Konfirmation, Hochzeit, (runder) Geburtstag, Jubiläum (z. B. Goldene Hochzeit), Pensionierung etc. Immer mehr Menschen verzichten zu diesen Anlässen auf Geschenke, da sie materiell bereits versorgt sind. Von ihren Gästen wünschen sie sich stattdessen, dass der Gegenwert des Geschenkes als Anlassspende an eine bestimmte Organisation ihrer Wahl gegeben wird.

> **Beispiel**
>
> Das katholische Hilfswerk *Misereor* bietet seinen Spendern an, ihren runden Geburtstag im Hause *Misereor* bei Kaffee, Kuchen und einem zweistündigen Vortrag über die Arbeit von *Misereor* zu feiern. Im Gegenzug bittet der Jubilar seine Gäste um Anlassspenden zugunsten von *Misereor*. Auf diese Weise erzielt Misereor zusätzlich zu den Anlassspenden noch einen PR-Effekt bei den Gästen des Jubilars.

Vordergründig wird die Anlassspende also von Dritten aus dem Familien-, Freundes-, Bekannten- und Kollegenkreis gegeben. Genau genommen ist es jedoch der Jubilar, der auf den Gegenwert der Geschenke verzichtet. Deswegen ist im Vorfeld zu klären, auf wen anschließend die Zuwendungsbestätigung für diese Sonderform der Einzelspende auszu-

2.3 Produkt- und Programmpolitik

stellen ist: auf den Jubilar oder seine Gäste? Streng genommen steht sie dem Jubilar zu. In der Praxis erhält jedoch sehr oft sein Gast die Zuwendungsbestätigung.

Auf jeden Fall schafft eine Anlassspende eine Win-Win-Win-Situation: Der Jubilar kann sich im Familien-, Freundes-, Bekannten- und Kollegenkreis als gemeinwohlorientiert profilieren. Dies wird dem Spendermotiv der gesuchten Anerkennung und ggf. dem Hilfsgebot aus religiöser Überzeugung gerecht (siehe Abschn. 2.3.1.1). Der Gast hat als Anlassspender die Sicherheit, etwas Sinnvolles zu schenken, das den Erwartungen des Jubilars gerecht wird. Die Organisation erhält zusätzliche Spenden und Spender. Einschränkend muss jedoch darauf hingewiesen werden, dass Anlassspender in erster Linie dem Jubilar und nicht der Organisation zuliebe geben. Entsprechend gelingt es der Organisation auch nur bei einer Minderheit, Anlassspender anschließend zu weiteren Spenden zu bewegen. Tests ergaben jedoch, dass immerhin 3–5 % der Anlassspender zu weiteren Spenden bereit sind. Dieser Prozentsatz mag zunächst gering erscheinen. Er ist jedoch deutlich höher als die Responsequote eines Kaltadress-Mailings, die in Deutschland i. d. R. bei 1 % (in der Schweiz bei 2 %) liegt. Bei der Neuspendergewinnung durch Mailings (siehe Abschn. 2.1.3.2.1) können neben Kaltadressen also durchaus auch die Adressen von Anlassspendern getestet werden. Sie müssen nicht gemietet werden und haben bereits einen Bezug zur Organisation.

Übrigens kann eine gemeinwohlorientierte Organisation nicht nur natürliche sondern auch juristische Personen, insbesondere Unternehmen (siehe Abschn. 3.2.1.1) bitten, für sie Anlassspenden einzuwerben. Als Anlässe eignen sich bei Unternehmen insbesondere Firmenjubiläen.

Im Rahmen des **Fundraising-Mix** der Anlassspende könnten theoretisch alle zielgruppenadäquaten Kommunikationskanäle der Direktwerbung (siehe Abschn. 2.6.5) und der Dialogwerbung (siehe Abschn. 2.6.6) genützt werden, auch im Online-Fundraising (siehe Abschn. 2.7). In der Praxis liegt der Schwerpunkt jedoch auf der Kommunikation über eigene Kommunikationskanäle (siehe Abschn. 2.6.7).

Offline sind zentrale **eigene Kommunikationskanäle** eine oder mehrere Zeitschriften, die eine Organisation für ihre verschiedenen Stakeholder (Mitarbeiter, Ehrenamtliche, Freiwillige, Spender, Mitglieder, Klienten etc.) herausgibt. Darin kann im Idealfall in einem redaktionellen Beitrag (z. B. in Form eines Interviews mit einem Testimonial), zumindest aber mit einer **Anzeige**, für Anlassspenden zugunsten der Organisation geworben werden. Alternativ sind auch **Beileger** und **Beihefter** denkbar.

> **Beispiel**
>
> Das Missionswerk *missio* weist in einem Flyer auf die Möglichkeit von Anlassspenden hin (siehe Abb. 2.77 und 2.78). Interessierte können sich von *missio* das für Anlassspenden benötigte Material auf dem Postweg zuschicken lassen: Spendentüten (in die Anlassspender ihren Geldbetrag legen können), eine Spendenbox (in die die Spendentüten geworfen werden können), eine Spenderliste (in die sich Anlassspender eintragen können, wenn Sie Informationen und/oder eine Zuwendungsbestätigung wünschen) und Informationsmaterial (für die Anlassspender). Dieser Flyer wird als **Beileger** in Zeitschriften ebenso verschickt wie zusammen mit der Zuwendungsbestätigung für das Vorjahr.

Abb. 2.77 Beileger Anlassspende (Vorderseite). (Quelle: Beileger von *missio München*)

Ebenso können (potenzielle) Jubilare in einem speziellen **Eigenadress-Mailing** (siehe Abschn. 2.5.2.1) über die Möglichkeit der Anlassspende informiert werden. Am erfolgversprechendsten ist dies natürlich, wenn man in seiner Fundraising-Datenbank (siehe Abschn. 2.1.8) die Geburtstage der Angeschriebenen abgespeichert hat, und sie dann im Vorfeld eines runden Geburtstags kontaktiert. In der Regel verfügen Fundraiser nicht über die Geburtsdaten (aller) ihrer Spender, in Ausnahmefällen aber schon.

Beispiel

Die Hilfsorganisation *Die Johanniter* kennt die Geburtsdaten vieler ihrer Fördermitglieder. Alle Fördermitglieder, bei denen ein runder Geburtstag ansteht, werden zwei Monate davor mit einem **Mailing** auf die Möglichkeit der Anlassspende hingewiesen. Erfahrungsgemäß liegt die Response-Quote derer, die auf das Mailing hin Kontakt mit der Organisation aufnehmen, bei etwa 3 %.

▶ **Tipp für kleinere Organisationen** Bei den Anlassspenden wird das wachsende Potenzial derzeit bei Weitem nicht voll ausgeschöpft. Nur die wenigsten Organisationen bieten Anlassspenden wirklich systematisch an. Überlassen Sie dieses relativ leicht zu erschließende Potenzial nicht nur den großen Organisationen! Gerade für kleinere Organisationen ist dies eine günstige und relativ einfach zu erschließende Einnahmequelle.

2.3 Produkt- und Programmpolitik

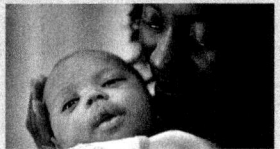

Abb. 2.78 Beileger Anlassspende (Rückseite)

Auch im Rahmen einer **Spenderbefragung** (siehe Abschn. 6.1.2.7) kann der Befragte auf sein Interesse an Anlassspenden angesprochen werden.

Bei den **eigenen Online-Kommunikationskanälen** kann auf der Website, den Social Media Sites, in einer E-Mail sowie in der E-Mail-Signatur aller (haupt- und ehrenamtlichen) Mitarbeiter für eine Anlassspende geworben werden.

Beispiel

Das Kinderhilfswerk *SOS Kinderdorf* informiert auf seiner **Website** strukturiert und anschaulich über den gesamten Prozess im Zusammenhang mit einer Anlassspende. Eine erläuternde Grafik steht als PDF-Datei zum Download zur Verfügung. Vorbildlich: Der Nutzen für den Jubilar wird explizit angesprochen: „Ihr Gewinn – Sie teilen Ihr Glück mit Kindern, Jugendlichen und Familien, die Hilfe brauchen. Wir unterstützen Sie gerne bei der Planung und mit Materialien" (siehe Abb. 2.79). Die beiden Ansprechpartnerinnen für Anlassspenden werden mit Namen und Bild vorgestellt.

Beispiel

Die Hilfsorganisation *Deutsches Rotes Kreuz* bittet in einer **E-Mail** unter dem Motto *Spenden statt Blumen und Präsente* um Anlassspenden (siehe Abb. 2.80).

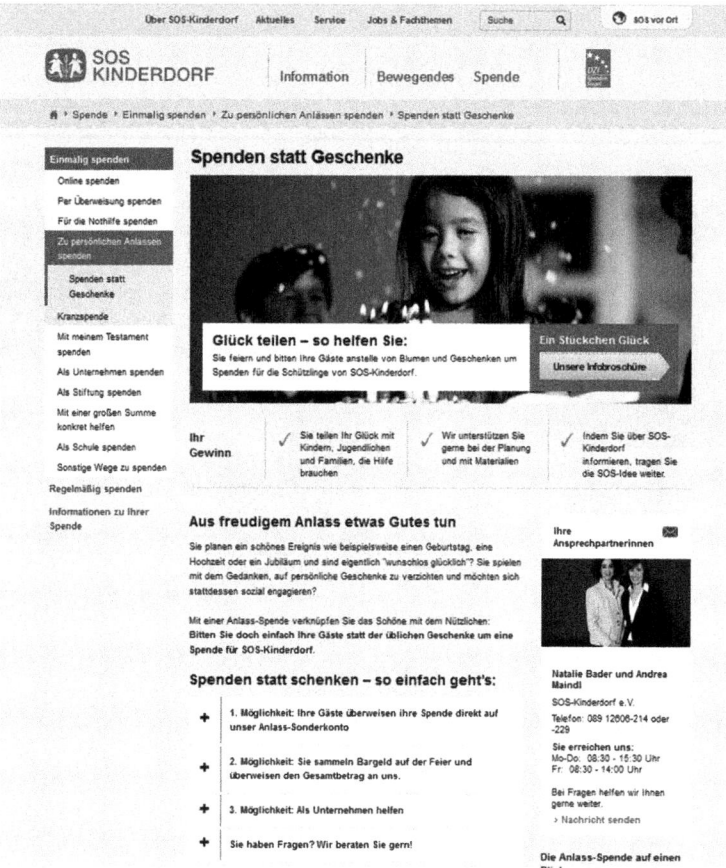

Abb. 2.79 Kommunikation der Anlassspende auf der Website. (Quelle: sos-kinderdorf.de/portal/spende/einmalig-spenden/besondere-spenden-anlaesse/spenden-statt-geschenke (Zugriff am 16.03.2018))

Eine besondere Erscheinungsform der Anlassspende ist die **Trauerspende**, auch Kondolenzspende, Grabspende oder Kranzspende genannt. Zum Anlass einer Beerdigung wird (in der Todesanzeige) gebeten, von Blumen und Kränzen bei einer Beerdigung abzusehen. Vielmehr soll der Gegenwert einer gemeinwohlorientierten Organisation zugutekommen, der der Verstorbene nahestand. *Müllerleile* weist in diesem Zusammenhang auf die Bedeutung der Beerdigungsinstitute als Multiplikatoren hin. Sie spielen bei der Beratung Trauernder eine wichtige Rolle in allen Fragen, die mit der Beisetzung zusammenhängen. Beerdigungsinstitute sollten deshalb regelmäßig mit Informationen über die Organisation versorgt werden. Dies kann durch Mailings, noch besser aber durch persönliche Besuche (ehrenamtlicher) Mitarbeiter der Organisation erfolgen. Die Anschriften der Beerdigungsinstitute finden sich im Internet und über den Adresshandel. Um der Organisation Schwierigkeiten bei der Zuordnung verschiedener Trauerspenden zu ersparen, empfiehlt sich, ein

2.3 Produkt- und Programmpolitik

Sehr geehrter Herr Urselmann,

in über 50 Ländern ist das Deutsche Rote Kreuz im Einsatz. Neben der Katastrophenhilfe leitet das DRK langfristige Entwicklungszusammenarbeit, um den Menschen in Krisengebieten zu einer selbstbestimmten Zukunft zu verhelfen. Hierzu zählen u. a. Gesundheits-, Wasser-, Hygiene- sowie Katastrophenversorgungsprojekte.

Eine Möglichkeit gemeinsam anderen Menschen zu helfen sind Anlass-Spenden. Es gibt viele gute Gründe, einen Anlass gebührend zu feiern: z.B. einen Geburtstag, eine Geburt, Hochzeit, Taufe, Konfirmation oder ein Jubiläum. Bitten Sie Ihre Gäste an Stelle von Präsenten um Spenden für die weltweiten Hilfseinsätze des DRK.

Wir unterstützen Sie gern dabei, wenn Sie Spendenaktionen zusammen mit Ihren Angehörigen, Freunden oder Gästen planen.

Abb. 2.80 Kommunikation der Anlassspende in einer E-Mail. (Quelle: E-Mail des *DRK*)

eigenes Konto für Kondolenzspenden einzurichten. Die Angehörigen des Verstorbenen sollten eine Liste mit den Namen aller Spender und dem Gesamtbetrag aller Spenden erhalten, aus datenschutzrechtlichen Gründen jedoch nicht die einzelnen Spendenbeträge. Die Organisation bedankt sich unter Beilage einer Zuwendungsbestätigung bei allen Spendern, von denen eine vollständige Adresse vorliegt. Unvollständige Adressen werden auf der Spenderliste, die die Angehörigen erhalten, entsprechend vermerkt. Oft können nachträglich noch unvollständige Adressen rekonstruiert werden. Einige Organisationen setzen die so gewonnen Adressen (aus Pietätsgründen) erst nach einer Sperrfrist von drei Monaten in ihrem regulären Mailing-Zyklus ein. Andere verzichten ganz darauf, weil erfahrungsgemäß bei Kondolenzspendern kein längerfristiges Interesse an der Organisation besteht.[40]

---

[40] Vgl. Müllerleile, Christoph: Auch Bestattungsunternehmen beraten Spender, in: BSM-Newsletter, Heft 1/1998, S. 14 f.

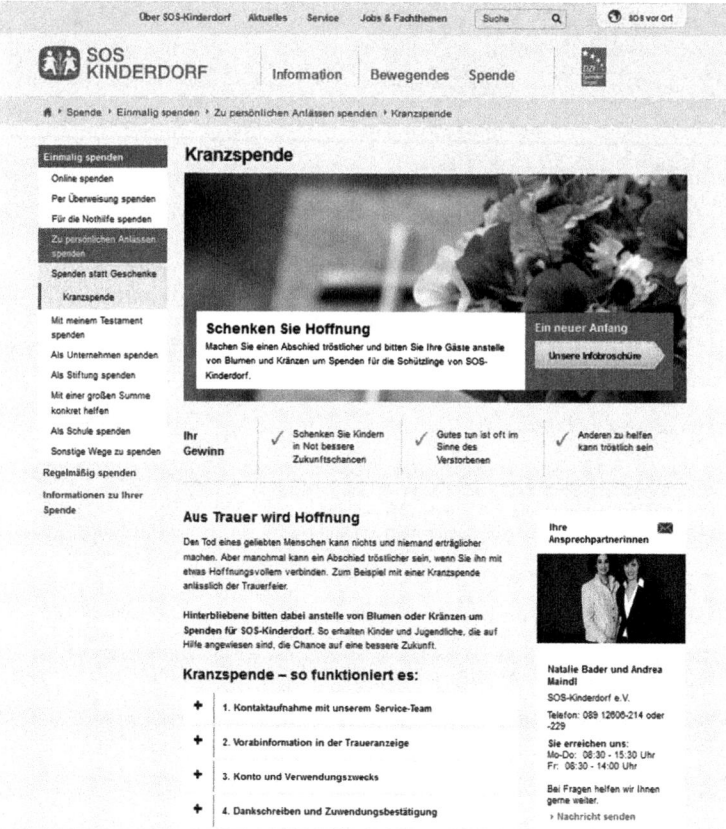

Abb. 2.81 Kommunikation der Trauerspende auf der Website. (Quelle: sos-kinderdorf.de/portal/spende/einmalig-spenden/besondere-spenden-anlaesse/kranzspende (Zugriff am 16.03.2018))

> **Beispiel**
> Das Kinderhilfswerk *SOS Kinderdorf* informiert auf seiner Website strukturiert und anschaulich über den gesamten Prozess im Zusammenhang mit einer Kranz- bzw. Trauerspende. Ein Infoblatt *Kranzspende – Wenn aus Trauer Hoffnung wird* steht als pdf-Datei zum Download zur Verfügung. Vorbildlich: Der Nutzen für die Kranzspender wird explizit angesprochen: „Gutes tun ist oft im Sinn des Verstorbenen! Anderen zu helfen kann tröstlich sein!" (siehe Abb. 2.81). Die beiden Ansprechpartnerinnen für Kranzspenden werden mit Namen und Bild vorgestellt.

2.3.3.4 Sonderform Spendenaktion

Eine Weiterentwicklung und Verallgemeinerung der Idee der Anlassspende stellt die **Spendenaktion** dar. Während sich die Anlassspende noch auf einen besonderen Anlass im Leben einer Privatperson (z. B. 75. Geburtstag) oder eines Unternehmens (z. B. 75-

2.3 Produkt- und Programmpolitik

jähriges Firmenjubiläum) bezieht, kann eine Spendenaktion von einer Privatperson (oder einem Unternehmen, siehe Abschn. 3.2.4) **jederzeit** und **zu jedem beliebigen Anlass** (oder umgekehrt ausgedrückt: ohne besonderen Anlass) gestartet werden. So startet eine Privatperson beispielsweise nicht mehr nur anlässlich ihres Geburtstages eine Anlassspendenaktion, sondern auch eine Spendenaktion anlässlich ihrer Teilnahme an einem Marathon-Lauf, oder anlässlich ihrer Einladung zu einem Abendessen, oder auch einfach nur anlässlich eines speziellen Projektes einer Organisation, das ihr besonders am Herzen liegt. Dabei verschwimmen die Grenzen zwischen einer Anlassspende einerseits und einer Spendenaktion andererseits immer mehr. Letztlich dürfte sich die Spendenaktion durchsetzen, da sie umfassendere Möglichkeiten bietet als die Anlassspende. In der Fundraising-Praxis werden beide Begriffe heute teilweise schon synonym verwendet.

Das Internet hat der Spendenaktion zum Durchbruch verholfen. Im Internet kann jedermann, jederzeit für jeden Anlass zugunsten jeder Organisation eine Spendenaktion starten. Voraussetzung ist freilich, dass eine Organisation auf ihrer Website die technischen Voraussetzungen in Form eines Online-Formulars für die Durchführung einer Spendenaktion anbietet.

> **Beispiel**
>
> Die Kinderhilfsorganisation *Kindernothilfe* kommuniziert auf ihrer Website die Möglichkeit für jedermann, eine Spendenaktion zugunsten der Kindernothilfe im Allgemeinen (Spenden ohne Zweckbindung) oder zugunsten eines speziellen Projektes (Spenden mit Zweckbindung) zu starten (siehe Abb. 2.82). Eine Kurzbeschreibung zur Vorgehensweise steht als PDF-Datei zum Download bereit. Bei Fragen kann die zuständige Ansprechpartnerin per Telefon oder E-Mail kontaktiert werden. Startet jemand eine Spendenaktion, so wird zunächst eine individuelle Spendenseite mit Aktionstitel, Aktionsbeschreibung, Spendenziel (in €), Kategorie („Persönlicher Anlass", „Sport", „Kreativ", „Unternehmen" und „In Gedenken an"), Foto der Person und Dankesnachricht angelegt. Anschließend kann die neu angelegte Spendenaktion über Social Media (siehe Abschn. 2.7.1.3) kommuniziert werden.

Online-Formulare für die Durchführung einer Spendenaktion werden von denselben Dienstleistern angeboten, die auch Online-Spendenformulare (siehe Abschn. 2.7.1.1) anbieten. Einen geeigneten Dienstleister findet man über die Dienstleisterliste des jeweiligen Fundraising-Verbandes. Seit 2017 bietet auch *Facebook* gemeinnützigen Organisationen die Möglichkeit, auf ihrer Fanpage mit einem eigenen Button „Spendenaktion erstellen" Besucher zu bitten, eine Spendenaktion zugunsten der Organisation zu starten (siehe Abschn. 2.7.1.3).

Wie auch bei der Anlassspende, ist der Initiator einer Spendenaktion nicht (unbedingt) selbst Spender. Vielmehr stellt er sich als freiwilliger Fundraiser für die Organisation zur Verfügung, der als Mittler seine Verwandten, Freunde, Bekannten, Nachbarn, Mitschüler, Kollegen etc. auf eine Spende anspricht. Da man Gleiche als Gleiche anspricht, wird im Zusammenhang mit der Spendenaktion auch von **Peer-to-Peer-Fundraising** gesprochen.

Abb. 2.82 Spendenaktion. (Quelle: kindernothilfe.de/spendenaktionen.html (Zugriff am 16.03. 2018))

Der Hauptvorteil liegt darin, dass nicht die Organisation direkt, sondern über den Initiator einer Spendenaktion indirekt um Spenden bittet. Letzterer genießt in seiner Peergroup höhere Bekanntheit und i. d. R. auch höheres Vertrauen als die Organisation. Gerade für jüngere Zielgruppen ist die Spendenaktion ein interessantes Produkt. Zum einen verfügen sie zwar noch nicht über hohe eigene finanzielle Mittel, dafür aber über soziale Beziehungen. Gerade ihre Verwandten (Eltern, Großeltern, Onkel und Tanten) könnten – durch sie individuell angesprochen – Bereitschaft zeigen, an einer Spendenaktion teilzunehmen. Zum anderen sind jüngere Zielgruppen internetaffiner und verfügen über die nötigen Internet-Kompetenzen. Das Potenzial für Peer-to-Peer-Fundraising ist enorm und bei weitem noch nicht ausgeschöpft. Es dürfte – wie auch alle anderen Bereiche des Online-Fundraising (siehe Abschn. 2.7) – in den nächsten Jahren noch stark an Bedeutung gewinnen!

2.3 Produkt- und Programmpolitik

Laut *Digital Giving Index* des *Network for Good* kamen in den USA schon im Jahr 2015 fast ein Viertel (24 %) aller Online-Spenden über Peer-to-Peer-Fundraising.

> **Beispiel**
>
> Besonders erfolgreich wurde Peer-to-Peer-Fundraising von Barack Obama in seinen Präsidentschaftswahlkämpfen eingesetzt. 2012 mobilisierten seine ehrenamtlichen Helfer insbesondere über Social Networks in ihrem Freundes- und Bekanntenkreis ca. 4,2 Mio. Kleinspender.

Wenn die angesprochenen Freunde, Bekannten und Verwandten den Hinweis auf eine Spendenaktion ihrerseits an ihre Freunde, Bekannten und Verwandten weiterleiten, entsteht ein „Schneeballeffekt". Da eine solche Verbreitung einer epidemischen Verbreitung ähnelt, spricht man im Marketing von einem viralen Effekt bzw. auch gleich von Viral-Marketing. Nutzt man den Effekt im Fundraising, kann man in Analogie von **Viral-Fundraising** sprechen.

> **Beispiel**
>
> Das vielleicht prominenteste Beispiel für erfolgreiches Viral-Fundraising dürfte die *Ice-Bucket-Challenge* im Sommer 2014 zugunsten der *ALS Association* sein, die die Nervenkrankheit Amyotrophe Lateralsklerose (ALS) erforscht und bekämpft. Promis: George W. Bush, Bill Gates, Mark Zuckerberg. Bei der Eiskübelherausforderung wird eine Person von einer anderen Person aufgefordert, entweder die Herausforderung (Challenge) anzunehmen, oder an die *ALS* zu spenden. Nimmt die Person die Herausforderung an, wird sie dabei gefilmt, wie sie sich einen Eimer Eiswasser (mit Eiswürfeln) über den Kopf schüttet. Im Video werden drei Personen nominiert, die wiederum die Herausforderung annehmen oder spenden. Das Video wird über Facebook und Twitter viral verbreitet. Durch die Spendenaktion konnte allein in den USA über 94,3 Mio. $ gesammelt werden.

Im Rahmen des **Fundraising-Mix** der Spendenaktion könnten theoretisch alle zielgruppenadäquaten Kommunikationskanäle der Direktwerbung (siehe Abschn. 2.6.5) und der Dialogwerbung (siehe Abschn. 2.6.6) genützt werden, insbesondere im Online-Fundraising (siehe Abschn. 2.7). In der Praxis liegt der Schwerpunkt jedoch auf der Kommunikation über eigene Kommunikationskanäle (siehe Abschn. 2.6.7), insbesondere **eigene Online-Kommunikationskanäle**. Die Möglichkeit, eine Spendenaktion zu starten, wird v. a. auf der **Website** (siehe Abb. 2.82 und Abschn. 2.7.1.2) und den **Social Media Sites** einer Organisation beworben. *Facebook* bietet neben dem Spenden-Button mittlerweile auch einen eigenen Call-to-Action-Button „Spendenaktion erstellen" an (siehe Abb. 2.83 und Abschn. 2.7.1.3). Seltener wird eine Spendenaktion über eine **E-Mail** (siehe Abschn. 2.7.2.4) oder in der **E-Mail-Signatur** aller (haupt- und ehrenamtlichen) Mitarbeiter einer Organisation kommuniziert.

Abb. 2.83 Kommunikation Spendenaktion der Kindernothilfe auf Facebook

2.3.4 Dauerspende

Welche Entscheidungen sind im Rahmen der Produktpolitik rund um das Spendenprodukt **Dauerspende** zu fällen? Zu entscheiden ist insbesondere, welche Nutzenkategorien für den Dauerspender in den Vordergrund gestellt werden sollen, um nach Möglichkeit sogar eine Alleinstellung (USP) gegenüber konkurrierenden Organisationen zu erreichen.

2.3.4.1 (Förder-)Mitgliedschaft

Das klassische Spendermotiv eines Dauerspenders dürfte der Wunsch nach Zugehörigkeit sein. Durch eine **Mitgliedschaft** (*mit* Stimmrecht in der Mitgliederversammlung) bzw. **Fördermitgliedschaft** (*ohne* Stimmrecht) zeigt ein Dauerspender sein nachhaltiges Interesse, Teil der Organisation sein zu wollen. Darüber hinaus kann die Übernahme einer Dauerspende bei bestimmten Organisationen aus dem Rettungswesen (*Deutsches Rotes Kreuz, Malteser Hilfsdienst, Die Johanniter, ASB Arbeiter-Samariter-Bund, DRF Luftrettung* u. a.) auch durch das Grundbedürfnis nach Sicherheit motiviert sein. So finanziert ein (Förder-)Mitglied des DRK die Rettungswagen mit, die er vielleicht eines Tages selbst benötigen könnte. Wie bereits erwähnt, ist dabei jedoch stets darauf zu achten, dass einem Dauerspender kein geldwerter Vorteil als Gegenleistung für seine Dauerspende versprochen werden darf, da eine Spende immer selbstlos zu erfolgen hat. Umfasst eine (Förder-)Mitgliedschaft einen geldwerten Vorteil als Gegenleistung für das Mitglied, so kann nicht der gesamte Mitgliedsbeitrag als Dauerspende angesehen werden. Vielmehr ist der auf den geldwerten Vorteil entfallende Anteil in der Zuwendungsbestätigung herauszurechnen.

2.3.4.2 Patenschaft

Zu den genannten Grundnutzen kommen bei einer Dauerspende oft noch Zusatznutzen hinzu. Insbesondere wird auf die höhere Bequemlichkeit und Kosteneffizienz einer Dauer-

2.3 Produkt- und Programmpolitik

spende durch Lastschrifteinzug bzw. Dauerauftrag abgestellt. Bei Dauerspenden in Form einer **Patenschaft** (egal ob für Kinder, Projekte oder Tiere) wird auch bewusst der verbreitete Wunsch nach möglichst konkreten und unmittelbaren Formen der Hilfe aufgegriffen.

2.3.4.3 Sonderform Spenderdarlehen

Eine Sonderform der Dauerspende stellt das **Spenderdarlehn** dar. Handelt es sich beim Spender um einen Stifter, wird auch von einem **Stifterdarlehn** gesprochen.

> **Beispiel**
>
> Förderer können der *Kindernothilfe Stiftung* leihweise ein zinsloses Darlehen ab einer Summe von 10.000 € zur Verfügung stellen (siehe Abb. 2.84). Über den jeweiligen Betrag wird ein Darlehensvertrag zwischen dem Förderer und der *Kindernothilfe Stiftung* abgeschlossen. Die Rückzahlung wird durch eine Bankbürgschaft abgesichert. Die *Kindernothilfe* legt das Geld sicher und risikoarm an und nutzt die Zinsen für ihre Kinderhilfsprojekte weltweit. Da die Zinsen bei einer steuerbegünstigten Organisation anfallen, wird auf die Zinserträge keine Abgeltungssteuer fällig (dies bedeutet umgekehrt jedoch auch, dass der Förderer seine Zinsspenden nicht steuerlich geltend machen

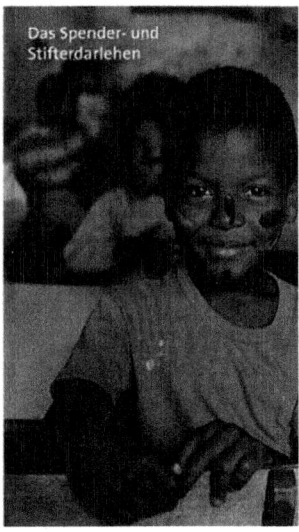

Abb. 2.84 Flyer Spender- und Stifterdarlehen. (Quelle: Kindernothilfe)

kann). Dafür kann der Förderer jederzeit durch die Kündigung des Darlehensvertrages kurzfristig wieder über sein Vermögen verfügen. Damit ist er einerseits gegen mögliche Notlagen abgesichert und stellt andererseits die Erträge seines Vermögens dauerhaft für den guten Zweck zur Verfügung.

Das Spenderdarlehn ist somit eine Sonderform der Dauerspende, der es besonders gut gelingt, das Sicherheitsbedürfnis eines Dauerspenders zu Lebzeiten zu befriedigen, da das Geld jederzeit zurückgefordert werden könnte. Oft wird das Spenderdarlehn insofern mit einer späteren Testamentspende verknüpft, als der Förderer testamentarisch verfügen kann, dass sein Darlehn im Falle seines Todes endgültig auf die Organisation übergeht. Diese Konstruktion wird gerne und oft genutzt.

2.3.5 Großspende

Um seinen überdurchschnittlichen Preis (siehe Preispolitik zur Großspende, Abschn. 2.4.4) zu rechtfertigen, sollte das Spendenprodukt **Großspende** so stark wie möglich individualisiert und so wenig wie nötig standardisiert werden. Wie in Abschn. 2.1.6.1 bereits ausgeführt, kann es – je nach Größe einer Organisation – sinnvoll sein, nur eine Großspenderkategorie (Top Donor) zu definieren, oder aber zwei Großspenderkategorien (Top Donor und Major Donor) oder gar drei Großspenderkategorien (Top Donor, Major Donor, High Donor). Für jede Großspenderkategorie ist im Rahmen der Produktpolitik der Grad der Individualisierung bzw. Standardisierung in der Betreuung festzulegen.

2.3.5.1 Top Donor

Auf der Ebene der Top Donor ist im Idealfall ein individuelles Produkt zu entwickeln. Um auf die spezifische Ausgangssituation eines (potenziellen) Top Donor bzgl. seiner Bedürfnisse, Werte und (Spender-)Motive so individuell wie möglich eingehen zu können, sind nach eingehender Beratung (möglichst im persönlichen Gespräch) gemeinsam mit dem Top Donor die folgenden Entscheidungen rund um das Produkt Großspende so zu fällen, dass eine für beide Seiten befriedigende Win-win-Situation zwischen Großspender und Organisation entsteht:

- Welches Projekt ist für den Top Donor und die Organisation gleichermaßen wichtig und interessant?
- Großspende nur zur Anschubfinanzierung oder zur nachhaltigen Finanzierung eines Projekts?
- Großspende zur zeitnahen Mittelverwendung oder als (Zu-)Stiftung?
- Großspende aus Einkommen oder Vermögen?
- Welches Großspendenprodukt ermöglicht eine steuerliche Optimierung?
- Wie viel soll schon zu Lebzeiten, wie viel erst von Todes wegen gegeben werden?

2.3 Produkt- und Programmpolitik

Im Rahmen der Produktpolitik ist auch zu entscheiden, welche angemessenen Nutzenkategorien einem Top Donor angeboten werden können. Zentrales Spendermotiv könnte der Wunsch nach **Einflussnahme** und Übernahme von **Verantwortung** sein. Über sein finanzielles Engagement hinaus, könnte ein Top Donor in diesem Zusammenhang auch an einer (beratenden) Mitarbeit (im Kuratorium oder einem anderen wichtigen Gremien der Organisation) interessiert sein.

> **Beispiel**
> Ein erfolgreicher mittelständischer Unternehmer, der sich frühzeitig zur Ruhe setzen konnte, engagiert sich zusätzlich zu finanziellen Großspenden auch ehrenamtlich im Großspender-Fundraising eines großen deutschen Hilfswerkes. Hier kann er seine langjährigen beruflichen Erfahrungen sowie seine Kontakte zu Entscheidern in der Wirtschaft sehr fruchtbar einbringen.

Ein weiteres, wichtiges Spendermotiv von Top Donor könnte der Wunsch nach **Anerkennung** sein, der auf dem Grundbedürfnis nach Wertschätzung fußt. Hier kann einem Top Donor Namengebung angeboten werden, bei der einzelne Räume, Gebäude oder sogar eine ganze Hochschule oder Klinik nach einem Großspender benannt wird. Andere Organisationen verewigen ihre Top Donor auf Tafeln oder gar Wandmosaiken (siehe Abb. 2.85).

Anerkennung kann auch mit der Verleihung von (Ehren-)Titeln für Großspender erreicht werden. So verleiht eine amerikanische Universität ihren Top Donor beispielsweise folgende Titel[41]:

Abb. 2.85 Verewigung von Top Donor auf einem Wandmosaik. (Quelle: Eigenes Foto)

---

[41] Vgl. Altizer, Anne W.: Seeking Major Gifts – How 57 Institutions Do It, Washington 1993, S. 12.

- *Principal* für Spenden über 5 Mio. $
- *Leadership* für Spenden zwischen 1 und 5 Mio. $
- *Major* für Spenden zwischen 100.000 und 1 Mio. $

In Deutschland sind Titel wie (Ehren-)Senator oder Mitglied des Kuratoriums denkbar.

Auch das Spendermotiv der **Zugehörigkeit** kann für Top Donor von Bedeutung sein. Viele Großspender haben bereits ein fortgeschrittenes Alter erreicht, was oft mit einer abnehmenden Anzahl verbliebener Sozialkontakte einhergeht. Der persönliche Kontakt zum Großspender-Fundraiser in Form von Weihnachts-, Geburtstags- und Urlaubsgrüßen sowie gelegentlichen Anrufen schützt den Top Donor vor zunehmender sozialer Isolation. Im Extremfall ist ein Fundraiser einer der letzten verbliebenen Sozialkontakte. Dann ist auch mal eine wichtige Eigenschaft gefragt: Zuhören können!

2.3.5.2 Major Donor und High Donor

Hat eine Organisation zusätzlich zu den Top Donor noch eine weitere Kategorie Major Donor oder gar eine dritte Kategorie High Donor definiert, so können diese als eigene Produkte betrachtet werden, für die eigene produktpolitische Entscheidungen bzgl. adäquater Grund- und Zusatznutzen zu treffen sind. Diese unterscheiden sich zwar nicht wesentlich von denen eines Top Donor, müssen aber aufgrund der geringeren Jahresspendensummen stärker standardisiert werden, um geringere Kosten zu verursachen.

Aus den Ausführungen dieses und des vorangegangenen Kapitels wird deutlich, welch hohe Bedeutung einer kompetenten Beratung des Großspenders bei der Definition eines Großspendenproduktes, oft an der Schnittstelle zur Definition eines Testamentspendenprodukts (siehe nächstes Kapitel), zukommt. Über einzigartige Kompetenz bei dieser Serviceleistung kann eine Organisation ein Alleinstellungsmerkmal (USP) entwickeln.

> **Beispiel**
>
> Die Entwicklungsorganisation *Welthungerhilfe* hat sich eine umfangreiche Beratungskompetenz rund um die Definition verschiedenster Großspenden- und Testamentspendenprodukte erworben, und bietet diese unter einer eigenständigen Marke *Philanthropie plus X* an.
>
> Voraussetzung für kompetente Beratung ist, dass die zuständigen Großspender-Fundraiser einer Organisation über die erforderlichen Qualifikationen und Erfahrungen verfügen, oder in die Lage versetzt werden, sie erwerben können. Dabei unterstützt seit 2013 das *Major Giving Institute* (www.major-giving-institute.org), das entsprechende Schulungen anbietet. Zudem ist aus standesrechtlichen Gründen oft erforderlich, ein Netzwerk aus externen Spezialisten (Anwälte für Erbrecht, Anwälte für Stiftungsrecht, Steuerberater, Vermögensverwalter etc.) aufzubauen, die eine entsprechende Beratung durchführen dürfen.

2.3.5.3 (Zu-)Stiftung zu Lebzeiten

Wie bereits in Abschn. 2.1 erwähnt, unterliegen Spenden dem Gebot der zeitnahen Mittelverwendung. Sie sind also kurzfristig (bis zum 31.12. des übernächsten Jahres) satzungsgemäß auszugeben. Dies gilt selbstverständlich auch und gerade für Großspenden. Da viele (potenzielle) Großspender ihr Vermögen jedoch als ihr materialisiertes Lebenswerk betrachten, entspricht es manchmal nicht ihren Bedürfnissen, dass eine Organisation ihre Großspende kurzfristig einsetzen muss. Auch kann es passieren, dass eine Organisation mit einer (bedeutenden) Großspende insofern überfordert wäre, als sie sie gar nicht sinnvoll zeitnah verwenden könnte. In solchen Situation kann es Großspendern viel lieber sein, wenn sie die Organisation langfristig und nachhaltig unterstützen könnten. Hierfür bietet sich das Konstrukt einer **Stiftung** (siehe Kap. 4) an, bei der sich das Gebot der zeitnahen Mittelverwendung nur auf die Stiftungserträge bezieht. Das Grundstockvermögen selbst ist i. d. R. langfristig zu erhalten. Ein Großspender kann eine Organisation dadurch nachhaltig unterstützen, dass er seine Zuwendung nicht als Spende (die dann der zeitnahen Mittelverwendung unterliegen würde) an den Verein gibt, sondern als **Zustiftung** in das Grundstockvermögen einer Stiftung, die vom Verein einzig mit dem Zweck errichtet wurde, mit ihren Stiftungserträgen wiederum die Arbeit des Vereins nachhaltig zu unterstützen.

Ist dem Großspender (hier: dem Zustifter) das Motiv der Anerkennung wichtig, so kann ihm (sinnvollerweise erst ab einer bestimmten Höhe der Zuwendung) angeboten werden, einen **Stiftungsfonds** zu errichten. Ein Stiftungsfonds ist „eine Zustiftung in das Grundstockvermögen einer Stiftung mit der Auflage (Zweckbindung) des Zustifters, die Erträge aus dem Zustiftungsbetrag für einen bestimmten Zweck oder Teilzweck aus den satzungsgemäßen Zwecken der Stiftung zu verwenden."[42] Ein Stiftungsfonds kann den Namen des (Zu-)Stifters tragen und ihn somit verewigen. Hat eine Organisation bislang noch keine Stiftung errichtet, könnte die Zuwendung des Großspenders als Grundstock für die Errichtung einer Stiftung herangezogen werden.

> **Beispiel**
>
> Die Kinderhilfsorganisation *Kindernothilfe* hat 1999 die *Kindernothilfe Stiftung* errichtet. Jedes Jahr fließen die Erträge aus der Stiftung in Projekte des Vereins. Wer einen größeren Betrag lieber stiften als spenden möchte, dem bietet die *Kinderhilfe* folgende Alternativen an:
>
> - Errichtung einer Treuhandstiftung (siehe Abschn. 4.1),
> - Errichtung eines Stiftungsfonds,
> - Zustiftung in den Grundstock der *Kindernothilfe Stiftung*,
> - Zustiftung in bestimmte Themenfonds (z. B. Mädchenförderung),
> - Stifterdarlehen (siehe Abschn. 2.3.4.3),
> - (Zu-)Stiften von Todes wegen (siehe Abschn. 2.3.6.4).

---

[42] Schiffer, Jan K. (Hrsg.): Die Stiftung in der Beraterpraxis, 3. Aufl., (Deutscher Anwaltverlag) Bonn 2012.

Die Vermarktung der verschiedenen Produkte der (Zu-)Stiftung erfolgt über Online-Vertrieb, Postvertrieb und persönlichen Vertrieb (siehe Abschn. 2.5). Für die Kommunikation der verschiedenen Produkte der (Zu-)Stiftung und ihrer Vertriebswege nutzt die Kindernothilfe verschiedene Kommunikationskanäle wie z. B. Flyer, Broschüren, Mailings, Anzeigen, redaktionelle Beiträge im Kindernothilfe-Magazin (siehe Abschn. 2.6).

Eine weitere wichtige Nutzenkategorie im Zusammenhang mit der Entscheidung zwischen (Groß-)Spende und (Zu-)Stiftung ist die steuerliche Abzugsfähigkeit. Eine (Groß-)Spende ist nach § 10b Abs. 1 S. 1 EStG steuerlich abzugsfähig bis zu einer Höhe von 20 % des Gesamtbetrages der Einkünfte eines (Groß-)Spenders.

Beispiel

Der Gesamtbetrag der Einkünfte eines Großspenders beträgt 75.000 €. Steuerlich voll abzugsfähig sind demnach Spenden bis zu einer Höhe von maximal 15.000 € (20 % von 75.000 €).

Möchte ein Großspender einen Betrag zuwenden, der 20 % des Gesamtbetrages seiner Einkünfte übersteigt, so kann er seine Zuwendung entweder auf mehrere Jahre verteilen, oder den Sonderausgabenabzug gemäß § 10b Abs. 1a S. 1 EStG für Zuwendungen an Stiftungen in Anspruch nehmen. Danach kann er einer Stiftung in einem Zehnjahreszeitraum einen Betrag von bis zu einer Million Euro (bei Eheleuten gemeinsam zwei Million Euro) zuwenden. Zuwendungen an Stiftungen werden in Deutschland also steuerlich privilegiert.

2.3.5.4 Planned Giving

Aus den vorangegangenen Kapiteln wurde ersichtlich, dass es ein anspruchsvolles Unterfangen ist, einen (potenziellen) Großspender umfassend und kompetent in allen steuerrechtlichen, stiftungsrechtlichen und erbrechtlichen Aspekten zu beraten. Dabei denken im deutschsprachigen Raum (potenzielle) Großspender in Bezug auf ihre Zuwendung(en) oftmals eher zeitpunkt- als zeitraumbezogen, eher an Zuwendungen aus dem Einkommen als aus dem Vermögen, eher an Zuwendungen zu Lebzeiten als von Todes wegen. In den Vereinigten Staaten geht man einen Schritt weiter und versucht, das philanthropische Engagement einer (wohlhabenden) Person nach Möglichkeit über die gesamte Lebensspanne (oder gar dynastisch) zu betrachten und unter Berücksichtigung der verschiedenen Lebensphasen eines Menschen (Familienphase, Berufsphase, Ruhestandsphase, Pflegephase etc.) zu planen und zu optimieren. Die Amerikaner sprechen von **Planned Giving**. Wer es gewöhnt ist, seine Vermögenssituation von Vermögensverwaltern, Steuerberatern und spezialisierten Anwälten optimieren zu lassen, für den ist es nur ein kleiner Schritt, dabei auch gleich sein philanthropisches Engagement (falls gewünscht) mit optimieren zu lassen. Die beratenden Dienstleister unterbreiten dann Vorschläge, in welcher Lebensphase welche (Groß-)Spende bzw. (Zu-)Stiftung unter Berücksichtigung aller (steuer-)rechtlichen Aspekte einen maximalen Effekt im Sinne der individuellen Bedürfnisse einer Person erzielen.

Ein solches Planned Giving kann aber durchaus auch bei weniger wohlhabenden Menschen sinnvoll sein, die dafür keinen eigenen Beraterstab an ihrer Seite haben. Eine entsprechende Beratung bietet dann der Großspender-Fundraiser in Zusammenarbeit mit einem kompetenten Netzwerk aus externen Spezialisten an. Eine solche ganzheitliche Sichtweise, die für die individuelle Situation jedes einzelnen (potenziellen) Großspenders eine maßgeschneiderte Lösung entwickelt, ist in Deutschland leider noch wenig verbreitet. Dies liegt sicherlich zum einen an einer ganz anderen rechtlichen Situation, die Planned Giving in den USA stark fördert. Zum anderen aber auch an einem weiter fortgeschrittenen und umfassenderen Blickwinkel, den viele amerikanische Fundraiser den meisten deutschen Kollegen gegenüber einnehmen.

Ein wichtiger Gedanke des Planned Giving ist es, beim philanthropischen Engagement eines Menschen nicht nur an Zuwendungen aus kurzfristig verfügbarem Bargeld oder bargeldnahem Vermögen (z. B. auf einem Girokonto) zu denken, sondern viel umfassender auch an folgende Formen der Zuwendung:

- Überlassung von Wertpapieren oder deren Fruchterträgen,
- Überlassung von Lebensversicherungen,
- Überlassung von Renten(zusatz)versicherungen,
- Überlassung von Bausparverträgen,
- Überlassung von Grundstücken oder deren Fruchterträgen,
- Überlassung von Privatimmobilien (gegen lebenslanges Wohnrecht) oder deren Fruchterträgen,
- Überlassung von Gewerbeimmobilien oder deren Fruchterträgen,
- Überlassung von Wertgegenständen wie Schmuck, Antiquitäten und Gemälden,
- etc.

Ein weiterer zentraler Gedanke des Planned Giving ist es, in die Planung nicht nur (Groß-)Spenden und (Zu-)Stiftungen zu Lebzeiten einzubeziehen, sondern auch solche von Todes wegen. Diese sollen im Rahmen des nächsten Kapitels näher vorgestellt werden.

2.3.6 Testamentspende

Wie schon die Produkte Großspende bzw. (Zu-)Stiftung, sind auch die Produkte Testamentspende bzw. (Zu-)Stiftung von Todes wegen kaum standardisierbar. Aufgrund der sehr unterschiedlichen Ausgangssituationen der verschiedenen (potenziellen) Testamentspender, ist das Produkt auf die individuellen Bedürfnisse im Einzelfall abzustellen (falls dies nicht schon im Rahmen einer umfassenden Großspenderberatung erfolgt sein sollte). Da eine durchschnittliche **Testamentspende** in einer Größenordnung von etwa 25.000 € liegt (wenngleich sie im Einzelfall deutlich höher liegen kann), ist der hohe Aufwand jedoch allemal gerechtfertigt.

Folgende Entscheidungen sind im Rahmen der Produktpolitik gemeinsam mit dem Testamentspender zu fällen:

- Testamentspende in Form von Erbschaft, Vermächtnis oder Verfügung zugunsten Dritter (zur zeitnahen Mittelverwendung) oder Zustiftung von Todes wegen bzw. Stiftungserrichtung von Todes wegen (siehe folgende Kapitel).
- Berücksichtigung einer oder mehrerer Organisationen?
- Berücksichtigung von Familienangehörigen und Pflichtteilsansprüchen?
- Anordnung von Testamentsvollstreckung?
- etc.

Im Rahmen der Produktpolitik ist ferner zu entscheiden, welche angemessenen Nutzenkategorien einem Testamentspender angeboten werden können. Die im Vorfeld dieser Entscheidungen zu erbringende Beratungsleistung durch den Groß- bzw. Testamentspenden-Fundraiser und sein Expertennetzwerk stellt an sich schon einen ersten, wichtigen Nutzenaspekt für den (potenziellen) Testamentspender dar. Schließlich ermöglicht diese Beratung, den u. U. schon lange gehegten Wunsch eines Spenders nach Klärung aller Fragen rund um seinen Nachlass optimal zu erfüllen.

Hinzu können aber noch eine ganze Reihe weiterer Bedürfnisse und Motive kommen, die im Zusammenhang mit einer Testamentspende von Bedeutung sein können. Zu allererst ist das Sicherheitsbedürfnisses eines Spenders zu berücksichtigen. Im Gegensatz zur Großspende (zu Lebzeiten) erfolgt der Vermögenstransfer bei einer Testamentspende erst nach dem Ableben des Spenders. Zu Lebzeiten bleibt das Vermögen eines Testamentspenders voll erhalten. Im Falle einer möglichen späteren Notlage oder Pflegebedürftigkeit, behält er seine maximal mögliche Versorgungssicherheit. Der **Wunsch nach bestmöglicher Versorgung** kann sich auch darin äußern, dass ein Großspender seine Zuwendung mit Auflagen versehen möchte. Die Organisation soll dann beispielsweise vertraglich zusichern, dass sie den Großspender bis zu dessen Lebensende pflegt, oder sich um einen Angehörigen (z. B. ein behindertes Kind) oder gar um ein Haustier kümmert. Bevor eine Organisation hier leichtfertig weitreichende Verpflichtungen eingeht, muss sie im Vorfeld unbedingt prüfen, ob Aufwand und Ertrag in einem sinnvollen Verhältnis für sie stehen.

> **Beispiel**
>
> Die *Royal Society for the Prevention of Cruelty against Animals* (RSPCA) bietet Haustierbesitzern den kostenlosen Service *Home for Life* an (www.homeforlife.org.uk). Im Falle des Ablebens des Haustierbesitzers kümmert sich RSPCA darum, ein neues angemessenes Heim für das Haustier zu finden.

Bei manchen Testamentspendern reicht der Wunsch, vorzusorgen, noch weiter: Sie möchten schon zu Lebzeiten Fragen der Wohnungsauflösung und der Grabpflege geklärt wissen. Manche möchten verfügen, dass zu bestimmten Zeitpunkten eine Messe für sie gelesen wird.

Ein weiteres, wichtiges Spendermotiv von Testamentspendern könnte der Wunsch nach **Anerkennung** über den Tod hinaus sein, der auf dem Grundbedürfnis nach Wertschätzung fußt. Ein Testamentspender möchte in Erinnerung bleiben („Ein Teil von mir lebt weiter").

Ihm können dann ähnliche Leistungen wie auch schon den Großspendern (siehe vorangegangenes Kapitel) angeboten werden: Namengebung (einer Hochschule, eines Gebäudes, eines Raumes etc.), Verewigung auf einer Tafel oder ein (zu Lebzeiten abgestimmter) Nachruf in Medien der Organisation (z. B. der Spenderzeitschrift).

> **Beispiel**
> Durch eine Kooperation mit der Initiative *FriedWald* bietet die Umweltorganisation *WWF Deutschland* ihren Testamentspendern die Möglichkeit, ihre letzte Ruhestätte an den Wurzeln von Bäumen zu wählen, die sich entlang eines sog. WWF-Pfades an jedem FriedWald-Standort befinden. Die Bäume werden mit einer Plakette gekennzeichnet. Auf Wunsch erwähnt *WWF Deutschland* einen Testamentspender zusätzlich noch in seinem Geschäftsbericht.

Darüber hinaus kann es einem Testamentspender wichtig sein, dass bestimmte Personen das Erbe nicht antreten können. Nicht selten soll erreicht werden, dass diejenigen, die nach gesetzlicher Erbfolge erbberechtigt wären, leer ausgehen bzw. über ihren Pflichtteilsanspruch hinaus nicht berücksichtigt werden.

2.3.6.1 Erbschaft

Im Falle der **Erbschaft** geht nach § 1922 Abs. 1 BGB mit dem Tode des Testamentspenders dessen Vermögen als Ganzes auf die steuerbegünstigte Organisation als Erbin über. Die Organisation tritt somit die Gesamtrechtsnachfolge an. Der Rechtsübergang umfasst sowohl die Aktiva als auch die Passiva des Vermögens des Erblassers (Universalsukzession). Als Erbin muss die bedachte Organisation also auch für Nachlassverbindlichkeiten des Testamentspenders einstehen. Vor der Annahme einer Erbschaft ist deshalb grundsätzlich von der bedachten Organisation zu prüfen bzw. abzuwägen, ob sie das Erbe antreten oder besser ausschlagen sollte.

2.3.6.2 Vermächtnis

Ein **Vermächtnis** (in der Schweiz: **Legat**) ist nach § 1939 BGB ein Vermögensvorteil den ein Erblasser einem anderen zuwenden kann, ohne ihn als Erben einzusetzen. Während ein Erbe das ganze Vermögen (oder einen Teil davon) erbt und zum Gesamtrechtsnachfolger wird, erhält ein Vermächtnisnehmer nur einen Vermögensgegenstand aus dem Nachlass ohne Gesamtrechtsnachfolger zu werden. Verfügt ein Testamentspender in seinem Testament, dass eine steuerbegünstigte Organisation Vermächtnisnehmerin werden soll, so erhält die Organisation also nur einen Vermögensvorteil (i. d. R. einen festgelegten Geldbetrag) ohne weitere Verpflichtungen. Ein Vermächtnis ist von dem oder den Erben vorrangig an den Berechtigten herauszugeben.

2.3.6.3 Vertrag zugunsten Dritter

Bei einem **Vertrag zugunsten Dritter** kann nach § 328 Abs. 1 BGB durch Vertrag eine Leistung an einen Dritten mit der Wirkung bedungen werden, dass der Dritte unmittelbar das Recht erwirbt, die Leistung zu fordern. Ein Vertrag zugunsten Dritter kann auch auf den Todesfall abgeschlossen werden. Dabei erhält der Begünstigte (hier: die Organisation) im Falle des Todes des Vertragspartners (hier: der Testamentspender) das Recht, die im Vertrag bestimmte Leistung (z. B. Sparguthaben oder Wertpapiere) zu verlangen. Nach ständiger Rechtsprechung des BGH[43] fällt der Vermögenswert, der Gegenstand des Vertrages zugunsten Dritter ist, nicht in den Nachlass und ist daher dem Zugriff der Erben entzogen.

> **Beispiel**
>
> Die Hilfsorganisation *Ärzte ohne Grenzen* vertreibt über ihre Website das Produkt *Vertrag zugunsten Dritter*: „Ein Vertrag zu Gunsten Dritter bietet Ihnen die Möglichkeit, Sparguthaben oder Wertpapiere zu übertragen. In einer entsprechenden Vereinbarung mit Ihrem Finanzdienstleister legen Sie fest, wer der Begünstigte der Vermögenswerte sein soll. Die Zuwendung wird erst mit dem Tod wirksam und vollzieht sich außerhalb des Nachlasses."

2.3.6.4 (Zu-)Stiftung von Todes wegen

In Abschn. 2.3.5.3 wurden die steuerlichen und sonstigen Vorteile der Errichtung einer Stiftung bzw. einer Zustiftung für einen Großspender erläutert. Aufgrund des oben erwähnten Sicherheitsbedürfnisses, nutzen viele Groß- bzw. Testamentspender einer Organisation die Vorteile einer (Zu-)Stiftung von Todes wegen. Zum einen kann testamentarisch verfügt werden, dass nach dem Tod des Testamentspenders eine (selbständige oder unselbständige) Stiftung errichtet wird, deren Satzungszweck die Förderung der Organisation ist, die er als Testamentspender eigentlich unterstützen möchte. Die Errichtung einer Stiftung von Todes wegen will jedoch sehr gut vorbereitet sein, und sollte nicht ohne kompetente stiftungs- und erbrechtliche Beratung erfolgen. Zum anderen kann testamentarisch verfügt werden, dass nach dem Tod des Testamentspenders ein vorher festgelegter Betrag einer bereits errichteten Stiftung zugestiftet werden soll. Oft kombinieren Spender bzw. Stifter die jeweiligen Vorteile und errichten zu Lebzeiten eine Stiftung, deren Grundstockvermögen zunächst nur bescheiden ausgestattet wird (der Stifter behält so Mittel zur Befriedigung seines Sicherheitsbedürfnisses zurück). Erst durch eine spätere Zustiftung von Todes wegen wird das Grundstockvermögen dann substantiell erhöht.

2.3.7 Was ich in diesem Abschnitt gelernt habe

- Definieren Sie im Rahmen der Produktpolitik Spendenprodukte, die den fünf Spendermotiven gerecht werden können!
- Kommunizieren Sie den/die Grundnutzen und eventuelle Zusatznutzen aktiv und überzeugend!

---

[43] Vgl. BGH NJW 1984, 480, 481.

- Bedenken Sie, dass Emotionen darüber entscheiden, ob und wie ein Mensch spendet!
- Berücksichtigen Sie in der Ansprache Ihrer Spender, dass Spender nicht rein rational, sondern v. a. emotional spenden!
- Versuchen Sie durch attraktive Nutzen- bzw. Zusatznutzenversprechen ein Alleinstellungsmerkmal (USP) für Ihre Spendenprodukte zu definieren!
- Wagen Sie sich regelmäßig an die Entwicklung innovativer Spendenprodukte!
- Eliminieren Sie konsequent veraltete Spendenprodukte, bei denen Aufwand und Ertrag nicht mehr in einem gesunden Verhältnis zueinander stehen! Investieren Sie das freiwerdende Budget in innovative Produkte!
- Nutzen Sie das große Potenzial das in Anlassspenden steckt!
- Bieten Sie auf Ihrer Website und Ihren Social Media Sites die Möglichkeit, eine Spendenaktion zugunsten Ihrer Organisation zu starten!
- Kommen Sie mit den Produkten Spender- bzw. Stifterdarlehen dem Sicherheitsbedürfnis Ihrer Spender entgegen!
- Weisen Sie Ihre Groß- bzw. Testamentspender auf die vielfältigen Möglichkeiten einer Stiftung hin!
- Versuchen Sie, Ihre Groß- bzw. Testamentspender möglichst umfassend im Sinne eines Planned Giving zu beraten!

2.4 Preispolitik

Nachdem im Rahmen der Produktpolitik Entscheidungen zu den verschiedenen Spendenprodukten (Einzel-, Dauer, Groß-, Testament-, Anlass-, Mikro- und Restgeldspende) gefällt wurden, ist nun im Rahmen der **Preispolitik** zu entscheiden, zu welchem Preis das jeweilige Spendenprodukt angeboten werden soll.

2.4.1 Entscheidungen im Rahmen der Preispolitik

Nach Marketing-Verständnis, ist im Rahmen der Preispolitik zu entscheiden, zu welchen Bedingungen ein Produkt mit Abnehmern getauscht wird. Bezogen auf das Fundraising stellt sich in diesem Zusammenhang die Frage, welchen Preis ein Spender für ein bestimmtes Spendenprodukt bezahlen sollte bzw. wie hoch seine Spende sein sollte?

2.4.1.1 Kundenorientierte Preisbildung

Werden Preisentscheidungen an der Zahlungsbereitschaft der Kunden orientiert, spricht man im Marketing von **kundenorientierter Preisbildung**. Tatsächlich ist auch im Fundraising der erste Gedanke, dass die Frage nach der Spendenhöhe ja wohl jeder Spender für sich autonom entscheiden will. Die Erfahrung zeigt jedoch, dass die Entscheidung über die Spendenhöhe für einen Spender mit erheblichen Unsicherheiten verbunden sein kann. Insbesondere möchte sich ein Spender nicht mit einer vermeintlich zu niedrigen Spende blamieren. Oft fragt er sich, in welcher Größenordnung seine Spende wohl liegen sollte bzw. erwartet wird? Hier kann eine Organisation ihren Spendern wichtige Hilfestellung geben, in dem sie mit einer sog. **Shopping-List** beispielhaft aufzeigt, was sie mit welchem Betrag bewirken kann. Die Angabe von Leitbeträgen ist für die Orientierung von (potenziellen) Spendern sehr wichtig. Leitbeträge signalisieren, welche Beträge eine Organisation als klein, mittel bzw. groß erachtet.

> **Beispiel**
>
> Die Hilfsorganisation *Welthungerhilfe* hat auf ihrer **Website** (welthungerhilfe.de/spenden) eine Shopping-List in Form eines Sliders integriert. Der Besucher der Website erfährt, was seine Spende – je nach Höhe – bewirken kann. Das Spektrum reicht von 50 € (siehe Abb. 2.86) bis 2500 € (siehe Abb. 2.87).

> **Beispiel**
>
> Noch einen Schritt weiter geht das Kinderhilfswerk *UNICEF* mit seinem Spenden-Shop (unicef.de/spendenshop). Wie in jedem anderen Online-Shop kann ein Besucher der *UNICEF*-Website verschiedene (Spenden-)Produkte (z. B. 1 Schulrucksack für 3 € oder 150 Päckchen Erdnusspaste für 55 €) auswählen, in einen Warenkorb legen und bezahlen (siehe Abb. 2.88). Mit Hilfe einer Sortierfunktion kann er wählen, ob die Produkte aus den Kategorien „Bildung", „Kinder & HIV/AIDS", „Überleben und Entwicklung" oder „UNICEF Specials" sein sollen. Um ein bestimmtes Spenden-Budget nicht zu überschreiten, kann ein Preislimit festgelegt werden.
>
> Das günstigste Produkt im Spenden-Shop von UNICEF, ein Schulrucksack, liegt bei 3 €. Damit stellt sich die Frage nach einer Preisuntergrenze für eine Spende. Zunächst

Abb. 2.86 Shopping-List als Slider auf Website (50 €). (Quelle: welthungerhilfe.de/spenden/ (Zugriff am 22.11.2017))

2.4 Preispolitik

Abb. 2.87 Shopping-List als Slider auf Website (2500 €). (Quelle: welthungerhilfe.de/spenden/ (Zugriff am 22.11.2017))

Abb. 2.88 Spenden-Shop von *UNICEF*. (Quelle: unicef.de/spenden/einmalig-spenden/hilfsgueter/ spendenshop-anleitung (Zugriff am 22.11.2017))

einmal neigt man zu der Aussage „Jeder Cent hilft". Aus Fundraising-Sicht muss jedoch berücksichtigt werden, dass die Gewinnung und Bindung von Spendern immer mit Kosten verbunden sind, die nicht nur gedeckt, sondern mehrfach wieder eingespielt sein wollen. Fundraising ist schließlich kein Selbstzweck. Im Rahmen von preispolitischen Entscheidungen sind deshalb immer auch kostenorientierte Überlegungen in die Preisbildung einzubeziehen.

2.4.1.2 Kostenorientierte Preisbildung

Ein Fundraiser sollte sich Klarheit über die mit einem Spender verbundenen Kosten verschaffen. Zu betrachten sind nicht nur die Kosten der Gewinnung eines (Erst-, Mehrfach-, Dauer-, Groß- oder Testament-)Spenders, sondern auch die Kosten der anschließenden Bindung (für Dankschreiben, Zusendung der Spenderzeitschrift etc.). Wichtig ist, dabei nicht nur die direkt zurechenbaren Kosten zu betrachten, sondern auch die indirekten Kosten in Form der anteiligen Gemeinkosten (insbesondere Personalkosten).

> **Beispiel**
>
> Für Produktion und Versand eines **Fremdadress-Mailings** (siehe Abschn. 2.5.2.2) zur Gewinnung von Erstspendern berechnet ein externer Dienstleister einen Euro pro Brief. Die Response-Quote des Mailings liegt bei 1 %. Die direkten Kosten der Gewinnung eines Spenders liegen demnach bei 100 €. Schließlich mussten 100 Menschen zu direkten Kosten von jeweils einem Euro angeschrieben werden, um einen Erstspender zu gewinnen. Zusätzlich zu diesen direkten Kosten fallen aber auch noch indirekte Kosten in Form anteiliger Gemeinkosten an. So wurde das Mailing vom zuständigen Mitarbeiter in der Organisation einen Monat lang betreut (Auswahl eines geeigneten Projektes, Recherche geeigneten Bildmaterials, Auswahl und Briefing der Agentur, Freigabe der Entwürfe der Agentur, Überprüfung der Abrechnung der Agentur etc.). Eine Kostenbetrachtung muss demnach mindestens auch die Lohn- (und Lohnneben-)Kosten dieses Mitarbeiters berücksichtigen, streng genommen sogar die in dieser Zeit entstandenen Sachkosten (für Büroraum, Büromaterial etc.). Bei Vollkostenbetrachtung erhöhen sich die Kosten für einen Erstspender demnach noch einmal deutlich auf über hundert Euro.

Da eine durchschnittliche Erstspende (je nach Organisation) zwischen 20 und 50 € liegt, wird schnell klar, dass die Gewinnung eines Erstspenders heutzutage schon längst nicht mehr kostendeckend sein kann. Ein Fundraiser muss folglich eine Mischkalkulation für seine verschiedenen Spendenprodukte anstellen, die sich erst durch ein konsequentes Upgrading der kostspieligen Erstspender zu Mehrfach-, Dauer-, Groß- und Testamentspender rechnet. Umgekehrt kann – trotz der hohen Kosten – auf Erstspender aber auch nicht verzichtet werden, sie sind schließlich die Basis, ohne die kein Upgrading erfolgen kann.

Die Kosten für die Kaltakquisition von Dauerspendern liegen zwar doppelt so hoch. Dafür bleiben Dauerspender anschließend auch durchschnittlich sieben Jahre und sorgen für verlässliche Einnahmen (siehe Abschn. 2.1.6). Werden Dauerspender beispielsweise durch **Standwerbung** (siehe Abschn. 2.5.5.4) gewonnen, so berechnet eine externe Face-to-Face-Agentur ca. 1,6 Jahresbeiträge pro gewonnenem Dauerspender. Liegt ein Jahresbeitrag bei durchschnittlich 120 € (10 € pro Monat), so belaufen sich die direkten Kosten für einen neuen Dauerspender auf ca. 200 €. Allerdings kann auch mit Einnahmen in Höhe von durchschnittlich 7 Jahren mal 12 Monate mal 10 € pro Monat gleich 840 € gerechnet werden. Vor dem Hintergrund dieser Überlegungen wird deutlich, warum die Kaltakquisition von Dauerspendern schon seit einigen Jahren boomt.

2.4.1.3 Konkurrenzorientierte Preisbildung

Bei der Festlegung eines Preises werden neben den Kosten für das Produkt und der Zahlungsbereitschaft (potenzieller) Kunden im Allgemeinen auch die Preise von Wettbewerbern berücksichtigt. Übertragen auf das Fundraising, scheint die konkurrenzorientierte Preisbildung jedoch keine große Rolle zu spielen. Fundraiser orientieren sich bei der Preisbildung für ihre verschiedenen Spendenprodukte derzeit nur wenig an konkurrierenden Organisationen.

2.4.2 Preispolitik bei der Einzelspende

Bei einer Einzelspende in der Basis der Spenderpyramide, egal ob Erst- oder Mehrfachspende, geben Organisationen im Rahmen ihres Fundraising i. d. R. keinen festen Preis bzw. Spendenhöhe vor. Anhand einer **Shopping-List** wird dem Spender zwar Orientierung gegeben. Dieser entscheidet jedoch autonom, in welcher Höhe er geben möchte. Eine Ausnahme stellt höchstens die SMS-Spende dar (siehe Abschn. 2.3.3.1), die i. d. R. feste Beträge für die Einzelspende vorgibt.

Neben der Shopping-List kann auch ein **Spendenbarometer** dem Spender Orientierung geben. Ein Spendenbarometer zeigt (i. d. R. auf der Website) grafisch aufbereitet an, welchen Betrag eine Organisation im laufenden Jahr noch an Spenden benötigt. Einige Anbieter von Online-Spendenformularen (siehe Abschn. 2.7.1.1) bieten auch Spendenbarometer an.

> **Beispiel**
>
> Die Kinderhilfsorganisation *Die Arche* zeigt gleich auf der Homepage ihrer Website mit Hilfe eines Spendenbarometers an, welcher Spendenbetrag noch im laufenden Kalenderjahr für die Projektarbeit benötigt wird (siehe Abb. 2.89).

Abb. 2.89 Spendenbarometer auf der Homepage der Arche. (Quelle: kinderprojekt-arche.eu (Zugriff am 22.11.2017))

2.4.3 Preispolitik bei der Dauerspende

Im Gegensatz zur Einzelspende werden bei der Dauerspende i. d. R. feste Preise bestimmt. Zumindest im Sinne eines Mindestpreises, der jedoch gerne vom (Dauer-)Spender freiwillig überschritten werden darf. Trotzdem können auch bei Dauerspenden verschiedene Kategorien angeboten werden, für die eine **Shopping-List** Orientierung gibt.

> **Beispiel**
>
> Die Kinderhilfsorganisation *SOS-Kinderdörfer* kommuniziert auf einem **Beileger** eine Shopping-List für ihre Dauerspende (siehe Abb. 2.90):
>
> - 10 € im Monat,
> - ab 26 € im Monat (SOS-Pate für ein Dorf),
> - ab 31 € im Monat (SOS-Pate für ein Kind).

Bitte schenken Sie Kindern jetzt ein liebevolles Zuhause!

☐ **Ja, ich werde SOS-Pate für ein Kind ab 31 € im Monat.**

☐ **Ja, ich werde SOS-Pate für ein Dorf ab 26 € monatlich.**

☐ **Ja, ich helfe Kindern regelmäßig mit z.B. 10 € im Monat.**

☐ Ich bin einverstanden, dass SOS-Kinderdörfer weltweit Hermann-Gmeiner-Fonds Deutschland e.V., Ridlerstraße 55, 80339 München, jeweils zum Monatsanfang den Betrag von .... Euro ab .... (Datum) von meinem Konto abbuchen:

☐ monatlich ☐ ¼ jährlich ☐ ½ jährlich ☐ jährlich

AC 3080

Ich ermächtige die SOS-Kinderdörfer weltweit Hermann-Gmeiner-Fonds Deutschland e.V., Zahlungen von dem Konto mittels SEPA-Lastschrift einzuziehen. Zugleich weise ich mein Kreditinstitut an, die vom Zahlungsempfänger SOS-Kinderdörfer weltweit Hermann-Gmeiner-Fonds Deutschland e.V. auf das Konto gezogenen Lastschriften einzulösen. Gläubiger-Identifikationsnummer DE74ZZZ00000030550. Meine Mandatsreferenznummer wird mir mit der Pränotification mitgeteilt (Vorankündigung des Einzuges/der Einzüge). Hinweis: Ich kann innerhalb von acht Wochen, beginnend mit dem Belastungsdatum, die Erstattung des belasteten Betrags verlangen. Es gelten dabei die mit meinem Kreditinstitut vereinbarten Bedingungen.

Hannelore und Gustav Mustermann, 0123456789
Name, PSN

Musterallee 66a, 98765 Musterstadt
Adresse

Kontoinhaber (falls abweichend) Name der Bank

IBAN BIC

Ort Datum Unterschrift AC 3706 1

Eine Einzugsermächtigung können Sie jederzeit widerrufen. Spenden sind steuerlich absetzbar.

Abb. 2.90 Shopping-List für Dauerspende auf Beileger. (Quelle: Beileger von SOS-Kinderdörfer)

Die (Mindest-)Beiträge für Mitglieder und Fördermitglieder werden von der Mitgliederversammlung festgelegt. Auch für (Kinder-, Projekt- und Tier-)Patenschaften gibt es i. d. R. feste (Mindest-)Preise. Diese können jedoch erheblich zwischen 2 und 39 € pro Monat bzw. 24 und 468 € pro Jahr schwanken:

Beispiel

Im Rahmen seiner Aktion *Mit 2 € helfen* geht das Hilfswerk *misereor* neue Wege: Ein junges Team bietet jungen Leuten eine niedrigpreisige Dauerspende zugunsten von Kinder- und Jugendprojekten auf der ganzen Welt an. Neben einer (Dauer-)Spende kann man sich auch als „Weltbessermacher" ehrenamtlich engagieren. Auf diese Weise gelingt es *misereor*, auch junge Menschen stärker an das (Dauer-)Spenden heranzuführen und zu binden.

Beispiel

Deutlich höher liegt eine Kinderpatenschaft der Kinderhilfsorganisation *Kindernothilfe* mit 39 € im Monat bzw. 468 € im Jahr. Hier wird eine ältere Zielgruppe angesprochen, die sich auch ein höherpreisiges Produkt leisten können.

Wie bereits erwähnt, stellen die Preise für Dauerspenden lediglich Untergrenzen dar, die ein Dauerspender natürlich jederzeit gerne nach oben überschreiten kann. Einige Organisationen bieten ihren Dauerspendern mit Hilfe des Telefon-Fundraising (siehe Abschn. 2.5.4) in bestimmten zeitlichen Abständen ein Upgrading innerhalb (!) der Stufe der Dauerspender an.

Beispiel

Acht Monate nach Übernahme einer Dauerspende werden die Dauerspender angerufen und um eine Erhöhung ihrer Dauerspende gebeten. Abgestuft wird zunächst um die Übernahme einer weiteren Dauerspende in voller Höhe gebeten, ansonsten um die Erhöhung um einen Teilbetrag, mindestens aber um einen Inflationsausgleich. Diejenigen Dauerspender, die einer dieser Upgrading-Möglichkeiten zustimmen, werden nach weiteren acht Monaten erneut kontaktiert und auf ein weiteres Upgrading so lange angesprochen, bis sie signalisieren, nicht mehr weiter erhöhen zu wollen.

Durch dieses Vorgehen kann ein neuer Dauerspender erst einmal mit einem kleineren Betrag einsteigen, und wenn er sich wohl damit fühlt, später erhöhen. Erfahrungswerte zeigen, dass 50 % der Dauerspender nach zwei bis drei Jahren bereit sind, telefonisch einer Erhöhung ihrer Dauerspende um durchschnittlich 30 % zuzustimmen.

Umgekehrt ist der Preis für eine Dauerspende in Notfällen aber auch nach unten verhandelbar. Gibt ein ehemaliger Dauerspender im Rahmen einer telefonischen Rückgewinnungsaktion (siehe Abschn. 2.5.4.4) an, sich eine Dauerspende (z. B. aufgrund von Arbeitslosigkeit, einer geringen Rente oder Umzug in eine Senioreneinrichtung) nicht mehr leisten zu können, so wird ihm eine Dauerspende in Höhe eines geringeren Betrages angeboten. Ist auch die nicht möglich, kann höchstens noch eine Einzelspende angeboten werden.

2.4.4 Preispolitik bei der Großspende

Auch bei dem Produkt Großspende muss eine eindeutige Entscheidung bezüglich der Preisuntergrenze gefällt werden. Hier ist sie sogar noch wichtiger als bei der Dauerspende. Überschreitet ein (Groß-)Spender den festgelegten Schwellenwert für Großspender, wechselt seine Betreuung schließlich von der kostengünstigen Massenansprache (v. a. über Mailings) auf die deutlich kostenintensivere persönliche Ansprache. Wie in Abschn. 2.1.6.1 bereits ausgeführt, kann es – je nach Größe einer Organisation – sinnvoll sein, nur eine Großspenderkategorie (Top Donor) zu definieren, oder aber zwei Großspenderkategorien (Top Donor und Major Donor) oder gar drei Großspenderkategorien (Top Donor, Major Donor, High Donor).

Zunächst zur Definition eines Schwellenwertes bzw. einer Preisuntergrenze für die Kategorie Top Donor. In Abschn. 2.1.6.1 wurde bereits darauf hingewiesen, dass dieser Schwellenwert in der Praxis gerne (mehr oder weniger willkürlich) bei einer Jahresspendensumme von 10.000 € angesetzt wird. Besser ist jedoch ein Schwellenwert, der individuell auf die Ausgangssituation in der Organisation abgestimmt wird. Wie kann ein solcher individueller Wert gefunden werden?

Da die Gewinnung und Bindung von Großspendern sehr arbeitsintensiv ist, sind der Ausgangspunkt aller Überlegungen die vorhandenen personellen Kapazitäten für die Betreuung von Top Donor. Nach Untersuchungen von *Altizer* hatten 74 % der befragten amerikanischen Bildungsinstitutionen mindestens einen hauptamtlichen Mitarbeiter, der sich ausschließlich um Großspender kümmert. Der Betreuungsaufwand verteilte sich wie folgt:

- In 4 % der Organisationen betreut ein Mitarbeiter maximal 10 Großspender.
- In 25 % der Organisationen betreut ein Mitarbeiter 11 bis 50 Großspender.
- In 29 % der Organisationen betreut ein Mitarbeiter 51 bis 100 Großspender.

- In 27 % der Organisationen betreut ein Mitarbeiter 101 bis 200 Großspender.
- In 15 % der Organisationen betreut ein Mitarbeiter über 200 Großspender.[44]

In Deutschland gilt als Faustformel, dass ein hauptamtlicher Großspender-Fundraiser im Idealfall 100, jedoch nicht mehr als 200 Top Donor adäquat persönlich betreuen kann. Hat eine Organisation also beispielsweise nur zeitliche Ressourcen im Umfang einer Viertelstelle für die Betreuung von Top Donor zur Verfügung, so sollten Sie Ihren individuellen Schwellenwert bzgl. der Jahresspendensumme so legen, dass dadurch nicht mehr als 25 bis 50 Personen zu Top Donor definiert werden. Sollten die Personalkapazitäten später erhöht werden, kann der Schwellenwert immer noch nachträglich gesenkt werden. Eine nachträgliche Erhöhung des Schwellenwertes ist im umgekehrten Fall nicht möglich. Würde sie doch bedeuten, dass u. U. jemand nicht mehr als Großspender angesehen und behandelt würde, der es vor der Erhöhung war. Dies würde zu (nachvollziehbarer) Verärgerung der betroffenen Personen führen, die kontraproduktiv für den Upgrading-Prozess wäre. Deshalb ist ein Schwellenwert im Zweifel immer etwas höher anzusetzen!

Voraussetzung für die Schwellenwertfestlegung ist eine Abfrage der Datenbank der Organisation, bei der die Jahresspendensummen aller Spender der letzten 12 Monate (oder 24 bzw. 36 Monate) absteigend sortiert aufgelistet werden. In obigem Beispiel werden dann die besten 25 Spender als Top Donor definiert. Oder anders ausgedrückt: Der Schwellenwert für Top Donor wird gerade unterhalb der Jahresspendensumme des Spenders auf Platz 25 der absteigend sortierten Liste festgelegt. Erfahrungsgemäß kann der Schwellenwert sogar noch etwas niedriger angesetzt werden, da einige der so definierten Top Donor in anschließenden Gesprächen signalisieren werden, gar kein Interesse an einer persönlichen Betreuung durch den Großspender-Fundraiser zu haben.

Wurde ein Spender nach diesem Verfahren als Top Donor definiert, so stellt sich die Frage, in welcher Größenordnung (zu welchem Preis) man ihm künftig Spendenprodukte anbietet? Dies kann nur durch kundenorientierte Preisbildung im Einzelfall ermittelt werden. Durch Analyse und Gespräche muss aufwendig für jeden einzelnen Top Donor ein adäquates Produkt zum adäquaten Preis identifiziert werden. Dabei können verschiedene Anhaltspunkte hilfreich sein. So könnten sich Top Donor mit christlichem Wertesystem am biblischen Zehnten orientieren, und die Höhe ihrer Großspende bei 10 % ihres Jahreseinkommens ansetzen. Ebenso wäre eine Orientierung an der maximalen steuerlichen Abzugsfähigkeit ihrer Großspende bei 20 % des Gesamtbetrages der jährlichen Einkünfte denkbar. Übersteigt der Preis für ein interessantes Projekt das Budget eines Top Donor, so kann immer noch über eine Verteilung seines Beitrages über mehrere Jahre nachgedacht werden. Dabei ist zu beachten, dass ein vorgeschlagener Preis nicht nur zu hoch, sondern auch mal zu niedrig sein, und einen Top Donor verletzen kann („Da dürfen Sie mir ruhig etwas mehr zutrauen!"). Auf jeden Fall kann die individuelle Preisbildung auch in einen anspruchsvollen Aushandlungsprozess münden. Das „Luxusproblem", dass ein Top Do-

---

[44] Vgl. Altizer, Anne W.: Seeking Major Gifts – How 57 Institutions Do It, Washington 1993, S. 6 f.

nor mehr geben möchte, als eine Organisation nach aktueller Lage sinnvoll in Projekte umsetzen kann, ist selten – kommt aber immer wieder vor!

> **Beispiel**
>
> Ein durch Öl reich gewordener Großspender bietet im Jahr 2012 der Organisation *Menschen für Menschen* 500 Mio. €, später vielleicht sogar bis zu einer Milliarde Euro an. Das wäre mehr als dreimal so viel, als die Organisation in ihrer bislang dreißigjährigen Geschichte insgesamt an Spenden eingeworben hat. Solche Beträge könnten, wenn überhaupt, nur mit einer vollkommen neuen strategischen Ausrichtung sinnvoll eingesetzt werden. Die Ablehnung der in Aussicht gestellten Großspende verletzt den Großspender. Der Streit eskaliert und wird medial ausgetragen – sehr zum Schaden der Organisation.[45]

Einmal angenommen, nach dem oben beschriebenen Verfahren, würde der Schwellenwert bzw. die Preisuntergrenze für das Produkt Top Donor bei einem hohen vierstelligen oder niedrigen fünfstelligen Betrag liegen. Dann wären Spenden, die unterhalb dieses Schwellenwertes liegen, immer noch als groß anzusehen und entsprechend zu behandeln. Dann ist es sinnvoll, zumindest eine zweite Großspenderkategorie (Major Donor) einzuführen. Die Betreuung der Major Donor müsste aus Kostengründen wesentlich standardisierter (siehe Abschn. 2.3.5.2) erfolgen als bei den Top Donor. Bei der Festlegung eines Schwellenwertes bzw. einer Preisuntergrenze für das Produkt Major Donor, sollte sich eine Organisation zunächst einmal an der unterhalb der Großspender liegenden Stufe der Dauerspender orientieren. Bietet eine Organisation beispielsweise Dauerspenden in Form von Patenschaften zu monatlich 39 € an, so liegt ein Dauerspender auch ohne zusätzliche Spenden schon bei einer relativ hohen Jahresspendensumme von 12 mal 39 gleich 468 €. Der untere Schwellenwert für die Major Donor könnte dann gut bei 500 € Jahresspendensumme oder sogar bei 1000 € liegen. Bietet eine Organisation als Dauerspende dagegen nur eine Fördermitgliedschaft zu 60 € pro Jahr an, so könnte der untere Schwellenwert der Major Donor auch unterhalb der 500 €, z. B. bei 300 € Jahresspendensumme angesetzt werden.

> **Beispiel**
>
> Die Kinderhilfsorganisation *Kindernothilfe* kommuniziert in einem **Mailing** eine Shopping-List für ihre Großspende, die von 310 bis 4950 € reicht (siehe Abb. 2.91).

Nur wenn die Preisspanne für das Major Donor Produkt – zwischen Dauerspende und Top Donor – zu groß wird, und die Gruppe der so definierten Major Donor zu groß und heterogen wird, ist vielleicht sogar die Definition einer dritten Großspenderkategorie (High Donor) unterhalb der Major Donor vertretbar. Dies ist aber nur dann sinnvoll, wenn für

---

[45] Vgl. Klein, Stefan: Seid ihr noch zu retten? Die Hilfsorganisation Menschen für Menschen – das große Lebenswerk von Karlheinz Böhm – versinkt in einem Alptraum aus Streit. Ein Kriegsbericht, in: Süddeutsche Zeitung, Nr. 72 vom 26.03.2013, S. 3.

Abb. 2.91 Shopping-List für Großspende in Mailing. (Quelle: Mailing der *Kindernothilfe*)

die High Donor eine wirklich substantiell andere, noch stärker standardisierte Form der Betreuung als bei den Major Donor gefunden werden kann, die allen Beteiligten auch vermittelbar ist. Die Kategorie High Donor wird gerne im Bereich zwischen 500 und 1000 € Jahresspendensumme definiert. Eine Größenordnung die andere Organisationen wiederum als Middle Donor bezeichnen würde.

2.4.5 Preispolitik bei der (Zu-)Stiftung

Es gibt gute (steuerliche) Gründe, anstelle einer Großspende eine Stiftung zu errichten, oder einer bereits errichteten Stiftung zuzustiften (siehe Abschn. 2.3.5.3). Umgekehrt ist es gerade in Niedrigzinsphasen wenig sinnvoll, relativ kleine Beträge zu stiften. Da der Kapitalstock einer Stiftung i. d. R. zu erhalten ist, muss aus den Zinserträgen auf das Stiftungsvermögen zunächst noch ein Inflationsausgleich abgezweigt werden, der am Ende selbst bei ehrenamtlicher Stiftungsverwaltung kaum noch nennenswerte Nettoerträge für die Projekte übrig lässt. Deshalb sollte für das Produkt Stiftung eine Preisuntergrenze eingeführt werden.

> **Beispiel**
>
> Die Kinderhilfsorganisation *Kindernothilfe* bzw. die *Kindernothilfe Stiftung* bieten folgende Produkte mit Preisuntergrenzen an:
>
> - Errichtung einer Treuhandstiftung (ab 25.000 bis 50.000 €) (siehe Abschn. 4.1),
> - Bereitstellung eines Stifterdarlehens (ab 10.000 €) (siehe Abschn. 2.3.4.3),
> - Errichtung eines Stiftungsfonds (ab 5000 €) (siehe Abschn. 2.3.5.3),
> - Zustiftung in den Grundstock der *Kindernothilfe Stiftung*. Bei Zustiftungen wird keine Preisuntergrenze angegeben, da sie ohne großen Aufwand erfolgen können.
> - Zustiftung in bestimmte Themenfonds (z. B. Mädchenförderung) (keine Preisuntergrenze).
> - (Zu-)Stiften von Todes wegen (siehe Abschn. 2.3.6.4).

Preisobergrenzen für Zuwendungen an Stiftungen können entstehen, wenn sich ein Großspender nur im Rahmen der steuerlichen Abzugsfähigkeit engagieren möchte. Letztere wurde mit dem „*Gesetz zur weiteren Stärkung des bürgerschaftlichen Engagements (Hilfe für Helfer)*" vom 21.09.2007 noch einmal deutlich erhöht. Zur besseren Erläuterung beschreibt die Kinderhilfsorganisation *Kindernothilfe* auf ihrer Website das folgende Beispiel:

> **Beispiel**
>
> Ein verheiratetes kinderloses Ehepaar besitzt ein Eigenheim. Jeder von beiden hat ein Bruttojahreseinkommen von 75.000 € sowie eigene Ersparnisse. Jeder von beiden hat von seinen Eltern ein Haus sowie etwas Geldvermögen vererbt bekommen. Das Ehepaar entschließt sich, eine gemeinnützige Stiftung zur Förderung der Bildung zu errichten. Es hat nun folgende steuerlichen Abzugsmöglichkeiten in einem Zehnjahreszeitraum:
>
> - Normaler Spendenabzug gem. § 10b Abs. 1 S. 1 EStG: jährlich 15.000 € (20 % von 75.000 €) pro Ehegatte. Zusammen im Zehnjahreszeitraum: 2 × 15.000 € × 10 Jahre = 300.000 €
> - Sonderausgabenabzug gem. § 10b Abs. 1a S. 1 EStG: einmalig im Zehnjahreszeitraum 1 Mio. € pro Ehegatte. Zusammen im Zehnjahreszeitraum: 2 Mio. €
> - Sonderausgabenabzug für beide Eheleute zusammen im Zehnjahreszeitraum: 2.300.000 €

2.4.6 Preispolitik bei der Testamentspende

Bei der Preispolitik für Testamentspenden muss zwischen den verschiedenen Produkten unterschieden werden. Bei einer **Erbschaft** ist wegen der Gesamtrechtsnachfolge darauf zu achten, dass nach Abzug aller Nachlassverbindlichkeiten noch ein ausreichend großer Nettoertrag übrig bleibt, der den (nicht zu unterschätzenden) Aufwand einer Testamentsabwicklung rechtfertig (siehe Abschn. 2.3.6.1). Ansonsten ist die Erbschaft besser auszuschlagen.

Einfacher ist es, wenn die Testamentspende als **Vermächtnis** ausgesetzt wird. Insbesondere wenn das Vermächtnis einen Geldbetrag umfasst. Nur bei sehr geringen Geldbeträgen oder Vermächtnissen, die Sachleistungen umfassen, müsste wieder eine Abwägung von Aufwand und Ertrag stattfinden. Auch im Falle eines **Vertrages zugunsten Dritter** auf den Todesfall bedarf es i. d. R. keiner Preisuntergrenze. Die Organisation als Begünstigte erhält im Falle des Todes des Vertragspartners (hier: der Testamentspender) das Recht, die im Vertrag bestimmte Leistung (z. B. Sparguthaben oder Wertpapiere) zu verlangen. Eine Abwägung von Aufwand und Ertrag ist hier schnell erfolgt.

Möchte ein Testamentspender seine Zuwendung in Form einer **Zustiftung** oder der Errichtung einer neuen **Stiftung** tätigen, so kann auf das vorangegangene Kapitel verwiesen werden. Die Preisuntergrenzen für die Errichtung von Stiftungen zu Lebzeiten sind grundsätzlich auch sinnvoll für die Errichtung von Stiftungen von Todes wegen. Bei Zustiftungen sind keine Preisuntergrenzen erforderlich.

2.4.7 Zahlungsverfahren

Im Rahmen der Preispolitik sind auch Entscheidungen zu treffen, welche **Zahlungsverfahren** eine Organisation ihren Spendern anbieten soll. Diese Entscheidungen hängen in erster Linie von den Zahlungsgewohnheiten der Zielgruppe ab, die deshalb vorab zu analysieren sind (siehe Abschn. 6.2.3). Zum anderen aber auch von den gewählten Fundraising-Produkten (z. B. Bareinzahlung bei der Restgeldspende oder Lastschrifteinzug bzw. Dauerauftrag bei der Dauerspende) und den gewählten Vertriebskanälen (z. B. Überweisung beim Postvertrieb oder Online-Zahlungsverfahren beim Online-Vertrieb).

Mittlerweile hat sich, gerade online, eine verwirrende Vielfalt an Zahlungsverfahren entwickelt. Hier können nur die für das Fundraising wichtigsten Zahlungsverfahren vorgestellt werden. Grundsätzlich kann ein Spender seine Zahlung auf folgenden Wegen leisten:

- Barzahlung,
- Überweisung,
- Lastschrift,
- Dauerauftrag,
- Kreditkarte,
- Online-Zahlungsverfahren,

- Bezahlung über Telefonrechnung,
- Scheck,
- Einzahlungsschein.

Die wichtigsten Zahlungsverfahren sollen im Folgenden kurz vorgestellt werden.

2.4.7.1 Barzahlung

Der älteste Zahlungsweg für eine Spende ist sicherlich die Barzahlung, bei der ein Spender seine Spende persönlich übergibt. Der Vorteil der Barzahlung liegt für viele, v. a. ältere Spender im sicheren Wissen, dass ihre Spende damit auch wirklich bei der Organisation angekommen ist. Außerdem ist die Barzahlung i. d. R. schnell, einfach und ohne Gebühren. Auch wenn der bargeldlose Zahlungsverkehr immer mehr zunimmt, gibt es immer noch Lebensbereiche, in denen nach wie vor per Barzahlung gespendet wird. Dies gilt natürlich vor allem für Einzelspenden. Barspenden werden im Rahmen von **Kirchenkollekten** (siehe Abschn. 2.5.5.2), **Straßensammlungen** (siehe Abschn. 2.5.5.3) und **Haussammlungen** (siehe Abschn. 2.5.5.2), aber auch als **Restgeldspende** (siehe Abschn. 2.3.3.2) gegeben. Bei den Haussammlungen der *Caritas* ist man allerdings z. T. dazu übergangen, Zahlungsträger per Hauswurf zuzustellen statt um eine Barzahlung zu bitten.

Nicht nur Einzelspenden können per Barzahlung erfolgen. Auch so manche Dauerspende wird, insbesondere auf dem Land, noch immer bar eingesammelt. So werden z. B. jährlich fällige Mitgliedsbeiträge durchaus noch bar „eingetrieben". Selbst Großspenden werden in sehr seltenen Fällen bar geleistet. Fast jeder Fundraiser v. a. von großen Organisationen kennt den Fall, bei dem ein Koffer voller Bargeld beim Pförtner in Empfang genommen werden soll. Oft handelt es sich um (geerbtes) unversteuertes Geld, das aus Scham einem steuerbegünstigten Zweck zugeführt werden soll. Die Organisation muss dann im Einzelfall entscheiden, ob sie das Bargeld überhaupt annehmen kann.

2.4.7.2 Überweisung

Das wohl am häufigsten eingesetzte Zahlungsverfahren im Fundraising dürfte die (Bank-) **Überweisung** sein, bei der ein Spender Geld von einem bestimmten Konto bei seiner Bank auf ein Konto der Organisation bei derselben oder einer anderen Bank bargeldlos überweist. Im Februar 2016 wurde das alte Überweisungsverfahren endgültig durch die neue **SEPA-Überweisung** abgelöst. Der Einheitliche Europäische Zahlungsverkehrsraum (Single Euro Payments Area) ist ein einheitlicher Zahlungsraum aus derzeit 34 Mitgliedsstaaten, in dem bargeldlos unter Angabe einer International Bank Account Number (IBAN) und einem Bank Identifier Code (BIC) in Euro bezahlt werden kann.

Im Allgemeinen ist dieses Zahlungsverfahren im Zeitalter des Online-Banking unproblematisch. Probleme können jedoch auftreten, wenn ein neuer, der Organisation bislang unbekannter Spender per Überweisung spendet. Insbesondere, wenn noch ein manuell ausgefüllter Zahlungsträger benutzt wird. Bis die Überweisung von der Organisation verbucht werden kann, können in der Praxis immer wieder folgende Probleme auftreten:

Problem 1: Der neue Spender vergisst, auf dem Überweisungsträger seine Adresse anzugeben. Die Organisation erfährt damit bestenfalls seinen Namen und seine Bankverbindung, kann ihm aber z. B. keine Zuwendungsbestätigung zuschicken, was oft zu Verärgerung führt. Abhilfe kann die sog. **Ein-Cent-(Rück-)Überweisung** schaffen: Da IBAN (und BIC) des neuen Spenders der Organisation bekannt sind, überweist sie ihm einen geringen Betrag (z. B. 1 Cent) zurück und schreibt in die Verwendungszweckzeile: „Danke für Spende! Adresse fehlt! Bitte kurz anrufen! Tel. 030/12 34 56 78". Allerdings hat diese Methode dadurch für starke Irritation (bei Organisationen und Spendern) gesorgt, dass sie auch für kriminelle Zwecke (außerhalb des Spendenwesens) missbraucht wurde.[46]

Problem 2: Der neue Spender trägt zwar per Hand in die Verwendungszweckzeilen des Überweisungsträgers seine Adresse vollständig ein, die Handschrift ist jedoch so unleserlich, dass die maschinelle Belegerfassung seiner Bank die Adresse nicht lesen kann. Wenn die Bank auf eine (vollständige) manuelle Nacherfassung verzichtet, erhält die Organisation wiederum keine Adresse.

Problem 3: Der neue Spender trägt zwar seine Adresse vollständig und leserlich in die Verwendungszweckzeilen des Überweisungsträgers ein, seine Bank erfasst aus Kostengründen aber nur die erste der beiden Verwendungszweckzeilen. Der Grund liegt darin, dass (noch) nicht jede Bank(-filiale) über ein System zum maschinellen Einlesen von Schriften verfügt und deshalb die Belege zeitaufwendig manuell erfassen muss. Die Organisation erhält lediglich eine unvollständige Adresse. Selbst wenn die Adresse durch die Organisation beispielsweise mit Hilfe einer Adress-CD komplettiert werden kann, verursacht sie dadurch hohen Aufwand.

Organisationen sollten deshalb, wann immer sie eine Überweisung von (potenziellen) Spendern erwarten, einen Überweisungsträger vorbereiten. Kleine Organisationen können sich – im Idealfall kostenlos – von ihrer Hausbank Überweisungsträger zur Verfügung stellen lassen, auf denen bereits ihre IBAN von der Bank aufgedruckt wurde. Da die restlichen Angaben aber vom Förderer ausgefüllt werden müssen, sind noch nicht alle potenziellen Fehlerquellen ausgeschaltet. Im Idealfall bereitet eine Organisation daher einen vollständig ausgefüllten und (maschinell) lesbaren Überweisungsträger vor, bei dem nur noch die Höhe der Spende bzw. des Mitgliedsbeitrages eingetragen und unterschrieben werden muss.

Die Erfassung der mit dem vorbereiteten Überweisungsträger erfolgten Zahlung kann sich die Organisation zusätzlich dadurch erleichtern, dass sie bei der Vorbereitung des Überweisungsträgers in die erste Verwendungszweckzeile noch die zum jeweiligen Förderer gehörige Förderernummer und den Werbecode (siehe Abschn. 2.1.8.2.2) der jeweiligen Fundraising-Aktion maschinell eintragen bzw. einlasern lässt. Die genannten Probleme

---

[46] Vgl. SPIEGEL Online: Alte Masche, neu aufgelegt: Verbraucherschutzministerium warnt vor Ein-Cent-Überweisungen, http://www.spiegel.de/wirtschaft/service/alte-masche-neu-aufgelegt-verbraucherschutzministerium-warnt-vor-ein-cent-ueberweisungen-a-680809.html (abgefragt am 18.04.2013).

können dann i. d. R. nicht mehr auftreten. Eine Ausnahme tritt lediglich ein, wenn die Bank des Spenders den maschinenlesbaren Eintrag selbst in der ersten Verwendungszweckzeile aus Kostengründen – trotz ihrer Verpflichtung dazu – nicht weiterleitet. Oder wenn ein Spender den vorbereiteten Zahlschein gar nicht verwendet, sondern stattdessen per Online-Banking spendet – ohne die Angaben in der ersten Verwendungszweckzeile zu übertragen.

Besonders einfach, effizient und sicher wird die Vorbereitung der Überweisungsträger, wenn eine Organisation die **multifunktionale Kontonummer** einsetzt, die in Deutschland einzig von der *Bank für Sozialwirtschaft* (www.sozialbank.de) angeboten wird. Die Idee: Jedem bereits bekannten Spender sollte eine Organisation sowieso in der Fundraising-Datenbank (siehe Abschn. 2.1.8) eine Spendernummer zuordnen, mit der der Spender eindeutig identifiziert werden kann. Haben Spendernummern einer Organisation nicht mehr als sieben Stellen, so bietet die Bank für Sozialwirtschaft an, diese siebenstellige Förderernummer in die Kontonummer/IBAN der Organisation zu integrieren.

Das funktioniert so: Die IBAN hat in Deutschland maximal 22 Stellen (siehe Abb. 2.92). Hierin ist neben Länderkennung, Prüfziffer sowie Bankleitzahl auch die maximal zehnstellige Kontonummer beinhaltet. Da die Bank für Sozialwirtschaft nur die ersten drei der möglichen zehn Stellen der Kontonummer benötigt um zu erkennen, für welchen ihrer Kunden die eintreffende Zahlung bestimmt ist, kann sie die restlichen sieben Stellen der Organisation für andere Zwecke, in diesem Fall für die Integration einer bis zu siebenstelligen Spendernummer zur Verfügung stellen. Eine Organisation, die für ihre Spender einen Überweisungsträger vorbereitet, lässt in das Feld IBAN (des Empfängers) die individuelle IBAN mit integrierter Multifunktionaler Kontonummer (drei Stellen Kunden-Kennziffer, sieben Stellen für Spendernummer) eindrucken. Zur Unterscheidung von Bundes-, Landes- und Kreisverbänden einer föderal strukturierten Organisation gibt es eine „Organisationskennziffer".

Der Vorteil ist nun folgender: Tätigt ein Spender seine Überweisung mit dem vorbereiteten Überweisungsträger, so kann die Organisation die Identität des Auftraggebers der Überweisung auch ohne (eventuell fehlende) Informationen in den Verwendungs-

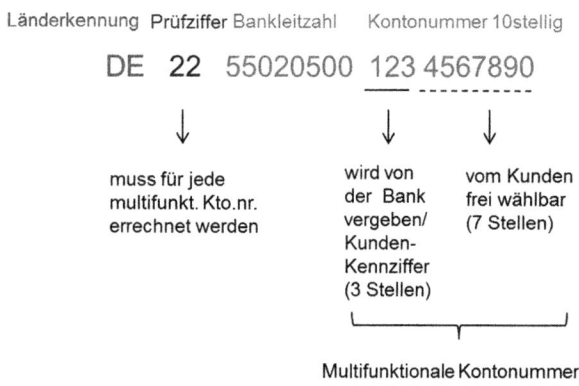

Abb. 2.92 In die IBAN integrierte Multifunktionale Kontonummer. (Quelle: *Bank für Sozialwirtschaft*)

zweckzeilen auf jeden Fall identifizieren. Die wichtigste Information zur Identifikation des Auftraggebers, die Spendernummer, ist schließlich in die Kontonummer integriert. Da diese im Zahlungsverkehr nicht weggelassen werden kann, ist jede eingehende Überweisung für die Organisation eindeutig einem Spender zuordenbar. Im schlimmsten Fall würde lediglich der in der ersten Verwendungszweckzeile eingelaserte Werbecode nicht mit übertragen.

Weil die zehnstellige Nummer somit gleichzeitig die Funktion einer Kontonummer und einer Spendernummer ausübt, wird von einer *multifunktionalen* Kontonummer gesprochen. Übrigens können auch beim Einsatz von Fremdadressen zunächst nach dem Zufallsprinzip vergebene fiktive Spendernummern in die multifunktionale Kontonummer integriert werden, so dass auch der Response von kalten Adressen sofort eindeutig zugeordnet werden kann. Die fiktive Spendernummer des potenziellen Spenders wird im Fall einer Spende dann sofort in eine neue definitive Spendernummer umgewandelt.

1997 wurde in Deutschland von den Banken der beleglose Zahlungsverkehr eingeführt. Auch gemeinnützige Organisationen erhalten ihre „Kontoauszüge" seitdem per Datenfernübertragung (DFÜ). Wenn sie die multifunktionale Kontonummer einsetzen und über eine leistungsfähige Fundraising-Datenbank (siehe Abschn. 2.1.8) verfügen, ordnet die Software quasi „auf Knopfdruck" die von der *Bank für Sozialwirtschaft* elektronisch erhaltenen Zahlungsinformationen den jeweiligen Förderern zu, ohne dass noch manuell nachgearbeitet werden müsste. Die Zeitersparnis für Fundraiser ist hoch! Die für das Database Marketing benötigte Zahlungshistorie erstellt sich durch den Einsatz der multifunktionalen Kontonummer quasi von selbst.

2.4.7.3 Lastschrift

Per **Lastschrift** kann eine Organisation eine Spende in bestimmter Höhe *einmalig* (als Einzelspende, siehe Abschn. 2.3.3) oder *dauerhaft* (als Dauerspende, siehe Abschn. 2.3.4) vom Konto eines Spenders einziehen. Im Fall der Dauerspende in regelmäßigen Abständen (z. B. monatlich, quartalsweise oder jährlich), auf zunächst unbestimmte Zeit (unbefristet, bis die Lastschrift wiederrufen wird), und ohne dass der Dauerspender dies jedes Mal aufs Neue veranlassen müsste. Für den Spender handelt es sich also um ein sehr bequemes, für die einziehende Organisation um ein sehr effizientes Verfahren. Verfügt eine Organisation über eine leistungsfähige Fundraising-Datenbank (siehe Abschn. 2.1.8), so werden anstehende Lastschriften regelmäßig (i. d. R. monatlich) automatisch vorbereitet und eingezogen. Die Organisation kann dadurch ihre Verwaltungskosten deutlich absenken, womit sie auch gegenüber Spendern werben kann (siehe Abschn. 2.1.5).

Ziel jeder Organisation ist es deshalb, möglichst viele Dauerspender davon zu überzeugen, am Lastschriftverfahren teilzunehmen. Für den Dauerspender hat das Lastschriftverfahren den Vorteil, sich nicht mehr um Überweisungen kümmern zu müssen. Trotzdem gibt es immer wieder Spender, die befürchten, durch die Genehmigung zum Lastschrifteinzug die Kontrolle über ihre Zahlungsvorgänge zu verlieren. Sie wissen oft nicht, dass durch Lastschriftverfahren eingezogene Beträge noch eine ganze Zeit lang (siehe unten) über einen Erstattungsanspruch problemlos wieder zurückgefordert werden können.

Organisationen sollten deshalb immer wieder auf die Vorzüge des Lastschriftverfahrens hinweisen! Trotzdem bevorzugen einige Spender, in der Schweiz sogar die überwältigende Mehrheit der Spender, die Einrichtung eines Dauerauftrages (siehe Abschn. 2.4.7.4).

Im November 2009 wurde die alte Lastschrift durch die neue **SEPA-Lastschrift** ersetzt. Zu unterscheiden sind zwei Arten von SEPA-Lastschriften: Ist der Spender eine *Privatperson*, so wird die **SEPA-Basislastschrift** verwendet. Hier hat der Spender/die Privatperson einen Erstattungsanspruch von acht Wochen. Ist der Spender ein *Unternehmen* (siehe Abschn. 3.2.1), so wird die **SEPA-Firmenlastschrift** verwendet. Hier entfällt der Erstattungsanspruch nach erfolgtem Einzug.

Für den Einzug einer SEPA-Lastschrift ist ein Mandat (**SEPA-Lastschriftmandat**) erforderlich. Im Fall der SEPA-Basis-Lastschrift erteilt der Spender (die Privatperson) nur der Organisation, der er spenden möchte, ein schriftliches Mandat unter Angabe der IBAN und (wenn nötig) den BIC. Im Fall der SEPA-Firmen-Lastschrift muss der Spender (das Unternehmen) seiner Bank zusätzlich noch das erteilte Mandat vor dem ersten Einzug der Lastschrift bestätigen.

Komplizierter ist die Frage, in welcher Form ein SEPA-Lastschriftmandat vorliegen muss. In der EU-Verordnung Nr. 260/2012 ist bei der SEPA-Mandatserteilung die **Schriftform** vorgeschrieben. Zwar empfiehlt der *European Payments Council* in seinem Regelwerk *SEPA Direct Debit Core Rulebook*, dass SEPA-Lastschriftmandate in ausgedruckter und handschriftlich unterschriebener Form vorliegen sollten. In Deutschland bestehen jedoch keine besonderen gesetzlichen Vorgaben hinsichtlich der Art und Weise der Erteilung von Lastschriftmandaten. Das heißt nach hiesiger Gesetzeslage können Lastschriftmandate grundsätzlich auch im Internet erteilt werden, und müssen damit nicht zwingend handschriftlich unterschrieben vorliegen. Für das vom Spender erteilte SEPA-Lastschriftmandat – einschließlich Änderungen – besteht eine gesetzliche Aufbewahrungspflicht. Eine Aufbewahrung auf Datenträger ist ausreichend, also nicht zwingend im Original erforderlich (§ 257 HGB und § 147 AO). Nach dem Erlöschen ist ein SEPA-Lastschriftmandat noch für einen Zeitraum von mindestens 14 Monaten, gerechnet vom Einreichungsdatum der letzten eingezogenen Lastschrift, aufzubewahren.[47]

Zieht eine Organisation eine Spende als SEPA-Lastschrift ein, ohne dass ein schriftliches SEPA-Lastschriftmandat vorliegt, so wird von einer **unautorisierten Lastschrift** gesprochen. In diesem Fall könnte der Spender die Kontobelastung innerhalb von 13 Monaten zurückgeben, also rückabwickeln. Zwar würden seriöse Fundraiser eine zurückverlangte Spende sowie immer erstatten. Das jedoch nur während eines laufenden Geschäftsjahres (das auch vom Kalenderjahr abweichen kann). Nach Abschluss eines Geschäftsjahres ist eine Spende in ein Projekt investiert, und kann i. d. R. nicht mehr erstattet werden. An dieser Stelle kann eine unautorisierte Lastschrift wegen der 13-Monatsfrist problematisch werden. In der Fundraising-Praxis taucht dieses Problem jedoch so gut wie nicht auf.

---

[47] Vgl. Deutsche Bundesbank: Fragen & Antworten zu SEPA, bundesbank.de.

2.4 Preispolitik

Das Erfordernis des Vorliegens eines schriftlichen SEPA-Lastschriftmandats verkompliziert die Gewinnung von (Einzel- und Dauer-)Spenden auf allen Vertriebskanälen (siehe Abschn. 2.5). Noch vergleichsweise einfach ist die Einholung eines schriftlichen Mandats beim *persönlichen Vertrieb*. Hier kann der Fundraiser den Spender im Verlauf des Gesprächs (am Stand in der Fußgängerzone oder an der Haustüre) direkt um die benötigte Unterschrift bitten. Auch beim *Online-Vertrieb* kann ein Mandat noch vergleichsweise einfach eingeholt werden, wenn der Spender als Zahlungsverfahren die Lastschrift (noch einfacher wäre *PayPal* oder Kreditkarte) wählt. Beim *Postvertrieb* kann – im Fall der Dauerspende – ein vorbereitetes Mandat beigelegt werden, dass der Spender unterschrieben zurückschicken muss. Beim *Telefonvertrieb* muss das Mandat von der Organisation (oder ihrem Dienstleister) im Nachgang zum Telefonat noch aufwendig an den Spender verschickt und unterschrieben zurückgefordert werden.

Laut *Online-Fundraising Studie 2017* des deutschen Online-Fundraising-Anbieters *altruja* bieten 83,2 % der Organisationen in Deutschland, 58,5 % der Organisationen in Österreich und nur 3 % der Organisationen in der Schweiz die SEPA-Lastschrift als Zahlungsverfahren auf ihrer Website (siehe Abschn. 2.7.2.1) an.[48] Laut *Digital Fundraising Studie Schweiz 2017* wurden 2016 nur 1,5 % der Online-Spenden (Anzahl) und 0,9 % des Online-Spendenvolumens über Lastschrift bezahlt.[49] Schweizer bevorzugen den Dauerauftrag.

2.4.7.4 Dauerauftrag

Ein ebenfalls verbreitetes Zahlungsverfahren ist der **Dauerauftrag**. Beim Dauerauftrag wird, ähnlich wie beim Lastschrifteinzug, auf zunächst unbestimmte Zeit, in regelmäßigen zeitlichen Abständen ein gleichbleibend hoher Betrag vom Konto des Spenders abgebucht. Während jedoch beim Lastschrifteinzug die Initiative bei der einziehenden Organisation liegt, ist sie beim Dauerauftrag bei der Bank des Spenders. Im Gegensatz zum Lastschrifteinzug kann der überwiesene Betrag bei einem Dauerauftrag nicht mehr zurückgezogen werden. Der Dauerauftrag wird im Fundraising v. a. zur Überweisung einer Dauerspende und eventuell zur Überweisung einer standardisierten Form von Großspende (High Donor, evtl. auch Major Donor) eingesetzt.

2.4.7.5 Kreditkarte

Ein weiteres, mögliches Zahlungsverfahren im Fundraising ist die **Kreditkarte**. Zwar bieten viele Organisationen die Kreditkartenspende, insbesondere im Rahmen Ihres Online-Fundraising (siehe Abschn. 2.7.1.1) an. Doch spielen Kreditkartenspenden in Deutschland eine wesentlich geringere Rolle als in anderen Ländern, insbesondere den Vereinigten Staaten. Laut *Online-Fundraising Studie 2017* des deutschen Online-Fundraising-Anbieters *altruja* bieten nur 50,4 % der Organisationen in Deutschland, aber 75,6 % der Organisationen in Österreich und 81,8 % der Organisationen in der Schweiz die Kreditkarte als

---
[48] Vgl. altruja: Online-Fundraising Studie 2017, München 2017, S. 34.
[49] Vgl. RaiseNow: Digital Fundraising Studie Schweiz 2017, Zürich 2017, S. 11.

Zahlungsverfahren auf ihrer Website (siehe Abschn. 2.7.2.1) an. Es bleibt abzuwarten, ob sich die Nutzung von Kreditkarten in Deutschland durch die deutliche Senkung der Kreditkartengebühren von vormals 2–3 % auf einheitlich 0,2 % des Kreditkartenumsatzes seit 2014 in Folge der entsprechenden EU-Richtlinie erhöhen wird. Zusätzlich bieten 75,8 % der Organisationen in der Schweiz die PostFinance Card als Zahlungsverfahren auf ihrer Website an.[50]

Besonders in der Schweiz ist die Kreditkarte also ein wichtiges Zahlungsverfahren, insbesondere im Rahmen des Online-Fundraising. Laut *Digital Fundraising Studie Schweiz 2017* des Schweizer Online-Fundraising-Anbieters *RaiseNow* wurden 2016 41,7 % der Online-Spenden (Anzahl) und 43,3 % des Online-Spendenvolumens über Kreditkarten, und zusätzlich 20,1 % der Online-Spenden (Anzahl) und 19,1 % des Online-Spendenvolumens über PostFinance Card bezahlt. Damit sind Kreditkarten und PostFinance Card derzeit das wichtigste Zahlungsverfahren im Online-Fundraising der Schweiz.[51]

2.4.7.6 Online-Zahlungsverfahren

Mit der rasanten Verbreitung des Internet-Handels (E-Commerce) wurden neben klassischen Zahlungsverfahren auch **Online-Zahlungsverfahren** (E-Payment) immer wichtiger. Bei den Online-Zahlungsverfahren hat sich eine für den Verbraucher bzw. Spender verwirrende Vielzahl von Anbietern entwickelt, von denen hier nur die Bedeutendsten vorgestellt werden können.

Das wichtigste Online-Zahlungsverfahren ist **PayPal** mit 188 Mio. Kunden in über 200 Märkten. Der Vorteil für den Bezahlenden liegt darin, dass er bereits registriert ist, und sich bei Zahlungen über *PayPal* an Dritte nicht erst nochmal langwierig registrieren muss. Vielmehr profitiert er von einem verkürzten Bezahlprozess, für den nur Benutzername und Passwort erforderlich sind. Die Bezahlabwicklung erfolgt per Lastschrift oder Kreditkarte. In Deutschland ist *PayPal* 2017 das verbreitetste Online-Zahlungsverfahren im Online-Handel (ca. 20.000 Online-Shops in Deutschland akzeptieren PayPal) und auch das beliebteste Zahlungsverfahren für Online-Spenden.

Für gemeinwohlorientierte Organisationen bietet *PayPal* weltweit Fundraising-Lösungen zu Sonderkonditionen an. Auch in Deutschland, Österreich und Schweiz können gemeinwohlorientierte Organisationen einen **PayPal-Spenden-Button** unkompliziert generieren und auf ihrer Website (siehe Abschn. 2.7.2.1) oder in eine E-Mail (siehe Abschn. 2.7.2.4) integrieren. Mittlerweile sind neben Einzel- auch Dauerspenden möglich, die sofort nach Eingang zur Verfügung stehen. Weitere Informationen über den Spender (Name, Anschrift, E-Mail), Höhe des Betrages und Datum des Spendeneingangs sind im *PayPal*-Konto der Organisation einzusehen. Zudem bietet *PayPal* die Möglichkeit bei Offline-Werbung (siehe Abschn. 2.6) einen *PayPal QRshopping-Code* zu platzieren (zum QR-Code siehe Abschn. 2.4.7.7). Damit können Spender schnell und einfach über ihren PayPal-Account spenden.

---

[50] Vgl. *altruja*: Online-Fundraising Studie 2017, München 2017, S. 34.
[51] Vgl. *RaiseNow*: Digital Fundraising Studie Schweiz 2017, Zürich 2017, S. 11.

2.4 Preispolitik

Laut *Online-Fundraising Studie 2017* des deutschen Online-Fundraising-Anbieters *altruja* bieten nur 66,1 % der Organisationen in Deutschland, 73,2 % der Organisationen in Österreich und 63,6 % der Organisationen in der Schweiz *PayPal* als Zahlungsverfahren auf ihrer Website (siehe Abschn. 2.7.2.1) an.[52] Während *PayPal* das wichtigste Online-Zahlungsverfahren in Deutschland ist, spielt es im Online-Fundraising der Schweiz nur eine untergeordnete Rolle. Laut *Digital Fundraising Studie Schweiz 2017* wurden 2016 nur 4,8 % der Online-Spenden (Anzahl) und 4,1 % des Online-Spendenvolumens über *PayPal* bezahlt.[53]

Ein weiteres, sehr verbreitetes Online-Zahlungsverfahren zur bargeldlosen Zahlung im Internet ist die **Direktüberweisung** oder Direkt-Überweisung. Bei der Direktüberweisung wird ein Spender von der Spendenseite der Organisation weitergeleitet zum Online-Konto bei seiner Bank, bezahlt dort wie auch beim Online-Banking, und wird nach der Zahlung zurück auf die Spendenseite der Organisation geleitet. Im Gegensatz zur normalen Überweisung (siehe Abschn. 2.4.7.2) erhält der Zahlungsempfänger (hier: die Organisation) sofort eine Zahlungsgarantie vom Anbieter der Direktüberweisung (auch wenn dieser sein Geld erst nach der üblichen Banklaufzeit erhält). Im Online-Handel kann dadurch die Ware schneller verschickt werden, was im Online-Fundraising nicht von entsprechender Bedeutung ist. Der wichtigste Anbieter von Direktüberweisungen ist die schwedische *Klarna Group*, die 2017 die deutsche *Sofort GmbH* mit ihrer seit 2006 entwickelten **Sofortüberweisung** übernahm. Mit 60 Mio. Kunden und 70.000 Händlern in 18 Ländern gehört die *Klarna Group* zu den großen Anbietern von Online-Zahlungsverfahren. Im Rahmen eines Re-Branding wird 2018 aus „Sofortüberweisung" nur noch „Sofort". Laut *Online-Fundraising Studie 2017* von *altruja* bieten 52,9 % der Organisationen in Deutschland, 61,0 % der Organisationen in Österreich aber nur 12,1 % der Organisationen in der Schweiz *Sofortüberweisung* als Zahlungsverfahren auf ihrer Website (siehe Abschn. 2.7.2.1) an.[54] Ein weiterer Anbieter von Direktüberweisungen ist **Giropay**, das seit 2006 von Teilen der deutschen Kreditwirtschaft entwickelt wird. Laut *Online-Fundraising Studie 2017* von *altruja* bieten 8,1 % der Organisationen in Deutschland *Giropay* als Zahlungsverfahren auf ihrer Website (siehe Abschn. 2.7.2.1) an. In Österreich und der Schweiz spielt *Giropay* keine Rolle.[55]

Paydirekt ist ein 2014 gegründetes Online-Zahlungsverfahren deutscher Banken und Sparkassen. Im Unterschied zu anderen Online-Zahlungsverfahren ist *Paydirekt* kein Drittanbieter, sondern eine Zusatzfunktion des Girokontos. Die Zahlung wird direkt über das Girokonto des Käufers abgewickelt und an das Konto des Händlers gesendet. Die Konto-Informationen werden dabei weder an den Händler bzw. die Organisation noch an einen Drittanbieter weitergegeben.

---

[52] Vgl. *altruja*: Online-Fundraising Studie 2017, München 2017, S. 34.
[53] Vgl. RaiseNow: Digital Fundraising Studie Schweiz 2017, Zürich 2017, S. 11.
[54] Vgl. altruja: Online-Fundraising Studie 2017, München 2017, S. 34.
[55] Vgl. altruja: Online-Fundraising Studie 2017, München 2017, S. 34.

Im Zusammenhang mit Zahlungen im Internet taucht sein einigen Jahren verstärkt der Begriff **Bitcoin** auf. Dabei handelt es sich nicht um ein Online-Zahlungsverfahren sondern um eine der neuen, digitalen Währungen, mit denen im Internet weltweit bezahlt und damit auch gespendet werden kann. Der deutsche Online-Fundraising-Anbieter *Wikando*, Betreiber von *FundraisingBox*, bietet 2017 als erster Online-Spendenformulare (siehe Abschn. 2.7.1.1) an, mit deren Hilfe Online-Spenden in der Währung Bitcoin gebührenfrei entgegengenommen werden können.

> **Beispiel**
> Die wahrscheinlich erste Hilfsorganisation, die im deutschsprachigen Raum Spenden in bitcoins entgegen nahm, dürfte das Hilfswerk *Jugend Eine Welt Österreich* sein. Sie rief bereits 2015 erste Bitcoin-Spendenaktionen ins Leben. Seit 2017 kann über bitcoinspenden.at in bitcoins gespendet werden.

Aus Sicht des Fundraising gilt es, die sehr dynamischen Entwicklungen bei Online-Zahlungsverfahren ständig im Blick zu behalten, um erfolgsversprechende neue Lösungen baldmöglichst zu erkennen und auch für Online-Spenden anbieten zu können. Grundsätzlich ist es sinnvoll, bei Online-Zahlungsverfahren möglichst viele Alternativen anzubieten, damit jeder Spender sein individuell präferiertes Verfahren nutzen kann.

2.4.7.7 Mobile Zahlungsverfahren

Mobile Zahlungsverfahren (engl.: **Mobile Payment**) sind Zahlungsverfahren für die ein mobiles Endgerät (Smartphone, Tablet) und eine stabile Mobilfunkverbindung oder eine mobile Internetverbindung (WLAN) benötigt werden. Da mit mobilen Endgeräten längst auch Online-Zahlungsverfahren (siehe vorheriges Kapitel) bequem genutzt werden können, eigenen sich mobile Endgeräte für beides, sowohl für Online-Zahlungsverfahren als auch für Mobile Zahlungsverfahren. Als derzeit wichtigstes Mobiles Zahlungsverfahren gilt das **kontaktlose Bezahlen** per NFC und per QR-Code (siehe Abschn. 2.7.1.4).

Über das kontaktlose Bezahlen per NFC und QR-Code hinaus, können mit mobilen Endgeräten (insbesondere Smartphones) über SMS Premium-Dienste und Telefonmehrwertdienste auch Zahlungen über SMS und Telefonanruf ausgelöst und über die Telefonrechnung des Mobilfunkanbieters abgerechnet werden.[56] Im Fundraising werden Micropayment-Zahlungsverfahren im Rahmen von Mikrospenden und insbesondere in Form von SMS-Spenden (siehe Abschn. 2.3.3.1 und 2.7.1.4) eingesetzt.

2.4.7.8 Scheck

Nur der Vollständigkeit halber, sei an dieser Stelle darauf hingewiesen, dass grundsätzlich auch der Scheck als Zahlungsmittel für eine Spende genutzt werden kann. Im Gegensatz zu den Vereinigten Staaten ist diese Möglichkeit in Deutschland jedoch nicht (mehr)

---

[56] Theoretisch können solche Zahlungen auch über Festnetztelefonie ausgelöst werden. Praktisch spielt diese Option jedoch keine Rolle.

sehr verbreitet. Entsprechend wird in der Kommunikation gemeinnütziger Organisationen i. d. R. auch nicht mehr auf dieses Zahlungsverfahren hingewiesen.

2.4.7.9 Einzahlungsschein

Eine Schweizer Besonderheit unter den Zahlungsverfahren stellt der **Einzahlungsschein** dar. Er wurde vor über hundert Jahren in Verbindung mit einem Postcheckkonto eingeführt, um auch denjenigen die Teilnahme am bargeldlosen Geldverkehr zu ermöglichen, die sich die hohen Mindesteinlagen von durchschnittlich 500 Franken für ein Bankkonto zur Teilnahme am Check und Giroverkehr nicht leisten konnten. Heute gibt es zwei Typen von Einzahlungsscheinen: Den (seit 1998 orangen) Einzahlungsschein mit Referenznummer (ESR) und den (seit 1998 roten) Einzahlungsschein ohne Referenznummer (ES). In der Referenznummer können wichtige Angaben rund um eine Zahlung (hier: Spende) codiert und dadurch vom Zahlungsempfänger (hier: der Organisation) leichter verarbeitet werden. Einzahlungsscheine werden heute nicht mehr nur für Postkonten sondern längst auch für Bankkonten eingesetzt.

Der Einzahlungsschein spielt heute noch eine wichtige Rolle in der Schweiz. Im Fundraising wird er v. a. im Mailing (siehe Abschn. 2.5.2) eingesetzt, aber durchaus auch noch im Online-Fundraising (siehe Abschn. 2.7). Laut *Digital Fundraising Studie Schweiz 2017* des Schweizer Online-Fundraising-Anbieters *RaiseNow* wurden 2016 18,3 % der Online-Spenden (Anzahl) und 29,7 % des Online-Spendenvolumens über den Einzahlungsschein bezahlt. Damit ist der Einzahlungsschein immer noch das zweitwichtigste Zahlungsverfahren im Online-Fundraising der Schweiz.[57] Auch wenn es heutzutage et-

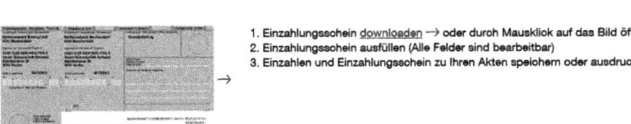

Abb. 2.93 Einzahlungsschein auf Website. (Quelle: schweizhilftschweiz.ch/spenden-einzahlungsschein (Zugriff am 16.03.2018))

---

[57] Vgl. RaiseNow: Digital Fundraising Studie Schweiz 2017, Zürich 2017, S. 11.

was anachronistisch anmuten mag, bieten viele Schweizer Organisationen deshalb auf ihrer Website Spendern die Möglichkeit an, sich einen Einzahlungsschein entweder auf dem Postweg zuschicken zu lassen oder als PDF herunterzuladen.

> **Beispiel**
>
> Die Organisation *Schweiz hilft Schweiz* bietet Interessierten auf Ihrer Website die Möglichkeit, sich einen (oder mehrere) Einzahlungsscheine entweder per Post zuschicken zu lassen oder als PDF herunterzuladen (siehe Abb. 2.93).

2.4.8 Was ich in diesem Abschnitt gelernt habe

- Geben Sie Ihren (potenziellen) Spendern Orientierung in Form einer Shopping-List!
- Geben Sie Ihren (potenziellen) Spendern Orientierung in Form eines Spendenbarometers!
- Berücksichtigen Sie bei der Preisbildung für Ihre Spendenprodukte angemessen die (Voll-)Kosten, die mit der Spende verbunden sind!
- Versuchen Sie, den Preis für eine Dauerspende durch geeignete Upgrading-Maßnahmen schrittweise anzuheben!
- Definieren Sie einen (oder mehrere) Schwellenwert(e), ab welcher Jahresspendensumme Sie einen Spender als Großspender betrachten wollen!
- Setzen Sie den Schwellenwert im Zweifel lieber etwas zu hoch als zu niedrig an. Soll fallen eventuelle spätere Korrekturen leichter!
- Achten Sie bei einer Testamentspende in Form einer Erbschaft auf einen ausreichend hohen Nettoertrag!
- Optimieren Sie den Zahlungsverkehr Ihrer Organisation! Suchen Sie sich dazu eine leistungsfähige Bank, die die Abwicklung Ihres Zahlungsverkehrs optimal begleiten kann!
- Weisen Sie Ihre Spender und Mitglieder immer wieder auf die Vorzüge des Lastschrifteinzuges hin!
- Wenn Sie eine Spende von einem neuen Spender erhalten, der seine Adresse nicht angegeben hat, überweisen Sie ihm einen geringen Betrag zurück und bitten um Kontaktaufnahme!
- Verschicken Sie an Ihre Förderer möglichst nur vorbereitete Überweisungsträger um unvollständige und unleserliche Belege zu vermeiden!
- Beschaffen Sie sich als kleine Organisation von Ihrer Hausbank zumindest Überweisungsträger, auf denen die Bank bereits Ihre IBAN (und BIC) aufgedruckt hat! Dies sollte gratis möglich sein!
- Wenn Sie für eine größere Organisation arbeiten, prüfen Sie den Einsatz der multifunktionalen Kontonummer der *Bank für Sozialwirtschaft*!

- Wenn Sie die multifunktionale Kontonummer nicht einsetzen wollen oder können, lassen Sie zumindest die Förderernummer in die erste Verwendungszweckzeile des Überweisungsträgers einlasern.
- Beobachten Sie ständig die sich sehr dynamisch verändernden Zahlungsverfahren und setzen Sie rechtzeitig auf wichtige neue (Online-)Zahlungsverfahren!

2.5 Vertriebspolitik

Nachdem im Rahmen der Produktpolitik Entscheidungen zu den verschiedenen Spendenprodukten (Einzel-, Dauer-, Groß-, Testament-, Anlass-, Mikro- und Restgeldspende) und im Rahmen der Preispolitik Entscheidungen zu deren jeweiligem Preis gefällt wurden, ist nun im Rahmen der **Vertriebspolitik** zu entscheiden, wie diese Produkte vertrieben werden sollen.

2.5.1 Entscheidungen im Rahmen der Vertriebspolitik

Nach Marketing-Verständnis, umfasst die Vertriebspolitik alle Entscheidungen, die notwendig sind, um ein Produkt für den Kunden verfügbar zu machen. Dabei werden akquisitorische Entscheidungen (über welche Vertriebskanäle können Kunden gewonnen, gebunden und zurückgewonnen werden?) und logistische Entscheidungen (wie wird das Produkt durch Überwindung von Raum und Zeit an Kunden distribuiert?) unterschieden. Im Fundraising stehen akquisitorische Aspekte im Vordergrund; logistische Aspekte sind wegen der Immaterialität des (Spenden-)Produktes nachrangig. Deshalb wird an dieser Stelle dem Begriff „Vertriebspolitik" der Vorrang vor dem ebenfalls oft verwendeten Begriff „Distributionspolitik" gegeben. Im Mittelpunkt soll hier die Auswahl des Vertriebssystems und der Vertriebskanäle stehen. Bei der Auswahl des Vertriebssystems ist eine Entscheidung für den Direktvertrieb und/oder den indirekten Vertrieb zu fällen.[58] Beim **Direktvertrieb** erfolgt der Vertrieb bzw. Verkauf von Produkten oder Dienstleistungen direkt von einem Hersteller an einen Endverbraucher, ohne irgendwelche Zwischenhändler. Der Vorteil des Direktvertriebes besteht darin, dass der Hersteller den gesamten Vertrieb kontrollieren kann und nicht auf die Kooperationsbereitschaft von (Zwischen-)Händlern angewiesen ist. Auch entfallen die zusätzlichen Kosten für (Zwischen-)Händler. Folgende Vertriebskanäle, die in den nachfolgenden Kapiteln noch näher zu erläutern sein werden, können dem Direktvertrieb zugeordnet werden:

- Postvertrieb,
- Online-Vertrieb,

---

[58] Vgl. Bruhn, Manfred: Marketing – Grundlagen für Studium und Praxis, 11. Aufl., (Gabler) Wiesbaden 2012, S. 245 ff.

- Telefonvertrieb,
- Persönlicher Vertrieb.

Beim **indirekten Vertrieb** werden zwischen Hersteller und Endverbraucher Zwischenhändler (Groß- und/oder Einzelhändler) eingeschaltet. Dadurch sinkt zwar die Kontrollierbarkeit für den Hersteller und steigen die Kosten, dafür kann aber das Vertriebsnetz dichter werden. Folgende Vertriebskanäle können dem indirekten Vertrieb zugeordnet werden:

- Vertrieb über Handelsunternehmen,
- Vertrieb über Handelsvertreter,
- Vertrieb in Kommission,
- Franchising.

Im Fundraising steht eindeutig der Direktvertrieb im Vordergrund, der durch die Immaterialität des (Spenden-)Produktes erleichtert wird. Entsprechend wird im Folgenden der Schwerpunkt auf den Postvertrieb (Abschn. 2.5.2), den Online-Vertrieb (siehe Abschn. 2.5.3), den Telefonvertrieb (siehe Abschn. 2.5.4) und den persönlichen Vertrieb (siehe Abschn. 2.5.5) gelegt. Für den indirekten Vertrieb entscheidet sich eine Organisation, wenn ein (Unternehmens-)Partner sein Vertriebsnetz kostenlos oder zumindest kostengünstig zur Verfügung stellt (siehe Abschn. 2.5.6). Insgesamt steht also eine ganze Reihe denkbarer Vertriebskanäle zur Auswahl. Um ein möglichst dichtes Vertriebsnetz zu erlangen, sollten im Sinne einer **Multi-Channel Distribution** im Fundraising alle Vertriebskanäle genutzt werden, die einerseits den Zielgruppenpräferenzen (hier: Spenderpräferenzen) entsprechen, und bei denen andererseits ein vernünftiges Verhältnis von Aufwand und Ertrag erzielt werden kann.

2.5.2 Postvertrieb (Mailing)

Beim **Postvertrieb** werden (potenzielle) Spender (als Käufer eines immateriellen Spendenproduktes) auf dem Postweg – per Brief bzw. Mailing – akquiriert. Es gibt also deutliche Parallelen zum Versandhandel, bei dem Käufer physischer Produkte auf dem Postweg – per Brief und Katalog – akquiriert werden. Beim Versandhandel agiert jedoch – wie man dem Begriff unmittelbar entnehmen kann – zwischen Hersteller und Endverbraucher (mindestens) ein Händler. Damit ist der Versandhandel dem Vertriebssystem des indirekten Vertriebs zuzuordnen. In Abgrenzung dazu soll der direkte Vertrieb von (Spenden-)Produkten über Mailings hier Postvertrieb genannt werden. In diesem Zusammenhang wird gerne auch von Direct Marketing bzw. Direktmarketing unter Betonung des kommunikationspolitischen Aspektes („Direktwerbung") gesprochen. Im Fundraising spielt jedoch der vertriebspolitische Aspekt („Direktvertrieb") eine mindestens gleichwertige Rolle.

Der Postvertrieb dürfte wohl auch im Fundraising eingesetzt werden, seit es Postdienstleistungen (ab 1490) gibt. Zum wichtigsten Vertriebskanal avancierte er jedoch erst, als es Anfang der 1980er Jahre mit Aufkommen der Personal Computer und Textverarbeitungs-Software mit Serienbrieffunktion plötzlich für jede Organisation möglich wurde, eine Vielzahl von Menschen personalisiert und kostengünstig ansprechen zu können. Mit einsetzender Professionalisierung des Fundraising in Deutschland in den 1990er Jahren (ausgelöst durch die Finanzknappheit des Staates in Folge der deutschen Wiedervereinigung), und zunehmendem Verdrängungswettbewerb auf dem Spendenmarkt ab den 2000er Jahren, gerät der Postvertrieb unter Druck. Kritiker geben zu bedenken, dass das Mailing aufgrund seines Erfolges so stark eingesetzt wird, dass die Briefkästen überfüllt, die Adressaten verärgert und die Briefe gar nicht mehr geöffnet, sondern sofort ungelesen in den Müll geworfen würden („Junk Mail"). Trotzdem wird das Mailing aufgrund seiner unverkennbaren Vorteile nach wie vor von praktisch jeder (größeren) Organisation eingesetzt. Selbst neu auf den Spendenmarkt drängende Organisation wollen (und können) auf dieses Instrument nicht verzichten. Deshalb ist der Postvertrieb immer noch der wichtigste Vertriebskanal im Fundraising – und wird dies auch solange bleiben, bis er eines Tages vom Online-Vertrieb (siehe Abschn. 2.5.3) überflügelt werden wird.

Der Postvertrieb mit Hilfe des Mailing wird zur Gewinnung, Bindung und Rückgewinnung von Spendern auf allen Stufen der Spenderpyramide eingesetzt. Wegen der vergleichsweise geringen Kosten ist das Mailing der vorherrschende Vertriebskanal in der Basis der Spenderpyramide. Als Faustformel kann mit einem Euro pro Brief (für Papier, Druck, Laser-Beschriftung, Schneiden, Falzen, Kuvertieren und Frankieren) gerechnet werden. Der Betrag kann jedoch je nach Auflage, Format und Umfang eines Mailing auch höher oder niedriger ausfallen. Fast unverzichtbar ist das Mailing für die Gewinnung von Erstspendern.

2.5.2.1 Eigenadress-Mailing

Nach der Systematik der Spenderpyramide werden zunächst alle vorab gewonnenen Interessenten (siehe Abschn. 2.1.2.2) als potenzielle Erstspender betrachtet und mit einem Mailing angeschrieben. Da ein solches Mailing an selbst gesammelte „eigene" Adressen mit einem bereits mehr oder weniger persönlichen Bezug verschickt wird, spricht man im Fundraising von einem **Eigenadress-Mailing** oder auch **Warmadress-Mailing** oder auch **Hauslisten-Mailing**. Dabei liegt der Vorteil, in Privatpersonen zunächst nur Interessenten, und erst in einem zweiten Schritt (Erst-)Spender zu sehen, darin, dass den Privatpersonen ausreichend Zeit gelassen wird, die Organisation kennenzulernen und Vertrauen zu ihr aufzubauen. Wird ein Interessent zum Erstspender (und danach vielleicht sogar noch zum Mehrfach-, Dauer-, Groß- und Testamentspender) upgegradet, so erhält er zur Bindung weiterhin Eigenadress-Mailings. Üblicherweise verschicken Organisationen vier bis zehn Mailings pro Jahr. Die meisten Organisationen verschicken sechs Mailings pro Jahr. Am erfolgversprechendsten ist der Versand Mitte November, da in diesem Monat viele Menschen ihr 13. Monatsgehalt („Weihnachtsgeld") erhalten und deshalb großzügiger sein können. Aus demselben Grund werden im November auch die meisten Fremdadress-Mailings verschickt.

2.5.2.2 Fremdadress-Mailing

Genießt eine Organisation durch erfolgreiche Öffentlichkeitsarbeit bereits einen hohen Bekanntheitsgrad und Vertrauen in der Bevölkerung, so muss sich ein potenzieller Spender nicht erst über sie informieren. Eine solche Organisation kann voraussetzen, dass man sie bereits kennt und mit Hilfe eines **Fremdadress-Mailing** (auch **Kaltadress-Mailing** oder **Prospect-Mailing** genannt) direkt Erstspendergewinnung betreiben. Der Unterschied zu Eigenadress-Mailings besteht darin, dass Fremdadress-Mailings – wie der Name schon sagt – nicht an bereits bekannte Adressen gehen, sondern an angemietete Fremdadressen, zu denen bislang noch kein Kontakt bestand. In der Hoffnung, dass die Menschen, die hinter diesen Fremdadressen stehen, aufgrund ihrer (demo-, psycho-, sozio- und geografischer bzw. verhaltensbezogener) Merkmale (siehe Abschn. 6.1) Interesse an den Projekten haben könnten, für die die Organisation sammelt. Natürlich sind die Streuverluste, die dadurch entstehen, dass mit Fremdadress-Mailings auch Menschen kontaktiert werden, die kein Interesse an dieser Organisation bzw. diesem Projekt haben, entsprechend hoch. Die Erfahrung zeigt, dass heutzutage selbst bei geeigneten Fremdadresslisten im Normalfall lediglich 1 % der Angeschriebenen mit einer Spende auf das Mailing reagiert (man spricht dann auch von einer Response-Quote von 1 %, siehe Abschn. 6.3.3).[59] Die große Mehrheit von 99 % reagiert also nicht. Auch wenn mit den Spenden der 1 % Reagierer i. d. R. noch nicht einmal Kostendeckung erreicht werden kann, lohnt sich das Fremdadress-Mailing (mittel- und langfristig) doch, weil durch das Upgrading des so gewonnenen Erstspenders später entsprechende Überschüsse erzielt werden können. Dies ist ein zusätzlicher Grund für den bereits erwähnten langen zeitlichen Vorlauf des Fundraisings.[60]

Was sind nun geeignete Fremdadressen? Zunächst könnte man versucht sein, einfach die Adressen aus dem Telefonbuch abschreiben oder – einfacher – von einer entsprechenden CD zu kopieren. Das einzige Selektionskriterium, das bei der Auswahl dieser Fremdadressen dann jedoch vorliegen würde, wäre das Vorhandensein eines Telefonanschlusses. Mehr Kriterien zur Unterscheidung von Interessenten und Nicht-Interessenten unter den Fremdadressen würden der Organisation nicht vorliegen. Der Streuverlust bei Einsatz aller so gewonnenen Adressen wäre entsprechend hoch. Um den Streuverlust zu minimieren, sucht man deshalb (Fremd-)Adressen, über die möglichst viele Informationen zur Verfügung stehen. In der Praxis vermieten v. a. Versandhandelsunternehmen sowie Zeitungs- und (Fach-)Zeitschriftenverlage die Adressen ihrer Kunden bzw. Leser. Ziel dieser Unternehmen ist es, über die Vermietung der Adressen zusätzliche Einnahmen zu generieren. In den seltensten Fällen bieten die Unternehmen ihre Adressen dabei selbst an. Meist bedienen sie sich sog. Adressverlage, die die Rechte an den Adressen erwerben und sie anschließend direkt an interessierte Unternehmen und Organisationen oder über spezialisierte Zwischenhändler bzw. Adressmakler, sog. Listbroker, vermieten. Je mehr

---

[59] In der Schweiz erreicht ein Fremdadress-Mailing im Normalfall sogar eine Response-Quote von 2 %.
[60] Vgl. Meyer, Christian: Fund Raising für Greenpeace – Erfolgreich durch den Dialog, in: Dallmer, Heinz (Hrsg.): Handbuch Direct Marketing, 6. Aufl., (Gabler) Wiesbaden 1991, S. 843–852, S. 846.

Informationen ein Versandhändler über seine Kunden in seiner Datenbank gesammelt hat, umso mehr Selektionskriterien liegen vor, umso interessanter wird die Adressliste auch für Fundraiser.

> **Beispiel**
>
> Eine von gemeinwohlorientierten Organisationen gerne angemietete Adressliste war und ist die der Firma *Walbusch*, einem Versandhandelsunternehmen für gehobene Oberbekleidung. Von *Walbusch*-Kunden ist bekannt, dass sie sich durch folgende Merkmale auszeichnen:
>
> - zu 75 % männlich,
> - über 45 Jahre,
> - konservativ,
> - hohe Kaufkraft.

Organisationen, die durch die Auswertung ihrer eigenen Spenderdatenbank im Rahmen des Database Marketing (siehe Abschn. 6.3.3) wissen, dass sich ihre Spender durch ein ähnliches Merkmalsprofil auszeichnen wie *Walbuschs* Versandkäufer, haben durch die Anmietung der *Walbusch*-Liste eine deutlich höhere „Trefferwahrscheinlichkeit" auf (potenzielle) Spender zu stoßen, als beim Einsatz der ungleich weniger profilierten Telefonbuchadressen.

Ziel jeder Organisation muss also sein, diejenigen Adresslisten zu finden, bei denen das Profil der hinter den Adressen stehenden Käufer bezüglich geografischer, demografischer, psychografischer, soziografischer und verhaltensbezogener Merkmale eine möglichst hohe Deckung mit dem Profil der Förderer der Organisation aufweist. Dabei sollten sie sich durch spezialisierte Listbroker beraten lassen, die zumindest die wichtigsten der ca. 1400 bis 1500 auf dem deutschen Markt angebotenen Adresslisten kennen (sollten). Je nach Liste kostet die (einmalige) Miete von 1000 Adressen zwischen 100 und 400 €. Meist ist eine Mindestabnahme von 5000 Adressen erforderlich. Kompetente Listbroker erkennt man am List-Council-Qualitätssiegel, das der *Deutsche Dialogmarketing Verband* (*DDV*) jährlich nach Online-Prüfung verleiht.

Die Adressen werden in aller Regel nur vermietet, nicht verkauft. Sie stehen also zunächst nur zum einmaligen Einsatz im Rahmen eines Fremdadress-Mailings zur Verfügung und bleiben zunächst im Eigentum des Adressverlages. Sie dürfen erst (aus dem Fremdbestand) in den Eigenbestand der Organisation übernommen werden, wenn sie (bzw. die hinter den Adressen stehenden Adressinhaber) auf das Fremdadress-Mailing der Organisation mit einer Spende reagiert haben. Durch die Spende begründet sich eine neue Geschäftsbeziehung zwischen dem Spender und der Organisation. Die Organisation erwirbt damit ein eigenes Recht an der Adresse. Aus der Fremdadresse (kalte Adresse) ist eine Eigenadresse (warme Adresse) geworden. Bei Postkäuferadressen kann eine Organisation nicht in Versuchung geraten, eine angemietete Adresse unzulässigerweise auch ohne Spende einfach in den Eigenbestand zu übernehmen, da sie gar nicht erst in deren physischen Besitz gelangt. Vielmehr wird ein spezialisierter Dienstleister (Lettershop) beauftragt, die Adressen nach den Regeln des Bundesdatenschutzgesetzes im Auftrag der Organisation zu verarbeiten. Zusätzlich würde ein Adressanbieter jedoch allein schon dadurch von einem Missbrauch der bei ihm angemieteten Adressen erfahren, dass er grundsätzlich *Kontrolladressen* in die vermietete Liste einstreut. Würde eine Organisation gemietete Adressen unrechtmäßigerweise ein zweites Mal anschreiben, so würde der Adressanbieter dies dadurch erfahren, dass der Inhaber der Kontrolladresse (den die anmietende Organisation ja nicht kennen kann) ihn sofort benachrichtigen würde. Die Organisation würde damit gegen vertragliche Regelungen verstoßen und eine vereinbarte Konventionalstrafe bezahlen müssen.

2.5.2.3 Inhouse versus Outsourcing

Im Rahmen der Vertriebspolitik ist zu entscheiden, ob der Postvertrieb inkl. Produktion der Mailings von den eigenen Fundraisern innerhalb einer Organisation (Inhouse) oder von externen Dienstleistern (im Outsourcing) durchgeführt werden soll. Bei dieser klassischen Make-or-buy-Entscheidung ist neben den Kosten v. a. auch die Komplexität der Prozesse zu berücksichtigen, die von Nicht-Experten gerne unterschätzt wird. Die Produktion eines Mailings umfasst eine Vielzahl von Teilschritten, die minutiös geplant und aufeinander abgestimmt werden müssen:

- Konzeption, Text, Bilder, Grafik,
- Selektion und Aufbereitung der eigenen Adressen,
- Anmietung und Aufbereitung von Fremdadressen,
- Abgleich, Bereinigung (mit Hilfe von Umzugsdatei und Sterbedatei) und Portooptimierung der Adressen (siehe Abschn. 2.1.8.3),
- Produktion aller Mailing-Bestandteile (Briefhülle, Anschreiben und Zahlschein, Informationsträger, Response-Elemente wie Antwortkarten oder adressierte Rückumschläge, evtl. Give-aways),
- Personalisierung einzelner Mailing-Bestandteile durch Laser-Beschriftung,
- Falzen, Kuvertieren, Frankieren, Postauflieferung.

Eine detaillierte Darstellung des gesamten Prozesses der Mailing-Erstellung würde den Rahmen des vorliegenden Buches sprengen. Dazu kommt die Problematik, dass viele Angaben (Preise, Porti, Gewichte etc.) schnell veralten. Es wird deshalb auf die einschlägige Fachliteratur zum Thema Mailing verwiesen.[61] In Abschn. 2.6.5.1 werden jedoch noch einige Überlegungen zum Mailing aus kommunikationspolitischer Sicht angestellt und Tipps zur Gestaltung von Mailings gegeben. Außerdem werden in Kap. 6 die wichtigsten Überlegungen zu Planung, Controlling und Qualitäts-Management eines Mailings vorgestellt.

Zahlreiche Bestimmungen der Post, der Banken und des Datenschutzes (siehe Abschn. 2.5.2.4) müssen berücksichtigt werden. Bereits kleine Fehler können bei entsprechen-

---

[61] Siehe „Weiterführende Literatur zu Abschn. 2.5".

den Auflagen zu erheblichen Kosten führen. An dem Prozess sind deshalb i. d. R unterschiedliche, z. T. hochspezialisierte Dienstleister (Rechenzentren, Listbroker, Conceptioner, Grafiker, Texter, Lithoanstalten, Druckereien, Lettershops u. a.) beteiligt. Nur ganz wenige große Organisationen können einen Großteil der Funktionen selber übernehmen. Die meisten Organisationen lagern den Prozess teilweise oder ganz an Agenturen aus. Eine Aufstellung von Anbietern kann kostenlos im Mitgliederverzeichnis auf der Website des *Deutschen Fundraising Verbandes* (www.fundraisingverband.de) unter „Dienstleister" (Art der Dienstleistung: „Print") eingesehen werden.

▶ **Tipp für kleinere Organisationen** Informieren Sie sich über das webbasierte Angebot „MailingFactory" der Deutschen Post AG (www.mailingfactory.de). Hier können Sie unkompliziert auch Mailings in zunächst kleinerer Auflage (ab 50 Exemplaren) in Auftrag geben.

2.5.2.4 Rechtliche und ethische Aspekte des Postvertriebes

Ziel eines Mailings im Rahmen des Postvertriebes ist es, über die Arbeit einer gemeinwohlorientierten Organisation und ihre Mittelverwendung transparent zu informieren, um eine vertrauensvolle Beziehung zum Spender aufzubauen. Würde das Mailing einer Organisation vom Spender als Belästigung empfunden werden, so wäre dies kontraproduktiv für den Vertrauensaufbau. Daran kann einem Fundraiser schon aus Eigeninteresse nicht gelegen sein. Es gibt aber auch rechtliche und ethische Regeln, die eine Belästigung vermeiden sollen. Ein wichtiges Datum war in diesem Zusammenhang der 25.05.2018, da es einen datenschutzrechtlichen Paradigmenwechsel einläutete.

Bis zu diesem Datum fanden sich die wichtigsten rechtlichen Regelungen im (alten) *Bundesdatenschutzgesetz* (*BDSG*). Darin war seit dem 01.09.2009 (Datenschutznovelle II) geregelt, dass Verbraucher der Nutzung ihrer personenbezogenen Daten vorab aktiv zustimmen mussten (**Opt-in**). So war beispielsweise der Versand eines Werbebriefes nur mit Einwilligung des Verbrauchers/Empfängers gestattet. In § 28 Absatz 3 BDSG waren jedoch einige Ausnahmen zu diesem Grundsatz geregelt. Nach § 28 Absatz 3 Satz 3 Nr. 3 BDSG war die Spendenwerbung vom Einwilligungsvorbehalt ausgenommen. Steuerbegünstigte Organisationen durften also weiterhin Mailings an (potenzielle) Spender verschicken, ohne vorher deren Einwilligung einholen zu müssen. Dies galt auch für die Spendenwerbung durch Parteien. Im Rahmen des sog. **Listenprivilegs** war es steuerbegünstigen Organisationen für ihre Spendenwerbung erlaubt, Adresslisten mit Name, Anschrift, Geburtsjahr, Beruf und einem weiteren Merkmal zu speichern, an Dritte weiterzugeben sowie für werbliche Ansprache zu nutzen.

Am 25.05.2018 endete zum einen eine zweijährige Übergangsfrist für die **Datenschutz-Grundverordnung** (2016/679) der **Europäischen Union (EU-DSGVO)**[62], zum anderen trat ein **neues Bundesdatenschutzgesetz** (BDSG (neu)) in Kraft, das das alte Bundesdatenschutzgesetzt (von vor dem 25.05.2018) komplett ersetzte. Der Paradigmenwechsel zum 25.05.2018 bestand aus einem Wechsel weg von einem Opt-in (mit

---
[62] Eine übersichtliche Aufbereitung der Verordnung findet sich auf dsgvo-gesetz.de.

Ausnahmen für steuerbegünstigte Organisationen), hin zu einer **Opt-out**-Regelung. Wie schon vor 2009 stellt die Erlaubnis zur Datenverarbeitung für postalische Werbung das Ergebnis eines Abwägungsvorgangs zwischen berechtigten Interessen des Verantwortlichen oder eines Dritten (z. B. Werbenden) und den schutzwürdigen Belangen des Betroffenen dar (Art. 6 (1) f) DGSVO), wobei dieser Abwägungsvorgang nach Erwägungsgrund (47) grundsätzlich zugunsten des Werbenden gewichtet wird und es keine Beschränkung mehr gibt, nur Listendaten für das Mailing zu verarbeiten.[63] Durch das neue Opt-out ist für den Versand eines Spendenbriefs (Mailing) (nach wie vor) kein Opt-In erforderlich. Dafür kann der angeschriebene (potenzielle) Spender – so wie schon bisher nach § 28 (4) BDSG – auch nach der neuen Rechtslage widersprechen und verlangen, nicht mehr angeschrieben zu werden (Opt-out). Über dieses Recht und die anderen Betroffenenrechte müssen steuerbegünstigte Organisationen ihre (potenziellen) Spender künftig unmittelbar bei Direkterhebung, sonst spätestens im ersten Mailing umfassend und in einfacher Sprache aufklären.

Nach der DSGVO besteht

- Informationspflicht bei Erhebung von personenbezogenen Daten bei der betroffenen Person (Artikel 13),
- Informationspflicht, wenn die personenbezogenen Daten nicht bei der betroffenen Person erhoben wurden (Artikel 14),
- Auskunftsrecht der betroffenen Person (Artikel 15),
- Recht auf Berichtigung (Artikel 16),
- Recht auf Löschung („Recht auf Vergessenwerden") (Artikel 17),
- Recht auf Einschränkung der Verarbeitung (Artikel 18),
- Widerspruchsrecht (Artikel 21).

Wie es gelingen kann, einerseits den Informationspflichten (Artikel 13 und 14) gerecht zu werden, andererseits aber auch kurz und verständlich zu formulieren, wird die Praxis zeigen. Derzeit diskutiert wird die Möglichkeit, die Datenschutzerklärung im Mailing auf das Wesentliche zu beschränken und mit einem Hinweis auf weitere Angaben im Internet, etwa auf der Homepage einer Organisation, zu verbinden („Verweislösung"). Befürworter berufen sich auf einen entsprechenden Hinweis im Erwägungsgrund (58), wohingegen Skeptiker einen Medienbruch bei der Informationserteilung befürchten. Zum Zeitpunkt des Redaktionsschlusses dieses Buches (März 2018) lagen leider hierzu noch keine vermittelnden Praxisbeispiele vor.

Rechtsanwalt und Datenschutzbeauftragter (TÜV) *Ralf Rösler* (Herford) empfiehlt hierzu: Werden Daten des Betroffenen im Rahmen der Response auf ein Prospect-Mailing oder sonst unmittelbar von einer gemeinwohlorientierten Organisation erhoben, könnte die Belehrung auf dem Dankschreiben, dem Kontaktbogen und/oder auf der Homepage nach Art. 13 (1) und (2), Art. 21 (4) DSGVO lauten:

---

[63] Vgl. Rösler, R.: EU-Datenschutz: Keine Panik!, in: Fundraiser-Magazin 1/2018, S. 29 f.

2.5 Vertriebspolitik

Beispiel: Muster für Datenschutzhinweis

Datenschutzhinweis

Verantwortlicher für die Verarbeitung Ihrer Kontakt-, Korrespondenz- und Kontodaten[64] ist die Muster gGmbH.[65] Unsere Anschrift[66] und auch Kontaktadresse[67] des Datenschutzbeauftragten (datenschutz@muster.de, Tel. +49.1234.123456)[68] lautet: Musterstr. 1, 12345 Musterstadt. Ihre Daten werden im Rahmen unserer satzungsgemäßen[69] Zwecke (Rechtsgrundlage Art. 6 (1) 1 f), Art. 9 (2) d) DSGVO), zur Abwicklung von Zuwendungen (Rechtsgrundlage Art. 6 (1) 1 b) und c) DSGVO) sowie für eigene Werbezwecke[70] (Rechtsgrundlage Art. 6 (1) 1 f) und ErwG (47) DSGVO) verarbeitet.[71] Wir geben Ihre Daten an unseren Auftragsverarbeiter[72] weiter. Es besteht keine Absicht, Ihre personenbezogenen Daten an einen Empfänger in einem Drittland oder einer internationalen Organisation zu übermitteln.[73]

Ihre Daten werden nach Ablauf der gesetzlichen Aufbewahrungsfristen gelöscht, soweit nicht die weitere Verarbeitung für die Geltendmachung, Ausübung oder Verteidigung von Rechtsansprüchen oder eine werbliche Kontaktaufnahme erforderlich ist.[74] Letzteres prüfen wir jeweils am Ende des dritten Kalenderjahres beginnend mit dem Kalenderjahr, das der erstmaligen Speicherung folgt.[75]

Sie können von uns Auskunft über die gespeicherten Daten verlangen und haben das Recht auf Berichtigung unrichtiger Daten, auf Einschränkung der Verarbeitung sowie ein Recht auf Löschung[76], soweit dem keine Aufbewahrungspflicht entgegensteht. Im Hinblick auf die Sie betreffenden personenbezogenen Daten, die Sie uns, etwa in einer Eingabemaske oder einem Kontaktformular, aufgrund einer Einwilligung oder zur Durchführung eines zwischen uns bestehenden Vertrages bereitgestellt haben, steht Ihnen ein Recht auf Datenübertragbarkeit in einem strukturierten, gängigen und maschinenlesbaren Format zu.[77]

Soweit die Verarbeitung Ihrer Daten auf einer Einwilligung beruht (Rechtsgrundlage Art. 6 (1) 1 a) DSGVO)[78], haben Sie das Recht, die Einwilligung jederzeit zu widerrufen, ohne dass die Rechtmäßigkeit der aufgrund der Einwilligung bis zum Wi-

---

[64] Verarbeitungszweck und Rechtsgrundlage, Art. 13 (1) c) DSGVO.
[65] Name und Kontaktdaten des Verantwortlichen, Art. 13 (1) a) DSGVO.
[66] Name und Kontaktdaten des Verantwortlichen, Art. 13 (1) a) DSGVO.
[67] Kontaktdaten des Datenschutzbeauftragten, Art. 13 (1) b) DSGVO.
[68] Kontaktdaten des Datenschutzbeauftragten, Art. 13 (1) b) DSGVO.
[69] Berechtigte Interessen, Art. 13 (1) d) DSGVO.
[70] Berechtigte Interessen, Art. 13 (1) d) DSGVO.
[71] Verarbeitungszweck und Rechtsgrundlage, Art. 13 (1) c) DSGVO.
[72] Empfängerkategorien, Art. 13 (1) e) DSGVO.
[73] Absicht der Übermittlung in ein Drittland, Art. 13 (1) f) DSGVO.
[74] Dauer der Speicherung, Art. 13 (2) a) DSGVO.
[75] Ein § 35 (2) 2 Nr. 4 BDSG (Löschpflicht von Adresshändlern) nachgebildetes Löschkonzept.
[76] Belehrung über Betroffenenrechte, Art. 13 (2) b) DSGVO.
[77] Belehrung über Betroffenenrechte, Art. 13 (2) b) DSGVO.
[78] Verarbeitungszweck und Rechtsgrundlage, Art. 13 (1) c) DSGVO.

derruf erfolgten Verarbeitung berührt wird.[79] Gesetzliche Erlaubnistatbestände bleiben von einem Widerruf der Einwilligung unberührt.[80]

Sie haben ein Beschwerderecht bei einer Datenschutz-Aufsichtsbehörde, etwa bei der für uns zuständigen Landesbeauftragten für den Datenschutz Niedersachsen, Prinzenstr. 5, 30159 Hannover, poststelle@lfd.niedersachsen.de.[81]

Widerspruchsrecht[82]
Sie können gegen die Verarbeitung Ihrer personenbezogenen Daten zu Werbezwecken jederzeit Widerspruch einlegen.[83] Das gilt auch für eine darauf bezogene Evaluierung bestimmter Merkmale.[84] Daneben besteht ein Widerspruchsrecht aus Gründe, die sich aus ihrer besonderen Situation ergeben, gegen eine Verarbeitung zu sonstigen Zwecken, die aufgrund einer Interessensabwägung erfolgt.[85]

Erfolgt die Belehrung umfassend auf der Innenseite der Briefhülle des Mailing, sollte sie durch das Sichtfenster erkennbar sein; des Weiteren muss im Mailing selbst auf diese weiterführenden Informationen hingewiesen werden:

Beispiel: Muster für Werbewiderspruch
Wir verarbeiten Ihre personenbezogenen Daten gemäß unserer Datenschutzerklärung. Diese finden Sie auf der Innenseite des Briefumschlags sowie im Internet unter www.muster.de/datenschutz.
Sie haben das Recht zum jederzeitigen Werbewiderspruch.

Des Weiteren ist mit Inkrafttreten der DSGVO von spendensammelnden Organisationen bei einer regelmäßigen Verarbeitung von Spender-, Kunden- oder Beschäftigungsdaten ein **Verarbeitungsverzeichnis** zu erstellen (Artikel 30). Nähere Informationen und Muster liefern der Branchenverband *BITKOM* im kostenlosen Download (bitkom.org/Bitkom/Publikationen/Das-Verarbeitungsverzeichnis.html) und die Datenschutz-Aufsichtsbehörden. Bedient sich eine Spendenorganisation Dienstleistern für die Auftragsverarbeitung, so müssen alle Verträge mit ihnen auf Konformität mit der neuen DSGVO überprüft und ggf. angepasst werden.[86] Werden die genannten Pflichten nicht eingehalten, sieht die DSGVO empfindliche Strafen vor.

Zusätzlich zu den genannten gesetzlichen Regelungen, sind immer aber auch **ethische** Überlegungen zu berücksichtigen. Obwohl ein Mailing juristisch zulässig ist, kann es von

---

[79] Widerruflichkeit der Einwilligung, Art. 13 (2) c) DSGVO.
[80] Ohne einen solchen Hinweis wäre ein Rückgriff nach Treu und Glauben wohl ausgeschlossen.
[81] Beschwerderecht bei einer Aufsichtsbehörde, Art. 13 (2) d) DSGVO.
[82] Belehrung über Betroffenenrechte, Art. 13 (2) b) DSGVO. Widerspruchsrecht gegen Werbung inkl. Profiling, Art. 21 (2) DSGV. Widerspruchsrecht bei Interessenabwägung, Art. 21 (1) DSGVO.
[83] Widerspruchsrecht gegen Werbung inkl. Profiling, Art. 21 (2) DSGVO.
[84] Umschreibung von „Profiling" (Datenanalyse), Art. 4 Nr. 4 DSGVO.
[85] Widerspruchsrecht bei Interessenabwägung, Art. 21 (1) DSGVO.
[86] Vgl. Rösler, R.: EU-Datenschutz: Keine Panik!, in: Fundraiser-Magazin 1/2018, S. 30.

einem Spender doch als Belästigung empfunden werden. Äußert ein Spender gegenüber einer Organisation, dass er sich durch deren Eigenadress-Mailings belästigt fühlt, sollte ihm selbstverständlich angeboten werden, darauf künftig zu verzichten. Nimmt ein Spender dieses Angebot an, ist in der Fundraising-Datenbank (siehe Abschn. 2.1.8) ein **Sperrkennzeichen** zu setzen, das diesen Spender für künftige Mailing-Aktionen sperrt.

Wer sich durch Fremdadress-Mailings generell belästigt fühlt, hat die Möglichkeit, sich auf die Brief-**Robinsonliste** des *Deutschen Dialogmarketing Verbandes* (*DDV*) setzen zu lassen (ichhabediewahl.de). In diese Sperrliste kann sich jeder kostenlos und gültig für fünf Jahre eintragen, der keine adressierten Werbebriefe von Unternehmen erhalten möchte, bei denen er kein Kunde ist oder nicht ausdrücklich der Zusendung zugestimmt hat. Wer bei einem Unternehmen bereits Kunde ist, erhält weiterhin alle wichtigen Informationen des Unternehmens. Auch wenn die Robinsonliste in erster Linie für Unternehmen gedacht ist, kann natürlich auch eine gemeinnützige Organisation bei Anmietung von Fremdadressen für ein Mailing einen Abgleich gegen die Robinsonliste durchführen lassen – falls dieser nicht sowieso schon im Vorfeld beim Adressverlag erfolgt sein sollte.

Darüber hinaus gibt es noch eine ganze Reihe weiterer ethischer Standards, die eine steuerbegünstigte Organisation im Zusammenhang mit einem Mailing berücksichtigen sollte. Orientierung gibt beispielsweise die Handreichung *Ethik in Spenden-Mailings*. Sie wurde gemeinsam erarbeitet vom *DZI* und *VENRO*, dem rund 100 deutsche Nicht-Regierungsorganisationen in der Entwicklungszusammenarbeit angehören. Die Handreichung, die als Download auf der Website des DZI zur Verfügung steht, will Sicherheit dahingehend schaffen, was aus Perspektive der Regelwerke des *DZI* (Spenden-Siegel-Leitlinien) und der *VENRO* Kodizes (*VENRO* Verhaltenskodex und Kodex Entwicklungsbezogene Öffentlichkeitsarbeit) ethisch vertretbare Mailings auszeichnet. Für die in einem Mailing verwendeten Fotos, grafische Gestaltung, Text/Sprache und Beigaben (Give-aways) werden die Kodizes beider Organisationen daraufhin konkretisiert, was als „akzeptabel (ok)", was als „problematisch" und was als „nicht vertretbar" angesehen wird.

> **Beispiel**
>
> In Mailings abgebildete Fotos von Menschen sollen wahrhaftig sein und die reale Situation widerspiegeln. Wenn Fotos einen Bezug zur Arbeit der Organisation haben, die Würde der Dargestellten nicht verletzt wird, und nicht bewusst eine Schockwirkung erzeugt werden soll, sind emotional wirkende Bilder in der Spenderkommunikation unproblematisch. In diesem Zusammenhang wird als „akzeptabel (ok)" angesehen, wenn aus dem Foto ersichtlich wird, dass ein Kind mit wenig Nahrung und schmutziger Kleidung auskommen muss oder an einer Krankheit oder Behinderung leidet. Als „problematisch" erachtet wird hingegen, wenn Fotos von Kindern ohne Kontext zum Arbeitsgebiet nur im Mailing vorkommen, um ein Gefühl des Mitleids hervorzurufen. Als „nicht vertretbar" werden gestellte Fotos eingestuft, die die reale Situation verfälschen oder beim Betrachter eine Schockwirkung hervorrufen sollen.

2.5.3 Online-Vertrieb

Neben dem Postvertrieb wird der Vertrieb von Produkten wie der Einzel-, Dauer-, Groß- oder Testamentspende, aber auch der Anlass-, Mikro- oder Restgeldspende über das Internet (Online-Vertrieb) für das Fundraising immer wichtiger. Zwar können die enormen Wachstumsraten des kommerziellen Internet-Handels (E-Commerce) im Fundraising derzeit noch nicht erreicht werden – dafür ist der Anteil der Onliner an der Hauptzielgruppe (Menschen im Alter von 60 +) noch zu gering. Es ist jedoch nur noch eine Frage der Zeit, bis das Internet der wichtigste Vertriebskanal im Fundraising sein wird – zumindest in der Basis der Spenderpyramide. In der Spitze der Spenderpyramide wird es wohl immer das persönliche Gespräch bleiben (siehe Abschn. 2.5.5.1). Die Kinderhilfsorganisation *SOS-Kinderdörfer* plant, den Anteil seiner online gesammelten Spenden von 5 % (im Jahr 2012) schon bis 2022 auf 60 % zu steigern.[87] Aufgrund der zentralen Bedeutung, die das Internet (auch als Kommunikationskanal, v. a. aber als Vertriebskanal) künftig für das Fundraising haben wird, wird dem Online-Fundraising ein eigener Abschnitt (Abschn. 2.7) gewidmet.

Aus systematischen Gründen vorgezogen werden, sollen im Folgenden nur noch die Fragen nach dem Outsourcing sowie den rechtlichen und ethischen Aspekten des Online-Vertriebes.

2.5.3.1 Inhouse versus Outsourcing

Im Rahmen der Vertriebspolitik ist zu entscheiden, ob der Online-Vertrieb von eigenen Fundraisern innerhalb einer Organisation (Inhouse) oder von externen Dienstleistern (im Outsourcing) durchgeführt werden soll. Neben den Kosten ist auch hier die Komplexität der Prozesse zu berücksichtigen, die nicht unterschätzt werden sollte. Zwar lassen sich rudimentäre Formen einer Website oder einer Social Media Site mittlerweile benutzerfreundlich Inhouse erstellen und pflegen. Mit fortschreitender Entwicklung und Ausdifferenzierung wird es jedoch selbst für erfahrene Onliner zunehmend schwieriger, alles selbst zu machen. Dies gilt insbesondere im Suchmaschinen-Marketing, für das immer leistungsfähigere, damit aber auch immer komplexere Tools entwickelt werden. Online-Spendenformulare (siehe Abschn. 2.7.1.1) sollten auf jeden Fall von externen Anbietern eingekauft werden, um insbesondere die Sicherheit der Zahlungsströme und die Einhaltung von Datenschutzbestimmungen gewährleisten zu können. Auch durch das Zusammenwachsen von Internet und Telekommunikation entstehen immer neue Möglichkeiten, die neue Expertise erfordern. Von einer kompletten Inhouse-Lösung, über die punktuelle Einbindung externer Experten, bis hin zum kompletten Outsourcing kann jede Zwischenform für den Online-Vertrieb interessant sein. Eine Aufstellung spezialisierter Anbietern kann kostenlos im Mitgliederverzeichnis auf der Website des *Deutschen Fundraising Verbandes* (www.fundraisingverband.de) unter „Dienstleister" (Art der Dienstleistung: „Online") eingesehen werden.

---

[87] Vgl. Hartmann, Jens: Die Kinder sind hellauf begeistert, in: Welt am Sonntag, vom 16.12.2012.

2.5.3.2 Rechtliche und ethische Aspekte des Online-Vertriebes

Ziel des Online-Vertriebes ist es, im Internet über die Arbeit einer gemeinwohlorientierten Organisation und ihre Mittelverwendung transparent zu informieren, um eine vertrauensvolle Beziehung zum Spender aufzubauen. Würde der Online-Vertrieb einer Organisation vom Spender als Belästigung empfunden werden, so wäre dies kontraproduktiv für den Vertrauensaufbau. Daran kann einem Fundraiser schon aus Eigeninteresse nicht gelegen sein. Es gibt jedoch auch rechtliche und ethische Regeln, die eine Belästigung vermeiden sollen. Die rechtlichen Regelungen finden sich im *Telemediengesetz (TMG)*. Unter Telemedien versteht das Gesetz alle elektronischen Informations- und Kommunikationsdienste, soweit sie nicht entweder Telekommunikationsdienste nach § 3 Nr. 24 des *Telekommunikationsgesetzes* oder telekommunikationsgestützte Dienste nach § 3 Nr. 25 des Telekommunikationsgesetzes oder Rundfunk nach § 2 des Rundfunkstaatsvertrages sind. Im Wesentlichen sind mit Telemedien Internet-Dienste wie z. B. World Wide Web oder E-Mail gemeint. Die anwendbaren datenschutzrechtlichen Vorschriften finden sich in §§ 11 bis 15a TMG. Wie im BDSG existiert auch im TMG ein Verbot mit Erlaubnisvorbehalt. Eine Erhebung und Verwendung personenbezogener Daten ist demnach nur zulässig, wenn der Nutzer eingewilligt hat (§ 12 Absatz 1 TMG). In allen anderen Fällen ist die Erhebung und Verwendung personenbezogener Daten rechtswidrig und es droht in diesen Fällen ein hohes Bußgeld (§ 16 TMG).[88] Eine Ausnahmeregelung für steuerbegünstigte Organisationen (analog zum BDSG) sieht das TMG nicht vor.

Sollen im Rahmen des Online-Vertriebes Spendenprodukte beispielsweise durch Zusendung einer E-Mail oder eines E-Newsletter (siehe Abschn. 2.7.2.4) angeboten werden, so ist dies nur zulässig, wenn der Empfänger vorher seine Einwilligung hierzu erteilt hat – unabhängig davon, ob es sich um eine private oder berufliche E-Mail-Adresse handelt. Ausnahme: Eine Organisation hat vom Spender im Zusammenhang mit einer früheren Online-Spende dessen E-Mail-Adresse erhalten. Ansonsten liegt eine unerwünschte Nachricht (Spam) vor. Wie kann die benötigte Einwilligung (engl.: Permission) eingeholt werden? Der *DDV* empfiehlt das **Double-opt-in-Verfahren**: In einem ersten Schritt bittet eine Organisation auf ihrer Website (potenzielle) Spender, ihre E-Mail-Adresse einzugeben und ihr Interesse an der Organisation aktiv zu bekunden (i. d. R. durch Anklicken eines entsprechenden Kästchens, z. B. „Ja, ich möchte regelmäßige Informationen über die Projekte der Organisation erhalten!"). Daraufhin erhalten diese eine Bestätigungs-E-Mail mit der Bitte, durch Klick auf einen Hyperlink in der Bestätigungs-E-Mail ihre Erlaubnis noch ein zweites Mal zu bestätigen. Auf diese Weise wird die Permission doppelt gegeben (Double-opt-in).

Die in Abschn. 2.5.2.4 erwähnte, neue Datenschutz-Grundverordnung (DSGVO) der EU (seit dem 25.05.2018 in Kraft) ist auf das Internet nicht anwendbar. Vorrang in allen Fragen der Verarbeitung personenbezogener Daten im Bereich der elektronischen Kommunikationsdienste genießt die **ePrivacy-Verordnung** der EU (2002/58/EG) als Spezi-

---

[88] Siehe: DDV, Ich habe die Wahl – Verbraucherinformationen zum Dialogmarketing, Wichtige Gesetze, https://www.ichhabediewahl.de/?cid=3 (Zugriff am 03.05.2013).

alregelung zur DSGVO. Zu den elektronischen Kommunikationsdiensten zählen webgestützte E-Mail-Dienste, SMS, VoIP-Telefonie, Kurznachrichtendienste (wie z. B. *WhatsApp*), Videotelefonie im Internet (wie z. B. *Skype*), aber auch der Einsatz von Cookies und Verfolgungstechniken (Tracking) durch Website-Betreiber. Zum Zeitpunkt des Redaktionsschlusses dieses Buches (März 2018) befindet sich die ePrivacy-Verordnung jedoch noch im Gesetzgebungsverfahren.

Zusätzlich zu den genannten gesetzlichen Regelungen, sind immer aber auch ethische Überlegungen zu berücksichtigen. Selbst wenn beispielsweise das E-Mail einer Organisation juristisch zulässig ist, kann es von einem Spender doch als Belästigung empfunden werden. Verliert ein (potenzieller) Spender beispielsweise im Laufe der Zeit sein Interesse an der Arbeit der Organisation, so möchte er vielleicht keine weiteren E-Mails mehr erhalten. Am Ende jeder E-Mail bzw. jedes E-Mail-Newsletter sollte dem Empfänger deshalb ein unkompliziertes Opt-out-Verfahren angeboten werden: Durch einfaches Anklicken eines Links (z. B. „Ich möchte den E-Newsletter abbestellen!") kann sich der Empfänger selbst und jederzeit von einem Verteiler streichen.

2.5.4 Telefonvertrieb (Telefon-Fundraising)

Der **Telefonvertrieb**, oft auch **Telefon-Fundraising** genannt, ist eine Form des Direktvertriebs bei der die Akquise, die Beratung und der Vertragsabschluss in Teilschritten oder komplett per Telefon erfolgt. Auch bei der Gewinnung, Bindung und Rückgewinnung von Spendern spielt der Telefonvertrieb eine immer wichtigere Rolle. Das Telefon ermöglicht in idealer Weise den, für den Aufbau einer Beziehung so wichtigen Dialog mit dem Spender (Relationship Fundraising). Zwar müssen dafür höhere Kosten pro Kontakt (Faustformel: 9 € pro tatsächlich geführtem Gespräch) als bei einem Mailing im Rahmen des Postvertriebs (Faustformel: 1 € pro angeschriebener Adresse) in Kauf genommen werden. Der Erfolg eines deutlich individuelleren und intensiveren Dialoges bei höherer Aufmerksamkeit rechtfertigt jedoch die Mehrkosten. Im sich ständig verschärfenden Verdrängungswettbewerb zahlt sich diese aufwendigere Form des Dialogs beim Aufbau einer Spenderbeziehung meist schon kurzfristig, auf jeden Fall aber mittel- und langfristig aus.

2.5.4.1 Inbound und Outbound

Im Telefon-Fundraising wird zwischen Inbound (englisch: eingehend, ankommen) und Outbound (englisch: ausgehend, abgehend) unterschieden. Mit **Inbound** sind alle von außen bei einer Organisation eingehenden Anrufe von (potenziellen) Spendern und Mitgliedern gemeint. Alternativ können die Anrufe auch bei einem von der Organisation im Rahmen des Outsourcing (siehe Abschn. 6.2.4.5) beauftragten externen Dienstleister (Telefon-Fundraising-Agentur) eingehen (siehe Abschn. 2.5.4.5). Da passiv auf eingehende Anrufe gewartet werden muss, spricht man auch von **passivem** Telefon-Fundraising. Eingesetzt wird das passive Telefon-Fundraising vor allem in der Gewinnung neuer Spender und Mitglieder sowie in deren Betreuung im Rahmen des Spender- und Mitgliederservices. Dazu in den folgenden Kapiteln mehr.

Mit **Outbound** sind hingegen alle von einer Organisation ausgehenden Anrufe bei Spendern oder Mitgliedern gemeint. Alternativ können die Anrufe auch von einer beauftragten Telefon-Fundraising-Agentur durchgeführt werden. Da Spender oder Mitglieder aktiv angerufen werden, spricht man auch von **aktivem** Telefon-Fundraising. Eingesetzt wird das aktive Telefon-Fundraising vor allem bei der Neuspenderbegrüßung, beim Upgrading oder bei der Rückgewinnung inaktiv gewordener Spender oder Mitglieder. Auch hierzu in den folgenden Kapiteln mehr.

2.5.4.2 Telefonische Gewinnung von Spendern

Im Gegensatz zur Schweiz, ist es in Deutschland rechtlich nicht zulässig, Privatpersonen ohne bestehende Geschäftsbeziehung und vorherige Einwilligung anzurufen, um am Telefon Spenden zu vertreiben. Das aktive Telefon-Fundraising scheidet deshalb in Deutschland für die Erstspendergewinnung aus. Die Kaltakquisition von Spendern und Mitgliedern kann nur im Rahmen des passiven Telefon-Fundraising erfolgen. Dabei wird über möglichst viele zielgruppenadäquate Kommunikationskanäle (siehe Abschn. 2.6) eine Telefonnummer kommuniziert, über die man sich zunächst nur informieren oder auch gleich spenden kann. So wird beispielsweise in Anzeigen, Fülleranzeigen und auf Plakaten, sowie in DRTV-Spots und TV-Galas, Radio- und Kino-Spots oder aber im Internet auf eine Telefonnummer hingewiesen, über die man Informationen zu Einzelspenden, Dauerspenden, Großspenden, Testamentspenden oder Anlassspenden erhalten oder diese auch gleich tätigen kann. Mikrospenden können ebenfalls telefonisch ausgelöst werden (siehe Abschn. 2.3.3.1). Dabei sollte beachtet werden, dass je nach gewähltem Kommunikationskanal eine Vielzahl von Menschen auf die Telefonnummer aufmerksam gemacht werden. Bei einer entsprechend hohen Anzahl von Anrufen (insbesondere bei DRTV-Spots und TV-Galas) ist eine Organisation sehr schnell kapazitätsmäßig überfordert – was für Verdruss bei den Mitarbeitern der Organisation sorgt, ebenso wie bei den vergeblich anrufenden (potenziellen) Spendern und Mitgliedern. In der Regel ist es sinnvoll, in solchen Fällen eine geeignete Telefon-Fundraising-Agentur zu beauftragen (siehe Abschn. 2.5.4.5).

2.5.4.3 Telefonische Bindung und Upgrading von Spendern

Die Bindung von Spendern muss sehr früh, idealerweise gleich nach erfolgter Erstspende einsetzen. Eine wichtige Rolle kommt der **telefonischen Erstspenderbegrüßung** zu. Die Erfahrung zeigt, dass ohne besondere Bindungsmaßnahmen höchstens 50 % der gewonnenen Erstspender bereit sind, danach noch mindestens eine zweite Spende zu tätigen (Tendenz sinkend). Die Hälfte der Erstspender können also nicht gebunden werden und verlassen die Organisation sofort wieder. Der Prozentsatz der abwandernden Erstspender ist angesichts der hohen Kosten für die Gewinnung von Erstspendern (in Höhe von 100 bis 200 € bei Vollkostenbetrachtung, siehe Abschn. 2.1) erschreckend hoch. Eine professionell durchgeführte telefonische Erstspenderbegrüßung kann die Bindung von Erstspendern deutlich erhöhen. Dabei kann sie in unterschiedlichen Varianten durchgeführt werden:

In einer ersten Variante wird jeder Erstspender, dessen Telefonnummer ermittelt werden kann, angerufen und bedankt, ohne (!) im Laufe des Telefonats auf eine weitere (Dauer-)Spende angesprochen zu werden. Der Dank soll ganz im Vordergrund stehen. Der Vorteil dieser Variante liegt darin, dass die Freude beim Spender über die erfahrene Wertschätzung durch die Organisation nicht durch die Bitte um eine weitere Spende relativiert wird. Diese Wertschätzung erfüllt eine wichtige Funktion bei der Bindung des Erstspenders. Der Nachteil dieser Variante liegt darin, dass den Kosten des Anrufs (von ca. 9 € pro tatsächlich erfolgtem Gespräch mit einem Erstspender) keine kurzfristigen Einnahmen gegenüberstehen. Sie stellen eine Investition in die Spenderbindung dar, die sich für die Organisation erst mittel- und langfristig auszahlen wird.

Beispiele
- Die drei Fundraiserinnen der *Ridge Meadows Hospital Foundation* in Maple Ridge (Kanada) bedanken jede einzelne erhaltene Spende telefonisch. Sie rufen selber (nicht über eine Telefon-Fundraising-Agentur) bei jeder Spende an – egal ob es sich um eine Erst- oder Folgespende handelt, egal wie hoch die Spende war. Es sind reine Dankanrufe ohne Bitte um weitere Spenden. Nach Angaben der Fundraiserinnen auf der International Conference on Fundraising 2012 der *Association of Fundraising Professionals* (*AFP*) hat sich dieses Vorgehen sehr bewährt und schon mittelfristig ausgezahlt.
- Freiwillige (Projekt-)Mitarbeiter der *Welthungerhilfe* rufen 2016 jeweils 10 Erstspender an, um sich im Namen der Organisation für die erhaltene Erstspende persönlich zu bedanken. Es handelt sich um einen reinen Dankanruf ohne Bitte um weitere Spenden.

In einer zweiten Variante der Erstspenderbegrüßung wird jeder Erstspender angerufen, bedankt und am Ende des Telefonats auf eine weitere Spende, i. d. R. eine Dauerspende, angesprochen. Der Vorteil dieser Variante besteht darin, dass den Kosten des Anrufs bereits kurzfristig auch Einnahmen gegenüberstehen.

Beispielrechnung
- Von 1000 Erstspendern können nur bei 700 (70 %) die zugehörigen Telefonnummern identifiziert werden. Dabei gilt: Je älter ein Erstspender, umso wahrscheinlicher ein Eintrag im Telefonbuch.
- Von 700 Erstspendern mit Telefonnummer können nur 385 (55 %) auch tatsächlich telefonisch erreicht werden.
- Von 385 telefonisch erreichten Erstspendern sind 39 (10 %) bereit, am Telefon eine Dauerspende zu übernehmen.
- Bezogen auf die 1000 Erstspender sind also 3,9 % bereit, am Telefon eine Dauerspende zu übernehmen.

2.5 Vertriebspolitik

Es müssen also zehn Telefonate (à 9,00 €) geführt werden, um einen Dauerspender zu gewinnen. Oder anders ausgedrückt: Die telefonische Gewinnung eines Dauerspenders kostet $10 \times 9{,}00\,€ = 90{,}00\,€$. Dieser Betrag mag für einen Dauerspender auf den ersten Blick hoch erscheinen. Rechnet man jedoch dagegen, dass ein Dauerspender eine Organisation durchschnittlich sieben Jahre mit durchschnittlich 10,00 € pro Monat unterstützt, so ergeben sich Einnahmen in Höhe von $7 \times 12 \times 10{,}00\,€ = 840{,}00\,€$, die eine Investition in Höhe von 90,00 € allemal rechtfertigen. Diesem Erfolg hinzuzurechnen ist ein schwer zu quantifizierender *Windfall Effect*, wonach angerufene Erstspender, die zwar nicht gleich am Telefon bereit sind, eine Dauerspende zu übernehmen, dafür aber auf die folgenden Mailing-Ansprachen häufiger und höher spenden als Nicht-Angerufene. Einen Erfahrungswert kann der Fundraising-Dienstleister *van Acken Fundraising* liefern: 61 % der angerufenen Spender haben nach 12 Monaten mehr oder häufiger gespendet.

Skeptiker hinterfragen den Erfolg, 10 % der erreichten Erstspender gleich zu Dauerspendern zu machen. Sie fragen sich, wie vielen unter den 90 % Nicht-Reagierern die frühe Bitte um eine Dauerspende dann doch zu schnell kam? Deshalb bevorzugen manche Organisationen einen reinen Dankanruf ohne Bitte um Dauerspende. Ihr Argument ist, Erstspender in diesem frühen Stadium der Beziehung nicht gleich überfordern zu wollen. In der Fundraising-Praxis entscheiden sich die meisten Organisationen für die Variante mit Upgrading, da sie den Kosten für die telefonische Erstspendergewinnung sofort kurzfristig erzielte Erträge gegenüberstellen wollen, um ihre Maßnahmen im Haus rechtfertigen zu können. Trotzdem sollte auch die Variante ohne Upgrading einen Test wert sein.[89]

Egal in welcher Variante die telefonische Erstspenderbegrüßung durchgeführt wird, kann sie zusätzlich noch für folgende Maßnahmen genutzt werden:

- Datenpflege: Aktualisierung der vorhandenen Daten in der Fundraising-Datenbank.
- Adressqualifizierung: Anreicherung der Adressen um wichtige Informationen über den Spender (z. B. E-Mail-Adresse, Geburtsdatum, Anzahl der Kinder etc.). So sind z. B. 60 % der Angerufenen bereit, ihr Geburtsdatum zu nennen.
- Opt-in: Einholung des Einverständnisses für weitere Anrufe.
- Terminabstimmung: Treffen mit (potenziellen) Großspendern oder Testamentspendern.
- Einladung: Besuch der Geschäftsstelle oder besonderer Veranstaltungen.
- Spenderbefragung: Beurteilung erhaltener Mailings oder Kampagnen der Organisation, Bereitschaft zu ehrenamtlichem Engagement, Interesse an bestimmten Themenschwerpunkten etc. (siehe Abschn. 6.1.2.7).
- Qualitäts-Management: Wendet sich der Dankanruf an Face-to-Face gewonnene Dauerspender (siehe Abschn. 2.5.5), so kann neben Dank, Datenpflege und Adressqualifizierung auch überprüft werden, ob die Ansprache Face-to-Face korrekt und seriös durchgeführt wurde.

---

[89] Vgl. Urselmann, Michael: Erfolgreiche Spenderbindung mithilfe des Telefons – Nach anfänglicher Skepsis hat sich das Telefon im Fundraising etabliert, in: Stiftung & Sponsoring, Ausgabe 3/2015, S. 18–19, S. 18.

Über die Bindung von Erstspendern hinaus, kann das Telefon auch für die Bindung aller anderen Spender und Mitglieder genutzt werden. Im Rahmen des passiven Telefon-Fundraising wird allen Spendern eine **Service-Hotline** mitgeteilt, unter der sie jederzeit einen Ansprechpartner für Reklamationen, Fragen, Wünsche, Änderungen (z. B. der Adresse oder Kontonummer) u. v. m. erreichen können.

Einen besonders wichtigen Bereich der telefonischen Spenderbindung stellt das **Upgrading** dar. Oben wurde bereits beschrieben, wie im Rahmen der telefonischen Erstspenderbegrüßung auch gleich ein Upgrading zum Dauerspender angeboten werden kann. Darüber hinaus kann durch aktives Telefon-Fundraising aber auch ein Upgrading vom Mehrfachspender zum Dauerspender vorgeschlagen werden. So ist beispielsweise bei Mehrfachspendern, die in den letzten 12 oder 24 Monaten mindestens drei (Einzel-)Spenden gegeben haben, die Wahrscheinlichkeit hoch, dass sie eine Dauerspende übernehmen möchten, zu der sie als Erstspender noch nicht bereit waren.

Beispielrechnung
- Von 1000 Mehrfachspendern können nur bei 700 (70 %) die zugehörigen Telefonnummern identifiziert werden.
- Von 700 Mehrfachspendern mit Telefonnummer können nur 385 (55 %) auch tatsächlich telefonisch erreicht werden.
- Von 385 telefonisch erreichten Mehrfachspendern sind 39 (10 %) bereit, am Telefon eine Dauerspende zu übernehmen.
- Bezogen auf die 1000 Mehrfachspender sind also 3,9 % bereit, am Telefon eine Dauerspende zu übernehmen.[90]

Im Idealfall wird den angerufenen Mehrfachspendern kein fester Betrag für die Dauerspende angeboten, sondern einer, der sich individuell am bisherigen Spendenverhalten des jeweils angerufenen Mehrfachspenders orientiert. So könnte z. B. um eine Dauerspende gebeten werden in der Höhe von 110 % der letzten Jahresspendensumme. So wird auch das Problem eines potenziellen Downgrading durch den Wechsel vom Mehrfach- zum Dauerspender vermieden.

Auch bei Menschen, die bereits eine Dauerspende übernommen haben, sollte regelmäßig ein telefonisches **Upgrading** angeboten werden. Manche Organisationen rufen ihre Dauerspender schon acht Monate nach Übernahme der Dauerspende an und bitten um eine erste Erhöhung der Dauerspende. Abgestuft wird zunächst um die Übernahme einer weiteren Dauerspende in voller Höhe gebeten, ansonsten um die Erhöhung um einen Teilbetrag, mindestens aber um einen Inflationsausgleich. Diejenigen Dauerspender, die einer dieser Upgrading-Möglichkeiten zustimmen, werden nach weiteren acht Monaten erneut kontaktiert und auf ein weiteres Upgrading so lange angesprochen, bis sie signalisieren, nicht mehr weiter erhöhen zu wollen.

---

[90] Vgl. Urselmann, Michael: Erfolgreiche Spenderbindung mithilfe des Telefons – Nach anfänglicher Skepsis hat sich das Telefon im Fundraising etabliert, in: Stiftung & Sponsoring, Ausgabe 3/2015, S. 18–19, S. 19.

Durch dieses Vorgehen kann ein neuer Dauerspender erst einmal mit einem kleineren Betrag einsteigen, und wenn er sich wohl damit fühlt, später erhöhen. Manche Organisationen haben in der Vergangenheit Mindestbeträge für Mitgliedsbeiträge angeboten, die zwischenzeitlich nicht einmal mehr die Kosten für die Betreuung des Mitglieds decken können – geschweige denn einen positiven Beitrag zur Erreichung der Satzungsziele beisteuern. Ein telefonisches Upgrading ist dann dringend geboten. Auch SMS-Spender (insbesondere in Großbritannien) werden durch ein solches mehrstufiges, telefonisches Upgrading in attraktive Größenordnungen gehoben. Erfahrungswerte zeigen, dass 50 % der Dauerspender nach zwei bis drei Jahren bereit sind, telefonisch einer Erhöhung ihrer Dauerspende um durchschnittlich 30 % zuzustimmen.

Beispielrechnung

- Von 1000 Dauerspendern (mit Lastschrifteinzugsermächtigung) können nur bei 800 (80 %) die zugehörigen Telefonnummern identifiziert werden.
- Von 800 Dauerspendern mit Telefonnummer können nur 560 (70 %) auch tatsächlich telefonisch erreicht werden.
- Von 560 telefonisch erreichten Dauerspendern sind 252 (45 %) bereit, am Telefon ihre Dauerspende zu erhöhen.
- Bezogen auf die 1000 Dauerspender sind also 25,2 % bereit, am Telefon eine Dauerspende zu erhöhen.[91]

Umgekehrt ist der Preis für eine Dauerspende in Notfällen aber auch nach unten verhandelbar. Gibt ein ehemaliger Dauerspender im Rahmen einer telefonischen Rückgewinnungsaktion an, sich eine Dauerspende (z. B. aufgrund von Arbeitslosigkeit, einer geringen Rente oder Umzug in eine Senioreneinrichtung) nicht mehr leisten zu können, so wird ihm eine Dauerspende in Höhe eines geringeren Betrages angeboten. Ist auch die nicht möglich, kann höchstens noch eine Einzelspende angeboten werden.

Manchmal wird ein Aufrunden von „krummen" Beträgen als Anlass für ein Upgrading von (Dauer-)Spenden genutzt.

Beispiel

Als am 1. Januar 2002 der Euro eingeführt wurde, mussten auch die Lastschrifteinzugsermächtigungen von Dauerspendern von DM auf Euro umgestellt werden. Einige Organisationen nutzten diese Gelegenheit für ein Upgrading. In einem meist 2-stufigen Verfahren (erst Mailing, dann Telefon) schlugen sie ihren Dauerspendern vor, denselben Betrag, den sie bisher in DM gegeben hatten, künftig in Euro zu geben. Viele Spender waren dazu bereit. Für die betreffenden Organisationen bedeutete dies fast eine Verdoppelung der entsprechenden Einnahmen.

---

[91] Vgl. Urselmann, Michael: Erfolgreiche Spenderbindung mithilfe des Telefons – Nach anfänglicher Skepsis hat sich das Telefon im Fundraising etabliert, in: Stiftung & Sponsoring, Ausgabe 3/2015, S. 18–19, S. 19.

Bislang noch erstaunlich selten, wird das Telefon zum Upgrade von **Middle Donor** oder **High Donor** eingesetzt, deren relativ hohe Einzelspende in eine dauerhaft hohe (Groß-)Spende überführt werden könnte (siehe Abschn. 2.1.6.4). Aufgrund der relativ hohen Anzahl und des hohen Standardisierungsgrades dieser (Spenden-)Produkte könnten solche Anrufe im Outsourcing erfolgen. Die Bindung von **Top Donor** und (falls vorhanden) von **Major Donor** sollte jedoch unbedingt Inhouse durch den eigenen Großspender-Fundraiser erfolgen. Eine solch intensive und individuelle Betreuung sollte nicht delegiert werden. Nur für den Fall, dass Inhouse keine Kapazitäten für die telefonische Bedankung von Großspendern vorhanden sind, ist eine Outsourcing-Lösung besser als gar keine.

> **Beispiel**
> Die Hilfsorganisation *Johanniter Unfallhilfe* ließ in der Vergangenheit ihre Großspender von einer externen Telefon-Fundraising-Agentur anrufen. Nach eigenen Angaben mit sehr gutem Erfolg.

Großer Nachholbedarf besteht bei der telefonischen Bindung von denjenigen **Testamentspendern**, von deren Testamentsversprechen eine Organisation noch zu Lebzeiten des Testamentspenders erfährt. Zumindest sollte telefonisch nachgefasst werden, ob eine angeforderte Testamentsbroschüre auch tatsächlich angekommen ist, und ob noch Rückfragen dazu beantwortet werden können. Weitere Dialogangebote bis hin zu einem persönlichen Treffen können gemacht werden. Überhaupt sind solche Testamentspender zu Lebzeiten genauso (auch telefonisch) zu betreuen, wie Top Donor. Ansonsten hat es sich in der Praxis schon so mancher – sicher geglaubte – Testamentspender dann doch noch einmal anders überlegt, und eine andere Organisation berücksichtigt. Deshalb sollte der, für die Spenderbindung so zentrale Dialog nicht aus falsch verstandener Pietät einfach ausgesetzt werden, sondern nur auf expliziten Wunsch des Betroffenen!

2.5.4.4 Telefonische Rückgewinnung von Spendern

Ein drittes wichtiges Einsatzgebiet des Telefon-Fundraising ist die **Rückgewinnung inaktiver Spender**. Wird ein (Erst- oder Mehrfach-)Spender inaktiv, sollte unverzüglich mit der telefonischen Rückgewinnung begonnen werden.

> **Beispielrechnung**
> - Von 1000 inaktiven Mehrfachspendern können nur bei 600 (60 %) die zugehörigen Telefonnummern identifiziert werden.
> - Von 600 inaktiven Mehrfachspendern mit Telefonnummer können nur 330 (55 %) auch tatsächlich telefonisch erreicht werden.
> - Von 330 telefonisch erreichten inaktiven Mehrfachspendern sind 23 (7 %) bereit, am Telefon eine Dauerspende zu übernehmen.

- Bezogen auf die 1000 inaktiven Mehrfachspender sind also nur 2,3 % bereit, am Telefon eine Dauerspende zu übernehmen.[92] Dieser Wert ist so gering, dass jede Organisation für sich testen muss, ob diese Maßnahme noch ökonomisch sinnvoll ist.

Meist existiert eine starre Definition von Inaktivität, wenn ein Spender seit mehr als 12, 18 oder 24 Monaten nicht mehr gespendet hat (siehe Abschn. 2.1.3.4). Moderner sind Ansätze, bei denen gar nicht erst abgewartet wird, bis ein Spender tatsächlich inaktiv wird. Mit Hilfe von Gefährdungsanalysen wird versucht, auf individueller Basis zu prognostizieren, welcher Spender von Inaktivität bzw. Abwanderung bedroht ist. Dem so Identifizierten wird dann (telefonisch) ein Bindungsangebot unterbreitet, das einer Abwanderung vorbeugen soll.

Relativ einfach ist die Identifikation von abwandernden Dauerspendern. Zumindest dann, wenn diese eine Lastschrifteinzugsermächtigung erteilt hatten, die sie plötzlich kündigen. Schon schwieriger wird es, wenn Mitglieder die Zahlung ihres Mitgliedsbeitrages vergessen oder die Zahlung in Form eines Dauerauftrages bewusst einstellen, ohne explizit ihre Mitgliedschaft zu kündigen. Viele Organisationen unternehmen nicht einmal den Versuch, diese abwandernden Dauerspender zurückzugewinnen. Bei den Dauerspendern entsteht dadurch der Eindruck, dass es auf ihren Beitrag offensichtlich sowieso nicht ankommt. Die Erfahrung lehrt jedoch, dass es manchmal einfacher und auch wirtschaftlich sinnvoller für eine Organisation ist, einen abwandernden Dauerspender zurückzugewinnen als ihn durch einen neuen ersetzen zu müssen.

2.5.4.5 Inhouse versus Outsourcing

Im Rahmen der Vertriebspolitik ist auch zu entscheiden, ob die (Inbound- und Outbound-) Telefonate von den eigenen (Telefon-)Fundraisern innerhalb einer Organisation (Inhouse) oder von externen Telefon-Fundraisern einer beauftragten Telefon-Fundraising-Agentur (im Outsourcing) durchgeführt werden sollen. Bei dieser klassischen Make-or-buy-Entscheidung ist neben den Kosten v. a. auch die Komplexität der Prozesse im Telefon-Fundraising zu berücksichtigen, die von Nicht-Experten gerne unterschätzt wird. Diese Prozesse seien hier nur stichwortartig angedeutet:

Prozesse im Rahmen der *Vorbereitung* des Telefon-Fundraising:

- Auswahl, Schulung und Training talentierter und motivierter Telefon-Fundraiser mit hoher Frustrationstoleranz und Empathiefähigkeit,
- Auswahl, Implementierung und Support einer leistungsfähigen Infrastruktur (Telefonanlage, geeignete Arbeitsplätze etc.),
- Definition der Schnittstelle zwischen Fundraising-Datenbank und Telefonanlage,
- Anreicherung der Spenderadressen mit zugehörigen Telefonnummern,
- Erstellung eines Gesprächsleitfadens.

---

[92] Vgl. Urselmann, Michael: Erfolgreiche Spenderbindung mithilfe des Telefons – Nach anfänglicher Skepsis hat sich das Telefon im Fundraising etabliert, in: Stiftung & Sponsoring, Ausgabe 3/2015, S. 18–19, S. 19.

Prozesse im Rahmen der *Durchführung* des Telefon-Fundraising:

- Erstellung eines Anrufprotokolls durch den Telefon-Fundraiser,
- Überarbeitung des Gesprächsleitfadens,
- Stichprobenartige Überprüfung der Qualität der Gespräche,
- Regelmäßige Feedbacks zum Verlauf einer Telefonkampagne,
- Lückenloses Einpflegen der Anrufergebnisse in die Datenbank,
- Kontinuierliches Coaching der Telefon-Fundraiser.

Prozesse im Rahmen der *Nachbereitung* des Telefon-Fundraising:

- Versand einer schriftlichen Bestätigung über die, mit dem Angerufenen getroffenen Vereinbarungen,
- Versand der am Telefon gewünschten Informationsmaterialien,
- Transparente und detaillierte Tages-Reportings und Abrechnungen.

In der Regel wird das Telefon-Fundraising auf spezialisierte Telefon-Fundraising-Agenturen ausgelagert. Dafür spricht eine Reihe von Vorteilen: Einer Telefon-Fundraising-Agentur gelingt es besser, die unvermeidbaren Schwankungen im Arbeitsanfall über das Jahr hinweg ausgleichen zu können, da sie gleichzeitig für verschiedene Organisationen arbeitet. So können die Kapazitäten der Mitarbeiter, aber auch der Infrastruktur, gleichmäßiger ausgelastet werden. Auch sind die Arbeitszeiten im Telefon-Fundraising nur schwer oder gar nicht mit denen einer Organisation synchronisierbar. Im Inbound wird i. d. R. eine Erreichbarkeit zwischen 8.00 Uhr und 18.00 Uhr erwartet, manchmal sogar samstags. Im Outbound liegen die wichtigsten Arbeitszeiten zwischen 17.00 Uhr und 20.00 Uhr, zu denen viele Mitarbeiter in Organisationen nicht mehr arbeiten möchten. Ältere Spender im Rentenalter sind jedoch auch tagsüber gut erreichbar. Sie reagieren auf abendliche Anrufe eher empfindlich.

Wie findet man eine geeignete Telefon-Fundraising-Agentur? Anbieter gibt es viele. Laut *Call Center Verband (CCV)* gab es 2012 mehr als 6500 Call Center mit 520.000 Mitarbeitern. Infrage sollten aber nur solche Agenturen kommen, die mit den besonderen Anforderungen des Telefon-Fundraising vertraut sind. Eine Aufstellung von Anbietern kann kostenlos im Mitgliederverzeichnis auf der Website des *Deutschen Fundraising Verbandes* (www.fundraisingverband.de) unter „Dienstleister" (Art der Dienstleistung: „Dialog – Telefonmarketing") eingesehen werden. Agenturen, die sich auf das Telefon-Fundraising spezialisiert haben, haben sich im *Qualitätszirkel Telefon-Fundraising (QTFR)* zusammengeschlossen und verbindliche Qualitätsstandards entwickelt, die auf der Website des *QTFR* (telefon-fundraising.de) zum Download bereitstehen.

Inhouse-Lösungen sind im Telefon-Fundraising eigentlich nur sinnvoll im telefonischen Kontakt mit Spendern in der Spitze der Spenderpyramide (Großspender, Testamentspender und (Zu-)Stifter), sowie bei sehr kleinen Organisationen, die nur wenige Spender zu bedanken, upzugraden oder zurückzugewinnen haben. Sie können versuchen, die Anrufe selbst oder mit Hilfe von Ehrenamtlichen zu tätigen – sollten sich vorab aber unbedingt von einem professionellen Telefon-Fundraiser schulen lassen!

2.5.4.6 Rechtliche und ethische Aspekte des Telefon-Fundraising

Ziel des Telefon-Fundraising ist es, durch Dialog eine vertrauensvolle Beziehung zum Spender aufzubauen. Würde der Anruf einer Organisation vom Spender als Belästigung empfunden werden, so wäre dies kontraproduktiv für den Vertrauensaufbau. Daran kann einem Fundraiser schon aus Eigeninteresse nicht gelegen sein. Es gibt aber auch rechtliche und ethische Regeln, die eine Belästigung vermeiden sollen. Die wichtigsten **rechtlichen Regelungen** finden sich im *Gesetz gegen den unlauteren Wettbewerb* (§ 7 Absatz 2 UWG) und im *Bundesdatenschutzgesetz* (*BDSG*). Diese Regelungen sind auch in den *Leitlinien für die Vergabe des DZI-Spenden-Siegels* (Stand 2010) vom *Deutschen Zentralinstitut für Soziale Fragen (DZI)* aufgegriffen worden. Demnach ist eine Kontaktaufnahme mittels Telemarketing (via Telefon, Fax, E-Mail, SMS etc.) bei Privatpersonen nur mit vorherigem Einverständnis des Angesprochenen zulässig. Ein einmaliger Dankanruf je Spender (zur telefonischen Erstspenderbegrüßung) ist hiervon ausgenommen. Als Einverständnis kann gewertet werden, wenn ein Spender seine entsprechenden Kontaktdaten (hier v. a. die Telefonnummer) schriftlich, telefonisch oder elektronisch übermittelt hat. Dies kann in Form einer Visitenkarte, einer Absenderangabe (z. B. in Briefen, E-Mails oder Anrufen), einer Beitrittserklärung (z. B. auf einem schriftlichen oder elektronischen Mitgliedsantrag) oder eines Anrufes erfolgt sein, den ein Spender von sich aus getätigt hat. Hat ein Spender seine Kontaktdaten nicht übermittelt, so darf – wie bereits erwähnt – nur ein einmaliger Dankanruf erfolgen. Dieser sollte dann auch dazu genutzt werden, beim Spender eine Einwilligung für künftige telefonische Kontaktaufnahmen einzuholen. Damit sind die meisten Spender einverstanden. Das erteilte Einverständnis sollte vom Telefon-Fundraiser protokolliert und in der Datenbank hinterlegt werden. Neuspendergewinnung durch aktives Telefon-Fundraising gegenüber Kaltkontakten ist demnach bei Privatpersonen nicht zulässig.

Ist der (potenzielle) Spender keine Privatperson, sondern ein **Unternehmen**, so sind die Beschränkungen für das Telefon-Fundraising etwas weiter gefasst. Anrufe sind erlaubt, wenn zumindest ein mutmaßliches Einverständnis vorliegt. Dies kann z. B. dann der Fall sein, wenn der Anruf den „eigentlichen Geschäftsbereich" des Unternehmens betrifft und zusätzliche konkrete tatsächliche Anhaltspunkte für ein Interesse an dem Angebot vorliegen. Ob diese Voraussetzungen erfüllt sind, ist immer im Einzelfall zu prüfen.[93] Dabei ist manchmal nicht eindeutig zu erkennen, ob eine Adresse einer Privatperson oder einem Unternehmen zuzuordnen ist. Dies kann beispielsweise bei Freiberuflern oder Handwerkern der Fall sein. Deshalb sollte von einem Unternehmen nur ausgegangen werden, wenn die Rechtsform eindeutig darauf hinweist (z. B. GmbH, KG, AG etc.).

---

[93] Siehe: DDV, Ich habe die Wahl – Verbraucherinformationen zum Dialogmarketing, Wichtige Gesetze, https://www.ichhabediewahl.de/?cid=3 (Zugriff am 03.05.2013).

Die in Abschn. 2.5.2.4 erwähnte, neue Datenschutz-Grundverordnung (DSGVO) der EU (seit dem 25.05.2018 in Kraft) ist auf das Telefon nicht anwendbar. Wie beim Internet genießt auch beim Telefon die **ePrivacy-Verordnung** der EU (2002/58/EG) als Spezialregelung zur DSGVO Vorrang. Zum Zeitpunkt des Redaktionsschlusses dieses Buches (März 2018) befindet sich die ePrivacy-Verordnung jedoch noch im Gesetzgebungsverfahren.

Zusätzlich zu den genannten gesetzlichen Regelungen, sind immer aber auch **ethische Überlegungen** zu berücksichtigen. Selbst wenn ein Anruf (z. B. ein Dankanruf) juristisch zulässig ist, so kann er von einem Spender doch als Belästigung empfunden werden. Äußert ein Spender, dass er nicht angerufen werden möchte, dann sollte selbstverständlich sein, dass eine Organisation den Spenderwillen respektiert, und künftig auf Anrufe verzichtet. In einem solchen Fall ist in der Datenbank ein Sperrkennzeichen zu setzen, das diesen Spender für künftige Telefonaktionen sperrt. Die Erfahrung zeigt jedoch, dass solche Fälle zwar immer wieder vorkommen, jedoch wesentlich seltener sind, als von vielen Menschen ohne Telefon-Fundraising-Erfahrung gemeinhin befürchtet. Der Anteil derer, die sich von einem Anruf ihrer Organisation (oder einer von ihrer Organisation beauftragten Agentur) belästigt fühlen, liegt unter 1 %. Beschwerden in geringem Umfang gibt es übrigens auch bei allen anderen Vertriebskanälen. Dann beschweren sich Einzelne über ein bestimmtes Mailing oder eine Standaktion im Rahmen des Face-to-Face-Fundraising. Solche Beschwerden lassen sich leider nicht hundertprozentig vermeiden. Ihnen sollte jedoch unbedingt im Einzelfall nachgegangen werden. Professionelles Beschwerdemanagement hat durch Erklärung der Hintergründe schon so manchen Protest ins Positive wenden können.

Hohe Akzeptanz kann jedoch nur dann erreicht werden, wenn dem Telefon-Fundraising auch hohe Qualitätsstandards zugrunde liegen. Um eine Vorstellung zu vermitteln, woran sich Qualität im Telefon-Fundraising im Einzelnen festmachen lässt, sollen hier zumindest die wichtigsten, der vom QTFR erarbeiteten Qualitätsstandards vorgestellt werden:

Qualitätsstandards bzgl. des *Telefongesprächs*:

- *Gesprächszeiten*: Spender werden nicht vor 8 Uhr, nach 20 Uhr, an Sonntagen oder an bundesweiten Feiertagen angerufen.
- *Transparenz*: Der Telefon-Fundraiser stellt sich immer mit dem eigenen Namen vor (verwendet also keine Pseudonyme) und vermeldet deutlich, dass er im Auftrag einer Organisation anruft. Bei Nachfrage gibt er alle Kontaktdaten der anrufenden Telefon-Fundraising-Agentur bekannt und informiert darüber, dass es sich um eine bezahlte Dienstleistung handelt. Auf Wunsch gibt er den Namen eines Ansprechpartners der beauftragenden Organisation an.
- *Einverständnis des Spenders*: Der angerufene Spender erhält gleich zu Beginn des Gesprächs die Möglichkeit, sich prinzipiell gegen die Spendentelefonie auszusprechen. Solche Gesprächspartner erhalten die Zusage, dass sie nicht noch einmal angerufen werden.

- *Gesprächsatmosphäre*: Die Regeln der Höflichkeit und des Anstandes werden im Gespräch eingehalten.
- *Gesprächsqualität*: Ein Telefon-Fundraiser muss sich als Botschafter der Organisation verstehen. Ein ausführliches Briefing und Coaching der Telefon-Fundraiser sorgen dafür, dass die Werte und Themen der Organisation kompetent am Telefon vertreten werden können.

Qualitätsstandards bzgl. der *Technik*:

- *Mitarbeiterfreundliche Arbeitsplätze*: Professionelle Ausstattung (z. B. leistungsfähige Headsets), Lärmschutz, augenfreundliche Bildschirme, Arbeitsschutz etc.
- *Persönliche Rückrufmöglichkeit*: Rückruf- und persönliche Auskunftsmöglichkeit unter der angezeigten Rufnummer.
- *Datenschutz*: Pflege von Verfahrensverzeichnissen, Verträge über Auftragsdatenverarbeitung gemäß BDSG, betrieblicher Datenschutz etc.

Qualitätsstandards bzgl. der *Arbeitsbedingungen der Telefon-Fundraiser*:

- *Faire Bezahlung*: So bezahlen beispielsweise Telefon-Fundraising-Agenturen, die dem QTFR angehören, einen Mindestlohn von 7,50 €.
- *Keine Provisionen*: Telefon-Fundraiser sollten keine Provisionen erhalten. Sie könnten dazu verleiten, am Telefon Druck auf den angerufenen Spender auszuüben.
- *Feste Arbeitsverträge*: Es sollte selbstverständlich sein, dass Telefon-Fundraiser (auch bei Minijobverhältnissen) reguläre, schriftliche Arbeitsverträge erhalten, die den gesetzlichen Vorgaben zur Lohnfortzahlung im Krankheitsfall und Urlaubsregelung entsprechen. Gerade gemeinnützige Organisationen sollten an dieser Stelle nicht in Skandale unseriöser Anbieter verwickelt werden.

Werden diese Qualitätsstandards eingehalten, stellt der Telefonvertrieb eine wichtige Ergänzung zum Postvertrieb dar. Dies gilt auch für den persönlichen Vertrieb.

2.5.5 Persönlicher Vertrieb (Face-to-Face-Fundraising)

Der **persönliche Vertrieb** ist eine Form des Direktvertriebs bei der die Akquise, die Beratung und der Vertragsabschluss in Teilschritten oder komplett in einem persönlichen Gespräch ohne zwischengeschaltete Medien (wie z. B. das Telefon) erfolgt – sozusagen „von Angesicht zu Angesicht" oder neudeutsch: „Face-to-Face". Auch im Fundraising spielt der persönliche Vertrieb eine immer wichtigere Rolle. Ein persönliches Gespräch zwischen einem (haupt- oder ehrenamtlichen) Vertreter einer Organisation oder einem Vertreter eines beauftragten externen Dienstleisters einerseits, und einem (potenziellen) Spender andererseits, ermöglicht in idealer Weise den, für den Aufbau einer Beziehung so wichtigen Dialog (im Sinne des Relationship Fundraising). Zwar liegen die Kosten pro Kontakt beim **Face-to-Face-Fundraising** (kurz: F2F-Fundraising) höher als beim Post- und Telefonvertrieb. Der Erfolg eines deutlich individuelleren und intensiveren Dialoges bei höherer Aufmerksamkeit rechtfertigt jedoch die Mehrkosten. Im sich ständig verschärfenden Verdrängungswettbewerb auf dem Spendenmarkt zahlt sich diese aufwendigere Form des Dialogs beim Aufbau einer Spenderbeziehung mittel- und langfristig aus.

Zentrales Element des persönlichen Vertriebes ist das persönliche Gespräch. Im persönlichen Gespräch hat ein erfahrener Fundraiser die Möglichkeit, sein Anliegen (Gewinnung, Bindung, Rückgewinnung) ganz individuell auf den (potenziellen) Spender abzustimmen. Er kann mehr über die Einstellungen und Bedürfnisse eines Spenders erfahren, gezielt informieren und beraten, sowie auf Rückfragen und Vorbehalte unmittelbar eingehen. Beim Postvertrieb mittels Mailing wurde unterschieden zwischen der Ansprache von Menschen mit bestehendem Kontakt zur Organisation (Warmkontakte) und Menschen ohne bestehendem Kontakt zur Organisation (Kaltkontakte). Analog wird auch beim persönlichen Vertrieb mittels persönlichen Gespräches unterschieden zwischen der Ansprache von Menschen mit bestehendem Kontakt zur Organisation (Warmkontakte) und Menschen ohne bestehendem Kontakt zur Organisation (Kaltkontakte). Wegen der höheren Kosten pro Kontakt wird der persönliche Vertrieb in erster Linie bei höherwertigen Spendenprodukten in der Spitze der Spenderpyramide eingesetzt. Beim Fundraising gegenüber Privatpersonen vor allem im Vertrieb der besonders erklärungs- und beratungsbedürftigen Produkte Groß- und Testamentspende (siehe Abschn. 2.5.5.1) sowie Dauerspende (siehe Abschn. 2.5.5.2 und 2.5.5.3). Aber auch beim Fundraising gegenüber Unternehmen (siehe Kap. 3), gegenüber Stiftungen (siehe Kap. 4) und gegenüber öffentlichen Ressourcenbereitstellern (siehe Kap. 5) ist das persönliche Gespräch ökonomisch sinnvoll. Zum Vertrieb von Einzelspenden gegenüber Privatpersonen lohnt sich der persönliche Vertrieb nur, wenn er kostengünstig von Ehrenamtlichen durchgeführt werden kann.

> **Beispiel**
>
> Die *Caritas* führt mit Hilfe von Ehrenamtlichen Haus- und Straßensammlungen durch. Gelegentlich kommen Gelder aus Kollekten hinzu, die Pfarrgemeinden in Gottesdiensten gesammelt haben. Es wird jedoch zunehmend schwieriger für die *Caritas*, neue Ehrenamtliche bzw. Freiwillige zu rekrutieren.

Der persönliche Vertrieb ist örtlich nicht gebunden. Im Falle des Vertriebes von Groß- und Testamentspenden an Warm- und Kaltkontakte kann er in den Räumen der Organisation ebenso stattfinden wie Zuhause beim Spender oder an einem neutralen Ort (z. B. Restaurant) – je nach Präferenz des (Groß- bzw. Testament-)Spenders. Im Fall des Vertriebes von Dauerspenden an Kaltkontakte findet er an der Haustüre (siehe Abschn. 2.5.5.1) oder auf der Straße bzw. in einer Fußgängerzone (siehe Abschn. 2.5.5.2) statt. Aber auch in Filialen von Unternehmenspartnern einer Organisation (siehe Abschn. 2.5.6) oder in Shopping Malls, auf Events, in Nationalparks oder auf Flughäfen – kurz: wo immer sich viele Menschen der Zielgruppe einer Organisation aufhalten.

2.5.5.1 Persönliches Gespräch mit Groß- und Testamentspendern

Wie bereits erwähnt, kommt dem persönlichen Gespräch eine zentrale Rolle beim Vertrieb der Produkte Groß- und Testamentspende zu. Aufgrund komplexer steuerrechtlicher, erbrechtlicher und stiftungsrechtlicher Aspekte, ist eine Großspende (siehe Abschn. 2.3.5) und mehr noch eine Testamentspende (siehe Abschn. 2.3.6) besonders erklärungs- und beratungsbedürftig. *Kern* teilt den Verlauf eines Großspendergespräches in fünf Phasen ein, die hier zumindest stichwortartig beschrieben werden sollen:[94]

Phase 1: *Gesprächsvorbereitung*:

- Was lässt sich in der Fundraising-Datenbank über den Gesprächspartner finden?
- Was lässt sich im Internet (Google) über den Gesprächspartner finden?
- Was lässt sich im Kollegenkreis der Organisation über den Gesprächspartner erfahren?
- Wer aus der Organisation ist der geeignetste Ansprechpartner (Fundraiser, Geschäftsführer, Vorstand) für den Gesprächspartner?

Phase 2: *Ins-Gespräch-Kommen*

- Wie kann zum Einstieg eine gute Gesprächsatmosphäre hergestellt werden?
- Wie kann zügig ein Übergang zum eigentlichen Gesprächsthema gefunden werden?
- Was ist dem (potenziellen) Großspender (bzw. Testamentspender) wichtig (80 % Zuhören, 20 % Reden)?
- Für welche Projekte interessiert er/sie sich (nicht): Haben Sie schon einmal unser Projekt besucht?

Phase 3: *Spendenbitte (The Ask)*

- Der gesamte Finanzbedarf des Projektes liegt bei x Euro. Können Sie sich vorstellen, sich an diesem Betrag zu beteiligen?
- Wenn nicht in einem Betrag, dann vielleicht in einer bestimmten Stückelung?
- Wenn nicht jetzt, dann vielleicht zu einem späteren Zeitpunkt?
- Wenn nicht für dieses, dann vielleicht für ein anderes Projekt?

Phase 4: *Dank*

- Wer sollte danken (Fundraiser, Geschäftsführer, Vorstand)?
- Sollte mit dem Dank eine Ehrung verbunden sein (z. B. Erwähnung in der Zeitschrift der Organisation, Nennung auf einer Ehrentafel, Benennung eines Raum, Gebäudeflügels oder Gebäudes nach dem Großspender)?

---

[94] Vgl. Kern, Birgit: Das persönliche Gespräch (Face to Face), in: Fundraising Akademie (Hrsg.): Fundraising – Handbuch für Grundlagen, Strategien und Methoden, 4. Aufl., (Gabler) Wiesbaden 2008, S. 548–556, S. 551–554.

- Wie wird reagiert, wenn der Gesprächspartner nicht spenden möchte (z. B. Dank für die Zeit, die sich Gesprächspartner genommen hat)?

Phase 5: *Dokumentation*

- Wann hat das Gespräch stattgefunden? Zu welchem Anlass? Wer war noch dabei? Die wichtigsten Themen? Die wichtigsten Absprachen und Ergebnisse? Weitere Besonderheiten?
- Wie kann der Gesprächsinhalt unter Wahrung des Datenschutzes gespeichert werden?
- Wie kann der Gesprächsinhalt so festgehalten werden, dass ihn ein Kollege bzw. Nachfolger nachvollziehen kann?

Alternativ zur direkten Bitte um Geld in Phase 3, kann es sinnvoll sein, den potenziellen Großspender zunächst lediglich um einen Rat zu bitten. Dahinter steckt folgende Erfahrung von Großspenden-Fundraisern: „Wer um Geld bittet, bekommt Rat – Wer um Rat bittet, bekommt Geld".

2.5.5.2 Event

Eine spezielle Erscheinungsform des persönlichen Vertriebes kann auch das persönliche Gespräch im Rahmen eines **Events** sein. Unter einem Event ist (aus Fundraising-Sicht) eine (Benefiz-)Veranstaltung zu verstehen, die einerseits über die Arbeit einer Organisation informiert (und damit einen fachlichen Charakter hat), andererseits aber auch einen besonderen Erlebnischarakter aufweist. Dabei sollen auf unterhaltsame Weise Ratio und Emotio der Teilnehmer bzw. Besucher angesprochen werden. Dies gelingt am besten, wenn die Teilnehmer aktiv in den Event eingebunden werden und mitwirken (abstimmen, singen, kochen etc.) können. Für das Fundraising eignen sich Events deshalb besonders gut, weil (potenzielle) Spender unmittelbar und auch emotional angesprochen werden können. Die Spannweite denkbarer Events ist groß und reicht von Ball (z. B. Ball des Sports) und Festessen (z. B. Bremer „Schaffermahlzeit"), über Konzert, Lesung und Modenschau bis Tag (Nacht) der offenen Tür (z. B. Lange Nacht der Museen). Entscheidend ist der Erlebnischarakter. Ein Event sollte ein außergewöhnliches Ereignis von besonderer Attraktivität sein (so mancher „Tag der offenen Tür" erfüllt dieses Kriterium leider nicht).

Je nach Zielsetzung, lassen sich sehr unterschiedliche Erscheinungsformen von Events differenzieren: Bei Events, deren Teilnahme die Bezahlung eines (hohen) Eintrittsgeldes erfordert, oder in deren Rahmen um Spenden gebeten wird, steht der vertrieblich akquisitorische Aspekt im Vordergrund, um den es in diesem Kapitel besonders gehen soll. Ziel kann hier sein, während eines Events kurzfristig einen möglichst hohen Gesamtspendenbetrag auch von solchen Menschen zu akquirieren, die ansonsten vielleicht keinen persönlichen Bezug zur Arbeit der Organisation haben. Diese spenden nicht zuletzt, weil sie zusätzlich zum Fördergedanken an einer erlebnisreichen und unterhaltsamen Veranstaltung teilnehmen dürfen. Grund genug für das Finanzamt, deshalb auch eine Aufsplittung des Eintrittspreises zu verlangen: Abzugrenzen ist derjenige Teil, der als

2.5 Vertriebspolitik

Gegenleistung für einen geldwerten Vorteil (z. B. Essen und Getränke für einen Event-Besucher) bezahlt wird (und deshalb steuerlich nicht abzugsfähig ist), von demjenigen der selbstlos zur Förderung der Organisation gegeben wird (und deshalb steuerlich abzugsfähig ist).

> **Beispiel**
>
> Zur jährlich in Neuss stattfindenden *UNESCO*-Gala lädt Ute Ohoven 1100 Gäste, die einen Mindesteintritt von 460 € bezahlen. Je nach Platzierung kann der Eintrittspreis noch deutlich höher werden. Wie auch auf vielen anderen Events spielt die Anwesenheit von Prominenten eine große Rolle für die Attraktivität der Veranstaltung.

Anstelle einer anonymen Einmalspende kann das Ziel eines Events aber auch sein, in Kontakt mit Menschen zu kommen, die im Sinne des Relationship Fundraising langfristig an eine Organisation herangeführt werden und anstelle einer Einmalspende die Organisation dauerhaft und nachhaltig unterstützen sollen.

> **Beispiel**
>
> Die derzeit 22 Ronald McDonald Häuser der *McDonald's Kinderhilfe Stiftung* in Deutschland führen insgesamt ca. 90 Events pro Jahr durch, zu denen pro Event 25–50 Menschen eingeladen werden, die bislang noch keinen Kontakt zur Organisation hatten. Ziel des Events ist es, langfristige Förderer zu gewinnen. Das Event-Konzept zur Gewinnung neuer Spender stammt von *Axelrodt*.[95]

Es gibt jedoch auch Events, in deren Rahmen nicht um Spenden gebeten wird. Hier steht nicht der Vertriebsaspekt im Vordergrund eines Events, sondern der Kommunikationsaspekt. Ziel ist der persönliche Kontakt zu möglichst vielen und/oder besonders wichtigen Förderern. Im Rahmen eines solchen Events kann sich eine Organisation bei ihren (Groß-)Spendern, aber auch bei verdienten Mitarbeitern und Ehrenamtlichen bedanken, und ein Gemeinschaftsgefühl erzeugen und vertiefen.

> **Beispiel**
>
> Die *Berliner Philharmoniker*, die seit 2007 internationale *UNICEF*-Botschafter sind, geben in der Berliner Waldbühne ein Konzert, das auch dem Dank an engagierte Mitarbeiter, Ehrenamtliche und Spender von *UNICEF* dient.

Unterschieden werden können ferner Events, die von einer Organisation selber durchgeführt werden, von solchen, bei denen eine Organisation einen von Dritten organisierten Event für ihre Zwecke (sozusagen „Huckepack") mitnutzen darf. Natürlich ist ein Huckepack-Event mit deutlich geringerem Aufwand für die Organisation verbunden, ohne deshalb den Erlebnischarakter des Events schmälern zu müssen.

---

[95] Vgl. Axelrodt, Terry: Raising More Money – The Ask Event Handbook, 3. Aufl., (Raising More Money Publications) Seattle 2004.

> **Beispiel**
>
> Der *WWF Deutschland* erhielt lange Zeit einen Tisch auf dem Frankfurter Opernball zur Verfügung gestellt. Normalerweise buchen Unternehmen solche Tische für einen fünfstelligen Betrag, um ihren Kunden etwas Besonderes bieten zu können. Dem *WWF* gelang es, einen Tisch zu fundraisen. So konnte die Großspender-Fundraiserin ihren Top Donor einen besonderen Rahmen für persönliche Gespräche bieten. Allerdings stand der Dank und die Wertschätzung im Vordergrund, nicht die Bitte um weitere Unterstützung.

Egal in welcher Form ein Event durchgeführt wird. Wichtig ist, dass ein Event zur Organisation passt und nicht „aufgesetzt" wirkt. Im Idealfall hat der Event einen direkten inhaltlichen Bezug zur Arbeit der Organisation.

> **Beispiel**
>
> Der Berliner Kinder- und Jugendzirkus *Cabuwazi* führt einmal pro Jahr einen Gala-Abend im Wintergarten-Variété durch. Der Abend hat einen direkten Bezug zur Arbeit von Cabuwazi, da die Kinder und Jugendlichen vorführen, was sie über das Jahr einstudiert haben. Der Abend ist aber auch für Spender von hohem Erlebnis- und Unterhaltungswert, da zusätzlich zu den Kindern und Jugendlichen noch professionelle Artisten des Wintergarten-Variétés auftreten, und auch für das leibliche Wohl gesorgt wird.

Denkbar sind also sehr unterschiedliche Zielsetzungen für Events. Um sie jeweils zum Erfolg zu führen, ist ein systematisches Event-Management (Analyse, Zielsetzung, Durchführung, Kontrolle) unverzichtbar. *Burens* nennt sechs Planungsphasen, die hier zumindest stichwortartig vorgestellt werden sollen:[96]

Phase 1:

- Entwicklung erster Event-Ideen,
- Planungsgespräche mit interessierten Personen und eventuellen Mitveranstaltern,
- Festlegung der strategischen Ziele, Zielgruppen und Veranstaltungsform.

Phase 2:

- Bildung eines Arbeits-Teams unter Einbindung eines Event-Spezialisten,
- Festlegung des Event-Mottos, der angestrebten Zahl von Teilnehmern, des Teilnahmeentgeltes (Kostenbeiträge, Spendenwunsch, Sponsoren-Beiträge), des Veranstaltungsortes, des Termins und der Zeitplanung,

---

[96] Vgl. Burens, Peter-Claus: Events, in: Fundraising Akademie (Hrsg.): Fundraising – Handbuch für Grundlagen, Strategien und Methoden, 4. Aufl., (Gabler) Wiesbaden 2008, S. 536–527, S. 543 f.

2.5 Vertriebspolitik

- Klärung steuerrechtlicher Fragen (Umsatzsteuer, Körperschaftssteuer und Gewerbesteuer) mit Hilfe eines Steuerberaters.
- Kalkulation von Investitionen und zu erwartenden Einnahmen.

Phase 3:

- Einholen von Genehmigungen (z. B. Nutzung des Veranstaltungsortes),
- Anmeldung bei Behörden (z. B. Polizei, Tombola),
- Abschluss benötigter Versicherungen (z. B. Veranstalterhaftpflicht),
- Beauftragung eines Sanitätsdienstes,
- Kontaktaufnahme mit Kooperationspartnern, Medien, Multiplikatoren, Sponsoren u. a.

Phase 4:

- Einrichtung eines Organisationsbüros bzw. Beauftragung einer Event-Agentur,
- Definition der Verantwortlichkeiten einschließlich Medienarbeit,
- Entscheidungen zur Ausgestaltung (Licht, Ton, Dekoration) und zum Programmablauf (Moderation, Redner, Aktivitäten der Teilnehmer, Künstler u. a.),
- Absprachen zur Verpflegung der Gäste und Helfer,
- Anwerbung von haupt- und ehrenamtlichen Helfern,
- Akquisition von Medienpartnern und Sponsoren,
- Konzeption und Produktion von Drucksachen für die Einladung, Plakatierung, von Werbe- und Organisationsmaterialien,
- Verabschiedung des detaillierten Event-Etats.

Phase 5:

- Pressekonferenz,
- Überprüfung aller benötigten Hilfsmittel,
- Versand der Einladungen,
- Hängung von Plakaten.

Phase 6:

- Herrichten des Veranstaltungsortes,
- Kennzeichnung der Anfahrtswege, Parkplätze und WC-Anlagen,
- Einweisung der Helfer.

Da die Komplexität der Prozesse insbesondere größerer Events und der benötigte zeitliche Aufwand für Vorbereitung, Durchführung und Nachbereitung von Events gerne von Organisationen unterschätzt werden, ist im Rahmen der Vertriebspolitik auch zu entscheiden, ob das Management eines Event Inhouse von den eigenen Mitarbeitern oder von einem externen Dienstleister im Outsourcing durchgeführt werden soll.

2.5.5.3 Haussammlung

Eine weitere Erscheinungsform des persönlichen Vertriebes gegenüber Kaltkontakten ist das persönliche Gespräch an der Haustüre. Im deutschen Sprachraum wird von **Haussammlung** gesprochen, wenn Fundraiser von Tür zu Tür ziehen und Geldspenden, Sachspenden oder geldwerte Leistungen durch unmittelbares Einwirken von Person zu Person sammeln (§ 1 Abs. 1 *Sammlungsgesetz für Rheinland-Pfalz* (Rh.Pf. SammlG)). Alternativ wird manchmal auch von Haustürwerbung gesprochen. Dieser Begriff ist jedoch weniger präzise, soll an der Haustüre doch in erster Linie der vertriebliche Aspekt und weniger der bloße kommunikative Aspekt im Vordergrund stehen. Im anglo-amerikanischen Sprachraum sind die Bezeichnungen **Door-to-Door-Fundraising** (kurz: D2D-Fundraising) und **Canvassing** gebräuchlich. Ausführliche Betrachtungen zur Haus- und Straßensammlung finden sich bei *Wissmann*.[97] In der Regel wird an der Haustüre das Produkt Dauerspende angeboten. Über diesen Vertriebsweg akquirieren vor allem die sog. „Blaulichtorganisationen" wie das *DRK*, die *Malteser*, die *Johanniter* und der *ASB* selber (Inhouse) oder mit Hilfe externer Dienstleister (Outsourcing) jedes Jahr zusammen mehrere hunderttausend neue Fördermitglieder. Meist bieten die Blaulichtorganisationen eine Fördermitgliedschaft zum Mindestpreis von 24 € pro Jahr (bzw. 2 € pro Monate) an. Der durchschnittliche Jahresbeitrag für eine Fördermitgliedschaft liegt jedoch bei etwa 70 € pro Jahr (also ca. 6 € pro Monat). Die Einnahmen aus den an der Haustür vertriebenen Dauerspenden sind für die betreffenden Organisationen von zentraler Bedeutung.

Erfolgt die Haussammlung im Outsourcing, so stellen externe Dienstleister 12–20 Monatsbeiträge, umgerechnet also 72 € (6 € × 12 Monate) bis 120 € (6 € × 20 Monate) pro akquiriertem Dauerspender in Rechnung. Dieser Betrag entspricht den Kosten eines per Kaltadress-Mailing gewonnenen Neu- bzw. Erstspenders in Höhe von ca. 100 €. Mit dem Unterschied freilich, dass Letzterer i. d. R. zunächst nur ein Einzelspender ist, der erst durch ein anschließendes telefonisches Upgrading zum Dauerspender gemacht werden muss (was seinerseits Kosten verursacht). Im Kostenvergleich der Vertriebskanäle schneidet die Haussammlung also durchaus gut und sogar etwas günstiger als der Vertriebskanal Standsammlung ab. Bei der Standsammlung, als wichtigster Erscheinungsform der Straßensammlung, werden pro akquiriertem Dauerspender 14–24 Monatsbeiträge in Rechnung gestellt, weil auch der Aufwand höher ist als bei der Haussammlung. Dafür werden bei der Standsammlung höhere Beträge akquiriert. Der durchschnittliche Jahresbeitrag eines per Standsammlung akquirierten Dauerspenders liegt bei 100 € und höher (siehe Abschn. 2.5.5.4). Umgekehrt ist dafür die sog. Stornoquote (also der Anteil der gewonnenen Dauerspender, der in den ersten 12 Monaten gleich wieder kündigt), bei der Standsammlung i. d. R. höher als bei der Haussammlung. Als Faustformel nennen Experten eine Stornoquote von ca. 20 % bei der Haussammlung und von bis zu 40 % bei der Standsammlung. Liegt eine Stornoquote sogar bei 50 %, so lässt dies auf keine sehr nachhaltige

---

[97] Vgl. Wissmann, F.: Sammlungen und Standaktionen. In: Fundraising-Akademie (Hrsg.) Fundraising – Handbuch für Grundlagen, Strategien und Methoden, 5. Aufl., S. 764–776. Springer Gabler, Wiesbaden (2016).

Argumentation der Fundraiser schließen. Eine abschließende Bewertung, welche Methode (Standsammlung oder Haussammlung) sich denn nun mittel- bis langfristig besser rechnet, ist ein komplexes Optimierungsproblem (siehe Abschn. 6.8).

In Ausnahmefällen kann an der Haustüre aber auch das Produkt Einzelspende angeboten werden. Ökonomisch sinnvoll ist dies jedoch nur, wenn ehrenamtliche Fundraiser eingebunden werden können.

> **Beispiel**
>
> Im Rahmen der 58. Aktion Dreikönigssingen sammelten ca. 500.000 Mädchen und Jungen zum Jahresbeginn 2016 ehrenamtlich in 10.282 Gemeinden und Gruppen insgesamt rund 46,2 Mio. € für Projekte des *Kindermissionswerkes „Die Sternsinger"* e. V. zugunsten benachteiligter Kinder in Bolivien.

2.5.5.4 Straßensammlung

Eine weitere Erscheinungsform des persönlichen Vertriebes gegenüber Kaltkontakten ist das persönliche Gespräch auf der Straße. Im deutschen Sprachraum wird von **Straßensammlung** gesprochen, wenn Fundraiser Geldspenden, Sachspenden oder geldwerte Leistungen durch unmittelbares Einwirken von Person zu Person auf Straßen, Plätzen oder anderen jedermann zugänglichen Räumen sammeln (§ 1 Abs. 1 Rh.Pf. SammlG). Alternativ wird manchmal auch der Begriff Straßenwerbung verwendet. Analog zum Begriff Haustürwerbung ist dieser Begriff jedoch weniger präzise, soll hier doch in erster Linie der vertriebliche Aspekt und weniger der bloße kommunikative (werbliche) Aspekt im Vordergrund stehen.

Die ursprüngliche Form der Straßensammlung ist der Vertrieb von Einzelspenden (meist in Form von Klein- bzw. Restgeldspenden) mit Hilfe einer Sammeldose. Der zentrale Nachteil dieser Form von Straßensammlung liegt jedoch darin, dass der Spender anonym bleibt. Da seine Adresse nicht erhoben wird, ist eine anschließende Bindung des Spenders und damit professionelles Relationship Fundraising nicht möglich. Dies ändert sich erst, als Anfang der 1990er Jahre in Österreich eine neue Form der Straßensammlung entwickelt wird: Die sog. Standwerbung, auch Infostandkampagne genannt. Da es sich hierbei um eine spezielle Ausprägung des persönlichen Vertriebs handelt, sind die Begriff Werbung und Kampagne jedoch nicht präzise genug. Auch der Begriff Infostand stellt den werblichen Aspekt, zulasten des eigentlich entscheidenden vertrieblichen Aspektes, zu stark in den Vordergrund. Stattdessen wird hier der Begriff **Stand-Fundraising** vorgeschlagen. Noch präziser wäre der Begriff Standvertrieb, der vielen gemeinwohlorientierten Organisationen jedoch sehr zu kommerziell klingt.

Beim Stand-Fundraising wird entweder im öffentlichen Raum (z. B. auf einer Straßen, in einer Fußgängerzone, auf einem Platz) oder auf privatem Gelände (z. B. von Bau- und Supermärkten, oder auf Messen und Festivals) ein Stand aufgebaut, der F2F-Fundraisern als Basis für die Ansprache von Passanten dient. Ziel ist nicht mehr der Vertrieb von Einzelspenden in Form von Klein- bzw. Restgeldspenden – dafür liegen die Kosten dieses Vertriebskanals zu hoch (siehe unten). Ziel ist vielmehr der Vertrieb von **Dauerspenden**.

Stand und Kleidung der F2F-Fundraiser sollten so gestaltet sein, dass Passanten auf den ersten Blick ersichtlich wird, dass es sich um eine gemeinwohlorientierte Organisation handelt. Eine Variante ist die „fliegende" Werbung bzw. Sammlung, bei der F2F-Fundraiser ohne Stand, nur mit einem Klemmbrett unter dem Arm, Passanten ansprechen.

> **Beispiel**
> Die Aktion Fischotterschutz konnte mit Hilfe von Stand-Fundraising (siehe Abb. 2.18) die Anzahl ihrer Mitglieder und Fördermitglieder von 4458 im Jahr 1996 auf 18.793 im Jahr 2001 in fünf Jahren mehr als vervierfachen. Das Beispiel zeigt auch, dass dieser Vertriebsweg durchaus auch kleineren Organisationen offen steht.

Wie bereits erwähnt, wurde das Stand-Fundraising Anfang der 1990er Jahre in Österreich von der Agentur *DialogDirect* für die Organisation *Greenpeace Austria* etabliert. Vorher hatte es schon einige Tests für und mit der Organisation *Vier Pfoten* gegeben. Von dort aus breitete sich der neue Vertriebskanal auf andere Greenpeace Länderbüros aus. Auch andere internationale Organisationen wie *Amnesty International, Ärzte ohne Grenzen, Care, SOS-Kinderdörfer, World Vision* und *WWF* werden auf das Stand-Fundraising aufmerksam und setzen es ein. Am stärksten verbreitet sich der Vertriebskanal in Großbritannien, Australien, Neuseeland und Spanien. In Deutschland überwiegt zunächst die Skepsis, Stand-Fundraising könnte von der Bevölkerung als Belästigung empfunden werden, und deshalb einen negativen Einfluss auf das Image einer Organisation ausüben. In Deutschland gründet *Greenpeace* 2001 die *Greenpeace Infoservice GmbH* um unabhängiger von Dienstleistern zu werden und die Qualität der Prozesse selber steuern zu können. Der richtige Durchbruch in Deutschland kommt für das Stand-Fundraising erst relativ spät zwischen 2006 und 2010. Dann jedoch gleich so stark, dass an besonders frequentierten Stellen (wie z. B. dem Alexanderplatz in Berlin) bereits eine unerwünschte Häufung von Ständen entsteht. Um Verärgerung von Passanten und kommunalen Genehmigungsbehörden vorzubeugen, wird die *Qualitätsinitiative Straßen- und Haustürwerbung e. V. (QISH)* nach Vorbild der britischen *Public Fundraising Regulatory Association (PFRA)* und der österreichischen *Qualitätsinitiative Fördererwerbung (QUIF)* gegründet. Hauptanliegen des *QISH* ist es, verbindliche Qualitätsstandards für das Face-to-Face-Fundraising in Deutschland zu entwickeln und so z. B. einer kontraproduktiven Überstrapazierung des Vertriebskanals an bestimmten Standorten vorzubeugen (siehe Abschn. 2.5.5.7).

Ein großer **Vorteil** des Stand-Fundraising liegt darin, dass es ihm besser als anderen Vertriebskanälen (insbesondere dem Mailing und der Haussammlung) gelingt, auch jüngere Menschen anzusprechen. Die Gründe dafür sind vielfältig. Zum einen sind jüngere Menschen sicher offener für spontane Ansprache im öffentlichen Raum als ältere. Ein anderer, vielleicht noch wichtigerer Grund liegt in der Tatsache, dass auch die F2F-Fundraiser i. d. R. jünger sind. Was wiederum darauf zurückzuführen ist, dass von F2F-Fundraisern ein Höchstmaß an zeitlicher und räumlicher Flexibilität ebenso verlangt wird wie Einsatzbereitschaft bei (fast) jedem Wetter. Dazu sind jüngere Menschen eher be-

2.5 Vertriebspolitik

Abb. 2.94 Stand-Fundraising mit VR-Brille. (Quelle: ianimal360.de (Zugriff am 16.03.2018))

reit als ältere. Fazit: Es sind jüngere F2F-Fundraiser, die dann auch eher wieder jüngere Passanten ansprechen als ältere. Ein weiterer Vorteil des Stand-Fundraising (insbesondere gegenüber dem Postvertrieb) liegt darin, dass das erklärungsbedürftige Produkt Dauerspende Face-to-Face individueller und anschaulicher erläutert werden kann.

> **Beispiel**
> Die Tierrechtsorganisation *Animal Equality* möchte eine Veränderung des Verhältnisses zwischen Menschen und Tieren erreichen. Im Rahmen der Kampagne iAnimal wird in 360-Grad-Videos anschaulich die Situation z. B. in Schlachthöfen beschrieben (ianimal360.de). Mit Hilfe einer VR-Brille (Virtual Reality-Brille) werden die 360-Grad-Videos auch im Stand-Fundraising eingesetzt, um Dauerspender zu gewinnen (siehe Abb. 2.94).

Dem Vorteil, junge Spender zu gewinnen, stehen jedoch auch **Nachteile** gegenüber: Der größte Nachteil liegt in der geringeren Bereitschaft junger Leute, sich (langfristig) zu binden. Dies äußert sich in einer relativ hohen Stornoquote bzw. Absprungrate (englisch: Attrition Rate, siehe Abschn. 6.3.3.1) von 20–40 % im ersten Jahr, und einer geringeren durchschnittlichen Verweildauer von nur sechs anstelle der üblichen sieben Jahre bei Dauerspendern. Die ansonsten üblichen Spenderbindungsmaßnahmen einer Organisation, die sich naturgemäß an der vorherrschenden älteren Spenderzielgruppe orientieren, scheinen jüngere Leute weniger anzusprechen. Sie sind über einen persönlichen und individuellen Kontakt geworben worden, und scheinen diese Form des Kontaktes auch später im Rahmen der Bindung zu bevorzugen. Per Stand-Fundraising akquirierte Dauerspender (zumindest die jüngeren unter ihnen) sollten deshalb anschließend mit einem eigenen, besser auf junge Menschen abgestimmten Bindungsprogramm betreut werden.

> **Beispiel**
> Spanische Organisationen entwickeln spezielle Maßnahmenpläne für jüngere, per Stand-Fundraising akquirierte Dauerspender. Da mittlerweile praktisch jeder jüngere Mensch über ein Smartphone und eine E-Mail-Adresse verfügt, werden sie systematisch nach folgendem Zeitplan angesprochen, der die Vertriebskanäle Face-to-Face, Telefon und Internet intelligent miteinander verzahnt:[98]
>
> - Tag 1: Zusendung einer Begrüßungs-SMS,
> - Woche 1: Begrüßungsanruf,
> - Woche 8: Zusendung eines E-Newsletter,
> - Woche 16: Anruf: Zufriedenheit mit der Organisation? Bereitschaft, Namen und Telefonnummer von Freunden zu nennen, die ebenfalls Interesse an der Organisation haben könnten (Member-gets-Member, siehe Abschn. 2.1.5.2)? Erfahrungswert: 40 % geben Namen und Telefonnummern von 3–4 Leuten, von denen 40 % zu Dauerspendern werden.
> - Woche 20: Zusendung einer SMS,
> - Woche 24: Zusendung eines E-Newsletter,
> - Woche 32: Upgrading-Anruf,
> - Woche 52: E-Mail mit Hyperlink zum Jahresbericht.

Um die Prozesse zu beschleunigen, erfolgt die Ansprache potenzieller Dauerspender beim Stand-Fundraising vermehrt mit Hilfe eines **Tablets** (z. B. iPad) anstelle von Printmaterial und Adresslisten. Auf diese Weise kann eine Organisation nicht nur in Wort und Bild, sondern auch mit bewegten Bildern (Video) vorgestellt werden. Mit Hilfe des Datenbanksystems „*Donut*" des österreichischen Software-Entwicklers *Formunauts* (formunauts.at) können Adresse, Bankverbindung, Handynummer und E-Mail-Adresse eines neu gewonnenen Dauerspenders gleich am Stand elektronisch erfasst werden. Das hat gleich mehrere Vorteile: Durch automatische Prüfverfahren kann die Qualität bei der Erfassung von Adresse und Bankverbindung erhöht werden. Alle Daten sind sofort digital verfügbar, müssen also nicht mehr wie bislang zeit- und damit kostenintensiv manuell von handschriftlichen Adresslisten in die Fundraising-Datenbank übertragen werden. Das automatische Auslösen einer Begrüßungs-SMS erfolgt schneller. Über ein Dashboard können jederzeit Statistiken zu jedem F2F-Fundraiser erstellt werden, was die Mitarbeiterführung erleichtert.

So erfreulich die Möglichkeit ist, mit dem Stand-Fundraising jüngere Menschen zu erreichen, so wichtig wäre es, auch ältere Menschen erreichen zu können, die in der Lage sind, höhere Beträgen zu geben. Insbesondere Organisationen mit Inhouse-Lösungen (siehe Abschn. 2.5.5.6) versuchen deshalb, bewusst auch ältere F2F-Fundraiser zu rekrutieren, die ihrerseits leichter auf ältere Passanten zugehen können.

---

[98] Vgl. Upsall, Daryl: Cutting Edge Face to Face Fundraising from Around the World, Vortrag auf der AFP International Conference on Fundraising, Vancouver/Canada 2012.

Noch einige Überlegungen zum **Kosten-Erlös-Verhältnis** beim Stand-Fundraising. Nach *Wissmann* kann ein F2F-Fundraiser im Rahmen einer Standaktion pro Tag von 1000 bis 2000 Bürgern wahrgenommen werden, mit 50 bis 100 Personen ins Gespräch kommen und daraus vier bis zehn Dauerspender gewinnen. Dieser Anteil erscheint auf den ersten Blick gering, entspricht aber – im übertragenen Sinne – der Response-Quote von 0,5–1 % bei einem Kaltadress-Mailing (im Postvertrieb). Die Einlösequote liegt bei 60 bis 80 % und ist damit etwas schwächer als bei der Haussammlung. Dafür sind die Beträge etwas höher. Die durchschnittliche Verweildauer von Dauerspendern, die durch F2F-Fundraising gewonnen werden, liegt bei sechs Jahren und damit etwas geringer als bei Mailing- oder Online-gewonnenen Dauerspendern.[99]

Erfolgt das Stand-Fundraising im **Outsourcing**, so stellen externe Dienstleister ca. 14–24 Monatsbeiträge des neu gewonnenen Dauerspenders in Rechnung. Im Gegensatz zur Haussammlung werden beim Stand-Fundraising jedoch höhere Jahresbeiträge von durchschnittlich 100 € erzielt (im Gegensatz zu 70 € bei der Haussammlung). Der Grund dafür: Während bei der Haussammlung i. d. R. nur ein (Spenden-)Produkt angeboten wird (die vergleichsweise günstige Fördermitgliedschaft), sind es beim Stand-Fundraising idealerweise mehrere Produkte zu unterschiedlich hohen Preisen.

> **Beispiel**
>
> Im Rahmen seines Stand-Fundraising bietet der *WWF Deutschland* verschiedene Produkte an:
>
> - Eine Fördermitgliedschaft ab 4 € pro Monat,
> - Schutzengel (Wolf, Braunbär oder Seeadler) zu 15 € pro Monat,
> - Pate (Tiger, Wal, Elefant, Eisbär, Gorilla u. a.) ab 30 € pro Monat.

Der durchschnittliche Jahresbeitrag von 100 € beim Stand-Fundraising lässt sich auf einen durchschnittlichen Monatsbeitrag von ca. 8 € (anstelle der 6 € bei der Haussammlung) umrechnen. Werden im Outsourcing 14–24 Monatsbeiträge für einen neu gewonnenen Dauerspender berechnet, so liegen die Kosten für die Organisation zwischen 120 € (14 Monate × 8 €) und 192 € (24 Monate × 8 €). Solche Beträge liegen zwar etwas oberhalb der Kosten für einen per Kaltadress-Mailing gewonnenen Neu- bzw. Erstspender (von 100–200 € bei Vollkostenbetrachtung, siehe Abschn. 2.1). Mit dem Unterschied freilich, dass Letzterer i. d. R. zunächst nur ein Einzelspender ist, dessen durchschnittliche Einzelspende unter 50 € liegt, und der erst durch ein anschließendes telefonisches Upgrading zum Dauerspender gemacht werden muss (was wiederum Kosten verursacht). Im Kostenvergleich der Vertriebskanäle schneidet das Stand-Fundraising also durchaus gut und etwa in der Größenordnung des Vertriebskanals Telefon (beim Upgrading und der Rückgewinnung von Dauerspendern) ab. Die beiden Vertriebskanäle ergänzen sich insofern ideal,

---

[99] Vgl. Wissmann, F.: Sammlungen und Standaktionen. In: Fundraising-Akademie (Hrsg.) Fundraising – Handbuch für Grundlagen, Strategien und Methoden, 5. Aufl., Springer Gabler, Wiesbaden 2016, S. 764–776, S. 773.

als das Stand-Fundraising seinen Schwerpunkt in der Kaltakquisition von Dauerspendern hat, wohingegen das Telefon-Fundraising seinen Schwerpunkt auf die Warmakquisition von Dauerspendern (unter Erst- und Mehrfachspendern), das Upgrading und die Rückgewinnung legt.

2.5.5.5 Kollekte

Ebenfalls dem persönlichen Vertrieb zuzurechnen, ist die (Kirchen-)**Kollekte** (von lat. Collegere = sammeln) als Bestandteil eines christlichen Gottesdienstes, auch wenn sie soweit ritualisiert ist, dass es keines persönlichen Gespräches mehr bedarf. Zwar schrumpft die Anzahl der Gottesdienstbesucher kontinuierlich, doch sind es immer noch Millionenbeträge, die jeden Sonntag bar über die Kollekten im Rahmen der Gottesdienste für kirchliche Anliegen gespendet werden. Besonders hoch ist die Kollekte an wichtigen Tagen des Kirchenjahres (z. B. Weihnachten, Ostern) und am Weltmissionssonntag. Ein Problem für die Kollekte stellt die Tatsache dar, dass die geopferten Beträge nicht steuerlich abgesetzt werden können. Abhilfe schaffen sog. Kollektenbons, die en bloc im Gemeindebüro gegen Ausstellung einer Zuwendungsbestätigung gekauft werden, und in Stückelungen zu 1, 2, 5 und 10 € im Gottesdienst geopfert werden können.[100]

2.5.5.6 Inhouse versus Outsourcing

Im Rahmen der Vertriebspolitik ist auch zu entscheiden, ob das F2F-Fundraising von den eigenen F2F-Fundraisern innerhalb einer Organisation (Inhouse) oder von externen F2F-Fundraisern einer beauftragten F2F-Fundraising-Agentur (im **Outsourcing**) durchgeführt werden soll. Bei dieser klassischen Make-or-Buy-Entscheidung ist neben den Kosten v. a. auch die Komplexität der Prozesse im F2F-Fundraising zu berücksichtigen, die von Nicht-Experten gerne unterschätzt wird. Diese Prozesse seien hier nur stichwortartig angedeutet:[101]

Prozesse im Rahmen der *Vorbereitung* des F2F-Fundraising:

- Entwicklung eines Konzeptes für das F2F-Fundraising,
- Suche und Auswahl talentierter und motivierter F2F-Fundraiser mit hoher Frustrationstoleranz,
- Ausbildung (Gesprächsführung, Kampagneninhalt), Motivation und Führung der F2F-Fundraiser,
- Konzeption und Produktion des benötigten Werbematerials (Formulare für die gewonnenen Dauerspender, ggf. Material zur Veranschaulichung der Projekte, ggf. Material, das frisch gewonnenen Dauerspendern als Dank mitgegeben werden kann) und Ausrüstung (Stand, Kleidung, Tablets etc.),

---

[100] Vgl. Kreh, Bernd: Kollekte, in: Fundraising Akademie (Hrsg.): Fundraising – Handbuch für Grundlagen, Strategien und Methoden, 4. Aufl., (Gabler) Wiesbaden 2008, S. 333–334.
[101] Vgl. Albert, Judith; Wissmann, Franz: Infostandkampagnen – Des Fundraisers (un-)geliebtes Kind, Vortrag auf dem Deutschen Fundraising Kongress, Fulda 2010.

2.5 Vertriebspolitik

- Konzeption einer zielgruppenadäquaten Folgekommunikation mit den neu gewonnenen Dauerspendern.
- Standortplanung,
- Einholung einer Sammlungserlaubnis (nur in Rheinland-Pfalz) und einer Sondernutzungserlaubnis der zuständigen Kommune für die Nutzung öffentlicher Plätze (nur bei der Standwerbung) (siehe Abschn. 2.5.5.7),
- Klärung aller Prozesse von der Datenerhebung am Stand bzw. Haustüre bis zur Datenspeicherung in der Fundraising-Datenbank.
- Information aller wichtigen Stakeholder einer Organisation (Vorstand, Geschäftsführung, haupt- und ehrenamtliche Mitarbeiter, ggf. Ortsgruppen etc.) rechtzeitig vor Start der Kampagne. Information des DZI (falls erforderlich).
- Information der Bevölkerung über das geplante F2F-Fundraising durch Öffentlichkeitsarbeit (z. B. auf der Website der Organisation oder in lokalen Print-, Radio- und TV-Medien).
- Einrichtung einer Hotline (für Stornos, Fragen, Adressänderungen).

Prozesse im Rahmen der *Durchführung* des F2F-Fundraising:

- Stichprobenartige Überprüfung der Qualität der Gespräche durch anonyme Testpersonen („Mystery Shopping"),
- Laufend aktuelle Informationen über die Organisation an die F2F-Fundraiser.
- Transparente und detaillierte Tagesreportings und Abrechnungen.

Prozesse im Rahmen der *Nachbereitung* des F2F-Fundraising:

- Begrüßungsanruf bzw. Begrüßungsbrief mit (schriftlicher) Bestätigung der am Stand oder an der Haustür getroffenen Vereinbarungen,
- Versand der am Stand oder an der Haustür gewünschten Informationsmaterialien,
- Einpflege der Stornos und Änderungen (über Hotline eingegangen),
- Einzug der erteilten Lastschriften,
- Recherche zu geplatzten Einzügen,
- Sicherstellung der Folgekommunikation mit den neu gewonnenen Dauerspendern.
- Vergütung der F2F-Fundraiser.
- Evaluation des F2F-Fundraising.

In der Regel wird das F2F-Fundraising auf spezialisierte F2F-Fundraising-Agenturen ausgelagert. Dafür sprechen folgende Vorteile:

- Langjährige Erfahrung: Personal, Prozesse, Standplätze und Kontakt zu Genehmigungsbehörden.
- Meist Begrenzung des finanziellen Risikos für die beauftragende Organisation.

Wie findet man eine geeignete Face-to-Face-Fundraising-Agentur? Eine Aufstellung von Anbietern kann kostenlos im Mitgliederverzeichnis auf der Website des *Deutschen Fundraising Verbandes* (www.fundraisingverband.de) unter „Dienstleister" (Art der Dienstleistung: „Dialog – Face-to-Face") eingesehen werden. Auch sollte darauf geachtet werden, dass Agenturen die vom *QISH* entwickelten Qualitätsstandards einhalten.

Mit dem Boom des Stand-Fundraising ab 2006 bekamen die F2F-Agenturen jedoch zunehmend **Kapazitätsprobleme** bei der Befriedigung der steigenden Nachfrage von Seiten der Organisationen. Engpassfaktor war und ist nach wie vor, die benötigte Anzahl an geeigneten F2F-Fundraisern zu finden. Die Anforderungen sind hoch: F2F-Fundraiser sollen freundlich, dynamisch, redegewandt, extrovertiert, empathisch, sympathisch, konsequent, emotional gefestigt und vor allem mit hoher Frustrationstoleranz ausgestattet sein.

Auch weil F2F-Agenturen nicht genügend Kapazitäten zur Verfügung stellen können, gehen einige, vor allem größere Organisationen dazu über, eigene Lösungen zu entwickeln, die aus steuerlichen Gründen z. T. in eine Service GmbH (wie z. B. die bereits erwähnte *Greenpeace Infoservice GmbH*) ausgelagert werden. Von der Inhouse-Lösung versprechen sich die Organisationen bessere Möglichkeiten der Qualitätskontrolle und damit auch eine höhere Akzeptanz innerhalb der eigenen Organisation (Vorstand, Geschäftsführung, Hauptamtliche, Ehrenamtliche).

> **Beispiel**
> Die Organisation *Ärzte ohne Grenzen* führt seit 2007 eigene Standsammlungen durch. Eigene Mitarbeiter reisen vier Mal im Jahr für zwei bis drei Wochen in Teams durch ganz Deutschland.

Der eigentliche Engpassfaktor, eine ausreichende Anzahl geeigneter F2F-Fundraiser zu finden, kann aber auch mit einer Inhouse-Lösung nicht überwunden werden. Deshalb setzen Organisationen vereinzelt auf eine Kombination aus Inhouse- und Outsourcing in Form einer **Hybrid**-Lösung.

2.5.5.7 Rechtliche und ethische Aspekte des Face-to-Face-Fundraising

Ziel des F2F-Fundraising ist es, durch Dialog eine vertrauensvolle Beziehung zum Spender aufzubauen. Würde ein persönliches Gespräch vom Spender als Belästigung empfunden werden, so wäre dies kontraproduktiv für den Vertrauensaufbau. Daran ist ein Fundraiser schon aus Eigeninteresse nicht interessiert. Es gibt aber auch rechtliche und ethische Regeln, die eine Belästigung vermeiden sollen. So unterlagen Haus- und Straßensammlungen in Deutschland den Sammlungsgesetzen der jeweiligen Bundesländer. Im Zuge von Deregulierungen haben jedoch mittlerweile alle Bundesländer ihre Sammlungsgesetze aufgehoben. Die einzige Ausnahme stellt das Land Rheinland-Pfalz dar. Nach § 1 Abs. 1 des *Sammlungsgesetzes für Rheinland-Pfalz* (Rh.Pf. SammlG) bedarf eine Sammlung von Geld- oder Sachspenden oder geldwerten Leistungen durch unmittelbares Einwirken von Person zu Person auf Straßen, Plätzen oder anderen jedermann zugänglichen Räumen (Straßensammlungen) oder von Haus zu Haus (Haussammlungen) der Erlaubnis. Nach § 2 Abs. 3 Rh.Pf. SammlG soll die Erlaubnis von der Sammlungsbehörde versagt werden, wenn die gleichzeitige Durchführung oder Häufung mehrerer Sammlungen in demselben Gebiet voraussichtlich zu einer erheblichen Belästigung der Bevölkerung führen würde. Zuständige Erlaubnisbehörde ist die *Aufsichts- und Dienstleistungsdirektion (ADD)* des Landes Rheinland-Pfalz in Trier. Die *ADD* erstellt regelmäßig bereits im Vorjahr den jeweiligen Sammlungsplan für ein bestimmtes Gebiet, der auf der Website der ADD (add.rlp.de) einsehbar ist. Es empfiehlt sich deshalb, die Erlaubnis rechtzeitig vor Durchführung der Sammlung zu beantragen.[102]

Zusätzlich bedarf die Nutzung von öffentlichen Straßen und Plätzen für das Stand-Fundraising in allen Bundesländern einer Sondernutzungserlaubnis der zuständigen Kommune. Zur Vermeidung einer erheblichen Belästigung der Bevölkerung aufgrund gleichzeitiger Durchführung mehrerer Straßensammlungen können Kommunen die Sondernutzungserlaubnis in bestimmten Gebieten verweigern.

Beispiel

Der Stadtrat der Stadt Lienz (Österreich) lehnt 2009 einen Antrag von Greenpeace Austria auf Erlaubnis einer mehrtägigen Mitgliederwerbung ab, nachdem zahlreiche Beschwerden über „aggressive Keilermethoden" der Umweltschutzorganisation beim Bürgermeister der Stadt eingegangen sein sollen.

Bei der Erfassung personenbezogener Daten der am Stand oder an der Haustüre gewonnenen Dauerspender sind die datenschutzrechtlichen Regelungen der EU-Datenschutz-Grundverordnung (siehe Abschn. 2.5.2.4) zu beachten.

Zusätzlich zu den genannten gesetzlichen Regelungen, sind immer aber auch ethische Überlegungen zu berücksichtigen. Selbst wenn ein Face-to-Face-Kontakt juristisch zulässig ist, so kann er vom Angesprochenen doch als Belästigung empfunden werden. Das Image sowohl der Straßensammlungen als auch der Haussammlungen ist schlecht. Tief haben sich die regelmäßigen Medienberichte über „schwarze Schafe" (gerade in der Vorweihnachtszeit) ins öffentliche Gedächtnis eingegraben. Sicherlich ist es richtig und wichtig, deren dunkle Machenschaften aufzudecken und zu verhindern. Für seriöse Organisationen heißt es jedoch, sich hier durch Beachtung hoher Qualitätsstandards deutlich abzuheben – was den meisten auch durchaus gelingt. So ergab eine Untersuchung des Stand-Fundraising von 10 Organisationen durch die *Stiftung Warentest* im Jahr 2010: „Die Dialoger in unserer Stichprobe sprachen unsere Testpersonen durchweg höflich an, erläuterten die Aktionen und Ziele ‚ihrer' Organisation kompetent und verständlich. Kein Tester fühlte sich bedrängt. Fakten und Emotionen standen meistens in ausgewogenem Verhältnis. (...) Ausnahmen: Die Mitarbeiterin von *Aktion Tier – Menschen für Tiere e. V.* zeigte stark Mitleid erzeugende Fotos von verwahrlosten Tieren. Und der Mitarbeiter von *Mensch Umwelt Tier e. V.* erzählte seine leidvolle Lebensgeschichte verbunden mit der

---

[102] Vgl. Brücher-Herpel, Anette: Sammlungsrecht, Lotterierecht, in: Fundraising Akademie (Hrsg.): Fundraising – Handbuch für Grundlagen, Strategien und Methoden, 4. Aufl., (Gabler) Wiesbaden 2008, S. 748–757.

Ansicht, auch wer wenig Geld hätte, könne etwas abgeben. Das weckte in unserem Tester das beklemmende Gefühl, ihm persönlich die Hilfe zu verweigern, wenn er nicht spenden würde."[103]

Die Messung der Qualität ist im F2F-Fundraising äußerst schwierig. Dies liegt auch daran, dass hier immer auch das subjektive Empfinden des Prüfenden eine Rolle spielt. So versteht unter „bedrängend" jeder Mensch etwas anderes. Um jedoch eine Vorstellung zu vermitteln, woran sich Qualität im F2F-Fundraising im Einzelnen festmachen lässt, sollen hier zumindest die wichtigsten, der vom *QISH* erarbeiteten Qualitätsstandards vorgestellt werden:

Qualitätsstandards bzgl. der *F2F-Fundraiser*
Die Qualität im F2F-Fundraising steht und fällt mir den Mitarbeitern. Sie müssen sorgfältig nach den bereits erwähnten Eigenschaften ausgewählt und anschließend in Gesprächstechnik, zu den Qualitätsstandards und über die Arbeit der Organisation aus- und weitergebildet werden. Aufgrund der hohen Belastung (bis zu 1000 Kontaktversuche pro Tag, bis zu 100 Gespräche pro Tag) stellt die Motivation der F2F-Fundraiser den wohl zentralen Erfolgsfaktor dar. Wichtig ist die intrinsische Motivation, für „eine gute Sache" zu arbeiten. Wie auch bei allen anderen Fundraisern sollte sie (z. B. durch Projektbesuche, Videos, Gespräche mit Projektverantwortlichen) regelmäßig aufgefrischt werden. Aber auch die extrinsische Motivation durch eine leistungsgerechte Bezahlung ist von hoher Bedeutung. Hier gilt es, einen vernünftigen Kompromiss zu finden: Einerseits spricht viel für eine erfolgsunabhängige Bezahlung nach geleisteter Arbeitszeit. Eine erfolgsunabhängige Bezahlung führt die Mitarbeiter gar nicht erst in Versuchung, in einem Gespräch zu nachdrücklich zu agieren. Sie ist damit der beste Anreiz, auf Formen der Ansprache zu verzichten, die als belästigend empfunden werden könnten. Umgekehrt geht unbestritten von einer erfolgsabhängigen Bezahlung aber immer auch ein motivatorischer Effekt aus. Es ist deshalb sinnvoll, die Vorteile einer erfolgsunabhängigen Bezahlung mit denen einer erfolgsabhängigen Bezahlung vernünftig zu kombinieren. Zusätzlich zu einem hohen Fixum kann (ab einer bestimmten Größenordnung) ein kleinerer variabler Gehaltsanteil nach Erfolg bezahlt werden. Eine solche Lösung ist kompatibel sowohl mit den „Grundregeln für eine gute, ethische Fundraising-Praxis" des *DFRV* als auch mit den Leitlinien des *DZI*, wonach eine ausschließlich oder überwiegend erfolgsabhängige Vergütung untersagt ist. Der erfolgsabhängige Anteil darf demnach höchstens 50 % der jeweiligen Vergütung betragen. Neben einer angemessenen Bezahlung ist das äußere Erscheinungsbild der Mitarbeiter wichtig. Jeder Mitarbeiter sollte ordentlich und den Wetterbedingungen entsprechend gekleidet sein, jedoch keine irreführende Dienstbekleidung (z. B. eines Rettungssanitäters) tragen. Durch einen Ausweis und das Logo der Organisation auf Kleidungsstücken des Mitarbeiters wird ersichtlich, für welche Organisation er arbeitet. Mitarbeiter müssen sich bewusst sein, dass sie durch ihr Verhalten und Erschei-

---

[103] Stiftung Warentest: Gern geben, Heft 12/2010, S. 12–15, S. 14.

nungsbild das Image der Organisation mitprägen, für die sie arbeiten. Es wird nur um Dauerspenden gebeten. Bargeld, Schecks oder Sachspenden werden nicht angenommen.

Qualitätsstandards bzgl. der *Prozesse*
Alle im Zusammenhang mit dem F2F-Fundraising erforderlichen Prozesse der Vorbereitung, Durchführung und Nachbereitung (siehe Abschn. 2.5.5.6) werden im Rahmen eines Qualitäts-Managements erfasst, dokumentiert und ständig optimiert.

Kontrolle der Einhaltung der **Qualitätsstandards**
Die Einhaltung der Qualitätsstandards durch die F2F-Fundraiser kann (zumindest beim Stand-Fundraising) durch angekündigte oder unangekündigte Qualitätsstichproben im Rahmen von Mystery Shopping überprüft werden. Treten Beschwerden auf, werden diese anhand eines vorher festgelegten Verfahrens im Rahmen eines systematischen Beschwerde-Management bearbeitet.

Speziell für Haussammlungen, die schnell als unerwünschtes Eindringen in die Privatsphäre empfunden werden können, haben die vier Blaulichtorganisationen *DRK*, *Johanniter*, *Malteser* und *ASB* einen eigenen Verhaltenskodex zur Mitgliedergewinnung erstellt, der auf den Websites der beteiligten Organisationen zum Download bereitsteht.

Werden diese Qualitätsstandards eingehalten, ist der persönliche Vertrieb für das Fundraising ebenso wichtig wie der Post- und Telefonvertrieb. Neben den jeweiligen Fundraising-Zielen erreichen die Standwerbung und die Haustürwerbung immer auch einen gewissen PR-Effekt für die Organisation. Durch das Logo der Organisation auf den Ständen und der Kleidung der F2F-Fundraiser erhöht sich die Sichtbarkeit einer Organisation in der Öffentlichkeit. Deshalb ist es wichtig, die Entscheidungen im Rahmen der Vertriebspolitik gut mit der Kommunikationspolitik (siehe Abschn. 2.6) abzustimmen. Der Fairness halber sei jedoch ergänzt, dass natürlich auch über andere Vertriebskanäle des Fundraising (z. B. durch ein Kaltadress-Mailing) zusätzlich noch ein gewisser PR-Effekt für die Organisation erzielt wird.

2.5.5.8 Trend: Back to the Roots!

Historisch gesehen, war der persönliche Vertrieb über Jahrhunderte der wichtigste Vertriebskanal im Fundraising. Spenden wurden im Rahmen eines persönlichen Gesprächs erbeten, an der Haustüre, auf der Straße, im Gottesdienst. Zwar gab es seit 1490 auch Postdienstleistungen, die im Einzelfall sicher auch schon für Bitten um Spenden genutzt wurden. Zum vorherrschenden Vertriebsweg wurde der Postvertrieb jedoch erst in den 1980er Jahren, als es die Serienbrieffunktion von Textverarbeitungs-Software der aufkommenden (Personal) Computer plötzlich jeder kleinen und großen Organisation ermöglichte, eine Vielzahl von Menschen einfach, personalisiert und kostengünstig ansprechen zu können. Schon in den 1980er Jahren werden die ersten Spendenbriefe – bereits Mailings genannt – in Millionenauflage verschickt. Mit so großem Erfolg, dass der Postvertrieb für die nächsten 20 Jahre zum dominierenden, bei vielen Organisationen sogar einzigen Vertriebskanal avancieren sollte. Der persönliche Vertrieb wird zurückgedrängt auf die meist ehrenamtliche Akquisition von Klein- und Restspenden im Rahmen von Haus- und Straßensammlungen sowie Kollekten. Einzige Ausnahme: Der Vertrieb von Fördermitgliedschaften für die Blaulichtorganisationen an der Haustüre. Das Mailing entwickelt sich fast zum Synonym für Fundraising, bis es in den 2000er Jahren von so vielen Organisationen eingesetzt wird, dass seine Effizienz immer mehr an Grenzen stößt. Der bis dahin unangefochtene Vertriebskanal wird nun immer stärker hinterfragt. Die Suche nach Alternativen beginnt. Der Online-Vertrieb kann noch keine entsprechende Abdeckung bei der Kernzielgruppe 60+ anbieten – seine Zeit wird erst noch kommen. Ende der 1990er Jahre kommt der persönliche Vertrieb langsam zurück. Aufgrund seiner im Vergleich zum Postvertrieb relativ hohen Kosten, zunächst nur für den Vertrieb hochwertiger Produkte in der Spitze der Spenderpyramide. Mitte der 1990er Jahre beginnt der systematische persönliche Vertrieb von Testamentspenden, Ende der 1990er Jahre der systematische persönliche Vertrieb von Großspenden. Weiter die Spenderpyramide hinab findet ab den 2000er Jahren auch der systematische persönliche Vertrieb der Dauerspenden in dem Maße immer mehr Verbreitung, als die Effizienz des Postvertriebs durch den zunehmenden Verdrängungswettbewerb auf dem Spendenmarkt kontinuierlich sinkt. Man kann also durchaus eine Entwicklung zurück zum hochwertigen persönlichen Vertrieb und damit „Back-to-the-Roots" beobachten. Bis sich zwischen 2020 und 2030 mit dem Internet die nächste Revolution endgültig durchgesetzt haben wird.

2.5.6 Nutzung der Vertriebskanäle von (Unternehmens-)Partnern

Abschließend soll noch kurz auf die Möglichkeit des indirekten Vertriebes von Spendenprodukten über Vertriebspartner hingewiesen werden, die sich bereit erklären, ihre Vertriebskanäle für das Fundraising einer Organisation zur Verfügung zu stellen. Zum einen kann dies für die Organisation kostenlos im Rahmen des CSR-Engagements eines Unternehmenspartners erfolgen (siehe Abschn. 3.1).

> **Beispiele**
> - Bäcker und Metzger stellen ihren Vertriebsweg (ihr Ladenlokal) zur Verfügung für den indirekten Vertrieb von Restgeldspenden mit Hilfe einer Sammeldose auf dem Tresen (z. B. das Sammelschiffchen der *Deutschen Gesellschaft zur Rettung Schiffbrüchiger*, DGzRS).
> - Ein Bestattungsunternehmen stellt seine Filialen als indirekten Vertriebsweg für Kondolenzspenden zugunsten einer Organisation zur Verfügung.
> - Der Unternehmenspartner *Europcar* stellt *UNICEF* seine Filialen als indirekten Vertriebsweg für Dauerspenden zur Verfügung (siehe Abb. 2.95).

Es ist aber auch denkbar, dass ein Unternehmenspartner seine Vertriebskanäle nur gegen Bezahlung für das Fundraising öffnet. Dann kann ein Fundraiser den Vertriebskanal testen, und – bei ausreichender Effizienz – kostenpflichtig buchen.

2.5 Vertriebspolitik

Abb. 2.95 Indirekter Vertrieb von UNICEF-Dauerspenden über Europcar. (Quelle: Abbildung *UNICEF Deutschland*)

Beispiel

Geschäftsbanken stellen ihre Filialen als indirekten Vertriebsweg für Spenden zugunsten einer Organisation zur Verfügung, die das Recht kaufen, an den Schaltern der Bank ihre Zahlscheine auslegen zu dürfen. Dieser indirekte Vertriebsweg wird mit zunehmender Verbreitung des Online-Banking jedoch immer weniger attraktiv.

▶ **Tipp** Überlegen Sie, welches Unternehmen eine Zielgruppe anspricht, die ihrer Spenderzielgruppe möglichst weitgehend entspricht! Versuchen Sie dieses Unternehmen als Partner zu gewinnen, der Ihnen (möglichst kostenlos) das Recht einräumt, seine Vertriebskanäle für den indirekten Vertrieb Ihrer Spendenprodukte nutzen zu dürfen!

2.5.7 Was ich in diesem Abschnitt gelernt habe

- Testen Sie, welche der Vertriebskanäle für Ihre Organisation ökonomisch sinnvoll sind!
- Kombinieren Sie alle ökonomisch sinnvollen Vertriebskanäle zu einer Multi-Channel-Distribution!
- Binden Sie gewonnene Erstspender durch einen Dankanruf!
- Holen Sie sich ein Opt-in für weitere Anrufe am Ende des Dankanrufes!
- Testen Sie das telefonische Upgrading von (Dauer-)Spendern!
- Testen Sie die telefonische Rückgewinnung abwandernder Spender!
- Berücksichtigen Sie bei Ihrem Telefon-Fundraising die Qualitätsstandards des *QTFR*!
- Verpflichten Sie Ihre Telefon-Fundraising-Agentur auf die Qualitätsstandards des *QTFR*!
- Organisieren Sie Events auf denen Sie mit Ihren Spendern ins Gespräch kommen können!
- Versuchen Sie, bestehende Events in Ihrer Stadt oder Region für Ihr Fundraising zu nutzen!
- Nutzen Sie die Möglichkeit, Ihre Spender bei Events auch emotional anzusprechen! Zeigen Sie ein Video über Ihre Arbeit oder lassen Sie einen Betroffenen über Ihre Hilfe berichten!
- Akquirieren Sie (Neu-)Spender über mindestens einen Event pro Jahr!
- Prüfen Sie – falls nicht schon geschehen – Ihre Möglichkeiten zur Nutzung der Haus- und Straßensammlung bzw. des Stand-Fundraising als Akquisitionskanal!
- Berücksichtigen Sie bei Ihrem F2F-Fundraising die Qualitätsstandards des *QISH*!
- Verpflichten Sie Ihre F2F-Fundraising-Agentur auf die Qualitätsstandards des *QISH*!
- Nutzen Sie das Mitgliederverzeichnis auf der Website des *Deutschen Fundraising Verbandes* (www.fundraisingverband.de) um geeignete Dienstleister für die verschiedenen Bereiche des F2F-Fundraising zu finden!
- Überlegen Sie, welches Unternehmen im Rahmen einer Partnerschaft für einen indirekten Vertrieb Ihrer Spendenprodukte besonders geeignet wäre, da es eine hohe Zielgruppenübereinstimmung gibt!

2.6 Kommunikationspolitik

Nachdem im Rahmen der Produktpolitik Entscheidungen zu den verschiedenen Spendenprodukten (Einzel-, Dauer-, Groß-, Testament-, Anlass-, Mikro- und Restgeldspende), im Rahmen der Preispolitik Entscheidungen zu deren jeweiligem Preis und im Rahmen der Vertriebspolitik Entscheidungen zu deren Vertriebskanälen gefällt wurden, ist nun zu entscheiden, wie Produkte, Preise und Vertriebskanäle den (potenziellen) Spendern am besten kommuniziert werden können.

2.6.1 Entscheidungen im Rahmen der Kommunikationspolitik

Nach Marketing-Verständnis „umfasst die **Kommunikationspolitik** die systematische Planung, Ausgestaltung, Abstimmung und Kontrolle aller Kommunikationsmaßnahmen des Unternehmens im Hinblick auf alle relevanten Zielgruppen, um die Kommunikationsziele und damit die nachgelagerten Marketing- und Unternehmensziele zu erreichen."[104] Übertragen auf das Fundraising soll die Kommunikationspolitik hier die systematische Planung, Ausgestaltung, Abstimmung und Kontrolle aller Kommunikationsmaßnahmen einer gemeinwohlorientierten Organisation im Hinblick auf alle relevanten Zielgruppen umfassen, um die Kommunikationsziele und damit die nachgelagerten Fundraising- und Organisationsziele zu erreichen.

Im Sinne eines systematischen Kommunikations-Management sind folgende Entscheidungen im Rahmen der Kommunikationspolitik zu fällen:

- Festlegung operationalisierter Kommunikationsziele auf Basis einer Analyse der bisherigen Kommunikation der eigenen Organisation und konkurrierender Organisationen,
- Bestimmung der Zielgruppen der Kommunikation,
- Entwicklung der Kommunikationsstrategie,
- Festlegung zielgruppenadäquater Kommunikationskanäle bzw. -instrumente,
- Festlegung des Kommunikationsbudgets,
- Gestaltung der Kommunikationsmittel,
- Kontrolle der tatsächlich erzielten Kommunikationswirkungen im Verhältnis zu den angestrebten Kommunikationswirkungen (Soll-Ist-Vergleich).

Da die zugehörigen Prozesse immer komplexer werden, ist zusätzlich zu entscheiden, welche (Teil-)Prozesse der Kommunikation von der Organisation selber (Inhouse) durchgeführt, und welche auf externe Kommunikationsagenturen (PR-Agenturen, Werbeagenturen) ausgelagert werden sollen (Outsourcing).

Beim Aufbau einer Vertrauensbeziehung zu einem (potenziellen) Spender im Rahmen des Relationship Fundraising kommt der Kommunikation eine zentrale Rolle zu. Wer eine dauerhafte Beziehung aufbauen und aufrechterhalten will, muss miteinander kommunizieren. In den folgenden Kapiteln wird der Frage nachgegangen, welche Kommunikationskanäle dem Fundraising zur Verfügung stehen und welche optimalerweise in welcher Kombination genutzt werden sollten? Zuvor sind jedoch noch wichtige begriffliche Abgrenzungen innerhalb der Kommunikation zu leisten: Zum einen zwischen den Begriffen Werbung und Öffentlichkeitsarbeit. Und zum anderen innerhalb der Werbung zwischen Media-, Direkt- und Dialogwerbung.

---

[104] Meffert, Heribert; Burmann, Christoph; Kirchgeorg, Manfred: Marketing, Grundlagen marktorientierter Unternehmensführung, Konzepte – Instrumente – Praxisbeispiele, 11. Auflage, (Gabler) Wiesbaden 2012, S. 606.

2.6.2 Abgrenzung von Werbung und Öffentlichkeitsarbeit

Zunächst soll **Werbung** von **Öffentlichkeitsarbeit** abgegrenzt werden. Wie aus Tab. 2.2 ersichtlich wird, wendet sich werbliche Kommunikation an (potenzielle) Kunden mit dem Ziel, das eigene Produkt zu verkaufen. Entsprechend untersteht die Werbung auch dem Marketing. Die Öffentlichkeitsarbeit wendet sich dagegen an alle Stakeholder-Gruppen. Ihr Ziel ist, dass die Öffentlichkeit das Unternehmen kennt und ihm vertraut. Dieses Vertrauen ist sicherlich auch wichtig für den Verkauf; immerhin sind die Kunden ja auch Teil der Öffentlichkeit und eine wichtige Stakeholder-Gruppe. Die Öffentlichkeitsarbeit hat über die Kunden hinaus aber auch alle anderen Stakeholder im Visier; schließlich umfasst die Öffentlichkeit ja auch (potenzielle) Mitarbeiter (haupt- und ehrenamtlich), Lieferanten, Geldgeber, Kunden und andere. Für die Überlebensfähigkeit eines Unternehmens ist wichtig, von *allen* Stakeholder-Gruppen als (potenzieller) Austauschpartner wahrgenommen zu werden. Dies setzt voraus, entsprechende Bekanntheit und Vertrauen zu genießen. Aufgrund ihrer umfassenderen Zielsetzung untersteht die Öffentlichkeitsarbeit der Leitung der Organisation.

Im Sinne dieser Abgrenzung ist Fundraising-Kommunikation ganz eindeutig werbliche Kommunikation. In Analogie zur Abgrenzung von Werbung und Öffentlichkeitsarbeit zeigt Tab. 2.3 die Abgrenzung von Fundraising-Kommunikation und Öffentlichkeitsarbeit.

Während sich die Fundraising-Kommunikation direkt an (potenzielle) Ressourcenbereitsteller mit dem Ziel wendet, (Geld-, Sach- oder Zeit-)Spenden einzuwerben, spricht die Öffentlichkeitsarbeit alle Stakeholder-Gruppen mit dem Ziel an, Bekanntheit und Vertrauen für die Organisation insgesamt aufzubauen. Hieraus wird unmittelbar ersichtlich, dass es in den Zielsetzungen von Fundraising-Kommunikation und Öffentlichkeitsarbeit zwar durchaus eine Überschneidungsmenge gibt. So ist erfolgreiche Fundraising-Kommunikation gar nicht möglich, ohne dass die Öffentlichkeitsarbeit vorher Bekanntheit und

Tab. 2.2 Abgrenzung Werbung von Öffentlichkeitsarbeit

	Werbung	Öffentlichkeitsarbeit
Adressat	(Potenzielle) Kunden	Alle Stakeholder
Ziel	Verkauf	Bekanntheit, Vertrauen
Umfasst	Einzelne Produkte	Gesamte Organisation
Untersteht	Marketing-Abteilung	Leitung d. Organisation

Tab. 2.3 Abgrenzung Fundraising-Kommunikation von Öffentlichkeitsarbeit

	Fundraising-Kommunikation	Öffentlichkeitsarbeit
Adressat	(Potenzielle) Spender	Alle Stakeholder
Ziel	Spende	Bekanntheit, Vertrauen
Umfasst	Einzelne Spendenprodukte	Gesamte Organisation
Untersteht	Fundraising-Abteilung	Leitung d. Organisation

Vertrauen aufgebaut hat. Umgekehrt kann auch die Fundraising-Kommunikation den Bekanntheitsgrad und das Vertrauen in eine Organisation steigern und damit zur Erreichung von Zielen der Öffentlichkeitsarbeit beitragen. Trotzdem existieren deutliche Unterschiede in der Zielsetzung von Fundraising-Kommunikation und Öffentlichkeitsarbeit, was nicht selten zu (teilweise massiven) Konflikten zwischen beiden Bereichen führen kann. So ärgert sich das Fundraising beispielsweise, wenn die Öffentlichkeitsarbeit kommuniziert ohne ein Dialogangebot zu unterbreiten. Aus Sicht des Fundraising wird dadurch eine Gelegenheit verschenkt, Interessentenadressen zu gewinnen, die ein Upgrading-Potenzial darstellen. Umgekehrt möchte die Öffentlichkeitsarbeit neben den Ressourcenbereitstellern auch alle anderen wichtigen Stakeholder-Gruppen erreichen ohne jedes Mal auf die speziellen Bedarfe des Fundraising Rücksicht nehmen zu müssen.

Im Idealfall gelingt es, dass sich beide Bereiche eng abstimmen und trotzdem in ihren unterschiedlichen Zielsetzungen gegenseitig respektieren. Am besten gelingt dies, wenn das Fundraising und die Öffentlichkeitsarbeit in der Aufbauorganisation gleichberechtigt eingebunden werden. So könnten beide in einer kleineren NPO jeweils als Stabsstelle geführt werden. In einer größeren Organisation ist es sinnvoll, die beiden Abteilungen „Fundraising" und „Öffentlichkeitsarbeit" unter dem Dach eines gemeinsamen Bereiches zu führen. Näheres zur organisatorischen Einbindung des Fundraising in eine gemeinwohlorientierte Organisation wird in Abschn. 6.5.2 diskutiert.

2.6.3 Abgrenzung von Mediawerbung, Direktwerbung und Dialogwerbung

Fundraising-Kommunikation ist also werbliche Kommunikation. Innerhalb der werblichen Kommunikation kann noch einmal unterschieden werden zwischen Mediawerbung (Abschn. 2.6.4), Direktwerbung (Abschn. 2.6.5) und Dialogwerbung (Abschn. 2.6.6). Welche Kommunikationskanäle der Mediawerbung, Direktwerbung oder Dialogwerbung im Fundraising eingesetzt werden sollten, hängt im Einzelfall davon ab, welche Spenderzielgruppen eine Organisation ansprechen möchte. Die Kommunikationskanäle sind dabei so zu wählen, dass sie optimal auf die jeweiligen Spenderzielgruppen abgestimmt sind. So sind beispielsweise bei älteren Menschen andere Kommunikationskanäle zu wählen als bei jüngeren, oder bei Frauen andere als bei Männern etc.

2.6.4 Der Einsatz von Mediawerbung im Fundraising

Die **Mediawerbung**, auch klassische Werbung genannt, spricht eine Zielgruppe mit Hilfe von Massenmedien unpersonalisiert an. Sie setzte sich mit der massenhaften Verbreitung des jeweiligen Mediums durch. Den Anfang machten Werbeanzeigen in Zeitungen und Zeitschriften insbesondere ab dem 19. Jahrhundert. Im 20. Jahrhundert kam dann zunächst die Radiowerbung hinzu. Ab Mai 1924 genehmigt die Reichspost den Regionalgesellschaften die sog. „Radio-Inserate".[105] Fernsehwerbung wird in Deutschland erstmals am 3. November 1956 im Bayerischen Rundfunk gezeigt – ein Werbespot für Persil. Die Vorteile der Mediawerbung liegen in der vergleichsweise günstigen Ansprache vieler Menschen. Hauptnachteile liegen in der lediglich indirekten, nicht personalisierten Kommunikation, dem heterogenen Empfängerkreis und dem ausufernden Einsatz mit abnehmender Kommunikationswirkung. Trotz ihrer Nachteile behält die klassische Werbung bis heute ihre Existenzberechtigung. Sie erreicht über die Massenmedien nach wie vor eine große Anzahl von Menschen, und kann mittlerweile den Nachteil des lediglich indirekten Kontaktes zumindest teilweise durch die Integration des Telefons und des Internets heilen. Dabei wird in einem zweistufigen Kommunikationskonzept im Rahmen der klassischen Werbung ein Dialogangebot unterbreitet: „Rufen Sie uns an, wenn Sie Fragen haben!" „Informieren Sie sich auf unserer Website!" „Fordern Sie unsere Informationsbroschüre an!" Es sind die Überlegungen der zweistufigen Kommunikation anzuwenden (siehe Abschn. 2.6.10).

2.6.4.1 Fernsehwerbung

Für das Fundraising ist das **Fernsehen** nach wie vor interessant. Schließlich ist es mit seiner Hilfe möglich, ein großes Publikum und damit viele potenzielle Interessenten anzusprechen. Nach Angaben des Mediendienstleisters *media control* sehen die Deutschen durchschnittlich 223 min pro Tag fern, die Altersgruppe 50+ sogar durchschnittlich 290 min pro Tag. Über die reine Vermittlung von Informationen hinaus können über Bilder und Töne, stärker als in den Printmedien, auch die Emotionen der Zuschauer angesprochen werden. Für das Fundraising ist es von besonderer Bedeutung, beides zu adressieren: Ratio und Emotio. Fundraising mit Hilfe des Fernsehens ist sowohl im redaktionellen als auch im werblichen Umfeld denkbar. Im **redaktionellen Umfeld** sind vor allem der Spendenaufruf für Katastrophenhilfe[106] (z. B. in einer Nachrichtensendung) und die Fernsehgala zu nennen. Beides kann – wie im Fall des Tsunami geschehen – auch miteinander kombiniert werden. Der Vorteil liegt darin, dass Journalisten direkt über eine Organisation und ihre Ziele berichten. So entstehen der Organisation keine Kosten, und die Zuschauer zappen – im Gegensatz zu einem Aufruf im werblichen Umfeld – nicht so schnell weg. Der Hauptnachteil der Erwähnung im redaktionellen Umfeld liegt in der Tatsache, dass es viele Journalisten ablehnen, die Vertriebskanäle der Organisation (Telefonnummer, Website oder Adresse) im redaktionellen Umfeld explizit zu nennen. Sie erachten dies als zu werblich. Interessierte Zuschauer müssen dann mehr Aufwand betreiben als vielen lieb ist, um an Informationen zu einer Organisation zu gelangen.

Gelingt es einer Organisation, im Zusammenhang mit einer aktuellen **Katastrophe** als Hilfsorganisation im Fernsehen genannt zu werden, und kommt es sogar zur Einblen-

---

[105] Vgl. Dussel, Konrad: Deutsche Rundfunkgeschichte, 3. Aufl., (UVK) Konstanz 2007, S. 44.
[106] Vgl. Roßbach, M., Trögner, A.: Spenden für Katastrophenhilfe. In: Fundraising-Akademie (Hrsg.) Fundraising – Handbuch für Grundlagen, Strategien und Methoden, 5. Aufl., Springer Gabler, Wiesbaden 2016, S. 632–647.

2.6 Kommunikationspolitik

dung ihrer Kontonummer, so ist ihr ein hoher Spendenbetrag sicher. Als Daumenregel galt in den 1990er Jahren: Eine Minute Sendezeit in der Tagesschau mit Einblendung des Spendenkontos erbringt eine Millionen Mark Spendeneinnahmen. Natürlich hat auch diese Medaille eine Kehrseite: Aufgrund der enormen Bedeutung der Medienpräsenz für das Fundraising, engagieren sich viele Organisationen verstärkt nur noch da, wo Medienpräsenz zu finden ist.

> **Beispiel**
> Im Rahmen der Flüchtlingskatastrophe in Ruanda schrumpfte im Lager Banako die Zahl der Hilfsorganisationen innerhalb weniger Wochen von 150 auf 20 zusammen, nachdem die internationalen Kamerateams nach Goma weitergezogen waren, obwohl die Zahl der Flüchtlinge und damit die Probleme in Banako weiter anstiegen.[107]

Auch hat sich immer wieder gezeigt, dass ein großer Teil der Katastrophenhilfespender lediglich zu einer einmaligen Spende aus spontaner Emotion bereit ist und sich nicht längerfristig für eine nachhaltige Unterstützung einer Organisation binden lässt. Allenfalls für eine erneute Katastrophe lassen sich diese Spender reaktivieren.

Für das Fundraising haben sich **Fernsehgalas** bewährt.[108] Wem es gelingt, seine Benefizsendung zur besten Sendezeit (Prime Time) in einem der wichtigen Fernsehsender zu platzieren, kann sich – trotz wachsender Konkurrenz und sog. Produktionskostenzuschüssen von bis zu einer Million Euro – auch Einnahmen in Millionenhöhe (fast) sicher sein. Allerdings nur bei entsprechend professioneller Vorbereitung. Vor allem dem Problem des reibungslosen Ablaufes des Zahlungsverkehrs muss sich die Organisation ausführlich widmen. Um den spontanen und situativ motivierten Spendenimpuls nicht dadurch zu verschleppen, dass sich der Zuschauer erst Tage später zu seiner Bank begeben muss, wird bei Fernsehgalas längst nicht mehr die Spendenkontonummer der Organisation, sondern die Nummer einer Telefon-Hotline (mehrfach während der Sendung) eingeblendet. Kommuniziert wird also der Vertriebskanal Telefon. Als Zahlungsverfahren (siehe Abschn. 2.4.7) wird am Telefon i. d. R. die SEPA-Lastschrift angeboten. Ebenfalls denkbar wäre, dass ein Spender am Telefon seine Kreditkartennummer übermittelt. Diese Variante bleibt in Deutschland jedoch nach wie vor weit hinter dem Lastschrifteinzug zurück. Der Flaschenhals bei der Abwicklung des Zahlungsverkehrs liegt bei der Anzahl der Telefonisten. Wenn während der Sendung u. U. mehrere tausend Spendenwillige gleichzeitig zum Hörer greifen, muss eine ausreichende Anzahl von Telefonisten zur Verfügung stehen. Eine zentrale Rolle spielt dabei die Kapazität und Leistungsfähigkeit der Telefon-Fundraising-Agentur.

---

[107] Vgl. Frankfurter Rundschau vom 07.12.1996, Nr. 286, S. 6.
[108] Vgl. Baumann, G.: Spendengalas. In: Fundraising-Akademie (Hrsg.) Fundraising – Handbuch für Grundlagen, Strategien und Methoden, 5. Aufl., Springer Gabler, Wiesbaden 2016, S. 754–759.

Negativ-Beispiel

Bei einer Hitparade mit *Dieter-Thomas Heck* zugunsten der Deutschen Welthungerhilfe im September 1996 wurden von den zugesagten 20 Mio. Mark nur zwei Millionen tatsächlich überwiesen. Die Welthungerhilfe hatte mit 200.000 Mark Investition zu stark gespart: 60 Telefonisten waren mit 70.000 Anrufen in vier Stunden hoffnungslos überfordert. Zwölf Sekunden pro Gespräch reichten gerade aus, Namen, Telefonnummer und Spende eines Bruchteils der Anrufer zu notieren. Wertvolle Spenden und Adressen wurden so „verschenkt". Zum Vergleich: Die ARD hatte ein Jahr zuvor bei einer ähnlichen Veranstaltung mit José Carreras zugunsten leukämiekranker Kinder 2500 Telefonisten eingesetzt, die Abbuchungsgenehmigungen in Höhe von 11 Mio. Mark erhielten.[109]

Im Idealfall erhält eine Organisation am Telefon also nicht nur die Bankverbindung und den Spendenbetrag, sondern auch gleich noch die Adresse des Spenders (für die Zusendung der Zuwendungsbestätigung, aber v. a. für den weiteren Aufbau eines Dialogs mit dem Spender) und andere wichtige Informationen. Als Dank für die Spendenzusage kann – auf Wunsch – der Name des Spenders während der laufenden Sendung in einer Laufleiste am unteren Bildrand genannt werden. Ein zusätzlicher Anreiz zum Spenden wird den Zuschauern dadurch gegeben, dass einzelne Anrufe von prominenten Studiogästen entgegengenommen werden. Eine Variante ist, unter Zuschauern, die mindestens 10 € gespendet haben, persönliche Gegenstände prominenter Gäste der Sendung zu verlosen. Fachleute sprechen bei dieser Kombination von Television und Telephone von **Telethon**. Wie die folgenden Beispiele belegen, können durch Fernseh-Galas bedeutende Beträge zusammenkommen:

- 1999 sammelten *ZDF* und *Stern* für die Aktion *Helft Russland* innerhalb kurzer Zeit 150 Mio. Mark.
- *BILD* und *ZDF* sammelten 2005 unter dem Motto „Wir wollen helfen – Ein Herz für Kinder" mehr als 40 Mio. € für die Opfer des Tsunami.

Sendezeiten sind daher hart umkämpft. Für Organisationen, die erstmals eine Fernsehgala durchführen wollen, besteht das zusätzlich Problem, dass mittlerweile fast alle großen Fernsehsender mit einer Hilfsorganisation oder einem Hilfsbündnis (z. B. *Aktion Deutschland Hilft (ADH)*, *Aktionsbündnis Katastrophenhilfe*, Bündnis Entwicklung Hilft oder *Gemeinsam für Afrika*) fest kooperieren. Dadurch kommen andere Organisationen kaum oder gar nicht mehr zum Zug. Ihnen bleibt dann nur noch, ihre Aufrufe nicht im redaktionellen sondern im werblichen Umfeld des Mediums zu platzieren. Selbst wenn dies mit (wo immer möglich, durch Fundraising reduzierten) Schaltungskosten verbunden ist, kann sich die Interessentengewinnung durch das spätere Upgrading zu (Dauer-)Spendern langfristig rechnen.

---

[109] Vgl. Müllerleile, Christoph: ZDF-Gala zu Gunsten der Welthungerhilfe – Statt 20 „nur" 2 Mio., in: BSM-Newsletter, Heft 4/1996, S. 10.

Im **werblichen Umfeld** sind es vor allem die größeren Organisationen (wie Kinderhilfswerke und Umweltorganisationen), die eigene TV-Spots schalten. In der Regel wird dem Zuschauer eine Dauerspende (z. B. in Form einer Fördermitgliedschaft oder Kinderpatenschaft) angeboten. Als Vertriebskanal wird v. a. der Telefon-Vertrieb (siehe Abschn. 2.5.4) kommuniziert. Im Rahmen eines **DRTV-Spot** (Direct Response TV-Spot) wird eine Telefonnummer eingeblendet, damit ein Interessent einfach und schnell reagieren, und telefonisch die Dauerspende kaufen kann.[110]

Alternativ kann als Vertriebskanal aber auch der Online-Vertrieb kommuniziert werden. Er ist zwar weniger bequem und in der Hauptzielgruppe 60+ nicht so stark verbreitet wie der Telefon-Vertrieb. Dafür lässt sich die Adresse einer Website in einem kurzen TV-Spot einfacher kommunizieren als eine Telefonnummer. Auch ist der Online-Vertrieb finanziell weniger aufwendig als der Telefon-Vertrieb, da keine Infrastruktur für die Inbound-Telefonie (siehe Abschn. 2.5.4.1) bereitgestellt werden muss.

> **Beispiel**
>
> Die Patenschaftsorganisation World Vision schaltet im Rahmen ihrer Kampagne „Da bist Du ja!" 2012 einen TV-Spot (30-Sekünder) mit der Moderatorin Sandra Voss als Testimonial auf *Pro Sieben*, *Sat 1* und *Kabel Eins*. Als Vertriebskanal wird der Online-Vertrieb kommuniziert.[111]

Die Kombination TV-Spot und Online-Vertrieb ist übrigens auch für kleinere Organisationen interessant.

> **Beispiel**
>
> Die *Stiftung Hänsel+Gretel* aus Karlsruhe kämpft gegen Kindesmissbrauch. In TV-Spots verweist sie Interessierte auf ihre Website. Diese TV-Spots stehen in der Mediathek auf der Website der Stiftung (Haensel-Gretel.de) zur Ansicht bereit.

2.6.4.2 Radiowerbung

Auch das Radio ist ein wichtiges Massenmedium für das Fundraising. Laut Arbeitsgemeinschaft Media-Analyse (agma) hörten im Jahr 2013 vier von fünf Deutschen (79,7 %) ab 10 Jahren an Werktagen Radio. Wie beim Fernsehen kann zwischen Kommunikation im redaktionellen und im werblichen Umfeld unterschieden werden. Im **redaktionellen Umfeld** sind viele, insbesondere regionale Sender gerade in der Vorweihnachtszeit bereit, im Rahmen von **Benefizsendungen** Spendenaufrufe für eine gute Sache auszustrahlen.

---

[110] Vgl. Künzer, L., Opitz, C.: DRTV. In: Fundraising-Akademie (Hrsg.) Fundraising – Handbuch für Grundlagen, Strategien und Methoden, 5. Aufl., Springer Gabler, Wiesbaden 2016, S. 760–764.
[111] Vgl. Horizont.net: „Da bist Du ja!": World Vision wirbt für Kinderpatenschaften, 15.10.2012.

> **Beispiel**
>
> Am 23.01.1985 stellen fast alle deutschen Radiosender im Rahmen eines „Tages für Afrika" den afrikanischen Kontinent in den Mittelpunkt ihrer Berichterstattung. Gemeinsame Spendenaufrufe führen zu Spenden in Höhe von ca. 100 Mio. DM zur Linderung der Hungersnot in Afrika.

Ermutigt durch diesen und ähnliche Erfolge, haben viele Radiosender das Fundraising längst auch als ein PR-Instrument in eigener Sache entdeckt und gründeten eigene Organisationen. Meist werden gegen eine Spendenzusage Wunschhits gespielt. Nicht immer kommen dabei wirklich hohe Beträge zusammen. Dafür können hier auch kleinere und nur regional sammelnde Organisationen zum Zug kommen. Gerade die größeren unter den etablierten Organisationen registrieren mit gemischten Gefühlen, dass ihnen auf diese Weise auch eine neue, mächtige Konkurrenz erwachsen ist.

> **Beispiele**
>
> - Der 1993 vom *Bayerischen Rundfunk (BR)* gegründete *Sternstunden e. V.* sammelte im Geschäftsjahr 2016 über 9,55 Mio. €.
> - Der 2011 vom *Südwestrundfunk (SWR)* gegründete *Herzenssache e. V.* sammelte im Geschäftsjahr 2016 über 2,8 Mio. €.
> - Der 1998 von 45 Lokalradios in Nordrhein-Westfalen gegründete „Aktion Lichtblicke e. V." sammelte im Geschäftsjahr 2016/2017 über 3,92 Mio. €.

▶ **Tipp für kleine Organisationen** Wenn der Sitz Ihrer Organisation in das Sendegebiet eines dieser Radiosender (oder anderer Sender mit ähnlichen Initiativen) fällt, bewerben Sie sich mit Ihren Projekten um Förderung durch diese Initiativen!

Neben der Kommunikation im redaktionellen Bereich eines Radiosenders kann eine Organisation auch im werblichen Umfeld kommunizieren. So können Spendenaufrufe in (bezahlten oder unbezahlten) **Radio-Spots** gesendet werden. Natürlich beginnt jeder Fundraiser mit dem Versuch, die Schaltungskosten für den Radio-Spot als Non-Cash-Assistance zu fundraisen. Sollte sich ein Radiosender darauf nicht einlassen wollen, ist durch Tests herauszufinden, ob die Kosten für den Spot in einem vernünftigen Verhältnis zu den damit generierten Fundraising-Erträgen stehen. Radio-Spots werden vor allem von den großen Kinderhilfswerke und Patenschaftsorganisationen eingesetzt. Dabei können sie durchaus auch für kleine Organisationen interessant sein.

> **Beispiele**
>
> - Die bereits erwähnte *Stiftung Hänsel+Gretel* setzt auch das Radio als Kommunikationskanal im Fundraising ein. Ebenso wie die TV-Spots, können die Radio-Spots auf der Website der Stiftung (Haensel-Gretel.de) angehört werden.

2.6 Kommunikationspolitik

- Dem Berliner Kinder- und Jugendzirkus *Cabuwazi* (cabuwazi.de) gelingt es, sowohl in einem gefundraisten Radio-Spot (geschaltet beim Regionalsender *Radio Paradiso*) als auch im „Berliner Fenster" in den U-Bahnen auf ihre jährliche Fundraising-Gala kostenlos hinweisen zu können.

Welche Vertriebskanäle sollte eine Organisation in ihrem Radio-Spot kommunizieren? Der Telefon-Vertrieb ist zwar günstig und bequem für einen (potenziellen) Spender, hat jedoch den Nachteil, dass man sich eine Telefonnummer merken muss. Da das Radio v. a. zur Entspannung gehört wird, dürften die allermeisten Hörer die nötige Aufmerksamkeit für das Merken einer Telefonnummer nicht aufbringen. Wenn eine Organisation nicht gerade über eine besonders einfach zu merkende Nummer verfügt, ist der Online-Vertrieb eine gute Alternative. Ein leicht einzuprägender Domain-Name kann – wenn er nicht sowieso schon existiert – leicht noch gefunden, gebucht und in einem Radio-Spot kommuniziert werden.

> **Beispiel**
> Die *Christoffel Blindenmission* kommuniziert den leicht zu merkenden Domain-Namen augenlicht-spenden.de, der auf die Homepage der Christoffel Blindenmission weiterleitet. Von dort aus kann leicht gespendet werden (siehe Abb. 2.129).

2.6.4.3 Kinowerbung

Spendenprodukte können auch mit Hilfe von **Kinowerbung** kommuniziert werden. Ziel muss sein, alle Kosten für die Konzeption, Erstellung und Schaltung eines Kino-Spots nach Möglichkeit zu fundraisen. Dies gelingt übrigens nicht nur den großen, national oder gar international tätigen, sondern immer wieder auch kleinen, regionalen Organisationen.

> **Beispiel**
> Die *Berliner Stadtmission* ruft 2013 in einem 30-sekündigen Kinospot zu Spenden zugunsten ihrer Kältehilfe auf. Die gesamte Produktion und Schaltung des Kino-Spots wurde gefundraist: vom Regisseur Robin von Hardenberg, über die Filmcrew von *omstudios Berlin*, bis zum Hauptdarsteller, dem ehemaligen Obdachlosen Guido Brück.

> ▶ **Tipp für kleine Organisationen** Produzieren Sie in Zusammenarbeit mit einer Filmhochschule einen kostengünstigen Spot und überzeugen Sie Kinos in Ihrer Stadt oder Region, kostenlose Schaltungen des Spots zu spenden!

Ähnlich wie beim Radio-Spot, sollte auch beim Kino-Spot in erster Linie der Online-Vertrieb kommuniziert werden. Für einen Kinobesucher ist es einfacher, sich einen eingängigen Domain-Namen zu merken als eine Telefonnummer. Zumal er ja auch nicht unmittelbar nach dem Spot, sondern erst im Anschluss an den Kinobesuch aktiv werden kann.

2.6.4.4 Printwerbung

Neben Fernsehen, Radio und Kino stellen auch die verschiedenen Printmedien, allen voran Zeitungen und Zeitschriften, wichtige Kommunikationskanäle für das Fundraising dar. Wieder kann versucht werden, Fundraising-Botschaften im redaktionellen oder werblichen Teil unterzubringen. **Redaktionelle Beiträge** mit Spendenaufruf lassen sich – ähnlich wie beim Radio – am besten im Rahmen der Weihnachtsaktionen von Tageszeitungen unterbringen.

> **Beispiel**
>
> Die Aktion *Ein Herz für Kinder* der *Bildzeitung* konnte 2016 über 18 Mio. € für Kinder und Familien sammeln, die in Deutschland oder im Ausland in Not geraten sind.

Neben der Kommunikation im redaktionellen Bereich kann eine gemeinwohlorientierte Organisation auch im **werblichen Umfeld** von Printmedien kommunizieren. Zur Auswahl stehen Fülleranzeigen, Anzeigen, Beilagen, Beihefter und Beikleber mit Spendenaufrufen.

Fülleranzeigen, auch Füllanzeigen genannt, sind Anzeigen, die von Printmedien kostenlos geschaltet werden (deshalb wird auch von Freianzeigen gesprochen), um unschöne Lücken auf Anzeigenseiten schließen zu können, die nicht an Werbekunden verkauft werden konnten. Gemeinwohlorientierte Organisationen stellen Printmedien vorbereitete, reprofähige Vorlagen für Fülleranzeigen unterschiedlichster Größen und Formen zur Verfügung, um Lücken unterschiedlichster Größen und Formen schließen zu können.

> **Beispiel**
>
> Die Kinderhilfsorganisation *Kindernothilfe* stellt interessierten Anzeigendisponenten von Printmedien die Druckvorlagen für ihre Fülleranzeigen in unterschiedlichen Größen und Formen auf ihrer Website zum Download zur Verfügung (siehe Abb. 2.96)

Damit die zuständigen Anzeigendisponenten der Printmedien vom Wunsch einer gemeinwohlorientierten Organisation erfahren, Freianzeigen zu schalten, werden die Verantwortlichen von den Organisationen online oder offline angeschrieben. Die Adressen der Verlage samt Ansprechpartner sind elektronisch erhältlich. Im Anschreiben wird dann auf die Download-Möglichkeit der reprofähigen Vorlagen für Fülleranzeigen auf der Website hingewiesen. Freianzeigen können für die Kommunikation aller Spendenprodukte eingesetzt werden: Einzelspenden (siehe Abschn. 2.1.3.2), Dauerspenden (siehe Abschn. 2.1.5.2), Großspenden, Testamentspenden (siehe Abschn. 2.1.7.3) und Mikrospenden (siehe Abschn. 2.3.3.1). Das Online-Pendant zur Freianzeige ist das Frei-Banner, das in verschiedenen Standardformaten ebenfalls auf der Website einer Organisation für Jedermann zum kostenlosen Download bereitstehen sollte (siehe Abschn. 2.7.2.2).

Neben kostenlosen Fülleranzeigen kann es für eine Organisation auch sinnvoll sein, bezahlte **Anzeigen** in Zeitungen und Zeitschriften zu schalten. Dies ist insbesondere in Zeitungen und Zeitschriften sinnvoll, deren Leserprofil (laut Mediaanalyse des jeweiligen

2.6 Kommunikationspolitik

Abb. 2.96 Druckvorlagen für Fülleranzeigen als Download auf Website. (Quelle: kindernothilfe.de/freianzeigen (Zugriff am 16.03.2018))

Printmediums) eine hohe Überschneidung mit dem Zielgruppenprofil der Spender der gemeinwohlorientierten Organisation aufweist. Auch wenn ein Fundraiser immer versuchen wird, Sonderkonditionen für die gemeinwohlorientierte Organisation auszuhandeln, kann eine einzige Schaltung einer solchen Anzeige – je nach Zeitung oder Zeitschrift – durchaus einen fünfstelligen Betrag kosten. Sie stellt daher eine nicht unerhebliche Investition dar, die sich für die betreffende Organisation über das spätere Upgrading der so gewonnenen Spender wieder auszahlen muss. Ob eine solch hohe Investition sinnvoll ist, muss im Zweifelsfall getestet werden. Große Organisationen schalten sogar noch dann Anzeigen in großen Publikumszeitschriften, wenn die Übereinstimmung von Leser- und Spenderprofil gar nicht so hoch ist – solange die Rabatte auf die Anzeigen nur hoch genug sind, um ein vernünftiges Aufwands-/Ertragsverhältnis erzielen zu können.

Beilagen sind ansprechend gestaltete Informationsbroschüren, Faltblätter oder Flyer, die darüber informieren, wie man eine Organisation (z. B. mit einer Kinderpatenschaft) unterstützen kann. Sie werden Zeitungen und Zeitschriften beigelegt, deren Zielgruppen eine möglichst starke Übereinstimmung mit den (Spender-)Zielgruppen der Organisation aufweisen.

> **Beispiel**
>
> Die Patenschaftsorganisation *World Vision* schaltet im Rahmen ihrer Kampagne „Da bist Du ja!" 2012 Beilagen in großen Fernsehmagazinen, klassischen Frauenzeitschriften und ausgewählten Special Interest Titeln.[112] Ziel ist der Online-Vertrieb von Kinderpatenschaften.

Wird ein Druckerzeugnis in der Zeitschrift nicht nur beigelegt sondern fest eingeheftet, spricht man von einem **Beihefter**. Meist ist eine adressierte Antwortkarte an die Organisation integriert, mit der ein Interessent i. d. R. eine Dauerspende (z. B. Kinderpatenschaft) per Postvertrieb kaufen kann. Wird nur eine Antwortkarte auf eine Anzeige der Organisation in einer Zeitschrift aufgespendet, spricht man von einem **Beikleber**.

> **Beispiel**
>
> Die Umweltschutzorganisation *Greenpeace* schaltet ganzseitige Anzeigen mit einer aufgespendeten Antwortkarte als Beikleber zum Postvertrieb von Fördermitgliedschaften (siehe Abb. 2.97).

Im Idealfall werden einem Interessenten zusätzliche Anreize für das Ausfüllen der Antwortkarte, beispielsweise in Form von Zusendung zusätzlichen Informationsmaterials geboten. Um die Schwelle für die Kontaktaufnahme möglichst niedrig zu halten, stellen viele Organisationen dem Interessenten frei, ob er die Antwortkarte frankieren möchte („Bitte frankieren, falls Marke zur Hand!"). Nähere Auskunft über Produktions- und Schaltkosten erhalten Organisationen in der Broschüre „Beilagen, Beihefter, Beikleber" der *Deutschen Post*. Selbstverständlich versucht ein guter Fundraiser, die Produktions- und Schaltkosten von Beilagen, Beiheftern und Beiklebern möglichst günstig oder besser noch gratis (also in Form von Non-cash Assistance) einzuwerben.

2.6.4.5 Außenwerbung

Spendenprodukte können auch mit Hilfe der **Außenwerbung** (englisch: Out-of-Home-Media) kommuniziert werden. Die Außenwerbung umfasst sämtliche Werbung, die im öffentlichen Raum stattfindet. Sie hat im Laufe der Zeit mit dem technischen Fortschritt sehr vielfältige Erscheinungsformen entwickelt:

- Schaufensterwerbung,
- Litfaßsäule,
- Großflächenplakat (auch: 18/1-Plakat),
- Mega-Lights bzw. City-Light-Boards (18/1),
- City-Light-Poster (4/1),
- Riesenposter auf Baugerüsten und Außenhausmauern (80–4000 m^2),
- Station-Infoscreen,

---

[112] Vgl. Horizont.net: „Da bist Du ja!": World Vision wirbt für Kinderpatenschaften, 15.10.2012.

2.6 Kommunikationspolitik

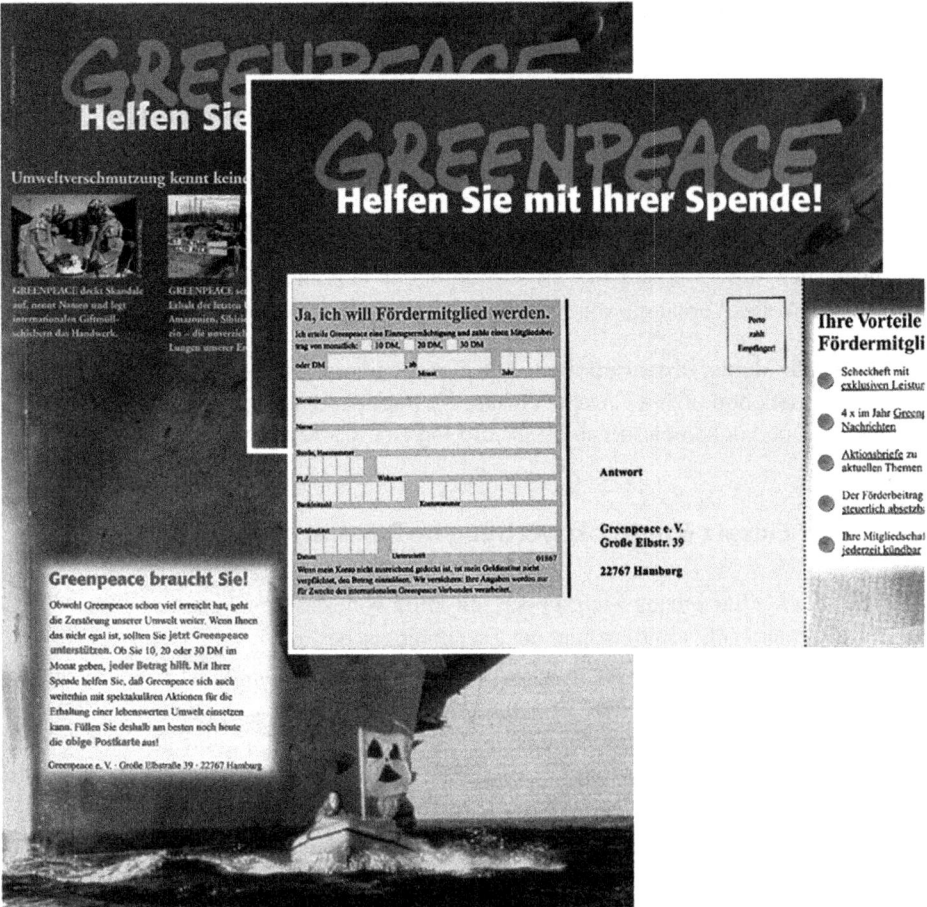

Abb. 2.97 Anzeige und aufgespendete Antwortkarte als Beikleber. (Quelle: Anzeige und Beikleber von *Greenpeace Deutschland*)

- Verkehrsmittelwerbung im Inneren und auf Außenflächen von Bussen, U-Bahnen (z. B. „Berliner Fenster"), Taxis, Zügen und LKW.
- Werbung auf Stadtmöbeln (z. B. Fahrgastunterstand, WC-Anlage, Altglassammelbehälter).

Je nach thematischem oder regionalem Bezug zu einer Organisation, kann jedes dieser Werbeinstrumente interessant für das Fundraising sein. Wie bei jedem anderen Kommunikationskanal, sollte auch bei der Außenwerbung versucht werden, alle Kosten für die Konzeption, Produktion und Schaltung von Außenwerbung (so weit wie möglich) zu fundraisen. Am ehesten ist dies möglich, wenn es gelingt, die wichtigsten Anbieter für

Außenwerbung (organisiert im *Fachverband für Außenwerbung*) als Unternehmenspartner (siehe Kap. 3) zu gewinnen (z. B. *Ströer, JCDecaux/Wall*).

> **Beispiel**
>
> Dem Berliner Kinder- und Jugendzirkus *Cabuwazi* gelingt es, im „Berliner Fenster" in den U-Bahnen auf seine jährliche Gala-Veranstaltung kostenlos hinweisen zu können.

Wenn die Außenwerbung bezahlt werden muss, ist im Einzelfall zu testen, welches Instrument der Außenwerbung in welcher Region für den Einsatz im Fundraising ein ökonomisch sinnvolles Verhältnis von Aufwand und Ertrag erzielen kann.

▶ **Tipp für kleine Organisationen** Auf plakat-verkauft.de können auch kleine Organisationen online einzelne Plakate für Ihre (Fundraising-)Kommunikation schnell und unkompliziert ab 13,90 € pro Tag (Stand 2017) buchen.

2.6.5 Der Einsatz von Direktwerbung im Fundraising

Während die Mediawerbung Zielgruppen mit Hilfe von Massenmedien nur unpersonalisiert ansprechen kann, ermöglichen neue technologische Entwicklungen ab den 1980er Jahren in einem nächsten Entwicklungsschritt die massenhafte *personalisierte* Ansprache von Zielgruppen. Mit Hilfe von (Personal) Computern und Textverarbeitungs-Software mit Serienbrieffunktion werden die technischen Voraussetzungen dafür geschaffen, eine Vielzahl von Menschen personalisiert und kostengünstig anschreiben zu können (siehe Abschn. 2.5.2). Bei der **Direktwerbung** wird der (potenzielle) Kunde bzw. (potenzielle) Spender persönlich adressiert, also direkt mit seinem Namen angesprochen. Dies erhöht seine Aufmerksamkeit für die Kommunikation erheblich. Ebenfalls in den 1980er Jahren beginnt die Verbreitung des (Tele-)Fax, mit dessen Hilfe die schriftliche, personalisierte Ansprache über die Telefonleitung ermöglicht wird.

Für die personalisierte (schriftliche) Kommunikation mit Zielgruppen wird anstelle des Begriffs „Direktwerbung" gerne auch der Begriff „Direktmarketing" bzw. „Direct Marketing" (synonym) verwendet. Dies erscheint unpräzise, umfasst der Marketing-Begriff doch wesentlich mehr als nur kommunikative Aspekte (insbesondere auch vertriebliche Aspekte). Da es in diesem Kapitel rein um kommunikative Aspekte geht, wird hier von Direktwerbung und nicht von Direktmarketing gesprochen. Typische Kommunikationskanäle der Direktwerbung sind das Mailing (siehe Abschn. 2.6.5.1), das Fax (siehe Abschn. 2.6.5.2) und (teilweise) die Hauswurfsendung (siehe Abschn. 2.6.5.3). Auch das E-Mail kann dazugerechnet werden, wird hier jedoch separat im Kontext des Online-Fundraising behandelt (siehe Abschn. 2.7). Aufgrund seiner offensichtlichen Vorteile (persönliche Ansprache, geringere Streuverluste etc.) hat sich der Anteil der Direktwerbung gegenüber dem der klassischen Werbung zwischen den 1980er und den 2000er Jahren ständig vergrößert – bis die Dialogwerbung (siehe Abschn. 2.6.6) und die Online-Werbung (siehe Abschn. 2.7.2) immer wichtiger wurden.

2.6.5.1 Briefwerbung (Mailing)

Das Mailing wurde bereits in Abschn. 2.5.2 (unter vertrieblichen Gesichtspunkten) vorgestellt. In der Praxis umfasst ein Mailing meistens beide Aspekte, den vertrieblichen und den kommunikativen Aspekt der Vermarktung von (Spenden-)Produkten. Selten wird ein Mailing aus rein kommunikativen Aspekten (ohne Beifügung eines Zahlscheines) mit Hinweis auf einen anderen Vertriebskanal als den Postvertrieb (z. B. auf den Online-Vertrieb) verschickt. Um das sowieso fällige Porto für ein Mailing optimal auszunutzen, legen Fundraiser praktisch jedem Mailing einen Zahlschein bei, und machen es so von einem reinen Kommunikations- auch zu einem Distributionskanal. Selbst Mailings mit Dankschreiben, (Jahres-)Zuwendungsbestätigungen und Jahresberichten werden i. d. R. Zahlscheine beigelegt.

In diesem Kapitel soll der Schwerpunkt daher auf die Frage gelegt werden, worauf bei einem Mailing aus **kommunikativer** Sicht zu achten ist. Oder anders gefragt: Wie muss ein Mailing gestaltet sein, um einen maximalen kommunikativen Effekt erzielen zu können? In der Regel besteht ein Mailing aus den folgenden Bestandteilen:

- Versandhülle (Briefumschlag),
- Anschreiben,
- Folder,
- Zahlschein (und ggf. weitere Response-Elemente),
- Zusätzlich kann einem Mailing ein Give-away beigelegt sein (siehe Abschn. 2.3.1.2).

Bei der **Versandhülle** ist aus kommunikativer Sicht auf Folgendes zu achten: Die Versandhülle ist so zu gestalten, dass ein angeschriebener (potenzieller) Spender angeregt wird, das Mailing überhaupt erst einmal zu öffnen. Dies ist nicht selbstverständlich. Laut des *GfK Direktmarketing Panels* wurde 2003 fast jeder sechste Spendenbrief ungeöffnet weggeschmissen. Die *Trash-Rate* lag bei 15,3 %. Durch folgende Maßnahmen kann die Trash-Rate gesenkt werden:

- Auf die Versandhülle werden (im Rahmen der Vorschriften der Post) Bild- und/oder Textelemente aufgedruckt, die die Aufmerksamkeit des Angeschriebenen erregen. Man spricht von einem Teaser (englisch: Aufmerksamkeitserreger). Ein Beispiel liefert Abb. 2.98.
- Als Absender wird nicht nur die Organisation als Institution genannt, sondern auch eine Person als Ansprechpartner (z. B. Geschäftsführer, Vorstand, Fundraiser, Projektleiter).
- Die Versandhülle sollte so wenig wie möglich nach Massenaussendung aussehen. Ist es bei kleineren Auflagen möglich, eine echte Briefmarke zu verwenden oder gar die Adresse von Hand zu schreiben, so erhöht dies die Aufmerksamkeit erheblich!
- Die Versandhülle verfügt über ein Fenster, durch das man ein beigelegtes Give-away (z. B. Adressaufkleber mit dem Namen des Angeschriebenen) sehen kann (siehe Abb. 2.99).

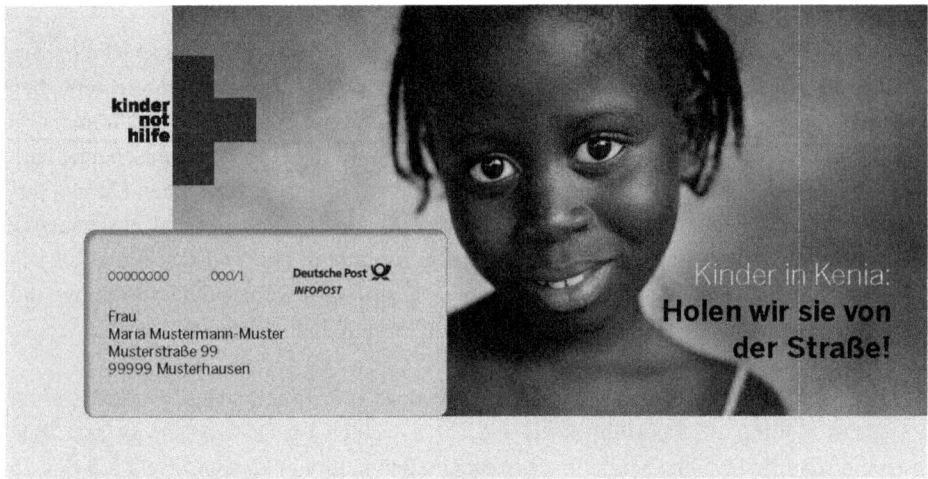

Abb. 2.98 Versandhülle mit Teaser. (Quelle: Mailing der *Kindernothilfe*)

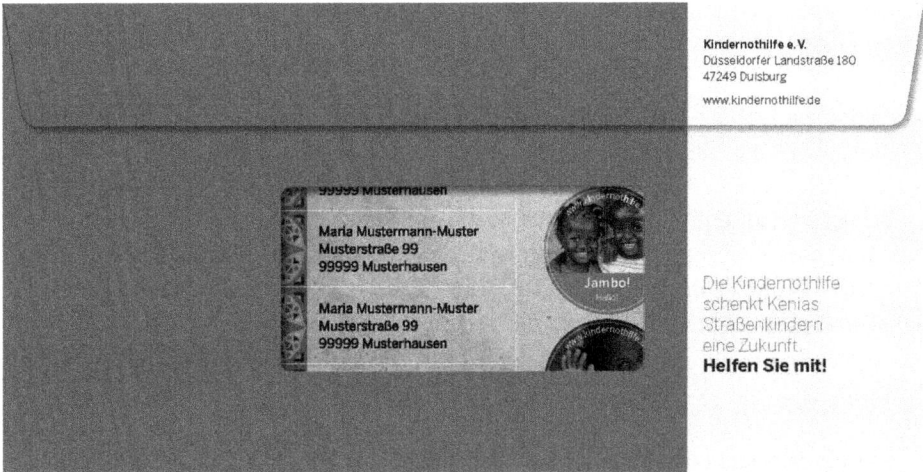

Abb. 2.99 Versandhülle mit Fenster und Give-away. (Quelle: Mailing der *Kindernothilfe*)

Wird die Versandhülle geöffnet, so sehen sich die meisten Angeschriebenen zunächst das **Anschreiben** näher an. Innerhalb weniger Sekunden entscheidet der Angeschriebene durch „Überfliegen", ob er den Aufwand betreiben möchte, das gesamte Anschreiben durchzulesen. Analysen mit Augenkameras zeigen, dass nur die wenigsten Anschreiben (und erst recht die anderen Mailing-Bestandteile) komplett durchgelesen werden. Bevor ein Anschreiben formuliert wird, sollte folgendes Zitat von *Marie von Ebner-Eschenbach* bedacht werden: „Überlege einmal, bevor Du gibst, zweimal bevor Du annimmst, und tausendmal bevor Du verlangst und forderst!" Aus kommunikativer Sicht ist bei einem Anschreiben ferner auf Folgendes zu achten (Beispiel siehe Abb. 2.100):

2.6 Kommunikationspolitik

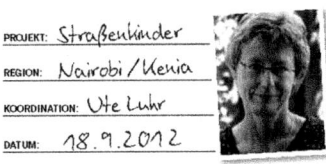

PROJEKT: Straßenkinder
REGION: Nairobi / Kenia
KOORDINATION: Ute Luhr
DATUM: 18.9.2012

00000000   000/1   **Deutsche Post**
                     INFOPOST

Frau
Maria Mustermann-Muster
Musterstraße 99
99999 Musterhausen

Kindernothilfe e.V.
Düsseldorfer Landstraße 180
47249 Duisburg

Telefon 0203.7789-111
E-Mail: info@kindernothilfe.de

www.kindernothilfe.de

**Kenias Straßenkindern können wir helfen –
helfen Sie bitte mit!**

Sehr geehrte Frau Mustermann-Muster,

ging es Ihnen auch so? Fühlten Sie sich seltsam in Bann gezogen vom Blick des Kindes, das Sie vom Umschlag dieses Briefs ansah? Auf meinen Besuchen vor Ort begegne ich diesem Blick sehr oft – in den Augen von kenianischen Straßenkindern.

Die Kinder schauen einen mit einer Wachheit, Klugheit und so zuversichtlichen Erwartung an, dass ich weiß: Sie von der Straße zu holen und zu fördern, ist genau das Richtige. Nicht nur für das Kind, sondern für die Entwicklung des ganzen Landes!

Wir müssen uns vor Augen halten: Es sind Kinder. Schutzbedürftige Wesen, die aus welchem Grund auch immer plötzlich ganz auf sich allein gestellt sind. Sie kämpfen sich durch einen Alltag, in dem sie Hunger, Gewalt und Missbrauch schutzlos ausgeliefert sind.

Doch wir können helfen! Die Kindernothilfe setzt sich schon seit 1959 für die benachteiligten Kinder dieser Welt ein. Gemeinsam mit unserem kenianischen Partner, der Undugu Society, betreiben wir sehr erfolgreiche Straßenkinderprojekte. Hier bekommen Kinder ein Dach über den Kopf und werden mit Nahrung, Kleidung, Medizin versorgt. Und noch viel mehr: Hier werden sie auf ein eigenständiges Leben vorbereitet. Denn sie können zur Schule gehen oder eine berufliche Förderung erhalten.

All das kostet natürlich Geld. Und aus diesem Grund schreibe ich Ihnen heute. Bitte unterstützen Sie unser Straßenkinderprojekt! Ihre Spende hilft ganz konkret, aus Straßenkindern gesunde, lebenstüchtige Menschen zu machen, die die Entwicklung Kenias vorantreiben können. Nutzen Sie doch gleich den Überweisungsschein, den ich Ihnen beigelegt habe.

Ich danke Ihnen herzlich im Namen der Kinder,
Ihre

Ute Luhr

PS: Schon mit 60 Euro können wir ein kleines Mädchen wie das auf dem Umschlag ein ganzes Jahr lang zur Schule schicken!

Abb. 2.100 Mailing-Bestandteil Anschreiben. (Quelle: Mailing der *Kindernothilfe*)

- Ein Foto des Absenders zeigt dem Angeschriebenen, wer ihn anschreibt. Menschen möchten mit Menschen kommunizieren, nicht mit Institutionen! Absender sollte sein, wer den besten Bezug zum Angeschriebenen oder dem Thema des Mailings hat. Infrage kommen Geschäftsführung, Fundraiser, Projektleiter oder ein engagierter Prominenter, der großes Vertrauen (in der Zielgruppe der Angeschriebenen) genießt.
- Fassen Sie in einer Headline zusammen, worum es Ihnen geht!
- Sprechen Sie den Angeschriebenen in der Anrede mit seinem Namen an! Gegenbeispiel: „Liebe Freunde!"
- Schreiben Sie in der Ich-Form! Beispiel: „Ich danke Ihnen im Namen der Kinder!"
- Schreiben Sie wie Sie sprechen würden – nicht zu formal, nicht in Fachsprache und schon gar nicht in Amtsdeutsch! Ein Anschreiben kann nie so gut wie ein persönliches Gespräch sein. Es sollte jedoch versuchen, sich an einer persönlichen Ansprache so gut wie möglich zu orientieren!
- Der erste Satz muss leicht verstanden werden und das Interesse wecken, weiterzulesen. Erzählen Sie die Geschichte eines einzelnen Betroffenen (Storytelling, siehe Abschn. 2.6.11) statt auf das Leid Tausender hinzuweisen!
- Schreiben Sie über Menschen, nicht über abstrakte Konzepte! Ein wichtiger Fundraising-Grundsatz lautet: „People give to people, not to organisations!"
- Leiten Sie von der Geschichte eines Einzelnen zum Ganzen über!
- Benennen Sie nicht nur das Problem, sondern zeigen Sie auf, wie es mit Hilfe einer Spende gelöst werden kann! Spender wollen nicht Teil des Problems, sondern Teil der Lösung sein!
- Stärken Sie das „Wir-Gefühl" beim Spender indem Sie schreiben: „Wir bewirken gemeinsam" statt „Sie geben Geld, wir helfen"! Spender wollen dazugehören und nicht nur Außenstehende sein.
- Sprechen Sie nicht nur den Intellekt, sondern auch die Emotionen des Angeschriebenen an!
- Unterstreichen Sie die wichtigsten Textpassagen, damit beim „Überfliegen" das Wesentliche verstanden werden kann!
- Fordern Sie zu einer konkreten Handlung auf (Call-to-Action)! Bitten Sie klar und selbstbewusst – nicht versteckt oder gar verschämt – um Unterstützung! Beispiel: „Kenias Straßenkinder können wir helfen – helfen Sie bitte mit!"
- Beschränken Sie sich im Anschreiben auf nur eine Seite! Komplexere Zusammenhänge können nicht in einem Anschreiben erläutert werden. Verweisen Sie auf den beiliegenden Folder!
- Geben Sie Ihren (potenziellen) Spendern mit Hilfe einer Shopping-List (siehe Abschn. 2.4.1.1) Orientierung, welche Hilfe mit welchen Spendenhöhen geleistet werden kann (siehe Abb. 2.101)!
- Drucken Sie die Unterschrift auf Ihrem Anschreiben in blauer Farbe um die Ansprache möglichst persönlich zu gestalten! Bei kleinen Auflagen ist freilich noch besser, manuell zu unterschreiben und vielleicht sogar die Anrede manuell zu ergänzen.

2.6 Kommunikationspolitik

Abb. 2.101 Mailing-Bestandteil Folder. (Quelle: Mailing der *Kindernothilfe*)

- Nutzen Sie das Postskriptum (P.S.) Ihres Anschreibens für wichtige Hinweise! Es wird mit hoher Wahrscheinlichkeit gelesen – selbst wenn der Rest des Anschreibens nur überflogen wird.

Neben Versandhülle und Anschreiben gehört zu einem Mailing auch ein **Folder**, in dem ausführlicher als im Anschreiben über zu finanzierende Projekte oder bereits erzielte Erfolge informiert werden kann (Beispiel: Siehe Abb. 2.101). Meist wird ein Folder gewählt, dessen Gewicht das Gesamtgewicht des Mailings unter 20 g belässt, um in der günstigsten Portoklasse verbleiben zu können. Anstelle eines Folders können Mailings aber auch mit regelmäßigen Informationen in Form eines Newsletters oder gar einer Zeitschrift bestückt sein. Auf jeden Fall sollte sich Format, Papierqualität, Umfang, Sprache, Bild-Text-Verhältnis und Schriftgröße des Folders einerseits am Budget der Organisation und andererseits am Leseverhalten der angeschriebenen Zielgruppe orientieren.

Letzter und sehr wichtiger Bestandteil eines Mailings ist der **Zahlschein**, in der Schweiz Einzahlungsschein genannt (siehe Abschn. 2.4.7.9), mit dessen Hilfe ein Angeschriebener einfach und bequem spenden kann. Bei einem Mailing in kleiner Auflage stellt die Hausbank (kostenlos) entsprechend vorbereitete Zahlscheine zur Verfügung. Bei einem Mailing in größerer Auflage wird die Produktion des Zahlscheins mit der Produktion des Anschreibens verknüpft. Druck und Laserbeschriftung von Anschreiben und Zahlschein erfolgen dann in einem Produktionsschritt. Anschließend werden die beiden gemeinsam produzierten Mailing-Bestandteile in einem maschinellen Prozess geschnitten, gefalzt und couvertiert. Wichtig ist, dass der Zahlschein den Gewichtsanforderungen der maschinellen Belegerfassung durch die Banken genügt. Auch muss am Zahlschein ein Hinweis auf den Freistellungsbescheid des für die Organisation zuständigen Finanzamtes hängen. Setzt eine Organisation die Multifunktionale Kontonummer der *BFS* ein (siehe Abschn. 2.4.7.2), ist die Laserbeschriftung des Zahlscheins entsprechend vorzubereiten. Zusätzlich zum Zahlschein werden (wenn das Gesamtgewicht des Mailings dies noch hergibt) einem Mailing oft noch **weitere Response-Elemente** beigelegt. Gerne eingesetzt wird ein Response-Element, mit dem der Angeschriebene einfach und bequem Dauerspender werden kann.

2.6.5.2 Faxwerbung

Der wichtigste Kommunikationskanal für die personalisierte Ansprache im Rahmen der Direktwerbung ist unbestritten das Mailing. Die werbliche Ansprache über Fax spielt im Fundraising praktisch keine Rolle. Es gibt jedoch interessante Ausnahmen.

> **Beispiel**
>
> Die Patenschaftsorganisation *Child Fund* kontaktierte ihre Spender per Fax mit der (ungewöhnlichen) Bitte, durch Spenden dazu beizutragen, den Verwaltungskostenanteil der Organisation auf einem niedrigen Niveau halten zu können. Entgegen aller fachlichen Bedenken, wurde diese ungewöhnliche Ansprache gut aufgenommen und zu einem Erfolg.

2.6.5.3 Hauswurfsendung

Eine **Hauswurfsendung** ist eine unverlangte Massenmitteilung, die zu werblichen Zwecken in die Briefkästen bestimmter Haushalte geworfen wird. Die Zustellung kann von spezialisierten Dienstleistern oder freiwilligen Helfern durchgeführt werden. Erfolg die Zustellung durch die *Deutsche Post*, wird von einer Postwurfsendung gesprochen. Im Gegensatz zu einem personalisierten Brief bzw. Mailing ist die Postwurfsendung entweder gar nicht adressiert oder nur teiladressiert („An die Bewohner der Musterstr. 4") (Postwurfspezial). Wenn überhaupt, kann nur Postwurfspezial der Direktwerbung zugerechnet werden.

> **Beispiel**
>
> Eine Organisation lässt einen Brief als unadressierte Hauswurfsendung verteilen (siehe Abb. 2.102). Der fehlende Absender und eine aufgespendete 1-Cent-Münze als Teaser sind starke Anreize, die Briefhülle zu öffnen. Die Trash-Rate dürfte sehr gering gewesen sein.

Die **Vorteile** der Postwurfsendung liegen in genau definierbaren Selektionskriterien (Alter, Kaufkraft etc.), Verteilgebieten und Streuzeitpunkten sowie einem niedrigen Preis. Mit 90 € für die Zustellung an 1000 Haushalte (oder 0,09 € pro Haushalt) für eine nichtadressierte Postwurfsendung bis 20 g, liegt die Postwurfsendung deutlich unter dem Porto für ein Mailing. Zum anderen können mit bis zu 34 Mio. Haushalten und 1 Mio. Postfachnutzer fast alle Haushalte in Deutschland erreicht werden. **Nachteil**: Aufgrund der fehlenden personalisierten Ansprache erzielt die Postwurfsendung jedoch nur eine geringere Aufmerksamkeitswirkung als ein Mailing.

Abb. 2.102 Nicht adressierte Postwurfsendung mit Teaser. (Quelle: Eigenes Foto)

Beispiel
Eine größere deutsche Organisation betreibt Neuspendergewinnung mit Hilfe von Postwurfspezial. Im Jahr 2010 erzielte sie bei einer Auflage von 200.000 Stück eine Response-Quote von 0,35 % (Kostendeckung: 71 %). Im Jahr 2011 erzielte sie bei einer Auflage von 500.000 Stück eine Response-Quote von 0,24 % (Kostendeckung: 62 %). Im Jahr 2012 erzielte sie bei einer Auflage von 600.000 Stück eine Response-Quote von 0,22 % (Kostendeckung: 47 %).

2.6.6 Der Einsatz von Dialogwerbung im Fundraising

Historisch gesehen, konnte die Direktwerbung ab den 1980er Jahren Zielgruppen zwar personalisiert ansprechen. Der angestrebte Dialog beschränkte sich zunächst jedoch auf eine schwerfällige schriftliche Form: So umfasste beispielsweise ein personalisiertes Mailing ein Response-Element, das eine schriftliche Reaktion ermöglichte (z. B. mit Hilfe einer Antwortkarte). Mit dieser Antwortkarte konnte (wiederum schriftlich) weiteres Informationsmaterial angefordert werden. Das angeforderte Informationsmaterial lieferte die benötigten Informationen dann erneut schriftlich. Der echte und unmittelbare dialogische Austausch zwischen Unternehmen und Kunden, bzw. hier zwischen Organisation und Spender, als Grundlage der **Dialogwerbung**, wurde in der Breite erst ab den 2000er Jahren durch die rasanten Entwicklungen in Internet und Telefonie möglich. Entsprechend nannte sich der *Deutsche Direktmarketing Verband* 2008 in *Deutscher Dialogmarketing Verband (DDV)* um. Heute sieht der *DDV* im Dialogmarketing den „Oberbegriff für alle

Marketingaktivitäten, bei denen Medien mit der Absicht eingesetzt werden, eine interaktive Beziehung zu Individuen herzustellen. Ziel ist es dabei, den Empfänger zu einer individuellen, messbaren Reaktion (Response) zu veranlassen."[113] Wollte man innerhalb des umfassenden Dialogmarketingbegriffs nur den kommunikativen Teilaspekt behandeln, so müsste man konsequenterweise von „Dialogkommunikation" bzw. „Dialogwerbung" sprechen. Nicht zuletzt aufgrund seiner höheren Kosten (im Verhältnis zur Media- und Direktwerbung), wird der Dialog in der Praxis jedoch kaum als reiner Kommunikationskanal, sondern als kombinierter Kommunikations- und Vertriebskanal eingesetzt. Eigene Ausführungen zum Kommunikationsaspekt des Dialogs machen deshalb an dieser Stelle keinen Sinn. Stattdessen wird auf die jeweiligen Ausführungen zum Vertriebsaspekt in den Abschnitten zum Online-Vertrieb (Abschn. 2.5.3), Telefonvertrieb (Abschn. 2.5.4) und persönlicher Vertrieb (Abschn. 2.5.5) verwiesen.

2.6.7 Der Einsatz eigener Kommunikationskanäle im Fundraising

Die Nutzung von Kommunikationskanälen der Mediawerbung, Direktwerbung und Dialogwerbung kann – je nach anzusprechender Zielgruppe – also auch im Fundraising sinnvoll sein – selbst wenn dafür bezahlt werden muss. Noch naheliegender ist jedoch, zunächst einmal diejenigen eigenen Kommunikationskanäle für das Fundraising zu nutzen, über die eine gemeinwohlorientierte Organisation selber verfügen kann. Viele, gerade mittlere und größere Organisationen haben im Laufe der Zeit zahlreiche Kommunikationskanäle zu ihren unterschiedlichen Stakeholder-Gruppen entwickelt, die auch für das Fundraising gut genutzt werden könnten. So kann beispielsweise offline in **Zeitschriften** für Mitarbeiter, Ehrenamtliche, Spender, Mitglieder, Klienten und Angehörige ebenso auf Einzel-, Dauer-, Groß-, Testament-, Anlass- und Mikrospenden (redaktionell oder werblich) hingewiesen werden, wie in **Flyern**, **Broschüren** und **Jahresberichten**, oder auf **Plakaten**, **Visitenkarten** und **Briefpapier**. Analog können online die **Website**, **Social Media Sites**, das **Intranet** einer Organisation, **E-Newsletter**, und ein **Banner** in der **E-Mail-Signatur** aller (haupt- und ehrenamtlichen) Mitarbeiter für das Fundraising genutzt werden.

Beispiel

In den E-Mails der Mitarbeiter der Kinderhilfsorganisation *Plan International* wird in der Signatur die Möglichkeit der Übernahme einer Kinderpatenschaft kommuniziert (siehe Abb. 2.103).

Obwohl die kostenlose Nutzung der eigenen Kommunikationskanäle für das Fundraising naheliegend ist, ist sie innerhalb so mancher gemeinwohlorientierter Organisationen durchaus umstritten. So empfinden sie beispielsweise Redakteure hauseigener Zeit-

---
[113] ddv.de/Branche.html (Zugriff am 05.12.2017).

2.6 Kommunikationspolitik

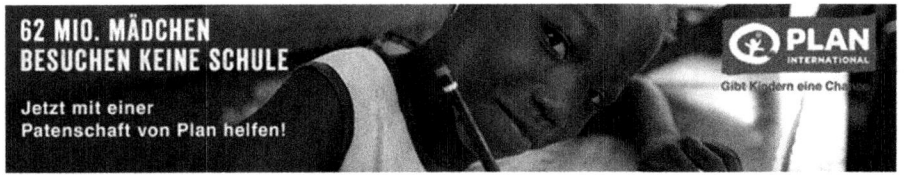

E-mails von Plan Deutschland sind auf Viren geprueft. Wir danken Trend Micro fuer die kostenlose Bereitstellung der Software.

Abb. 2.103 Kommunikation der Kinderpatenschaft über ein Banner in der E-Mail-Signatur der Mitarbeiter. (Quelle: Signatur in E-Mail der Mitarbeiter von *Plan International*)

schriften als zu werblich, und damit nicht ihren hehren journalistischen Ansprüchen genügend. Hier muss das Gespräch gesucht und Überzeugungsarbeit geleistet werden.

2.6.8 Nutzung der Kommunikationskanäle von (Unternehmens-)Partnern

So wie das Potenzial eigener Kommunikationskanäle von gemeinwohlorientierten Organisationen wird von Fundraisern auch gerne das Potenzial der Kommunikationskanäle ihrer (Unternehmens-)Partner übersehen. Im Rahmen der Vertriebspolitik wurde bereits angeregt, (Unternehmens-)Partner auf die Möglichkeit anzusprechen, deren Vertriebskanäle für den eigenen Vertrieb von Spendenprodukten zugunsten der Organisation (mit-)nutzen zu dürfen (siehe Abschn. 2.5.6). Für den (Unternehmens-)Partner umgekehrt eine kostengünstige Möglichkeit, die Wahrnehmung seiner CSR (siehe Abschn. 3.1) dokumentieren zu können. Analog ist denkbar, (Unternehmens-)Partner auf die Möglichkeit anzusprechen, deren Kommunikationskanäle (Huckepack) für die Kommunikation von Spendenprodukten oder die Organisation als Ganzes (mit-)nutzen zu dürfen.

Beispiele
- Der Schokoladenhersteller *Alfred Ritter GmbH & Co. KG* und das Kinderhilfswerk *UNICEF* starten 2005 das gemeinsame „Schulprojekt für Afrika". Im Rahmen der Cause-Related-Marketing-Aktion (siehe Abschn. 3.2.4) spendet *Ritter* pro 100 g verkaufter Ritter Sport Quadrago Schokolade 1,4 Cent für Schulmaterialen für Kinder in Afrika. Unabhängig vom Abverkauf werden mindestens 220.000 € gespendet, von denen Schulsachen für 22.000 Kinder in Afrika für zwei Jahre gekauft werden können. *Ritter* kommuniziert das gemeinsame Projekt insbesondere im Rahmen aufwendiger Mediawerbung (TV und Print) und auf seiner Website. Da *UNICEF* stets mitkommuniziert wird, nutzt *UNICEF* die von *Ritter* finanzierten Kommunikationskanäle Huckepack mit.

- Zusätzlich zu seinen Unternehmensspenden ermöglicht der Elektrokonzern *SIEMENS* in der Vorweihnachtszeit dem Kinderhilfswerk *UNICEF* im *SIEMENS*-Intranet gegenüber *SIEMENS*-Mitarbeitern für Dauerspenden zugunsten von UNICEF zu werben.

Ebenso können (Unternehmens-)Partner gebeten werden, neben ihren Offline- auch ihre Online-Kommunikationskanäle für die Kommunikation von Spendenprodukten oder die Organisation als Ganzes (mit-)nutzen zu dürfen (siehe Abschn. 2.7.2.4).

2.6.9 Integrierte Multi-Channel-Kommunikation im Fundraising

Im Idealfall können unter den oben beschriebenen Kommunikationskanälen (und den in Abschn. 2.7 noch vorzustellenden Kommunikationskanälen im Internet) alle diejenigen genutzt werden, deren Einsatz durch Tests für ökonomisch sinnvoll befunden wurden, die (Spender-)Zielgruppe zu erreichen. Ökonomisch sinnvoll sind alle Kommunikationskanäle, die – im Zusammenspiel mit den Vertriebskanälen (siehe Abschn. 2.5) – für ein mindestens angemessenes Aufwand-Ertrags-Verhältnis bei der Gewinnung, Bindung und Rückgewinnung von Spendern auf den verschiedenen Stufen der Spenderpyramide sorgen. Aufgrund der Vielzahl an Kombinationsmöglichkeiten einer ständig wachsenden Anzahl von Vertriebs- und Kommunikationskanälen (siehe Abb. 2.104) für eine ständig wachsende Anzahl von Spendenprodukten, ist es wichtig, am Ende zu einem **integrierten Multi-Channel-Fundraising** zu gelangen, dem es bei aller Komplexität noch gelingt, Synergien für eine optimale Gesamtwirkung der Kommunikation zu erzielen. Im Sinne des Omni-Channel-Marketing wirklich auf *allen* verfügbaren Kommunikations- und Vertriebskanälen präsent zu sein, ist für gemeinwohlorientierte Organisationen i. d. R. jedoch aus finanziellen Gründen nicht möglich.[114]

Nur der Prozess des Multi-Channel-Fundraising wird oftmals alleine schon durch unterschiedliche personelle Zuständigkeiten für die verschiedenen Bereiche der Kommunikation erschwert. Je nach Größe einer Organisation muss die Integration in langwierigen Abstimmungsprozessen über verschiedene Abteilungen (z. B. Fundraising, Öffentlichkeitsarbeit, Online, Campaigning) und manchmal sogar über verschiedene föderale Strukturen (Bundes-, Landes-, Bezirks- und Kreisverband sowie Ortsverein, siehe Abschn. 6.2.4.6) hinweg geleistet werden. Hinzu kommen noch Abstimmungen mit externen Dienstleistern. Ohne diesen Integrationsprozess würde es einer Organisation immer weniger gelingen, in unserer heutigen Informationsflut von ihrer Zielgruppe überhaupt noch wahrgenommen zu werden. Der Integrationsprozess verlangt von allen Beteiligten hohe Kooperationsbereitschaft, die dauerhaft zu erhalten ist.

---

[114] Vgl. Fischer, K.: Multi-Channel-Fundraising. In: Fundraising-Akademie (Hrsg.) Fundraising – Handbuch für Grundlagen, Strategien und Methoden, 5. Aufl., Springer Gabler, Wiesbaden 2016, S. 801–810.

2.6 Kommunikationspolitik

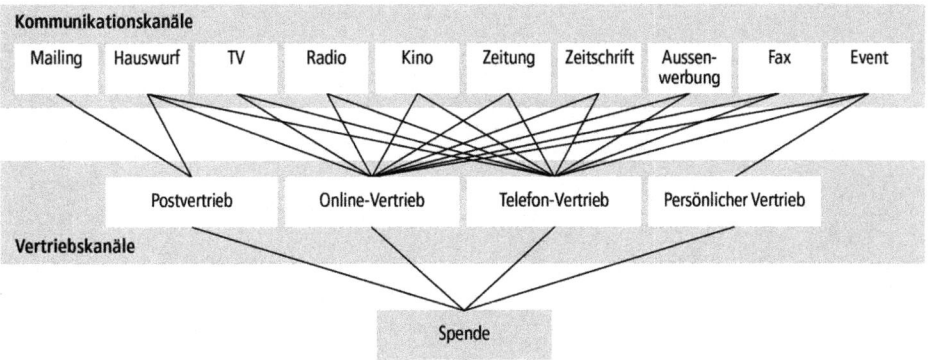

Abb. 2.104 Integriertes Multi-Channel-Fundraising (Offline). (Quelle: Eigene Abbildung)

> **Beispiel**
> Um die Zielgruppe(n) potenzieller Kinderpaten möglichst umfassend im Sinne des Multi-Channel-Fundraising erreichen zu können, kommuniziert die Kinderhilfsorganisation *Plan International* mit Unterstützung von Prominenten (siehe Abschn. 2.6.12) parallel über mehrere (Offline- und Online-)Kommunikationskanäle den Online-Vertrieb (und teileweise auch den Telefon-Vertrieb) mit dem Call-to-Action „Jetzt Pate werden!":

- *Fernsehwerbung*: TV-Spot „Gewalt gegen Mädchen stoppen – mit einer Patenschaft von Plan" (siehe Abb. 2.105) (kann auch auf YouTube angesehen werden),
- *Printwerbung*: Fülleranzeigen (siehe Abb. 2.106) und *Beileger* in Zeitschriften (siehe Abb. 2.107 und 2.108) (u. a. in *Brigitte*, *Feinschmecker* und *SPIEGEL*).
- *Außenwerbung*: *City-Light-Poster* (siehe Abb. 2.109), *Großflächenplakat* (siehe Abb. 2.110) und *Stadtmöbel* (siehe Abb. 2.111),

Abb. 2.105 TV-Spot zur Kommunikation der Kinderpatenschaft von Plan International. (Quelle: *Plan International*)

Abb. 2.106 Fülleranzeige zur Kommunikation der Kinderpatenschaft von *Plan International*. (Quelle: Plan International)

Abb. 2.107 Beileger zur Kommunikation der Kinderpatenschaft von *Plan International* (Vorderseite). (Quelle: Plan International)

Abb. 2.108 Beileger zur Kommunikation der Kinderpatenschaft von *Plan International* (Rückseite). (Quelle: Plan International)

2.6 Kommunikationspolitik

Abb. 2.109 City-Light-Poster zur Kommunikation der Kinderpatenschaft von *Plan International*. (Quelle: Plan International)

Abb. 2.110 Großflächenplakat zur Kommunikation der Kinderpatenschaft von *Plan International*. (Quelle: Eigene Abbildung)

Abb. 2.111 Plakatierung von Stadtmöbel (Bushaltestelle) zur Kommunikation der Kinderpatenschaft von *Plan International*. (Quelle: Eigene Abbildung)

Abb. 2.112 Mailing (Briefhülle) zur Kommunikation der Kinderpatenschaft von *Plan International*. (Quelle: Plan International)

Abb. 2.113 Mailing (Anschreiben) zur Kommunikation der Kinderpatenschaft von *Plan International*. (Quelle: Plan International)

Abb. 2.114 Mailing (Give-Away) zur Kommunikation der Kinderpatenschaft von *Plan International*. (Quelle: Plan International)

- *Direktwerbung*: *Mailing* bestehend aus *Briefhülle* (siehe Abb. 2.112), *Anschreiben* (siehe Abb. 2.113), *Give-Away* (siehe Abb. 2.114), *Flyer* (siehe Abb. 2.115 und 2.116), *Response-Element* (siehe Abb. 2.117 und 2.118) und einem *Response-Umschlag* (siehe Abb. 2.119).
- *Eigene Kommunikationskanäle*: *Werbebanner* in der Signatur der E-Mails hauptamtlicher Mitarbeiter von Plan (siehe Abb. 2.103),
- *Internet*: *Homepage* (siehe Abb. 2.120), *Landing-Page* (siehe Abb. 2.121), *Display-Marketing* (siehe Abschn. 2.7.2.2 und Abb. 2.122) sowie *Facebook-Werbung* (siehe Abb. 2.123).

Abb. 2.115 Mailing (Flyer, Vorderseite) zur Kommunikation der Kinderpatenschaft von *Plan International*. (Quelle: Plan International)

Viele Mädchen werden Opfer von Gewalt.

Gewalt gegen Mädchen ist in vielen Entwicklungsländern trauriger Alltag. Die Ursache liegt in der anhaltenden **Diskriminierung**. Denn die Ablehnung von Mädchen ist noch immer weit verbreitet. Sie werden in einigen Kulturen direkt **nach der Geburt getötet**, werden **zwangsverheiratet** oder müssen qualvolle **Beschneidungspraktiken** ertragen. Rund 120 Millionen Mädchen weltweit erfahren **sexuelle Gewalt** in ihrem Leben.

Schutz und Bildung für Mädchen!

Dieses Leid wollen wir mit Ihrer Hilfe bekämpfen! Zusammen mit den Gemeinden und anderen Organisationen entwickeln wir nachhaltige Lösungen, die den Mädchen **ein Leben ohne Ängste** ermöglichen sollen. Durch Aufklärungsarbeit und gezielte Förderung helfen wir ihnen z. B., dass sie gewaltfrei und gebildet aufwachsen können. Unser Ziel: **Gleichberechtigung und ein selbstbestimmtes Leben für jedes der Mädchen.**

Mit Ihrer Patenschaft für ein Mädchen machen Sie das Leben des Kindes und auch das seiner Gemeinde ein Stück besser. Mädchen erleben mehr Schutz, Gesundheit und Bildung. Unsere nachhaltigen Selbsthilfeprojekte sollen ein sicheres Umfeld für die Mädchen schaffen – für eine Zukunft ohne Gewalt.

Unterstützen Sie uns im Rahmen unserer Kampagne mit einer nachhaltigen Patenschaft dabei, gegen Gewalt gegen Mädchen, Kinderarbeit, Missbrauch, Frühverheiratung, Mädchenhandel, Gewalt an Schulen und viele weitere Probleme vorzugehen.

☐ **Jetzt Pate werden!**

Helfen Sie einem Mädchen in Not!

Gesunde und gebildete Mädchen sind der Beginn einer starken Gemeinschaft. Durch Gleichberechtigung und Chancengleichheit können Mädchen eher **zur Schule gehen und selbstbestimmter leben.** Bildung für Mädchen und ihr Umfeld bedeutet Bekämpfung von Armut und Gewalt: Eine bessere Schulbildung kann später zu einem höheren Einkommen führen. Und die Mädchen werden dann als erwachsene Frauen ihr Wissen an ihr Umfeld und die eigenen Kinder weitergeben. So sorgen sie für einen Wandel in ihren Familien und in den Gemeinschaften, in denen sie leben.

Daher investiert Plan z. B. in:
- **Aufklärung der Familien,** Gemeinden und Lehrkräfte über die Rechte von Mädchen
- **schulische Bildung und berufliche Förderung** von Mädchen für ein eigenes Einkommen
- **Geburtsurkunden** für Mädchen, u. a. zum Schutz vor Kinderhandel und Kinderarbeit
- **Projekte mit Jungen** zur Gleichberechtigung
- **Förderung von Mädchen** in Kinder- und Jugendgruppen
- **Aufklärung** über sexuellen Missbrauch, HIV/Aids und Gefahren früher Schwangerschaften
- **Dialoge zum Schutz** vor weiblicher Genitalverstümmelung

Der Plan-Effekt

Mit Plan helfen Sie nicht nur das Leben eines einzelnen Kindes zu verbessern, sondern Sie werden Teil eines größeren Plans. Sie helfen, **ganze Regionen nachhaltig zu verändern.**

Mit unserer langjährigen Erfahrung entwickeln wir immer wieder neue Lösungen für die umfassenden Probleme in unseren Projektländern. Das tun wir transparent, effektiv und effizient. Dabei betrachten wir die Welt durch die Augen der Kinder. Es ist uns wichtig, dass sie vor allem **gesund, gebildet und gewaltfrei** aufwachsen.

So leisten wir gemeinsam mit Ihnen und den Gemeinden vor Ort Hilfe zur Selbsthilfe. **Damit wird Ihre Patenschaft zu einem wirkungsvollen Engagement, das bleibt.**

Das nennen wir den Plan-Effekt.

Abb. 2.116 Mailing (Flyer, Rückseite) zur Kommunikation der Kinderpatenschaft von *Plan International*. (Quelle: Plan International)

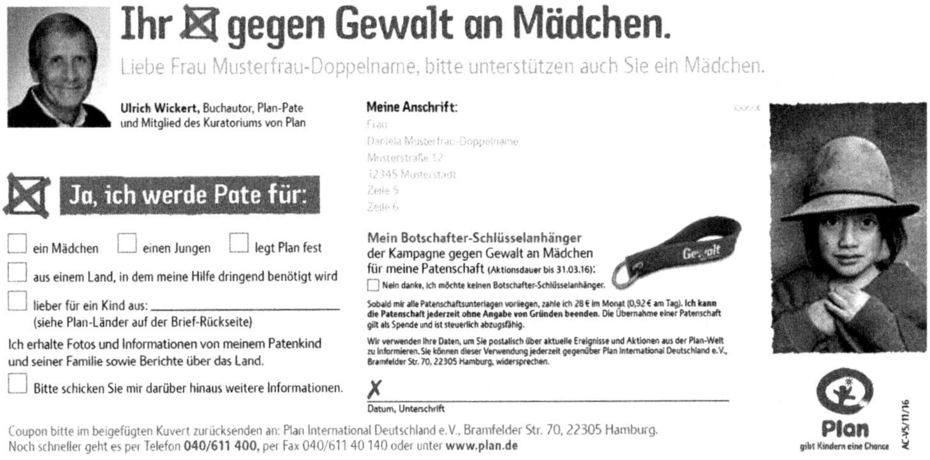

Ihr ☒ gegen Gewalt an Mädchen.
Liebe Frau Musterfrau-Doppelname, bitte unterstützen auch Sie ein Mädchen.
Ulrich Wickert, Buchautor, Plan-Pate und Mitglied des Kuratoriums von Plan
Ja, ich werde Pate für:
ein Mädchen
einen Jungen
legt Plan fest
aus einem Land, in dem meine Hilfe dringend benötigt wird
lieber für ein Kind aus:
(siehe Plan-Länder auf der Brief-Rückseite)
Ich erhalte Fotos und Informationen von meinem Patenkind und seiner Familie sowie Berichte über das Land.
Bitte schicken Sie mir darüber hinaus weitere Informationen.
Meine Anschrift:
Frau
Daniela Musterfrau-Doppelname
Musterstraße 12
12345 Musterstadt
Zeile 5
Zeile 6
Mein Botschafter-Schlüsselanhänger der Kampagne gegen Gewalt an Mädchen für meine Patenschaft (Aktionsdauer bis 31.03.16):
Nein danke, ich möchte keinen Botschafter-Schlüsselanhänger.
Sobald mir alle Patenschaftsunterlagen vorliegen, zahle ich 28 € im Monat (0,92 € am Tag). Ich kann die Patenschaft jederzeit ohne Angabe von Gründen beenden. Die Übernahme einer Patenschaft gilt als Spende und ist steuerlich abzugsfähig.
Wir verwenden Ihre Daten, um Sie postalisch über aktuelle Ereignisse und Aktionen aus der Plan-Welt zu informieren. Sie können dieser Verwendung jederzeit gegenüber Plan International Deutschland e.V., Bramfelder Str. 70, 22305 Hamburg, widersprechen.
Datum, Unterschrift
Coupon bitte im beigefügten Kuvert zurücksenden an: Plan International Deutschland e.V., Bramfelder Str. 70, 22305 Hamburg.
Noch schneller geht es per Telefon 040/611 400, per Fax 040/611 40 140 oder unter www.plan.de
Plan
gibt Kindern eine Chance
AC-V5/11/16

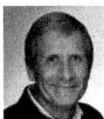

Abb. 2.117 Mailing (Response-Element, Vorderseite) zur Kommunikation der Kinderpatenschaft von *Plan International*. (Quelle: Plan International)

Werden auch Sie Pate für ein Mädchen, so wie …
Professor Dr. Roman Herzog
Bundespräsident a. D.
Perspektiven für Mädchen
„Ich bin tief davon beeindruckt, dass so viele Mitbürgerinnen und Mitbürger sich dafür entschieden haben, Mädchen und Jungen in Entwicklungsländern durch Übernahme einer Patenschaft oder durch Spenden eine Zukunft zu geben. Plan International Deutschland e.V. leistet seit über 25 Jahren nachhaltige Hilfe für Kinder und Jugendliche in Not, gibt Hoffnung und eröffnet Perspektiven. Gern habe ich die Patenschaft für das weltweit millionste Plan-Patenkind Alexandra übernommen. (…)"
Wolke Hegenbarth
Schauspielerin
Kindern eine Stimme geben
„Auf Reisen durch Afrika wurde ich stets mit den Problemen der Kinder und der Benachteiligung von Mädchen konfrontiert. Aus diesem Grund engagiere ich mich seit vielen Jahren für Plan-Projekte in Afrika und bin Patin zweier Mädchen in Ägypten und Sambia. Die Plan-Projekte zeigen, wie sinnvoll Hilfe zur Selbsthilfe ist. Nachdem ich mir vor Ort in Sambia einen Eindruck von der großartigen Arbeit von Plan verschaffen konnte, weiß ich einmal mehr, warum ich die Hilfsorganisation unterstütze!"
Dr. Günther Taube
Leiter der Abteilung „Bildung, Gesundheit, Soziale Sicherung" der Deutschen Gesellschaft für Internationale Zusammenarbeit (GIZ)
Entwicklung durch Bildung
„'Education makes healthy, wealthy and wise.' Was in diesem Satz zum Ausdruck kommt, sollte für jedes Kind, jedes Mädchen gelten. Eine gute Schulbildung ermöglicht Mädchen, ihr Potenzial zu entwickeln, ihr Leben selbst in die Hand zu nehmen und sich aktiv in ihren Gemeinden einzubringen. Plan setzt sich für die vielerorts noch immer benachteiligten Mädchen ein und fördert sie ganz gezielt in ihren jeweiligen Gemeinden. Deshalb unterstütze ich Plan mit einer Patenschaft für Gress, ein Mädchen in Tansania. Stärken auch Sie Mädchen – werden Sie Plan-Pate!"
Doris Dörrie
Regisseurin und Schriftstellerin
Direkte Hilfe
„Ich habe immer etwas gesucht, wo man sich engagieren kann, was vor allem auch für meine Tochter einen persönlichen Bezug hat. Es sollte etwas sein, wo man nicht nur Geld überweist, was ja sehr anonym ist, sondern wo man sagen kann: Phillip in Simbabwe oder Lien in Vietnam haben deshalb eine Chance auf einen Schulbesuch – und damit eine Zukunftsperspektive. Durch den direkten Bezug wurde nicht nur mir, sondern auch meiner Tochter klar, welche Bedeutung unser Engagement hat."
Machen auch Sie ein ☒ gegen Gewalt an Mädchen! Füllen Sie den umseitigen Antwortcoupon aus, ein Kuvert liegt bei.

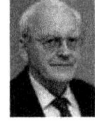

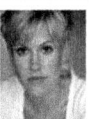

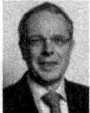

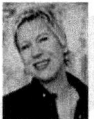

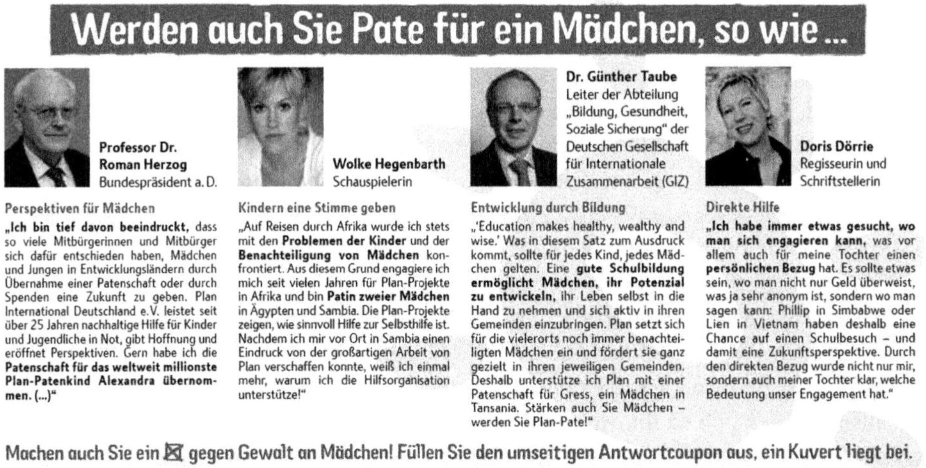

Abb. 2.118 Mailing (Response-Element, Rückseite) zur Kommunikation der Kinderpatenschaft von *Plan International*. (Quelle: Plan International)

Abb. 2.119 Mailing (Response-Umschlag) zur Kommunikation der Kinderpatenschaft von *Plan International*. (Quelle: Plan International)

2.6.10 Erfolgreiche Gestaltung von Kommunikationsmitteln

Hat eine Organisation den optimalen Mix an Kommunikationskanälen im Sinne einer integrierten *Multi-Channel-Kommunikation* gefunden, steht sie vor der nächsten Herausforderung. Ihrer Fundraising-Kommunikation muss es nun gelingen, die Aufmerksamkeit (potenzieller) Spender zu erlangen. Dies wird in Zeiten ständig wachsender Informationsüberlastung immer schwieriger. Viele Menschen reagieren auf den zunehmenden Kommunikationswettbewerb mit verstärkter Reaktanz gegenüber den bis zu 3000 werblichen Botschaften, denen sie täglich ausgesetzt werden. Will (Fundraising-)Kommunikation in einem solchen Umfeld trotzdem noch wahrgenommen werden, bedarf sie entsprechender Gestaltung. Werbewirkungsforschung ergab, dass die durchschnittliche Betrachtungszeit von Anzeigen und Plakaten bei etwa zwei Sekunden liegt. Wenn man bedenkt, wie wenige Informationen in dieser kurzen Zeit übermittelt werden können, wird sehr schnell deutlich, dass sich Werbemittel drastisch beschränken müssen. Es ist demnach nicht sinnvoll, beispielsweise Anzeigen und Plakate mit größeren Textpassagen zu überfrachten, die in zwei Sekunden sowieso nicht erfasst werden (können).[115]

In so kurzer Betrachtungszeit kann es allenfalls gelingen, dem Betrachter zum einen zu signalisieren, *wer* sich an ihn wendet. Dies wird am schnellsten mit Hilfe der Abbildung des *Logos* der Organisation erreicht. Zum anderen muss selbst in der kurzen Betrachtungszeit klar werden, was eine Organisation vom Betrachter möchte, was sie von ihm erwartet. Werbemittel müssen eine kurze aber unmissverständliche **Handlungsanweisung** an den Betrachter geben, was dieser tun soll: „Informieren Sie sich auf unserer Website!" „Rufen

---

[115] Vgl. Urselmann, Michael: Kommunikationsmuster kirchlicher Spendenorganisationen, (Nonprofit-Verlag) Bietigheim-Bissingen 1996.

Abb. 2.120 Homepage zur Kommunikation der Kinderpatenschaft von *Plan International*. (Quelle: Plan International)

Sie an!" „Spenden Sie!" „Werden Sie Mitglied!" Neudeutsch wird anstelle von Handlungsanweisung auch von einem **Call-to-Action** gesprochen.

Ausführlich informieren kann eine Organisation dann erst in einem zweiten Schritt (auf ihrer Website, durch Zusendung von Informationsmaterial etc.), wenn ein Interessent tatsächlich von sich aus bereit ist, Informationen aufzunehmen. Dieses **zweistufige Kommunikation** hat den Vorteil, dass wirklich nur derjenige Informationsmaterial erhält, der sich auch tatsächlich dafür interessiert. Die Kosten für Informationsmaterial, das mangels Interesse ungelesen weggeworfen wird, können so gesenkt werden.

Abb. 2.121 Landing-Page zur Kommunikation der Kinderpatenschaft von *Plan International*. (Quelle: Plan International)

Abb. 2.122 Display zur Kommunikation der Kinderpatenschaft von *Plan International*. (Quelle: Plan International)

Abb. 2.123 Facebook-Werbung zur Kommunikation der Kinderpatenschaft von *Plan International*. (Quelle: Eigene Abbildung)

2.6 Kommunikationspolitik

Beispiel

Ein besonders gelungenes, wenn auch schon etwas älteres Beispiel stellt Abb. 2.124 dar. Die Anzeige der Patenschaftsorganisation *World Vision* beschränkt sich auf wenig Text und enthält gleich mehrere konkrete Handlungsanweisungen.

Abb. 2.124 Anzeige mit konkreten Handlungsanweisungen. (Quelle: Anzeige World Vision)

Negativ-Beispiel

Abb. 2.125 zeigt eine Anzeige der *Arbeiterwohlfahrt* in der keinerlei Call-to-Action gegeben wird. Selbst wenn sich jemand die Zeit nähme, den Text trotz seines viel zu geringen Schriftgrades durchzulesen, wüsste er nicht, wie er sich gegen Armut engagieren könnte. Die Anzeige bleibt deshalb leider größtenteils wirkungslos.

Abb. 2.125 Negativbeispiel: Anzeige ohne konkreten Call-to-Action. (Quelle: Anzeige der *AWO*)

2.6 Kommunikationspolitik

Damit (Fundraising-)Kommunikation einen Betrachter überhaupt erreichen kann, muss es ihr gelingen, in der Informationsflut des werblichen Umfeldes herauszustechen und wahrgenommen zu werden. *Kroeber-Riel/Esch* empfehlen dazu den Einsatz drei verschiedener Arten von optischen Reizen oder einer Kombination daraus:[116]

- Einsatz *emotionaler* Reize
- Einsatz *physisch intensiver* Reize
- Einsatz *kognitiv überraschender* Reize

Besonders oft werden **emotionale Reize** eingesetzt. Sie bewirken beim Umworbenen eine mehr oder weniger starke innere Erregung. Dabei löst v. a. der Einsatz von Schlüsselreizen bzw. deren grafische Reproduktion (Attrappe) biologisch vorprogrammierte Reaktionen aus. Die Erregung erfolgt dadurch weitgehend automatisch, ist also nicht willentlich gesteuert. Ein Beispiel für eine im Fundraising oft eingesetzte Attrappe ist das *Kindchenschema*. Dabei handelt es sich um Abbildungen von Kleinkindern mit großem, rundem Kopf, kurzen und dicken Gliedmaßen und großen Kulleraugen. Allgemein sind Abbildungen von *Augen* oder *Personen* sehr beliebte emotionale Reize, um die Aufmerksamkeit von Spendern zu erhalten (siehe Abb. 2.126).

Obwohl es werblicher Fundraising-Kommunikation gelingen muss, situativ zu aktivieren, darf die Aktivierung nicht überzogen werden. Schnell läuft zu starke Aktivierung Gefahr, ethische Grenzen zu überschreiten und den (potenziellen) Spender so stark zu irritieren, dass er sich abwendet.

Beispiel

Im Zusammenhang mit dem Biafra-Krieg wurden 1967 Bilder von stark unterernährten Kindern auch in der Fundraising-Kommunikation eingesetzt. Unabhängig von der Stärke der emotionalen Aktivierung besteht mittlerweile längst Konsens, dass der Einsatz solcher Bilder im Rahmen der Fundraising-Kommunikation ethische Grenzen überschreiten würde (siehe Abschn. 2.5.2.4).

Neben emotionalen Reizen ist der Einsatz von **physisch intensiven Reizen** eine weitere Möglichkeit, Aufmerksamkeit im werblichen Umfeld zu erreichen. Darunter versteht man Reize, die aufgrund ihrer physischen (physikalischen) Beschaffenheit auffallen. Es handelt sich in erster Linie um große, laute und bunte Reize. Ein Beispiel für den Einsatz physisch intensiver Reize liefert Abb. 2.127, die als große, doppelseitige Anzeige in Zeitschriften geschaltet wurde.

Die dritte Gruppe aktivierender Reize bilden die **kognitiv überraschenden Reize**. Sie verstoßen gegen vorhandene Erwartungen und Schemavorstellungen und lösen dadurch im Betrachter gedankliche Widersprüche, Überraschungen und Konflikte aus. Des-

---

[116] Vgl. Kroeber-Riel, Werner; Esch, Franz-Rudolf: Strategie und Technik der Werbung – Verhaltenswissenschaftliche und neurowissenschaftliche Erkenntnisse, 7. Auflage, (Kohlhammer Edition Marketing) Stuttgart u. a. 2011.

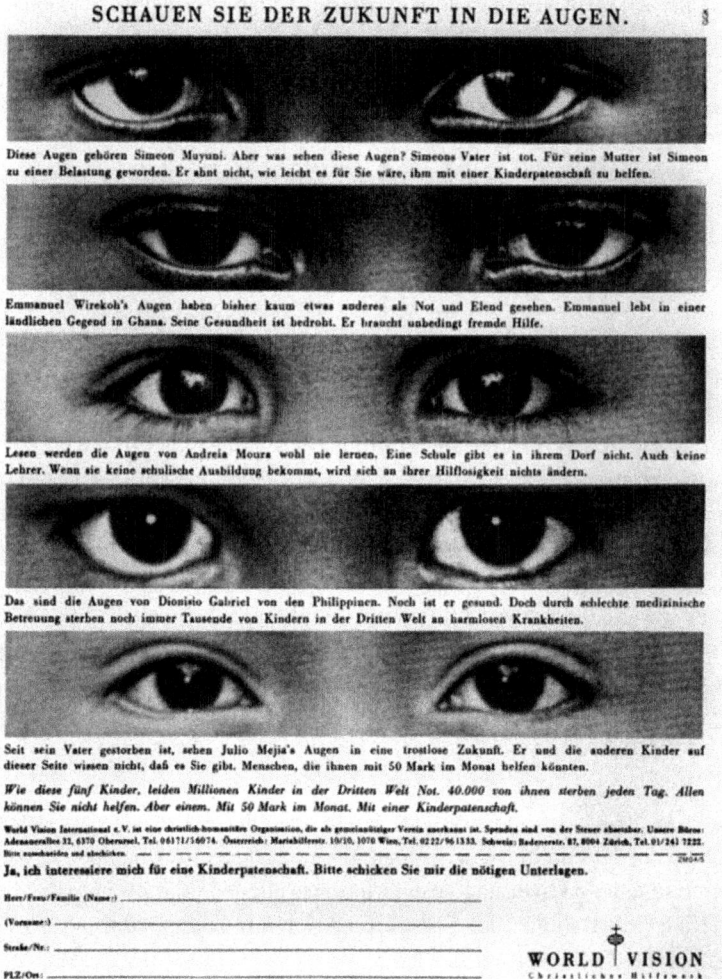

Abb. 2.126 Einsatz emotionaler Reize. (Quelle: Anzeige *World Vision*)

sen Wahrnehmung wird dadurch vor unerwartete Aufgaben gestellt, seine Informationsverarbeitung stimuliert.

> **Beispiel**
>
> In einer Anzeige des Kinderhilfswerkes *UNICEF* (siehe Abb. 2.128) lässt die Abbildung des Eiffelturms zunächst an einen touristischen Hintergrund denken. In Verbindung mit dem Logo von *UNICEF* ist diese Abbildung jedoch kognitiv überraschend und erzeugt dadurch Aufmerksamkeit für die beworbene Testamentspende.

Abb. 2.127 Einsatz physisch intensiver Reize. (Quelle: Anzeige *World Vision*)

Abb. 2.128 Einsatz kognitiv überraschender Reize. (Quelle: Anzeige *UNICEF Deutschland*)

Zusammenfassend sollte effektive (Fundraising-)Kommunikation *zweistufig* vorgehen und sich in Stufe 1 auf drei wesentliche Aspekte beschränken: Aufmerksamkeit des Betrachters durch emotionale und/oder physisch intensive und/oder kognitiv überraschende Reize erreichen, Absender deutlich machen (Logo hervorheben) und konkrete Handlungsanweisung geben. Bei Interesse des Betrachters kann ausführliche Information anschließend in Stufe 2 gegeben werden.

Abb. 2.129 Zweistufige Kommunikation über Plakat und Website. (Quelle: Plakat *Christoffel Blindenmission*)

> **Beispiel**
> Ein Großflächenplakat der Christoffel Blindenmission (siehe Abb. 2.129) erzielt durch den gleichzeitigen Einsatz eines emotionalen Reizes (Gesicht), eines physisch intensiven Reizes (das Gesicht ist auf dem Großflächenplakat übernatürlich groß) und eines kognitiv überraschenden Reizes (Schlitze einer Sammelbüchse anstelle der Augen) überdurchschnittlich hohe Aufmerksamkeit. Es gibt einen konkreten Call-to-Action („Spenden Sie Augenlicht!"), der zum einen in einer durchschnittlichen Betrachtungszeit von zwei Sekunden leicht erfasst werden kann, und zum anderen eine zweite Kommunikationsstufe anbietet, über die man sich – bei Interesse – im Internet ausführlich informieren kann.

2.6.11 Storytelling

Im vorangegangenen Kapitel wurde auf die Bedeutung eines zweistufigen Kommunikationsprozesses hingewiesen. Ist ein Interessent in der zweiten Stufe an ausführlichen Informationen zu einer Organisation und ihren Projekten interessiert, so bleibt seine Aufmerksamkeit und Aufnahmebereitschaft doch trotzdem begrenzt. Auch wenn eine Organisation viel über sich zu sagen hätte, sollte sie Interessenten nicht mit langatmigen, zu ausführlichen, rein rationalen und faktenüberladenen Schilderungen überfordern. Stattdessen empfiehlt sich, die Arbeit der Organisation anhand von Geschichten zu erzählen, wie die Organisation das Leben einzelner Menschen konkret verbessern konnte. Diese

2.6 Kommunikationspolitik

Abb. 2.130 Storytelling in einem Flyer. (Quelle: Flyer der Caritas)

Technik der Informationsvermittlung wird **Storytelling** (deutsch: Geschichten erzählen) genannt.[117] Sie ist nicht neu: Schon Jesus kommunizierte seine christlichen Botschaften mit Hilfe von Geschichten in Form von Gleichnissen. Noch besser, als die Geschichte von Jemandem zu erzählen, ist, sie ihn selber erzählen zu lassen.

Beispiel

In seinem Flyer „Am Ende bin ich nicht allein" (siehe Abb. 2.130) erzählt der Hospiz-Dienst der *Caritas* die Geschichte einer Klientin. Anschließend wird dargestellt, wie die *Caritas* dieser Klientin konkret helfen kann. Auf der Rückseite des Flyers wird erläutert, wie man die Caritas mit einer Spende unterstützen kann.

2.6.12 Der Einsatz von Prominenten in der Fundraising-Kommunikation

Eine weitere Möglichkeit, Aufmerksamkeit für die (Fundraising-)Kommunikation einer Organisation zu erlangen, ist die Zusammenarbeit mit **Prominenten**, die ein Testimo-

---

[117] Vgl. Conta Gromberg, E.: Storytelling. In: Fundraising-Akademie (Hrsg.) Fundraising – Handbuch für Grundlagen, Strategien und Methoden, 5. Aufl., Springer Gabler, Wiesbaden 2016, S. 649–654.

nial für die Organisation abgeben. Unter einem Testimonial versteht man eine konkrete Fürsprache zur Erhöhung der Glaubwürdigkeit einer Werbebotschaft für ein Produkt, eine Dienstleistung, eine Idee oder Institution durch eine der Zielgruppe meist bekannte Person.[118] Gerade für junge Organisationen mit noch geringem Bekanntheitsgrad ist sie zudem eine Gelegenheit, die eigene, zunächst zwangsläufig noch niedrige Vertrauenswürdigkeit durch einen Vertrauenstransfer vom Prominenten auf die Organisation zu steigern.

Beispiel

Als die Patenschaftsorganisation *Plan International Deutschland* 1989 gegründet wurde, musste sie in Deutschland zunächst Vertrauen aufbauen. Sehr hilfreich war in diesem Zusammenhang die Zusammenarbeit mit *Ulrich Wickert* ab 1995, der als Moderator der Tagesthemen von 1991 bis 2006 hohe Bekanntheit und Vertrauen genoss.

Die vielfältigen Einsatzmöglichkeiten von Prominenten im Fundraising werden von *Kapp-Barutzki/Malak* beschrieben.[119] Hier ein Auszug der wichtigsten **Einsatzfelder**:

- Unterstützung der (Fundraising-)Kommunikation im redaktionellen und werblichen Bereich der Mediawerbung: Fernsehen (z. B. TV-Gala, Talk Show, DRTV-Spot), Radio (z. B. Talk Sendung, Radio-Spot), Zeitungen und Zeitschriften (z. B. Fülleranzeigen), Mailings etc.
- Unterstützung der Öffentlichkeitsarbeit einer Organisation (z. B. werten prominente Botschafter die jährliche Medienpreisverleihung der Kindernothilfe auf und sorgen für eine bessere Wahrnehmung in den Medien).
- Unterstützung des Großspender-Fundraising (z. B. Teilnahme an Events und Spenderreisen, Unterschrift auf Dankschreiben an Großspender).
- Unterstützung einer Organisation durch Versteigerung eines Treffens mit dem Prominenten („Meet-and-Greet") auf dem Charity Auktionsportal *Stargebot* (www.stargebot.de).
- Unterstützung einer Organisation durch Versteigerung von (signierten) Gegenständen, die einem Prominenten gehört haben, auf dem Auktionsportal *ebay* (*Stars & Charity*).
- Unterstützung von Kooperationen mit Unternehmen (siehe Kap. 3) und Stiftungen (siehe Kap. 4).
- Motivation der (haupt- und ehrenamtlichen) Mitarbeiter einer Organisation (siehe Abschn. 6.6.2).

Den besten Überblick über die verschiedenen Formen des Engagements von Prominenten weltweit liefert die Plattform *Look to the Stars – The World of Celebrity Giving*, auf der 3125 Prominente und 1929 steuerbegünstigte Organisationen gelistet sind (looktothestars.

---

[118] Vgl. Haase, Henning: Testimonialwerbung, in: Planung & Analyse, Heft 3/2000, S. 56 ff.
[119] Kapp-Barutzki, Ursula; Malak, Nadja: Prominente im Fundraising, in: Fundraising Akademie (Hrsg.): Fundraising – Handbuch für Grundlagen, Strategien und Methoden, 4. Aufl., (Gabler) Wiesbaden 2008, S. 342–348.

2.6 Kommunikationspolitik

org). Hier kann man auch recherchieren, welcher Prominente sich bereits für welche Organisation engagiert.

Die Zusammenarbeit mit einem Prominenten sollte gut überlegt und systematisch gemanagt werden. Zunächst ist zu analysieren, welcher Prominente zu einer Organisation passt. Gut ist, wenn Organisation und Prominenter dieselbe Zielgruppe ansprechen: Zu einer lokalen oder regionalen Organisation passt ein lokaler oder regionaler Prominenter, zu einer nationalen oder internationalen Organisation ein nationaler oder internationaler Prominenter aus Medien, Sport, Musik, Wissenschaft und Kultur. Im Idealfall hat der Prominente sogar einen thematischen Bezug zur Arbeit der Organisation.

Beispiel

Der Modemacher *Rudolf Mooshammer* engagierte sich langjährig und vielfältig für die Münchner Obdachlosenzeitung „Biss", weil sein Vater als Obdachloser auf der Straße gestorben war. Dabei schien ihm überzeugend zu gelingen, die Kluft zwischen Luxus und Obdachlosigkeit zu überbrücken.

Ist ein zur Organisation passender Prominenter identifiziert, sollten vor der Kontaktaufnahme folgende konzeptionelle Fragen geklärt werden:

- Welche Ziele sollen durch die Zusammenarbeit erreicht werden?
- Wie kann eine Win-win-Situation für beide Seiten – die Organisation und den Prominenten – erzielt werden?
- Was kann dem Prominenten im Gegenzug für sein Engagement von der Organisation geboten werden (Präsenz in Medien, Kontakte zu Unternehmenspartnern etc.)?
- Mit welchen gemeinsamen Maßnahmen sollen diese Ziele erreicht werden?
- Welcher Aufwand wird vom Prominenten erwartet (Dauer und Intensität des Engagements, Bereitschaft zum inhaltlich-fachlichen Einstieg in das Thema der Organisation etc.)?

Sind diese Fragen geklärt, kann die Kontaktaufnahme zum Prominenten direkt oder über sein Management erfolgen. Wurde ein interessantes Konzept mit echter Win-win-Situation erarbeitet, so kann die Kontaktaufnahme von Seiten der Organisation durchaus selbstbewusst angegangen werden, schließlich hat sie dem Prominenten im Gegenzug auch etwas zu bieten. Hinzu kommt, dass von Prominenten geradezu erwartet wird, sich gemeinnützig zu engagieren. Eine gut konzipierte Zusammenarbeit kann sogar die Medienpräsenz und damit den Marktwert eines Prominenten steigern.

> **Beispiel**
>
> Für die Kommunikation des bereits erwähnten „Schulprojektes für Afrika" von *Ritter Sport* und *UNICEF* (siehe Abschn. 2.6.8) wurde die Schauspielerin *Iris Berben* verpflichtet. Ihre Präsenz beschränkte sich nicht nur auf TV-Werbe-Spots und Printanzeigen. Sie wurde auch auf allen Verpackungen und Umverpackungen der Schokoladentafeln und allen Materialien der Verkaufsförderung im Handel abgebildet. Da sie gerade in Kenia die Serie „Die Patriarchin" für das ZDF drehte, berichtete das ZDF über das „Schulprojekt für Afrika" in seinen Sendungen „Leute heute" und „Morgenmagazin". Eine perfekte Win-win-win-win-Situation für alle Beteiligten: *Ritter Sport*, *UNICEF*, *Iris Berben* und *ZDF*!

Kann eine Organisation einen Prominenten gewinnen, sollten zunächst genaue Vereinbarungen über das Engagement und seinen Umfang getroffen werden, die auch Verbindlichkeit schaffen. Freundliche Zusagen, die später nur teilweise oder gar nicht eingehalten werden, sind wenig hilfreich. Eine Organisation muss sich auf das Engagement des Prominenten verlassen, und entsprechende Maßnahmen langfristig vorbereiten können. Umgekehrt sollte auch der Prominente einen festen Ansprechpartner in der Organisation haben, auf dessen Unterstützung und Diskretion er sich verlassen kann. Im Idealfall gelingt eine jahrelange Kooperation.

Die Zusammenarbeit mit Prominenten birgt jedoch auch Risiken. Der positive Image-Transfer kann bei Fehlverhalten von Prominenten auch ins Gegenteil verkehren. Ein Prominenter mit Alkohol- oder Drogenproblemen, der Steuerhinterziehung, des Dopings oder anderer Delikte überführt, mit plötzlich aufgedeckter NS- oder Stasi-Vergangenheit schadet einer Organisation im Nachhinein mit seinem Engagement.

> **Beispiel**
>
> Als der prominente Fußball-Trainer Christoph Daum 2001 des Kokainkonsums überführt wurde, bedeutete dies einen großen Imageschaden für die Kampagne „Keine Macht den Drogen", die auch vom *Deutschen Fußball-Bund* (*DFB*) unterstützt wird.

Problematisch kann werden, wenn Prominente aus PR-Gründen lieber ihre eigene Organisation (meist eine Stiftung) gründen, als ihre Prominenz in den Dienst einer erfahrenen und etablierten Organisation zu stellen. So lange das finanzielle Engagement ausreichend groß für substantielle Hilfe ist (wie z. B. bei der *Bill and Melinda Gates Foundation*), und sich der Prominente den erforderlichen Sachverstand für sein Anliegen (z. B. in Form eines kompetenten Kuratoriums) einholt, ist dagegen nichts einzuwenden. Fehlt es jedoch an substantiellen Ressourcen und/oder Fachkompetenz, so sollte sich ein Prominenter – im Interesse seines Anliegens – lieber „unter dem Dach" einer etablierten Organisation engagieren.

2.6.13 Was ich in diesem Abschnitt gelernt habe

- Testen und entscheiden Sie, welche Spendenprodukte Sie über welche zielgruppenadäquaten Kommunikationskanäle im Rahmen der Media-, Direkt- oder Dialogwerbung kommunizieren wollen!
- Überprüfen Sie alle eigenen Kommunikationskanäle der Organisation daraufhin, ob sie im Rahmen der Fundraising-Kommunikation sinnvoll eingesetzt werden können!
- Entscheiden Sie, welche Aspekte der Kommunikationspolitik Ihre Organisation selber (Inhouse) durchführen sollte, und welche ein externer Dienstleister (Outsourcing)!
- Suchen Sie – trotz unterschiedlicher Zielsetzungen – nach konstruktiven, für beide Seiten fruchtbaren Formen der Zusammenarbeit zwischen Fundraising-Kommunikation und Öffentlichkeitsarbeit!
- Suchen Sie sich Unternehmenspartner mit möglichst ähnlichen Zielgruppen, und versuchen Sie, deren Kommunikationskanäle nutzen zu dürfen!
- Integrieren Sie alle für Ihre Organisation sinnvollen Kommunikations- und Vertriebskanäle zu einem wirkungsvollen Multi-Channel-Fundraising!
- Kommunizieren Sie zweistufig indem Sie Aufmerksamkeit zunächst durch Einsatz emotionaler und/oder physisch intensiver und/oder kognitiv überraschender Reize, und anschließend mit Hilfe von Storytelling erzielen!
- Kommunizieren Sie Ihren (potenziellen) Spendern immer klare Handlungsanweisungen, was sie tun können, um der Organisation zu helfen!
- Prüfen Sie, welcher verlässliche Prominente sich für Ihre Organisation engagieren könnte!

2.7 Online-Fundraising

Aus Sicht des Fundraising bietet das Internet mannigfache Möglichkeiten sowohl als Vertriebskanal (Online-Vertrieb) als auch als Kommunikationskanal (Online-Kommunikation). Aufgrund seiner zentralen Zukunftsbedeutung wird dem **Online-Fundraising** hier ein eigenes Kapitel gewidmet.

Zunächst stellt sich ein definitorisches Problem, da sich die Abgrenzung von Online- und Offline-Fundraising bzw. Online- und Offline-Spende als nicht trivial erweist. Von Online-Fundraising (auch: Internet-Fundraising) soll hier gesprochen werden, wenn das Internet vom Spender zumindest als Vertriebskanal (siehe Abschn. 2.7.1) genutzt wird – nicht zwangsläufig auch als Kommunikationskanal (siehe Abschn. 2.7.2). Eine Online-Spende liegt dann vor, wenn ein Spender seine Willensäußerung, ein bestimmtes Spendenprodukt (Einzel-, Dauer-, Groß- oder Testamentspende, aber auch Mikro-, Restgeld- oder Anlassspende sowie Spendenaktion) „kaufen" zu wollen (juristisch gesehen handelt es sich freilich nicht um einen Kauf- sondern einen Schenkungsvertrag) schriftlich über ein **Online-Spendenformular** (siehe Abschn. 2.7.1.1) im Internet erklärt und dort auch bezahlt. Erfolgt die Willensäußerung des Spenders nicht explizit über ein Online-Spendenformular, so wird üblicherweise nicht von einer Online-Spende gesprochen. Die bloße Nutzung des Internets im Rahmen einer Überweisung durch Online-Banking wird noch nicht als Online-Spende angesehen.

Beim Online-Fundraising kann das Internet natürlich auch als Kommunikationskanal (siehe Abschn. 2.7.2) genutzt werden (dies ist in der Praxis ja auch oft bzw. sogar in der Regel der Fall), muss jedoch nicht. Es soll auch dann von Online-Fundraising gesprochen werden, wenn aufgrund von Kommunikation über einen Offline-Kanal anschließend der Online-Vertrieb genutzt wird.

> **Beispiel**
>
> Die Kinderhilfsorganisation *World Vision* kommuniziert offline über Plakate (siehe Abb. 2.131) den Online-Vertrieb von Kinderpatenschaften. Die so gewonnenen Dauerspender werden dem Online-Fundraising zugerechnet, wenn sie auf der Website von *World Vision* durch Ausfüllen eines Online-Spendenformulars eine Patenschaft übernehmen.

Nutzt umgekehrt ein Interessent das Internet lediglich als Kommunikationskanal, um sich auf der Website einer Organisation über seine Spendenmöglichkeiten zu informieren, so liegt dann kein Online-Fundraising vor, wenn er anschließend statt das Online-Spendenformular auszufüllen, eine separate Überweisung (egal ob offline oder per Online-Banking) an die, auf der Website angegebene Bankverbindung der gemeinwohlorientierten Organisation tätigt. Oder seine Spende durch Anruf einer auf der Website genannten

Abb. 2.131 Offline-Kommunikation des Online-Vertriebs. (Quelle: Plakat von *World Vision*)

2.7 Online-Fundraising

Telefonnummer auslöst, und damit nicht den Online-Vertrieb (siehe Abschn. 2.5.3), sondern den Telefon-Vertrieb (siehe Abschn. 2.5.4) nutzt.

Das Internet hat seit Anfang der 1990-er Jahre das Informations- und Kommunikationsverhalten der Menschen revolutioniert. Das hat zunehmend auch grundlegende Auswirkungen auf das Fundraising, selbst wenn davon bislang noch relativ wenig zu spüren ist. Bis in die 2000er Jahre hinein war der Anteil der Online-Spenden am Gesamtspendenvolumen einer durchschnittlichen Organisation mit weniger als 1 % marginal. Nach der *Online-Fundraising Studie 2017* der Online-Fundraising-Agentur *Altruja*, die 1646 gemeinnützige Organisationen aus Deutschland, Österreich und der Schweiz untersucht, liegt der Anteil der Online-Spenden am Gesamtspendenvolumen (siehe Abb. 2.132) bei

- den meisten Organisationen (59,4 %) unter 10 %,
- einem Fünftel der Organisationen (20,3 %) zwischen 10 und 29 %,
- und nur bei einem Zehntel der Organisationen (10,5 %) über 30 %.

Auf die Gesamtheit aller Organisationen bezogen, spielt das Online-Fundraising also immer noch eine untergeordnete Rolle. Der wichtigste Grund dafür liegt in der Altersschere zwischen Internet-Nutzern und Spendern. Wie aus Abb. 2.133 ersichtlich, sinkt der Anteil der Internet-Nutzer je höher die Altersklasse. Je älter also ein Bundesbürger, umso geringer die Wahrscheinlichkeit, dass er online ist. Umgekehrt steigt jedoch der Anteil der Spender mit der Altersklasse. Je älter also ein Bundesbürger, umso größer die Wahrscheinlichkeit, dass er spendet. Gerade bei der für das Fundraising so entscheidenden Altersklasse der Über-60-Jährigen ist der Anteil der Onliner mit 74,2 % noch relativ gering. Auch wenn der Anteil der Onliner in dieser Altersklasse überdurchschnittlich wächst, dürfte er erst ab 2025 über 90 % liegen.

Ab 2025 wird auch die Internet-Generation der 2013 Unter-30-Jährigen („Digital Natives"), die praktisch zu 100 % online ist, so langsam das „spendenfreudige" Alter von

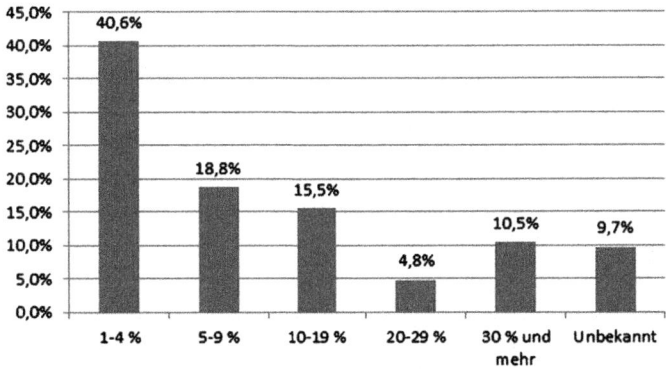

Abb. 2.132 Anteil der Online-Spenden am Gesamtspendenvolumen. (Quelle: *Altruja* Online-Fundraising Studie 201)

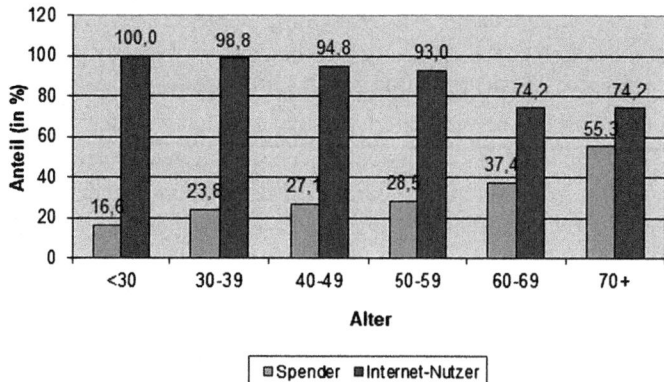

Abb. 2.133 Anteil Internet-Nutzer und Spender nach Altersklassen. (Quellen: ARD/ZDF-Onlinestudie 2017. GfK/Deutscher Spendenrat e. V., Bilanz des Helfens 2017)

50 Jahren erreichen. Diese Generation ist nicht nur online – sie richtet ihr Informationsverhalten schon heute wesentlich stärker zugunsten des Internets und zulasten anderer Medien (z. B. Fernsehen und Zeitungen) aus, als alle Generationen vor ihr (siehe Abb. 2.134). Das Online-Fundraising wird also so richtig erst ab 2025 zulegen, dann aber massiv. In diesem Zusammenhang ist noch einmal das Ziel der SOS-Kinderdörfer interessant, ihren Anteil an Online-Spenden von 5 % im Jahr 2012 auf 60 % bis zum Jahr 2022 steigern zu wollen (siehe Abschn. 2.5.3).

Nur weil der Anteil der Spender an den Unter-30-Jährigen relativ gering ist, heißt das jedoch noch lange nicht, dass das Internet in dieser Altersklasse als Kommunikations- und Vertriebskanal keine Rolle spielen würde. Junge Menschen sind zwar weniger in der Lage, Geld- und Sachleistungen zu spenden; Dafür aber umso mehr Dienstleistungen bzw. Zeit in Form von ehrenamtlichem bzw. freiwilligem Engagement. Viele Organisationen versuchen deshalb, frühzeitig (insbesondere über das Internet) eine Beziehung zu jungen Menschen aufzubauen, die zunächst Zeit- und später vielleicht auch Geldspender werden könnten.

> **Beispiel**
>
> Die Naturschutzorganisation *WWF Deutschland* versucht mit „Lilu Panda" (lilu-panda.de) 3–6-Jährige an den Naturschutz heranzuführen. Für die 7–13-Jährigen gibt es „Young Panda" (young-panda.de) und für die 14–18-Jährigen die „WWF Jugend" (wwf-jugend.de).

Eine auch finanziell interessante Form der Zeitspende ist, wenn junge Menschen selber zu Fundraisern werden, indem sie eine Spendenaktion (siehe Abschn. 2.3.3.4) zugunsten einer gemeinwohlorientierten Organisation im Internet starten. Sie selber spenden dann zwar „nur" ihre Zeit (für die Durchführung der Spendenaktion), ihr Verwandten-,

2.7 Online-Fundraising

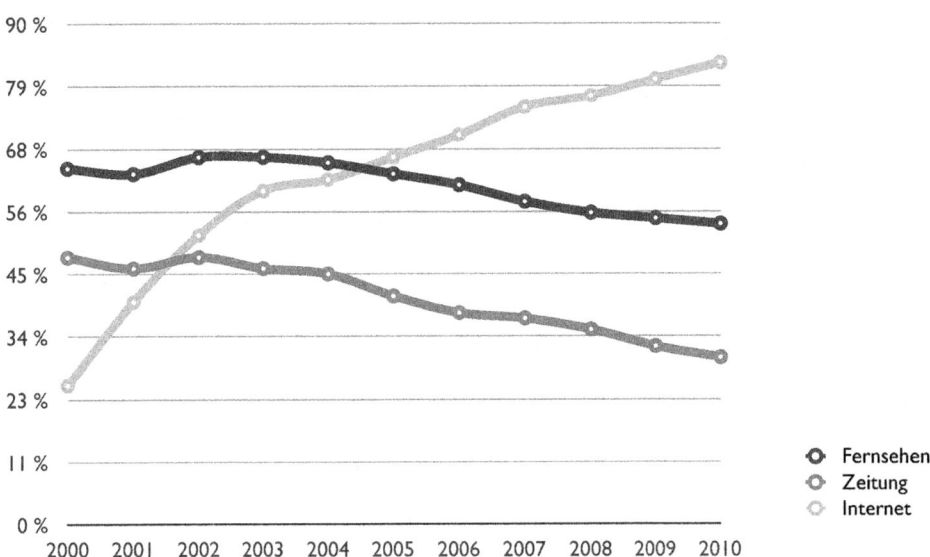

Abb. 2.134 Informationsquellen der 14- bis 29-Jährigen. (Quelle: Meid, Maik; Hölderle, Jona: Online-Fundraising für Entscheider, Vortrag auf dem Deutschen Fundraising Kongress 2013, auf Basis der Allensbacher Markt- und Werbeträger-Analyse (AWA 2000–2010))

Freundes- und Bekanntenkreis jedoch auch Geld. Auf die Durchführung von Spendenaktionen im Internet wird später noch ausführlich eingegangen.

Unabhängig davon gibt es zwei Bereiche, in denen das Online-Fundraising von Geldleistungen schon heute eine bedeutende, weit überdurchschnittliche Rolle spielt: Beim Vertrieb von Spenden im Rahmen der Katastrophenhilfe und beim Vertrieb von Kinderpatenschaften. Für die Katastrophenhilfe lässt sich die besondere Bedeutung des Online-Fundraising sehr anschaulich am Beispiel des *American Red Cross* (ARC) aufzeigen:[120]

- Im Zusammenhang mit den Terrorangriffen am 11.09.2001 lag der Anteil der Online-Spenden am Gesamtspendenaufkommen noch bei 6,5 %.
- Im Zusammenhang mit dem Tsunami am 26.12.2004 lag der Anteil der Online-Spenden am Gesamtspendenaufkommen schon bei 36 %.
- Im Zusammenhang mit dem Hurrikan „Katrina" am 23.08.2005 lag der Anteil der Online-Spenden am Gesamtspendenaufkommen schließlich bei 53 %.
- Dass selbst diese Werte noch deutlich gesteigert werden können, zeigt das Beispiel der Hilfsorganisation *Doctors without Borders*. Im Zusammenhang mit dem Tsunami am 26.12.2004 lag bei der amerikanischen Sektion der Anteil der Online-Spenden am Gesamtspendenaufkommen sogar bei 80 %.

---

[120] Potts, Jason; Johnston, Mike: How the Tsunami and Hurricane Katrina are going to help you with your New Media fundraising, Vortrag auf dem International Fundraising Congress, Noordwijkerhout 2006.

Der Anteil der über das Internet vertriebenen Kinderpatenschaften wird auf 40–50 % geschätzt. Ein Grund für den außergewöhnlich hohen Wert wird in der Tatsache vermutet, dass Kinderpatenschaften sehr gerne von jüngeren Menschen abgeschlossen werden, die selbst gerade Eltern geworden sind. Für diese Zielgruppe ist das Internet bereits heute ein wichtiger Kommunikationskanal und auch ein akzeptierter Vertriebskanal.

Die größten **Vorteile** des Internets gegenüber anderen Medien liegen in seiner Aktualität, Multimedialität und Interaktivität. Gerade im Zusammenhang mit der oben angesprochenen Katastrophenhilfe ist die hohe Aktualität des Internets entscheidend. Auf aktuelle Ereignisse kann – bei entsprechender Vorbereitung der Prozesse – im Internet innerhalb weniger Stunden reagiert werden. Bei noch so guter Vorbereitung benötigt der Postvertrieb dafür mindestens vier Tage. Auch der Telefon-Vertrieb in nennenswertem Umfang benötigt Vorbereitungszeiten in dieser Größenordnung. Die Multimedialität des Internets zahlt sich insbesondere da aus, wo eine Organisation neben Text und Bildern über Videos mit bewegten Bildern und Musik ihr Storytelling sehr anschaulich, emotional und leicht zu konsumierend gestalten kann.

> **Beispiel**
>
> Auf der Website des *WWF Deutschland* erzählt die Testaments-Versprecherin Eva Ebel ihre persönliche Geschichte. In einem eingebundenen Video erläutert sie, was sie motiviert hat, ihr Testament zugunsten des Naturschutzes und des *WWF Deutschland* zu verfassen (siehe Abb. 2.135). Wenn vielleicht auch nicht prominent, gibt sie damit doch ein glaubwürdiges Testimonial ab.

Das größte Plus dürfte aber in der Interaktivität des Internets liegen. Interessenten und Spender einer Organisation können sich spätestens seit Mitte der 2000er Jahre mit Aufkommen des Web 2.0 aktiv an der Kommunikation einer Organisation beteiligen (siehe Abschn. 2.7.1.3).

2.7.1 Internet als Vertriebskanal für das Fundraising

Wie bereits erwähnt, kann das Internet dann zum Vertriebskanal für Spendenprodukte (Einzel-, Dauer-, Groß- oder Testamentspende, aber auch Mikro-, Restgeld- oder Anlassspende sowie Spendenaktion) werden, wenn alle für den „Kauf" der Spende benötigten (Adress- und Zahlungs-)Daten über ein Online-Spendenformular erfasst und übertragen werden (siehe Abschn. 2.7.1.1). Ein Online-Spendenformular kann auf der Website (siehe Abschn. 2.7.1.2), in den Social Media Sites (siehe Abschn. 2.7.1.3) oder dem Mobile Fundraising (siehe Abschn. 2.7.1.4) einer gemeinwohlorientierten Organisationen ebenso eingebunden werden wie im Rahmen von Spendenplattformen (siehe Abschn. 2.7.1.5), die von Crowdfunding-Plattformen (siehe Abschn. 2.7.1.6) abgegrenzt werden müssen.

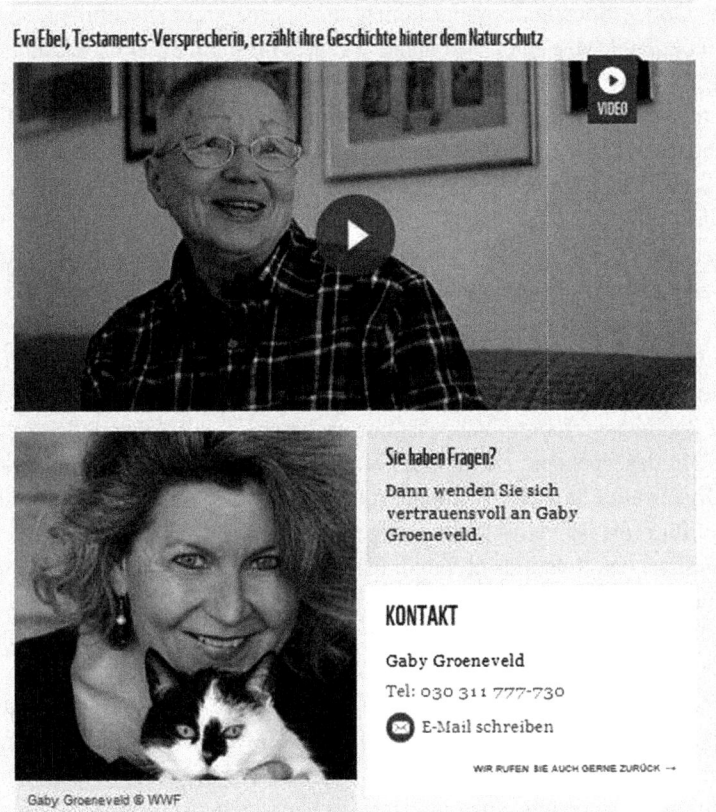

Abb. 2.135 Video-Storytelling eines Testimonials auf der Website. (Quelle: wwf.de (Zugriff am 23.05.2013))

2.7.1.1 Online-Spendenformular

Dem **Online-Spendenformular** (englisch: Online Donation Form) kommt im Online-Fundraising eine zentrale Rolle zu. Mit seiner Hilfe werden alle für eine Spende benötigten Daten erfasst, und mit Hilfe eines sicheren Verschlüsselungsprotokolls (TLS – Transport Layer Security, früher: SSL – Secure Sockets Layer) via Internet an die Organisation oder einen beauftragten Dienstleister übertragen. Die für eine Spende benötigten Daten umfassen:

- die persönlichen Daten des Spenders,
- den vom Spender gewünschten Spendenbetrag und
- das vom Spender gewünschte Zahlungsverfahren.

Bezüglich der **persönlichen Daten** des Spenders muss ein Kompromiss gefunden werden. Aus Sicht der Organisation gilt: Je mehr Informationen über den Spender, umso besser! Das Online-Spendenformular könnte also gerne viele auszufüllende Felder umfassen: Anrede, Titel, Vorname, Nachname, Straße, Hausnummer, Postleitzahl, Ort, Land, E-Mail-Adresse, (Mobil-)Telefonnummer bis hin zu Abfragen („Wie sind Sie auf uns aufmerksam geworden?", „Möchten Sie unseren E-Newsletter abonnieren?"). Umgekehrt sollten es aus Sicht des Spenders so wenige Felder wie möglich sein, damit Spenden möglichst schnell und einfach geht. Gerade jüngeren Spendern kommen hier die Möglichkeiten des Mobile Fundraising (siehe Abschn. 2.7.1.4) sehr entgegen. Im Extremfall, wie bei der SMS-Spende, müssen sie gar keine Angaben über sich machen (auch wenn die SMS-Spende – wenn überhaupt – nur ein Spezialfall des Online-Fundraising ist). Lediglich die Handynummer wird übertragen, und das auch noch automatisch. Auch für das Spenden über mobile Endgeräte via NFC und QR-Code (siehe Abschn. 2.4.7.7) haben Anbieter wie *twingle* kompakte Spendenformulare (Widgets) entwickelt, die (neben Betrag und Zahlungsverfahren) zunächst nur nach der E-Mail-Adresse des Spenders fragen. Aus Sicht des Spenders ist der Spendenprozess dadurch einfach und bequem. Aus Sicht der Organisation reichen Handynummer oder E-Mail-Adresse als Information über den Spender für professionelles Fundraising nicht aus. Wie will man eine Beziehung zum Spender im Sinne des Relationship Fundraising (siehe Abschn. 2.1) aufbauen, wenn man im Extremfall noch nicht einmal seinen Namen kennt?

Abhilfe kann derzeit nur geschaffen werden, wenn fehlende Angaben zum Spender in einem zweiten Schritt im Rahmen der Bedankung für die Spende erfragt werden. Liegt die Handynummer vor, kann durch einen einmalig zulässigen Dankanruf (siehe Abschn. 2.5.4.3) nach Name, Adresse und der für künftige Kontaktaufnahmen per Telefon erforderlichen Einwilligung (Opt-In) gefragt werden. Liegt nur eine E-Mail-Adresse vor, kann durch eine einmalig zulässige Dank-E-Mail (siehe Abschn. 2.7.2.4) nach Name, Adresse und der für künftige Kontaktaufnahmen per E-Mail erforderlichen Einwilligung gefragt werden, die anschließend durch den Spender explizit noch einmal zu bestätigen ist (Double-Opt-In). Allerdings ist dieses (zweistufige) Verfahren aufwendig (und damit teuer). Auch können nicht alle erwünschten Daten erhoben werden, da einerseits nicht alle Spender (von denen die Handynummer vorliegt) telefonisch erreicht werden, und andererseits nicht alle Spender (von denen die E-Mail-Adresse vorliegt) auf eine E-Mail antworten. Deshalb sollten als Kompromiss in einem Online-Spendenformular Felder für alle benötigten Daten vorgesehen, und von der Organisation sorgsam abgewogen werden, welche Felder zu Pflichtfelder erklärt werden, die vom Spender ausgefüllt werden müssen. Es gilt der Grundsatz: Je mehr Pflichtfelder in einem Online-Spendenformular, umso mehr Abbrüche des Spendenprozesses. Allerdings sind gerade ältere Zielgruppen durchaus bereit, auch mehrere (Pflicht-)Felder auszufüllen. Dies ist für die erste Spende erforderlich, nicht unbedingt für die zweite und alle folgenden. Denn es gibt Online-Spendenformulare, die wiederkehrende Spender erkennen können. Das Online-Spendenformular wird dann automatisch mit den Daten der letzten Spende vorausgefüllt. Der Spender muss dann nur noch bestätigen, oder – falls erforderlich – seine Angaben vorher noch ändern. Eine solche Wiedererkennung der Spender erleichtert eine Online-Spende erheblich und dürfte – bei entsprechender Verbreitung – entscheidend zur Durchsetzung

2.7 Online-Fundraising

des Online-Fundraising beitragen. Organisationen tun deshalb gut daran, ihre Spender auf die Einfachheit und Bequemlichkeit dieses Verfahrens explizit hinzuweisen!

Soweit zu den persönlichen Daten des Spenders in einem Online-Spendenformular. Die Angabe des vom Spender gewünschten **Spendenbetrages** ist da deutlich einfacher. Manche Online-Spendenformulare bieten sogar die technische Möglichkeit, über einen Schieberegler (Slider) eine Shopping-List (siehe Abschn. 2.4.1.1) anzuzeigen, die dem Spender Orientierung gibt, was mit welchem Betrag erreicht bzw. finanziert werden kann.

> **Beispiel**
>
> Das Online-Spendenformular der Seenotrettungsorganisation *Deutsche Gesellschaft zur Rettung Schiffbrüchiger (DGzRS)* zeigt über einen Slider eine Shopping-List an, die den Spender bei der Entscheidung über die Höhe des gewünschten Spendenbetrages unterstützen soll (spenden.seenotretter.de). So kann die DGzRS beispielsweise für einen Spendenbetrag von 50 € einen SAR-Overall beschaffen (siehe Abb. 2.136).

Nach Spendenbetrag und persönlichen Daten muss ein Online-Spendenformular noch nach dem vom Spender gewünschten **Zahlungsverfahren** fragen. Folgende Zahlungsverfahren (Details siehe Abschn. 2.4.7) werden auf Online-Spendenformularen angeboten:

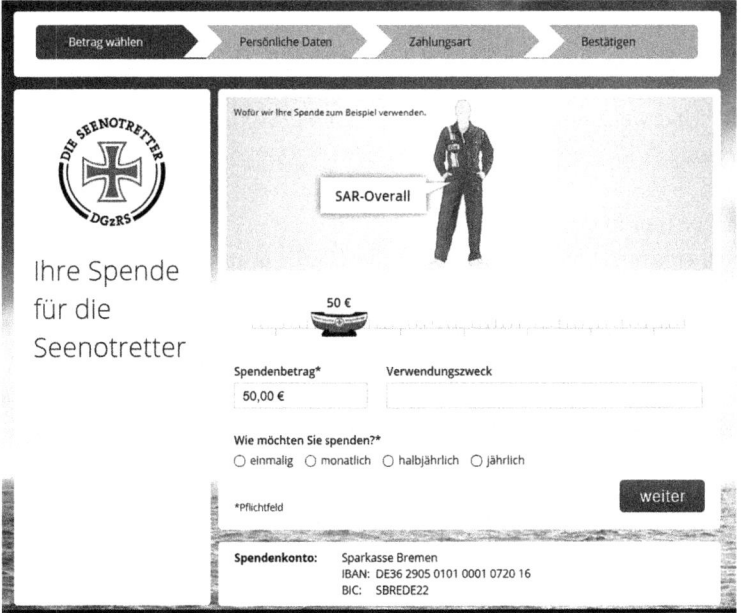

Abb. 2.136 Online-Spendenformular mit Slider. (Quelle: spenden.seenotretter.de/ (Zugriff am 16.03.2018))

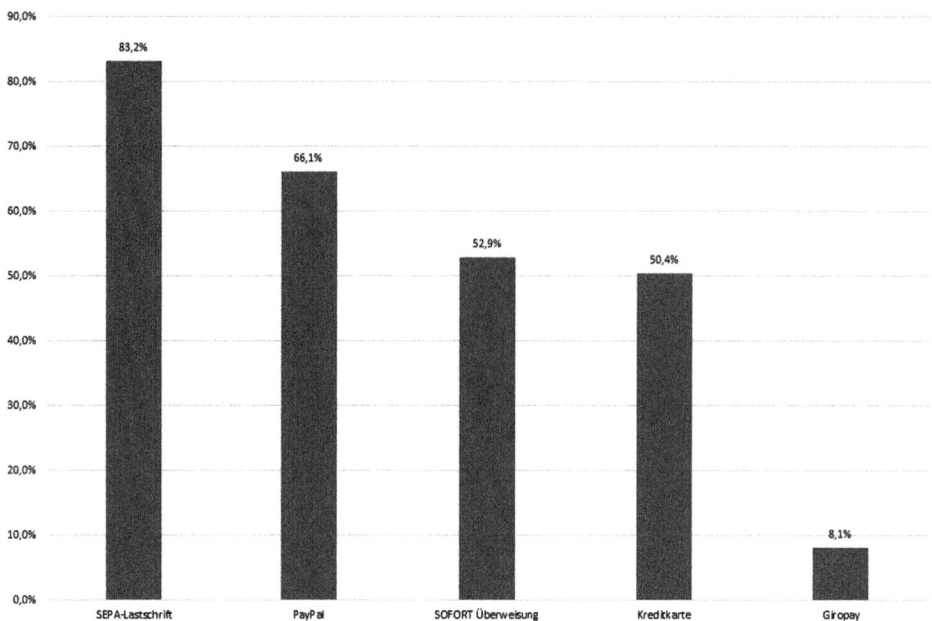

Abb. 2.137 Nutzung der Zahlungsverfahren Online in Deutschland. (Quelle: *Altruja* Online-Fundraising Studie 2017)

- SEPA-Lastschrift,
- PayPal,
- Kreditkarte,
- SOFORT Überweisung (ab 2017 nur noch „SOFORT"),
- Überweisung,
- Giropay,
- PostFinance (nur in der Schweiz).
- EPS-Überweisung (Electronic Payment Standard, nur in Österreich),

Nach der *Online-Fundraising Studie 2017* der Online-Fundraising-Agentur *Altruja*, die 1646 gemeinnützige Organisationen aus Deutschland, Österreich und der Schweiz untersucht, werden von Online-Spendern in Deutschland (siehe Abb. 2.137), Österreich (siehe Abb. 2.138) und Schweiz (siehe Abb. 2.139) sehr unterschiedliche Zahlungsverfahren genutzt.

Über diese „klassischen" Zahlungsverfahren hinaus, bieten manche Online-Spendenformulare dem Spender noch weitere Zahlungsverfahren an.

Beispiel

Das Online-Spendenformular der *DKMS* (ehemals *Deutschen Knochenmarkspenderdatei*) bietet zusätzlich die Möglichkeit der SMS-Spende (siehe Abb. 2.140).

2.7 Online-Fundraising

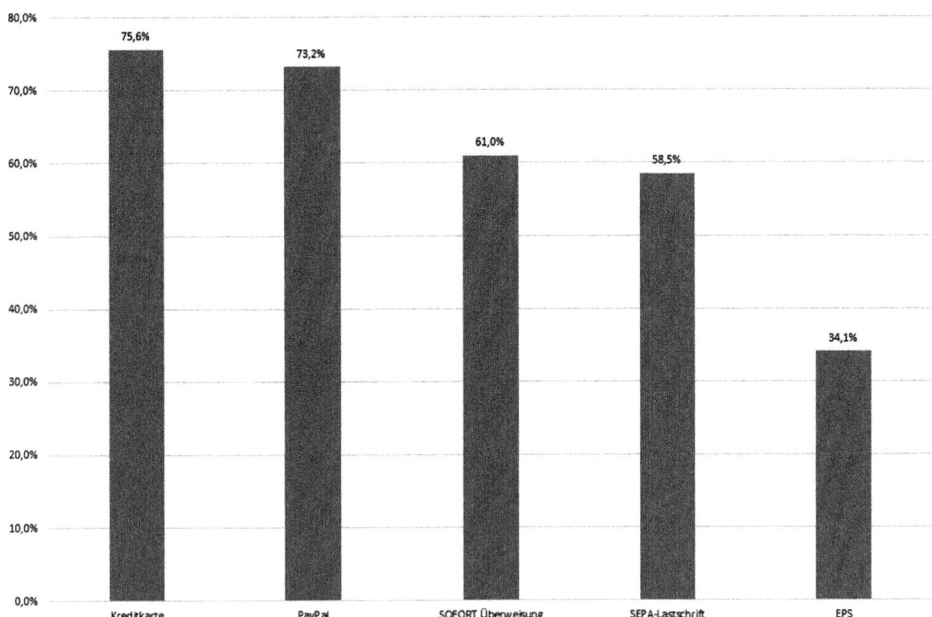

Abb. 2.138 Nutzung der Zahlungsverfahren Online in Österreich. (Quelle: *Altruja* Online-Fundraising Studie 2017)

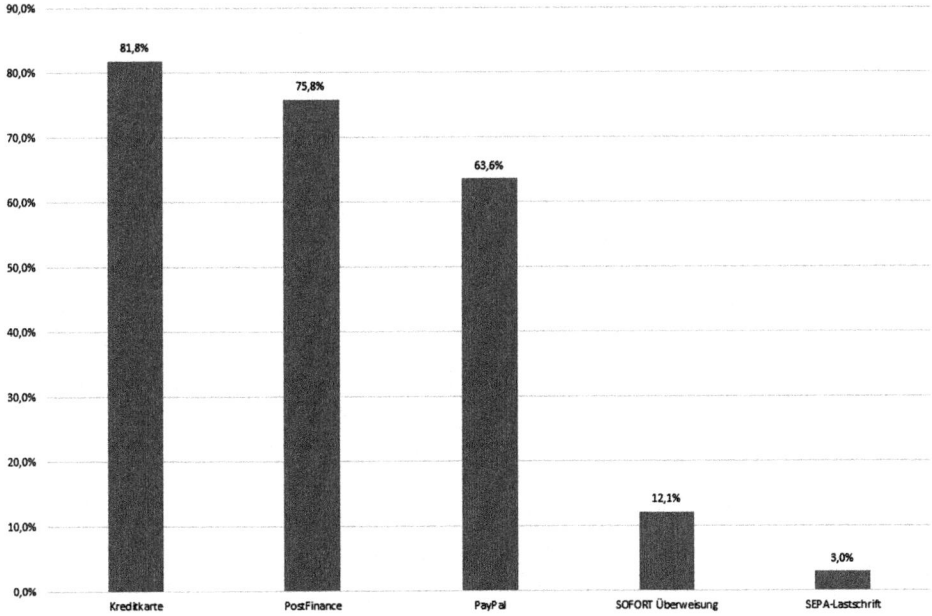

Abb. 2.139 Nutzung der Zahlungsverfahren Online in der Schweiz. (Quelle: *Altruja* Online-Fundraising Studie 2017)

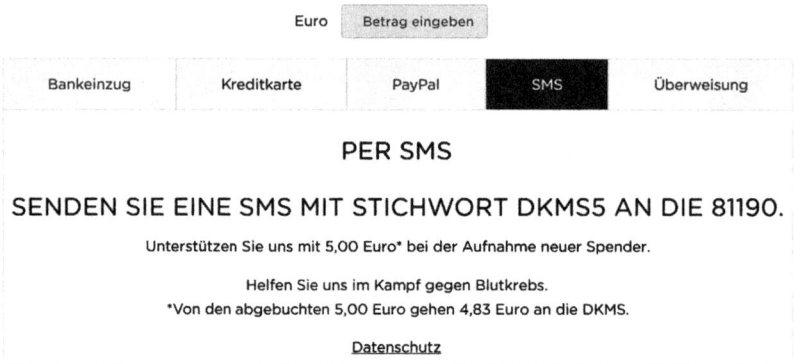

Abb. 2.140 Spendenformular der DKMS mit Möglichkeit der SMS-Spende. (Quelle: DKMS.de (Zugriff am 16.03.2018))

> **Beispiel**
>
> Die Kinderhilfsorganisation *Jugend eine Welt Österreich* bietet ihren Spendern zusätzlich die Möglichkeit der Bitcoin-Spende (siehe Abschn. 2.4.7). Dafür hat sie – sehr vorausschauend – den Domain-Namen bitcoinspenden.at reserviert (siehe Abb. 2.141).

Es gibt Online-Spendenformulare für verschiedene Spendenprodukte. Das Online-Spendenformular für die **Einzelspende** kann immer auch für die **Dauerspende** genutzt werden, wenn ein Spender in der Rubrik „Intervall festlegen" statt „einmalig" die Option „monatlich", „vierteljährlich", „halbjährlich" oder „jährlich" wählt. Daneben gibt es spezielle Online-Spendenformulare für **Spendenaktionen** (siehe Abschn. 2.3.3.4) bzw. **Anlassspenden** (siehe Abschn. 2.3.3.3) und **SMS-Spenden** (siehe Abb. 2.140).

Mittlerweile gibt es eine ganze Reihe von **Anbietern von Online-Spendenformularen**. Hier eine Auswahl von Anbietern (in alphabetischer Reihenfolge), die aufgrund der hohen Dynamik in diesem Bereich keinen Anspruch auf Vollständigkeit erheben kann und will (es empfiehlt sich deshalb immer auch ein Blick auf die ständig aktualisierten Dienstleisterlisten der Fundraising-Verbände):

- *Altruja* (altruja.de/spendenformular.html).
- *Bank für Sozialwirtschaft* (sozialbank.de/angebot/fundraising/bfs-nettool-xxl.html).

2.7 Online-Fundraising

Abb. 2.141 Möglichkeit der Bitcoin-Spende. (Quelle: bitcoinspenden.at (Zugriff am 14.12.2017))

- *Betterplace* (betterplace.org/de/collect-donations/donation-form).
- *FundraisingBox* (fundraisingbox.com/online-donation-forms).
- *GLS eSpende* (gls.de/gemeinnuetzige-kunden/zahlungsverkehr/gls-espende)
- *Grün Spendino* (gruen.net/spendino/online-spenden/spendenformular).
- *HelpDirect* (helpdirect.org/informationen/chancen-fuer-organisationen).
- *RaiseNow* (raisenow.com/de/produkte/spendenformulare).
- *Twingle* (twingle.de).

Bei der Suche nach dem geeignetsten Anbieter von Online-Spendenformularen sollte sich eine Organisation an den folgenden **Auswahlkriterien** orientieren:

- Wie **individuell** lässt sich das Online-Spendenformular durch eine Organisation gestalten um ihren CD-Richtlinien gerecht werden zu können?
- Lässt sich das Online-Spendenformular bei Bedarf auch **international** und in **anderen Sprachen** einsetzen?
- Kann das Spendenformular auch problemlos mit mobilen Endgeräten aufgerufen werden (**Responsiveness**)?
- Kann das Online-Spendenformular **Falscheingaben erkennen**?
- Kann die Organisation über die in das Online-Spendenformular eingegebenen **Spenderdaten verfügen**?
- Kann das Online-Spendenformular einen (Online-)Spender **wiedererkennen** um ihm schnelle und bequeme Folgespenden zu ermöglichen?
- Welche **Schnittstellen** gibt es zu anderer von der Organisation verwendeter Software (z. B. zur Fundraising-Datenbank, für den E-Newsletter-Versand etc.)?
- Ermöglicht das Online-Spendenformular **E-Commerce-Tracking** (aus dem *Google* Analytics-Konto) und **Conversion-Tracking** (aus dem *Google* AdWords-Konto)?

- Gewährleistet das Online-Spendenformular **Datensicherheit** und **Datenschutz** (nach der 2018 in Kraft getretenen Datenschutz-Grundverordnung (DSGVO) der EU)?
- Bietet das Online-Spendenformular evtl. benötigte, **zusätzliche Funktionalitäten** wie z. B. einen Spenden-Shop, Spendenaktionen etc.?
- Welche **Kosten** fallen für die Nutzung des Online-Spendenformulars an? Gibt es eine (Monats-)Pauschale oder erfolgsabhängige Kosten (prozentualer Anteil an den Spenden)? Grundsätzlich gilt: Organisationen mit einem kleineren (zu erwartenden) Online-Spendenvolumen bevorzugen prozentual anfallende Kosten, die nur fällig werden, wenn auch Spendeneinnahmen dagegen stehen. Organisationen mit einem größeren (zu erwartenden) Online-Spendenvolumen bevorzugen dagegen Pauschalen, die prozentual zu den eingeworbenen Online-Spenden gering ausfallen.
- Fallen einmalige **Einrichtungskosten** zu Beginn der Nutzung des Online-Spendenformulars an?
- Wie viele **Varianten** des Online-Spendenformulars sind im Preis inbegriffen?
- Gehen Spenden über das Online-Spendenformular **direkt** bei der Organisation ein (oder zunächst bei einem Dritten)?
- Welche **Zahlungsverfahren** ermöglicht das Online-Spendenformular (SEPA-Lastschrift, PayPal, Kreditkarte(n), SOFORT Überweisung, Überweisung, Giropay, PostFinance (nur in der Schweiz), EPS-Überweisung (nur in Österreich), SMS)? Je mehr Zahlungsverfahren zur Verfügung stehen, umso besser! Auch ist das Angebot mehrerer Kreditkarten-Anbieter besser als nur einer!
- Welche **(Sonder-)Konditionen** haben die Anbieter von Online-Spendenformularen mit den Anbietern der Zahlungsverfahren für gemeinnützige Organisationen ausgehandelt?
- Kann über A/B-Tests (siehe Abschn. 6.1.2.7) das optimale Design für das Online-Spendenformular ermittelt werden?
- Welches Level an **Datensicherheit** bietet das Online-Spendenformular? Steht eine Zwei-Faktor-Authentifizierung (z. B. der *Google Authenticator*) zur Verfügung?
- Hilft der Anbieter des Online-Spendenformulars bei Problemen mit einer **Service-Hotline**, am besten 7/24?

Wenige, meist große Organisationen finden bei den genannten Anbietern nicht das gewünschte Online-Spendenformular und lassen es sich deshalb ein **eigenes** Online-Spendenformular **individuell** programmieren. Solche Lösungen sind nicht unter 5000 € (Stand 2017) zu haben und können noch erheblich teurer werden. Der erhoffte Vorteil liegt neben der vollkommen freien Gestaltung und besseren technischen Lösungen (z. B. im Bereich des Trackings) in mittel- und langfristig geringeren Kosten. Wird ein sehr großes Online-Spendenvolumen erwartet, können solch hohe Kosten trotzdem wieder in einem günstigen Verhältnis zu den Einnahmen stehen, da keine laufenden Zahlungen an einen Anbieter mehr anfallen. Nachteile eines individuell programmierten Online-Spendenformulars liegen darin, dass die Kooperation mit den verschiedenen Anbietern der Zahlungsverfahren selbst organisiert werden muss, und evtl. gewünschte zusätzliche Funktionalitäten (wie

z. B. Tools für einen Spenden-Shop und Spendenaktionen) ebenfalls selber entwickelt werden müssen.

▶ **Tipps**

- Die Auswahl des besten Online-Spendenformulars für eine Organisation ist anspruchsvoll!
  Lassen Sie sich (insbesondere als Einsteiger ins Fundraising) von einem erfahrenen Online-Fundraising-**Berater** unterstützen!
- Fragen Sie die in die engere Auswahl kommenden Anbieter nach **Referenzen** und sprechen Sie mit Vertretern von Referenz-Organisationen, die in einer ähnlichen Größenordnung wie Ihre eigene Organisation sind!

Ein Online-Spendenformular kann nun auf der Website (siehe Abschn. 2.7.1.2), auf Social Media Sites (siehe Abschn. 2.7.1.3) oder ins Mobile Fundraising (siehe Abschn. 2.7.1.4) einer gemeinwohlorientierten Organisationen eingebunden oder im Rahmen von Spendenplattformen (siehe Abschn. 2.7.1.5) genutzt werden.

2.7.1.2 Website

Die **Website** einer gemeinwohlorientierten Organisation ist das Herzstück ihres Online-Fundraising. Laut *Online-Fundraising Studie 2017* der Online-Fundraising-Agentur *Altruja* verfügen 96,3 % der Organisationen in Deutschland über eine eigene Website (98,0 % in Österreich, 98,7 % in der Schweiz).[121] Aus Fundraising-Sicht sollte die Website beides sein, Kommunikationskanal (siehe Abschn. 2.7.2) *und* Vertriebskanal für *alle* Spendenprodukte. Erstaunlicherweise nutzen laut dieser Studie aber nur 81,7 % der Organisationen in Deutschland (88,1 % in Österreich, 78,8 % in der Schweiz) ihre Website durch Integration eines Online-Spendenformulars auch als Vertriebskanal.[122] Dabei ist die Integration eines Online-Spendenformulars auch für kleine Organisationen mit Hilfe der oben erwähnten Anbieter längst kostengünstig und technisch unproblematisch machbar. Keine noch so kleine Organisation sollte heutzutage mehr auf ein Online-Spendenformular verzichten!

44,3 % der Organisationen in Deutschland (16,7 % in Österreich, 36,4 % in der Schweiz) integrieren auf ihrer Website anstelle oder in Ergänzung eines Online-Spendenformulars lediglich einen Link auf eine **Spendenplattform**, auf der sie einzelne Projekte oder die Organisation als Ganzes eingestellt haben (siehe Abschn. 2.7.1.5).[123] Die bloße **Angabe der Bankverbindung** einer Organisation auf ihrer Website (von 85,3 % der Organisationen in Deutschland, 92,9 % in Österreich, 90,9 % in der Schweiz) löst jedoch keine Online- sondern nur eine Offline-Spende aus (siehe Abschn. 2.7). Trotzdem sollte die Bankverbindung auf einer Website immer angegeben werden, da viele, vor allem

---

[121] Vgl. Altruja Online-Fundraising Studie 2017, S. 15.
[122] Vgl. Altruja Online-Fundraising Studie 2017, S. 33.
[123] Vgl. Altruja Online-Fundraising Studie 2017, S. 33.

ältere Spender der Sicherheit von Zahlungen im Internet immer noch misstrauen. Sie ziehen es daher vor, auf dem klassischen Wege offline zu spenden, oder zumindest über das gewohnte Online-Banking.

Im Idealfall (aus Sicht des Fundraising, nicht unbedingt aus Sicht der Öffentlichkeitsarbeit, siehe Abschn. 2.6.2) wird auf die Möglichkeit zur Online-Spende **direkt auf der Homepage** bzw. Startseite einer Website hingewiesen. Je prominenter, umso besser. Am besten an der Stelle mit der höchsten Blickfrequenz einer Homepage, links oben. Manche Organisationen sind sogar dazu übergegangen, dort nicht nur die Einzelspende sondern daneben auch gleich die für die Organisation so wichtige Dauerspende mit einem eigenen Button anzubieten.

> **Beispiel**
>
> Die Kinderhilfsorganisation *SOS-Kinderdorf* bietet gleich auf ihrer Startseite (siehe Abb. 2.142) und sogar mehrfach nicht nur die Einzelspende an, sondern – noch prominenter – die Dauerspende („Patenschaft übernehmen", „Regelmäßig helfen"). Daneben auch gleich die Testamentspende sowie Hilfsmöglichkeiten für Unternehmen (siehe Kap. 3) und Stiftungen (siehe Kap. 4).

Nicht nur von der Startseite sondern auch von **jeder Unterseite** aus sollte jeder Besucher der Website deutlich wahrnehmbar auf die Möglichkeit der Online-Spende hingewiesen werden, die nur einen Klick entfernt erreichbar sein sollte. Dies wird z. B. durch den Einsatz eines Störers möglich (trotz seines zugegebenermaßen wenig sympathischen Namens). Störer auf einer Website sind grafische Elemente, die dadurch Aufmerksamkeit erzielen, dass sie den Blickverlauf des Besuchers stören. Stört er zu stark, kann er vom Besucher i. d. R. weggeklickt werden.

> **Beispiel**
>
> Die Flüchtlingshilfsorganisation *UNO-Flüchtlingshilfe* blendet auf jeder Unterseite ihrer Website nicht nur rechts oben je einen Button für eine Einzel-/Dauerspende und einen Spenden-Shop ein, sondern auch am unteren Rand des Browsers einen Störer (siehe Abb. 2.143), der auf die Möglichkeit von Online-Spenden hinweist: „Online Spenden und Leben retten!".

Gelangt ein Besucher auf diesen Wegen zur **Spendenseite** (Unterseite der Website, auf der erläutert wird, wie gespendet werden kann), so sollte ihm dort zunächst die **gesamte Auswahl aller** von der Organisation **angebotenen Spendenprodukte** überblicksartig vorgestellt und erläutert werden: Einzel-, Dauer-, Groß- und Testamentspende, aber auch Anlass-, Mikro- oder Restgeldspende sowie Spendenaktion.

2.7 Online-Fundraising

Abb. 2.142 Prominenter Spendenhinweis gleich auf der Startseite. (Quelle: sos-kinderdorf.de/portal (Zugriff am 16.03.2018))

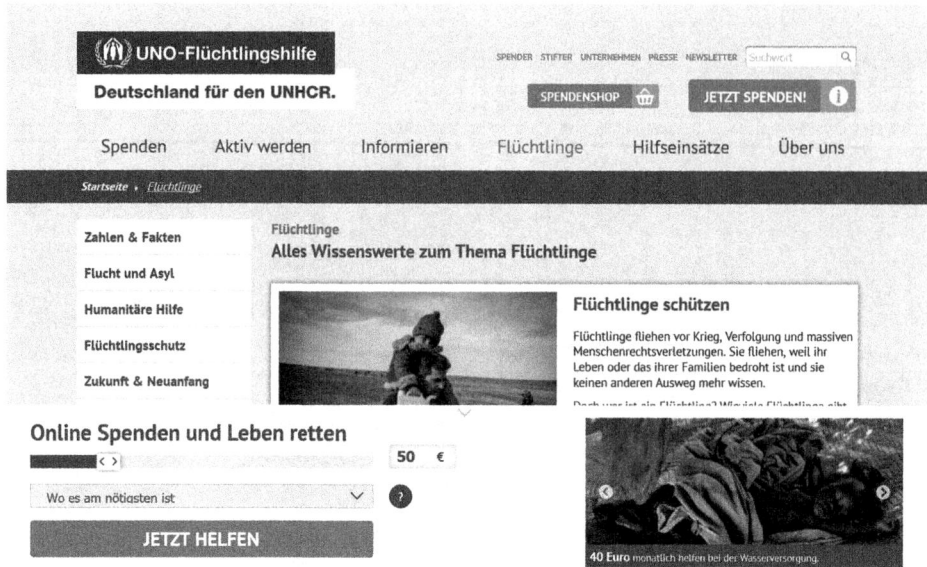

Abb. 2.143 Homepage mit Störer auf jeder Unterseite. (Quelle: uno-fluechtlingshilfe.de (Zugriff am 16.03.2018))

> **Beispiel**
>
> Die Natur- und Artenschutzorganisation *WWF Deutschland* bietet auf ihrer Spendenseite zunächst einen Überblick über alle, von ihr angebotenen Spendenprodukte auf jeder Stufe der Spenderpyramide an (siehe Abb. 2.144, Menüleiste links). Anschließend bietet der WWF für jedes Spendenprodukt ein eigenes Online-Spendenformular an: Einzelspende (siehe Abb. 2.145) und Dauerspende (siehe Abb. 2.146) ebenso wie Großspende (siehe Abb. 2.147) und Testamentspende (siehe Abb. 2.148). Wobei Letztere auf der Website eher kommuniziert als vertrieben werden. Der endgültige Abschluss erfolgt i. d. R. nach ausführlicher Beratung im Rahmen des persönlichen Vertriebs. Sollte ein potenzieller Spender durch die Vielzahl der angebotenen Produkte den Überblick verlieren, so bietet ihm ein Widget Beratung durch einen telefonischen Ansprechpartner an.

Zum einen kann eine Organisation auf ihrer Spendenseite mit Hilfe von Online-Spendenformularen also selber Spender akquirieren. Zum anderen kann sie aber auch interessierten Privatpersonen (wie übrigens auch Unternehmen, siehe Abschn. 3.2.4) ermöglichen, eine **Spendenaktion** in eigenem Namen zugunsten der Organisation zu starten (siehe Abschn. 2.3.3.4). Diese Privatpersonen werden so zu (freiwilligen) Fundraisern der Organisation.

2.7 Online-Fundraising

Abb. 2.144 Spendenseite mit Überblick über alle angebotenen Spendenprodukte. (Quelle: wwf.de/spenden-helfen/ (Zugriff am 16.03.2018))

> **Beispiel**
>
> Die Kinderhilfsorganisation *Rote Nasen* bietet auf ihrer Spendenseite das Produkt (Spenden-)Aktion (für Privatpersonen und Firmen) an (siehe Abb. 2.149).

Ein so prominent platziertes Angebot der Spendenprodukte auf der Start- und allen Unterseiten ist jedoch nur dann möglich, wenn eine Organisation bereit ist, ihrem Fundraising eine solche Bedeutung auf der Website einzuräumen. Manche Organisationen sind

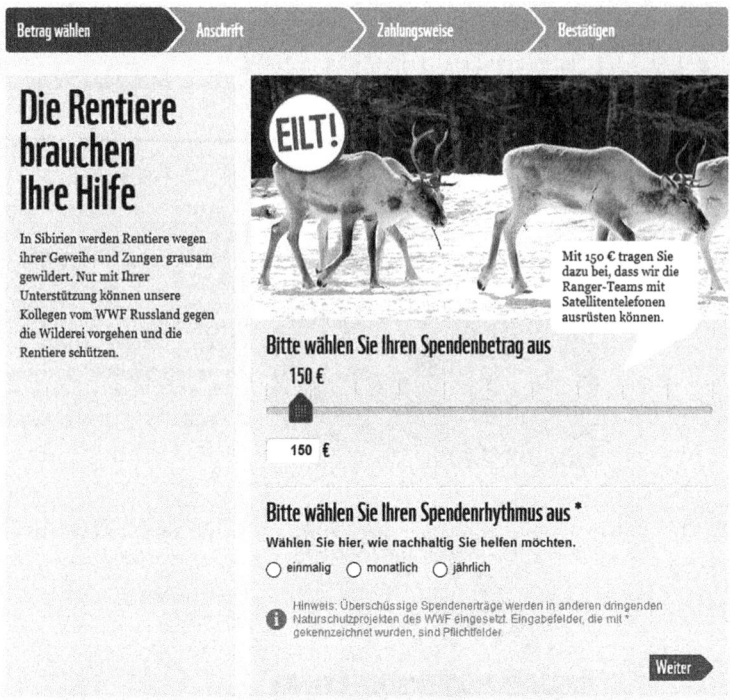

Abb. 2.145 Angebot der Einzelspende auf Website. (Quelle: wwf.de/spenden-helfen/fuer-ein-projekt-spenden/ (Zugriff am 16.03.2018))

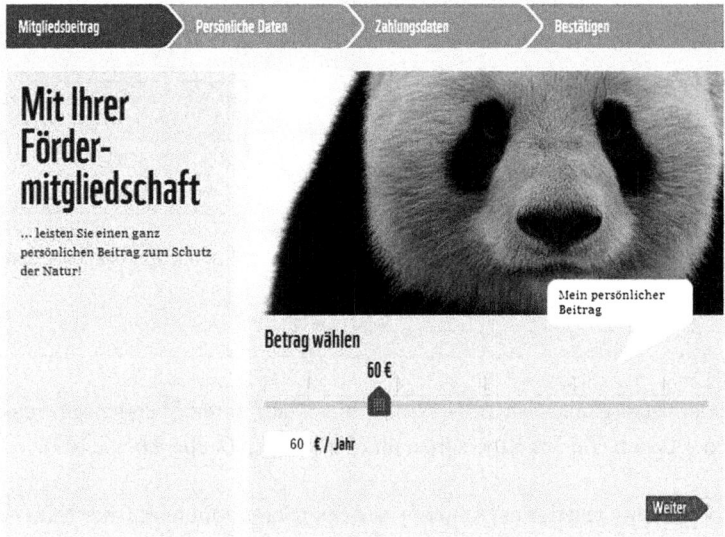

Abb. 2.146 Angebot der Dauerspende auf Website. (Quelle: wwf.de (Zugriff am 23.05.2013))

2.7 Online-Fundraising

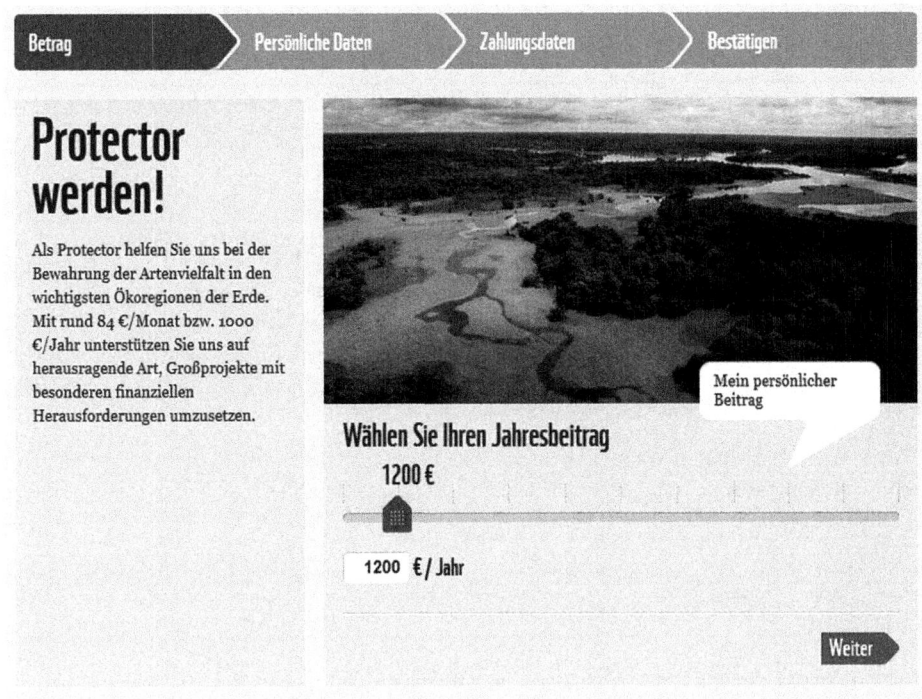

Abb. 2.147 Angebot der Großspende auf Website. (Quelle: wwf.de (Zugriff am 23.05.2013))

dazu nicht bereit, und sehen in ihrer Website in erster Linie ein Tool der Öffentlichkeitsarbeit und damit einen Kommunikations-, weniger oder gar nicht einen Vertriebskanal. Im Vorfeld der Gestaltung einer Website ist deshalb unbedingt zu diskutieren und zu klären, welche Zielsetzung die Website verfolgen soll (siehe hierzu auch Abschn. 2.6.2). Anschließend ist zu entscheiden, welchen inhaltlichen, optischen, technischen und sozialen Anforderungen eine Website genügen soll.[124]

Mit Aufkommen und rasanter Verbreitung der Smartphones ab dem Jahr 2007 haben viele Organisationen zusätzlich zu ihrer „normalen" Website noch eine separate **mobile Website** programmieren lassen, die mit „abgespeckten Inhalten" ausschließlich für die mobile Nutzung optimiert wurde. Erkennbar sind mobile Websites am Zusatz „m." vor dem eigentlichen Domain-Namen (z. B. m.greenpeace.org). Steuert ein potenzieller Spender die Website einer Organisation an, die auch über eine mobile Website verfügt, so wird der potenzielle Spender auf Wunsch oder automatisch auf die mobile Website weitergeleitet. Mit Aufkommen und Verbreitung des Responsive Design sowie immer leistungsfähigeren Smartphone-Prozessoren dürfte die Bedeutung einer mobilen Website in

---

[124] Vgl. Reschke, J., Meid, M.: Anforderungen an Internetseiten. In: Fundraising-Akademie (Hrsg.) Fundraising – Handbuch für Grundlagen, Strategien und Methoden, 5. Aufl., Springer Gabler, Wiesbaden 2016, S. 714–720.

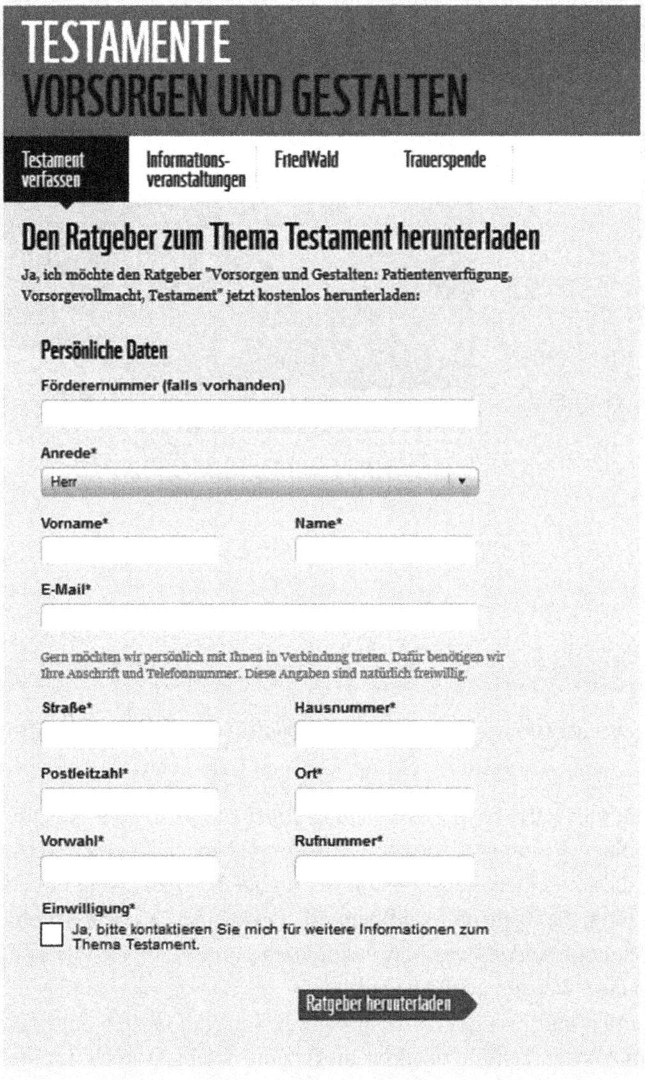

Abb. 2.148 Angebot der Testamentspende auf Website. (Quelle: wwf.de (Zugriff am 15.12.2017))

Zukunft jedoch wieder abnehmen. Beim Responsive Design passt sich eine Website in Navigation, Bildschirmauflösung und Seitenstruktur an das (mobile oder stationäre) Endgerät und die Größe seines zur Verfügung stehenden Bildschirms an. Selbstverständlich sollten auch und gerade Online-Spendenformulare (siehe Abschn. 2.7.1.1) über ein Responsive Design verfügen.[125]

---

[125] Vgl. Prescher, K.: Mobile Zugangswege. In: Fundraising-Akademie (Hrsg.) Fundraising – Handbuch für Grundlagen, Strategien und Methoden, 5. Aufl., S. 720–725. Springer Gabler, Wiesbaden (2016).

2.7 Online-Fundraising

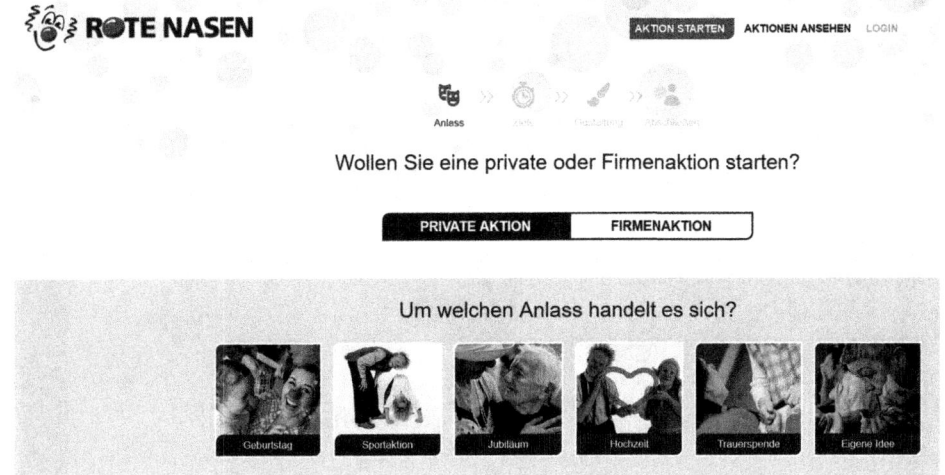

Abb. 2.149 Angebot Spendenaktion auf Website. (Quelle: rotenasen.de (Zugriff am 15.12.2017))

Hat ein potenzieller Spender eine Website gefunden und besucht, interessiert er sich ganz offensichtlich für die Organisation. Das muss jedoch nicht unbedingt heißen, dass er beim ersten Besuch der Website auch gleich spenden möchte. Um eine Beziehung im Sinne des Relationship Fundraising zu diesem Interessenten aufbauen zu können, muss es einer Organisation gelingen, in den Dialog mit dem Interessenten zu kommen. Dafür benötigt sie zumindest seine E-Mail-Adresse. Um die E-Mail-Adresse von einem Besucher ihrer Website zu erhalten, sollte eine Organisation ihm attraktive Angebote unterbreiten:

- Kostenloses Abonnement eines E-Newsletter. Beispiel: Die Umweltschutzorganisation *Greenpeace* bietet Besuchern ihrer Website das kostenlose Abonnement eines E-Newsletter an (siehe Abb. 2.150).
- Unterzeichnung einer dringenden Petition. Beispiel: Die Umweltschutzorganisation *Greenpeace* bietet Besuchern ihrer Website die Unterzeichnung einer Petition an (siehe Abb. 2.150).
- Download-Möglichkeit für ein interessantes E-Book. Beispiel: Eine Menschenrechtsorganisation bietet Besuchern ihrer Website ein eBook zum Thema „Situation der Frauen in Saudi Arabien" an.
- Teilnahme an einer wichtigen Kampagne.
- Teilnahme an einem Webinar.
- Versandmöglichkeit von E-Cards. Beispiel: Die Naturschutzorganisation *WWF Deutschland* bietet Besuchern ihrer Website den kostenlosen Versand von E-Cards an (siehe Abb. 2.151).

Voraussetzung dafür, dass der Besucher einer Website der Organisation seine E-Mail-Adresse überlässt, ist Vertrauen. Deshalb sollten (insbesondere junge, noch nicht eta-

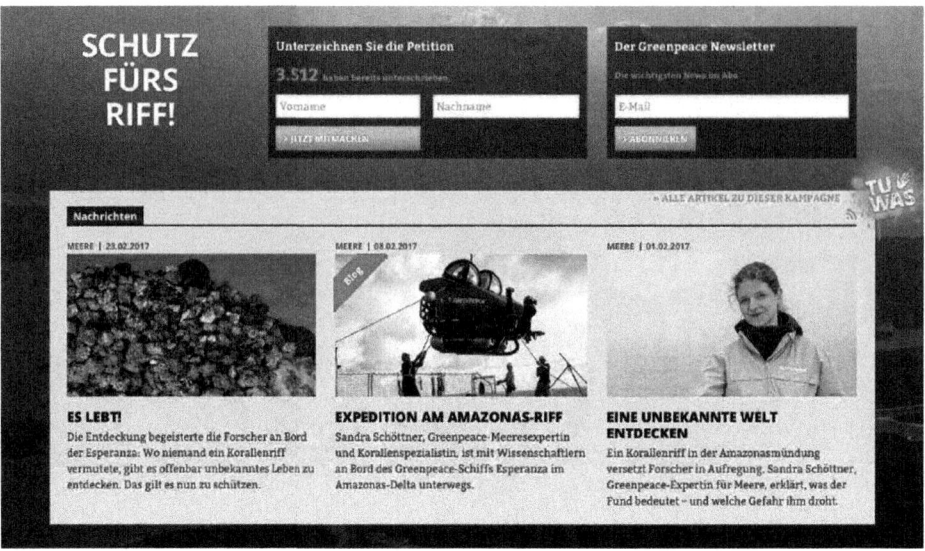

Abb. 2.150 Gewinnung von E-Mail-Adressen durch Angebot E-Newsletter und Petition. (Quelle: greenpeace.de (Zugriff am 27.10.2017))

blierte) Organisationen gleich auf ihrer Homepage alles dafür tun, das **Vertrauen** eines Besuchers zu erlangen. Dies kann im Einzelnen durch folgende Maßnahmen erreicht werden:

- Abbildung prominenter Testimonials (siehe Abb. 2.172), die hohes Vertrauen in der Zielgruppe genießen,
- Hinweis auf DZI-Spenden-Siegel, Transparenz-Preis etc.,
- Einfache Kontaktaufnahmemöglichkeit,
- Impressum.

Verfügt eine Organisation über die E-Mail-Adresse eines Interessenten, kann sie ihn mit Hilfe eines E-Newsletters regelmäßig über ihre Projekte informieren und immer wieder auch um eine Spende bitten (siehe Abschn. 2.7.2.4).

Da immer noch viele Organisationen ihre Website nicht als Vertriebskanal für Spenden sehen, ist es entsprechend schwierig bis unmöglich, ihnen Online-Spenden zukommen zu lassen. Nach einer **Studie** des Beratungsunternehmens *kopf.consulting* stellen fast 90 % der 551 untersuchten deutschen Spendenorganisationen dem Online-Spender Hürden in den Weg. Die Bewertung der Websites erfolgte anhand von sieben Kriterien:

- Suchmaschinenoptimierung,
- Optimierung der Website für mobile Geräte (Responsiveness),
- Optimierung der Website durch Leichte Sprache,

2.7 Online-Fundraising

Abb. 2.151 Gewinnung von E-Mail-Adressen über eCards. (Quelle: wwf.de/aktiv-werden/e-cards/ (Zugriff am 17.03.2018))

- Sichtbarkeit und Darstellung des Spendenaufrufs,
- Nutzerfreundlichkeit des Prozesses bis hin zur Spendenrealisierung,
- Umfang der Zahlungsoptionen,
- Transparenz über die Spendenverwendung.[126]

---

[126] Vgl. Kopf, H., Schmolze-Krahn, R.: Spenden unerwünscht? Der hürdenreiche Weg zur Online-Spende. Eine kopf.consulting Studie zum barrierefreien Online-Spenden. Speyer (2017).

2.7.1.3 Social Media

Neben der Website können auch **Social Media** als Vertriebskanäle für das Online-Fundraising eingesetzt werden. Auch wenn sie (selbst aus Fundraising-Sicht) sicherlich in erster Linie Kommunikationskanäle darstellen, mit deren Hilfe eine gemeinwohlorientierte Organisation in Wort, Bild und Video kontinuierlich und aktuell über ihre Arbeit berichtet. Folglich wäre es genauso möglich gewesen, die Social Media erst im Abschn. 2.7.2 zu behandeln. Wegen ihrer zunehmenden Bedeutung als Vertriebskanäle (siehe unten) sollen sie jedoch schon in diesem Kapitel angesprochen werden.

Unter Social Media bzw. sozialen Medien sollen Internet-Anwendungen verstanden werden, die die Herstellung und den Austausch von nutzergenerierten Inhalten (User-generated-Content) ermöglichen. Bevor sich der Begriff Social Media durchsetzte, wurde auch von Web 2.0 bzw. „Mitmachnetz" gesprochen.[127]

Social Media lassen sich in folgende Gruppen einteilen, von denen hier nur die wichtigsten anschließend näher vorgestellt werden können:

- Social Networks bzw. soziale Netzwerke (wie z. B. *Facebook*, *google+*, *Xing* oder *Linked-In*),
- Blogs,
- Mikroblogs (wie z. B. *Twitter*),
- Content Communities (wie z. B. *YouTube*, *Instagram* oder *SlideShare*),
- Wikis (wie z. B. *Wikipedia* oder *Fundraising-Wiki*).

Die am stärksten verbreitetste Gruppe von Social Media sind sicherlich die Social Networks, allen voran **Facebook** mit 31 Mio. Nutzern in Deutschland, 3,7 Mio. Nutzern in Österreich und 3,68 Mio. Nutzern in der Schweiz (Stand September 2017). Laut *Online-Fundraising Studie 2017* der Online-Fundraising-Agentur *Altruja* nutzen knapp Dreiviertel (73,9 %) der gemeinwohlorientierten Organisationen im deutschsprachigen Raum *Facebook* (Deutschland: 72,4 %, Österreich: 83,7 % und Schweiz: 75,0 %). Allerdings haben nur etwa ein Drittel (35,9 %) der Organisationen mehr als 1000 Fans auf Ihren Fanpages.[128]

Facebook wurde von gemeinwohlorientierten Organisationen zunächst nur als Kommunikationskanal genutzt. Sehr schnell integrierten die ersten Organisationen auf ihren Fanpages dann jedoch auch die Möglichkeit, direkt in *Facebook* ein Spendenprodukt kaufen zu können. Somit konnte *Facebook* auch als Vertriebskanal genutzt werden. In einer ersten Phase integrierten Organisationen ein Online-Spendenformular (siehe Abschn. 2.7.1.1) in ihre Fanpage, da von *Facebook* selbst noch keine Spenden-Tools zur Verfügung gestellt wurden.

---

[127] Vgl. Kaplan, Andreas M.; Haenlein, Michael: Users of the World, unite! The Challenges and Opportunities of Social Media, in: Business Horizons (2010) 53, S. 59–68.
[128] Vgl. Altruja Online-Fundraising Studie 2017, S. 15 und S. 23.

2.7 Online-Fundraising

Beispiel

Die Tierschutzorganisation *Peta Deutschland* hat auf ihrer *Facebook* Fanpage ein Online-Spendenformular eingebunden mit dem Einzel- und Dauerspenden getätigt werden können (siehe Abb. 2.152).

In einer zweiten Phase reagierte Facebook auf das Bedürfnis gemeinwohlorientierter Organisationen, über ihre Fanpage Fundraising betreiben zu wollen, mit der Entwicklung eines speziellen Call-to-Action-Buttons „Spenden", der zunächst jedoch nur auf die Spendenseite der Website der Organisation weiterleitete. Erst ab Oktober 2017 stellt *Facebook*

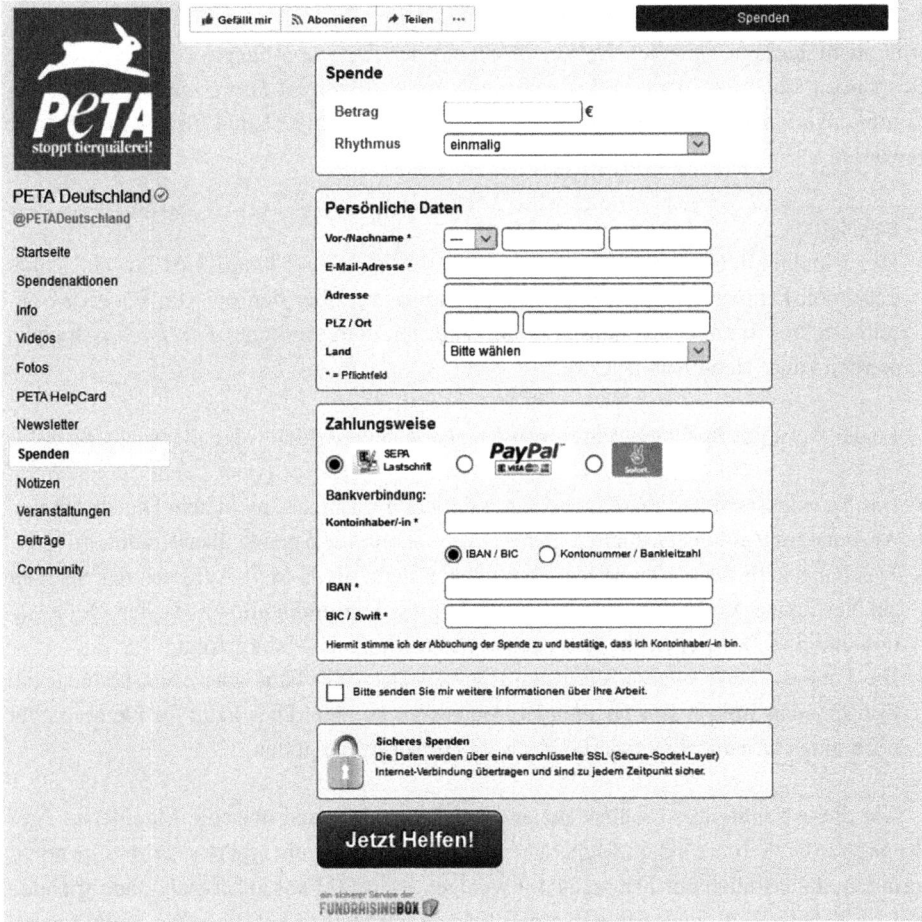

Abb. 2.152 Online-Spendenformular integriert in Facebook-Fanpage. (Quelle: facebook.com/PETADeutschland/ (Zugriff am 27.10.2017))

in einer dritten Phase (auch in Deutschland und Österreich[129]) gemeinnützigen Organisationen (Nachweis über den Freistellungsbescheid des Finanzamtes) die folgenden vier „*Facebook Tools für gemeinnützige Spenden*" (siehe: https://donations.fb.com/de/) kostenlos zur Verfügung:

- Spenden-Button,
- Spendenaktion,
- Geburtstags-Spendenaktion,
- Live-Video-Spendenaktion.

Den neuen **Spenden-Button** kann eine Organisation – wie jeden anderen Call-to-Action-Button auch – selber in ihre Fanpage einbauen. Im Unterschied zu früheren Versionen, ermöglicht der neue Spenden-Button, direkt auf der *Facebook*-Fanpage der Organisation zu spenden, ohne Facebook verlassen zu müssen. Dadurch ist *Facebook* nicht mehr nur Kommunikationskanal sondern auch ein interessanter Vertriebskanal für das Fundraising geworden.

> **Beispiel**
>
> Das Bündnis deutscher Hilfsorganisationen *Aktion Deutschland hilft* hat auf seiner Facebook-Fanpage einen Spenden-Button integriert, über den ein von *Facebook* bereitgestelltes Spendenformular geöffnet wird, mit dem direkt auf *Facebook* gespendet werden kann (siehe Abb. 2.153).

Leider weist der Spenden-Button von *Facebook* derzeit noch folgende Nachteile auf:

- Das Spendenformular von *Facebook* ermöglicht nur Einzel-, nicht aber Dauerspenden.
- Als einziges Zahlungsverfahren bietet *Facebook* nur die Spende über Kreditkarte an.
- *Facebook* stellt der sammelnden Organisation nicht die E-Mail-Adressen der Spender zur Verfügung, um sicherzustellen, dass die Folgekommunikation zwischen Organisation und Spender weiter über *Facebook* (und nicht per E-Mail) erfolgt.
- Die Fanpage einer Organisation muss mindestens 1000 Fans vorweisen können, um den Spenden-Button von *Facebook* einsetzen zu können. Dies kann für kleinere oder noch junge Organisationen anfänglich ein Hindernis darstellen.

Um diese Nachteile zu heilen, bieten viele Organisationen über die Menüleiste ihrer Fanpage zusätzlich noch die Möglichkeit einer Spende über ein eigenes Online-Spendenformular an, das auch auf Fanpages mit weniger als 1000 Fans zusätzlich Dauerspenden und zusätzliche Zahlungsverfahren ermöglicht. Auch können auf diese Weise die für das Relationship-Fundraising so wichtigen persönlichen Daten des Online-Spenders erhoben werden.

---

[129] Eine entsprechende Aussage für die Schweiz lag Anfang 2018 leider noch nicht vor.

2.7 Online-Fundraising

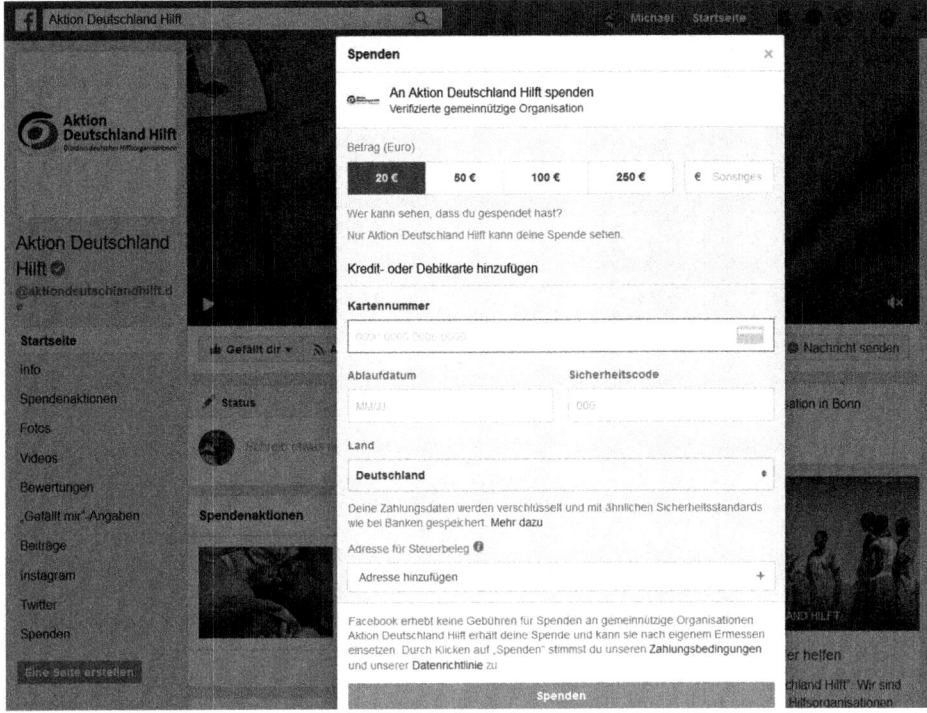

Abb. 2.153 Spenden-Button auf Facebook. (Quelle: facebook.com/aktiondeutschlandhilft.de/ (Zugriff am 09.01.2018))

Mit Hilfe des Tools **Spendenaktion** ermöglicht eine gemeinnützige Organisation den Besuchern ihrer Facebook-Fanpage, eine Spendenaktion unter ihren jeweiligen Facebook-Freunden zugunsten der Organisation zu starten, und so einen viralen Effekt im Sinne des Peer-to-Peer-Fundraising (siehe Abschn. 2.3.3.4) auszulösen.

> **Beispiel**
>
> Das Bündnis deutscher Hilfsorganisationen *Aktion Deutschland hilft* hat auf seiner *Facebook*-Fanpage einen Button „Spendenaktion erstellen" integriert, der anschaulich erläutert, wie jeder Besucher der Fanpage eine Spendenaktion zugunsten der Organisation starten kann (siehe Abb. 2.154).

Hat eine Organisation bereits eine Spendenaktion außerhalb von *Facebook* (z. B. auf ihrer Website) gestartet, so kann sie diese mit Hilfe eines Spenden-API (Application Programming Interface) mit einer Spendenaktion auf *Facebook* synchronisieren.

Sehr ähnlich funktioniert das Tool **Geburtstags-Spendenaktion** von *Facebook*. Der Unterschied zum Tool Spendenaktion besteht darin, dass ein Facebook-User nicht erst die Fanpage einer gemeinnützigen Organisation besuchen muss, um dort auf die Möglichkeit

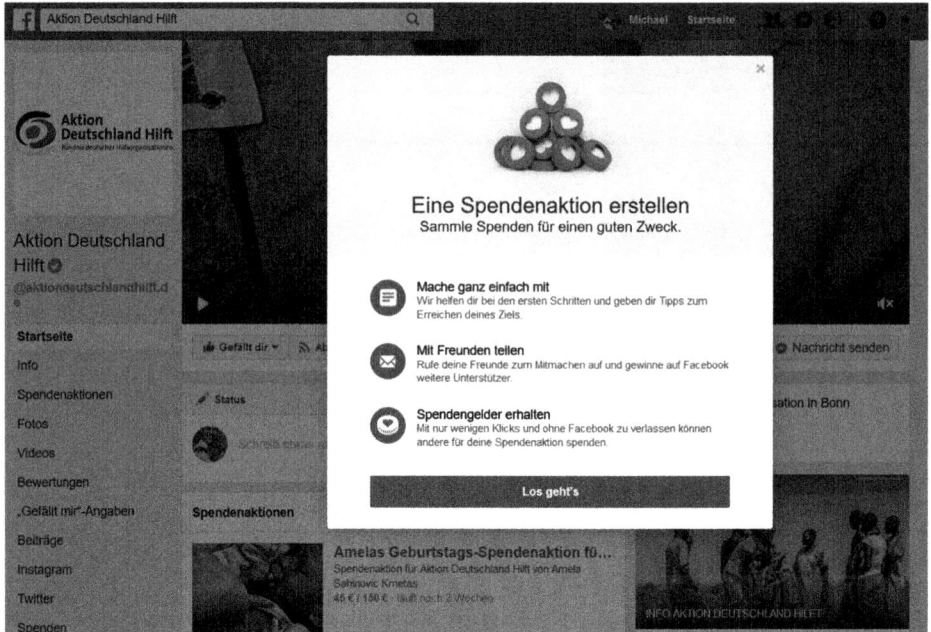

Abb. 2.154 Spendenaktion über Facebook starten. (Quelle: facebook.com/aktiondeutschlandhilft. de/ (Zugriff am 09.01.2018))

einer Spendenaktion zugunsten dieser Organisation aufmerksam gemacht zu werden. Vielmehr wird der Facebook-User wenige Tage vor seinem Geburtstag direkt von *Facebook* kontaktiert und auf die Möglichkeit hingewiesen, selber eine Geburtstags-Spendenaktion zugunsten einer Organisation seiner Wahl direkt über *Facebook* zu starten (siehe Abb. 2.155).

Facebook kennt die Geburtstage aller seiner User, da das Geburtsdatum ein Pflichtfeld bei der Erstellung eines *Facebook*-Accounts darstellt. Da Millionen von Facebook-Usern (sogar mehrfach) kontaktiert werden, stellt diese Kombination aus Anlassspende (siehe Abschn. 2.3.3.3) und Spendenaktion (siehe Abschn. 2.3.3.4) einen mächtigen Multiplikator für das Fundraising einer Organisation dar!

> **Beispiel**
>
> Der *Facebook*-User Jan-Niklas sammelt im Rahmen seiner Geburtstags-Spendenaktion auf *Facebook* 300 € zugunsten der *DKMS LIFE*, einer Tochterorganisation der Deutschen Knochenmarkspenderdatei (siehe Abb. 2.156).

Beim Tool **Live-Video-Spendenaktion** kann eine Organisation eine Spendenaktion in ein Live-Video auf *Facebook* integrieren, in dem über die Organisation und ihre Projekte berichtet wird. Die Zuschauer können damit während des Betrachtens des Live-Videos um Spenden gebeten werden.

2.7 Online-Fundraising

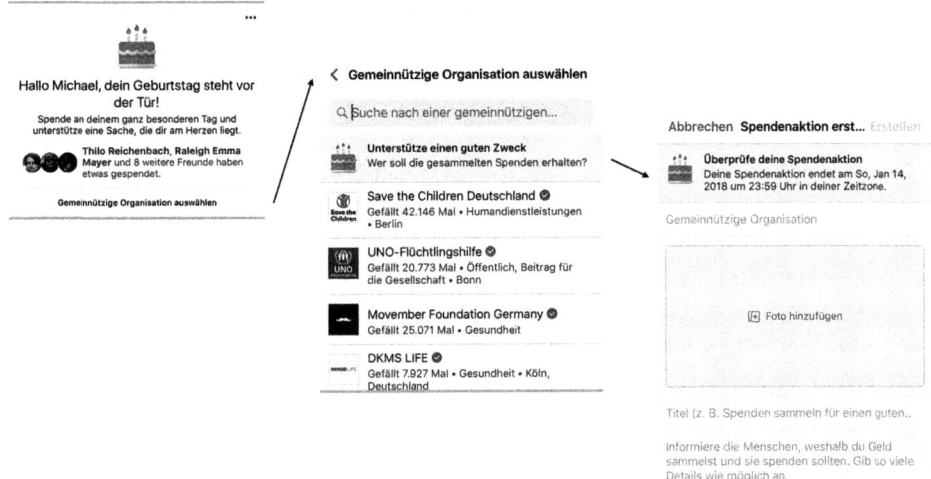

Abb. 2.155 Aufruf von Facebook, eine Geburtstags-Spendenaktion zu starten. (Quelle: Eigene Abbildung auf Basis von facebook.com)

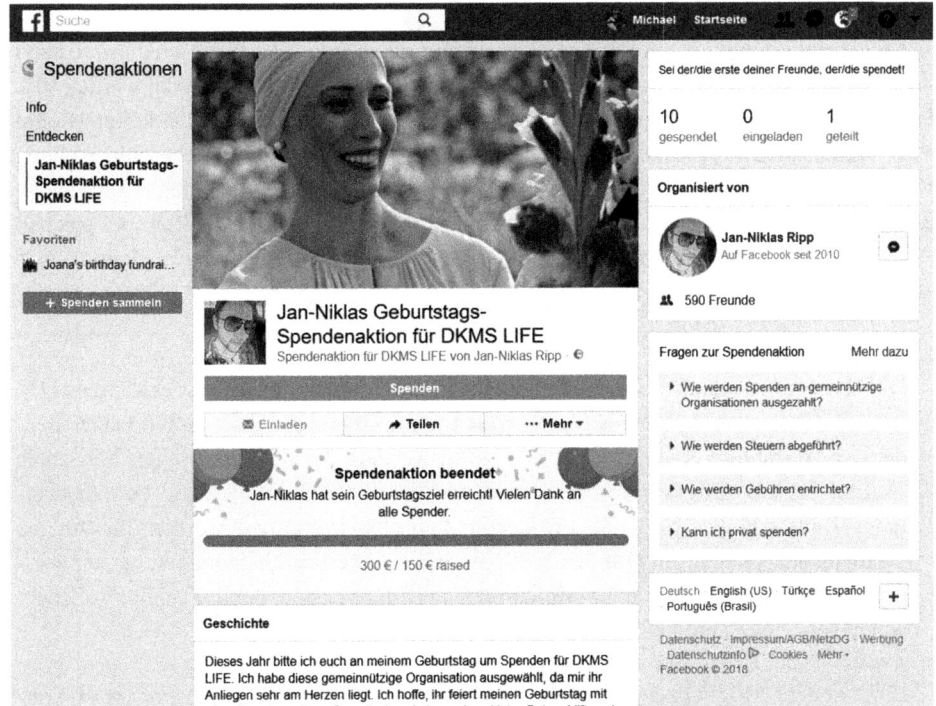

Abb. 2.156 Geburtstags-Spendenaktion über Facebook. (Quelle: facebook.com/DKMSLIFE/ (Zugriff am 09.01.2018))

> **Tipp** Auf der Seite *Facebook for Social Good* (facebook.com/business/a/socialgood) gibt Facebook Tipps und Support rund um den Einsatz von Facebook in Fundraising und Öffentlichkeitsarbeit einer gemeinwohlorientierten Organisation!

Wie bereits erwähnt, werden die beschriebenen vier *Facebook Tools für gemeinnützige Spenden* seit Oktober 2017 kostenlos angeboten. Bis dahin hatte *Facebook* über eine Gebühr in Höhe von 5 % auf die Spendenumsätze partizipiert. Trotzdem profitiert *Facebook* auch weiterhin vom Fundraising, wenn gemeinwohlorientierte Organisationen zusätzlich zu den kostenlosen vier *Facebook Tools für gemeinnützige Spenden* noch kostenpflichtige **Facebook-Werbung** schalten, die entweder direkt im Newsfeed ausgewählter *Facebook*-User oder in der Spalte rechts daneben eingeblendet werden kann.

Beispiel

Das Kinderhilfswerk *UNICEF* schaltet *Facebook*-Werbung zur Gewinnung von (Einzel- und Dauer-)Spendern. Der Hinweis „Unabhängig und nicht mit *Facebook* verbunden" verweist darauf, dass die Spende über die Website von *UNICEF* abgewickelt wird und *Facebook* die dafür anzugebenden Daten somit nicht erhält (siehe Abb. 2.157).

Möchte eine gemeinwohlorientierte Organisation *Facebook*-Werbung schalten, so kann sie genau festlegen, bei welchen Facebook-Usern die Werbung eingeblendet werden soll. So können Streuverluste minimiert werden. Dafür gibt es mehrere Möglichkeiten: Kennt eine Organisation (aus entsprechenden Analysen, siehe Abschn. 6.1) bereits wichtige Merkmale ihrer Spenderzielgruppe (z. B. Altersgruppe, Geschlecht, Bildungsstand, Beruf, Beziehungsstatus, Interessen etc.), so kann sie ihre Werbung ausschließlich bei solchen Facebook-Usern einblenden lassen, die diese Merkmale – soweit *Facebook* bekannt – aufweisen.

Beispiel

Die Naturschutzorganisation *NABU* schaltete zu Beginn für ihr bereits erwähntes Projekt „Willkommen Wolf!" *Facebook*-Werbung mit dem Fundraising-Ziel, Dauerspender („Wolf-Paten") zu werben. Über die Auswertung der demografischen Merkmale Derjenigen, die auf eine Werbeeinblendung klicken, konnte mit Hilfe von Auswertungs-Tools von *Facebook* ein Profil von Zielgruppen ermittelt werden, die auf die Werbung ansprechen. Im Fall des *NABU* waren die Werbeeinblendungen bei der Zielgruppe Frauen im Alter von 30–40 Jahren am erfolgreichsten, die in *Facebook* angegeben haben, einen Hund als Haustier zu besitzen.

Eine weitere Möglichkeit der zielgruppengenauen Einblendung von *Facebook*-Werbung stellt das Angebot **Custom Audience** von *Facebook* dar. Hierbei lädt eine gemeinwohlorientierte Organisation bestimmte Angaben zu bereits in ihrer Fundraising-Datenbank erfassten Menschen (Name, E-Mail-Adresse oder Handynummer) verschlüsselt auf

2.7 Online-Fundraising

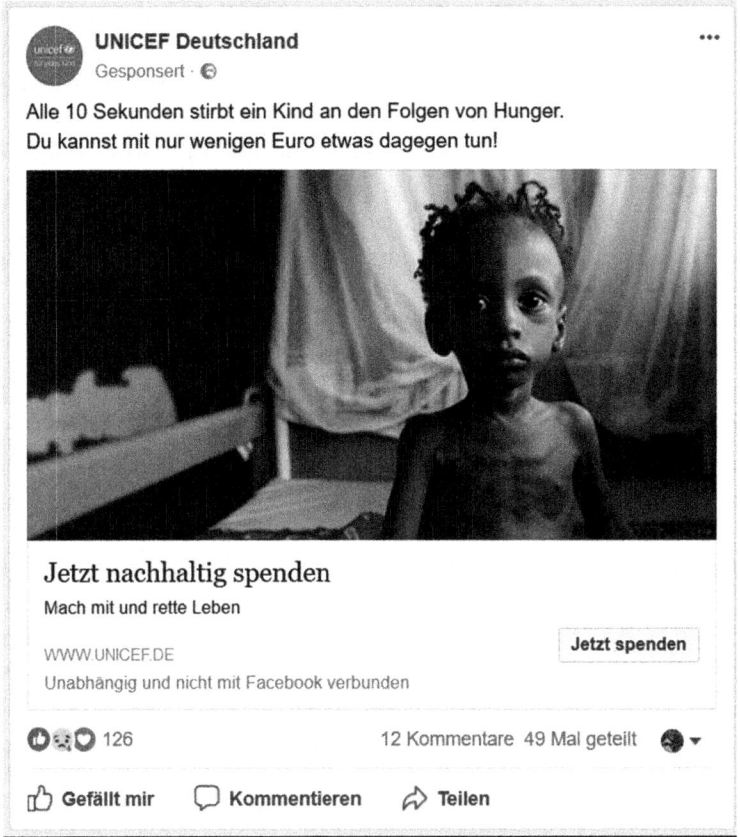

Abb. 2.157 Facebook-Werbung für Spenden zugunsten von UNICEF. (Quelle: facebook.com (Zugriff am 07.12.2017))

Facebook hoch. *Facebook* gleicht über diese Angaben ab, welche der Menschen aus der Fundraising-Datenbank gleichzeitig auch *Facebook*-User sind. Diese Schnittmenge kann als Zielgruppe (Custom Audience) anschließend gezielt mit Facebook-Werbung angesprochen werden. Diese Zielgruppe werblich anzusprechen, hätte eine Organisation freilich auch direkt – also ohne den „Umweg" über *Facebook* – gekonnt. Custom Audience wird jedoch durch ein weiteres Angebot noch attraktiver, das *Facebook* **Lookalike Audiences** nennt. Hierbei selektiert *Facebook* unter seinen Usern diejenigen, deren Merkmalsprofil dem der Custom Audience (und weiteren Usern wie z. B. den Fans der Fanpage der Organisation) möglichst ähnlich sind (engl.: look alike). Auch bei dieser bzw. diesen Zielgruppe(n) der Lookalike Audience(s) kann eine Organisation anschließend *Facebook*-Werbung (und übrigens auch Werbung bei der *Facebook*-Tochter *Instagram*) gezielt einblenden lassen. Ob diese Angebote mit deutschem Datenschutzrecht konform sind, werden erst künftige Klärungen zeigen müssen. Nutzt eine Organisation sie, ist es von größter

Bedeutung, die Erfolge der *Facebook*-Werbung kontinuierlich mit den dafür zahlreich zur Verfügung stehenden Analyse-Tools (z. B. das *Audience Insights* Tool von *Facebook*) auszuwerten, und die Auswertungsergebnisse im weiteren Vorgehen immer wieder neu zu berücksichtigen.

Ähnlich wie bei *Google AdWords* verkauft *Facebook* den Werbeplatz nach dem Auktionsprinzip. Bezahlt wird ein „Preis pro Klick" (Pay-per-Click) oder ein „Preis pro Einblendung" (Pay-per-Impression), der sich nach Angebot und Nachfrage richtet. Leider bietet *Facebook* derzeit noch kein Pro-Bono-Angebot für Werbung für steuerbegünstigte Organisationen an; analog zu *Google*, das seine Werbung (*Google AdWords*) für steuerbegünstigte Organisationen bis zu einem bestimmten Betrag kostenlos als *Google Ad Grants* anbietet (siehe Abschn. 2.7.2.1).

Auch wenn *Facebook* gemeinwohlorientierten Organisationen Einiges an Unterstützung rund um seine *Facebook*-Werbung anbietet, ist die Materie doch so komplex, dass sich zumindest Einsteiger bei erfahrenen Online-Fundraising-Beratern (siehe Dienstleisterlisten der Fundraising-Verbände) Unterstützung holen sollten.

Neben Social Networks lassen sich auch **Blogs** sehr gut für das Fundraising nutzen. Laut *Online-Fundraising Studie 2017* der Online-Fundraising-Agentur *Altruja* setzen 10,4 % der gemeinwohlorientierten Organisationen im deutschsprachigen Raum Blogs ein (D: 9,7 %, A: 11,2 %, CH: 11,8 %).[130] Da man Online-Spendenformulare (siehe Abschn. 2.7.1.1) auch in Blogs integrieren kann (und sollte!), sind Blogs nicht nur Kommunikationskanäle, die über die Arbeit einer Organisation berichten, sondern eben auch Vertriebskanäle, über die direkt gespendet werden kann. Dazu sollte in jeden Blogbeitrag immer auch ein Banner integriert sein, das auf die Möglichkeit der Spende für das beschriebene Projekt hinweist und auf das Online-Spendenformular im Blog verlinkt.

> **Beispiel**
>
> Das Hilfswerk *DRK* betreibt einen eigenen DRK-Blog (blog.drk.de) um z. B. im Rahmen der Katastrophenhilfe direkt aus Krisengebieten berichten zu können (siehe Abb. 2.158). Die Blogs können direkt von Projektmitarbeitern vor Ort geführt werden. Sie müssen also nicht den „Umweg" über eine Kommunikationsabteilung gehen, und können somit schneller und unmittelbarer sein. Voraussetzung ist freilich, dass die Blogger über ein Mindestmaß an Know-how in (Fundraising-)Kommunikation verfügen und mit Techniken wie Storytelling (siehe Abschn. 2.6.11) vertraut sind. Ein Spenden-Button verweist im Blog auf die Möglichkeit einer Online-Spende.

Eine spezielle Form des Bloggens ist das **Microblogging**, bei dem die Anzahl der Zeichen in Blogbeiträgen begrenzt ist. Beim bekanntesten Microblogging-Dienst, **Twitter**, können seit Oktober 2017 maximal 280 Zeichen in einer Textnachricht („Tweet") verschickt werden (bis Oktober 2017 waren es nur maximal 140 Zeichen). *Twitter* kann im Fundraising nur als Kommunikationskanal genutzt werden, nicht als Vertriebskanal. Auch

---

[130] Vgl. Altruja Online-Fundraising Studie 2017, S. 17.

Abb. 2.158 Einsatz von Blogs im Fundraising. (Quelle: blog.drk.de (Zugriff am 27.10.2017))

wenn sich *Twitter* mit gerade mal 1 Mio. aktiver Nutzer in Deutschland nie vergleichbar mit *Facebook* durchsetzen konnte, kann es im Fundraising doch wertvolle Dienste leisten. Gerade in der Katastrophenhilfe können Tweets schnell verbreitet werden und auf ein Online-Spendenformular auf der Website oder *Facebook*-Page der gemeinwohlorientierten Organisation verweisen.

Auch **Content Communities** denken darüber nach, wie sie gemeinwohlorientierte Organisationen beim Fundraising unterstützen können. So bietet das Videoportal **YouTube** im Rahmen seines Programms *YouTube für Non-Profits* (google.com/nonprofits/products/youtube-nonprofit-program.html) folgende Möglichkeiten der Unterstützung an:

- Infokarten in Videos hinzufügen: Infokarten sind interaktive Elemente, die in Videos eingefügt werden können. Je nach Kartentyp können sie benutzerdefinierte Bilder, Titel und Calls-to-Action enthalten. Eine Infokarte kann so eingerichtet werden, dass der Zuschauer zu einer bestimmten URL weitergeleitet wird. Voraussetzung ist, dass die URL auf der Liste zulässiger Websites von *YouTube* aufgeführt ist.
- Spenden-Infokarten in Videos hinzufügen: Jeder registrierte *YouTube*-User (derzeit leider nur in den USA und UK) kann in ein von ihm hochgeladenes YouTube-Video eine Spenden-Infokarte (Donation Card) zugunsten einer als gemeinnützig anerkannten Organisation seiner Wahl integrieren. Beim Abspielen des Videos weist die Spenden-Infokarte dann im Video auf die Möglichkeit hin, der ausgewählten Organisation direkt in YouTube spenden zu können. Selbstverständlich kann auch jede gemeinnützige Organisation selbst eine Spenden-Infokarte in die von ihr hochgeladenen Videos integrieren. In den USA sammelt *YouTube* die Spenden über sein Mutterunternehmen *Google* und die US-amerikanische Spendenplattform (siehe Abschn. 2.7.1.5) *Network for Good* ein und leitet sie an die gemeinnützige Organisation weiter. *Google* erhebt

keine Gebühren. Die Bearbeitungsgebühren werden von Google übernommen, damit alle Einnahmen, die durch Spenden-Infokarten erzielt werden, in voller Höhe an die gemeinnützige Organisation weitergegeben werden können. Es bleibt abzuwarten, wann YouTube die Ankündigung wahrmacht, die Spenden-Infokarte auch in Deutschland einzuführen.

- Produktionsressourcen von *YouTube* nutzen: Gemeinwohlorientierte Organisationen können sich bewerben, ihre Videos im *YouTube Space Berlin* (youtube.com/intl/de/yt/space/berlin/) produzieren oder bearbeiten zu lassen. Voraussetzung ist, dass die Organisation bei *YouTube für Non-Profits* registriert ist und ihr *YouTube*-Kanal mindestens 10.000 Abonnenten aufweisen kann.
- Persönlicher technischer Support: *YouTube* hilft Partnern von *YouTube für Non-Profits* bei Problemen mit der Einrichtung ihres Non-Profit-Kanals auf *YouTube*.

▶ **Tipp (auch für kleine Organisationen)** Sehen Sie sich – schon bevor *YouTube* die Spenden-Infokarte in Deutschland (und/oder Österreich und/oder Schweiz) einführen wird – nach erfolgreichen *YouTube*-Kanälen mit einer hohen Anzahl von Abonnenten um, die Videos mit inhaltlicher Nähe zum Satzungszweck Ihrer Organisation einstellen! Sprechen Sie die Verantwortlichen dieser *YouTube*-Kanäle an, ob Sie als Medienpartner der Organisation bereit wären, zukünftig in eines (oder mehrere) ihrer Videos eine Spenden-Infokarte zugunsten Ihrer Organisation zu integrieren! *YouTube*-Kanäle mit sechs- oder gar siebenstelligen Abonnentenzahlen können mächtige Multiplikatoren für das Fundraising einer Organisation werden!

2.7.1.4 Mobile Fundraising

Unter **Mobile Fundraising** soll hier das Fundraising über ein mobiles Endgerät, insbesondere ein Mobilfunktelefon (umgangssprachlich: Handy) verstanden werden. Zunächst könnte man versucht sein, das Mobile Fundraising dem Telefonvertrieb (siehe Abschn. 2.5.4) zuzuordnen. Seit Einführung der Smartphones im Jahr 2007 sind aus Mobiltelefonen jedoch immer leistungsfähigere, Internet-fähige Computer geworden, deren Funktionsfähigkeit sich immer stärker an die von Desktop- und Laptop-Computern angleicht. Laut *TNS Convergence Monitor* des Marktforschungsinstituts *Kantar TNS* nutzen seit 2017 mehr Deutsche ein Smartphone (85 % der 14- bis 69-Jährigen) als einen (Desktop- oder Laptop-)Computer (83 % der 14- bis 69-Jährigen), auch wenn 2017 (noch) etwas mehr Deutsche mit dem Computer ins Internet gehen (75 % der 14- bis 69-Jährigen) als mit dem Smartphone (73 % der 14- bis 69-Jährigen).[131] Längst haben viele Website-Betreiber auf diesen Trend reagiert und auf *Responsive Design* umgestellt. Aus diesen Gründen wird das Mobile Fundraising hier dem Online-Fundraising zugeordnet. Da ein Mobiltelefon mit Hilfe von Mehrwertdiensten auch direkt Zahlungsvorgänge aus-

---

[131] Quelle: https://www.tns-infratest.com/presse/presseinformation.asp?prID=3593 (Zugriff am 11.01.2018).

lösen kann, wird es hier nicht nur als Kommunikations-, sondern auch als Vertriebskanal angesehen.

Die Vorteile des Mobile Fundraising liegen – im wahrsten Sinne des Wortes – „auf der Hand": Smartphones befinden sich praktisch jederzeit in unmittelbarer Reichweite ihrer Besitzer. Der für das Online-Fundraising zentrale Internet-Zugang ist (fast) von jedem Ort aus möglich. Die gerade erst einsetzenden Trends des mobilen Bezahlens und der stabil funktionierenden Sprachsteuerung werden die Internet-Nutzung im Allgemeinen und das Online- und Mobile-Fundraising im Speziellen in Zukunft sogar noch weiter vereinfachen. Verfügt eine gemeinwohlorientierte Organisation über entsprechende Lösungen, so wird das Spenden für einen Smartphone-Besitzer immer bequemer, auch wenn in der Fundraising-Praxis heute „der Teufel noch in dem einen oder anderen (technischen) Detail steckt". Die Möglichkeit, einfach, bequem, stabil und sicher mobil spenden zu können, wird gerade für die jüngeren Generationen „iBrains", „Millenials" und „Generation X", zunehmend aber auch für die älteren Generationen „Babyboomer" und „Wiederaufbauer" (siehe Abschn. 6.1), entscheidend werden.

Folgende Bereiche können dem Mobile Fundraising zugerechnet werden:

- SMS-Spenden,
- NFC,
- QR-Code,
- (Spenden-)Apps,
- Gamification.

Die Anfänge des Mobile Fundraising liegen im Vertrieb von **SMS-Spenden**. Wie bereits in Abschn. 2.3.3.1 ausgeführt, wurde die SMS-Spende in Deutschland 2004 vom Medienunternehmen *Burda Wireless* unter dem Namen *Charity SMS* eingeführt. Zu diesem Zeitpunkt gab es noch keine Smartphones, die erst 2007 eingeführt wurden. Seit ihrer Einführung haben SMS-Spenden in einigen Ländern eine beachtliche Entwicklung – insbesondere in der Katastrophenhilfe – hingelegt:[132]

- 2004: Tsunami: Griechenland sammelte in nur einem Monat 2 Mio. €, Spanien 4,5 Mio. € nur via SMS.
- 2009: Erdbeben Italien: Über den SMS-Spendendienst kommen binnen kürzester Zeit 18 Mio. € zusammen.
- 2010: Erdbeben Haiti: In den USA werden mehr als 40 Mio. $ via SMS gespendet. In Deutschland werden mehr als 10.000 eingehende SMS gezählt.

---

[132] Vgl. Spendino: Fundraising und Spenderkommunikation mit SMS und Social Media – Leitfaden für den Einsatz von Mobilfunktechnologien und Online-Trends im Fundraising, 2. Aufl., Berlin 2010 (Download-Möglichkeit auf www.spendino.de).

In Deutschland liegen folgende Erfahrungswerte zu SMS-Spenden im Katastrophenfall vor:

- Erdbeben in Haiti (2010): 43.355 SMS-Spender,
- Überschwemmung in Pakistan (2010): 49.132 SMS-Spender,
- Erdbeben und Tsunami Japan (2011): 54.124 SMS-Spender,
- Humanitäre Katastrophe Somalia (2011): 87.824 SMS-Spender.

Neben der (in Deutschland) auf 10 € begrenzten Spendenhöhe, und der Begrenzung auf Einzelspenden (Dauerspenden per SMS sind in Deutschland nicht möglich)[133], liegt ein großer Nachteil der SMS-Spende in der Tatsache, dass die SMS-Spender anonym bleiben. *Burda Wireless* gibt die Handy-Nummern der SMS-Spender nicht an die Organisation weiter. Die einzige Möglichkeit für eine Organisation, mit ihren SMS-Spendern doch noch in direkten Kontakt zu kommen, besteht darin, sie im Rahmen einer anschließenden Dank-SMS um ihre Einwilligung zu bitten, sie weiterhin kontaktieren zu dürfen. Geben SMS-Spender ihre Kontaktzustimmung („Opt-in"), können sie im Rahmen des klassischen Telefon-Fundraising (siehe Abschn. 2.5.4) angerufen und um eine Dauerspende sowie weitere Daten gebeten werden.

Beispiel
Ein Kunde des Fundraising-Software-Anbieters *GRÜN spendino* erhält über eine TV-Kampagne von 40.000 SMS-Spendern jeweils 5 €, zusammen also 200.000 €. Davon geben 2000 SMS-Spender ($= 5\%$) eine Kontaktzustimmung („Ja" zu Rückruf). Von den 2000 SMS-Spendern mit Kontaktzustimmung werden 1500 ($= 75\%$) von einer Telefon-Fundraising-Agentur telefonisch erreicht. Im Rahmen der 1500 geführten Dialoge erklären sich 450 ($= 30\%$) der angerufenen SMS-Spender bereit, eine Dauerspende in Höhe von durchschnittlich 90 € pro Jahr zu übernehmen. Die Beitragszusagen belaufen sich schon im ersten Jahr auf 40.500 €. spendino bietet darüber hinaus in der Dank-SMS die Abholung einer (Spender-)Urkunde auf einer Landing-Page der Organisation an. So hinterlässt der anonyme SMS-Spender für die Urkunde seine Kontaktdaten. Die Urkunde wird von spendino als fertige Software-Applikation geliefert. Laut eigener Angaben reagieren 25 % der SMS-Spender auf diesen Aufruf und hinterlassen ihre Daten auf einer Website.

Um die SMS-Spende noch weiter zu erleichtern, und doch noch die Handy-Nummern der SMS-Spender zu bekommen, binden manche Organisationen ein *SMS-Widget* (siehe Abb. 2.159) auf Ihrer Website oder Social Network Site ein. Gibt man seine Handy-Nummer in das Eingabefeld ein, erhält man eine SMS, mit der anschließend die SMS-Spende bequem ausgelöst werden kann. Die Organisation erhält die Handynummer des SMS-Spenders.

---

[133] In anderen Ländern wie z. B. USA, UK oder Schweiz sind sowohl Dauerspenden per SMS als auch Einzelspenden per SMS von deutlich höheren Beträgen als 10 € möglich.

Abb. 2.159 Widget für SMS-Spende. (Quelle: prosieben.de/tv/red-nose-day (28.05.2013))

Ein Widget kann natürlich genauso gut auch auf der Website oder den Social Media Sites eines Unternehmenspartners (siehe Abschn. 3.2.4), eines Medienpartners (siehe Abb. 2.160) oder eines Prominenten geschaltet werden, um eine möglichst große Reichweite zu erzielen.

Verfügt eine gemeinwohlorientierte Organisation zusätzlich zu ihrer Website noch über eine für Smartphones optimierte mobile Website (siehe Abschn. 2.7.1.2), so kann das Angebot einer SMS-Spende auch hier integriert werden.

> **Beispiel**
> Die Kinderhilfsorganisation *SOS Kinderdörfer* bietet auf ihrer mobilen Website (m.soskinderdoerfer.de) sowohl die SMS-Spende als auch ein Online-Spendenformular (speziell auf die mobile Nutzung ausgelegt) für Einzel- oder Dauerspenden (Patenschaft) an (siehe Abb. 2.161).

Anstelle einer SMS-Spende kann eine SMS umgekehrt aber auch dafür genutzt werden, um eine (Nicht-SMS-)Spende zu erbitten.

Abb. 2.160 Widget auf der Website eines Medienpartners. (Quelle: 104.6rtl.com (Zugriff am 18.01.2010))

> **Beispiel**
> Der Mobilfunkanbieter *Vodafone* schickt anlässlich der Hochwasserkatastrophe 2013 seinen 32,4 Mio. Kunden eine SMS mit Link zur mobilen Website hochwasser. betterplace.org. Das Online-Spendenformular auf der Website ist auf die Nutzung durch Smartphones ausgelegt (siehe Abb. 2.162). Gebeten wird um eine Online-Spende (nicht SMS-Spende!) zugunsten des Bündnisses *Aktion Deutschland hilft* über die Spendenplattform *betterplace* (siehe Abschn. 2.7.1.5). Im Gegensatz zur SMS-Spende kann der Spendenbetrag frei (und damit auch deutlich über der Grenze von 10 € bei SMS-Spenden) gewählt werden. Abgefragt werden Vorname, Name, E-Mail-Adresse und Bankverbindung des Spenders. Die Bezahlung ist über Lastschrifteinzug, Kreditkarte und PayPal möglich. Auf Wunsch wird eine Zuwendungsbestätigung ausgestellt. Betterplace bittet um ein prozentuales „Trinkgeld". Gewählt werden kann zwischen 0, 5, 10 oder 15 % der Spendenhöhe.

Nach den SMS-Spenden sind Spenden über NFC und QR-Code als wichtige Bereiche des Mobile Fundraising hinzugekommen, auch wenn sich ihr volles Potenzial erst mit stärkerer Verbreitung der mobilen Zahlungsverfahren (siehe Abschn. 2.4.7.7) erschließen

2.7 Online-Fundraising

Abb. 2.161 Angebot einer SMS-Spende auf einer mobilen Website. (Quelle: m.sos-kinderdoerfer.de/ (Zugriff vom 11.01.2018))

wird. **NFC** ist ein Funkstandard zur drahtlosen Datenübertragung. Dieser Funkstandard wird von vielen mobilen Endgeräten, insbesondere modernen Smartphones, bereits unterstützt (aufgrund mangelnder Anwendungsmöglichkeiten oft ohne dass der Besitzer von dieser Technik wüsste). Zwar ist die Übertragungsgeschwindigkeit mit 424 KByte/s geringer als die von Bluetooth, reicht aber dennoch aus, um kleinere Datenmengen in Sekundenbruchteilen zu übertragen. Damit die Übertragung stattfinden kann, müssen zwei Geräte in einem Abstand von wenigen Zentimetern gehalten werden – deshalb Near Field Communication (NFC). Standardanwendung von NFC ist das kontaktlose Bezahlen (per Smartphone oder NFC-fähiger Kreditkarte) an einem NFC-fähigen Bezahlterminal eines

Abb. 2.162 Spendenaktion über SMS. (Quelle: m. betterplace.org (Zugriff am 10.06.2013))

Handelsunternehmens. So akzeptieren mittlerweile die meisten Unternehmen im Einzelhandel das kontaktlose Bezahlen per NFC.

In dem Maße, in dem sich NFC in den nächsten Jahren im kommerziellen Bereich durchsetzen wird, wird es auch interessant für das Fundraising werden. Schon heute ist eine Spende durch kontaktloses Bezahlen per NFC technisch möglich – wenn auch in Deutschland noch nicht sehr verbreitet. Zwar haben gemeinwohlorientierte Organisationen – von wenigen Ausnahmen wie z. B. Charity Shops abgesehen – i. d. R. kein NFC-fähiges Bezahlterminal. Stattdessen können sie jedoch sog. **NFC-Tags** einsetzten, an die ein Spender sein Smartphone halten kann, um eine Funkverbindung aufzubauen. NFC-Tags sind passive Transmitter, die im Gegensatz zu einem Bezahlterminal über keine eigene Energiequelle verfügen. Dafür können sie sich aber die übertragene Energie eines aktiven Transmitters wie z. B. eines Smartphones zunutze machen. In dem ein Spender sein Smartphone in die Nähe eines NFC-Tags hält, wird eine Funkverbindung hergestellt, die die URL (Uniform Resource Locator) derjenigen (Unter-)Seite der Website einer Organisation vom NFC-Tag auf das Smartphone des Spenders überträgt, auf der (z. B. per PayPal oder einem anderen (Online-)Zahlungsverfahren) gespendet werden kann. Dies kann eine Spendenseite mit Online-Spendenformular sein oder ein (Spenden-)Widget.

Eine gemeinwohlorientierte Organisation muss deshalb an möglichst vielen Stellen NFC-Tags anbringen, auf sie hinweisen, und die Möglichkeit erläutern, über sie kontaktlos spenden zu können. Je nach Menge, können NFC-Tags in Form von **NFC-Stickern** bzw. NFC-Aufklebern schon ab einem Preis von ca. 30 €-Cent pro Stück gekauft und auf alle Kommunikationsmittel geklebt werden, über die eine Organisation verfügen und potenzielle Spender erreichen kann. Dies kann über eigene Kommunikationskanäle (siehe Abschn. 2.6.7) geschehen: NFC-Sticker auf Visitenkarten der (haupt- und ehrenamtlichen) Mitarbeiter, Broschüren, Jahresberichte, Plakate etc. Aber auch über Kommunikationskanäle von (Unternehmens-)Partnern (siehe Abschn. 2.6.8): NFC-Sticker auf Plakate, Broschüren, Jahresberichte, Produktverpackungen (z. B. Pappbecher für Kaffee bei McCafé) etc. Oder über NFC-Sticker auf (bezahlter) Print- (siehe Abschn. 2.6.4.4) und/oder Außenwerbung (siehe Abschn. 2.6.4.5).

Beispiel

Die *Konrad-Adenauer-Stiftung (KAS)* wirbt auf Plakaten (siehe Abb. 2.163) um Mikrospenden (siehe Abschn. 2.3.3.1) für ihre Projekte der politischen Bildung. Mit Hilfe des spezialisierten Dienstleisters *twingle* kann die *KAS* mobile Spenden per NFC-Sticker oder per QR-Code anbieten. Über die Funkverbindung zum NFC-Sticker oder den QR-Code wird auf dem Smartphone des Spenders ein Widget aktiviert, mit dessen Hilfe der Spender einfach und bequem zwischen drei vorgeschlagenen Beträgen (1, 3 oder 5 €) auswählen und über seine monatliche Mobilfunkrechnung bezahlen kann. Zielgruppe sind Besucher und vor allem Teilnehmer am vielfältigen (und teilweise kostenlosen) Seminar- und Veranstaltungsangebot der *KAS*.

Auch der **QR-Code** spielt eine wichtige Rolle im Mobile Fundraising. Ein QR-Code ist ein zweidimensionaler Code, der mit mobilen Endgeräten gelesen werden kann. Analog zum NFC-Sticker, wird mit Hilfe eines QR-Codes eine URL schnell und einfach auf ein mobiles Endgerät übertragen. Die langwierige manuelle Eingabe der URL entfällt dadurch. Es kann entweder die URL der Spendenseite einer Organisation (mit Online-Spendenformular) übertragen werden oder die eines (Spenden-)Widgets. QR-Codes können jederzeit und von jedermann mit Hilfe eines QR-Code Generators (z. B. qrcode-generator.de) erzeugt werden. In dem eine Organisation auf verschiedenen Kommunikationskanälen unterschiedliche QR-Codes einsetzt, kann sie anschließend zurückverfolgen, welcher Kommunikationskanal erfolgreich war, und den Aufruf einer (Spenden-)Seite ausgelöst hat. Seit für das Lesen eines QR-Codes keine spezielle App mehr geladen werden muss, da moderne Smartphones das Lesen über ihre Kamerafunktion ermöglichen, ist der QR-Code eine schnelle und bequeme Möglichkeit auch für das Mobile Fundraising geworden.

Abb. 2.163 Spende per QR Code und NFC für Adenauer Stiftung. (Quelle: Plakat der Konrad-Adenauer-Stiftung)

NFC und QR-Code bieten Fundraisern eine Fülle von Chancen, insbesondere in der Zusammenarbeit mit (Unternehmens-)Partnern. Systematisch können alle Kommunikationskanäle aller (Unternehmens-)Partner (siehe Abschn. 2.6.8) bzw. sogar die gesamte Infrastruktur aller (Unternehmens-)Partner (siehe Abschn. 3.2.4) daraufhin überprüft werden, ob sie nicht Möglichkeiten für den Einsatz von NFC-Stickern und/oder QR-Codes bieten.

Im Rahmen des Mobile Fundraising werden neben SMS-Spenden, NFC und QR-Code auch Applikationen für mobile Endgeräte (kurz: **Apps**) immer wichtiger. Mit großer Kreativität werden immer neue Ideen entwickelt, wie man mit Unterstützung seines mobilen Endgerätes Gutes tun und im Idealfall (aus Fundraising-Sicht) auch spenden kann. Apps werden sowohl von gemeinwohlorientierten Organisationen selbst als auch von Dritten entwickelt. Entwickelt eine Organisation eine eigene App, so sollte sie nicht nur einen inhaltlichen Bezug zur Arbeit der Organisation haben, sondern auch einen möglichst hohen Nutzen für den Anwender.

> **Beispiele**
> - Die App *Vogelführer* des *NABU* informiert über eine Vielzahl von Vogelarten und leitet auf Wunsch auf die Spendenseite der Website des *NABU*.
> - Die App *WWF-Fischratgeber* berät beim Kauf, welche Fischarten eine „gute Wahl" oder „zweite Wahl" darstellen bzw. „lieber nicht" gekauft werden sollten. Eine Möglichkeit zu spenden gibt es nicht.
> - Die App des Bündnisses deutscher Hilfsorganisationen *Aktion Deutschland hilft* liefert News zu *ADH*-Hilfseinsätzen, eine Weltkarte der *ADH*-Hilfseinsätze, eine Fotogalerie und die Möglichkeit, eine Spendenaktion zu starten.
> - Mit der App *Repay for Good* von *UNICEF* kann man Freunde bitten, an sie verliehene Kleinbeträge über *PayPal* an UNICEF zu spenden statt sie zurückzuzahlen.
> - Eine umfassende Liste von Apps gemeinwohlorientierter Organisationen findet sich auf sozialmarketing.de/handy-apps-von-ngos.

Aber auch Dritte haben eine ganze Reihe von Apps mit Fundraising-Zielsetzung entwickelt.

> **Beispiele**
> - Mit der App *Gutes Tun* von *Fairgive* kann man schnell und einfach 39 gemeinnützige Organisationen in der Schweiz unterstützen.
> - Mit der App *Smoost* setzt sich der Anwender freiwillig Werbeeinblendungen auf seinem mobilen Endgerät aus. Durch den bloßen Klick auf ein Webebanner, wird eine Zahlung des Werbetreibenden fällig, die eine vom Anwender ausgewählte Organisation zu 75 % erhält. Eine Form des Painless Giving, da der Anwender kein eigenes Geld aufwenden muss.
> - Mit Hilfe der App *Share the Meal* der UN-Organisation *World Food Program (WFP)* kann man Mikrospenden, Einzelspenden und Dauerspenden zugunsten der Ernährung eines oder mehrerer Kinder in einer Region nach Wunsch machen.

Zunehmend wird in Apps auch der Ansatz der **Gamification** integriert. „Gamification ist die Übertragung von spieltypischen Elementen und Vorgängen in spielfremde Zusammenhänge mit dem Ziel der Verhaltensänderung und Motivationssteigerung bei Anwenderinnen und Anwendern."[134] Übertragen auf das Fundraising ist demnach Ziel gamifizierter Apps, durch die Integration spieltypischer Elemente Verhaltensänderungen zu bewirken und die Motivation zu spenden zu steigern.

---

[134] Springer Gabler Verlag (Hrsg.), Gabler Wirtschaftslexikon, Stichwort: Gamification, online im Internet: wirtschaftslexikon.gabler.de/Archiv/688938796/gamification-v6.html (Zugriff am 12.01.2018).

Abb. 2.164 Seite der Organisation *arche* auf Spendenplattform betterplace. (Quelle: betterplace.org/de/projects/7910-die-arche-mittagstisch-fur-bedurftige-kinder (Zugriff am 15.01.2018))

> **Beispiele**
> - Mit der App *Miles for Meals* erfasst das iPhone beim Joggen den Kalorienverbrauch und rechnet ihn anschließend in einen entsprechenden Geldwert um (1000 Kalorien = 3 €). Am Ende einer Jogging-Runde kann man sofort die erlaufene Summe über Paypal an den *Bundesverband Deutsche Tafel e. V.* spenden.
> - Mit der App *Rhino Raid* bietet der WWF in den USA ein Spiel an, in dem ein Nashorn einen Nashornwilderer jagt. Der Verkaufserlös von 0,99 $ pro Download geht an ein Nashornschutzprojekt des WWF im südlichen Afrika. Bis Oktober 2013 wurde die App 555.000 mal heruntergeladen und 3 Mio. mal gespielt.

2.7.1.5 Spendenplattformen

Eine (Online-)**Spendenplattform** ist eine Internet-basierte Plattform (Website) über die gemeinwohlorientierte Organisationen Spenden für sich oder ihre Projekte sammeln können. Spendenplattformen sind nicht gleichzusetzen mit Crowdfunding-Plattformen, auch wenn es Überschneidungen gibt (siehe Abschn. 2.7.1.6).

> **Beispiel**
> Die größte deutsche Spendenplattform ist betterplace.org. Über betterplace können gemeinwohlorientierte Organisationen aus Deutschland und Österreich (noch nicht aus der Schweiz) Einzel-, Dauer- und Zeitspenden einwerben sowie ihren Förderern die Durchführung von Spendenaktionen ermöglichen. Für eine Organisation und ihre verschiedenen Projekte kann eine Seite angelegt werden mit Projektübersicht, Fotos und Neuigkeiten. Interessierte erfahren, wie viele Spenden schon eingegangen sind und welcher Betrag noch fehlt (siehe Abb. 2.164). Wer spenden möchte, hat die Auswahl zwischen Kreditkarte, *PayPal*, *paydirect*, Bankeinzug und Überweisung.

2.7 Online-Fundraising

Sich auf einer Spendenplattform zu präsentieren, hat für eine gemeinwohlorientierte Organisation eine Reihe von **Vorteilen**: (Geld-)Spendenplattformen stellen ein Online-Spendenformular (siehe Abschn. 2.7.1.1) zur Verfügung, mit dessen Hilfe Organisationen sicher und i. d. R. kostenlos Spenden einwerben können. Da auf einer Spendenplattform Spendenprodukte (i. d. R. Einzel- und Dauerspenden) „gekauft" und Spendenaktionen durchgeführt werden können, stellt sie aus Sicht einer Organisation einen Vertriebskanal dar – wenn auch keinen direkten, sondern nur einen indirekten Vertriebskanal. Warum sollte eine Organisation eine Spendenplattform nutzen, wenn sie Spenden doch genauso gut über ein eigenes Online-Spendenformular auf ihrer Website und ihren Social Media Sites Spenden einwerben kann? Zumal viele Spendenplattformen sogar selber Online-Spendenformulare anbieten, die eine Organisation auf ihrer eigenen Website integrieren kann? Hier gibt es kein „entweder oder" sondern nur ein „sowohl als auch"! Selbstverständlich ist es – auch für eine kleine Organisation – sinnvoll, ein eigenes Online-Spendenformular auf ihrer Website und ihren Social Media Sites zu integrieren. Eine Spendenplattform kann jedoch zusätzliche, insbesondere jüngere Spender-Zielgruppen auf die Organisation aufmerksam machen. So ist etwa der durchschnittliche Spender der Spendenplattform *betterplace* 38 Jahre alt und gibt durchschnittlich 73 €, wohingegen der durchschnittliche Offline-Spender 60 Jahre alt ist und durchschnittlich 35 € gibt. Auch bieten Spendenplattformen manchmal interessante Unternehmens- und Medienkooperationen an, von denen Organisationen profitieren können.

> **Beispiel**
> Durch eine Partnerschaft zwischen der Spendenplattform *betterplace* und dem Bonussystem *Payback* können Payback-Punkte zugunsten von Organisationen gespendet werden, die sich (wie z. B. die Organisation *Viva con Agua*) auf *betterplace* präsentieren (siehe Abb. 2.165).

Diesen Vorteilen stehen freilich auch **Nachteile** gegenüber: Verweist eine Organisation über ein Widget auf ihrer Website auf die Möglichkeit, der Organisation und ihren Projekten auf einer Spendenplattform spenden zu können, so riskiert sie, dass ein potenzieller Spender, weitergeleitet von der Website der Organisation auf die Spendenplattform, dort interessante Projekte anderer Organisationen findet, und sich entschließen könnte, für eine konkurrierende Organisation zu spenden.

Mittlerweile gibt es Vielzahl unterschiedlichster **Arten von Spendenplattformen**, die sich wie folgt kategorisieren lassen: Neben den vorherrschenden Plattformen für Geldspenden (z. B. helpdirect.org), gibt es auch Plattformen für Sachspenden (z. B. sachspenden.de), Zeitspenden (z. B. govolunteer.com, gute-tat.de), Spendenaktionen (z. B. helpedia.de) oder Kombinationen daraus (z. B. betterplace.org). Je nach Wirkungskreis lassen sich zudem international (z. B. betterplace.org, razoo.com, justgiving.com, ammado.com), national (z. B. helpdirect.org für Deutschland, letshelp.ch und icareforyou.ch für Schweiz, meinespende.at für Österreich) und regional (z. B. gut-fuer-koeln-und-bonn.de, gut-fuer-hamburg.de oder gut-fuer-muenchen.de) operierende Spenden-

Abb. 2.165 Payback-Punkte für Viva von Agua dank einer Partnerschaft zwischen betterplace und Payback. (Quelle: payback.de/pb/bpc/display/project/24394/view/details (Zugriff am 12.01.2018))

plattformen unterscheiden. Auch immer mehr (regionale) Unternehmen (z. B. Banken, Sparkassen und Stadtwerke) entwickeln im Rahmen ihrer CSR-Aktivitäten (siehe Kap. 3) eigene (regionale) Spendenplattformen (z. B. vrbankeg.viele-schaffen-mehr.de). Darüber hinaus gibt es Spendenplattformen, die sich auf einzelne Anliegen wie Flüchtlingshilfe (ichhelfe.jetzt) oder Hilfe für Haustiere (fressnapf.de/tierischengagiert) konzentrieren.

2.7.1.6 Crowdfunding

Im Zusammenhang mit Spendenplattformen taucht – seit Mitte der 2000er-Jahre und verstärkt seit 2010 – auch der Begriff **Crowdfunding** auf. Wie bereits erwähnt, gibt es zwar Überschneidungen zwischen Spendenplattformen und Crowdfunding-Plattformen – sie synonym zu verwenden, wäre jedoch falsch. Unter Crowdfunding (deutsch: „Schwarmfinanzierung") wird das systematische Einwerben kleinerer Geldbeträge („funding") bei vielen Menschen („Crowd") zur (Mikro-)Finanzierung eines Projektes (im Crowdfunding „Aktion" genannt) verstanden. Nur (!) wenn das Crowdfunding in der Spielart des **Crowddonating** (auch: Donation-based Crowdfunding) vorliegt, kann es mit einer Spendenplattform gleichgesetzt werden. Von Crowddonating wird gesprochen, wenn die zu finanzierende Organisation bzw. ihre Projekte erstens gemeinwohlorientiert (also nicht kommerziell) sind. Und es sich zweitens bei den von der Crowd bereitgestellten (Klein-)Beträgen um (Mikro-)Spenden handelt, die grundsätzlich freiwillig und ohne (!) Gegenleistung gegeben werden müssen.

Neben dem Crowddonating gibt es jedoch noch drei weitere Bereiche des Crowdfunding, die mit Spendenplattformen nichts zu tun haben: Das Crowdsupporting, das Crowdinvesting und das Crowdlending. Beim **Crowdsupporting** (auch: Reward-based Crowdfunding) erhält die Crowd eine Gegenleistung, die jedoch i. d. R. aus Gütern oder Dienstleistungen besteht, nicht aus finanziellen Gegenleistungen. Die unterstützten Projekte können kommerziell oder gemeinwohlorientiert sein.

> **Beispiel**
>
> Der Autor Ernst Neumeister finanziert die Kosten seines Buches „Ein gutes Ziel" in Höhe von 15.000 € über Crowdsupporting. Als Gegenleistung für gegebene 25 €, erhält jeder Geldgeber aus der Crowd ein Exemplar des Buches.

Typische Crowdsupporting-Plattformen sind beispielsweise:

- kickstarter.com,
- moboo.ch,
- startnext.com,
- wemakeit.com.

Beim **Crowdinvesting** (auch: Equity-based Crowdfunding) erhält jeder Geldgeber in der Crowd eine Unternehmens- bzw. Gewinnbeteiligung. Werden später Gewinne erzielt, so partizipieren alle Mikroinvestoren anteilig.[135]

> **Beispiel**
>
> Zur Finanzierung seines Kinofilms „Stromberg – Der Film" wirbt der Schauspieler *Christoph Maria Herbst* 2011 innerhalb von einer Woche bei 3300 Crowd-Investoren auf seiner Website den Betrag von 1 Mio. € über Crowdinvesting ein. Da der Film erfolgreich ist, erhält jeder Crowd-Investor eine Verzinsung von ca. 16 % über die knapp dreijährige Laufzeit, somit ca. 5,1 % pro Jahr.

Typische Crowdinvesting-Plattformen sind beispielsweise:

- beeinvested.ch,
- conda.at,
- iFunded.de,
- investiere.ch.

Beim **Crowdlending** (auch: Lending-based Crowdfunding) vergibt die Crowd einen Kredit (Crowd-Kredit), der nach einer vorher vereinbarten Laufzeit zu einem vorher vereinbarten Zins zurückgezahlt werden muss. Beim Crowd-Kredit handelt es sich – im

---
[135] Vgl. Beck, Ralf: Crowdinvesting – Die Investition der Vielen, (Create Space) Düsseldorf 2012.

Gegensatz zum Crowdinvesting – um Fremdkapital und ist damit eine Alternative zum klassischen Bankkredit.

Typische Crowdlending-Plattformen sind beispielsweise:

- auxmoney.com,
- cashare.ch,
- creditgate24.com,
- lendico.de.

Alle genannten Plattformen stellen eine subjektive Auswahl ohne Anspruch auf Vollständigkeit dar. Einen guten Überblick über die sehr dynamisch wachsende Crowdfunding-Szene gibt crowdfunding.de.

Dabei ist das Crowdfunding an sich nichts Neues. Im kommerziellen Bereich (Sektor „Markt") wird dieses Grundprinzip schließlich schon seit langem von Aktiengesellschaften praktiziert, die Aktien (gerade im anglo-amerikanischen Bereich) in kleiner Stückelung anbieten – selbst in Form von Risikokapital (Venture Capital) für innovative Projekte. Auch im gemeinnützigen Bereich („Dritter Sektor" und teilweise Sektor „Staat") sammelt man im Fundraising schon lange Kleinbeträge bei Vielen ein – etwa im Rahmen einer Kapitalkampagne bzw. Capital Campaign (siehe Abschn. 2.1.6.5), bei der neben wenigen Großbeträgen immer auch viele Kleinbeträge (z. B. von Universitäten für neue Gebäude) eingeworben werden. Neu ist nur der Schub, den das Crowdfunding durch das Internet bekommen hat. Dank zahlreicher Crowdfunding-Plattformen und Social Media ist heute eine kostengünstige und schnelle Ansprache vieler potenzieller Geldgeber möglich, die auch kleine Beträge schnell, einfach und kostengünstig zur Verfügung stellen können.

Obwohl das Crowdfunding auch über die Website einer Organisation, Person oder eines Unternehmens abgewickelt werden könnte, wird i. d. R. eine Crowdfunding-Plattform genutzt. Auf einer solchen Plattform stellen die Initiatoren ihre jeweiligen Projekte vor und legen die angepeilte Finanzierungssumme fest. Die Finanzierung kommt nur zustande, wenn die vorher festgelegte Summe erreicht wird. Ist das nicht der Fall, erhalten die Geldgeber ihr Geld zurück. Das Projekt kann in diesem Fall nicht durchgeführt werden.[136]

2.7.2 Internet als Kommunikationskanal für das Fundraising

Im vorangegangenen Kapitel wurde deutlich, dass das Internet aus Fundraising-Sicht mannigfache Möglichkeiten als Vertriebskanal (Online-Vertrieb, siehe Abschn. 2.5.3) bietet. Noch vielfältiger sind freilich die Möglichkeiten des Internet als **Kommunikationskanal** (Online-Kommunikation). Dabei nutzt eine Organisation ihre Website, ihre verschiedenen Social Media Sites (insbesondere Facebook, Twitter und YouTube) und andere Kanäle sogar in erster Linie als Kommunikationskanäle. Im Sinne der **4P** des Marketing-Mix ist

---

[136] Vgl. Bitkom: Crowdfunding findet immer mehr Anhänger, Presseinformation vom 17.12.2012 (http://www.bitkom.org/74431_74427.aspx, abgefragt am 28.05.2013).

Ziel der Kommunikation (**P**romotion), das Produkt (**P**roduct), seinen Preis (**P**rice) und die gewählten Vertriebskanäle (**P**lace) zu kommunizieren (siehe Abschn. 2.2). Entsprechend ist Ziel der Online-Kommunikation im Fundraising, die Spendenprodukte, ihre Preise und die gewählten Online-Vertriebskanäle zielgruppenadäquat zu kommunizieren. Eine noch so gute Wahl der Online-Vertriebskanäle und ein noch so gutes Online-Spendenformular (siehe Abschn. 2.7.1) nützen wenig, wenn es keine zielgruppenadäquate (Online-)Kommunikation gibt, die die (Spender-)Zielgruppe(n) darauf hinweisen würde! Die Entscheidungen im Rahmen der Kommunikationspolitik, mit welchen (Online-)Kommunikationskanälen die jeweilige(n) (Spender-)Zielgruppe(n) am besten erreicht werden können, sind daher von zentraler Bedeutung.

Neu ist für Organisationen, dass sie bei ihrer Kommunikation über Social Media einen gewissen Kontrollverlust in Kauf nehmen müssen. Sie sind nicht mehr die Einzigen, die auf ihren Social Media Sites kommunizieren. Im „Mitmachnetz" kann sich jeder über eine Organisation äußern. Plötzlich geben (aktive oder ehemalige) Spender, Mitarbeiter, Ehrenamtliche, Klienten, Angehörige und andere Stakeholder ihre persönliche Meinung auf der Social Media Site einer Organisation zum Besten. Die Zeiten der vom Vorstand freigegebenen Botschaften sind damit vorbei. Zwar könnte sich eine Organisation dieser Entwicklung in gewissem Umfang (technisch) sperren. Sie hat damit jedoch nichts gewonnen, da sich die Kommunikation der Stakeholder dann eben andere Foren suchen würde. Dies wäre im Zweifel noch schlimmer für eine Organisation, schließlich kann sie sich dann in eine Diskussion u. U. selbst gar nicht mehr aktiv einbringen.

Trotzdem bleibt das Internet ein ideales Instrument zur Gewinnung von Interessenten und Spendern. Interessenten, die sich über ein, sei es auch noch so spezielles (gemeinwohlorientiertes) Thema informieren möchten, finden im Internet eine schier unerschöpfliche Informationsquelle. Die Herausforderung für eine Organisation – wie auch für alle anderen Institutionen – besteht darin, dafür zu sorgen, dass ihre Website, ihre Social Media Sites u. a. in der Informationsflut des Internet nicht untergehen, sondern gefunden und wahrgenommen werden. Dabei spielen das Suchmaschinen-Marketing (siehe Abschn. 2.7.2.1), Display-Marketing (Abschn. 2.7.2.2), Affilate-Marketing (siehe Abschn. 2.7.2.3), E-Mail-Marketing (siehe Abschn. 2.7.2.4), Messenger-Marketing (siehe Abschn. 2.7.2.5) sowie die Nutzung der Online-Kommunikationskanäle von (Unternehmens-)Partnern (siehe Abschn. 2.7.2.6) eine wichtige Rolle.

2.7.2.1 Suchmaschinen-Marketing

Angenommen, einer gemeinwohlorientierten Organisation ist es gelungen, eine Website und Social Media Sites inklusive geeigneter Online-Spendenformulare einzurichten. Jetzt müssen diese „nur" noch von Interessenten und (potenziellen) Spendern gefunden werden. Bei knapp einer Milliarde Websites weltweit (Stand 2017), kein leichtes Unterfangen. Der wichtigste Weg, im Internet gefunden zu werden, sind nach wie vor Suchmaschinen, allen voran *Google* mit einem Marktanteil von 95 % in Deutschland. Statt es dem Zufall zu überlassen, muss eine gemeinwohlorientierte Organisation mit Hilfe von **Suchmaschinen-Marketing** (englisch: Search Engine Marketing, daher die Abkürzung **SEM**) proaktiv dafür sorgen, von Suchmaschinen gefunden zu werden. Denn im Internet-Zeitalter lässt sich zugespitzt formulieren: Eine Organisation, die im Internet nicht gefunden wird, existiert nicht – und möge sie noch so gute Arbeit leisten!

Das Suchmaschinen-Marketing umfasst zwei Bereiche: die **Suchmaschinenoptimierung** (englisch: Search Engine Optimization, daher die Abkürzung **SEO**) und die **Suchmaschinenwerbung** (englisch: Search Engine Advertising, daher die Abkürzung **SEA**). Während es bei der Suchmaschinenoptimierung darum geht, nach Eingabe der wichtigsten Schlüsselbegriffe (englisch: Keywords) zu einer Organisation in der organischen Trefferliste der Ergebnisseite der Suchmaschine (englisch: Search Engine Result Page, daher die Abkürzung **SERP**) möglichst weit oben gelistet zu werden, wird bei der Suchmaschinenwerbung versucht, im werblichen Teil der Ergebnisseite möglichst weit oben platziert zu werden. Je weiter oben auf der Ergebnisseite sich ein organischer Treffer oder eine Werbeanzeige befindet, umso höher ist die Wahrnehmung durch den Suchenden. Empirische Untersuchungen[137] der Suchmaschine *Google* haben gezeigt, dass

- 99 % der Suchenden auf einen der ersten zehn Treffer der organischen Trefferliste und damit auf die erste Ergebnisseite klicken,
- 60 % der Suchenden auf den ersten Treffer der organischen Trefferliste klicken,
- 16 % der Suchenden auf den zweiten Treffer der organischen Trefferliste klicken,
- 8 % der Suchenden auf den dritten Treffer der organischen Trefferliste klicken,
- nur 0,17 % der Suchenden klicken noch auf Treffer auf der zweiten Ergebnisseite.

Beispiel

Ein potenzieller Spender interessiert sich für die Übernahme einer Kinderpatenschaft. Er gibt in *Google* als Keyword den Suchbegriff „Kinderpatenschaft" ein. Die Ergebnisseite besteht aus zwei Bereichen (siehe Abb. 2.166): Im oberen Bereich finden sich (bis zu) vier werbliche Treffer (als Ergebnis der SEA), im unteren Bereich zehn organische Treffer (als Ergebnis der SEO, in der Abbildung teilweise abgeschnitten). Bei hohem werblichen Interesse können unterhalb der zehn organischen Treffer von Google in einem dritten Bereich noch einmal bis zu vier werbliche Treffer aufgelistet werden (in der Abbildung abgeschnitten).

Ein „organischer" Treffer (auch „natürlicher" Treffer genannt) verweist auf eine Website, die aufgrund ihrer Relevanz und Qualität in Bezug auf das eingegebene Keyword von *Google* mit Hilfe eines Page-Rank-Algorithmus als mehr oder weniger relevant bewertet und entsprechend ihrer Bewertung in einem Ranking nach absteigender Bedeutung gelistet (Fachsprache: „gerankt") wird. Ziel eines Online-Fundraiser muss es demnach sein, dafür zu sorgen, dass die Website (aber auch Social Media Sites) der eigenen Organisation in der Trefferliste zu wichtigen Keywords möglichst hoch gerankt wird.

---

[137] Vgl. Beus, Johannes: Klickwahrscheinlichkeiten in den Google SERPs, https://www.sistrix.de/news/klickwahrscheinlichkeiten-in-den-google-serps/, Zugriff am 16.01.2018.

2.7 Online-Fundraising

Abb. 2.166 Ergebnisseite auf Google zum Keyword Kinderpatenschaft. (Quelle: google.de (Zugriff am 16.01.2018))

Welche Website in der Trefferliste ganz oben als am relevantesten gerankt wird, entscheidet also der PageRank-Algorithmus. Um Manipulationen zu vermeiden, hält *Google* diesen Algorithmus streng geheim und aktualisiert ihn kontinuierlich. Trotzdem sind einige Einflussfaktoren bekannt, an denen die Suchmaschinenoptimierung ansetzen kann. Dabei wird zwischen OnPage-Optimierung und OffPage-Optimierung unterschieden. Bei der **Onpage-Optimierung** wird der Inhalt (Content) der Website einer Organisation u. a. daraufhin optimiert, dass wichtige Keywords an folgenden Stellen so hervorgehoben werden, dass eine Suchmaschine die Relevanz der Website bezüglich dieser Keywords erkennen und bewerten kann:

- Keywords tauchen im (Sub-)Domain-Namen der Website auf.
- Keywords tauchen in Dokumententiteln auf.
- Keywords tauchen in (Zwischen-)Überschriften auf.
- Keywords tauchen in Headern und Tags auf.

Bei der **OffPage-Optimierung** geht es um Maßnahmen außerhalb der eigenen Website. Suchmaschinen bewerten die Relevanz einer Website auch nach der Quantität und Qualität ihrer Backlinks. Wenn viele, relevante andere Websites auf die eigene Website verlinken, schließen Suchmaschinen auch positiv auf die Relevanz der eigenen Website. OffPage-Optimierung versucht deshalb, die eigene Website mit thematisch passenden Websites im Rahmen einer Linkpartnerschaft gegenseitig zu verknüpfen. Ebenfalls der Offpage-Optimierung zuzurechnen sind sog. Social Signals, die außerhalb der eigenen Website auf den eigenen Social Media Sites anfallen: Likes, Shares, Comments und generell Interaktion! Bei vielen Social Signals auf den eigenen Social Media Sites schließen Suchmaschinen auch positiv auf die Relevanz der eigenen Website. Insgesamt zeigen alle SEO-Maßnahmen keine kurzfristigen Erfolge. Vielmehr ist kontinuierliche Arbeit zu leisten, die erst mittel- bis langfristig Früchte trägt.

Schafft es eine Organisation trotz aller Suchmaschinenoptimierung nicht, auf „organischem" bzw. „natürlichem" Wege (durch entsprechende, vom PageRank-Algorithmus erkannte Relevanz), ihre Website ganz oben in der organischen Trefferliste platzieren zu können, so bleibt ihr noch die Möglichkeit, sich einen gut sichtbaren Platz auf der Ergebnisseite durch Schaltung einer Werbeanzeige in Form einer dreizeiligen Textanzeige mit der Kennzeichnung „Anzeige" zu „erkaufen". *Google* nennt seine **Suchmaschinenwerbung AdWords**. Möchte eine Organisation unter diesen Werbeanzeigen (auch *Sponsored Links* oder *Paid Listing* bzw. bei *Google* Suchanzeigen[138] genannt) erscheinen, muss sie den Suchmaschinenanbieter für den Werbeplatz bezahlen. Im Gegensatz zu Offline-Medien wird nicht pro Einblendung bezahlt, sondern pro Klick, den ein Suchmaschinennutzer auf den Sponsored Link macht (*Pay-per-Click* bzw. *Klickvergütung*). Wie hoch die Vergütung pro Klick (*Cost-per-Click*, kurz: CPC) ist, hängt von der Nachfrage ab, da die Suchmaschinen die Anzeigenplätze in einem Auktionsverfahren versteigern. Den besten Werbeplatz erhält bei *Google*, wer ein hohes Gebot in Verbindung mit einem hohen Qualitätsfaktor (Google Quality Score) erzielt. Der Qualitätsfaktor berücksichtigt qualitative Gesichtspunkte wie z. B. die Klickrate auf die Werbeanzeige und die Qualität der Website, die beworben wird. Schließlich liegt es im Eigeninteresse von *Google*, seinen Nutzern selbst bei bezahlter Werbung möglichste relevante Vorschläge unterbreiten zu können. Jeden Klick, den ein Interessent auf einen Sponsored Link macht, und so auf die Website der werbetreibenden Organisation weitergeleitet wird, rechnet *Google* mit der Organisation ab. Neben Werbeanzeigen auf den eigenen Ergebnisseiten (SERP) bietet *Google*

---

[138] In Abgrenzung zur Display-Anzeige und zur Videoanzeige von *Google* (siehe Abschn. 2.7.2.2).

2.7 Online-Fundraising

übrigens zusätzlich noch die Möglichkeit, Werbeanzeigen bei zahlreichen Such-Werbepartnern (externe wie *AOL*, aber auch interne wie *Google Maps* und *YouTube*) zu schalten.

Pro Klick werden mindestens 0,01 € fällig. Bei entsprechender Nachfrage können es über die Versteigerung aber auch mehrere Euros pro Klick werden. So lag der CPC für das Keyword „Spende" Ende 2016 bei ca. 9,00 €.[139] Der CPC für das Keyword „Kinderpatenschaft" stieg laut der Enterprise Search- und Content-Marketing-Plattform *Searchmetrics* Ende 2016 sogar auf 26,74 € und gehörte damit zu den Top 50 der teuersten Keywords in Deutschland.[140] Die Organisation hat jedoch immer den Vorteil, dass sie auf diese Weise die Kosten für die Gewinnung von Interessenten kennt und ein entsprechendes Budget definieren kann. Was einer Organisation ein neuer Spender wert ist, weiß sie aus ihren Auswertungen anderer (Offline-)Maßnahmen der Spendergewinnung.

Gemeinnützigen Organisationen bietet *Google* mit **Google Ad Grants** (oft verkürzt auf *Google Grants*) seit 2003 (auch in Deutschland) eine Gratis-Version von *Google AdWords* an. Über *Google Ad Grants* erhalten steuerbegünstigte Organisationen auf Antrag *AdWords*-Werbung im Wert von maximal 10.000 USD pro Monat (bzw. maximal 329 USD pro Tag) kostenlos zur Verfügung gestellt. Dem Antrag ist der Freistellungsbescheid des zuständigen Finanzamtes als Nachweis für die Steuerbegünstigung beizufügen. Das Antragsverfahren dauert zwischen vier Wochen und vier Monaten. Allerdings erschwert *Google* die Nutzung von *Ad Grants* zunehmend durch Einführung von Einschränkungen. Nach einer bereits seit längerem bestehenden Einschränkung kann Google Ad Grants nur genutzt werden, wenn der CPC für ein Keyword die Grenze von derzeit 2 USD (früher: 1 USD) nicht überschreiten. Wie viel eine steuerbegünstigte Organisation für ein Keyword bezahlen muss, hängt neben der Nachfrage nach dem Keyword auch vom bereits erwähnten Qualitätsfaktor ab.

Keywords deren CPC über 2 USD liegen, müssen über AdWords gekauft werden. Eine steuerbegünstigte Organisation sollte deshalb bei *Google* zwei Konten anlegen: Eines für *Google Ad Grants* (für Keywords mit einem CPC von maximal 2 USD) und eines für *Google AdWords* (für Keywords mit einem CPC von mehr als 2 USD). Gelingt es einer Organisation, das Budget von 10.000 USD mehrere Monate voll auszuschöpfen, kann bei *Google* eine Aufstockung auf bis zu 40.000 USD pro Monat beantragt werden. Seit 2016 hat Google die Aufstockung auf 40.000 USD jedoch ohne Angabe von Gründen vorläufig ausgesetzt. Ein Rechtsanspruch besteht nicht.

Folgende Einschränkungen sind mittlerweile dazugekommen:

- Seit 2016 wird *Google Ad Grants* auf eine Domain beschränkt.
- Seit 2017 muss jedes *Google Ad Grants* Konto eine Klickrate von mindestens 5 % aufweisen. Die Klickrate, auch Click-Through-Rate (CTR) genannt, ist eine wichtige Kennzahl des Online-Fundraising, die das Verhältnis von Klicks auf ein Werbemittel

---

[139] Vgl. Eisenbrand, Roland: 26 Euro für nur einen Klick: So hoch sind die Preise für AdWords im Charity-Bereich – Über Googles komplizierte Rolle im Online-Fundraising (13.12.2016) (omr.com/de/google-adwords-spenden, Zugriff am 16.01.2018).
[140] Siehe: pages.searchmetrics.com/Top-100-AdWords.html (Zugriff am 16.01.2018).

(in diesem Fall die *Google* Suchanzeige) zu den Impressionen (in diesem Fall der Anzahl der Einblendungen der Suchanzeige auf der Ergebnisseite von *Google*) angibt. Insgesamt müssen also 5 % der Personen, die eine Suchanzeige auf der Ergebnisseite von *Google* zu sehen bekommen, auch darauf klicken. Eine CTR von 5 % zu erreichen, ist – gerade für kleine Organisationen – nicht einfach. Bleibt die CTR drei Monate unter 5 %, wird das Konto von *Google* deaktiviert. Keywords und Anzeigen mit schlechten Klickraten müssen deshalb rausgenommen werden.

- Seit 2017 muss jedes Keyword einen Qualitätsfaktor von mindestens 2 aufweisen.
- Allerdings gibt es seit 2017 auch eine positive Veränderung: Wählt eine Organisation die Gebotsstrategie „Conversions maximieren", kann Ad Grants auch bei einem CPC von mehr als zwei USD genutzt werden.[141]

2.7.2.2 Display-Marketing

Eine weitere Möglichkeit neben dem Suchmaschinen-Marketing, die gewählten Spendenprodukte (**P**roduct), ihren jeweiligen Preis (**P**rice) und die jeweils gewählten Vertriebskanäle (**P**lace) zu kommunizieren (**P**romotion), ist das Display-Marketing. Unter **Display-Marketing** versteht man zunächst alle Arten von Werbeanzeigen (englisch: Displays), die Online (im Internet) geschaltet werden können. Mit der Einschränkung, dass das Suchmaschinen-Marketing vom Display-Marketing abgegrenzt wird, obwohl es beim Suchmaschinen-Marketing bzw. genauer gesagt beim Search-Engine-Advertising (SEA) eigentlich auch um Werbeanzeigen geht, die Online geschaltet werden.[142] Da es sich um Werbung handelt (und damit nicht um das gesamte Marketing, sondern nur um einen Teilbereich davon), ist der Begriff Display-Werbung bzw. Display-Advertising eigentlich präziser, und soll deshalb im Folgenden bevorzugt verwendet werden.

Im Display-Advertising können (Online-)Werbeanzeigen (Display-Ads) in sehr unterschiedlicher Form auftreten: Die verbreitetste Form ist das *Banner*. Da es auch Offline-Banner gibt, ist hier der Begriff **Online-Banner** eigentlich präziser. In der Fundraising-Praxis wird jedoch umgangssprachlich gerne auf „Banner" verkürzt. Ein Online-Banner ist eine Grafik- oder Animationsdatei, die auf einer Website eingebunden wird (siehe Abb. 2.167). Ziel ist, den Besucher der Website durch einen Klick auf das Banner auf eine andere, vom Werbenden betriebene Website per Hyperlink weiterzuleiten. Diese Weiterleitung sollte nicht auf die Homepage der Website erfolgen, sondern auf eine spezielle Unterseite – Zielseite oder **Landing-Page** genannt. Der Vorteil einer Landing-Page liegt darin, dass der Weitergeleitete auf einer Unterseite landet, die inhaltlich auf das Banner (und den darauf formulierten Call-to-Action) abgestimmt ist. Ziel der Landing-Page ist, den Besucher zu einer gezielten Aktion zu animieren (z. B. Abonnement eines E-Newsletter, Einzelspende, Dauerspende, Starten einer Spendenaktion etc.). Gelingt dies, wird von **Conversion** gesprochen. Da verschiedene Conversions denkbar sind, können sich Landing-Pages in Inhalt, Sprache, Bildauswahl, Höhe der empfohlenen Spende und Funk-

---

[141] Vgl. Hölderle, Jona: Google Ad Grants – Der zweite Schlag, sozialmarketing.de/google-ad-grants-der-zweite-schlag, Zugriff am 18.01.2018.

[142] Deshalb hat das Suchmaschinen-Marketing auch in diesem Buch ein eigenes Kapitel erhalten.

2.7 Online-Fundraising

tionalität unterscheiden. Um ihr Ziel (Conversion) optimal erreichen zu können, sollten alle Elemente einer Landing-Page (z. B. mit Hilfe von A/B-Tests, siehe Abschn. 6.1.2.7) ständig optimiert werden. Es wird dann von **Conversion-Optimierung** von Landing-Pages gesprochen.

> **Beispiel**
>
> Das auf einer zielgruppenadäquaten Website geschaltete Banner (siehe Abb. 2.167) leitet mit dem Call-to-Action „Hier spenden!" auf eine Landing-Page mit Online-Spendenformular weiter, auf der das Hilfswerk *Oxfam* versucht, den Besucher zu einem Spender zu konvertieren.

Banner existieren in unterschiedlichsten Arten (Statische Banner, Bild-Text-Kombinationen, Animierte Banner, HTML-Banner, Nano-Site-Banner, Rich-Media-Banner, Transactive-Banner, Streaming-Banner, Pixel-Banner) und Standardgrößen (siehe Abb. 2.168). Seit einiger Zeit erhalten Banner jedoch zunehmend Konkurrenz durch Videoanzeigen, die Werbebotschaften in Videos von bis zu drei Minuten Länge integrieren.

Wichtigster Partner für die **Schaltung von Display-Werbung** ist abermals *Google* mit seinem *Google Display-Werbenetzwerk* (GDN), in dem Werbeanzeigen in Form von *Google* Such-, Display- und Videoanzeigen geschaltet werden können. Zum GDN gehören etwa zwei Millionen Websites unterschiedlichster Größe und Ausprägung, die sich in zwei Kategorien einteilen lassen:

- Services und Programme von *Google* selbst (z. B. *YouTube*, *Google Mail* oder *DoubleClick Ad Exchange*),
- Partner-Websites, die am *Google AdSense*-Programm teilnehmen, bei dem Werbeanzeigen auf Websites außerhalb der Google-Welt eingeblendet werden (z. B. bei Amazon oder Spiegel online u. v. m.).

Um unter den zwei Millionen Websites diejenigen zu finden, die am besten zur Zielgruppe einer bestimmten gemeinwohlorientierten Organisation passen, bietet *Google* folgende *Targeting-Tools* an:

Abb. 2.167 Banner mit Handlungsaufforderung Spende an Oxfam. (Quelle: Banner von Oxfam Deutschland)

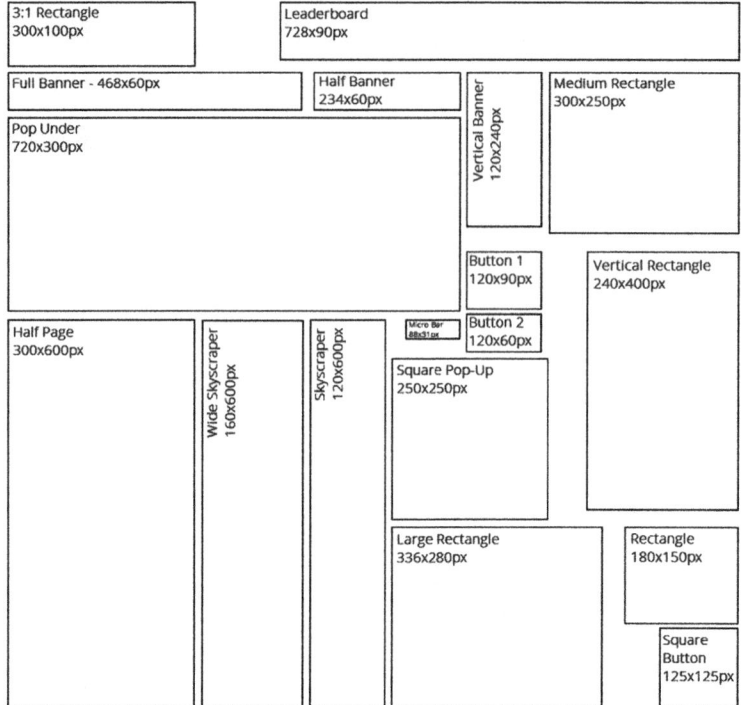

Abb. 2.168 Standardgrößen für Banner. (Quelle: Butsch, Lena: Wann ist ein Banner ein gutes Banner? Blog-Beitrag vom 06.01.2016: https://www.more-fire.com/blog/wann-ist-ein-banner-ein-gutes-banner, Zugriff am 17.01.2018)

- Kontext-Targeting: Geworben wird nur auf solchen Websites, die in einem gewünschten Kontext stehen, der definiert werden kann über Keywords, die Häufigkeit bestimmter Worte, die Sprache und die Seitenstruktur vom Werbetreibenden (hier: der Organisation).
- Placement-Targeting: Geworben wird nur auf solchen Websites (oder Unterseiten), die der Werbetreibende (hier: die Organisation) bereits kennt und individuell auswählen möchte.
- Remarketing: Werblich angesprochen werden Nutzer, die eine bestimmte Website schon einmal besucht haben (siehe unten!).
- Themenbezogenes Targeting: Geworben wird nur auf solchen Websites, die einer bestimmten Interessenkategorie (wie z. B. Reisen, Unterhaltung oder Sport) zugeordnet wurden.
- Geografische Ausrichtung und Ausrichtung auf Sprachen: Geworben wird z. B. nur bei deutschsprachigen Nutzern auf der ganzen Welt oder englischsprachigen Nutzern in München.

- Demografische Ausrichtung: Geworben wird nur bei Nutzern eines bestimmten Alters oder Geschlechts. Einschränkend muss jedoch angemerkt werden, dass *Google* über diese Informationen nur verfügt, wenn der Nutzer ein *Google+* Profil hat. In Deutschland trifft dies jedoch nur etwa 1,3 Mio. Nutzer zu.
- Darüber hinaus gibt es noch eine Reihe anderer Tools, deren Darstellung den Rahmen dieses Buches sprengen würde.[143] Auch lassen sich alle Tools miteinander kombinieren!

Neben *Google* und seinen Partner-Websites gibt es natürlich auch eine Vielzahl anderer Anbieter für Display-Werbung wie z. B. *Facebook, Twitter, United Internet, Performance Advertising, Plista* und *Ligatus*. Auch Online-Vermarkter, die eine Vielzahl von Websites vermarkten und so große Teile der Bevölkerung erreichen, können mit der Schaltung von Display-Werbung (z. T. zu Sonderkonditionen für gemeinwohlorientierte Organisationen) beauftragt werden. Die reichweitenstärksten Vermarkter werden regelmäßig im AGOF-Vermarkter-Ranking ausgewiesen.

Wer nur wenig oder gar kein Budget für Display-Werbung hat, sollte zumindest seine vorhandenen Unterstützer, die über eine eigene Website verfügen (Privatpersonen, Institutionen oder Unternehmen) bitten, die Organisation durch kostenlose Schaltung von Display-Werbung auf ihrer Website zusätzlich zu unterstützen. Solche „Frei-Banner" sind das digitale Pendant zu den Freianzeigen (siehe Abschn. 2.6.4.4). Sie sollten – wie auch die Freianzeigen – in den verschiedenen Standardformaten auf der Website der Organisation für Jedermann zum kostenlosen Download zur Verfügung stehen.[144]

Beispiel

Das Bündnis *Aktion Deutschland Hilft* bietet auf seiner Website Jedermann die Möglichkeit, ein Banner im gewünschten Standardformate auszusuchen, den Code für das Banner erzeugen zu lassen und ihn in die eigene Website einzubauen (siehe Abb. 2.169). Auf diesem Wege konnte *ADH* im Zusammenhang mit dem Erdbeben in Haiti 2010 über 200 Mio. Bannereinblendungen, über 20.000 Besucher ihrer Website und einen fünfstelligen Spendenerlös erzielen.

Eine weitere Möglichkeit, die das Display-Marketing bietet, ist das **Retargeting** (*Google* nennt sein Angebot Remarketing). Beim Retargeting wird ein Besucher der eigenen Website (der gemeinwohlorientierten Organisation) durch ein Cookie elektronisch markiert, anschließend auf einer anderen Website, die Display-Werbung einblenden kann, über die elektronische Markierung wiedererkannt, und durch Einblendung eines inhaltlich abgestimmten Banners aufgefordert, auf die entsprechende Seite der Organisation zurück-

---

[143] Näheres unter: google.de/ads/displaynetwork/manage-your-ads/targeting-tools.html#tab=other-tools.
[144] Vgl. Reichenbach, T.: Online-Marketing. In: Fundraising-Akademie (Hrsg.) Fundraising – Handbuch für Grundlagen, Strategien und Methoden, 5. Aufl., S. 730–737. Springer Gabler, Wiesbaden (2016).

Abb. 2.169 Download-Möglichkeit von Bannern auf der Website von Aktion Deutschland Hilft. (Quelle: aktion-deutschland-hilft.de/de/aktiv-helfen/interaktiv-helfen/online-banner-videos/ (Zugriff am 17.01.2018))

zukehren (deshalb die Silbe „Re-"). Seit Inkrafttreten der Datenschutz-Grundverordnung (DSGVO) der EU am 18.05.2018 ist das Markieren über ein Cookie nur noch dann zulässig, wenn der User sein Einwilligung dazu gibt. Die Einwilligung wird i. d. R. durch das Anklicken eines entsprechenden Cookie-Hinweises gegeben, den die Organisation auf ihrer Website einblendet.

> **Beispiel**
>
> Retargeting ist beispielsweise dann sinnvoll, wenn der Besucher der Website einer gemeinwohlorientierten Organisation auf der Spendenseite begonnen hat, ein Online-Spendenformular auszufüllen, ohne den Spendenvorgang jedoch abzuschließen. Durch Retargeting wird er nach dem Abbruch elektronisch markiert und später an ganz anderer Stelle (einer ganz anderen Website, die jedoch Display-Werbung anzeigt) durch einen Call-to-Action auf einem (speziell für Abbrecher entwickelten) Banner aufgefor-

2.7 Online-Fundraising

dert, zur Spendenseite dieser Organisation zurückzukehren und die gewünschte Conversion (in diesem Fall den Spendenvorgang abzuschließen) zu tätigen. Ziel des Retargeting ist also die Rückkehr auf eine Website, um dort eine Conversion abzuschließen.

Für die **Bezahlung von Display-Werbung** gibt es zwei Modelle:

- Die Bezahlung nach Anzahl der Einblendungen (englisch: Impression) eines Banners über Cost-per-Impression (CPI) oder Cost-per-1000-Impressions bzw. Cost-per-Mille (CPM). Dabei entspricht CPM dem auch im Offline-Bereich bekannten Tausender-Kontakt-Preis (TKP).
- Gebräuchlicher ist erfolgsabhängige Bezahlung, die nur dann anfällt, wenn durch ein Banner eine bestimmte Aktion des Users ausgelöst wird. Diese Aktion kann ein Klick sein, der nach Cost-per-Click (CPC) abgerechnet wird. Oder eine Registrierung, die nach Cost-per-Lead (CPL). Auch eine Bezahlung nur bei tatsächlich getätigter Spende (Cost-per-Donation) ist technisch möglich, aber selten.[145]

Wie auch alle anderen Kommunikationsmittel, können Banner nicht nur im Rahmen der Werbung bzw. des Fundraising eingesetzt werden, sondern auch im Rahmen der Öffentlichkeitsarbeit (siehe Abschn. 2.6.2). Ziel von Bannern, die im Rahmen der Öffentlichkeitsarbeit eingesetzt werden, ist dann nicht die Spende, sondern die Bekanntmachung der Organisation und die Image-Bildung bzw. das Branding. Entsprechend werden Banner immer weiter ausdifferenziert. Heute schalten Organisationen verschiedene Banner mit verschiedenen Zielsetzungen bei verschiedenen Zielgruppen auf verschiedenen Websites. Allen Bannern gemeinsam sollte sein, dass sie einen konkreten Call-to-Action umfassen (siehe Abschn. 2.1.2.2):

- „Besuchen Sie uns auf dem Kirchentag!"
- „Informieren Sie sich über Ihre Möglichkeiten!"
- „Helfen Sie mit Ihrer Spende!"
- „Werden Sie Pate!"

Die **Vorteile von Display-Werbung** liegen darin, dass:

- Werbebotschaften zielgruppengenau bei minimalen Streuverlusten ausgesteuert werden können,
- Display-Werbung trotz niedriger Klickraten nachweislich zu einer erhöhten Markenwahrnehmung und -erinnerung beiträgt.
- Leistungsabhängige Bezahlung möglich ist, bei der nur bezahlt werden muss, wenn ein Umworbener eine Werbebotschaft nicht nur wahrnimmt, sondern auch nachweislich handelt,

---

[145] Vgl. Springer Gabler Verlag (Hrsg.): Gabler Wirtschaftslexikon, Stichwort: Display Advertising, online im Internet: http://wirtschaftslexikon.gabler.de/Archiv/576005961/display-advertising-v4.html.

- durch Retargeting auch dann noch ein Abschluss (z. B. eine Spende) erzielt werden kann, wenn ein User eine Website unverrichteter Dinge verlassen hatte.

2.7.2.3 Affiliate-Marketing

Eine weitere Möglichkeit neben dem Suchmaschinen- und Display-Marketing, die gewählten Spendenprodukte (**P**roduct), ihren jeweiligen Preis (**P**rice) und die jeweils gewählten Vertriebskanäle (**P**lace) zu kommunizieren (**P**romotion), ist das Affiliate-Marketing. Unter **Affiliate-Marketing** werden Partnerprogramme für Werbung (online aber auch offline) verstanden. Der eine Partner („Publisher" genannt) publiziert gegen Bezahlung auf seiner Website (oder anderen Kommunikationskanälen im Internet wie Blog, E-Mail, E-Newsletter, Feeds etc.) eine Werbebotschaft (i. d. R. in Form eines Banners) mit Hyperlink zur Website des anderen Partners („Merchant" oder „Affiliate" genannt). Der Merchant erhält also das Recht, seine Werbebotschaft an die Website des Publishers angliedern (engl.: to affiliate) zu dürfen. Dadurch vermittelt der Publisher dem Merchant Interessenten, Käufer oder Spender aus der Gruppe der Besucher seiner Website. Im Gegenzug erhält der Publisher dafür eine erfolgsabhängige Vergütung (Provision) vom Merchant.

Möglich sind folgende Vergütungssysteme auf Provisionsbasis:

- Pay-per-Click (PPC): Bezahlung nach der Anzahl der Klicks auf das Banner und damit Weiterleitungen auf die Website des Merchants. Aus Fundraising-Sicht ist eine PPC-Vergütung dann interessant, wenn der Klick auf eine Landing-Page zur Vorbereitung einer Spende führt, oder direkt auf ein Online-Spendenformular.
- Pay-per-Lead (PPL): Bezahlung nach der Anzahl der gewonnenen Interessenten (engl.: Leads), gemessen z. B. anhand der Anzahl ausgefüllter Online-Formulare (zum Abonnement eines E-Newsletters oder zur Anforderung von Patenschaftsunterlagen).
- Pay-per-Donation: Bezahlung eines Prozentsatzes auf jede erhaltene Spende.

In allen drei Fällen erfolgt eine Vergütung also nur bei nachweislich erbrachter Leistung (Performance). Eine erbrachte Leistung nachzuweisen, ist technisch anspruchsvoll. Deshalb werden Affiliate-Netzwerke wie *affilinet* und *awin* eingeschaltet. Das Affiliate-Marketing wird deshalb ebenso dem Performance-Marketing zugeordnet wie das Suchmaschinen-Marketing. Sinnvoll ist Affiliate-Fundraising dann, wenn die zu zahlenden Provisionen in einem ökonomisch sinnvollen Verhältnis zu den zu erwartenden Erlösen von den per Banner gewonnenen Interessenten bzw. Spendern stehen – auch im Verhältnis zu anderen Methoden der Interessenten- und Spendergewinnung (siehe Abschn. 6.1).

Bezogen auf das Online-Fundraising können zwei Fälle unterschieden werden: Im ersten (und sicherlich häufigeren) Fall ist die steuerbegünstigte Organisation der Merchant. Sie kauft dann Werbeplatz (für ein Banner) auf der Website eines Publishers mit ähnlicher Zielgruppe, um unter den Besuchern der Website des Publishers neue Interessenten bzw. (Einzel-, Mikro- oder Dauer-)Spender für sich zu gewinnen. Wie immer muss es Ziel eines Fundraisers sein, die Leistungen des Publishers im Rahmen des Affiliate-Marketing zu fundraisen, also nicht oder nur verringert bezahlen zu müssen.

2.7 Online-Fundraising

> **Beispiel**
> Über den Wettbewerb *Netz der Herzen* (netz-der-herzen.de) sucht die Kinderhilfsorganisation *SOS-Kinderdörfer* mit Unterstützung des Affiliate Netzwerks *Tradedoubler* jedes Jahr den *SOS Affiliate des Jahres* (siehe Abb. 2.170). Die Auszeichnung erhält derjenige Teilnehmer am Partnerprogramm von *Tradedoubler*, der im Zeitraum 01.11.–31.12. eines Jahres durch Banner oder Textlinks auf seiner Website die meisten Leads (Spenden, Patenschaften oder Newsletter-Anmeldungen) für *SOS-Kinderdörfer* generieren kann. *SOS-Kinderdörfer* erhält alle durch den Wettbewerb generierten Leads kostenlos.

Im zweiten (selteneren) Fall ist die steuerbegünstigte Organisation der Publisher. Sie verkauft dann Werbeplatz (für ein Banner) auf ihrer Website an Merchants. Dritte (i. d. R. Unternehmen) erhalten dann die Möglichkeit, unter Besuchern der Website der Organisation Interessenten und Kunden für ihre Produkte zu gewinnen. Dafür erhält die Organisation eine Provision.

Abb. 2.170 Wettbewerb „SOS Affiliate des Jahres". (Quelle: netz-der-herzen.de/affiliate-des-jahres/ (Zugriff am 18.01.2018))

2.7.2.4 E-Mail-Marketing

Eine weitere Möglichkeit neben dem Suchmaschinen-, Display- und Affiliate-Marketing, die gewählten Spendenprodukte (**P**roduct), ihren jeweiligen Preis (**P**rice) und die jeweils gewählten Vertriebskanäle (**P**lace) zu kommunizieren (**P**romotion), ist das E-Mail-Marketing. Unter **E-Mail-Marketing** soll hier das Marketing mit Hilfe von E-Mails, also die Vermarktung von Gütern und Dienstleistungen mit Hilfe von E-Mails verstanden werden. Die (auch: das) E-Mail ist (noch vor dem World Wide Web) der meistgenutzte Dienst im Internet. Zwar kann eine gemeinwohlorientierte Organisation E-Mails für die Kommunikation mit allen ihren Stakeholdern (Spender, Sponsoren, Mitarbeiter, Ehrenamtliche, Freiwillige, Klienten, Angehörige etc.) einsetzen – und tut dies auch. Aus Sicht des Fundraising steht jedoch die Kommunikation mit (potenziellen) (Geld-, Sach- und Zeit-)Spendern per E-Mail im Vordergrund. Dabei ist die E-Mail nur Kommunikations-, nicht Vertriebskanal für die verschiedenen Spendenprodukte! Zwar lassen sich auch Spenden-Button in eine E-Mail integrieren (siehe unten), der tatsächliche „Kauf" des Spendenprodukts bzw. die Bezahlung der Spende erfolgt jedoch über ein Online-Spendenformular auf der Website der Organisation – nicht in der E-Mail. Die E-Mail ist also ein reiner Kommunikationskanal, der (via Spendenbutton – Landing-Page – Online-Spendenformular) auf den Vertriebskanal Website (siehe Abschn. 2.7.1.2) hinweisen bzw. weiterleiten kann – je nach Zielsetzung einer E-Mail aber nicht muss!

Aus Sicht des (Online-)Fundraising kann **Zielsetzung** des E-Mail-Marketing die Gewinnung, Bindung oder Rückgewinnung von (potenziellen) Spendern sein. Aus Sicht anderer Abteilungen einer gemeinwohlorientierten Organisation kann es natürlich noch weitere Zielsetzungen für das E-Mail-Marketing geben (so kann beispielsweise die Öffentlichkeitsarbeit auf Imagebildung durch E-Mails abzielen). Deshalb ist beim E-Mail-Marketing – wie auch bei der Website, den Social Media Sites und allen anderen Bereichen des Online-Fundraising – vorab eine (nicht selten konfliktreiche) Zielklärung und -abstimmung mit anderen Abteilungen einer gemeinwohlorientierten Organisation herbeizuführen, deren Aufgabenbereich ebenfalls Kommunikation (nach innen und außen) umfasst. Hierbei handelt es sich insbesondere um die Abteilung für Öffentlichkeitsarbeit und – falls vorhanden – die Abteilung für Campaigning, die Bildungsabteilung und andere mehr. Da sich diese unterschiedlichen Aufgabenbereiche – gerade online – immer schwerer trennen lassen, lösen immer mehr Organisationen diese Vielteiligkeit in ihrer Aufbauorganisation (siehe Abschn. 6.5) zugunsten einer gemeinsamen Online-Abteilung auf! Trotzdem bleiben Konflikte durch unterschiedliche Zielsetzungen natürlich bestehen und müssen kooperativ und konstruktiv aufgelöst werden.

Zurück zur Zielsetzung des E-Mail-Marketing aus Sicht des Fundraising. Wie oben erwähnt, ist eine erste, wenn wohl auf nicht die wichtigste Zielsetzung des E-Mail-Marketing die **Gewinnung (potenzieller) Spender**. Dies können sowohl (qualifizierte) Interessenten (Leads), als auch Einzel-, Dauer- und Anlassspender sowie Durchführer von Spendenaktionen sein. Wie eine Organisation online Interessenten (Leads) generieren kann, wird später ausführlich in Abschn. 2.7.3 auszuführen sein. Offline erfolgt die Gewin-

2.7 Online-Fundraising

nung von Erstspendern ja immer noch hauptsächlich durch den Einsatz von Kaltadress-Mailings (siehe Abschn. 2.1.3.2). Zwar können auch online Erstspender durch Miete von E-Mail-Adressen mit erforderlicher Double-Opt-In-Permission (siehe Abschn. 2.5.3.2) und anschließender Kaltansprache per Cold-E-Mail gewonnen werden. Zahlreiche Tests haben jedoch gezeigt, dass dieser Weg i. d. R. nicht erfolgreich ist. Sehr wohl erfolgsversprechend ist dagegen, selbst gewonnene E-Mail-Adressen von Interessenten bzw. Leads (siehe Abschn. 2.7.3) per Spenden-Button in einer E-Mail oder einem E-Newsletter (siehe unten) zu Spendern zu konvertieren (Conversion). Gerade im Zusammenhang mit Katastrophenhilfe können E-Mails einen ihrer wichtigsten Vorteile (siehe unten) ausspielen, sehr schnell einsetzbar zu sein.

Mehr noch als die Gewinnung (potenzieller) Spender, verfolgt das E-Mail-Marketing die Zielsetzung der **Bindung (potenzieller) Spender**. Spenderbindung beginnt mit dem Dank für die Erstspende. Wurde die Erstspende online gegeben, sollte automatisch eine Dank-E-Mail ausgelöst werden, damit sie möglichst zeitnah eintrifft. Aber wie geht die Kommunikation per E-Mail nach der Dank-E-Mail weiter? Im Offline-Fundraising ist die Folgekommunikation meist sehr starr und orientiert sich wenig bis gar nicht an den individuellen Interessen eines (Erst-)Spenders: Nach einem Dankbrief wird ein Erstspender i. d. R. baldmöglichst in den Standard-(Papier-)Mailing-Zyklus für alle Spender überführt. Nicht so im Online-Fundraising: Hier wird versucht, die im Sinne des Relationship Fundraising (siehe Abschn. 2.1) so wichtige Beziehung zu einem Spender individueller und systematischer mit Hilfe einer durchdachten, genau definierten Abfolge von E-Mails und E-Newslettern aufzubauen. Selbst wenn die Online-Folgekommunikation mit Hilfe von Marketing-Automation (siehe Abschn. 2.7.3) bzw. präziser ausgedrückt E-Mail-Marketing-Automation letztendlich auch wieder standardisiert wird, kann sie doch weit individueller auf die Bedürfnisse und Interessen einzelner Spender eingehen, als dies Offline möglich ist. Online kann technisch viel einfacher geplant und umgesetzt werden, wann welcher Interessent oder Spender welche E-Mails bzw. E-Newsletter, in welcher Reihenfolge, mit welchen Inhalten zu welchen Themen erhalten soll. Innerhalb einer E-Mail können unterschiedliche Zielgruppen bzw. Segmente (z. B. Erstspender, Mitglieder, Stifter) individuell adressiert werden. Es wird genau analysiert und geplant (siehe Kap. 6), entlang welcher Kontaktpunkte (Touch Points) und Pfade sich die Beziehung zwischen Spender und Organisation entwickelt bzw. entwickeln sollte (siehe Abb. 2.171). Der individuelle Pfad bzw. die individuelle Reise eines Spenders (in Bezug auf eine Organisation) wird Donor Journey genannt (siehe auch Abschn. 6.1.2.5). Selbstverständlich kann jede Donor Journey neben Online- auch Offline-Touch Points umfassen, was für die Erfassung der gesamten Donor Journey eines oder mehrerer Spender nach wie vor zu einer technischen Herausforderung werden lässt.

Verschickt eine Organisation E-Mails zu einem feststehenden Thema (i. d. R. wichtige Neuigkeiten rund um die Organisation und ihre Projekte) in regelmäßiger Frequenz, so wird von einem **E-Newsletter** (oder einfach nur Newsletter) gesprochen. Er kann von einem Interessenten bzw. Spender auf der Website der Organisation kostenlos abonniert werden.

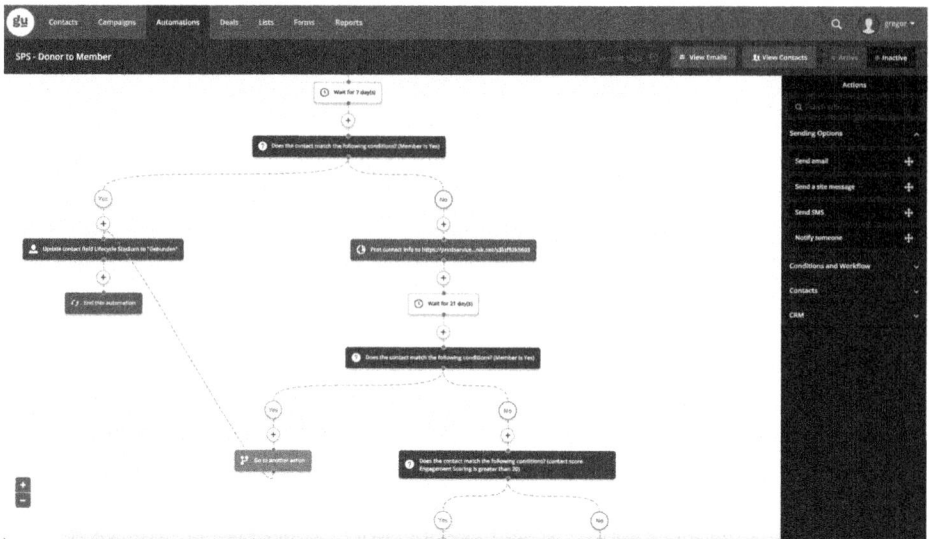

Abb. 2.171 Entscheidungsbaum E-Mail-Marketing-Automation (Ausschnitt). (Quelle: getunik)

Um zu möglichst vielen Menschen eine Beziehung aufbauen zu können, wird auf den E-Newsletter prominent und an mehreren Stellen hingewiesen:

- Auf der Website der Organisation (nicht nur auf der Startseite),
- Auf den Social Media Sites der Organisation,
- In der E-Mail-Signatur aller Mitarbeiter der Organisation,
- In den Offline-Medien der Organisation,
- Auf Veranstaltungen der Organisation,
- Im Rahmen einer Spenderbefragung (siehe Abschn. 6.1.2.7).
- Auf dem Online-Spendenformular,
- etc.

Beispiel

Das Bündnis *Aktion Deutschland Hilft* bietet auf seiner Website einen kostenlosen E-Newsletter an (siehe Abb. 2.172). Der Nutzen des E-Newsletters wird mit vier guten Argumenten ebenso herausgestellt, wie die zu erwartende Erscheinungsfrequenz und die einfache Abbestellmöglichkeit. Für die Anmeldung wird nur nach „Anrede", „Vorname", „Name" und „E-Mail" gefragt. Bis auf die E-Mail-Adresse, wird bewusst auf Pflichtfelder verzichtet, um die Einstiegsbarrieren so niedrig wie möglich zu halten. Ein prominenter Schirmherr signalisiert die nötige Vertrauenswürdigkeit.

Wichtig ist, den Angeschriebenen in jeder Ausgabe des E-Newsletters, wie überhaupt in jeder E-Mail, durch einen eindeutigen Call-to-Action zu aktivieren. Das kann im ein-

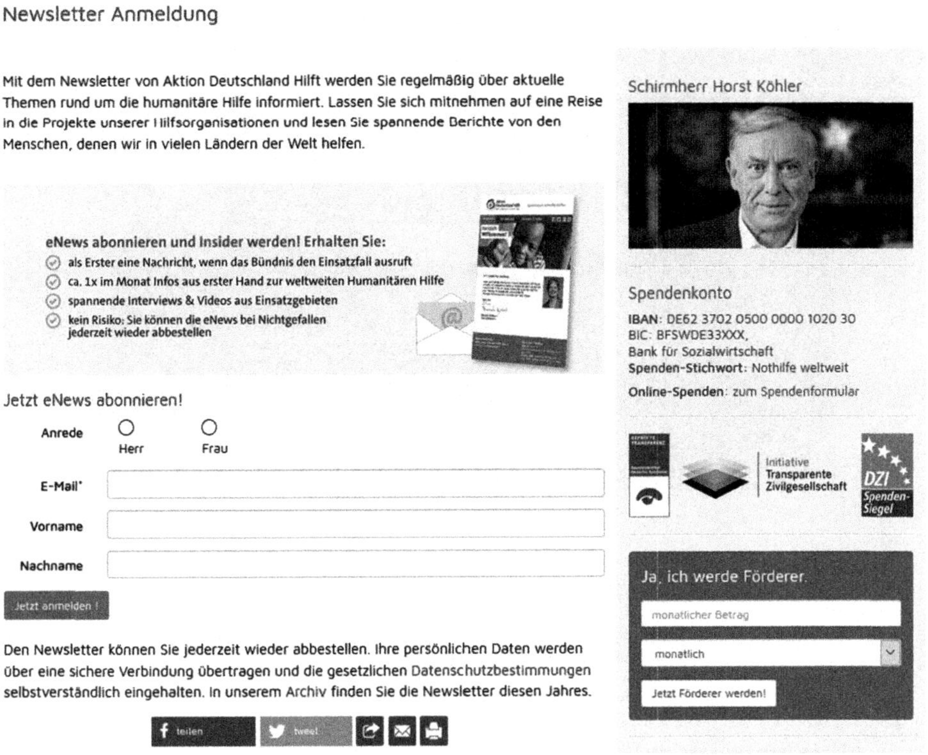
Newsletter Anmeldung
Mit dem Newsletter von Aktion Deutschland Hilft werden Sie regelmäßig über aktuelle Themen rund um die humanitäre Hilfe informiert. Lassen Sie sich mitnehmen auf eine Reise in die Projekte unserer Hilfsorganisationen und lesen Sie spannende Berichte von den Menschen, denen wir in vielen Ländern der Welt helfen.
eNews abonnieren und Insider werden! Erhalten Sie:
als Erster eine Nachricht, wenn das Bündnis den Einsatzfall ausruft
ca. 1x im Monat Infos aus erster Hand zur weltweiten Humanitären Hilfe
spannende Interviews & Videos aus Einsatzgebieten
kein Risiko: Sie können die eNews bei Nichtgefallen jederzeit wieder abbestellen
Jetzt eNews abonnieren!
Anrede
Herr
Frau
E-Mail*
Vorname
Nachname
Jetzt anmelden !
Den Newsletter können Sie jederzeit wieder abbestellen. Ihre persönlichen Daten werden über eine sichere Verbindung übertragen und die gesetzlichen Datenschutzbestimmungen selbstverständlich eingehalten. In unserem Archiv finden Sie die Newsletter diesen Jahres.
teilen
tweet
Schirmherr Horst Köhler
Spendenkonto
IBAN: DE62 3702 0500 0000 1020 30
BIC: BFSWDE33XXX,
Bank für Sozialwirtschaft
Spenden-Stichwort: Nothilfe weltweit
Online-Spenden: zum Spendenformular
Initiative Transparente Zivilgesellschaft
DZI Spenden-Siegel
Ja, ich werde Förderer.
monatlicher Betrag
monatlich
Jetzt Förderer werden!

Abb. 2.172 E-Newsletter-Anmeldung auf der Website der ADH. (Quelle: aktion-deutschland-hilft.de/de/newsletter/newsletter-anmeldung/ (Zugriff am 19.01.2018))

fachsten Fall der Klick auf einen Link bzw. Button „mehr Informationen" sein, da gerade online zweistufig kommuniziert werden sollte (zur zweistufigen Kommunikation siehe auch Abschn. 2.6.10): Auf Stufe 1 wird ein Thema in E-Newsletter oder E-Mail kurz und knapp angerissen und Interesse geweckt. Ausführliche Informationen (inkl. Spendenaufruf) gibt es für Interessierte dann auf der Website bzw. Landing-Page (Stufe 2), die durch Klick auf einen Hyperlink erreicht werden kann. Alternativ kann der Call-to-Action aber auch auffordern, zu spenden, eine Petition zu unterzeichnen oder Profile bzw. Posts auf Social Media zu liken, was wiederum die Social Signals auf den Social Media Sites erhöht, und damit den Page-Rank der Organisation bei *Google AdWords* steigert.

Beispiel

In der Newsletter-Ausgabe Juli 2015 versucht die Kinderhilfsorganisation *Save the Children* die Leser mit dem Call-to-Action „Helfen Sie jetzt!" zu Spendern zu konvertieren (Abb. 2.173).

Abb. 2.173 E-Newsletter mit Call-to-Action. (Quelle: E-Newsletter 7/2015 von *Save the Children*)

Auf dem Markt steht gemeinwohlorientierten Organisationen eine große Auswahl an **Tools für E-Mail-Marketing** zur Verfügung. Hier eine kleine Auswahl:

- optivo broadmail,
- emarsys,
- CleverReach (kann über das IT-Portal für Non-Profits Stifter-helfen.de zu Sonderkonditionen beschafft werden),
- cleverelements,
- inxmail,
- Newsletter2Go,
- MailChimp,
- getunik Marketing Suite (basierend auf active campaign).

Online-Fundraising-Beraterin *Hieninger* gibt in ihrem Blog *Marketing for Good* Tipps, worauf bei der Auswahl eines E-Mail-Marketing Tools geachtet werden sollte:

- **Versandkosten**: Viele Anbieter bieten einen kostenlosen Service an. Nachteil ist, dass die eigenen Newsletter dann durch die Marke des Anbieters gebrandet werden. Andere Anbieter rechnen pro versendeter E-Mail oder über eine Monatspauschale ab.
- **Versandoptionen**: E-Mail-Marketing bietet die Möglichkeit, den Empfängern für sie relevante Informationen zukommen zu lassen. Das E-Mail Tool muss dafür jedoch eine Vielzahl von Segmentierungs- und Automatisierungsoptionen anbieten. Diese beinhalten unter anderem das Einstellen von selbst definierten Zielgruppen, Klickprofilen und Marketing Automationen.
- **Design**: State-of-the-Art ist derzeit der sogenannte What-you-see-is-what-you-get-Editor (WYSIWYG-Editor). Damit sieht man sofort das Ergebnis des E-Newsletters beim Erstellen. Es besteht die Möglichkeit, ein eigenes Design zu benutzen und Elemente dieses Designs unterschiedlich miteinander zu kombinieren. Viele Anbieter bieten auch eine Art Baukasten an. Hier bedarf es lediglich des Hochladens eigener Grafiken.
- **Testings**: E-Mail-Marketing Tools für NGOs sollten die Möglichkeit für umfangreiche Tests bieten. Neben Betrefftests, sollten auch Inhalte wie Texte und Bilder testbar und unterschiedlichen Zielgruppen zuordenbar sein, ohne für jeden Newsletter einen neuen Test anlegen zu müssen.
- **Automation**: E-Mail-Marketing Tools sollten die Option anbieten, E-Mail-Marketing-Kampagnen zu automatisieren.
- **Server**: Der Server des Anbieters muss auf einem sogenannten Whitelist Server gehostet werden. Nur dann ist sichergestellt, dass die Newsletter auch ankommen und nicht im Spamfilter landen.[146]

---

[146] Vgl. Hieninger, Eva: E-Mail-Marketing für NGOs – Spendengenerierung und Spenderbindung mit Newslettern, marketing-for-good.de/blog/e-mail-marketing-tools-fuer-ngos (Zugriff am 19.01.2018).

Ist die Entscheidung für ein E-Mail-Marketing Tool gefallen, so kann mit dem Versand von E-Mails bzw. E-Newslettern begonnen werden. Bei Gestaltung und Versand von E-Mails bzw. E-Newslettern sollten folgende Tipps berücksichtigt werden:[147]

▶ **Tipps**

- **Regelmäßigkeit**: Verschicken Sie den E-Newsletter Ihrer Organisation regelmäßig (bei großen Organisationen z. B. wöchentlich, bei kleinen Organisationen z. B. monatlich)!
- **Seriosität**: Vermeiden Sie, als Spam kategorisiert zu werden: Verwenden Sie eine nationale Domain-Endung, Hosting auf einem Whitelist-Server, Test des E-Newsletter vor Versand auf Spamverdacht bei mail-tester.com!
- **Persönliche Ansprache**: Sprechen Sie den Empfänger des E-Newsletter korrekt personalisiert (Anrede, Titel, Nachname) in Betreffzeile und Text an!
- **Vertrauen aufbauen**: Bauen Sie Vertrauen bei ihren E-Newsletter-Abonnenten auf, indem Sie einen (bekannten) Absender (mindestens Organisation, evtl. sogar persönlicher Ansprechpartner) benennen, mit dem der Abonnent bei Bedarf in Kontakt treten könnte!
- **Aktivierende Betreff-Zeile**: Schaffen Sie durch eine involvierende oder gar provozierende Betreffzeile („Würden Sie sich entführen lassen, Herr Schmidt?") Anreiz, einen E-Newsletter (z. B. zum Thema „Verstoß gegen Menschenrechte") überhaupt erst einmal zu öffnen!
- **Themenaffinität**: Konzentrieren Sie sich im E-Newsletter auf ein oder wenige Themen, die den Empfänger wirklich interessieren (siehe: E-Mail-Marketing-Automation)!
- **Abwechslung**: Vermeiden Sie langweilige E-Newsletter durch Abwechslung!
- **Layout**: Verwenden Sie ein klares Layout, das alles Wichtige auf den ersten Blick und ohne Scrollen erkennen lässt. Heben Sie den Call-to-Action-Button deutlich hervor! Sorgen Sie für Wiedererkennung durch Einhaltung des Corporate Design! Verzichten Sie auf lange Texte! Lassen Sie auf den Inhalt abgestimmte Bilder sprechen!
- **Datenmenge**: Trotzdem muss der E-Newsletter – auch von einem mobilen Endgerät aus – mit vertretbarer Ladezeit geöffnet werden können!

Auch bei Gestaltung und Versand von E-Mails bzw. E-Newslettern ist noch „kein Meister vom Himmel gefallen". Es gilt der alte Fundraising-Grundsatz: Testen, testen, testen! Gute E-Mail-Marketing-Tools bieten integrierte Test-Möglichkeiten wie den **A/B-Test** an (siehe Abschn. 6.1.2.7).

Beispiel

Mit Hilfe von A/B-Tests wird für einen E-Newsletter nach und nach ermittelt, welche Variante der Betreffzeile für die höchste Öffnungsrate sorgt, welche Variante des Textes für die größte Conversion (z. B. zu Spendern) sorgt, usw.

---

[147] Quelle: GRÜN Spendino: E-Mail-Marketing: Tipps für erfolgreiches Fundraising, www.gruen.net/spendino/fundraising-tipp/e-mail-marketing (Zugriff am 20.01.2018).

Laut *Online-Fundraising Studie 2017* der Online-Fundraising-Agentur *Altruja* verschicken 53,7 % der gemeinwohlorientierten Organisationen im deutschsprachigen Raum einen E-Newsletter (D: 51,4 %, A: 54,1 %, CH: 65,8 %).

Eine dritte Zielsetzung des E-Mail-Marketing neben der Gewinnung und Bindung von (potenziellen) Spendern kann die **Rückgewinnung (inaktiver) Spender** sein. Auch hierfür ist durch A/B-Tests (siehe Abschn. 6.1.2.7) nach und nach die erfolgreichste Variante zu ermitteln.

Zusammengefasst sprechen folgende **Vorteile** für das E-Mail-Marketing:[148]

- **Bekanntheit**: Die E-Mail ist ein sehr bekanntes und etabliertes Kommunikationsmittel.
- **Personalisierbarkeit**: Eine E-Mail lässt sich in hohem Maße personalisieren und individualisieren.
- **Geschwindigkeit**: Die nötigen Tools vorausgesetzt, kann eine E-Mail schnell erstellt und versendet werden.
- **Kosteneffizienz**: Die Kosten von E-Mails werden gerne unterschätzt. Trotzdem können E-Mails bei professioneller Nutzung sehr kosteneffizient sein.
- **Optimierbarkeit**: Im Vergleich zu ihrem Offline-Pendant, sind E-Mails durch (A/B-) Tests (siehe Abschn. 6.1.2.7) einfacher und schneller optimier- und weiterentwickelbar.
- **Messbarkeit**: Die nötigen Tools vorausgesetzt, kann der Erfolg von E-Mails durch Tracking leicht gemessen werden.
- **Automatisierbarkeit**: Durch automatisierte Donor Journeys können Interessenten zu (Einzel-)Spendern und Einzelspender zu Dauerspendern entwickelt werden.
- **Involvement**: Der Empfänger hat dem Versand einer E-Mail doppelt zugestimmt (Double-Opt-In-Verfahren). Zudem hat er jederzeit die Möglichkeit zum Opt-Out. Die Organisation ist dann gezwungen, ihre (ab sofort nicht mehr erwünschten) Nachrichten unverzüglich einzustellen. „Karteileichen", die offline noch jahrelang angeschrieben werden, obwohl sie längst kein Interesse mehr an einer Organisation haben, gibt es bei E-Newslettern nicht. Nach dem Motto „Klasse statt Masse" werden die Adressbestände der Organisationen im Zeitalter des Online-Fundraising zwar kleiner. Dafür umfassen sie aber ausschließlich aktuelle Adressen, die noch aktives Interesse an der Arbeit der Organisation haben.
- **Aktualität**: Aufgrund der geringeren Vorlaufzeiten, kann der E-Newsletter im Vergleich zu seinem Offline-Pendant aktueller sein.
- **Multimedialität**: Im Gegensatz zu seinem Offline-Pendant kann der E-Newsletter jegliche Information in digitaler Form (Videos, Sound-Dateien etc.) integrieren.

Die Online-Kommunikation in Form von E-Mail und E-Newsletter kann also überzeugende Argumente vorbringen, die auch bereits zu entsprechendem Erfolg führen. Trotz-

---

[148] Vgl. Lehmann, Matthias: E-Mail-Marketing. In: Fundraising-Akademie (Hrsg.) Fundraising – Handbuch für Grundlagen, Strategien und Methoden, 5. Aufl., S. 737–741. Springer Gabler, Wiesbaden (2016).

dem werden E-Mail und E-Newsletter die entsprechende Offline-Kommunikation in Form von (Papier-)Mailing und Newsletter auf absehbare Zeit nicht ersetzen, sondern ergänzen.

2.7.2.5 Messenger-Marketing

Eine weitere Möglichkeit neben dem Suchmaschinen-, Display-, Affiliate- und E-Mail-Marketing, die gewählten Spendenprodukte (**P**roduct), ihren jeweiligen Preis (**P**rice) und die jeweils gewählten Vertriebskanäle (**P**lace) zu kommunizieren (**P**romotion), ist das Messenger-Marketing. Von **Messenger-Marketing** wird hier gesprochen, wenn die Vermarktung von Gütern und Dienstleistungen (hier: von Spendenprodukten) über Messenger-Dienste wie *WhatsApp* und *Facebook-Messenger* oder kleinere Wettbewerber wie *Threema*, *Signal*, *Wire*, *Kik* und *Telegram* erfolgt. Streng genommen ist es derzeit v. a. die Kommunikation zwischen einem Unternehmen (hier: einer gemeinwohlorientierten Organisation) und dem Kunden (hier dem (potenziellen) Spender), die über einen Messenger-Dienst abgewickelt wird. Da es sich aus Fundraising-Sicht v. a. um werbliche Kommunikation handelt (und damit nicht um das gesamte Marketing, sondern nur um einen Teilbereich davon), ist der Begriff Messenger-Werbung bzw. Messenger-Advertising eigentlich präziser. Allerdings können Messenger-Dienste schon heute auch als Vertriebskanäle eingesetzt werden (siehe unten). Für das Fundraising ist dies jedoch noch weitgehend Zukunftsmusik.

Das Potenzial der Messenger-Dienste ist groß. Laut Statistik-Portal *statista* wird *WhatsApp* 2017 weltweit von ca. 1,3 Mrd. und *Facebook-Messenger* von ca. 1,2 Mrd. Menschen genutzt. In Deutschland nutzen ca. 40 Mio. Menschen *WhatsApp* wöchentlich bzw. 34 Mio. täglich. Der *Facebook-Messenger* wird von ca. 9 Mio. Menschen in Deutschland genutzt.[149]

Im Fundraising gibt es derzeit folgende **Einsatzmöglichkeiten** für Messenger-Marketing:

- Versand eines (Messenger-)Newsletters an (potenzielle) Spender,
- Schaltung von Werbeanzeigen (Messenger-Ads),
- Information (potenzieller) Spender über Inbound-Chat oder Chatbot.

Am naheliegendsten ist der Versand einzelner Nachrichten oder eines regelmäßig erscheinenden Newsletter (**Messenger-Newsletter**) über Messenger-Dienste. Neben reinem Text können auch Hyperlinks und multimediale Inhalte (Fotos, Videos, Audio-Dateien oder PDFs) über Messenger-Dienste verschickt werden. Um einen Messenger-Newsletter beispielsweise über *WhatsApp* abonnieren zu können, muss ein Interessent zunächst eine von der Organisation dafür vorgesehene Telefonnummer seinen *WhatsApp*-Kontakten hinzufügen, und anschließend eine erste dafür definierte Nachricht an diese Nummer schicken. Dieses zweistufige Verfahren, das ein aktives Zutun vom Abonnenten erfordert, entspricht dem Double-Opt-In-Verfahren im E-Mail-Bereich. Dieses Vorgehen muss In-

---

[149] Quelle: kontor4.de/beitrag/aktuelle-social-media-nutzerzahlen.html (Zugriff am 21.01.2018).

teressenten an einem Messenger-Newsletter z. B. auf der Website der Organisation (oder mit Hilfe eines Widgets auch auf anderen Kommunikationskanälen) erläutert werden.

> **Beispiel**
> Die *DKMS* (ehemals *Deutsche Knochenmarkspenderdatei*) weist direkt auf ihrer Homepage (siehe Abb. 2.174) auf die Möglichkeit hin, den *WhatsApp*-Newsletter der *DKMS* zu abonnieren. Ein Klick leitet auf eine Seite (siehe Abb. 2.175), die erläutert, wie sich ein Interessent in drei Schritten für den Messenger-Newsletter anmelden kann.

Der auf Messenger-Marketing spezialisierte Dienstleister *WhatsBroadcast* bietet ein Tool für den Versand eines Messenger-Newsletter über WhatsApp (und andere Messenger-Dienste) an.

Während das Versenden einer Nachricht oder eines Newsletters unter die redaktionelle Kommunikation fällt, kann – als zweite Einsatzmöglichkeit – über Messenger-Dienste auch werbliche Kommunikation (**Messenger-Ads**) gegen Bezahlung geschaltet werden.

> **Beispiel**
> *Facebook* bietet zur Zeit zwei Möglichkeiten an, Werbeanzeigen in *Facebook-Messenger* zu schalten:
>
> - **Messenger Ads** werden auf der Startseite des Messengers angezeigt. Einzige Voraussetzung: Buchung ist nur in Verbindung mit Werbung auf dem *Facebook* Newsfeed möglich.

Abb. 2.174 Hinweis auf WhatsApp-Newsletter auf Homepage DKMS. (Quelle: dkms.de/de/ (Zugriff am 21.01.2018))

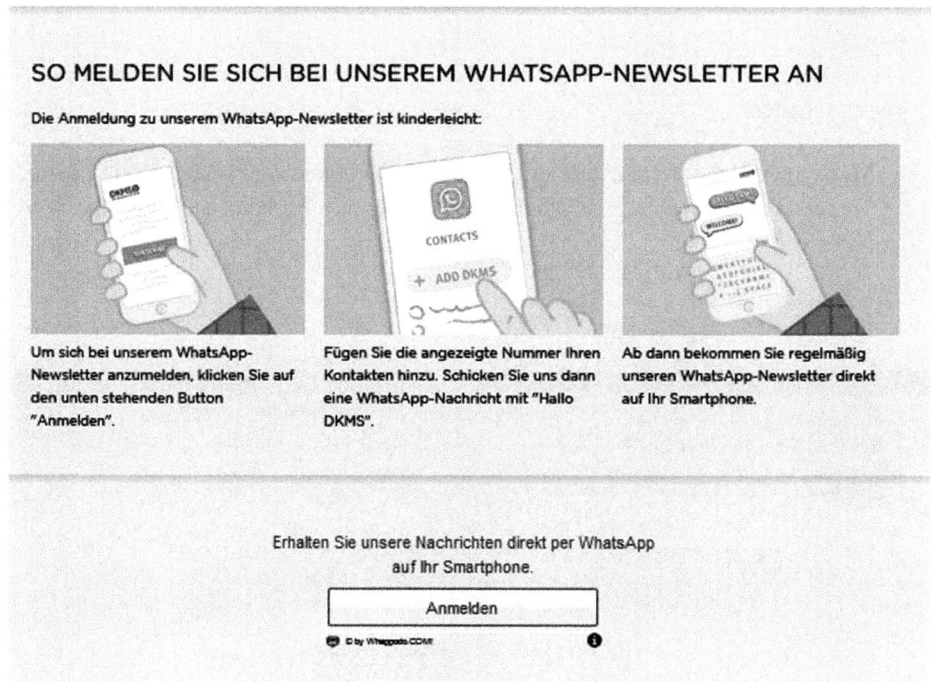

Abb. 2.175 Anmeldung zum WhatsApp-Newsletter DKMS. (Quelle: dkms.de/de/whatsapp (Zugriff am 21.01.2018))

- **Sponsored Messages** werden als Direktnachricht in den Posteingang des Users zugestellt. Aus rechtlichen Gründen kann eine Organisation eine Sponsored Message allerdings nur verschicken, wenn ein Nutzer schon einmal mit der Organisation in Kontakt stand.

Eine dritte Einsatzmöglichkeit für Messenger-Marketing im Fundraising liegt in der Inbound-Kommunikation über Chat. Beim **Inbound-Chat** kann ein potenzieller Spender (z. B. über ein Widget auf der Website der Organisation) Chat-Kontakt zur Organisation aufnehmen und Nachrichten verschicken, die auf Organisationsseite von einem Menschen beantwortet werden. Im Gegensatz dazu sind **Chatbots** textbasierte Dialogsysteme, die weitgehend automatisch (deshalb: „bot", von „robot") auf Textnachrichten über einen Messenger-Dienst antworten können, ohne dabei jedes Mal auf menschliche Intervention angewiesen zu sein. Über eine solche automatisierte Kommunikation wird es künftig auch möglich sein, in nur einem Schritt zu spenden. Vorausgesetzt, der Spender hat seine Zahlungsdaten beim Betreiber des Messenger-Dienstes (z. B. *Facebook*) hinterlegt. Die technischen Voraussetzungen existieren bereits. Damit wird Messenger-Marketing nicht mehr „nur" Kommunikationskanal, sondern sogar Vertriebskanal.[150] Als unterstützendes Tool bietet der auf Messenger-Marketing spezialisierte Dienstleister *WhatsBroadcast* einen Chatbot-Builder an.

> **Beispiel**
> Die österreichische Tageszeitung Der Standard schickt mit Hilfe eines Chatbot personalisierte Feeds direkt in die Messenger-Posteingänge seiner Leser (siehe: youtu.be/36rhPxJir-4). In Analogie könnte eine gemeinwohlorientierte Organisation personalisierte Feeds (abgestimmt auf individuelle Projektinteressen) direkt in die Messenger-Posteingänge ihrer Spender schicken.

Auch wenn die Nutzung momentan teilweise noch kompliziert ist, bietet das Messenger-Marketing eine Reihe von **Vorteilen** (insbesondere gegenüber den Social Media):

- **Hohe Verbreitung** in allen Gesellschaftsschichten und Altersklassen,
- **Hohe Erreichbarkeit** der Zielgruppe mit Öffnungsraten von 90 % und Klickraten von 20–30 % (allerdings dürften sich diese hohen Werte mit stärkerer Verbreitung des Messenger-Marketing – analog zum E-Mail- und Social Media Marketing – auch schnell wieder abnutzen),
- **Keine Filterung** von Empfängern durch Algorithmen (wie z. B. bei *Facebook*),
- **Multimedialität** der per Messenger-Dienste verschickbaren Inhalte,
- **Unterstützungsmöglichkeit** durch Chatbots.

---

[150] Vgl. Reschke, Jörg: Das Potential von Chatbots für Nonprofits, sozialmarketing.de/das-potential-von-chatbots-fuer-nonprofit-organisationen (Zugriff am 21.01.2018).

Trotz dieser Vorteile und des großen Potenzials an Nutzern, steht der Einsatz von Messenger-Marketing im Fundraising noch ganz am Anfang. Laut *Online-Fundraising Studie 2017* der Online-Fundraising-Agentur *Altruja* setzen gerade einmal 7,6 % der gemeinwohlorientierten Organisationen im deutschsprachigen Raum Online-Messenger ein (D: 6,9 %, A: 6,9 %, CH: 1,3 %).[151] Die Gründe dafür sind vielfältig: Der wichtigste Grund dürfte die komplizierte Rechtslage bei der Weitergabe personenbezogener Daten in die USA sein. Auch bestehen Bedenken der Organisationen, zu stark in die Privatsphäre ihrer (potenziellen) Spender eindringen und einen Reaktanzeffekt auslösen zu können. Nicht zuletzt erfordert Messenger-Marketing – trotz aller Möglichkeiten der Automation – einen hohen personellen Aufwand, um die ermöglichte individuelle Kommunikation zeitnah abarbeiten zu können.

2.7.2.6 Nutzung der Online-Kommunikationskanäle von (Unternehmens-)Partnern

Die vorangegangenen Kapitel haben gezeigt, dass gemeinwohlorientierten Organisationen auch Online eine ganze Reihe von Kommunikationskanälen zur Verfügung stehen. Deren Nutzung ist jedoch mit Kosten verbunden. Deshalb kann es alternativ und/oder in Ergänzung interessant für eine gemeinwohlorientierte Organisation sein, die Kommunikationskanäle ihrer (Unternehmens-)Partner (nach Möglichkeit kostenlos) mitnutzen zu dürfen. Das ist insbesondere dann sinnvoll, wenn es hohe Übereinstimmung gibt zwischen der oder den Zielgruppen der (Unternehmens-)Partner und jenen der gemeinwohlorientierten Organisation. Auf Rückfrage sind (Unternehmens-)Partner dazu oft auch gerne bereit. Aber eben nur auf Rückfrage. Von selber kommen (Unternehmens-)Partner meist nicht auf die Idee, dass darin ein großer Vorteil für eine gemeinwohlorientierte Organisation liegen könnte. In Abschn. 2.6.8 wurde auf die potenzielle Bedeutung der Nutzung der **Offline-Kommunikationskanäle von (Unternehmens-)Partnern** für die Fundraising-Kommunikation einer Organisation bereits hingewiesen. In Analogie ist natürlich auch die **Nutzung der Online-Kommunikationskanäle von (Unternehmens-)Partnern** (nach Möglichkeit kostenlos) für die Fundraising-Kommunikation einer Organisation attraktiv.

Beispiele

- Der Technologiekonzern *SIEMENS* ermöglicht dem Kinderhilfswerk *UNICEF*, im SIEMENS-Intranet den Vertrieb von UNICEF Fördermitgliedschaften in der Vorweihnachtszeit zu kommunizieren.
- Der Internet-Konzern *United Internet* unterstützt über seine Marken 1&1, GMX, Web.de, mail.com u. a. die Katastrophenhilfe von UNICEF, indem es Millionen von Kunden per E-Mail kontaktiert und auf eine Landing-Page mit Möglichkeit zur Online-Spende von UNICEF per Hyperlink verweist.

---

[151] Vgl. Altruja Online-Fundraising Studie 2017, S. 17.

2.7.3 Multichannel-Online-Fundraising

Die vorangegangenen Kapitel haben gezeigt, dass es im Online-Fundraising eine Vielzahl von Kanälen gibt, verschiedene Spendenprodukte (wie z. B. Einzel-, Dauer- und Anlassspende sowie Spendenaktion) durch Suchmaschinen-, Display-, Affiliate-, E-Mail- und Messenger-Marketing online zu kommunizieren bzw. zu bewerben (siehe Abschn. 2.7.2) und über ein Online-Spendenformular auf der Website oder den Social Media Sites einer Organisation sowie über Mobile Fundraising und Spendenplattformen online zu „vertreiben" (siehe Abschn. 2.7.1). Wichtig ist, zu verstehen, dass alle diese Möglichkeiten nicht isoliert nebeneinander sondern in vielfältiger Beziehung zueinander stehen. Sie können und müssen miteinander verknüpft werden. Dadurch entsteht ein komplexes **Multichannel-Online-Fundraising**. Abb. 2.176 versucht, einen Überblick über die vielfältigen Verknüpfungsmöglichkeiten aller Maßnahmen untereinander zu geben. Die in der Abbildung durch Pfeile repräsentierten Pfade (potenzieller) Spender sind durchnummeriert (siehe jeweilige Pfeilspitze) und werden im Folgenden noch einmal kurz erläutert.

Der klassische Pfad zu einer Online-Spende ist sicherlich über das Online-Spendenformular auf der Website der Organisation (**Pfad 1**). Zuvor stellt sich freilich die Frage, wie potenzielle Spender die Website der Organisation finden sollen? Hierfür ist der wahrscheinlichste Pfad über eine Suchmaschine (**Pfad 2**). Um mit Hilfe der Suchmaschine gut gefunden werden zu können, muss eine Organisation durch Suchmaschinenoptimierung (SEO) für einen guten Pagerank in der organischen Trefferliste auf der Ergebnisseite ebenso sorgen wie für eine gute Platzierung ihrer Suchmaschinenwerbung (SEA) aufgrund eines hohen Qualitätsfaktors in Verbindung mit einem ausreichenden SEA-Budget (siehe Abschn. 2.7.2.1). Zusätzlich kann die Website einer Organisation durch Display-

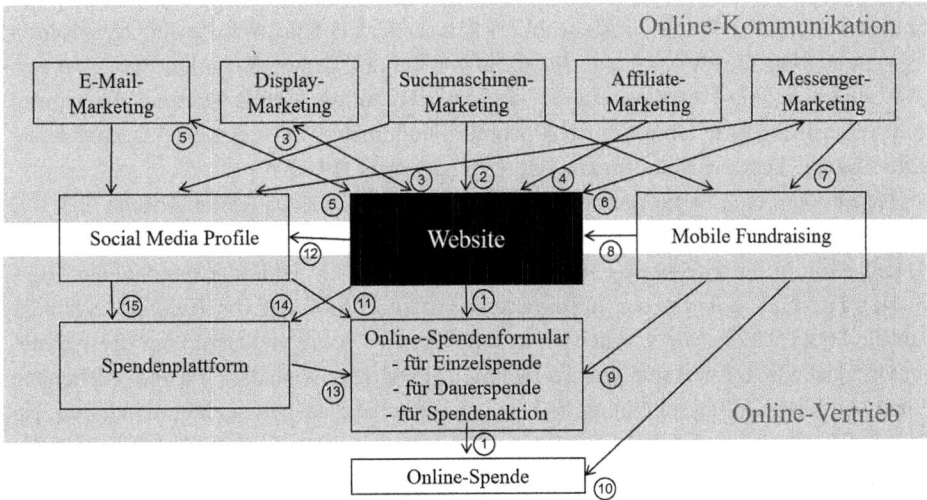

Abb. 2.176 Multichannel Online-Fundraising. (Quelle: Eigene Abbildung)

Marketing (siehe Abschn. 2.7.2.2) in Form von Bannern oder Video-Anzeigen auf zielgruppenadäquaten Websites (**Pfad 3**) oder im Rahmen von Affiliate Marketing (siehe Abschn. 2.7.2.3) beworben werden (**Pfad 4**). Pfad 3 weist Pfeilspitzen in beide Richtungen auf, da ein potenzieller Spender nicht nur über ein Display auf die Website gelangen kann, sondern umgekehrt auch zunächst auf der Website gewesen sein kann, um anschließend im Rahmen des Retargeting aufgrund eines Cookies ein bestimmtes Display auf einer anderen Website eingeblendet zu bekommen, das ihn durch Klicken zurück auf eine Landing-Page der Website der Organisation leitet, die wiederum eine Conversion zum Ziel hat (z. B. einen E-Newsletter zu abonnieren oder eine Online-Spende zu tätigen).

Eine weitere Möglichkeit, auf eine Website bzw. ein Online-Spendenformular aufmerksam zu machen, ist der Versand einer E-Mail an potenzielle Spender (**Pfad 5**). Pfad 5 weist ebenfalls Pfeilspitzen in beide Richtungen auf, da es umgekehrt oft vorkommt, dass der Besucher einer Website sich zwar offensichtlich für die Organisation interessiert, deshalb beim ersten Besuch aber nicht unbedingt auch gleich spenden möchte. Um eine Beziehung im Sinne des Relationship Fundraising zu diesem Interessenten aufbauen zu können, muss eine Organisation versuchen, in den Dialog mit dem Interessenten zu kommen. Dafür benötigt sie zumindest seine E-Mail-Adresse, um ihm einen E-Newsletter zuschicken zu können, der regelmäßig über die Organisation und ihre Projekte informiert, und immer wieder auch um finanzielle Unterstützung bitten kann.

Auch über Messenger-Marketing (siehe Abschn. 2.7.2.5) kann eine Organisation auf Ihre Website bzw. eine Landing-Page zu ihrem Online-Spendenformular aufmerksam machen (**Pfad 6**). Pfad 6 weist Pfeilspitzen in beide Richtungen auf, da es umgekehrt auch vorkommen kann, dass der Besucher der Website einer Organisation auf die Möglichkeit hingewiesen wird, einen Messenger-Newsletter zu abonnieren. Messenger-Dienste werden hauptsächlich über mobile Endgeräte genutzt. Deshalb sind sie mit dem Mobile Fundraising (siehe Abschn. 2.7.1.4) verknüpft (**Pfad 7**). Dem Mobile Fundraising stehen dann drei alternative Pfade zur Auswahl: Es kann erstens auf die Website der Organisation verweisen (**Pfad 8**), oder zweitens direkt auf ein Online-Spendenformular (bzw. eine vorgeschaltete Landing-Page) weiterleiten (**Pfad 9**), das auf die mobile Nutzung abgestimmt sein sollte. Eine dritte Option für das Mobile Fundraising wäre eine direkte Spende als SMS-Spende, über die Mobilfunkrechnung abgerechnet (**Pfad 10**).

Zudem kann eine Organisation über Ihre Social Media Sites (siehe Abschn. 2.7.1.3) Online-Spenden einwerben. Dazu wird beispielsweise ein Online-Spendenformular der Organisation in die *Facebook*-Fanpage integriert (**Pfad 11**) und/oder der Spenden-Button von *Facebook* genutzt, der auf ein eigenes Spendenformular von *Facebook* verlinkt. Auf die Social Media Site war der potenzielle Spender vorab vielleicht über die Website der Organisation aufmerksam gemacht worden (**Pfad 12**). Ohne dass die entsprechenden Pfade in der Abbildung durchnummeriert wurden, wäre natürlich auch denkbar, dass ein potenzieller Spender über E-Mail-, Suchmaschinen- oder Messenger-Marketing auf das Social Media Site der Organisation aufmerksam gemacht wurde. Genauso kann eine Online-Spende über eine Spendenplattform (siehe Abschn. 2.7.1.5) hereinkommen, die dafür ein eigenes Online-Spendenformular entwickelt hat (**Pfad 13**). Auf die Spendenplattform

2.7 Online-Fundraising

war der potenzielle Spender vorab vielleicht über die Website (**Pfad 14**) oder die Social Media Sites (**Pfad 15**) der Organisation aufmerksam gemacht worden. Ebenfalls nicht mit einem eigenen Pfad eingezeichnet wurde die Möglichkeit, offline (auf Plakaten, Broschüren, Jahresberichten etc.) auf eine Website mit Online-Spendenformular hinzuweisen. Um einem potenziellen Spender die Eingabe eines langen Domain-Namens zu ersparen, kann auf dem Offline-Medium zusätzlich zum Domain-Namen noch ein QR-Code abgebildet werden (Beispiel: siehe Abb. 2.11).

Es gibt also eine verwirrende Vielzahl denkbarer Pfade, die ein (potenzieller) Spender auf seiner Donor Journey einschlagen kann. Anspruch einer gemeinwohlorientierten Organisation muss es sein, die jeweilige Donor Journey ihrer Spender datentechnisch zu erfassen und im Rahmen der datenschutzrechtlichen Grenzen auch auszuwerten. Nur so kann analysiert werden, welche Wege Menschen einschlagen, um eine Organisation zu fördern. Auch muss ständig analysiert werden, welche Wege am ökonomisch sinnvollsten (vom Aufwands-Ertragsverhältnis her) sind. Kennt man diese Wege, kann man sie mit Hilfe von Marketing-Automation systematisch allen potenziellen Spendern anbieten.

Nicht vergessen werden darf, dass sich eine Organisation bei der Analyse der ökonomisch sinnvollsten Wege nicht allein auf die Online-Kanäle beschränken darf, sondern immer auch die Offline-Kanäle mit berücksichtigen muss. Ziel ist der (ökonomisch) optimale Fundraising-Mix (siehe Abschn. 2.2) der eine zu bestimmende Kombination aus Multichannel-Online-Fundraising und Multichannel-Offline-Fundraising darstellt. Aus Sicht des Fundraising-Management kein leichtes Unterfangen, auf das in Abschn. 6.1 noch näher einzugehen sein wird. Unabdingbare technische Voraussetzung für eine solche Optimierung ist ein entsprechend leistungsfähiges Datenmanagement, das die verschiedenen, im (Online-)Fundraising benötigten Tools wie die Fundraising-Datenbank, die Online-Spendenformulare, aber auch die Tools für den E-Newsletter-Versand, das Retargeting, die Display-Werbung u. a. über Programmierschnittstellen (Application Programming Interface, API) verknüpfen kann.

Bevor in Kap. 6 der Frage nachgegangen wird, wie man mit Hilfe des Fundraising-Management den optimalen Fundraising-Mix für eine Organisation ermitteln kann, muss im Folgenden zunächst noch das Fundraising bei Unternehmen (Kap. 3), bei Stiftungen (Kap. 4) und bei öffentlichen Ressourcenbereitstellern (Kap. 5) vorgestellt werden. Die gute Nachricht in diesem Zusammenhang: Es gibt neben dem Fundraising bei Privatpersonen noch eine Vielzahl anderer Möglichkeiten, im Rahmen des Fundraising Geld-, Sach- und Zeitmittel für eine gemeinwohlorientierte Organisation einzuwerben. Die schlechte Nachricht in diesem Zusammenhang: Die Ermittlung des optimalen Fundraising-Mix im Rahmen des Fundraising-Management wird dadurch anschließend in Kap. 6 noch komplexer und anspruchsvoller.

2.7.4 Was ich in diesem Abschnitt gelernt habe

- Wenn nicht längst geschehen, beginnen Sie in Ihrer Organisation sofort mit dem Online-Fundraising – selbst wenn es erst in einigen Jahren zum bedeutendsten Vertriebs- und Kommunikationskanal aufgestiegen sein wird!
- Integrieren Sie zumindest ein Online-Spendenformular auf der Website Ihrer Organisation (nach Möglichkeit aber auch auf den Social Media Sites Ihrer Organisation)!
- Strukturieren Sie die Online-Spendenmöglichkeiten nach den Stufen der Spenderpyramide durch eigene Online-Formulare für Interessenten, Einzel-, Dauer-, Groß- und Testamentspender sowie Mikrospenden und Spendenaktionen!
- Geben Sie Anreize für Interessenten, ihre Adresse zu hinterlassen (E-Newsletter, E-Petitionen, E-Books, E-Cards und Teilnahmemöglichkeit an Webinaren)!
- Setzen Sie Prominente gerade auch im Online-Fundraising ein, um Vertrauen in den Vertriebs- und Kommunikationskanal Internet aufzubauen!
- Versuchen Sie den Hinweis auf die Online-Spende möglichst prominent auf Ihrer Website zu platzieren! Wenn möglich, nicht nur auf der Homepage, sondern an gleichbleibender Stelle auch auf allen Unterseiten!
- Weisen Sie – trotz Online-Spendenformulars – immer auch auf die Bankverbindung Ihrer Organisation hin (für diejenigen Menschen, die Zahlungen über das Internet immer noch misstrauen)!
- Ermöglichen Sie allen interessierten Privatpersonen, Unternehmen und sonstigen Institutionen, mit Hilfe eines speziellen Online-Formulars auch eigene Spendenaktionen im Freundeskreis bzw. unter den wichtigsten Stakeholdern Online zu starten!
- Stellen Sie einzelne Projekte auch auf Spendenportalen ein, um zusätzlich neue (jüngere) Zielgruppen erreichen, und von den Aktionen der Spendenportale mit Kooperationspartnern profitieren zu können!
- Multiplizieren Sie alle Spendenmöglichkeiten an Ihre Organisation über Ihre Social Media Site und die Ihrer Stakeholder (Viral-Fundraising)!
- Wenn nicht längst geschehen, beginnen Sie baldmöglichst damit, Social Media Sites (insbesondere Facebook) für Ihre Organisation aufzubauen, über die Sie viral kommunizieren und vertreiben können!
- Testen Sie Facebook-Werbung für Ihre Organisation!
- Bieten Sie die Möglichkeit der SMS-Spende durch ein Widget auf der Website und den Social Media Sites Ihrer Organisation sowie der Ihrer Stakeholder, Unternehmenspartner, Medienpartner und prominenten Botschafter an!
- Suchen Sie sich starke (themen- und regional bezogene) Partner für Ihr Affiliate-Marketing!
- Betreiben Sie (selbst oder über Dienstleister) Suchmaschinen-Marketing in Form von Suchmaschinenoptimierung (SEO)!
- Testen Sie (selbst oder über Dienstleister) Suchmaschinen-Marketing in Form von Suchmaschinenwerbung (SEA)! Nutzen Sie zumindest die Möglichkeiten im Rahmen von Google Ad Grants!

- Bauen Sie systematisch einen E-Mail-Verteiler auf, und holen Sie sich die Permission per Double-opt-in-Verfahren von jedem Einzelnen ein!
- Binden Sie die Interessenten durch den regelmäßigen Versand einer E-Mail oder eines E-Newsletters!
- Beteiligen Sie sich an einer Informationsplattform zum Thema „Erben und Vererben" im Internet!
- Behalten Sie die Entwicklungen im Messenger-Marketing im Blick!
- Verknüpfen Sie Ihre verschiedenen Online-Kanäle im Sinne eines Multichannel-Online-Fundraising!
- Versuchen Sie mit Hilfe entsprechender Analyse-Tools möglichst viel über die Donor Journey Ihrer Spender zu erfahren!

2.8 Volumen von Privatpersonen zur Verfügung gestellter Ressourcen

Am Ende des Kapitels zum Fundraising bei Privatpersonen soll nun noch der Frage nachgegangen werden, welches Volumen an Ressourcen Privatpersonen in Deutschland für steuerbegünstigte Zwecke insgesamt zur Verfügung stellen. Dabei soll der Schwerpunkt auf bereitgestellte Geldspenden gelegt werden, nicht auf Sach- oder Zeitspenden.

2.8.1 Wachsendes Volumen privat zur Verfügung gestellter Ressourcen

Darüber, wie viel die Deutschen pro Jahr spenden, gibt es leider keine exakten Zahlen. Während in den USA die jährlich erscheinende Statistik „Giving USA" detaillierte Informationen zum amerikanischen Spendenmarkt liefert, existieren in Deutschland nur Schätzungen. Gesichert sind hierzulande nur die Angaben zu den nach § 10b und § 34g *Einkommensteuergesetz* (EStG) steuerlich geltend gemachten Spenden, die das *Statistische Bundesamt* im Rahmen der Lohn- und Einkommensteuerstatistik erhebt. Die frühesten Untersuchungen der steuerlich geltend gemachten Spenden gehen auf *Schneider* zurück.[152] Er entnahm diesen Statistiken, dass die nominale Spendensumme im Zeitraum von 1965 (189,5 Mio. DM) bis 1986 (1952,6 Mio. DM) um rund das Neunfache (1030,4 %) gewachsen war. Bereinigt man diesen Wert um die Inflationsrate von rund 81,0 % in diesem Zeitraum, so hatte sich das reale Spendenaufkommen in diesem Zeitraum immer noch mehr als vervierfacht (440,1 %). Dies stellt ein enormes Wachstum der steuerlich geltend gemachten Spenden dar. Zum Vergleich: Das Bruttosozialprodukt je Einwohner ist im selben Intervall um gerade einmal zwei Drittel (66,8 %) gestiegen.

---

[152] Vgl. Schneider, Willy: Die Akquisition von Spenden als eine Herausforderung für das Marketing, Berlin 1996, S. 57 f.

1998 steigt die Summe der steuerlich geltend gemachten Spenden sogar auf 3,43 Mrd. €, wobei erstmals die bis zu 10 % (1,05 Mrd. €) bzw. 5 % (2,38 Mrd. €) des Jahreseinkommens abzugsfähigen Spenden getrennt erfasst werden. Dieser Wert liegt noch einmal deutlich über dem von 1986. Allerdings ist zum einen zu berücksichtigen, dass er zwischenzeitlich auch die neuen Bundesländer umfasst. Zum anderen enthält er zusätzlich 1,03 Mrd. € an Spenden, die sich wegen der Kappungsgrenzen nicht steuermindernd ausgewirkt haben (aber natürlich trotzdem getätigt wurden).[153]

2011 machen die Deutschen Zuwendungen an steuerbegünstigte Körperschaften in Höhe von insgesamt 7,013 Mrd. € steuerlich geltend. Darin enthalten sind sowohl Zuwendungen, die nach § 10b EStG in Form von Spenden und Mitgliedsbeiträgen an steuerbegünstige Zwecke (im Sinne der §§ 52 bis 54 der Abgabenordnung) geleistet werden, als auch Zuwendungen, die nach § 34g EStG an politische Parteien und unabhängige Wählervereinigungen gehen. Damit wird das kontinuierliche Wachstum der vorangegangenen Jahre fortgesetzt und 2011 erstmals die Schwelle von sieben Milliarden Euro übersprungen (siehe Tab. 2.4 und Abb. 2.177).

Das durchschnittliche (nominale) Wachstum für den Zeitraum 2001 bis 2011 lag bei beachtlichen 6,37 %. Aber selbst wenn man die Inflation in diesem Zeitraum (siehe Tab. 2.4) heraus rechnet, wachsen die steuerlich geltend gemachten Spenden (real) immer noch

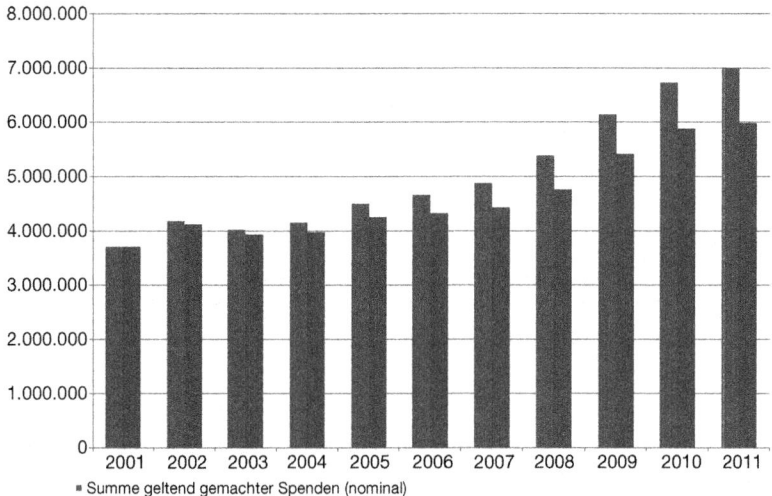

Abb. 2.177 Entwicklung steuerlich geltend gemachter Spenden 2001–2011 (alle Angaben in Tsd. Euro). (Quelle: Urselmann, Michael; Loos, Christiane: Weiter auf Rekordkurs – Neueste Einkommensteuerstatistik weist erneut Wachstum bei steuerlich geltend gemachten Spenden auf, in: Stiftung & Sponsoring – Das Magazin für Nonprofit-Management und -Marketing, Ausgabe 5/2015, S. 36–37)

---

[153] Vgl. Wilke, Burkhard: Zur Situation des deutschen Spendenwesens im Jahr 2003, in: Deutsches Zentralinstitut für soziale Fragen (Hrsg.), DZI-Spenden-Almanach 2003/4, S. 8–11, S. 8 f.

2.8 Volumen von Privatpersonen zur Verfügung gestellter Ressourcen

Tab. 2.4 Entwicklung steuerlich geltend gemachter Spenden 2001–2011 (alle Angaben in Tsd. Euro). (Quelle: Urselmann, Michael; Loos, Christiane: Weiter auf Rekordkurs – Neueste Einkommensteuerstatistik weist erneut Wachstum bei steuerlich geltend gemachten Spenden auf, in: Stiftung & Sponsoring – Das Magazin für Nonprofit-Management und -Marketing, Ausgabe 5/2015, S. 36–37)

	2001	2002	2003	2004	2005	2006	2007	2008	2009	2010	2011
Spenden bis 5, 10 oder 20 % des Gesamtbetrags d. Einkünfte	3.220.726	3.441.466	3.122.774	3.293.496	3.638.362	3.501.974	4.150.640	4.624.392	5.568.936	6.252.075	6.526.320
Beiträge und Spenden an politische Parteien	226.866	421.207	331.285	297.194	197.223	350.609	212.353	250.629	211.692	186.628	193.633
Spenden an Stiftungen für wiss., mildtätige u. kult. Zwecke	169.959	232.679	490.519	475.649	547.867	662.637	180.873	130.256	93.269	50.875	23.105
Spenden an Stiftungsneugründungen	74.770	68.756	57.444	55.385	83.608	108.241	272.478	274.629	172.017	144.742	158.518
Vortrag für Spenden an Stiftungsneugründungen	8530	16.503	19.684	21.661	26.202	30.775	55.914	92.144	89.189	98.000	101.820

Tab. 2.4 (Fortsetzung)

	2001	2002	2003	2004	2005	2006	2007	2008	2009	2010	2011
Spenden an unabhängige Wählervereinigungen	9663	8019	7484	6903	7261	6288	8796	9451	9246	8298	9192
Summe geltend gemachter Spenden (nominal)	**3.710.514**	**4.188.630**	**4.029.190**	**4.150.288**	**4.500.523**	**4.660.524**	**4.881.054**	**5.381.501**	**6.144.349**	**6.740.618**	**7.012.588**
Veränderung zum Vorjahr (nominal)		12,9 %	−3,8 %	3,0 %	8,4 %	3,6 %	4,7 %	10,3 %	14,2 %	9,7 %	4,0 %
Inflationsrate (lt. Stat. Bundesamt 2012)	1,9 %	1,5 %	1,0 %	1,7 %	1,5 %	1,6 %	2,3 %	2,6 %	0,3 %	1,1 %	2,1 %
Summe geltend gemachter Spenden (real, Bezugsjahr 2001)	3.710.514	4.125.801	3.929.065	3.978.352	4.249.366	4.330.031	4.430.619	4.757.877	5.416.027	5.876.259	5.984.974
Anzahl Steuerpflichtiger		27.494.819	27.008.320	26.571.491	26.716.270	26.349.891	26.718.418	26.516.540	26.470.997	26.832.541	27.120.285
Anzahl Steuerpflichtiger mit geltend gemachten Zuwendungen		9.348.297	8.873.413	9.222.454	9.548.108	8.976.094	8.589.879	9.030.069	9.215.237	9.670.509	9.728.499

um durchschnittlich 3,5 %. Ein Teil dieses Wachstums geht auf das seit 2005 geltende *Alterseinkünftegesetz* zurück, in dessen Folge die Anzahl der steuerpflichtigen Rentner kontinuierlich gestiegen ist. Folglich nehmen auch die steuerlich geltend gemachten Spenden zu bzw. die steuerlich nicht geltend gemachten Spenden ab. Ein weiterer Teil dieses Wachstums ist auf den stark wachsenden Anteil der steuerlich geltend gemachten Spenden zurückzuführen, die an Stiftungen (insbesondere bei Errichtung einer Stiftung) geleistet werden. Dieser dürfte nicht zuletzt auf die steuerliche Privilegierung von Stiftungen in Folge des „*Gesetzes zur weiteren steuerlichen Förderung von Stiftungen*" (vom 14.07.2000) und des „*Gesetzes zur weiteren Stärkung des bürgerschaftlichen Engagements*" (vom 10.10.2007) zurückzuführen sein.[154]

Wie hoch liegen die steuerlich geltend gemachten Spenden im Jahr 2017? Diesen Wert wird das *Statistische Bundesamt* leider erst im Jahr 2021 liefern können. Grund dafür ist, dass die Zahlen immer erst mit einer Verzögerung von vier Jahren zur Verfügung stehen können – aus Verfahrensgründen bei der Steuererhebung (insbesondere zu berücksichtigender Fristen). Trotzdem soll hier zumindest eine Prognose gegeben werden: Wie oben bereits erwähnt, lag das durchschnittliche jährliche Wachstum der steuerlich geltend gemachten Spenden im Zeitraum 2001 bis 2011 bei 6,37 %. Allerdings hat sich das Wachstum der steuerlich geltend gemachten Spenden zuletzt von 14,2 % im Jahr 2009 auf 4,0 % im Jahr 2011 deutlich verlangsamt. Setzt man im Rahmen einer konservativen Schätzung für die Jahre 2012 bis 2017 ein durchschnittliches Wachstum von nur noch 3 % an (was immer noch ein reales Wachstum bedeuten würde), so ergeben sich für 2017 steuerlich geltend gemachte Spenden in Höhe von 8,4 Mrd. €.

Eine Gesamtprognose für den Spendenmarkt in Deutschland im Jahr 2017 muss zur Prognose für die steuerlich geltend gemachten Spenden noch eine Prognose für die steuerlich nicht geltend gemachten Spenden hinzurechnen. Über deren Höhe kann weder das *Statistische Bundesamt* noch das *Bundesfinanzministerium* Angaben machen. Dazu gehören neben Spenden nicht mehr steuerpflichtiger Rentner auch Bagatellspenden bei Kirchenkollekten, Haus- und Straßensammlungen ebenso wie Schenkungen und Nachlässe im Sinne des Erbschaftsteuerrechts, Aufwendungen für den Erwerb von Wohlfahrtsmarken und Lotterielosen sowie Ausgaben für Galakonzerte, Auktionen und Benefizprodukte.[155] Selbst bei konservativer Schätzung sollte für das Jahr 2017 jedoch mindestens von einem Spendenmarkt in Höhe von 9 Mrd. € ausgegangen werden. Aufgabe der Forschung muss es sein, in den nächsten Jahren verlässliche Schätzwerte für steuerlich nicht geltend gemachte Spenden zu entwickeln.

Diese Zahlen scheinen auch die schon früher aufgestellte Hypothese zu stützen, wonach konjunkturelle Einflüsse auf das Spendenverhalten kaum eine Rolle spielen – vermutlich weil die mehrheitlich älteren Spender nicht mehr so stark von der Konjunktur

---

[154] Vgl. Urselmann, Michael; Schwabbacher, Wolfram: Größer und dynamischer als vermutet – Statistisches Bundesamt zeigt Wachstum im deutschen Spendenmarkt, in: Stiftung & Sponsoring, Heft 1/2013, S. 22–23.

[155] Vgl. Schneider, Willy, a. a. O., S. 56.

abhängig sind wie jüngere (Arbeitsplatzsicherheit, Verschuldung etc.). Wenn Schwankungen im Spendenverhalten beobachtet werden können, sind diese eher auf (medial wahrgenommene) (Natur-)Katastrophen zurückzuführen, die immer wieder ausnahmsweise auch Nicht-Spender (kurzzeitig) aktivieren:

- Im Jahr 1999 erreichen die Spendeneinnahmen für die Opfer des Kosovokrieges und des Erdbebens in der Türkei ein Rekordergebnis von 110 Mio. €.
- Im Jahr 2002 erreicht die Spendenbereitschaft rund um die Elbeflut ein neues Rekordergebnis von 350 Mio. €.
- Im Jahr 2005/2006 wird mit 670 Mio. € für die Opfer des Tsunami erneut ein Spendenrekord aufgestellt.[156]

Wichtig ist in diesem Zusammenhang die Beobachtung, dass das wachsende Spendenvolumen von einer sinkenden Anzahl von Spendern erbracht wird (siehe Abb. 2.1 in Abschn. 2.1), deren durchschnittliche Spendenhöhe (gemeint ist die durchschnittliche Jahresspendensumme eines Spenders) jedoch kontinuierlich steigt. Laut „Bilanz des Helfens" war die durchschnittliche Jahresspendensumme eines Deutschen in den letzten Jahren kontinuierlich gestiegen und erreichte im Jahr 2016 einen Wert von knapp 240 €.[157] Kurz zusammengefasst kann man sagen: Immer weniger (Spender) geben immer mehr (Jahresspendensumme). Hinzu kommt die Entwicklung, dass sich um die weniger werdenden Spender immer mehr Organisationen bemühen (siehe Abschn. 2.8.2). Darauf wird das Fundraising in Deutschland immer stärker reagieren müssen. Fundraiser werden sich in den nächsten Jahren um quantitativ immer weniger Spender qualitativ immer besser kümmern müssen. Diese Entwicklung wird auch zu einem kontinuierlich steigenden (finanziellen) Aufwand pro Spender führen.

2.8.2 Wachsender Wettbewerb um private Ressourcen

Die Anzahl der Wettbewerber auf dem Spendenmarkt steigt kontinuierlich. Exakte Zahlen zu bekommen, ist hier jedoch genauso unmöglich, wie bei der Höhe des Spendenvolumens. Als Wettbewerber können auf dem Spendenmarkt steuerbegünstigte Organisationen aller Rechtsformen auftreten. Die wichtigste Rechtsform ist die des eingetragenen Vereins (e. V.). Das Johns Hopkins Comparative Nonprofit Sector Project ging 1990 noch von 286.000 Vereinen aus, was eine Verdreifachung des Bestandes von 1960 (88.572 Vereine) darstellte.[158] In der „Vereinsstatistik 2011" werden 580.298 eingetragene Ver-

---

[156] Vgl. Urselmann, Michael; Wodziczko, Waldemar: Tsunami-Spenden on top – Wie die Katastrophe den deutschen Spendenmarkt beeinflusst, in: Stiftung & Sponsoring, Heft 2/2007, S. 38–39.
[157] Vgl. GfK und Deutscher Spendenrat e. V., Bilanz des Helfens 2017.
[158] Vgl. Anheier, Helmut K., Der Dritte Sektor in Zahlen: Ein sozial-ökonomisches Porträt, in: Anheier, Helmut K./Priller, Eckhard/Seibel, Wolfgang/Zimmer, Annette (Hrsg.), Der Dritte Sektor in

eine in Deutschland gezählt.[159] Insgesamt ein rasantes Wachstum in der Nachkriegszeit, das nach 1990 zu einem nicht unerheblichen Teil auf die Wiedervereinigung zurückzuführen ist. Auch wenn die große Mehrheit der eingetragenen Vereine abgesehen von Mitgliedsbeiträgen sowie vereinzelten Geld-, Sach- und Zeitspenden wohl kein systematisches Fundraising betreiben dürfte, wird deutlich, wie stark die Nachfrageseite auf dem deutschen Spendenmarkt gewachsen ist. Hinzu kommen mindestens 350.000 nicht eingetragene Vereine.[160]

Damit nicht genug, drängen zusätzlich noch steuerbegünstigte Organisationen in der Rechtsform einer Stiftung auf den Spendenmarkt, die um Spenden und Zustiftungen für den Ausbau ihrer Aktivitäten werben. Einen wahren „Stiftungsboom" lösten das bereits erwähnte „*Gesetz zur weiteren steuerlichen Förderung von Stiftungen*" und das „*Gesetz zur weiteren Stärkung des bürgerschaftlichen Engagements (Hilfe für Helfer)*" aus. Nach Schätzungen des *Bundesverband Deutscher Stiftungen* gibt es 2017 ca. 22.000 selbständige Stiftungen und mehr als 30.000 unselbständige Stiftungen in Deutschland.

Zusammenfassend lässt sich festhalten, dass die Zahl der Wettbewerber auf dem Spendenmarkt ständig wächst. Zum einen sind dies inländische Organisationen, die versuchen, sinkende staatliche Unterstützung auszugleichen; In letzter Zeit verstärkt Kitas, Schulen, Hochschulen, Krankenhäuser und Kliniken. Zum anderen entdecken ausländische Organisationen den nach wie vor lukrativen deutschen Markt. Insbesondere Organisationen aus dem anglo-amerikanischen Raum stellen mit der reichhaltigen Fundraising-Erfahrung aus ihren Ursprungsländern eine ernst zu nehmende Konkurrenz für die, auf dem deutschen Markt etablierten Organisationen dar. Längst hat sich ein Verdrängungswettbewerb um den Spendeneuro mit Gewinnern und Verlierern eingestellt. Die Organisationen sind gezwungen, sich dieser neuen Herausforderung zu stellen, wollen sie nicht mittel- und langfristig aus dem Markt gedrängt werden. Dies bedeutet einen erheblichen Professionalisierungsdruck auf das Fundraising.[161]

Literatur

Weiterführende Literatur zu Abschn. 2.1.1
Burnett, K.: Friends for life – relationship fundraising in practice. White Lion Press, London (1996)
Burnett, K.: Relationship fundraising – a donor-based approach to the business of money raising. Jossey-Bass, San Francisco (2002)

Deutschland – Organisationen zwischen Staat und Markt im gesellschaftlichen Wandel, Berlin 1997, S. 29–74, S. 32 f.
[159] Vgl. v&m Service GmbH (Hrsg.), Vereinsstatistik 2011, Konstanz 2011.
[160] Vgl. Maecenata Institut: Bürgerengagement und Zivilgesellschaft in Deutschland – Stand und Perspektiven, Berlin 2005.
[161] Vgl. Urselmann, Michael: Der Spendenmarkt in Deutschland. In: Fundraising-Akademie (Hrsg.) Fundraising – Handbuch für Grundlagen, Strategien und Methoden, 5. Aufl., (Springer Gabler) Wiesbaden 2016, S. 123–135.

Hansen, U., Jeschke, K., Schöber, P.: Beschwerdemanagement – Die Karriere einer kundenorientierten Unternehmensstrategie im Konsumgüterbereich. Mark. ZFP **2**, 77–88 (1995)

Kotler, P., Andreasen, A.R.: Strategic marketing for nonprofit organisations, 7. Aufl. Prentice Hall, New Jersey (2007)

Lerch, A.: Zufriedenheits- und Beschwerdemanagement. In: Fundraising Akademie (Hrsg.) Fundraising – Handbuch für Grundlagen, Strategien und Methoden, 5. Aufl., S. 820–826. Gabler, Wiesbaden (2001)

Meyer, C.: Fund Raising für Greenpeace – Erfolgreich durch den Dialog. In: Dallmer, H. (Hrsg.) Handbuch Direct Marketing, 6. Aufl., S. 843–852. Gabler, Wiesbaden (1991)

Riemer, M.: Beschwerde-Management" in sozialen Einrichtungen – Unzufriedenheit bei der Klientel als Anlass für Organisationsentwicklung. Blätter Wohlfahrtspfl. **3/1988**, 58–60 (1988)

Schneider, W.: Die Akquisition von Spenden als eine Herausforderung für das Marketing. Duncker & Humblot, Berlin (1996)

Smith, G.: Asking properly – the Art of creative fundraising. The White Lion Press, London (2002)

Weiterführende Literatur zu Abschn. 2.1.2

Fuderholz, J.: Professionelles Lead Management. Schritt für Schritt zu neuen Kunden – Eine agile Reise durch Marketing, Vertrieb und IT. Springer Gabler, Wiesbaden (2017)

Weiterführende Literatur zu Abschn. 2.1.3

Dalby, P.: Dank. In: Fundraising-Akademie (Hrsg.) Fundraising – Handbuch für Grundlagen, Strategien und Methoden, 5. Aufl., S. 826–832. Springer Gabler, Wiesbaden (2016)

Hönig, H.-J., Schulz, L.: Spenderbetreuung. In: Fundraising-Akademie (Hrsg.) Fundraising – Handbuch für Grundlagen, Strategien und Methoden, 3. Aufl., S. 280–284. Gabler, Wiesbaden (2006)

Hunziker, B.: Abwanderungsverhalten von Spendern – Eine Analyse des Abwanderungsprozesses und der Rückgewinnungsmöglichkeiten. Gabler, Wiesbaden (2010)

Hunziker, B.: Abwanderung und Rückgewinnung von Spendern. In: Urselmann, M. (Hrsg.) Handbuch Fundraising, S. 75–100. Springer, Wiesbaden (2016)

Mann, A., Parwoll, M.: Rückgewinnung abgewanderter Geldspender – Empirische Befunde zur Spenderrückgewinnung. VMI **1/2013**, 34–45 (2013)

Naskrent, J.: Verhaltenswissenschaftliche Determinanten der Spenderbindung – Eine empirische Untersuchung und Implikationen für das Spenderbindungsmanagement. Peter Lang, Frankfurt a.M. (2010)

Naskrent, J.: Kommunikationsmaßnahmen zur Spenderbindung. In: Urselmann, M. (Hrsg.) Handbuch Fundraising, S. 33–52. Springer, Wiesbaden (2016)

Schulz, L.: Spendergewinnung. In: Fundraising-Akademie (Hrsg.) Fundraising – Handbuch für Grundlagen, Strategien und Methoden, 3. Aufl., S. 280–284. Gabler, Wiesbaden (2006)

Schwesig, A.: Fundraising – Spenderbindung mit Telefon und Brief. VDM, Saarbrücken (2011)

Weiterführende Literatur zu Abschn. 2.1.5

Becker, A.: Dauerspende. In: Fundraising Akademie (Hrsg.) Fundraising – Handbuch für Grundlagen, Strategien und Methoden, 5. Aufl., S. 462–466. Springer Gabler, Wiesbaden (2016a)

Becker, A.: Patenschaft. In: Fundraising Akademie (Hrsg.) Fundraising – Handbuch für Grundlagen, Strategien und Methoden, 5. Aufl., S. 468–473. Springer Gabler, Wiesbaden (2016b)

Dathe, D., Priller, E., Thürling, M.: Mitgliedschaften und Engagement in Deutschland. WZBrief Zivil-Engagement, Heft 2. (2010)

Urban-Engels, A., Burmester, K.A.: Mitglieder- und Förderzeitschriften. In: Fundraising Akademie (Hrsg.) Fundraising – Handbuch für Grundlagen, Strategien und Methoden, 5. Aufl., S. 710–714. Springer Gabler, Wiesbaden (2016)

Weiterführende Literatur zu Abschn. 2.1.6
Bortoluzzi Dubach, E.: Zusammenarbeit mit Mäzenen – Kreative Ansätze für strukturiertes Arbeiten in der Praxis. In: Urselmann, M. (Hrsg.) Handbuch Fundraising Springer Reference Wirtschaft. Springer Gabler, Wiesbaden (2016)
Filla, J.J., Brown, H.E.: Prospect research for fundraisers: the essential handbook. Wiley, Hoboken (2013)
Haibach, M.: Capital Campaigns. In: Fundraising Akademie (Hrsg.) Fundraising – Handbuch für Grundlagen, Strategien und Methoden, 4. Aufl., S. 371–378. Gabler, Wiesbaden (2008)
Haibach, M.: Handbuch Fundraising – Spenden, Sponsoring, Stiftungen in der Praxis, 4. Aufl. Campus, Frankfurt a. M. (2012)
Haibach, M., Uekermann, J.: Großspenden-Fundraising – Wege zu mehr Philanthropie: Grundlagen, Strategien und praktische Umsetzung. Fundraiser-Magazin GbR, Dresden (2017)
Lauber, J.: Wie Sie mit einem „Major-Donor-Programm" Kosten minimieren. In: Gemeinnützigkeit + Management, Bd. 48, S. 2. (1997)
Schulz, P., Werz, R.S.: Spendenabzug vor dem grossen Senat – Zum Rück- und Vortrag bei Großspenden und zur Vererbbarkeit eines Abzugspotenzials. Stift. Spons. **2/2006**, 30–31 (2006)
Stöhr, M.: Großspenden-Fundraising. In: Fundraising Akademie (Hrsg.) Fundraising – Handbuch für Grundlagen, Strategien und Methoden, 5. Aufl., S. 479–485. Springer Gabler, Wiesbaden (2016)
Uekermann, J.: Fundraising-Grundlagen – Wie Sie Freunde und Spenden für Ihre gute Sache gewinnen. Fundraiser-Magazin GbR, Dresden (2010)
Weinstein, S.: Capital campaigns from the ground up – how nonprofits can have the buildings of their dreams. Wiley, New York (2003)

Weiterführende Literatur zu Abschn. 2.1.7
Braun, R.: Erben in Deutschland – Volumen, Verteilung und Verwendung. Deutsches Institut für Altersvorsorge, Köln (2015)
Dodenhoeft, M.: Erbschaften und Vermächtnisse. In: Fundraising Akademie (Hrsg.) Fundraising – Handbuch für Grundlagen, Strategien und Methoden, 5. Aufl., S. 485–491. Springer Gabler, Wiesbaden (2016)
Dörfner, K.: Stiftungen und Zustiftungen. In: Fundraising Akademie (Hrsg.) Fundraising – Handbuch für Grundlagen, Strategien und Methoden, 5. Aufl., S. 491–500. Springer Gabler, Wiesbaden (2016)
Fäh, B., Notter, T.B.: Die Erbschaft für eine gute Sache – Ein Handbuch für Fundraiser auf Legatsuche. Haupt, Bern (2000)
Gremmel, R.: Ende gut, alles gut! Strategische Direktmarketing beim Erbschaftsfundraising. Fischer & Partner Verlag, Hamburg (2002)
Haibach, M.: Frauen erben anders – Mutig mit Vermögen umgehen. Ulrike Helmer Verlag, Königstein (2001)
Purtschert, R., Beccarelli, C., Notter, T.: Legate-Marketing – Theorie und Praxis im Fundraising aus rechtlicher und ökonomischer Sicht. Haupt Verlag, Bern (2006)
Reuter, S. (Hrsg.): Erbschaftsfundraising: Mit Herzblut und Fingerspitzengefühl. Medienverband der Ev. Kirche im Rheinland, Düsseldorf (2007)

Weiterführende Literatur zu Abschn. 2.1.8

Blömer, C.: Datenbankgestütztes Fundraising für kleine Organisationen. In: Fundraising-Akademie (Hrsg.) Fundraising – Handbuch für Grundlagen, Strategien und Methoden, 5. Aufl., S. 278–282. Springer Gabler, Wiesbaden (2016)

Imran, H.: Fundraising – Grundlagen, Database-Marketing und Financial Controlling für Nonprofit-Organisationen. AV Akademiker Verlag, Düsseldorf (2012)

Kunstdorff, D.: Auswahlkriterien für Datenbanken. In: Fundraising-Akademie (Hrsg.) Fundraising – Handbuch für Grundlagen, Strategien und Methoden, 5. Aufl., S. 271–278. Springer Gabler, Wiesbaden (2016)

Rosegger, H., Schneider, H., Hönig, H.-J.: Database Fundraising – Wie Sie Ihr Fundraising zum Erfolg führen. IM Fachverlag, Ettlingen (2000)

Weiterführende Literatur zu Abschn. 2.3

Bekkers, R., Wiepking, P.: A literature review of empirical studies of philanthropy: eight mechanisms that drive charitable giving. Nonprofit Volunt. Sect. Q. **40**(5), 924–973 (2011)

Buss, P.: Fundraising – Grundlagen, System und strategische Planung. Haupt, Bern (2012)

Buss, P.: Die Psychologie des Spenderverhaltens. In: Urselmann, M. (Hrsg.) Handbuch Fundraising, S. 53–74. Springer, Wiesbaden (2016)

Ekman, P.: Gefühle lesen – Wie Sie Emotionen erkennen und richtig interpretieren, 2. Aufl. Spektrum, Heidelberg (2010)

Fischer, D.: Beim Fundraising Spendenmotive berücksichtigen. Dresden (2002)

Fischer, K.: Warum Menschen spenden – Ein Beitrag zur Gabe-theoretischen Fundierung des Fundraisings. Mission-Based Verlag, Hamburg (2015)

Keller, R.: Wann wirken Spendenaufrufe? Der Einfluss von Bildauswahl und Argumentationsstruktur. Fischer, München (2008)

Künzer, L.: Anlass-Spenden. In: Fundraising-Akademie (Hrsg.) Fundraising – Handbuch für Grundlagen, Strategien und Methoden, 5. Aufl., S. 473–476. Springer Gabler, Wiesbaden (2016)

Mount, J.: Why donors give. Nonprofit Manag. Leaders. 7–1 (1996)

Sergeant, A., Woodlife, L.: Individual giving behaviour – a multidisciplinary review. In: Sergeant, A., Wymer, W. (Hrsg.) The routledge compagnion to nonprofit marketing. Routledge, London (2008)

West, C.: Jenseits von Altruismus und Egoismus – Eine Bestandsaufnahme der empirischen Erfassung und Diskussion von Spendenmotiven. Helfersyndrom – Prestigeverhalten oder Eigensinn? Untersuchung zum Spendenverhalten, Soziale Arbeit Spezial. DZI, Berlin (2009)

Weiterführende Literatur zu Abschn. 2.4

Hierl, L.: Mobile Payment: Grundlagen, Strategien, Praxis. Springer Gabler, Wiesbaden (2017)

Pousttchi, K.: Mobile-Payment in Deutschland – Szenarienübergreifendes Referenzmodell für mobile Bezahlvorgänge. Gabler, Wiesbaden (2005)

RaiseNow: Digital Fundraising Studie Schweiz 2017. Zürich (2017). https://dfs.raisenow.com/dfs17-de.pdf. Zugegriffen: 10.02.2018.

Stahl, E., Krabichler, T., Breitschaft, M., Wittmann, G.: Zahlungsabwicklung im Internet – Bedeutung, Status-quo und zukünftige Herausforderungen. Regensburg (2006)

Weiterführende Literatur zu Abschn. 2.5

Axelrodt, T.: Raising more money – the ask event handbook, 3. Aufl. Raising More Money Publications, Seattle (2004)

Bausch, J., Schenk, U.: Telefon-Fundraising. In: Fundraising-Akademie (Hrsg.) Fundraising – Handbuch für Grundlagen, Strategien und Methoden, 5. Aufl., S. 781–793. Springer Gabler, Wiesbaden (2016)

Buchhaus, R., Raths, R.: Haustür- und Straßenwerbung. In: Fundraising Akademie (Hrsg.) Fundraising – Handbuch für Grundlagen, Strategien und Methoden, 4. Aufl., S. 518–527. Gabler, Wiesbaden (2008)

Burens, P.-C.: Events. In: Fundraising Akademie (Hrsg.) Fundraising – Handbuch für Grundlagen, Strategien und Methoden, 4. Aufl., S. 536–527. Gabler, Wiesbaden (2008)

Crole, B.: Profi-Handbuch Fundraising – Direct Mail – Spenden erfolgreich akquirieren – Für soziale und kulturelle Projekte, 3. Aufl. Walhalla, Regensburg (2016)

Gries, M.: Vom Sommerfest zum Fundraising-Event. Beltz, Weinheim (2002)

Kasten, A.: F2F inhouse. In: Fundraising-Akademie (Hrsg.) Fundraising – Handbuch für Grundlagen, Strategien und Methoden, 5. Aufl., S. 776–780. Springer Gabler, Wiesbaden (2016)

Kern, B.: Das persönliche Gespräch. In: Fundraising-Akademie (Hrsg.) Fundraising – Handbuch für Grundlagen, Strategien und Methoden, 5. Aufl., S. 654–662. Springer Gabler, Wiesbaden (2016)

Kreh, B.: Kollekte. In: Fundraising Akademie (Hrsg.) Fundraising – Handbuch für Grundlagen, Strategien und Methoden, 4. Aufl., S. 333–334. Gabler, Wiesbaden (2008)

Krüger, K.: Rechtliche Grundlagen des Fundraising – Praxisleitfaden für Non-Profit-Organisationen. Schmidt Verlag, Berlin (2009)

Neumann, D.: Erlebnismarketing – Eventmarketing. VDM Verlag Dr. Müller, Düsseldorf (2003)

Nufer, G.: Event-Marketing und -Management – Grundlagen, Planung, Wirkungen, Weiterentwicklungen. Gabler, Wiesbaden (2011)

Peter, T.: Der Einsatz von Mailings im Fundraising. In: Urselmann, M. (Hrsg.) Handbuch Fundraising, S. 325–336. Springer, Wiesbaden (2016)

Röhr, T.: Telefon-Fundraising: Wichtigen Anliegen eine Stimme geben. In: Urselmann, M. (Hrsg.) Handbuch Fundraising, S. 269–286. Springer, Wiesbaden (2016a)

Röhr, T.: Face-to-Face-Fundraising: Zwischen wirtschaftlichem Erfolg und Ethik. In: Urselmann, M. (Hrsg.) Handbuch Fundraising, S. 287–304. Springer, Wiesbaden (2016b)

Rösler, R.: EU-Datenschutz: Keine Panik! Fundraiser Mag. **1/2018**, 29 (2018)

Schiemenz, A.: Das persönliche Gespräch: Fundraising durch Überzeugung: Großspender und Unternehmer erfolgreich ansprechen. Springer Gabler, Wiesbaden (2015)

Schiemenz, A.: Das persönliche Gespräch im Fundraising. In: Urselmann, M. (Hrsg.) Handbuch Fundraising, S. 355–368. Springer, Wiesbaden (2016)

Steiner, O.: Telefon-Fundraising – Effektive Spendergewinnung und Förderservice in der Praxis. Gabler, Wiesbaden (2013)

Thierer, B., Grabowsky, J.: Events. In: Fundraising-Akademie (Hrsg.) Fundraising – Handbuch für Grundlagen, Strategien und Methoden, 5. Aufl., S. 793–801. Springer Gabler, Wiesbaden (2016)

Urban-Engels, A.: Mailing. In: Fundraising-Akademie (Hrsg.) Fundraising – Handbuch für Grundlagen, Strategien und Methoden, 5. Aufl., S. 689–706. Springer Gabler, Wiesbaden (2016)

Urselmann, M.: Erfolgreiche Spenderbindung mithilfe des Telefons – Nach anfänglicher Skepsis hat sich das Telefon im Fundraising etabliert. Stift. Spons. **3/2015**, 18–19

Warwick, M.: How to write successful fundraising appeals. Jossey-Bass, San Francisco (2013)

Wissmann, F.: Sammlungen und Standaktionen. In: Fundraising-Akademie (Hrsg.) Fundraising – Handbuch für Grundlagen, Strategien und Methoden, 5. Aufl., S. 764–776. Springer Gabler, Wiesbaden (2016)

Weiterführende Literatur zu Abschn. 2.6

Baumann, G.: Spendengalas. In: Fundraising-Akademie (Hrsg.) Fundraising – Handbuch für Grundlagen, Strategien und Methoden, 5. Aufl., S. 754–759. Springer Gabler, Wiesbaden (2016)

Burens, P.-C.: Events. In: Fundraising Akademie (Hrsg.) Fundraising – Handbuch für Grundlagen, Strategien und Methoden, 3. Aufl., S. 536–547. Gabler, Wiesbaden (2006)

Conta Gromberg, E.: Storytelling. In: Fundraising-Akademie (Hrsg.) Fundraising – Handbuch für Grundlagen, Strategien und Methoden, 5. Aufl., S. 649–654. Springer Gabler, Wiesbaden (2016)

Fischer, K.: Multi-Channel-Fundraising. In: Fundraising-Akademie (Hrsg.) Fundraising – Handbuch für Grundlagen, Strategien und Methoden, 5. Aufl., S. 801–810. Springer Gabler, Wiesbaden (2016)

Fischer, K., Neumann, A.: Multi-Channel-Fundraising – Clever kommunizieren, mehr Spender gewinnen. Gabler, Wiesbaden (2003)

Gemeinschaftswerk der Evangelischen Publizistik: Öffentlichkeitsarbeit für Nonprofit-Organisationen. Gemeinschaftswerk der Evangelischen Publizistik, Wiesbaden (2004)

Gries, M.: Vom Sommerfest zum Fundraising-Event. Beltz Verlag, Weinheim (2002)

Haase, H.: Testimonialwerbung. Planung Anal. **3/2000**, 56 (2000)

Haibach, M.: Handbuch Fundraising – Spenden, Sponsoring, Stiftungen in der Praxis, 4. Aufl. Campus Verlag, Frankfurt a. M. (2012)

Kapp-Barutzki, U., Malak, N.: Prominente im Fundraising. In: Fundraising Akademie (Hrsg.) Fundraising – Handbuch für Grundlagen, Strategien und Methoden, 4. Aufl., S. 342–348. Gabler, Wiesbaden (2008)

Kroeber, W.: Mediaplanung. In: Fundraising Akademie (Hrsg.) Fundraising – Handbuch für Grundlagen, Strategien und Methoden, 4. Aufl., S. 625–646. Gabler, Wiesbaden (2008)

Kroeber-Riel, W., Esch, F.-R.: Strategie und Technik der Werbung – Verhaltenswissenschaftliche und neurowissenschaftliche Erkenntnisse, 7. Aufl. Kohlhammer, Stuttgart (2011)

Künzer, L., Opitz, C.: DRTV. In: Fundraising-Akademie (Hrsg.) Fundraising – Handbuch für Grundlagen, Strategien und Methoden, 5. Aufl., S. 760–764. Springer Gabler, Wiesbaden (2016)

Langner, T., Esch, F.-R., Bruhn, M. (Hrsg.): Handbuch Techniken der Kommunikation: Grundlagen – Innovative Ansätze – Praktische Umsetzung. Springer Gabler, Wiesbaden (2017)

Littek, F.: Storytelling in der PR – Wie Sie die Macht der Geschichten für Ihre Pressearbeit nutzen. Springer VS, Wiesbaden (2012)

Müllerleile, C.: Massenmedien. In: Fundraising Akademie (Hrsg.) Fundraising – Handbuch für Grundlagen, Strategien und Methoden, 4. Aufl., S. 459–473. Gabler, Wiesbaden (2008)

Müllerleile, C.: Fundraising und Öffentlichkeitsarbeit. In: Urselmann, M. (Hrsg.) Handbuch Fundraising, S. 337–354. Springer, Wiesbaden (2016)

Roßbach, M., Trögner, A.: Spenden für Katastrophenhilfe. In: Fundraising-Akademie (Hrsg.) Fundraising – Handbuch für Grundlagen, Strategien und Methoden, 5. Aufl., S. 632–647. Springer Gabler, Wiesbaden (2016)

Schmieder, U.-M.: Integrierte Multichannel-Kommunikation im Einzelhandel. Gabler, Wiesbaden (2010)

Urban-Engels, A., Grafen, M.: Prospekte und Borschüren. In: Fundraising-Akademie (Hrsg.) Fundraising – Handbuch für Grundlagen, Strategien und Methoden, 5. Aufl., S. 706–709. Springer Gabler, Wiesbaden (2016)

Weiterführende Literatur zu Abschn. 2.7

Aschoff, M.: Professionelles Direkt- und Dialogmarketing per E-Mail. Hanser, München (2005)

Beck, R.: Crowdinvesting – Die Investition der Vielen. Create Space, Düsseldorf (2012)

Grant, G.B., Grobman, G.M., Roller, S.: The wilder nonprofit field guide to fundraising on the Internet. Saint Paul (1999)

G.R.Ü.N. Spendino: E-Mail-Marketing: Tipps für erfolgreiches Fundraising. www.gruen.net/spendino/fundraising-tipp/e-mail-marketing, Zugegriffen: 20. Jan. 2018

Hart, T., Greenfield, J.M., Johnston, M.: Nonprofit Internet Strategies: Best practices for marketing, communications, and fundraising success. Wiley, Hoboken (2005)

Hart, T., Greenfield, J.M., Haji, S.D.: People-to-people fundraising. Social networking and web 2.0 for charities. Wiley, Hoboken (2007)

Hemer, J., Schneider, U., Dornbusch, F., Frey, S.: Crowdfunding und andere Formen informeller Mikrofinanzierung in der Projekt- und Innovationsfinanzierung. Fraunhofer Verlag, Stuttgart (2011)

Hieninger, E.: E-Mail-Marketing für NGOs – Spendengenerierung und Spenderbindung mit Newslettern. marketing-for-good.de/blog/e-mail-marketing-tools-fuer-ngos. Zugegriffen: 19.01.2018

Hohn, B.: Internet-Marketing und -Fundraising für Nonprofit-Organisationen. Gabler, Wiesbaden (2001)

Kopf, H., Schmolze-Krahn, R.: Spenden unerwünscht? Der hürdenreiche Weg zur Online-Spende. Eine kopf.consulting Studie zum barrierefreien Online-Spenden. Speyer (2017). www.kopf.consulting. Zugegriffen: 16.01.2018.

Künzer, L.: Donor Journeys. In: Fundraising-Akademie (Hrsg.) Fundraising – Handbuch für Grundlagen, Strategien und Methoden, 5. Aufl., S. 450–457. Springer Gabler, Wiesbaden (2016)

Lampe, B., Ullrich, A., Ziemann, K. (Hrsg.): Praxishandbuch Online-Fundraising – wie man im Internet und mit Social Media erfolgreich Spenden sammelt. transcript, Bielefeld (2015)

Lawton, K.: The crowdfunding revolution – how to raise venture capital using social media. McGraw-Hill, New York (2013)

Lehmann, M.: E-Mail-Marketing. In: Fundraising-Akademie (Hrsg.) Fundraising – Handbuch für Grundlagen, Strategien und Methoden, 5. Aufl., S. 737–741. Springer Gabler, Wiesbaden (2016)

Meid, M., Reschke, J.: Suchmaschinenoptimierung. In: Fundraising-Akademie (Hrsg.) Fundraising – Handbuch für Grundlagen, Strategien und Methoden, 5. Aufl., S. 726–729. Springer Gabler, Wiesbaden (2016)

Patolla, B.: Fundraising im Internet. Maro Verlag, Augsburg (2005)

Prescher, K.: Mobile Zugangswege. In: Fundraising-Akademie (Hrsg.) Fundraising – Handbuch für Grundlagen, Strategien und Methoden, 5. Aufl., S. 720–725. Springer Gabler, Wiesbaden (2016)

Reichenbach, T.: Online Fundraising: Instrumente, Erfolgsfaktoren, Trends. Bonn (2008). kostenloser Download als e-Book auf online-fundraising.org. Zugegriffen: 16.12.2017.

Reichenbach, T.: Suchmaschinenoptimierung & Fundraising. Bonn (2010). www.online-fundraising.org. Zugegriffen: 14.10.2017.

Reichenbach, T.: Online-Marketing. In: Fundraising-Akademie (Hrsg.) Fundraising – Handbuch für Grundlagen, Strategien und Methoden, 5. Aufl., S. 730–737. Springer Gabler, Wiesbaden (2016)

Reschke, J.: Das Potential von Chatbots für Nonprofits (2017). sozialmarketing.de/das-potential-von-chatbots-fuer-nonprofit-organisationen, Zugegriffen: 21. Jan. 2018

Reschke, J.: Der aktuelle Zustand des Online-Fundraisings in Deutschland. In: DZI (Hrsg.) DZI-Spenden-Almanach, S. 38–48. DZI, Berlin (2015)

Reschke, J., Hölderle, J.: Social Media Policy für Nonprofit-Organisationen. ikosom, Berlin (2011)

Reschke, J., Hölderle, J.: Online-Fundraising in Deutschland. Whitepaper. Sozialmarketing.de. (2016)

Reschke, J., Meid, M.: Anforderungen an Internetseiten. In: Fundraising-Akademie (Hrsg.) Fundraising – Handbuch für Grundlagen, Strategien und Methoden, 5. Aufl., S. 714–720. Springer Gabler, Wiesbaden (2016)

Reschke, J., Wenzlaff, K.: Crowd Funding Studie 2010/2011. ikosom, Berlin (2011)

Sommeregger, M.: CSR 2.0 – Online-Spendenplattformen als neues Instrument für Corporate Giving, Eine Untersuchung am Fallbeispiel betterplace.org. Diplomica, Hermannstal (2012)

Sterblich, U., Kreßner, T., Theil, A., Bartelt, D.: Das Crowdfunding-Handbuch – Ideen gemeinsam finanzieren. orange-press, Berlin (2015)

Storch, C.: Online-Fundraising: Empirisch und theoretisch ermittelte Handlungsempfehlungen für Nonprofit-Organisationen. VDM, Saarbrücken (2011)

Viest, O.: Online-Fundraising. In: Fundraising Akademie (Hrsg.) Fundraising – Handbuch für Grundlagen, Strategien und Methoden, 4. Aufl., S. 474–488. Gabler, Wiesbaden (2008)

Viest, O.: Online-Fundraising. In: Urselmann, M. (Hrsg.) Handbuch Fundraising, S. 305–324. Springer, Wiesbaden (2016)

Warwick, M., Hart, T., Nick, A.: Fundraising on the Internet – the ePhilanthropyFoundaton.org's guide to success Online, 2. Aufl. Wiley, San Francisco (2002)

Weiterführende Literatur zu Abschn. 2.8

Gmür, M., Ziegerer, M., Aeschbacher, R.: Der Spendenmarkt in der Schweiz. In: Urselmann, M. (Hrsg.) Handbuch Fundraising, S. 387–402. Springer, Wiesbaden (2016)

Mansfield, H.: Mobile for good – a how-to fundraising guide for nonprofits. McGraw-Hill, New York (2014)

Priller, E., Schupp, J.: Soziale und ökonomische Merkmale von Geld- und Blutspendern in Deutschland. DIW Wochenber. **2011**(29), 3–10 (2011)

Priller, E., Sommerfeld, J.: Wer spendet in Deutschland? Der Einfluss von Erwerbsstatus und Werten. WZB Mitt. **108/2005**, 36–39 (2005)

Priller, E., Sommerfeld, J. (Hrsg.): Spenden in Deutschland – Analysen, Konzepte, Perspektiven. LIT, Berlin (2009)

Schneider, W.: Struktur und wirtschaftliche Bedeutung des Spendenmarktes in Deutschland. WiSt Wirtsch. Stud. **24**(12), 623–628 (1995)

Urselmann, M.: Spendenberichterstattung mittels ausgewählter Organisationen – Erfahrungen und Probleme. In: Priller, E., Sommerfeld, J. (Hrsg.) Spenden in Deutschland. Auf dem Weg zum „Giving Germany". LIT, Münster (2007)

Urselmann, M.: Der Spendenmarkt in Deutschland. In: Urselmann, M. (Hrsg.) Handbuch Fundraising, S. 371–388. Springer, Wiesbaden (2016a)

Urselmann, M.: Der Spendenmarkt in Deutschland. In: Fundraising-Akademie (Hrsg.) Fundraising – Handbuch für Grundlagen, Strategien und Methoden, 5. Aufl., S. 123–135. Springer Gabler, Wiesbaden (2016b)

Urselmann, M., Loos, C.: Weiter auf Rekordkurs – Neueste Einkommensteuerstatistik weist erneut Wachstum bei steuerlich geltend gemachten Spenden aus. Stift. Spons **5/2015**, 36–37 (2015)

Urselmann, M., Schwabbacher, W.: Größer und dynamischer als vermutet – Statistisches Bundesamt zeigt Wachstum im deutschen Spendenmarkt. Stift. Spons **1/2013**, 22–23 (2013)

Urselmann, M., Wodziczko, W.: Tsunami-Spenden on top – Wie die Katastrophe den deutschen Spendenmarkt beeinflusst. Stift. Spons **2/2007**, 38–39 (2007)

Wilke, B.: Zur Situation des deutschen Spendenwesens im Jahr 2017. In: Bundesnetzwerk Bürgerschaftliches Engagement (Hrsg.) Newsletter für Engagement und Partizipation in Deutschland. Berlin (2017)

Fundraising bei Unternehmen 3

In der Definition des Fundraising-Begriffs wurden vier Gruppen von Ressourcenbereitstellern (Privatpersonen, Unternehmen, Stiftungen und öffentliche Institutionen) unterschieden. Im vorangegangenen Kapitel wurde der Frage nachgegangen, wie es gelingen kann, Geld-, Sach- und/oder Dienstleistungen bei Privatpersonen zu beschaffen. Dieses Kapitel soll zeigen, wie Geld-, Sach- und/oder Dienstleistungen für eine Organisation bei Unternehmen akquiriert werden können. Das Fundraising bei Unternehmen hat in Deutschland noch großes Potenzial. Trotzdem sollten gerade jüngere bzw. kleinere Organisationen zu Beginn ihrer Fundraising-Aktivitäten nicht dem Irrtum erliegen, das Fundraising bei Unternehmen wäre einfacher und bequemer als das Fundraising bei Privatpersonen; nach dem Motto: „Lieber bei Wenigen (Unternehmen) jeweils viel einwerben, als bei Vielen (Privatpersonen) jeweils nur wenig." Aus folgenden Gründen erweist sich diese Überlegung i. d. R. als Fehleinschätzung: Unternehmen, selbst kleinere, erhalten mittlerweile viele Fundraising-Anfragen. Organisationen kommen als Partner für Unternehmen umso eher in Frage, je größer die Überschneidung ihres Spenderkreises mit der Zielgruppe des Unternehmens ist, insbesondere aber je mehr potenzielle Kunden ein Unternehmen durch sein Engagement im Spenderkreis der Organisation erreichen kann. Kleinere Organisationen sind vor diesem Hintergrund oftmals (noch) nicht attraktiv genug für ein Unternehmen. Es empfiehlt sich daher von der Reihenfolge her, zunächst eine ausreichend große Basis von Privatpersonen als Spender zu gewinnen. Aus Unternehmenssicht wird eine Organisation als Partner umso attraktiver, je größer erstens ihre Basis an fördernden Privatpersonen geworden ist, und je größer zweitens die Überschneidung zwischen den Zielgruppen des Unternehmens einerseits und den Spendern der Organisation andererseits ist.

Selbst wenn es einer Organisation gelingen sollte, bereits in einem frühen Stadium einen Unternehmenspartner gewinnen zu können, besteht die Gefahr zu großer Abhängigkeit. Zieht ein wichtiger Unternehmenspartner kurzfristig sein Engagement zurück, sind schnell einzelne Projekte oder gar die ganze Organisation existenziell bedroht. Es ist deshalb sinnvoller, die langfristige Arbeit einer Organisation durch eine langfristig stabile Finanzierung, verteilt auf viele Schultern privater Förderer, sicherzustellen. Zwar können auch hier immer wieder einzelne Spender (auch kurzfristig) ausfallen, insgesamt ist jedoch eine wesentlich höhere Stabilität und damit auch deutlich bessere finanzielle Planbarkeit gegeben. Wenn eine solide Basis aus Einnahmen von vielen Privatpersonen gegeben ist, können zeitlich befristete Unternehmenspartnerschaften für zeitlich befristete Projekte aufsetzen ohne bei plötzlichem Wegfall die Organisation als Ganzes zu gefährden.

3.1 Corporate Social Responsibility

Das Fundraising bei Unternehmen profitiert seit Anfang der 2000er Jahre von einer Entwicklung zu vermehrter Wahrnehmung von gesellschaftlicher Verantwortung durch Unternehmen (engl.: **Corporate Social Responsibility** (CSR)). Unternehmen sehen ihre gesellschaftliche Rolle zunehmend als „Unternehmensbürger" (engl.: Corporate Citizens), die sich über ihren traditionellen Beitrag zur Gesellschaft (durch die Schaffung von Arbeitsplätzen und als Steuerzahler) hinaus, freiwillig für gesellschaftliche Anliegen engagieren. Das Engagement soll sich dabei nicht nur auf soziale Anliegen beschränken, auch wenn das „Social" in „Corporate Social Responsibility" zu diesem Gedanken zunächst verleiten mag. Vielmehr versteht sich CSR als ein umfassendes Konzept verantwortlicher Unternehmensführung, das im ganzheitlichen Sinne des Nachhaltigkeitsbegriffs eine auf den Markt ausgerichtete ökonomische Verantwortung (Profit) in Einklang bringen soll mit einer auf die Umwelt ausgerichteten ökologischen Verantwortung (Planet) und einer sozialen Verantwortung (People), die sich sowohl nach innen auf Arbeitsplätze und Mitarbeiter ausrichtet, als auch nach außen auf das Gemeinwesen (siehe Abb. 3.1).[1] Für den Dreiklang aus Verantwortung gegenüber People, Planet und Profit prägte Elkington den Begriff der Triple Bottom Line.[2]

Für die Wahrnehmung des nach außen auf das Gemeinwesen ausgerichteten Corporate Citizenship unterscheidet Fabisch eine Reihe von Maßnahmen (siehe Abb. 3.2). Die wichtigsten der traditionellen und innovativen Maßnahmen werden im folgenden Kapitel ausführlich dargestellt.

Zusätzliche Dynamik in das Thema CSR hat die CSR-Richtlinie der EU gebracht (Richtlinie 2014/95/EU), die am 06.12.2014 in Kraft getreten ist. Danach haben große börsennotierte Unternehmen mit mehr als 500 Beschäftigten eine Berichtspflicht zu nichtfinanziellen Informationen. Dazu gehören Informationen zu Umwelt-, Sozial- und Arbeitnehmerbelangen sowie die Achtung der Menschenrechte und die Bekämpfung von Korruption und Bestechung. Durch das am 19.04.2017 in Kraft getretene CSR-Richtlinie-Umsetzungsgesetz beginnt die Berichtspflicht für die betroffenen Unternehmen in Deutschland mit dem Geschäftsjahr 2017. Durch die Berichtspflicht besteht ein größerer Anreiz für die betroffenen Organisationen, in ihren Lageberichten auf ein entsprechendes

---

[1] Vgl. Fabisch, Nicole: Corporate Social Responsibility: Neue Chancen für das Fundraising. In: Urselmann, Michael (Hrsg.): Handbuch Fundraising, Springer Reference Wirtschaft. Springer Gabler, Wiesbaden 2016.
[2] Vgl. Lexikon der Nachhaltigkeit: Tripple Bottom Line und Triple Top Line, nachhaltigkeit.info/artikel/1_3_b_triple_bottom_line_und_triple_top_line_1532.htm (Zugriff am 25.01.2018).

3.1 Corporate Social Responsibility

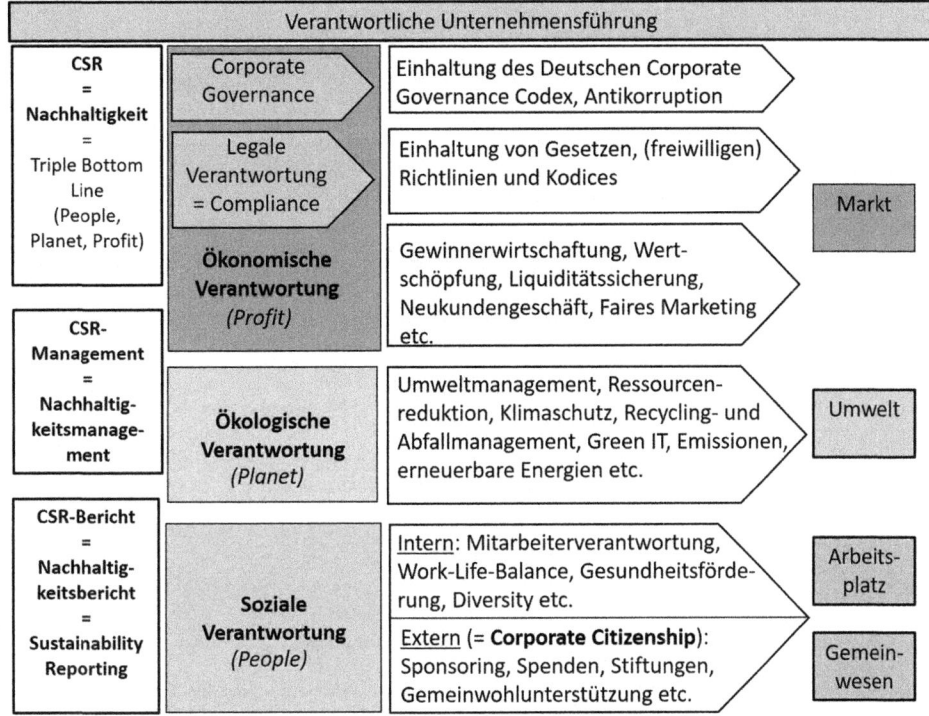

Abb. 3.1 CSR und Nachhaltigkeit. (Quelle: Fabisch, Nicole: Corporate Social Responsibility: Neue Chancen für das Fundraising. In: Urselmann, Michael (Hrsg.): Handbuch Fundraising, Springer Reference Wirtschaft. Springer Gabler, Wiesbaden 2016)

CSR-Engagement hinweisen zu können. Darin steckt wiederum eine große Chance für das Fundraising gemeinwohlorientierter Organisationen.

> **Beispiel**
>
> Auf seiner Website dokumentiert der Software-Hersteller *SAP* sein CSR-Engagement in einem Integrierten Bericht, der u. a. auch die folgenden Kennzahlen veröffentlicht:
>
> - 22,3 Mio. € Spenden im Jahr 2016,
> - 339.000 h ehrenamtlicher Einsatz durch SAP-Mitarbeiter im Jahr 2016,
> - 92 % der SAP-Mitarbeiter engagieren sich für Nachhaltigkeit,
> - 567.556 Kinder und Jugendliche durchliefen SAP-Bildungsprojekte zu Mathematik, Informatik, Naturwissenschaften und Technik (MINT),
> - 100 % erneuerbare Energien versorgen die SAP-Cloud,
> - 155 Mio. € Einsparungen durch Reduzierung der CO_2-Emissionen während der letzten drei Jahre.[3]

---

[3] Siehe: sap.com/corporate/de/company/sustainability-csr.html (Zugriff am 25.01.2018).

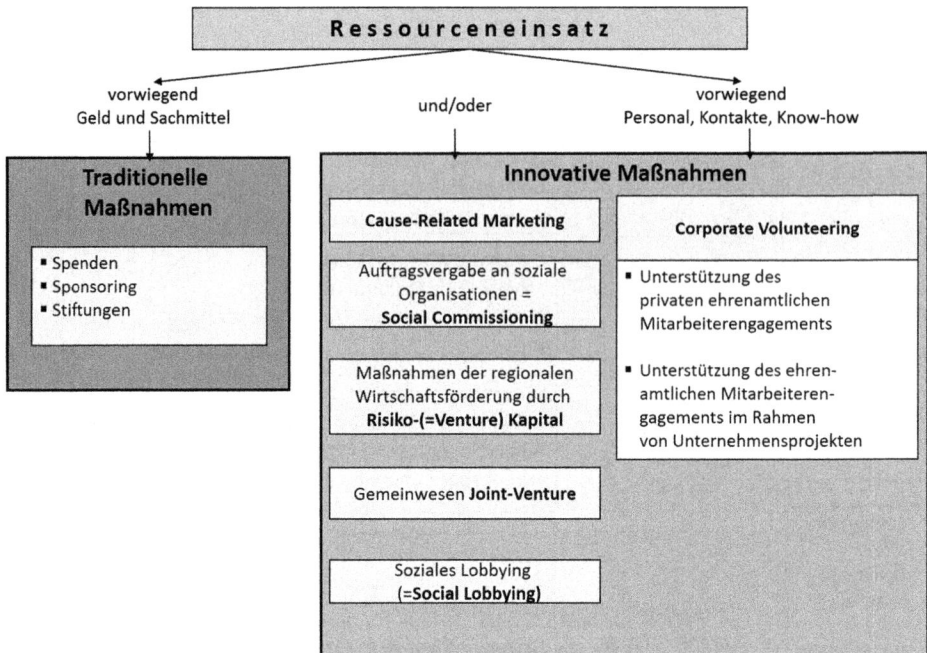

Abb. 3.2 Maßnahmen des Corporate Citizenship. (Quelle: Fabisch, Nicole: Corporate Social Responsibility: Neue Chancen für das Fundraising. In: Urselmann, Michael (Hrsg.): Handbuch Fundraising, Springer Reference Wirtschaft. Springer Gabler, Wiesbaden 2016)

3.2 Formen der Unterstützung durch Unternehmen

Die konkreten Formen, wie ein Unternehmen seiner CSR durch Bereitstellung von Geld-, Sach- und/oder Dienstleistungen zugunsten einer gemeinwohlorientierten Organisationen gerecht werden kann, haben sich in der Praxis vielfältig ausdifferenziert. Die wichtigsten Formen werden in den folgenden Kapiteln näher vorgestellt:

- Unternehmensspende,
- Sponsoring,
- Cause Related Marketing,
- Bereitstellung von Infrastruktur,
- Unternehmensstiftung (Corporate Foundation).

3.2.1 Unternehmensspende

Wie auch von Privatpersonen, können gemeinwohlorientierte Organisationen Geld-, Sach- und Zeitspenden bei Unternehmen (**Unternehmensspenden**) einwerben. Erstaunlicherweise beschränken sich viele Organisationen darauf, ausschließlich größere Unternehmen auf ausschließlich Geldspenden anzusprechen. Dabei ist Deutschland mehrheitlich geprägt von kleineren und mittleren Unternehmen (siehe Abschn. 3.4), die neben Geldspenden auch sehr interessante Sach- und Zeitspenden zur Verfügung stellen könnten.

Bei der Vermarktung der „Produkte" Geld-, Sach- und Zeitspenden gegenüber der Zielgruppe Unternehmen sind im Prinzip dieselben Überlegungen im Rahmen des Marketing-Mixes anzustellen wie bei der Vermarktung gegenüber der Zielgruppe Privatpersonen (siehe Abschn. 2.2). Im Rahmen der Produktpolitik ist zu entscheiden, welchen (Grund- und Zusatz-)Nutzen eine (Geld-, Sach- oder Zeit-)Spende für ein Unternehmen erbringen soll. Im Rahmen der Preispolitik ist zu entscheiden, welchen Preis bzw. Wert bzw. Höhe eine Unternehmensspende haben sollte. Im Rahmen der Vertriebspolitik sind die Vertriebskanäle festzulegen. Zwar können Unternehmensspenden theoretisch über alle Vertriebskanäle akquiriert werden, die auch beim Fundraising gegenüber Privatpersonen zur Verfügung stehen (siehe Abschn. 2.5). Da viele Unternehmen jedoch wesentlich häufiger auf Spenden angesprochen werden als Privatpersonen, kommt dem (finanziell aufwendigeren, aber effektiveren) telefonischen und persönlichen Vertrieb (bzw. einer Kombination aus beiden) eine größere Bedeutung zu als dem Post- und Online-Vertrieb. Letztere können sich im Unternehmensalltag nur bedingt die nötige Aufmerksamkeit verschaffen. Im Rahmen der Kommunikationspolitik ist schließlich zu entscheiden, über welche adäquaten Kommunikationskanäle die (Spenden-)Produkte der Zielgruppe Unternehmen am besten kommuniziert werden können.

3.2.1.1 Geldspende (Corporate Giving)

Geldspenden von Unternehmen (engl.: Corporate Giving) können – ähnlich wie Geldspenden von Privatpersonen – in Form von **Einzel-, Dauer- oder Großspenden** erfolgen. Auch hier gilt es, im Sinne des Relationship Fundraising eine Beziehung zum Spender aufzubauen. Zwar kann man keine persönliche Beziehung zu einem Unternehmen aufbauen; sehr wohl aber zu den handelnden Entscheidern in einem Unternehmen.

Ein guter Einstieg in eine Spenderbeziehung zu Unternehmen können **Anlassspenden** (siehe Abschn. 2.3.3.3) sein. Viele Unternehmen verzichten alljährlich darauf, ihren Stakeholdern (z. B. Kunden, Lieferanten und Mitarbeiter) zu Weihnachten ein Geschenk zukommen zu lassen. Stattdessen spenden den entsprechenden Betrag lieber zugunsten einer gemeinwohlorientierten Organisation.

> **Beispiel**
>
> Die Hilfsorganisation *Welthungerhilfe* bietet Unternehmen das Produkt *Geschenkspende* an. Als Gegenleistung für eine Mindestspende in Höhe von 50 € können Unternehmen in ihre (Weihnachts-)Post an Kunden, Mitarbeiter und Geschäftspartner eine Karte mit Welthungerhilfeeindruck beilegen oder ein Banner in ihre E-Mails integrieren (siehe Abb. 3.3).

GESCHENKSPENDEN FÜR UNTERNEHMEN

SPENDEN STATT SCHENKEN – HELFEN MIT HERZ UND VERSTAND!
Zum Firmenjubiläum, beim Mitarbeiterfest oder als Dankeschön: Zeigen Sie soziales Engagement und spenden Sie, anstatt zu schenken.

Geschenkspende für Privatpersonen →

Diese besondere Form der Unternehmensspende macht es Ihnen ganz einfach: Sie überreichen ein Präsent, das zeigt: „Wir kämpfen gegen den Hunger auf der Welt - wir stehen für gelebte Verantwortung".

Spenden statt Schenken - Ihre Vorteile:

- **Unternehmenskultur stärken:** Begeistern und beteiligen Sie Ihre Mitarbeiter und helfen Sie gleichzeitig Menschen in Not.
- **Zeit sparen:** Einfacher und schneller Geschenke auswählen, indem Sie „Spenden statt Schenken" und dabei Gutes tun.
- **Engagement bekannt machen:** Machen Sie Ihre Unterstützung sichtbar und gewinnen Sie so Ihre Kunden und Geschäftspartner für sich.

Hunger bekämpfen - unser Angebot für Sie:

1. **Personalisierte Urkunde** mit Spendenbetrag zum Herunterladen, die Sie mit Ihrem Namen, einem eigenen Text und, nach Rücksprache mit uns, mit Ihrem Logo versehen können.
2. **Werbebanner bzw. Druckdaten** erhalten Sie per E-Mail sofort.
3. **Personalisierte Grußkarten** mit Urkunde, die wir Ihnen mit Briefpost zusenden.

IHRE ANSPRECHPARTNER

Team Unternehmen
Tel.: 0228 2288-400
E-Mail schreiben

Mehr Informationen zu "Spenden statt schenken"

Abb. 3.3 Akquisition von Unternehmensspenden. (Quelle: welthungerhilfe.de/unternehmen/spenden-statt-schenken.html (Zugriff am 25.01.2018))

Auch **Firmenjubiläen** können ein guter Anlass für eine Spenderbeziehung zu Unternehmen sein. Bei den (örtlichen) Industrie- und Handelskammern lässt sich leicht in Erfahrung bringen, bei welchen Unternehmen in den nächsten Jahren ein Firmenjubiläum ansteht. Je nach Größe des Unternehmens und Bedeutung des Jubiläums beginnen Unternehmen bereits ein bis drei Jahre vor dem Jubiläum mit den Vorbereitungen. Entsprechend früh sollte die Kontaktaufnahme durch eine Organisation erfolgen. Vielleicht ist das betreffende Unternehmen bereit, seine Jubiläumsfeierlichkeiten mit CSR-Maßnahmen zu verknüpfen. Dies wird vor allem dann der Fall sein, wenn eine Organisation einen thematischen Bezug zum Unternehmen aufweisen kann.

Organisationen, die im Fall einer **(Natur-)Katastrophe** Hilfe leisten können, werden oft spontan von Unternehmen angesprochen, die einen Bezug zu den von der Katastrophe Geschädigten haben. So wollten sich beispielsweise viele deutsche Unternehmen mit Geschäftsbeziehungen zu japanischen Unternehmen zugunsten der Opfer der Erdbeben- und Tsunami-Katastrophe 2011 engagieren. Leider wird die so aufgebaute Beziehung zu den betreffenden Unternehmen anschließend von den Organisationen oftmals nicht (ausreichend) gepflegt. Die Chance, eine langfristige Partnerschaft mit einem Unternehmen aufzubauen, wird dann vertan.

Dabei wäre es wichtig, Unternehmen, die eine erste Spende getätigt haben, anschließend angemessen zu binden. Dafür steht prinzipiell dasselbe Instrumentarium zur Verfügung wie auch bei Privatpersonen. Da Unternehmen i. d. R. Beträge geben, die bei Privatpersonen in eine Großspenderkategorie fallen würden, sind auch persönlichere (und damit finanziell aufwendigere) Formen der **Bindung** (insbesondere telefonische und persönliche Kontakte) gerechtfertigt.

Laut der Studie „Sponsoring Trends 2010" engagierten sich bereits 2010 70,2 % der Unternehmen in Form von Corporate Giving.[4]

3.2.1.2 Sachspende

Für Unternehmen ist es i. d. R. interessanter, einer Organisation **Sachspenden** zur Verfügung zu stellen als den Gegenwert in Geld zu spenden, da der Gegenwert eines (vom Unternehmen produzierten) Gegenstandes für die Organisation höher ist als die Produktionskosten für das Unternehmen. Dies gilt erstrecht, wenn ein Unternehmen bestimmte Gegenstände gar nicht mehr benötigt, und eine Spende sogar die Entsorgung erspart. Aus Sicht einer gemeinnützigen Organisation können Sachspenden von Unternehmen interessant sein, die sie unmittelbar für ihre Projektarbeit benötigt.

> **Beispiel**
>
> Die *Tafeln* erhalten die im Haltbarkeitsdatum abgelaufenen Lebensmittel als Sachspende von den Handelsunternehmen. Die Handelsunternehmen sparen Entsorgungskosten, da die Lebensmittel von den *Tafeln* bei den Handelsunternehmen abgeholt werden.

Darüber hinaus können für Organisationen aber auch Sachspenden interessant sein, die sie nicht direkt für die Projektarbeit benötigen. So führen kleinere Organisationen beispielsweise Tombolas durch, bei denen vorab eingeworbene Sachspenden verlost werden. Während nichtöffentliche Verlosungen beliebig oft durchgeführt werden dürfen und nicht der Lotteriesteuer unterliegen, dürfen gemeinnützige Organisationen öffentliche Lotterien oder Ausspielungen steuerunschädlich nur zweimal im Jahr mit Genehmigung der zuständigen Behörde (i. d. R. dem Regierungspräsidium) veranstalten. Sie sind nur dann von der Lotteriesteuer befreit, wenn der Preis einzelner Lose 614 € (1200 Mark) bzw. der Wert der gesamten Lose 38.347 € (75.000 Mark) nicht überschreitet. Tombolas gelten als Zweckbetriebe und unterliegen der Umsatzsteuer mit einem ermäßigten Satz von 7 %, soweit sie nicht der Lotteriesteuer unterliegen.[5]

Darüber hinaus kann es für Organisationen interessant sein, bestimmte Sachmittel bzw. Gegenstände temporär von Unternehmen zur Verfügung gestellt zu bekommen. Statt diese Gegenstände (kostenpflichtig) mieten zu müssen, können sie sich die Organisationen (kostenlos) ausleihen.

---

[4] Vgl. Hermanns, Arnold: Sponsoring Trends 2010 – Corporate Social Responsibility und Sponsoring im Fokus, Studie im Auftrag von BBDO Live, Bonn 2010 (Studie steht auf bbdo-live.com zum kostenlosen Download bereit).
[5] Vgl. Kießling, Heinz; Buchna, Johannes: Gemeinnützigkeit im Steuerrecht, 5. Auflage, Achim 1994, S. 171 f., S. 202 und S. 236.

> **Beispiel**
> Für die Durchführung eines Großspender-Events mit Abendessen zugunsten eines Schulprojektes werben die *Malteser* in Berlin Essen und Getränke als Sachspenden bei einem Supermarkt und einem Weingroßhändler ein. Die Tischdekoration wird von einem Einrichtungshaus und das gesamte Geschirr vom Hotel *Adlon* ausgeliehen.

3.2.1.3 Zeitspende (Corporate Volunteering)

Im Idealfall gelingt es einer Organisation, jede benötigte Dienstleistung als Zeitspende einzuwerben, statt sie bezahlen zu müssen. Dieses Interesse deckt sich mit dem vieler Unternehmen, für die es – ähnlich wie bei Sachspenden – interessanter ist, im Rahmen ihres CSR-Engagements einer Organisation eine Dienstleistung bzw. Zeit zu spenden, als den Gegenwert monetär zur Verfügung zu stellen. Ermöglicht ein Unternehmen seinen Mitarbeitern, sich während der Arbeitszeit ehrenamtlich bzw. freiwillig zu engagieren, wird von **Corporate Volunteering** gesprochen. Dabei fördert ein Unternehmen entweder ein bereits bestehendes Engagement seiner Mitarbeiter durch Arbeitsfreistellung oder finanzielle Bezuschussung, oder organisiert selbst Projekte gemeinnütziger Art für die Mitarbeiter. Wegen des temporären Transfers eines Mitarbeiters aus seinem normalen Aufgabenbereich in ein anderes Aufgabenfeld, wird manchmal auch von **Secondment** gesprochen.

> **Beispiel**
> Der Automobilhersteller *Ford* gewinnt 2010 den Bürgerpreis der Initiative *Unternehmen engagiert in Köln* für sein Corporate Volunteering Programm. Jedes Jahr stellt das Unternehmen seine Mitarbeiter pro Kopf für 16 h frei, um sich für gemeinnützige Aufgaben zu engagieren. 2009 engagierten sich 700 Arbeitnehmer in 70 Projekten.

Nach einer Untersuchung der *American Chamber of Commerce in Germany* und der Unternehmensberatung *Roland Berger Strategy Consultants* aus dem Jahr 2011 gibt die große Mehrheit (83,5 %) der 109 an der Befragung teilnehmenden Unternehmen an, bereits im Corporate Volunteering aktiv zu sein.[6] Auch wenn dieser Wert deutlich über dem der Studie *Sponsoring Trends 2010* liegt, wonach sich unter den 50,3 % der Unternehmen, die CSR-Maßnahmen durchführen, nur 21,2 % im Corporate Volunteering engagieren[7], wird deutlich, dass Corporate Volunteering auch in Deutschland kein Randphänomen mehr ist. Umgekehrt dürfte der Anteil unter den gemeinnützigen Organisationen, die das im Corporate Volunteering steckende Potenzial bereits erkannt haben und aktiv nutzen, noch vergleichsweise gering sein.

---

[6] Vgl. American Chamber of Commerce in Germany; Roland Berger Strategy Consultants: Corporate Volunteering in Deutschland – Ergebnisse einer Befragung von Unternehmen in Deutschland, Berlin 2011.

[7] Vgl. Hermanns, Arnold: Sponsoring Trends 2010 – Corporate Social Responsibility und Sponsoring im Fokus, Studie im Auftrag von BBDO Live, Bonn 2010 (Studie steht auf bbdo-live.com zum kostenlosen Download bereit).

3.2 Formen der Unterstützung durch Unternehmen

Die Motivation der Unternehmen für Corporate Volunteering ist nach den Ergebnissen der Untersuchung der *American Chamber of Commerce in Germany* und der Unternehmensberatung *Roland Berger Strategy Consultants* vielfältig:[8]

- Corporate Citizenship/gesellschaftliche Verantwortung (MW: 1,42),
- Besseres Betriebsklima/Unternehmenskultur (MW: 2,11),
- Größere Teamfähigkeit/Social Skills (MW: 2,10),
- Unternehmenstradition (MW: 2,27),
- Stärkung des Images/Öffentlichkeitswirksamkeit (MW: 2,28),
- Bessere Attraktivität als Arbeitgeber (MW: 2,34),
- Stärkung der Mitarbeiterbindung (MW: 2,36),
- Entwicklung von Führungskompetenz (MW: 2,38),
- Höhere Arbeitsmotivation (MW: 2,42),
- Personalentwicklung (MW: 2,49),
- Besseres Verhältnis zum Kunden (MW: 2,71),
- Entwicklung von berufsbezogenen Kompetenzen (MW: 3,01),
- Stärkung des Verhältnisses zur Politik (MW: 3,03).

An diesen Motiven kann eine Organisation ansetzen und konkrete Nutzenkategorien für ihre (Unternehmensspenden-)Produkte entwickeln.

Beispiel

Die gemeinnützige Initiative *SeitenWechsel* bietet Unternehmen an, ihre Führungskräfte für eine Woche in eine soziale Organisation zu schicken (siehe Abb. 3.4). Durch die Arbeit mit behinderten Menschen, Wohnungslosen, Flüchtlingen und Jugendlichen aus sozialen Brennpunkten sollen unter dem Motto „Lernen in anderen Lebenswelten" Sozialkompetenz und Teamfähigkeit der Führungskräfte gestärkt werden.

3.2.2 Sponsoring

Gelingt es einer Organisation, die benötigten (Geld-, Sach- und Zeit-)Ressourcen als Spende von einem Unternehmen freiwillig und unentgeltlich (und damit ohne Gegenleistung) zur Verfügung gestellt zu bekommen, so ist dies sicherlich die bequemste Lösung für sie. Viele Unternehmen erwarten jedoch sehr wohl eine Gegenleistung für ihre Bereitstellung von (Geld-, Sach- und Zeit-)Ressourcen. Gewährt eine Organisation eine Gegenleistung, so wird dadurch ein **Sponsoring** begründet, das aus Sicht des Unternehmens eines von vielen Instrumenten im Rahmen der Kommunikationspolitik seiner (kommerziellen) Geschäftstätigkeit darstellt. Da der Sponsor wirtschaftliche Vorteile aus

---

[8] Der in Klammern angegebene Wert ist der Mittelwert (MW) der Antworten auf einer Skala von 1 (sehr wichtig) bis 5 (unwichtig).

Abb. 3.4 Corporate Volunteering über die Initiative SeitenWechsel. (Quelle: seitenwechsel.com (Zugriff am 13.12.2013))

dem Sponsoring anstrebt, ist seine Beziehung zum Sponsoring-Nehmer in erster Linie geschäftlicher Art (nicht nur mäzenatischer). Das Sponsoring muss sich für ihn rechnen, auch wenn eine exakte Bewertung, ähnlich wie bei Werbeausgaben, oftmals nur sehr begrenzt möglich ist.

Die Unterscheidung von Spende und Sponsoring ist von hoher steuerrechtlicher Bedeutung und keinesfalls nur begriffliche Haarspalterei. Aus Sicht der Finanzbehörden verlässt eine gemeinnützige Körperschaft bzw. Organisation den (steuerlich geförderten) ideellen Bereich, sobald sie Geschäfte auf Gegenseitigkeit mit kommerziellen Unternehmen abwickelt. Sie betritt dann den steuerlichen Bereich des **Wirtschaftlichen Geschäftsbetriebes**, der eine normale Besteuerung auf erwirtschaftete Erträge nach sich ziehen kann. Im Gegensatz zu Spendeneinnahmen sind Sponsoring-Einnahmen – wie auch alle anderen Erträge aus wirtschaftlichem Geschäftsbetrieb (z. B. Bewirtung) – eigentlich immer zu versteuern. Zumindest sobald sie eine Freigrenze von 35.000 € pro Jahr übersteigen. Mit dem **Sponsoring-Erlass** von 1998 kommt das *Bundesfinanzministerium* gemeinnützigen Organisationen jedoch entgegen, in dem es nicht jede Form von Gegenleistung für erhaltene Sponsorenleistungen automatisch als (zu versteuernden) wirtschaftlichen Geschäftsbetrieb betrachtet, sondern nach Art der gewährten Gegenleistung differenziert.[9]

---

[9] Vgl. Sponsoring-Erlass des Bundesfinanzministeriums (Ertragsteuerliche Behandlung des Sponsoring – Erörterung mit den obersten Finanzbehörden der Länder in der Sitzung Est. V/97 vom 25. bis 27.06.1997 – außerhalb der Tagesordnung – BMF-Schreiben vom 09.07.1997 – IV B 2 – S 2144–118/97).

3.2 Formen der Unterstützung durch Unternehmen

Im *Sponsoring-Erlass* wird Sponsoring zunächst wie folgt definiert: „Unter Sponsoring wird üblicherweise die Gewährung von Geld oder geldwerten Vorteilen durch Unternehmen zur Förderung von Personen, Gruppen und/oder Organisationen in sportlichen, kulturellen, kirchlichen, wissenschaftlichen, sozialen, ökologischen oder ähnlich bedeutsamen gesellschaftspolitischen Bereichen verstanden, mit der regelmäßig auch eigene unternehmensbezogene Ziele der Werbung oder Öffentlichkeitsarbeit verfolgt werden. Leistungen eines Sponsors beruhen häufig auf einer vertraglichen Vereinbarung zwischen dem Sponsor und dem Empfänger der Leistung (Sponsoring-Vertrag), in dem Art und Umfang der Leistung des Sponsors und des Empfängers geregelt sind."[10]

Aus Sicht des Fundraising können mit dem Sponsoring-Erlass vier Fälle von Förderung einer Organisation durch ein Unternehmen unterschieden werden:

Fall 1: Ein Unternehmen spendet Geld-, Sach- oder Dienstleistungen an eine Organisation *ohne* dafür eine Gegenleistung zu erhalten. Damit liegt eine Spende und kein Sponsoring vor. Das Unternehmen kann seine **Spende** bis zu einer Höhe von 20 % des Gesamtbetrages seiner Einkünfte oder 0,4 % der Summe der Umsätze und der im Kalenderjahr aufgewandten Löhne und Gehälter steuerlich absetzen. Bei der gemeinnützigen Organisation fallen auf die erhaltene Spende keine Ertragssteuern an.

Fall 2: Ein Unternehmen stellt einer gemeinnützigen Organisation Geld-, Sach- und/oder Dienstleistungen zur Verfügung. Die Organisation erbringt zwar keine aktive Gegenleistung, duldet aber passiv, dass das Unternehmen auf eigene Rechnung werblich auf die Unterstützung hinweist („**Duldungsregelung**"). Die passive Duldung stellt zwar schon eine Gegenleistung und damit eine Form des Sponsorings dar, begründet laut Sponsoring-Erlass aber noch keinen wirtschaftlichen Geschäftsbetrieb. Vielmehr stufen die Finanzbehörden die erhaltenen Leistungen als Erträge aus Vermögensverwaltung ein. Beim Unternehmen liegen somit unbegrenzt abzugsfähige Betriebsausgaben vor. Die Leistungen werden mit dem ermäßigten Umsatzsteuersatz von 7 % belegt. Bei der gemeinnützigen Organisation fallen auf die erhaltene Spende keine Ertragssteuern an.

> **Beispiel**
> Ein Unternehmen weist in seiner Kommunikation (z. B. in der internen oder externen Öffentlichkeitsarbeit oder in der Werbung) selber auf sein Sponsoring zugunsten einer gemeinnützigen Organisation hin.

Fall 3: Ein Unternehmen stellt einer gemeinnützigen Organisation Geld-, Sach- oder Dienstleistungen zur Verfügung. Die Organisation erbringt zwar eine aktive Gegenleistung, in dem sie auf die Unterstützung durch den Sponsor im Rahmen ihrer eigenen Kommunikation (z. B. auf Plakaten, Veranstaltungshinweisen oder in Ausstellungskatalogen) lediglich hinweist. Tut sie dies jedoch „ohne besondere Hervorhebung", so stellt

---
[10] Ebenda.

dies laut Sponsoring-Erlass lediglich eine „**Höflichkeitsgeste**" dar, die aber immer noch keinen wirtschaftlichen Geschäftsbetrieb begründet. Auch in diesem Fall betrachten die Finanzbehörden die erhaltenen Leistungen als Erträge aus Vermögensverwaltung: Beim Unternehmen liegen unbegrenzt abzugsfähige Betriebsausgaben vor. Die Leistungen werden mit dem ermäßigten Umsatzsteuersatz von 7 % belegt. Bei der gemeinnützigen Organisation fallen auf die erhaltene Spende keine Ertragssteuern an.

> **Beispiel**
> Auf einem Flyer zum Tanzprojekt „Come 2 Move" weist der *Caritasverband für die Stadt Köln* ohne besondere Hervorhebung auf den Sponsor *Netcologne* hin (siehe Abb. 3.5).

Fall 4: Ein Unternehmen stellt einer gemeinnützigen Organisation Geld-, Sach- oder Dienstleistungen zur Verfügung. Die Organisation wirkt dafür aktiv an den Werbemaßnahmen mit. Die Werbemaßnahmen gehen über eine bloße „Höflichkeitsgeste" hinaus. In diesem Fall betrachten die Finanzbehörden die erhaltenen Leistungen als Erträge aus wirtschaftlichem Geschäftsbetrieb: Beim Unternehmen liegen unbegrenzt abzugsfähige Betriebsausgaben vor. Die Leistungen werden umsatzsteuerlich mit dem Regelsteuersatz

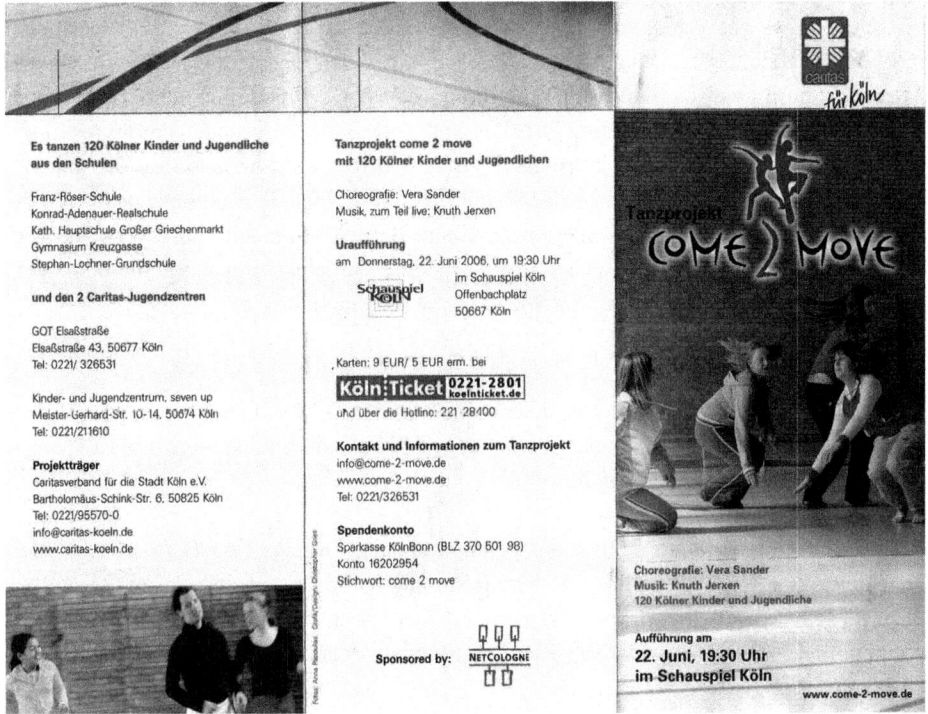

Abb. 3.5 Hinweis auf Sponsoren ohne besondere Hervorhebung. (Quelle: Flyer der *Caritas Köln*)

von 19 % belegt. Bei der Organisation fallen Körperschafts- und Gewerbesteuer an, sobald die Leistungen – zusammen mit anderen Einnahmen aus wirtschaftlichem Geschäftsbetrieb – die Freigrenze von 35.000 € pro Jahr übersteigen.

> **Beispiel**
> Eine gemeinnützige Organisation veröffentlicht in ihrer Vereinszeitschrift eine Anzeige des Sponsors mit Produktwerbung. Hier liegt ein wirtschaftlicher Geschäftsbetrieb in Form von Anzeigengeschäft vor.

Leider gibt es zwischen diesen vier Fällen Grauzonen, die eine exakte Zuordnung erschweren bzw. unmöglich machen. Unklar ist insbesondere, wann ein werblicher Hinweis des Sponsoring-Nehmers auf den Sponsor als „mit besonderer Hervorhebung" zu betrachten ist, und wann als „ohne besondere Hervorhebung" (Abgrenzung zwischen Fall 4 und Fall 3). Hierzu gibt es eine Reihe – nicht erschöpfender – Einzelregelungen. Rechtssicherheit kann in solchen Fällen nur die Rücksprache mit den örtlich zuständigen Finanzbehörden schaffen, deren Sichtweise letztlich maßgeblich ist, und schriftlich erbeten werden sollte.

> **Beispiel**
> Ein Hinweis auf den Sponsor auf der Website der Organisation wird noch als Höflichkeitsgeste (Fall 3) betrachtet (siehe Abb. 3.6). Umfasst der Hinweis jedoch einen Hyperlink auf die Website des Sponsors, so wird nach Einschätzung der Finanzbehörden eine aktive Mitwirkung des Sponsoring-Nehmers an der Werbemaßnahme und damit ein steuerpflichtiger wirtschaftlicher Geschäftsbetrieb (Fall 4) begründet.

▶ **Tipp** Bevor eine gemeinnützige Organisation Geld-, Sach- oder Dienstleistungen von einem kommerziellen Unternehmen annimmt, das auf eine Gegenleistung nicht verzichten möchte, sollten sie auf jeden Fall von einem Steuerexperten in Abstimmung mit dem zuständigen Finanzamt prüfen lassen, ob im Rahmen dieses Sponsorings wirtschaftlicher Geschäftsbetrieb vorliegt bzw. durch welche Änderungen der steuerpflichtige wirtschaftliche Geschäftsbetrieb legal vermieden werden kann.

Bei einer Organisation, die dauerhaft wirtschaftlichen Geschäftsbetrieb in erheblichem Umfang betreibt, ist es ratsam, diesen Geschäftsbetrieb aus der gemeinnützigen Körperschaft auszugliedern und in eine eigene (nicht-gemeinnützige) Körperschaft (meist eine GmbH) zu überführen. Aus steuerlicher Sicht darf der wirtschaftliche Geschäftsbetrieb innerhalb einer gemeinnützigen Organisation „nicht das Gepräge geben" (Geprägetheorie), sonst riskiert eine Organisation die Aberkennung ihrer Gemeinnützigkeit.

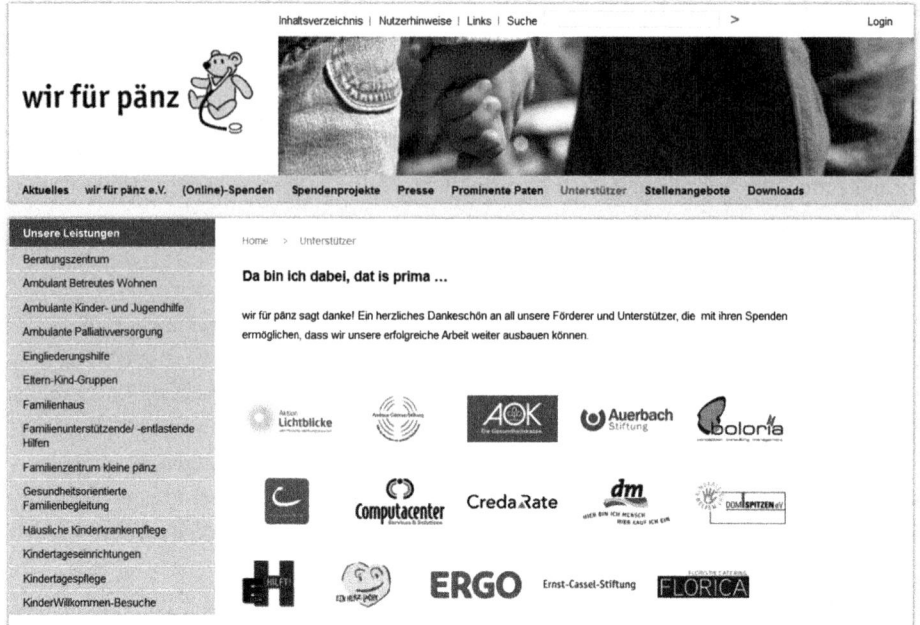

Abb. 3.6 Hinweis auf Sponsoren auf einer Website. (Quelle: wir-fuer-paenz.de/unterstuetzer/ (Zugriff am 17.03.2018))

> **Beispiel**
>
> Die Organisation *SOS Kinderdörfer weltweit e. V.* hat ihr Fundraising bei Unternehmen auf das 100 %ige Tochterunternehmen *SOS Kinderdörfer Global Partner GmbH* ausgelagert (siehe Abb. 3.7). Gewinne der GmbH (aus wirtschaftlichem Geschäftsbetrieb) werden versteuert an den gemeinnützigen Gesellschafter *SOS Kinderdörfer weltweit e. V.* ausgeschüttet und in dessen Projekte investiert.
>
> Laut der Studie *Sponsoring Trends 2010* engagierten sich bereits 2010 69,5 % der Unternehmen in Form von Sponsoring.[11]

---

[11] Vgl. Hermanns, Arnold: Sponsoring Trends 2010 – Corporate Social Responsibility und Sponsoring im Fokus, Studie im Auftrag von BBDO Live, Bonn 2010 (Studie steht auf bbdo-live.com zum kostenlosen Download bereit).

Abb. 3.7 Eigene Körperschaft für Fundraising bei Unternehmen. (Quelle: sos-globalpartner.org/unser-profil/was-wir-tun/ (Zugriff am 15.06.2013))

3.2.3 Cause-Related Marketing

Eine weitere Möglichkeit für ein Unternehmen, sich neben Spende und Sponsoring im Rahmen seiner CSR zu engagieren, ist das Cause-Related Marketing. Beim **Cause-Related Marketing** verknüpft ein Unternehmen sein (kommerzielles) Marketing mit einem gemeinnützigen Anliegen (Cause). Das Unternehmen verpflichtet sich gegenüber den Käufern seines Produktes oder seiner Dienstleistung, einer gemeinnützigen Organisation für jede verkaufte Einheit einen vorab festgelegten Geldbetrag bzw. prozentualen Anteil am Kaufpreis zugunsten von deren gemeinnütziger Arbeit zur Verfügung zu stellen. Für den Käufer des Produktes oder der Dienstleistung kann dadurch ein Zusatznutzen angeboten werden: Ohne mehr für das Produkt oder die Dienstleistung bezahlen zu müssen, tut er mit jedem Kauf automatisch auch Gutes. Sein „Engagement" kostet den Spender demnach nichts, weshalb Cause-Related Marketing aus Käufersicht auch als eine Form des **Painless Giving** angesehen wird. Das Unternehmen muss die im Zusammenhang mit dem Cause-Related Marketing zu leistenden Zahlungen an die Organisation freilich als werblichen Aufwand buchen, erhofft sich davon jedoch eine Absatzsteigerung.

Da das Unternehmen eine Gegenleistung für seine Zuwendung an die Organisation erhält – nämlich das Recht, sich werblich in Verbindung mit der Organisation und ihrem guten Image bringen zu dürfen – stellt der anschließend zur Verfügung gestellte Geldbetrag keine Spende dar, auch wenn das in der Marketing-Kommunikation des Unternehmens manchmal irrtümlich so dargestellt wird. Im Sinne des Sponsoring-Erlasses (siehe Abschn. 3.2.2) liegt keine Spende (Fall 1) sondern ein Sponsoring mit Duldungsregelung (Fall 2) vor. Die Organisation erbringt zwar keine aktive Gegenleistung. Die duldet aber (passiv), dass das Unternehmen mit ihrem Namen wirbt.

Beispiel (Produkt)
Die Brauerei *Krombacher* verpflichtet sich in den Jahren 2002 bis 2008, für jeden verkauften Kasten Bier der Umweltorganisation *WWF Deutschland* einen Geldbetrag zukommen zu lassen, mit dem $1\,m^2$ Regenwald in der Zentralafrikanischen Republik geschützt werden kann. In die 2003 dafür gegründete *Regenwald Stiftung* sind nach eigenen Angaben bis 2013 knapp 4 Mio. € geflossen, mit denen knapp 10.000 ha (100 Mio. m^2) Regenwald geschützt werden können. *Krombacher* konnte seinen Bierabsatz signifikant steigern.

Beispiel (Dienstleistung)
Der Mobilfunkanbieter *goood mobile Deutschland* bietet seinen Kunden den Zusatznutzen, dass er monatlich 10 % des Paketpreises an ein Projekt „spendet", das sich der Kunde selber aussuchen kann.

Neben Herstellern (von Produkten und Dienstleistungen) können auch Händler Cause-Related Marketing betreiben. Besonders im Online-Handel bzw. E-Commerce wird davon in Form des **Charity-Shopping** rege Gebrauch gemacht, das den Einkauf (engl.: Shopping) im Internet mit der Unterstützung einer gemeinnützigen Organisation (engl.: Charity) kombiniert. Beim Charity-Shopping kauft ein Online-Käufer nicht direkt in einem Online-Shop, sondern indirekt über eine zwischengeschaltete Charity-Shopping-Plattform. Die Charity-Shopping-Plattform erhält für ihre Vermittlung des Online-Käufers vom Online-Händler eine Provision im Rahmen des Affiliate-Marketing. Die Provision teilt die Charity-Shopping-Plattform mit einer gemeinnützigen Organisation, die sich der Online-Käufer i. d. R. aussuchen kann. Ganz im Sinne des Cause-Related Marketing verpflichtet sich die Charity-Shopping-Plattform, einen prozentualen Anteil ihrer Provision, und damit vom Umsatz eines Online-Käufers, an eine gemeinnützige Organisation zu bezahlen. Der Online-Käufer kauft (wenn auch auf dem „Umweg" über die zwischengeschaltete Charity-Shopping-Plattform) letztlich beim Online-Händler seiner Wahl zum regulären Preis. Durch seinen Online-Kauf tut er Gutes ohne mehr bezahlen zu müssen (Painless Giving).

Beispiele
In den letzten Jahren wurde eine Vielzahl von Charity-Shopping-Plattformen entwickelt. Hier eine Auswahl (Stand 2018), die keinen Anspruch auf Vollständigkeit erheben kann:

- Bildungsspender.de: Ein Online-Käufer kann aus 1773 Online-Shops und Dienstleistern zugunsten einer von 10.620 Organisationen auswählen. Bislang wurden über 6,69 Mio. € gesammelt.[12]

---

[12] Siehe: bildungsspender.de (Zugriff am 26.01.2018).

- Schulengel.de: Ein Online-Käufer kann aus 1806 Online-Shops und Dienstleistern zugunsten einer von 10.541 Organisationen auswählen. Bislang sammelten 122.190 Mitglieder 3.546.716 €.[13]
- Gooding.de: Ein Online-Käufer kann aus 1655 Online-Shops und Dienstleistern zugunsten einer von 10.732 Organisationen und Projekten auswählen. Bislang wurden 1.861.753 € gesammelt.[14]
- boost-project.com: Ein Online-Käufer kann aus über 500 Online-Shops und Dienstleistern zugunsten einer von über 1000 Organisationen auswählen. Bislang wurden 1.668.749,53 € gesammelt.[15]
- HelpShops.org: Ein Online-Käufer kann aus über 1500 Online-Shops und Dienstleistern zugunsten einer von über 1400 Organisationen auswählen. Auf Wunsch wird dem Online-Käufer eine Zuwendungsbestätigung ausgestellt.
- clicks4charity.net: Ein Online-Käufer kann aus 115 Online-Shops und Dienstleistern zugunsten einer von 380 Organisationen auswählen. Bislang wurden 100.596,54 € gesammelt.[16]
- helfen-kostet-nix.de: Bislang wurden 48.500,20 € gesammelt.[17]
- Social-Deal.de: Bislang wurden 14.961,29 € gesammelt.[18]
- kauf-ein-zeig-herz.de: Wird nach eigenen Angaben ehrenamtlich betrieben. Deshalb gehen 100 % der Provision an eine gemeinnützige Organisation.
- Gladizon.com.

Dadurch dass gemeinnützige Organisationen vom Charity-Shopping profitieren, sind sie auch bereit, ihre Stakeholder über ihre Kommunikationskanäle auf diese Möglichkeit des Painless-Giving hinzuweisen.

Beispiel

Die *DKMS* (ehemals *Deutsche Knochenmarkspenderdatei*) bewirbt über ihre Website (siehe Abb. 3.8) und über ihre Social Media Site wie z. B. *Twitter* (siehe Abb. 3.9) das Charity-Shopping über die Charity-Shopping-Plattform boost-project.com zugunsten ihrer Projekte.

Die Erfolge der Charity-Shopping-Plattformen inspirierten den Online-Händler *Amazon* zu einer eigenen Variante des Charity-Shopping, die jedoch ohne eine entsprechende Plattform auskommt. Unter der Bezeichnung AmazonSmile können Online-Käufer seit 2016 auch in Deutschland und Österreich direkt auf der Website von Amazon Charity-Shopping zugunsten einer registrierten, gemeinnützigen Organisation ihrer Wahl betreiben. In den USA hatte Amazon bis 2016 nach eigenen Angaben mehr als 37 Mio. $ an

---
[13] Siehe: schulengel.de (Zugriff am 26.01.2018).
[14] Siehe: gooding.de (Zugriff am 26.01.2018).
[15] Siehe: boost-project.com (Zugriff am 26.01.2018).
[16] Siehe: clicks4charity.net (Zugriff am 26.01.2018).
[17] Siehe: helfen-kostet-nix.de (Zugriff am 26.01.2018).
[18] Siehe: social-deal.de (Zugriff am 26.01.2018).

Abb. 3.8 Werbung für Charity-Shopping-Plattformen auf Website der DKMS. (Quelle: dkms.de/de/boost (Zugriff am 26.01.2018))

rund 170.000 soziale Organisationen ausgeschüttet.[19] In die Kritik geraten ist der Branchenprimus, weil über AmazonSmile gerade einmal 0,5 % des Umsatzes eines Online-Käufers an die Organisation seiner Wahl geht. Bei Online-Shopping-Plattformen liegt dieser Prozentsatz bei durchschnittlich 5 % oder sogar noch höher.

---

[19] Vgl. Kwasniewski, Nicolai: Amazon steigt ins Spenden-Business ein, Spiegel Online, 11.11.2016, spiegel.de/wirtschaft/unternehmen/amazon-steigt-ins-spenden-business-ein-a-1120772.html (Zugriff am 26.01.2018).

3.2 Formen der Unterstützung durch Unternehmen

Abb. 3.9 Werbung auf Twitter für Charity-Shopping-Plattform. (Quelle: twitter.com/DKMS_de (Zugriff am 05.01.2018))

> **Beispiel**
>
> Die Stiftung *Deutsche Leukämie- und Lymphom-Hilfe* bewirbt über ihre Website (siehe Abb. 3.10) sowohl das Charity-Shopping über *AmazonSmile* als auch über die Charity-Shopping-Plattform *Gooding* zugunsten ihrer Projekte.

Laut der Studie *Sponsoring Trends 2010* engagierten sich bereits 2010 immerhin 24,3 % der Unternehmen in Form von Cause-Related Marketing.[20]

▶ **Tipp (auch für kleine Organisationen)** Registrieren Sie Ihre Organisation bei einer der Charity-Shopping-Plattformen und informieren Sie die Stakeholder Ihrer Organisation über alle zur Verfügung stehenden Kommunikationskanäle über diese Form des Painless Giving.

---

[20] Vgl. Hermanns, Arnold: Sponsoring Trends 2010 – Corporate Social Responsibility und Sponsoring im Fokus, Studie im Auftrag von BBDO Live, Bonn 2010 (Studie steht auf bbdo-live.com zum kostenlosen Download bereit).

Abb. 3.10 Werbung für AmazonSmile und Gooding auf Website. (Quelle: dlh-stiftung.de/unterstuetzen/anders-helfen/shopping (Zugriff am 26.01.2018))

3.2.4 Bereitstellung von Infrastruktur

Ein Unternehmen kann eine gemeinwohlorientierte Organisation auch dadurch unterstützen, dass es ihr seine **Infrastruktur** inklusive Vertriebs- und Kommunikationskanäle im Sinne des Affiliate-Marketing (siehe Abschn. 2.7.2.3) zur Verfügung stellt. Dadurch werden nicht nur die CSR-Verantwortlichen des Unternehmens auf die Organisation und ihren Ressourcenbedarf aufmerksam, sondern alle Stakeholder (insbesondere Lieferanten, Mitarbeiter und Kunden) des Unternehmens. So ermöglicht das Unternehmen der Orga-

3.2 Formen der Unterstützung durch Unternehmen 411

Tab. 3.1 Einsatzfelder für die Bereitstellung von Infrastruktur

Infrastruktur zur Verfügung gestellt durch:	Online	Offline
Unternehmen	Einsatzfeld 1	Einsatzfeld 3
Organisation	Einsatzfeld 2	Einsatzfeld 4

nisation einen viralen Effekt im Sinne des Viral-Marketing bzw. Viral-Fundraising (siehe Abschn. 2.3.3). Wie immer, muss ein Fundraiser bestrebt sein, die dafür im Affiliate-Marketing normalerweise üblichen Provisionen im Interesse des Gemeinwohlanliegens zumindest zu reduzieren bzw. nach Möglichkeit ganz zu vermeiden.

Umgekehrt kann auch eine gemeinwohlorientierte Organisation dadurch Mittel einwerben, dass sie ihre Infrastruktur inklusive Vertriebs- und Kommunikationskanäle einem Unternehmen (gegen Bezahlung einer Provision) zur Verfügung stellt, wodurch sie jedoch einen steuerpflichtigen wirtschaftlichen Geschäftsbetrieb begründen kann (siehe Abschn. 3.2.2).

Differenziert man in beiden Fällen jeweils noch nach Online- und Offline-Infrastruktur inklusive Vertriebs- und Kommunikationskanälen, so ergeben sich vier Einsatzfelder für die gegenseitige Bereitstellung von Infrastruktur zwischen Unternehmen und gemeinwohlorientierten Organisationen (siehe Tab. 3.1).

Einsatzfeld 1 Ein **Unternehmen** stellt einer gemeinwohlorientierten Organisation seine **Online**-Infrastruktur inklusive Vertriebs- und Kommunikationskanäle für ihr Fundraising zur Verfügung.

Die Möglichkeiten im Rahmen des Einsatzfeldes 1 haben sich in den letzten Jahren sehr dynamisch entwickelt. Zur Auswahl steht eine Vielzahl von Alternativen. Möchte ein Unternehmen ein konkretes Projekt einer konkreten Organisation fördern, so besteht eine erste Möglichkeit darin, seine Stakeholder auf seiner Website und/oder seinen Social Media Sites und/oder seinem Intranet auf eine **Spendenaktion** (siehe Abschn. 2.3.3.4) des Unternehmens zugunsten dieses Projektes hinzuweisen. In diesem Fall ist das Unternehmen nicht selber Spender (wie bei der Unternehmensspende, siehe Abschn. 3.2.1) sondern nur Multiplikator eines Spendenaufrufes gegenüber seinen Stakeholder.

> **Beispiel**
>
> Das Unternehmen *DocuWare* startet 2011 auf seiner **Website** eine **Spendenaktion**. Mit Hilfe eines integrierten Online-Spendenformulars für Spendenaktionen können Mitarbeiter, Partner und Kunden zugunsten von Hilfsprojekten der *Aktion Deutschland Hilft* anlässlich des Erdbebens und Tsunamis in Japan spenden (siehe Abb. 3.11).

> **Beispiel**
>
> Der Software-Hersteller *SAP* startet 2015 in seinem **Intranet** eine **Spendenaktion** zugunsten der Opfer des Erdbebens in Nepal. Durch Verlinkung auf ein Online-Spendenformular für Spendenaktionen bei betterplace.org können Mitarbeiter spenden (siehe Abb. 3.12).

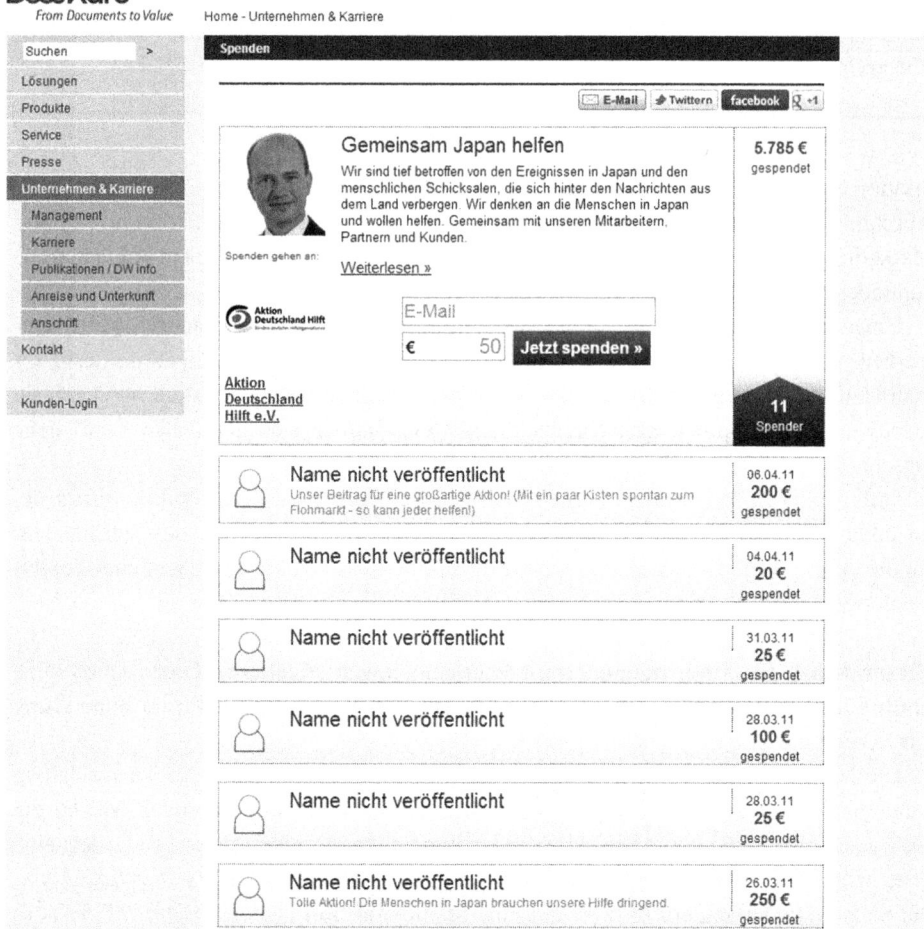

Abb. 3.11 Spendenaktion für Japan auf der Website von DocuWare. (Quelle: docuware.com/de/ (Zugriff am 10.04.2011))

Beispiel

Das Unternehmen *United Internet* kann dem Kinderhilfswerk *UNICEF* im Katastrophenfall den Versand von **E-Mails** an die 42 Mio. in Deutschland registrierten Kunden der Marken *web.de*, *GMX* und *1&1* zur Akquisition von Spenden ermöglichen. Ein Hyperlink in der E-Mail verlinkt auf eine Landing-Page mit Online-Spendenformular auf der Website von *UNICEF*.

Möchte ein Unternehmen dagegen nicht nur *ein* konkretes Projekt nur einer konkreten Organisation fördern, sondern *mehrere* von unterschiedlichen Organisationen, so besteht

3.2 Formen der Unterstützung durch Unternehmen 413

Abb. 3.12 Spendenaktion für Nepal über das Intranet von SAP und Betterplace. (Quelle: betterplace.org/de/fundraising-events/22394-wir-helfen-nepal (Zugriff am 26.01.2018))

eine weitere Möglichkeit darin, seine Stakeholder auf seiner Website und/oder seinen Social Media Sites und/oder seinem Intranet um Spenden zugunsten verschiedener Projekte über eine **Spendenplattform** (siehe Abschn. 2.7.1.5) zu bitten. Dabei kann eine Spendenplattform sogar in die Website des Unternehmens integriert werden. Auch in diesem Fall ist nicht das Unternehmen selber Spender (wie bei der Unternehmensspende, siehe Abschn. 3.2.1) sondern nur Multiplikator eines Spendenaufrufes gegenüber seinen Stakeholder.

> Beispiel
> Die Fachhandelskette für Tiernahrung und -zubehör *Fressnapf* hat eine **Spendenplattform** in ihre **Website** integriert, über die alle Stakeholder zugunsten eines Projektes ihrer Wahl spenden können (siehe Abb. 3.13). Auf die Plattform aufgenommen werden nur Projekte gemeinnütziger Organisationen, die dem Schutz von oder der Nothilfe für Haustiere oder der Verbesserung der Mensch-Tier-Beziehung dienen.

> Beispiel
> Das Bonusprogramm *Payback* hat eine **Spendenplattform** in seine **Website** integriert, über die alle Stakeholder zugunsten eines Projektes ihrer Wahl spenden können – jedoch kein Geld, sondern ausschließlich Payback-Punkte (siehe Abb. 3.14).

Abb. 3.13 Spendenplattform auf Website des Unternehmens Fressnapf. (Quelle: fressnapf.de/tierischengagiert (Zugriff am 27.01.2018))

Manche Unternehmen schaffen durch eine Spenden-Verdoppelungsaktion (engl.: **Corporate Matching Gift**) einen zusätzlichen Anreiz für ihre Stakeholder, in dem sie sich vorab verpflichten, deren Spenden (i. d. R. bis zu einem bestimmten Höchstbetrag) aus eigenen Unternehmensmitteln zu verdoppeln. Auf diese Weise spenden nicht nur die Stakeholder, sondern auch das Unternehmen selbst. Manchen Unternehmen ist es so wichtig, dass auch ihre Mitarbeiter hinter einem bestimmten Spendenprojekt stehen können (und nicht nur die Unternehmensleitung oder die zuständige CSR-Abteilung), dass sie ihre Unternehmensspenden grundsätzlich nur in Form von Spenden-Verdoppelungsaktionen abwickeln. Diese Form der Unternehmensspende ist in den USA weit verbreitet, fasst aber auch in Deutschland immer mehr Fuß.

3.2 Formen der Unterstützung durch Unternehmen

Abb. 3.14 Spendenplattform auf Website des Unternehmens Payback. (Quelle: payback.de/pb/bpc/search (Zugriff am 26.01.2018))

> **Beispiele**
> - *Apple* führt 2011 ein *Matching Gift Program* ein, bei dem der Konzern jede Spende eines Vollzeitmitarbeiters an eine gemeinnützige Organisation bis zu einem Wert von 10.000 Dollar pro Jahr und Person verdoppelt.
> - *Facebook* verdoppelt 2015 alle Spenden von Facebook-Nutzern zugunsten der Katastrophenhilfe für Überlebende des Erdbebens in Nepal bis zu einem Wert von 2 Mio. $ (siehe Abb. 3.15).[21]
> - Die *Bank für Sozialwirtschaft* legt 2013 anlässlich ihres 90-jährigen Firmenjubiläums für jede Spende ab 30 €, die über das *BFS-Net.Tool* zugunsten eines ihrer (gemeinnützigen) Kunden über das Internet abgewickelt wird, einen Jubiläumsbonus in Höhe von einem Euro drauf. Die Ausschüttung ist auf 500.000 € begrenzt.

Abb. 3.15 Matching Gift von Facebook zugunsten der Erdbebenopfer in Nepal. (Quelle: facebook.com (Zugriff im April 2015))

---

[21] Quelle: facebook.com (Zugriff am 04.05.2015).

Eine weitere Möglichkeit für ein Unternehmen, einer gemeinwohlorientierten Organisation seine Online-Infrastruktur inklusive Vertriebs- und Kommunikationskanäle für ihr Fundraising zur Verfügung zu stellen, besteht im **Aufrunden von Rechnungsbeträgen**. Unternehmen im E-Commerce bitten dabei ihre Kunden, bei einem Online-Kauf den Rechnungsbetrag auf einen nächst höheren geraden Betrag aufzurunden. Die Mikrospende Vieler kann in Summe einen hohen Betrag zugunsten einer gemeinwohlorientierten Organisation bedeuten. Auch in diesem Fall erfolgen die Spenden nicht durch das Unternehmen selbst, sondern durch seine Kunden. Trotzdem sind diese Spenden nur dadurch möglich, dass das Unternehmen seinen Vertriebskanal für das Fundraising zur Verfügung stellt.

> **Beispiele**
>
> Der Versandhändler *Lier Lagertechnik* ist bereit, Kunden auf seiner **Website** am Ende des Bezahlvorgangs auf die Möglichkeit des **Aufrundens** ihres Rechnungsbetrages zugunsten einer gemeinnützigen Organisation ihrer Wahl mit Hilfe eines Tools von *elefunds* anzusprechen (siehe Abb. 3.16).
>
> Ein Unternehmen kann einer gemeinwohlorientierten Organisation seinen Vertriebskanal im Internet natürlich auch komplett für ihr Fundraising zur Verfügung stellen, und auf die normalerweise üblichen Provisionen ganz oder teilweise verzichten.

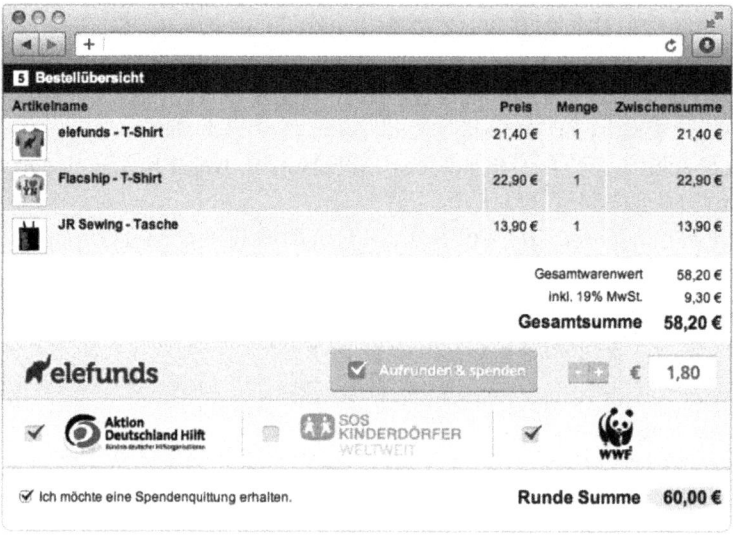

Abb. 3.16 Aufrunden des Rechnungsbetrages auf der Website eines Online-Händlers. (Quelle: lier24.com/de/spenden-elefunds (Zugriff am 28.01.2018))

3.2 Formen der Unterstützung durch Unternehmen

Beispiele
Der Online-Versteigerer *ebay* ermöglicht kostenlose Online-Auktionen von Gegenständen aus dem Besitz von Prominenten und unvergesslichen Begegnungen mit Prominenten (Meet and Greet) zugunsten gemeinnütziger Organisationen im Rahmen seiner Initiative *eBay für Charity* (siehe Abb. 3.17).

Einsatzfeld 2 Eine **gemeinwohlorientierte Organisation** stellt einem Unternehmen seine **Online**-Infrastruktur inklusive Vertriebs- und Kommunikationskanäle gegen Bezahlung einer Provision zur Verfügung. Dadurch erhält sie benötigte Ressourcen, begründet aber auch einen steuerpflichtigen wirtschaftlichen Geschäftsbetrieb.

Ein verbreitetes Anwendungsbeispiel für das Einsatzfeld 2 ist der (Online-)Vertrieb einer **Affinity Credit Card** durch eine gemeinwohlorientierte Organisation. Bei der Affinity Credit Card handelt es sich um eine reguläre Kreditkarte mit ganz normaler Zahlungs-

Abb. 3.17 eBay für Charity. (Quelle: pages.ebay.de/ebayfuercharity (Zugriff am 28.01.2018))

funktion. An ihrer Verbreitung hat jedoch nicht nur das Kreditkartenunternehmen bzw. die ausgebende Bank ein Interesse, sondern auch die jeweilige Organisation. Sie tritt als Co-Branding-Partner der Bank auf, da zusätzlich zur Marke (engl.: Brand) der Bank oder des Kreditkartenunternehmens auch die der Organisation auf der Karte abgebildet wird. Die Organisation empfiehlt die Karte ihren Förderern und leistet dadurch Vertriebsunterstützung online (aber auch offline) für das Kreditkartenunternehmen. Für jeden, durch die Organisation geworbenen, neuen Kreditkartennutzer erhält die Organisation vom Kreditkartenunternehmen zunächst eine Prämie. Und darüber hinaus eine prozentuale Beteiligung an den, von den Förderern getätigten Kreditkartenumsätzen. Auch die Förderer haben ein Interesse an der Affinity Credit Card. Sie erhalten sie nämlich zu einer geringen Jahresgebühr oder gar kostenlos. Zudem wissen sie, dass sie mit jeder Nutzung ihrer Kreditkarte auch ihre Organisation unterstützen, ohne dass ihnen dadurch zusätzliche Kosten entstehen würden. Die Nutzung einer Affinity Credit Card stellt demnach aus Sicht des Spenders (bzw. Kreditkartennutzers) eine Form des Painless-Giving dar.

> **Beispiel**
>
> Durch Erwerb und Nutzung der *Cornèrcard WWF Kreditkarte* können Förderer die Umweltorganisation WWF Schweiz zusätzlich unterstützen (siehe Abb. 3.18):
>
> - Von jedem Karteneinsatz überweist *Cornèrcard* 0,25 % an den *WWF*.
> - Der Jahresbeitrag für den Kreditkartenbesitzer beträgt nur 85 CHF statt der üblichen 100 CHF.
> - Im ersten Jahr überweist Cornèrcard 50 CHF des Jahresbeitrags an den WWF, danach bei jährlicher Erneuerung der Karte 25 CHF.

Abb. 3.18 Die Affinity Credit Card des WWF Schweiz. (Quelle: support.wwf.ch/de/wwf-kreditkarte (Zugriff am 28.01.2018))

- Zusätzlich haben die Kreditkartenbesitzer die Möglichkeit, eine freiwillige Jahresspende dem WWF über die Kreditkarte zukommen zu lassen. Zur Auswahl stehen drei verschiedene Beträge (60 CHF/90 CHF/150 CHF).

Eine Variante der Affinity Credit Card ist die **Charity Charge Credit Card** (charitycharge.com). Bei der (derzeit nur in den USA verfügbaren) Charity Charge Credit Card kann sich der Karteninhaber aussuchen, welcher gemeinnützigen Organisation er 1 % seines Kreditkartenumsatzes zukommen lassen möchte. Für diesen Betrag erhält er sogar eine Zuwendungsbestätigung.

Einsatzfeld 3 Ein **Unternehmen** stellt einer gemeinnützigen Organisation seine **Offline**-Infrastruktur inklusive Vertriebs- und Kommunikationskanäle für ihr Fundraising zur Verfügung.

Für (Handels-)Unternehmen gibt es verschiedene Möglichkeiten, in ihren Geschäften und Filialen bei ihrer Stakeholder-Gruppe *Kunden* Restgeldspenden (siehe Abschn. 2.3.3.2) zugunsten einer gemeinnützigen Organisation einzusammeln.

Beispiele
- Das Handelsunternehmen *Lidl* stellt dem *Bundesverband Deutsche Tafeln e. V.* seine Infrastruktur zur Verfügung, in dem es Kunden in seinen Filialen ermöglicht, das Pfand auf zurückgegebene Flaschen über einen Spenden-Knopf auf dem Pfandautomaten (siehe Abb. 3.19) zu spenden statt es sich auszahlen zu lassen. Seit 2008 wurden an über 6000 Pfandrückgabeautomaten in rund 3200 Lidl-Filialen insgesamt 13 Mio. € Pfandspenden gesammelt.
- Die Franchise-Nehmer des Unternehmens *McDonald's* stellen der *McDonald's Kinderhilfe Stiftung* ihre Infrastruktur zur Verfügung, in dem sie das Aufstellen von Spendenhäuschen für Restgeldspenden im Kassenbereich ihrer Vertriebsstandorte ermöglichen.
- 17 Handelsunternehmen (darunter *Netto*, *Penny* und *Douglas*) stellen der Stiftung *Deutschland rundet auf* ihre Infrastruktur in Form der Kassensysteme in ihren Filialen zur Verfügung, damit Kunden ihren Rechnungsbetrag bequem zugunsten der Stiftung aufrunden können.
- Das Unternehmen *Lufthansa* stellt der Organisation *HelpAlliance* seine Infrastruktur zur Verfügung, in dem es Kunden im Rahmen seines Vielfliegerprogramms „Miles & More" ermöglicht, gesammelte Punkte zugunsten der Organisationen zu spenden.
- Die *Starwood Hotels* (zunächst noch unter dem Namen *ITT Sheraton Hotels*) stellen dem Kinderhilfswerk *UNICEF* seit 1995 im Rahmen der Aktion *Check Out for Children* ihre Infrastruktur in Form der Kassensysteme in ihren Hotels zur Verfügung, damit Hotelgäste ihren Rechnungsbetrag um eine Mikrospende in Höhe von einem Dollar erhöhen können.

Abb. 3.19 Pfandspenden zugunsten der Tafeln in Lidl-Filialen. (Quelle: lidl.de/de/unterstuetzung-der-tafeln (Zugriff am 28.01.2018))

Neben der Stakeholder-Gruppe der Kunden, können Unternehmen aber auch ihre **Mitarbeiter** ansprechen, um **offline** Geld- und Zeitspenden zugunsten einer gemeinnützigen Organisation einzusammeln. In diesen Bereich fallen Gehaltsspenden von Mitarbeitern bzw. Payroll Giving (siehe Abschn. 2.3.3.2) und Zeitspenden im Sinne des Corporate Volunteering (siehe Abschn. 3.2.1).

> **Beispiele**
> - Die Mitarbeiter des Flugzeugbauers *Airbus* spenden im Rahmen ihrer Aktion *Glückspfennig* seit dem Jahr 2000 die Cent-Beträge ihrer monatlichen Nettobezüge. Das Unternehmen verdoppelt die Summe. Ein Komitee aus Mitarbeitenden aller Standorte, Betriebsrat und Geschäftsführung entscheidet, welche Projekte Dritter gefördert werden. Die Ausschüttung beträgt ca. 20.000 € pro Jahr.
> - Die 70.000 Mitarbeiter des Luftfahrtkonzerns *Lufthansa* können sich monatlich automatisch einen Betrag von ihrem Nettogehalt zugunsten der Organisation *HelpAlliance* abziehen lassen. Angeboten werden fünf Varianten, von der Restcent-Spende bis zum Maximalbetrag von 15 €.

▶ **Tipp (auch für kleine Organisationen)** Über die Plattform die-gehaltsspende.de werden Unternehmen bei der Implementierung von Gehaltsspenden in die Lohnbuchhaltung unterstützt. So fällt es (auch kleinen) Unternehmen leichter, ihre Mitarbeitenden um eine Gehaltsspende zugunsten einer gemeinwohlorientierten Organisation zu bitten.

Einsatzfeld 4 Eine **gemeinwohlorientierte Organisation** stellt einem Unternehmen seine **Offline**-Infrastruktur inklusive Vertriebs- und Kommunikationskanäle gegen Bezahlung einer Provision zur Verfügung. Dadurch erhält sie benötigte Ressourcen, begründet aber auch einen steuerpflichtigen wirtschaftlichen Geschäftsbetrieb.

3.2 Formen der Unterstützung durch Unternehmen

> **Beispiel**
> Ehrenamtliche der AIDS-Hilfe verteilen kostenlose Präservative an die Besucher eines Rockkonzertes. Dadurch verbinden sie ihre eigene Zielsetzung der AIDS-Prävention mit einer Werbeaktion für den Kondomhersteller.

Abschn. 3.2 zeigt, dass es für Unternehmen eine unübersichtliche Vielzahl von Möglichkeiten gibt, im Rahmen ihrer CSR-Aktivitäten gemeinwohlorientierte Organisationen zu unterstützen. Und ständig kommen innovative Ideen dazu – insbesondere durch neue technische Möglichkeiten im Internet. Damit gerade auch kleine und mittlere Unternehmen ohne geschulte CSR-Verantwortliche dieses Potenzial für ihr Unternehmen erschließen zu können, sollten gemeinwohlorientierte Organisationen den Unternehmen Hilfestellung in Form von Beratung anbieten.

> **Beispiel**
> Die Hilfsorganisation *Ärzte ohne Grenzen* bietet Unternehmen über die Kommunikationskanäle *Facebook* und *YouTube* Beratung an, wie sie als Unternehmen die Organisation unterstützen können (siehe Abb. 3.20).

▶ **Tipp (auch für kleine Organisationen)** In 12 Großstädten Deutschlands (Berlin, Bonn, Bremen, Düsseldorf, Frankfurt, Hamburg, Köln, Leipzig, München, Nürnberg, Ulm und Wiesbaden) bietet betterplace.org seit 2016 lokalen Organisationen kostenlose Unterstützung an (betterplace.org/c/botschafter). Ehrenamtliche Botschafter leisten Beratung und Unterstützung rund um das Thema Online-Fundraising (z. T. in Kooperation mit Unternehmen).

3.2.5 Unternehmensstiftung (Corporate Foundation)

Eine weitere Möglichkeit für ein Unternehmen, sich im Rahmen seiner CSR zu engagieren, ist die Errichtung einer gemeinnützigen **Unternehmensstiftung** (engl.: Corporate Foundation), auch CSR-Stiftung genannt. Eine Unternehmensstiftung ist eine Stiftung (siehe Abschn. 4.1), für die ein Unternehmen (*Stifterunternehmen* genannt) das Stiftungsvermögen und ggf. laufende Mittel bereitstellt. Dem *Bundesverband Deutscher Stiftungen* sind über 300 solcher Stiftungen bekannt.[22]

---

[22] Vgl. Arbeitskreis Unternehmensstiftungen des Bundesverbandes Deutscher Stiftungen: Zehn Empfehlungen für gemeinnützige Unternehmensstiftungen, Berlin 2010, stiftungen.org/unternehmensstiftungen (Zugriff am 13.12.2013).

Abb. 3.20 Beratungsangebot von Ärzte ohne Grenzen an Unternehmen. (Quelle: facebook.com (Zugriff am 26.11.2017))

> **Beispiele**

- Allianz Umweltstiftung,
- BMW Stiftung Herbert Quandt,
- Deutsche Bank Stiftung,
- Deutsche Telekom Stiftung,
- Siemens Stiftung.

3.2 Formen der Unterstützung durch Unternehmen

Manche Unternehmen übertragen ihre CSR-Aktivitäten ganz auf ihre gemeinnützige Unternehmensstiftung. Wendet sich eine Organisation mit Bitte um Bereitstellung von Geld-, Sach- oder Dienstleistungen an ein solches Unternehmen, so wird sie vom Unternehmen an seine Unternehmensstiftung verwiesen. Manche Unternehmen haben sogar mehrere Unternehmensstiftungen errichtet, die – klar abgegrenzt – unterschiedliche Satzungszwecke verfolgen.

> **Beispiel**
>
> Die *RheinEnergie Stiftungen* des regionalen Energieversorgungsunternehmens *RheinEnergie* in Köln umfassen mittlerweile eine *RheinEnergie Stiftung Kultur*, eine *RheinEnergie Stiftung Familie* und eine *RheinEnergie Stiftung Jugend/Beruf, Wissenschaft*.

Abzugrenzen sind Unternehmensstiftungen von unternehmensverbundenen Stiftungen (siehe Abb. 3.21), die sich wiederum in Unternehmensträger-Stiftungen und Unternehmensbeteiligungs-Stiftungen unterteilen lassen.

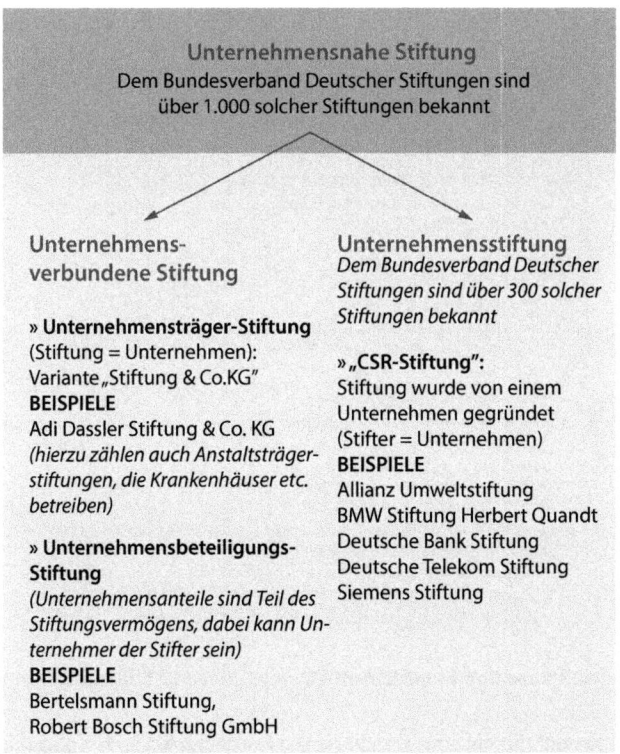

Abb. 3.21 Unternehmensnahe Stiftungen. (Quelle: Arbeitskreis Unternehmensstiftungen des Bundesverbandes Deutscher Stiftungen: Zehn Empfehlungen für gemeinnützige Unternehmensstiftungen, Berlin 2010, stiftungen.org/unternehmensstiftungen (Zugriff am 13.12.2013))

Laut der Studie *Sponsoring Trends 2010* engagierten sich bereits 2010 33,2 % der Unternehmen in Form einer (oder mehrerer) Unternehmensstiftung.[23]

3.3 Management des Fundraising bei Unternehmen

Die Akquisition von Geld-, Sach- und Dienstleistungen bei Unternehmen (Unternehmens-Fundraising) erfordert ein systematisches Management. Dieses spezielle Management unterscheidet sich zwar nicht grundsätzlich vom allgemeinen Fundraising-Management mit seinen Teilschritten Analyse, Planung, Durchführung und Kontrolle (siehe Kap. 6). Es sind jedoch einige Besonderheiten zu berücksichtigen, auf die im Folgenden überblicksartig am Beispiel des Sponsoring eingegangen werden soll.[24] Vorab gibt Abb. 3.22 einen Überblick.

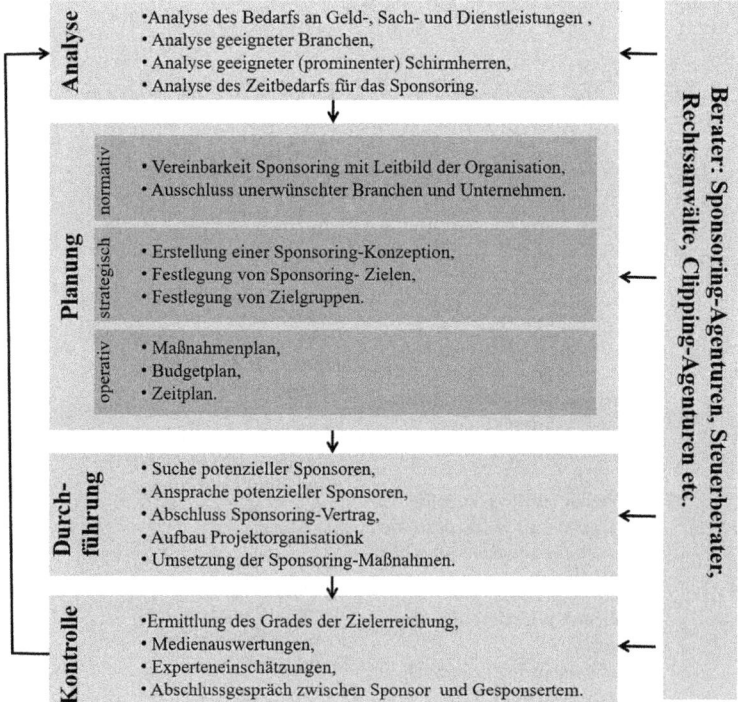

Abb. 3.22 Überblick Sponsoring-Management. (Quelle: Eigene Abbildung)

---

[23] Vgl. Hermanns, Arnold: Sponsoring Trends 2010 – Corporate Social Responsibility und Sponsoring im Fokus, Studie im Auftrag von BBDO Live, Bonn 2010 (Studie steht auf bbdo-live.com zum kostenlosen Download bereit).

[24] Eine ausführliche Darstellung findet sich beispielsweise bei: Bortoluzzi Dubach, Elisa; Frey, Hansrudolf: Sponsoring – Der Leitfaden für die Praxis, 5. Aufl., (Haupt) Bern/Stuttgart/Wien 2011.

3.3.1 Analyse

Erster Schritt im Management des Unternehmens-Fundraising muss eine ausführliche **Analyse der Ausgangssituation** sein. Vor einer Ansprache von Unternehmen als potenzielle Sponsoren sind folgende Fragen von der Organisation zu beantworten:

- Welches (innovative) Projekt der Organisation ist besonders gut für ein Sponsoring geeignet und lässt sich auch medienwirksam darstellen (Bedarfsanalyse)?
- Welche Geld-, Sach- und/oder Dienstleistungen benötigt die Organisation in welcher Höhe und Dauer für dieses Projekt (Bedarfsanalyse)?
- Ist das Projekt auf lokaler, regionaler, nationaler oder gar internationaler Ebene angesiedelt? Welche Unternehmenspartner „auf Augenhöhe" kommen als potenzielle Sponsoren infrage, die ebenfalls auf lokaler, regionaler, nationaler oder internationaler Ebene agieren?
- Welche Branchen und Unternehmen mit hoher Glaubwürdigkeit und ähnlicher Zielgruppe (siehe unten) wie die Organisation kommen als potenzielle Sponsoren infrage (siehe Tab. 3.2)?
- Welche, für einen Sponsor interessanten Gegenleistungen kann eine Organisation anbieten?
- Sollte die Organisation einen oder mehrere Sponsoren (Haupt- und Neben-Sponsoren) gewinnen?
- Mit welchem zeitlichen Vorlauf für die Akquisition von Sponsoren muss eine Organisation vor Beginn des Projektes rechnen (siehe Tab. 3.3)?
- Welche (haupt- bzw. ehrenamtlichen) Mitarbeiter innerhalb der Organisation oder bei einem externen Dienstleister sollen das Sponsoring-Management durchführen?
- Welchen prominenten Schirmherren (siehe Abschn. 2.6.12) kann eine Organisation für das Sponsoring gewinnen?

Tab. 3.2 Glaubwürdigkeit im Hinblick auf soziales Engagement. (Quelle: Europäische Sponsoring-Börse (1998, S. 97))

Unternehmen/Branche	Glaubwürdigkeit (in % der Befragten)
Bekleidungshäuser	43
Gas-, Wasser-, Elektrizitätswerke	47
Musikgeschäfte	48
Lebensmittelhändler/Supermärkte	49
Buchhandlungen	56
Sportgeschäfte	57
Regionale Mineralwassermarken	59
Banken/Sparkassen	66
Tageszeitungen	74
Regionale Radiosender	75

Tab. 3.3 Vorlaufzeiten im Sponsoring. (Quelle: Brockes (2002, S. 19))

Sponsoring-Summe (in Euro)	Vorlaufzeit (in Wochen)
Bis 2500	10
Bis 25.000	30
Ab 25.000	50

Tab. 3.4 Motive des sozialen Engagements der Unternehmer

Motiv	Halten für wichtig (in %)
Verbesserung des Ansehens des Unternehmens in der Öffentlichkeit	74
Persönliches Engagement für bestimmte öffentliche Aufgaben	73
Verbesserung der Kundenbeziehungen	72
Gesellschaftspolitische Verantwortung des Unternehmens	71
Förderung der Mitarbeitermotivation	65
Gewinnung von Kunden	64
Werbung für das Unternehmen	62
Absatzsteigerung	51
Ausgleich staatlicher Defizite bei Gemeinschaftsaufgaben	44
Einflussnahme auf Entscheidungen in bestimmten öffentlichen Bereichen	41

Was motiviert Unternehmen zu einem Sponsoring-Engagement? Wie auch bei der Ressourcenbereitstellung von Privatpersonen (siehe Abschn. 2.3.1), ist es von zentraler Bedeutung für das Fundraising, die Motivation der Unternehmen als Ressourcenbereitsteller zu erforschen und zu verstehen. Das Wissen um die Bedürfnisse von Unternehmen ist zentral, um optimal auf sie eingehen zu können. Einige allgemeine Beweggründe wurden bereits in Abschn. 1.4 angesprochen. Detailliertere Erkenntnisse über das CSR-Engagement einer wichtigen Teilgruppe der deutschen Unternehmen, nämlich von inhabergeführten Unternehmen mit einem Mindestumsatz von 100.000 €, liefert die Umfrage *Corporate Social Responsibility in Deutschland* des Meinungsforschungsinstituts *Forsa* im Auftrag der *Initiative Neue Soziale Marktwirtschaft (INSM)* aus dem Jahr 2005. Befragt nach den Motiven des Engagements wird eine Vermischung von ideellen Interessen (z. B. „Gesellschaftspolitische Verantwortung des Unternehmens") und ökonomischen Interessen (z. B. „Verbesserung der Kundenbeziehungen") deutlich (siehe Tab. 3.4).

3.3.2 Planung

Wie auch die Planung in allen anderen Bereichen, umfasst die Sponsoring-Planung eine normative (langfristige), strategische (mittelfristige) und operative (kurzfristige) Planungsebene.

3.3 Management des Fundraising bei Unternehmen

Im Rahmen der *normativen* Sponsoring-Planung sind von der Organisation als Gesponserter (manchmal auch Sponsoring-Nehmer genannt) folgende Fragen zu beantworten:

- Ist Sponsoring grundsätzlich mit dem Leitbild der Organisation (siehe Abschn. 6.2.4) vereinbar? Gegenbeispiel: Die Umweltorganisation *Greenpeace* verzichtet bewusst auf jegliche Unterstützung von Unternehmen, um ihre Unabhängigkeit von Unternehmen zu waren.
- Akzeptieren die wichtigsten Stakeholder der Organisation (z. B. Mitglieder, Mitarbeiter, Ehrenamtliche) das Sponsoring?
- Mit welchen Unternehmen bzw. Branchen sollte eine Organisation (nicht) kooperieren (siehe Abschn. 3.5)?

Ist ein Sponsoring grundsätzlich möglich, wird auf Basis der normativen Vorgaben und der Analyseergebnisse im Rahmen der *strategischen* Sponsoring-Planung von der Organisation eine Sponsoring-Konzeption entwickelt, die Antworten auf folgende Fragen gibt:

- Durch welche Maßnahmen ...
- ... von wem (Sponsor, Gesponserter, beide) ...
- ... wann ...
- ... in welchem Gebiet (lokal, regional, national, international) ...
- ... bezüglich welcher Zielgruppe(n) durchgeführt, ...
- ... können welche (operationalisierbaren) Ziele des Sponsors ...
- ... und im Gegenzug welche (operationalisierbaren) Ziele des Gesponserten ...
- ... im Rahmen des Sponsoring so erreicht werden, dass die Austauschbeziehung zu einer (möglichst langfristig) ausgeglichenen Win-win-Situation führt.

Da sowohl der Sponsor als auch der Gesponserte den Erfolg des Sponsoring nach Durchführung an der Erreichung seiner jeweiligen Ziele festmachen sollte, sind diese vorab möglichst klar zu benennen und zu operationalisieren. Ausgehend von den übergeordneten Zielen der Unternehmens- und Marketing-Kommunikation sowie der kommunikativen Positionierung des Unternehmens bzw. einzelner Marken nennt *Bruhn* auf Seiten des **Sponsors** folgende mögliche Sponsoring-Ziele entlang einer Erfolgskette (siehe Abb. 3.23):[25]

- Psychologische Ziele:
  - Kognitive Ziele: Markenbekanntheit, Markenerinnerung (Marken-Recall),
  - Affektive Ziele: Aufbau, Pflege und Modifikation des Images, Generierung von Goodwill, Vertrauen und Akzeptanz bei den Zielgruppen sowie Dokumentation gesellschaftlicher Verantwortung (CSR).

---

[25] Bruhn, Manfred: Sponsoring – Systematische Planung und integrativer Einsatz, 5. Aufl., (Gabler) Wiesbaden 2010, S. 48–52.

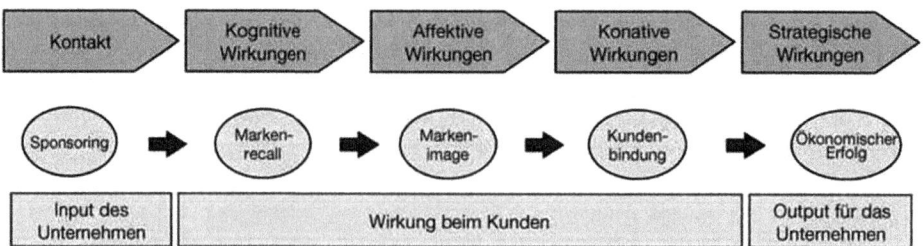

Abb. 3.23 Erfolgskette aus Sicht des Sponsors. (Quelle: Bruhn, Manfred: Sponsoring – Systematische Planung und integrativer Einsatz, 5. Aufl., (Gabler) Wiesbaden 2010, S. 48–52, S. 50)

- Konative Ziele: Bindung, Zufriedenheit, Kontaktpflege, Verbesserung der Beziehungsqualität und Vertrauensaufbau bei Kunden und Mitarbeitern.
• Ökonomische Ziele:
  - Gewinn.
  - Umsatz.
  - Kosten.

In Analogie können auch die Ziele des **Gesponserten** entlang einer Erfolgskette betrachtet werden:

• Psychologische Ziele:
  - Kognitive Ziele: Markenbekanntheit, Markenerinnerung (Marken-Recall). Eine Partnerschaft mit einem bekannten und anerkannten Sponsor kann gerade für kleinere, noch unbekanntere gemeinwohlorientierte Organisationen positive Auswirkungen auf die Markenbekanntheit haben. Beispiel: In einer frühen Phase profitierten die noch relativ unbekannten *Tafeln* stärker von der Markenbekanntheit ihres Sponsors *Mercedes-Benz*, als umgekehrt.
  - Affektive Ziele: Aufbau, Pflege und Modifikation des Images, Generierung von Goodwill, Vertrauen und Akzeptanz einer Organisation bei allen Ressourcenbereitstellern (Sponsoren, Stiftungen und staatliche Institutionen, aber auch Privatpersonen) und anderen wichtigen Stakeholdern.
  - Konative Ziele: Bindung, Zufriedenheit, Kontaktpflege, Verbesserung der Beziehungsqualität und Vertrauensaufbau bei allen Ressourcenbereitstellern (Sponsoren, Stiftungen und staatliche Institutionen, aber auch Privatpersonen) und anderen wichtigen Stakeholdern.
• Ökonomische Ziele:
  - Akquisition von Geldleistungen in einer bestimmten Höhe.
  - Akquisition von Sachleistungen in einer bestimmten Höhe.
  - Akquisition von Dienstleistungen in einer bestimmten Höhe.
  - Nutzung aller geeigneten Vertriebskanäle des Sponsors.
  - Nutzung aller geeigneten Kommunikationskanäle des Sponsors.

- Nutzung der Infrastruktur des Sponsors.
- Kontakt zu den Stakeholder des Sponsors.

Zusätzlich zu den Zielen, sind im Rahmen der Sponsoring-Konzeption auch die Zielgruppen des Sponsoring zu definieren. Sowohl die Zielgruppen des Sponsors (z. B. Konsumenten, Handelspartner, Kapitalgeber, Lieferanten, Politiker, Verbandsvertreter, Verbraucherorganisationen, Mitarbeiter, Meinungsmultiplikatoren und Medienvertreter) als auch die Zielgruppen des Gesponserten (z. B. Spender, Sponsoren, Stiftungen, Mitarbeiter, Ehrenamtlich, Vorstand, Politiker, Kirchenvertreter, Meinungsmultiplikatoren und Medienvertreter) sind möglichst detailliert nach demografischen, soziografischen, psychografischen und verhaltensbezogenen Merkmalen zu beschreiben (siehe Abschn. 6.1.2). Je größer die Schnittmenge der Zielgruppe(n) des Sponsors mit der/denen des Gesponserten umso interessanter das Sponsorship für beide Seiten (siehe Abb. 3.24).[26]

Auf Basis des Sponsoring-Konzeptes werden im Rahmen der *operativen* Sponsoring-Planung folgende Pläne erstellt:

- Maßnahmenplan (Suche und Ansprache potenzieller Sponsoren, Entwurf und Abschluss eines Sponsoring-Vertrages),
- Budgetplan (geplante Einnahmen und Ausgaben),
- Zeitplan (Vorbereitung, Durchführung, Nachbereitung und – wenn möglich – dauerhafte Fortführung).

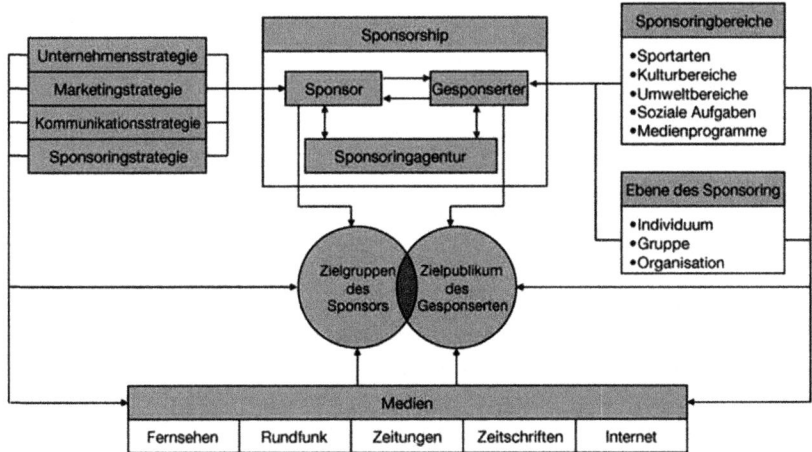

Abb. 3.24 Zielgruppenplanung im Sponsoring. (Quelle: Bruhn, Manfred: Sponsoring – Systematische Planung und integrativer Einsatz, 5. Aufl., (Gabler) Wiesbaden 2010, S. 54)

---

[26] Vgl. Bruhn, Manfred: Sponsoring – Systematische Planung und integrativer Einsatz, 5. Aufl., (Gabler) Wiesbaden 2010, S. 53–55.

3.3.3 Durchführung

Die wichtigsten Schritte bei der Durchführung eines Sponsoring-Projektes sind die Suche potenzieller Sponsoren, die Ansprache potenzieller Sponsoren, der Abschluss eines Sponsoring-Vertrages und die Umsetzung der Sponsoring-Maßnahmen.

Nachdem im Sponsoring-Konzept eine oder mehrere Branchen festgelegt wurden, gilt es, geeignete Unternehmen zu finden, die als (potenzielle) Sponsoren infrage kommen. Bei der **Suche** können (Branchen-)Verbände, Adress- und Branchenbücher, Industrie- und Handelskammern, Ständeorganisationen, Handwerkskammern und natürlich das Internet hilfreich sein. Ziel der Suche ist, einen Pool von 30–100 potenziellen Sponsoren zu ermitteln. Besonders interessant sind Unternehmen, die im Jahr des Sponsoring-Projektes ein (Firmen-)Jubiläum feiern können und im Idealfall sogar noch einen thematischen Bezug zum Projekt des Gesponserten (der sozialen Organisation) haben.

Die anschließende **Ansprache** der Unternehmen erfolgt in vier Schritten. In Schritt 1 wird telefonischer Kontakt mit dem Unternehmen aufgenommen. Ziel ist, den richtigen Ansprechpartner für Sponsoring im Unternehmen mit Namen und Funktion zu identifizieren, und ihm die Zusendung eines Sponsoring-Angebotes anzubieten. In Schritt 2 wird diesem Ansprechpartner ein schriftliches Sponsoring-Angebot zugeschickt mit der Ankündigung ihn dazu in den nächsten Tagen einmal anzurufen. Das Sponsoring-Angebot umfasst:

- ein kurzes Anschreiben (eine Seite) mit Bezug auf das Telefonat,
- eine kurze Darstellung der Projektidee (zwei Seiten), die die Attraktivität für den Sponsor herausstellt und Anknüpfungspunkte für dessen Marketing nennt,
- eine kurze Beschreibung der Zielgruppe(n) des Sponsors und des Gesponserten (siehe oben) und deren Überschneidung.
- Auflistung der vom Sponsor erwarteten Leistungen: Geld-, Sach- und Dienstleistungen sowie Zurverfügungstellung von Infrastruktur.
- Auflistung der Gegenleistungen für den Sponsor. Schätzung der Reichweite zu erwartender Medienberichterstattung (falls möglich).

Etwa ein bis zwei Wochen nach Zusendung des Sponsoring-Angebots erfolgt in Schritt 3 ein erneuter Anruf des Sponsoring-Verantwortlichen. Gefragt wird, ob das Sponsoring-Angebot angekommen ist, ob es dazu noch Fragen gibt und ob es im Rahmen eines Besuches (Schritt 4) persönlich erläutert werden kann. Sind die Hürden der ersten drei Schritte erfolgreich übersprungen und kommt es tatsächlich zu einem persönlichen Treffen, so kann von einem entsprechenden Interesse des Unternehmens ausgegangen werden. Die Chancen, dass das Sponsoring-Angebot so oder in einer abgewandelten, auf das Unternehmen besser zugeschnittenen Form angenommen wird, sind gut.[27]

---

[27] Vgl. Brockes, Hans-Willy: Sponsoren gewinnen leicht gemacht, 2. Aufl., Planegg 2009.

War die Ansprache erfolgreich, so sollte die künftige Zusammenarbeit in Form eines **Sponsoring-Vertrages** geregelt werden.[28] Um (spätere) Missverständnisse zwischen Sponsor und Gesponserten, und damit verbundene Enttäuschungen, zu vermeiden, sollten Absprachen zu folgenden Bereichen unbedingt schriftlich festgehalten werden:

- (Messbare) Ziele des Sponsoring,
- Leistungen des Sponsors,
- Gegenleistungen des Gesponserten,
- Zuständigkeiten bei der Durchführung,
- Laufzeit des Vertrages und Kündigung,
- Einbindung von Beratern und/oder Agenturen.

Zu Beginn der Durchführung eines Sponsoring-Projekts werden zunächst eine Aufbauorganisation und eine Ablauforganisation festgelegt (siehe Abschn. 6.5). Da Sponsoring-Engagements Projektcharakter haben (nach DIN 69901 ist ein Projekt ein Vorhaben, bei dem innerhalb einer definierten Zeitspanne ein definiertes Ziel erreicht werden soll, und das sich dadurch auszeichnet, dass es im Wesentlichen ein einmaliges Vorhaben ist) wird in aller Regel eine **Projektorganisation** gewählt. Auf beiden Seiten (Sponsor und Gesponserter) werden zunächst feste Ansprechpartner benannt, an die sich die jeweils andere Seite während des gesamten Projektes jederzeit wenden kann. Zwischen den beiden Ansprechpartnern sollte es einen regelmäßigen Austausch über den Fortschritt des Projekts und die (Nicht-)Erreichung von (Zwischen-)Zielen geben. Sämtliche Absprachen sollten protokolliert und allen anderen Beteiligten am Sponsoring-Projekt zeitnah zugänglich gemacht werden. Falls nötig, sind im laufenden Projekt Kurskorrekturen vorzunehmen. Ziel der Durchführung ist auch der Aufbau eines Vertrauensverhältnisses zwischen beiden Seiten. Im Idealfall entsteht eine vertrauensvolle und langfristige Beziehung (Relationship Fundraising). Es ist wesentlich effizienter mit wenigen Sponsoren eine langfristige Partnerschaft zu pflegen als ständig neue Sponsoren aufwendig gewinnen zu müssen. Die persönlichen Kontakte zu den Sponsoring-Verantwortlichen in einem Unternehmen sind deshalb genauso zu pflegen wie die zu Großspendern (siehe Abschn. 2.1.6.2).

3.3.4 Kontrolle

Für Sponsor und Gesponserten ist von zentraler Bedeutung, den Erfolg des gemeinsamen Engagements während und nach dem Sponsoring-Projekt kontrollieren zu können. Unter Sponsoring-Kontrolle wird die ständige, systematische Überprüfung und Beurteilung der Planung, Durchführung und Ergebnisse aller Sponsoring-Aktivitäten verstanden. Der Erfolg eines Sponsorship entscheidet über künftige Aktivitäten des Unternehmens im Sponsoring und ist daher auch für den Gesponserten von größtem Interesse. Nur wenn

---

[28] Siehe hierzu: Poser, Ulrich; Backers, Bettina: Sponsoringvertrag, 4. Aufl., (Beck) München 2010.

sich eine Sponsoring-Maßnahme im Wettbewerb mit anderen kommunikationspolitischen Maßnahmen bewährt, wird sie von einem Unternehmen auch fortgeführt. Der Erfolg eines Sponsorship macht sich am Grad der Erreichung der vorher geplanten Sponsoring-Ziele fest. Aus diesem Grund ist es wichtig, dass sich Sponsor und Gesponserter zu Beginn des Projektes im Rahmen der Sponsoring-Planung auf realistische und v. a. messbare Sponsoring-Ziele verständigen und diese auch schriftlich festhalten.

Dabei darf nicht unterschätzt werden, dass die Messung der Erreichung von Sponsoring-Zielen (wie beispielsweise „Verbesserung des Images") eine anspruchsvolle Herausforderung darstellt.[29] Ein methodisch einwandfreies Vorgehen würde Messungen entsprechend relevanter Image-Dimensionen vor und nach dem Sponsorship ebenso erforderlich machen, wie das Bilden einer Kontrollgruppe, die nicht von der Sponsoring-Maßnahme beeinflusst wird. Hinzu kommen weitere Probleme, die nicht Sponsoring-spezifisch sind, sondern auch die Wirkungsmessung aller anderen kommunikationspolitischen Maßnahmen betreffen:

- Haben andere kommunikationspolitische Maßnahmen die Sozial-Sponsoring-Wirkungen verstärkt, ergänzt oder behindert (Wirkungsinterdependenzen)?
- Welche Maßnahme hat welchen Wirkungsbeitrag geliefert (Wirkungszuordnung)?
- Gibt es Ausstrahlungseffekte wie Spill-over-Effekte (Auswirkungen auf nicht beabsichtigte Größen) oder Carry-over-Effekte (Auswirkungen zu späteren Zeitpunkten)?
- Haben externe, nicht beeinflussbare Variablen die Wirkung von Sozial-Sponsorship beeinträchtigt (externe Störeinflüsse)?

In der Sponsoring-Praxis geben zwar laut der bereits mehrfach erwähnten Studie *Sponsoring Trends 2010* (siehe Abschn. 3.1) 70,8 % der befragten Unternehmen an, den Erfolg ihres Sponsoring-Engagements zu kontrollieren. Empirische Kontrolluntersuchungen führen aber nur 20,1 % durch. 55,4 % evaluieren lediglich anhand von Medienauswertungen, 21,8 % anhand von Experteneinschätzungen und 9,3 % anhand sonstiger Methoden (Mehrfachnennungen waren möglich).[30]

Im Rahmen der Kontrolle kann auch überprüft werden, ob es Sponsor und Gesponsertem gelungen ist, typische Fehler im Sponsoring zu vermeiden. Einen Überblick über diese Fehler gibt Abb. 3.25.

---

[29] Siehe hierzu: Dinkel, Michael; Seeberger, Jens: Planung und Erfolgskontrolle im Sportsponsoring, (ABC Verlag) Heidelberg 2007.
[30] Vgl. Hermanns, Arnold: Sponsoring Trends 2010 – Corporate Social Responsibility und Sponsoring im Fokus, Studie im Auftrag von BBDO Live, Bonn 2010, S. 20 (Studie steht auf bbdo-live.com zum kostenlosen Download bereit).

Abb. 3.25 Typische Fehler im Sponsoring. (Quelle: Urselmann 2009, S. 525–549, 543)

3.4 Volumen von Unternehmen zur Verfügung gestellter Ressourcen

In Deutschland gibt es laut Statistikplattform *Statista* 2016 ca. 3,7 Mio. privatwirtschaftliche Unternehmen, wobei der Löwenanteil von 99,7 % auf kleine und mittlere Unternehmen (KMU) entfällt.[31] Nach der Klassifikation des Instituts für Mittelstandsforschung wird unterschieden zwischen „kleinen Unternehmen" (bis zu 49 Mitarbeiter bzw. unter 10 Mio. € Jahresumsatz), „mittleren Unternehmen" (50 bis 499 Mitarbeiter bzw. 10 bis 50 Mio. € Jahresumsatz) und „großen Unternehmen" (mindestens 500 Mitarbeiter bzw. mehr als 50 Mio. € Jahresumsatz).[32] 70 % aller Unternehmen sind inhaber- bzw. familiengeführt. Verlässliche Angaben zum Gesamtwert aller CSR-Aktivitäten aller Unternehmen in Deutschland gibt es nicht. Vorhanden sind lediglich Studien, die sich auf unterschiedliche Teilmengen aller deutschen Unternehmen beziehen.

Eine empirische Untersuchung, die 2006 in Form einer telefonischen Befragung von 501 Unternehmen (mit einem Jahresumsatz von mindestens 1 Mio. € und zehn Mitarbeitern) durchgeführt wird, als Kooperationsprojekt zwischen dem *Forschungszentrum für Bürgerschaftliches Engagement* an der *Universität Paderborn*, *FORSA* und dem *Centrum für Corporate Citizenship Deutschland (CCCD)*, ergibt, dass sich mit 96 % die große Mehrheit der Unternehmen in Form von Geldspenden, kostenlo-

---

[31] Vgl. IfM Bonn: Anzahl der kleinen und mittleren Unternehmen in Deutschland, in: Statista – Das Statistik-Portal. de.statista.com/statistik/daten/studie/321958/umfrage/anzahl-der-kleinen-und-mittleren-unternehmen-in-deutschland (Zugriff am 03.02.2018).
[32] Vgl. Maaß, Frank; Clemens, Reinhard: Corporate Citizenship – Das Unternehmen als guter Bürger, in: Institut für Mittelstandsforschung Bonn (Hrsg.): Jahrbuch zur Mittelstandsforschung, (Deutscher Universitätsverlag) Wiesbaden 2002.

ser Bereitstellung von Dienstleistungen und kostenloser Nutzenüberlassung von Betriebseinrichtungen/Geräten/Räumen, Bereitstellung von Unternehmensmitarbeitern für gesellschaftliches Engagement, Unterstützung des ehrenamtlichen Engagements der Mitarbeiter, Zusammenarbeit mit gemeinnützigen Organisationen, Durchführung von Spendenaktionen oder Sammlungen, Gründung und Unterhalt von Stiftungen bzw. Sonstiges (als offene Kategorie) engagiert. Das Sponsoring wird in der Liste nicht aufgeführt, da es als eine Geschäftspraxis betrachtet wird. Anstelle eines Gesamtwertes aller Aktivitäten werden folgende Wertkategorien bezogen auf das Jahr 2005 ermittelt:

- Bis unter 5000 € (29,1 % der Unternehmen),
- 5000 bis unter 10.000 € (17,2 % der Unternehmen),
- 10.000 bis unter 50.000 € (30,5 % der Unternehmen),
- 50.000 bis unter 100.000 € (5,2 % der Unternehmen),
- 100.000 € und mehr (6,5 % der Unternehmen),
- Keine Angabe/weiß nicht (11,5 %).

Bei drei Viertel der Unternehmen bleibt der Wert des CSR-Engagements also unter 50.000 € pro Jahr.[33] Darüber hinaus ergibt die Untersuchung, dass

- fast drei Viertel der Unternehmen sich lokal bzw. regional mit CSR-Aktivitäten engagieren, nur 14,5 % auf nationaler und 13,6 % auf internationaler Ebene.
- weniger als ein Drittel der Unternehmen mit CSR-Aktivitäten ihrem Engagement messbare Zielsetzungen und Nutzenerwägungen zugrunde legen. Diese Ergebnisse decken sich mit denen der PwC-Studie „Corporate Citizenship – Was tun deutsche Großunternehmen?", die 2012 ein Fünftel der 500 größten deutschen Unternehmen befragt. Danach geben weniger als 40 % an, Ziele für ihre Corporate-Citizenship-Aktivitäten zu definieren, und nur etwa jedes fünfte Unternehmen evaluiert Corporate-Citizenship-Projekte.[34]
- nur 1,5 % der Unternehmen mit CSR-Aktivitäten für das CSR eine Personalstelle oder Abteilung eingerichtet haben.
- KMU fast ausschließlich reaktiv auf Anfragen von außen reagieren, während fast zwei Drittel der Großunternehmen proaktiv vorgehen und sich passende Organisationen suchen.[35]

---

[33] Vgl. Centrum für Corporate Citizenship Deutschland (CCCD): Corporate Citizenship – gesellschaftliches Engagement von Unternehmen in Deutschland und im transnationalen Vergleich mit den USA, (Eigenverlag) Berlin 2007 (Survey steht auf www.cccdeutschland.org zum kostenlosen Download bereit).
[34] Vgl. PwC: Corporate Citizenship – Was tun deutsche Großunternehmen?, Berlin 2012 (Studie steht auf www.pwc.de/nachhaltigkeit zum kostenlosen Download bereit).
[35] Vgl. Backhaus-Maul, Holger; Braun, Sebastian: Gesellschaftliches Engagement von Unternehmen in Deutschland – Theoretische Überlegungen, empirische Befunde und engagementpolitische Perspektiven, in: Olk, Thomas; Klein, Ansgar; Hartnuß, Birger (Hrsg.): Engagementpolitik – Die

Eine andere repräsentative Befragung, die *FORSA* im Auftrag der *Initiative Neue Soziale Marktwirtschaft (INSM)* 2005 unter dem Titel „Corporate Social Responsibility in Deutschland" bei ca. 1000 inhabergeführten Unternehmen (mit einem Mindestumsatz von 100.000 €) durchführt, ergibt, dass sich 94 % auf mindestens eine der 14 genannten Arten (siehe Tab. 3.5) gemeinnützig engagieren. Der von *FORSA* hochgerechnete Wert des Engagements aller inhabergeführten Unternehmen beläuft sich auf 10,333 Mrd. €. Hinzu kommen noch etwa eine Mrd. Euro aus Erträgen von Unternehmensstiftungen. Eine differenzierte Aufstellung (siehe Tab. 3.5) zeigt jedoch, dass dieser Betrag nicht einfach zum Wert der von Privatpersonen bereitgestellten Ressourcen addiert werden darf, da wesentliche Elemente von den Unternehmern als Privatpersonen (z. B. Übernahme ehrenamtlicher Tätigkeiten, Geldspende aus Privatvermögen, Übernahme ehrenamtlicher Tätigkeiten durch den Partner) erbracht werden. An dieser Stelle entsteht regelmäßig ein Abgrenzungsproblem, da so mancher (mittelständische) Unternehmer seine Spende, aus steuerlichen Erwägungen heraus, mal als Privatperson zur Verfügung stellt, mal über sein Unternehmen.[36]

Tab. 3.5 Wert des Engagements inhabergeführter Unternehmen. (Quelle: FORSA (2005))

Spendenform	Spendenhöhe (in Mio. Euro)
Auf mindestens eine Art engagiert	10.333
Eigene Übernahme ehrenamtlicher Tätigkeiten (78 Mio. h)	2417
Geldspenden des Unternehmens	1484
Gründung/Finanzierung einer Stiftung oder eines Fördervereins	919
Kostenlose Erbringung von Dienstleistungen	749
Geldspende aus Privatvermögen	811
Veranstaltung oder andere Kontakte mit „Stakeholdern"	671
Kooperation mit der öffentlichen Hand bei der Durchführung öffentlicher Aufgaben	641
Übernahme ehrenamtlicher Tätigkeiten durch den Partner (26 Mio. h)	633
Kostenlose Überlassung von Produkten oder Waren	587
Kostenlose Überlassung von Einrichtungen und Geräten	558
Freistellung von Mitarbeitern für ehrenamtliche Tätigkeiten („Corporate Volunteering")	378
Einrichtung oder Finanzierung einer Institution als Mäzen	92
Spendenaktion, bei der ein festgelegter Teil des Verkaufserlöses gespendet wurde („Cause Related Marketing")	89
Sonstiges Engagement	304

Entwicklung der Zivilgesellschaft als politische Aufgabe, (VS Verlag) Wiesbaden 2010, S. 303–326.
[36] Vgl. FORSA: „Corporate Social Responsibility" in Deutschland, (Eigenverlag) Berlin 2005.

Eine weitere repräsentative Untersuchung, die die *KfW Bankengruppe* 2009 unter dem Titel „Corporate Social Responsibility im deutschen Mittelstand" bei 1894 mittelständischen Unternehmen (mit einem Jahresumsatz von bis zu 500 Mio. €) in Form einer Zusatzbefragung zum KfW-Mittelstandpanel durchführt, ergibt, dass 58 % der mittelständischen Unternehmen in Deutschland ein CSR-Engagement eingehen. Der im Verhältnis zur *CCCD*-Studie (96 %) deutlich niedrigere Wert lässt sich dadurch erklären, dass bei der *KfW*-Studie auch kleinste Unternehmen mit weniger als fünf Beschäftigten in die Untersuchung einbezogen (und große Unternehmen ab 500 Mio. Jahresumsatz ausgeschlossen) werden, während bei der *CCCD*-Studie nur größere Unternehmen ab zehn Mitarbeitern und einem Jahresumsatz von mindestens 1 Mio. € berücksichtigt wurden (kleinere Unternehmen also nicht). Wie aus Abb. 3.26 ersichtlich wird, nimmt der Anteil von Unternehmen mit CSR-Engagement mit der Größe der Unternehmen, gemessen an der Anzahl der Beschäftigten (in Vollzeitäquivalenten), zu.

Der von der *KfW Bankengruppe* hochgerechnete Wert des Engagements beläuft sich auf 6 Mrd. € bzw. durchschnittlich 3000 € pro Unternehmen und Jahr. Dieser Wert entspricht 0,21 % des Jahresumsatzes (siehe Tab. 3.6).[37]

Zusammengefasst könnte das CSR-Engagement deutscher Unternehmen demnach zwischen 6,0 Mrd. € (KfW-Studie) und 8,9 Mrd. € (*FORSA*-Studie, bereinigt um die Kate-

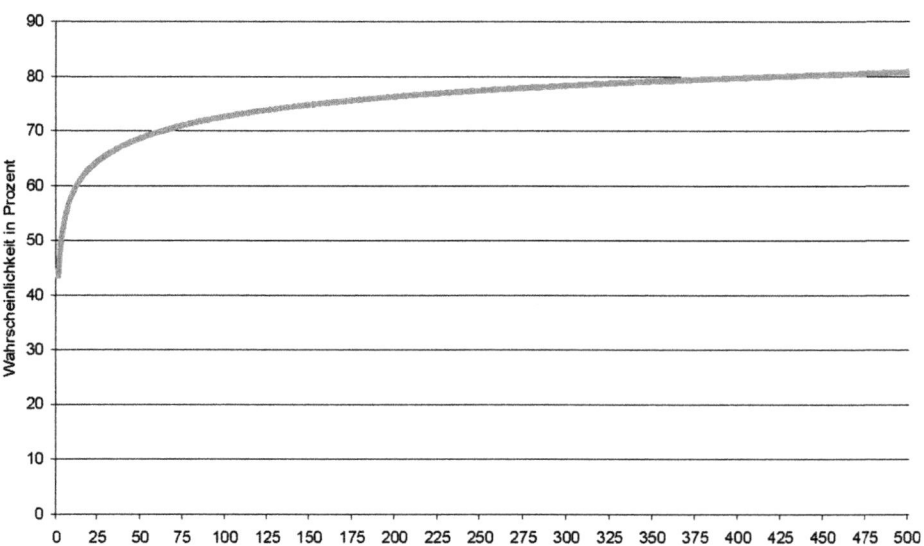

Abb. 3.26 Wahrscheinlichkeit, im Zeitraum 2006–2008 CSR-Aktivitäten durchzuführen nach der Größe des Unternehmens (Anzahl der Beschäftigten nach Vollzeitäquivalenten). (Quelle: KfW Bankengruppe, 2011, S. 18)

---

[37] Vgl. KfW Bankengruppe: Corporate Social Responsibility im deutschen Mittelstand, in: Standpunkt, Heft 7, Frankfurt/Main 2011 (Studie steht auf www.kfw.de zum kostenlosen Download bereit).

Tab. 3.6 CSR-Engagement mittelständischer Unternehmen 2006–2008. (Quelle: KfW Bankengruppe, 2011, S. 3)

	Anteil Unternehmen mit CSR	Anzahl der Unternehmen mit CSR[a]	CSR-Ausgaben pro Jahr	CSR-Ausgaben pro Jahr und Unternehmen[b]	Anteil CSR-Ausgaben am Jahresumsatz[c]
	in Prozent		in Mrd. €	in €	in Prozent
Insgesamt	58	2.140.000	6,00	3000	0,21
Darunter:					
Weniger als 5 Beschäftigte	56	1.626.000	2,06	1000	0,96
5 bis unter 10 Beschäftigte	59	230.000	0,94	4000	0,19
10 bis unter 50 Beschäftigte	69	204.000	1,45	7000	0,24
50 Beschäftigte und mehr	87	74.000	1,54	21.000	0,13

Anmerkung: auf die Grundgesamtheit aller mittelständischer Unternehmen hochgerechnete Werte
[a] gerundet auf Tausend Unternehmen;
[b] nur CSR-aktive Unternehmen, gerundet auf Tausend €;
[c] nur CSR-aktive Unternehmen

gorien „Geldspende aus Privatvermögen" und „Übernahme ehrenamtlicher Tätigkeiten durch den Partner") bzw. sogar darüber liegen, da beide Studien nur Teilmengen aller deutscher Unternehmen betrachten. So schätzt die Plattform *Make it in Germany*, dass sich deutsche Unternehmen jährlich mit 11,2 Mrd. € freiwillig für die Gesellschaft engagieren.[38] Unklar bleibt auch, inwiefern die Sponsoring-Ausgaben der Unternehmen in diesen Beträgen enthalten sind. Nur bei der *CCCD*-Studie sind sie explizit nicht enthalten, da Sponsoring als eine Geschäftspraxis und nicht als CSR-Engagement betrachtet wird. Es bleibt jedoch zu vermuten, dass viele, der an den unterschiedlichen Befragungen teilnehmenden Organisationen ihre Sponsoring-Aktivitäten sehr wohl unter ihr CSR-Engagement subsumieren dürften.

Auch für das Sponsoring-Volumen in Deutschland gibt es keine exakten Zahlen. Eine Schätzung zur Entwicklung des Sponsoring-Volumens von *Bruhn* gibt Tab. 3.7 wieder. Demnach haben sich die Gesamtausgaben für Sponsoring im Zeitraum von 1993 bis 2007 vervierfacht. Die dort angegebene Schätzung für das Jahr 2010 ist jedoch aus heutiger Sicht zu optimistisch gewesen. Der Fachverband Sponsoring (FASPO) kommt in seiner Studie „Sponsor Visions 2012" auf ein Volumen von 4,4 Mrd. € für das Jahr 2012 und ein Volumen von 4,8 Mrd. € für das Jahr 2014. Die Marke von 5 Mrd. € dürfte derzeit also noch nicht überschritten werden. Trotzdem ist das Wachstum im Sponsoring beacht-

---

[38] Vgl. make-it-in-germany.com/de/fuer-fachkraefte/arbeiten/mittelstand/fakt-8-der-mittelstand-zeigt-hohes-soziales-engagement (Zugriff am 03.02.2018).

Tab. 3.7 Entwicklung des Sponsoring-Marktes in Deutschland (in Mrd. Euro). (Quelle: Bruhn (2010), S. 31)

Jahr	Sport-sponsoring	Kultur-sponsoring	Sozio-/Umwelt-sponsoring	Medien-sponsoring	Sponsoring gesamt
1993[a]	0,66	0,24	0,08	0,02	1,00
1994[a]	0,76	0,24	0,11	0,02	1,13
1995[a]	0,86	0,28	0,20	0,03	1,37
1996[a]	0,97	0,28	0,23	0,05	1,53
1997	1,17	0,25	0,20	0,20	1,82
1998	1,27	0,25	0,20	0,25	1,97
1999	1,32	0,30	0,20	0,40	2,22
2000	1,48	0,30	0,20	0,46	2,44
2001	1,63	0,30	0,25	0,56	2,74
2002	1,60	0,30	0,30	0,60	2,80
2003	1,70	0,30	0,30	0,70	3,00
2004	1,90	0,40	0,30	0,80	3,40
2005	2,10	0,30	0,30	0,90	3,60
2006	2,70	0,30	0,30	1,00	4,30
2007	2,50	0,30	0,30	0,90	4,00
2008[b]	2,90	0,30	0,40	1,00	4,60
2009[b]	3,00	0,40	0,40	1,00	4,80
2010[b]	3,20	0,40	0,50	1,00	5,10

Umrechnungen in Euro für die Jahre 1993 bis 2001 zum Kurs 1 DM = 1,95583
[a] Mittelwerte aus ermittelten Spannweiten
[b] Prognosen im Jahr 2007

lich und wird v. a. durch das Sport-Sponsoring und insbesondere das Fußball-Sponsoring getrieben.[39]

3.5 Ethische Aspekte des Fundraising bei Unternehmen

Unternehmen können zu wichtigen Partnern für gemeinwohlorientierte Organisationen werden. Damit stellen sich jedoch auch ethische Fragen. Wie in Abschn. 3.3.2 bereits angedeutet, darf eine Unternehmenskooperation unter keinen Umständen das höchste Gut einer Organisation beeinträchtigen: ihre Glaubwürdigkeit. Die entscheidende Frage, wann eine solche Beeinträchtigung vorliegt, kann sehr unterschiedlich eingeschätzt werden. Vor dem Abschluss von Unternehmenskooperationen sollte eine Organisation deshalb immer zunächst die Diskussion mit ihren wichtigsten Stakeholdern (z. B. Mitglieder, Mitarbeiter,

---

[39] Vgl. FASPO: Sponsor Visions 2012, Hamburg 2012 (Der ausführliche Report steht auf www.faspo.de zum Preis von 950 € zzgl. Mwst. zum Download bereit).

Ehrenamtliche, Spender) suchen! Immer mehr Organisationen geben sich nach einer solchen Diskussion entsprechende Richtlinien oder treffen sogar normative Aussagen auf der Ebene ihres Leitbildes (siehe Abschn. 6.2.3). Auszuschließen sind insbesondere Kooperationen mit Herstellern oder Händlern von Produkten oder Dienstleistungen, die in einem problematischen Verhältnis zu den Projekten einer Organisation stehen.

> **Beispiel**
> Die Hilfsorganisation *Welthungerhilfe* veröffentlicht auf ihrer Website Leitlinien für die Zusammenarbeit mit Unternehmen. Demnach können Kooperationsanfragen und Unternehmensspenden im Einzelfall zurückgewiesen bzw. beendet werden, wenn ein Unternehmen
>
> - erkennbar und vorsätzlich Menschenrechte verletzt, insbesondere die Verwirklichung des Menschenrechts auf Nahrung verhindert oder Kinderarbeit einsetzt.
> - erkennbar humanitäre, ökologische oder soziale Standards und grundlegende Arbeitsnormen fortwährend oder in unverhältnismäßiger Art und Weise missachtet.
> - Rohstoffe in Entwicklungsländern fördert oder aus Entwicklungsländern exportiert, ohne die Verantwortung für negative soziale oder ökologische Folgen zu übernehmen.
> - Landrechte in Entwicklungsländern missachtet oder deren Durchsetzung behindert.
> - Kriegswaffen herstellt oder verbreitet oder Konfliktparteien und Regierungen unmittelbar unterstützt und dadurch das Humanitäre Völkerrecht bricht, Menschenrechte verletzt oder eine nachhaltige Entwicklung untergräbt.
> - Menschen aus rassistischen Gründen, aufgrund ihres Geschlechts, ihrer sexuellen Orientierung, ihrer Behinderung, ihrer Religion oder ihrer Weltanschauung diskriminiert.

3.6 Was ich in diesem Kapitel gelernt habe

- Klären Sie mit den wichtigsten Stakeholdern Ihrer Organisation vorab, ob bzw. welche Unternehmenskooperationen als (nicht) akzeptabel empfunden werden!
- Geben Sie Ihrer Organisation klare Leitlinien für die Zusammenarbeit mit Unternehmen, an denen sich die Mitarbeiter Ihrer Organisation ebenso orientieren können wie die von (potenziellen) Kooperationspartnern!
- Sprechen Sie nicht nur große, sondern auch kleine und mittlere Unternehmen an!
- Sprechen Sie Unternehmen nicht nur auf Geldleistungen, sondern auch Sach- und Dienstleistungen sowie Nutzungsmöglichkeiten der Infrastruktur an!
- Denken Sie nicht nur an die Ressourcen des Unternehmens selbst, sondern auch an die Ressourcen von deren Stakeholder (z. B. Lieferanten, Mitarbeiter und Kunden des Unternehmens)!

- Bauen Sie zunächst eine breite Basis von fördernden Privatpersonen auf, auf der Sie anschließend Ihr Fundraising gegenüber Unternehmen aufbauen können!
- Versuchen Sie die Motive eines Unternehmens für sein CSR-Engagement zu ergründen, um diese im Rahmen einer Kooperation bedienen zu können!
- Versuchen Sie, den Einstieg in eine Unternehmenskooperation über eine Anlassspende des Unternehmens (z. B. zu Weihnachten oder einem Firmenjubiläum) zu bekommen!
- Versäumen Sie nicht, Entscheider für Unternehmensspenden ähnlich intensiv zu betreuen bzw. zu binden wie Großspender unter Privatpersonen!
- Versuchen Sie auch Unternehmen, die anlässlich einer Katastrophe erstmals an Ihre Organisation spenden, zu binden!
- Prüfen Sie, ob es sinnvoll ist, benötigte Sachmittel direkt als Sachspende einzuwerben, und so den Umweg über eine Geldspende zu vermeiden!
- Prüfen Sie, ob es sinnvoll ist, benötigte Dienstleistungen direkt als Zeitspende einzuwerben, und so den Umweg über eine Geldspende zu vermeiden!
- Versuchen Sie – ähnlich dem Upgrading bei Privatpersonen – einen Unternehmenskontakt nach und nach zu intensivieren und auszubauen!
- Bedenken Sie, dass Sie mit einer Gegenleistung für erhaltene Geld-, Sach- und Dienstleistungen an ein Unternehmen ein Sponsoring begründen, das einen wirtschaftlichen Geschäftsbetrieb begründen kann!
- Erwartet ein Unternehmenspartner eine Gegenleistung, so versuchen Sie im Sinne des Sponsoring-Erlasses die Gegenleistung auf die Duldungsregelung oder eine Höflichkeitsgeste zu beschränken!
- Klären Sie vor jeder Unternehmenskooperation mit Gegenleistung, ob das für Ihre Organisation zuständige Finanzamt darin einen wirtschaftlichen Geschäftsbetrieb sieht?
- Liegt ein wirtschaftlicher Geschäftsbetrieb über der Freigrenze von 35.000 € pro Jahr vor, achten Sie darauf, dass der Sponsoring-Betrag nach Steuern ausreichend hoch für die erbrachten Gegenleistungen ist!
- Recherchieren Sie, welche Unternehmensstiftungen zugunsten Ihres Satzungszwecks ausschütten (siehe hierzu auch Kap. 4)!
- Professionell gemanagte Unternehmenskooperationen erhöhen die Chance auf eine langjährige Zusammenarbeit!
- Sprechen Sie potenzielle Unternehmenspartner (erst nach intensiver Recherche) individuell an!
- Arbeiten Sie den Nutzen der Kooperation für das Unternehmen deutlich heraus!
- Definieren Sie klare und möglichst gut operationalisierte Ziele (für das Unternehmen und Ihre Organisation), an deren Erreichungsgrad anschließend der Erfolg der Kooperation gemessen werden soll!
- Kommunizieren Sie Ihrem Unternehmenspartner regelmäßig, offen und ehrlich alle Erfolge und Misserfolge des gemeinsamen Projekts!

Weiterführende Literatur

Adkins, S.: Cause related marketing – who cares wins. Elsevier, Oxford (1999)

Backhaus-Maul, H., Braun, S.: Gesellschaftliches Engagement von Unternehmen in Deutschland – Theoretische Überlegungen, empirische Befunde und engagementpolitische Perspektiven. In: Olk, T., Klein, A., Hartnuß, B. (Hrsg.) Engagementpolitik – Die Entwicklung der Zivilgesellschaft als politische Aufgabe, S. 303–326. VS, Wiesbaden (2010)

Backhaus-Maul, H., Biedermann, C., Polterauer, J., Nährlich, S. (Hrsg.): Corporate Citizenship in Deutschland – Bilanz und Perspektiven. VS, Wiesbaden (2010)

Bertelsmann, S.: Corporate Citizenship planen und messen mit der iooi-Methode. Eigenverlag, Gütersloh (2010)

Bortoluzzi Dubach, E., Frey, H.: Sponsoring – Der Leitfaden für die Praxis, 5. Aufl. Haupt, Bern (2011)

Brockes, H.-W.: Sponsoren gewinnen leicht gemacht. Lexware Verlag, Planegg (2002)

Bruhn, M.: Sponsoring – Systematische Planung und integrativer Einsatz, 5. Aufl. Gabler, Wiesbaden (2010)

Bruhn, M.: Corporate Sponsoring. In: Urselmann, M. (Hrsg.) Handbuch Fundraising, S. 121–144. Springer, Wiesbaden (2016)

Bundesfinanzministerium: Sponsoring-Erlass (Ertragsteuerliche Behandlung des Sponsoring – Erörterung mit den obersten Finanzbehörden der Länder in der Sitzung Est. V/97 vom 25. Bis 27. Juni 1997 – außerhalb der Tagesordnung – BMF-Schreiben vom 9. Juli 1997 – IV B 2 – S. 2144–118/97).

Centrum für Corporate Citizenship Deutschland (CCCD): Corporate Citizenship – gesellschaftliches Engagement von Unternehmen in Deutschland und im transnationalen Vergleich mit den USA. Eigenverlag, Berlin (2007). Survey steht auf www.cccdeutschland.org zum Download bereit

Dinkel, M., Seeberger, J.: Planung und Erfolgskontrolle im Sportsponsoring. ABC Verlag, Heidelberg (2007)

Dreesbach-Bundy, S., Scheck, B. (Hrsg.): CSR und Corporate Volunteering. Springer, Wiesbaden (2018)

Europäische Sponsoring-Börse: Sponsoring regionaler Veranstaltungen. St. Gallen (1998)

Fabisch, N.: Corporate Social Responsibility: Neue Chancen für das Fundraising. In: Urselmann, M. (Hrsg.) Handbuch Fundraising, Springer Reference Wirtschaft. Springer Gabler, Wiesbaden (2016)

FASPO: Sponsor Visions 2012. Hamburg (2012). (Der ausführliche Report steht auf www.faspo.de zum Preis von 950 Euro zzgl. Mwst. zum Download bereit)

FORSA: „Corporate Social Responsibility" in Deutschland. Eigenverlag, Berlin (2005)

Haibach, M.: Handbuch Fundraising – Spenden, Sponsoring, Stiftungen in der Praxis, 4. Aufl. Campus, Frankfurt a. M. (2012)

Hardtke, A., Kleinfeld, A.: Gesellschaftliche Verantwortung von Unternehmen – Von der Idee der Corporate Social Responsibility zur erfolgreichen Umsetzung. Gabler, Wiesbaden (2010)

Haunert, F.: Unternehmenskooperation – Firmenspenden, Corporate Volunteering, Sponsoring. In: Fundraising Akademie : Fundraising – Handbuch für Grundlagen, Strategien und Methoden, 4. Aufl., S. 442–456. Gabler, Wiesbaden (2008)

Horne, S., Steve, W.: Affinity cards: how to ensure a beneficial relationship in. In: Saxon-Harrold, S.K.E., Kendall, J. (Hrsg.) Researching the voluntary sector, S. 51–58. Charities Aid Foundation (1993)

Horne, S., Steve, W.: Paying the price: the affinity credit card relationship. J. Nonprofit Volunt. Sect. Mark. – Int. J **1**, 58–63 (1997). Henry Stewart Publications

Initiative Neue Soziale Marktwirtschaft: „Corporate Social Responsibility" in Deutschland. Initiative Neue Soziale Marktwirtschaft, Berlin (2005)

KfW Bankengruppe: Corporate Social Responsibility im deutschen Mittelstand. Standpunkt, Heft 7. Frankfurt a. M. (2011). Studie steht auf www.kfw.de zum kostenlosen Download bereit

Kießling, H., Buchna, J.: Gemeinnützigkeit im Steuerrecht, 8. Aufl. Erich Fleischer Verlag, Achim (2003)

Kröselberg, M.: Payroll Giving. In: Fundraising Akademie: Fundraising – Handbuch für Grundlagen, Strategien und Instrumente, 4. Aufl., S. 348–350. Gabler, Wiesbaden (2006)

Leitz, C.: Corporate Social Responsibility – Stand der Forschung und Entwicklungstrends. Books on Demand, Norderstedt (2012)

Maaß, F., Clemens, R.: Corporate Citizenship – Das Unternehmen als guter Bürger. In: Institut für Mittelstandsforschung Bonn (Hrsg.) Jahrbuch zur Mittelstandsforschung. Deutscher Universitätsverlag, Wiesbaden (2002)

Müller, M., Schaltegger, S. (Hrsg.): Corporate Social Responsibility – Trend oder Modeerscheinung? oekom, München (2007)

Oliver, B.: On the cards. Profess. Fundrais. **4**, 20–23 (1997)

Oloko, S.: Nachhaltiges Marken-Management durch Cause related Marketing. Tectum, Marburg (2010)

Pettendrup, H.W., Haunert, F.: Corporate Citizenship: Bürgerschaftliches Engagement von Unternehmen. In: Fundraising-Akademie (Hrsg.) Fundraising – Handbuch für Grundlagen, Strategien und Methoden, 5. Aufl., S. 145–150. Springer Gabler, Wiesbaden (2016)

Poser, U., Backers, B.: Sponsoring-Vertrag, 4. Aufl. Beck, München (2010)

PwC: Unternehmen als Spender – Eine Befragung unter den 500 größten Aktiengesellschaften in Deutschland zu ihrem Spendenverhalten und ihren Kriterien für die Spendenvergabe. PwC, Frankfurt. a. M (2007). Studie steht auf www.pwc.de/nachhaltigkeit zum kostenlosen Download bereit

PwC: Corporate Citizenship – Was tun deutsche Großunternehmen? PwC, Frankfurt a. M. (2012). Studie steht auf www.pwc.de/nachhaltigkeit zum kostenlosen Download bereit

Schlegelmilch, B.B., Woodruffe, H.: A comparative analysis of the affinity card market in the USA and the UK. Int. J. Bank Mark. **5**, 12–23 (1995)

Schneider, A., Schmidpeter, R. (Hrsg.): Corporate Social Responsibility – Verantwortungsvolle Unternehmensführung in Theorie und Praxis, 2. Aufl. Springer, Wiesbaden (2015)

Schubert, R., Littman-Wernli, S., Tingler, P.: Corporate Volunteering – Unternehmen entdecken die Freiwilligenarbeit. Haupt, Bern (2002)

Sommeregger, M.: CSR 2.0 – Soziale Online-Spendenplattformen als neues Instrument für Corporate Giving? Eine Untersuchung am Beispiel von betterplace.org. Magisterarbeit, Wien (2010)

Stumpf, M.: Cause-Related Marketing. In: Urselmann, M. (Hrsg.) Handbuch Fundraising, S. 145–166. Springer, Wiesbaden (2016)

Urselmann, M.: Fundraising. In: Arnold, U., Maelicke, B. (Hrsg.) Lehrbuch der Sozialwirtschaft, 3. Aufl., S. 525–549. Nomos, Baden Baden (2009)

Wühle, M.: Mit CSR zum Unternehmenserfolg – Gesellschaftliche Verantwortung als Wertschöpfungsfaktor. VDM, Saarbrücken (2007)

Zimmermann, O.: Endlich eine einheitliche steuerliche Behandlung des Sponsoring durch die Finanzbehörden. BSM-Newsl – Informationsbulletin Bundesarbeitsgemeinschaft Sozialmarketing E. V. **4**, 30–34 (1997)

4 Fundraising bei Stiftungen

Neben Privatpersonen und Unternehmen werden Stiftungen zu immer wichtigeren Ressourcenbereitstellern für das Fundraising.

4.1 Stiftung und Stiftungs-Fundraising

Unter einer **Stiftung** versteht man eine juristische Person, die einen vom Stifter bestimmten (Stiftungs-)Zweck dauerhaft fördern soll und dazu von ihm mit einer (Stiftungs-)Organisation und einem (Stiftungs-)Vermögen (z. B. Geld, Wertpapiere, Land, Wald, Immobilien) ausgestattet wird. Dabei wird in der Regel das Vermögen auf Dauer erhalten und nur der Fruchtertrag des Vermögens (z. B. Zinsen, Dividende, Pacht, Miete) für die Erfüllung des Stiftungszwecks verwendet. Im Rahmen des Fundraising wird nun versucht, bei ausgewählten Stiftungen per Antragsverfahren Mittel aus dem i. d. R. jährlich auszuschüttenden Fruchtertrag einzuwerben. Diese Form des Fundraising soll hier als **Stiftungs-Fundraising** bezeichnet werden. Gemeint ist also das Fundraising *bei* Stiftungen, nicht das Fundraising *für* Stiftungen. Da Stiftungen – gerade in Zeiten niedriger Zinsen – zunehmend auch Fundraising in eigener Sache gegenüber Dritten betreiben, um ihr Stiftungsvermögen zu erhöhen, wird auch das Fundraising *für* Stiftungen verwirrenderweise manchmal als Stiftungs-Fundraising bezeichnet.

Für das so verstandene Stiftungs-Fundraising kommen jedoch nicht alle, sondern nur bestimmte Stiftungen infrage. Da Stiftungen sehr vielfältig in unterschiedlichsten Rechts- und Erscheinungsformen auftreten können, ist es wichtig, in den folgenden Abschnitten zumindest einen Überblick (aus der Perspektive des Fundraising) zu gewinnen, welche Stiftungen im Rahmen des Fundraising angesprochen werden können. Eine ausführliche Darstellung aller Rechts- und Erscheinungsformen von Stiftungen würde den Rahmen dieses Buches jedoch sprengen. Dafür sei beispielsweise auf das Werk von *Wi-*

gand/Heuel/Stolte/Haase-Theobald verwiesen, auf dem auch die folgenden Ausführungen beruhen.[1]

4.2 Erscheinungsformen von Stiftungen

4.2.1 Stiftungen des bürgerlichen vs. öffentlichen Rechts

Stiftungen können in privatrechtlicher oder öffentlich-rechtlicher Form existieren. Privatrechtliche Stiftungen sind in Deutschland **Stiftungen des bürgerlichen Rechts** (§§ 80–88 BGB). Sie können den Privatinteressen von Einzelnen, von Familien (**Familienstiftungen**) oder von Unternehmen (**Unternehmensstiftungen** oder **unternehmensverbundene Stiftungen**, siehe auch Abschn. 3.2.5) dienen. Zu den **öffentlich-rechtlichen Stiftungen** gehören Stiftungen, die von staatlichen Hoheitsträgern (**staatliche Stiftungen**, **kommunale Stiftungen**) oder den Kirchen (**kirchliche Stiftungen**) nach eigenen Rechtsvorschriften errichtet und verwaltet werden. Durch das Stiftungs-Fundraising können sowohl Stiftungen des bürgerlichen Rechts als auch Stiftungen des öffentlichen Rechts als Ressourcenbereitsteller angesprochen werden, sofern sie gemeinnützig tätig sind (siehe nächsten Abschnitt).

4.2.2 Gemeinnützige vs. privatnützige Stiftungen

Eine weitere (gerade für das Fundraising) wichtige Unterscheidung ist die von privatnützigen und gemeinnützigen Stiftungen. Bei **privatnützigen Stiftungen** kommt der Satzungszweck nur einem begrenzten Personenkreis (z. B. den Mitgliedern einer Familie oder der Mitarbeitern eines Unternehmens) zugute. Bei einer **gemeinnützigen Stiftung** ist die Tätigkeit einer Stiftung hingegen darauf gerichtet, die Allgemeinheit auf materiellem, geistigem oder sittlichem Gebiet selbstlos zu fördern (§ 52 Abs. 1 Satz 1 AO). Welche Zwecke im Einzelnen als gemeinnützig anerkannt sind, regelt die Abgabenordnung (§ 52 Abs. 2 AO). Ob der Satzungszweck einer Stiftung als gemeinnützig anerkannt wird, entscheidet die Finanzverwaltung, da bei Anerkennung der Gemeinnützigkeit die Stiftung steuerlich begünstigt wird. Neben gemeinnützigen Zwecken werden auch mildtätige Zwecke (§ 53 AO) und kirchliche Zwecke (§ 54 AO) steuerlich begünstigt (siehe Abschn. 1.2), und manchmal der Einfachheit halber mit unter den Begriff „Gemeinnützigkeit" subsummiert. Für das Stiftungs-Fundraising ist es nur sinnvoll, steuerbegünstigte (gemeinnützige, mildtätige und kirchliche) Stiftungen anzusprechen, nicht aber privatnützige.

---

[1] Wigand, Klaus; Haase-Theobald, Cordula; Heuel, Markus; Stolte, Stefan: Stiftungen in der Praxis – Recht, Steuern, Beratung, 4. Aufl., (Gabler) Wiesbaden 2015.

4.2.3 Selbständige vs. unselbständige Stiftungen

Sowohl privatrechtliche als auch öffentlich-rechtliche Stiftungen sind **selbständige Stiftungen** im Sinne des Stiftungsrechts mit eigener Rechtspersönlichkeit (deshalb auch **rechtsfähige Stiftungen** genannt). Davon ist die **unselbständige Stiftung** (auch **treuhänderische Stiftung**, **Treuhandstiftung**, **nichtrechtsfähige Stiftung** oder **fiduziarische Stiftung** genannt) zu unterscheiden. Hier überträgt der Stifter einer natürlichen oder juristischen Person als Treuhänder Vermögenswerte zur Verfolgung des von ihm vorgegebenen (gemeinnützigen) Stiftungszwecks. Die Errichtung der Treuhandstiftung erfolgt entweder durch Abschluss eines Treuhand- und Geschäftsbesorgungsvertrags zwischen dem Stifter und dem Treuhänder oder durch Schenkung unter Auflage des Stifters an den Treuhänder.

Die Vorteile der Treuhandstiftung liegen in ihrer leichten und ohne Genehmigung durch die Stiftungsbehörde möglichen Errichtung bei gleichzeitiger Möglichkeit der Steuerbefreiung. Eine staatliche Anerkennung für die Errichtung einer Treuhandstiftung ist nicht erforderlich, weil sie keiner Stiftungsaufsicht unterliegt und weil die Verwaltung vollständig dem Treuhänder übertragen werden kann. Zudem ist eine Mindestkapitalausstattung nicht erforderlich.[2]

Aus Fundraising-Sicht stellen Treuhandstiftungen einerseits interessante Ressourcenbereitsteller dar. Andererseits können sie auch ein interessantes Vehikel im Rahmen des Großspender- und Testamentspender-Fundraising für solche Spender sein, die zu Lebzeiten (siehe Abschn. 2.3.5.3) oder von Todes wegen (siehe Abschn. 2.3.6.4) einer Organisation einen größeren Betrag unkompliziert und steueroptimiert sowie nachhaltig zukommen lassen (und sich manchmal auch verewigen) möchten.

4.2.4 Gemeinschaftsstiftungen und Bürgerstiftungen

Stiftungen, die von *einem* Stifter ausgestattet werden, werden **Einzelstiftung** genannt. Solche, die von *mehreren* Stiftern ausgestattet werden, bezeichnet man als **Gemeinschaftsstiftungen**. Eine spezielle Ausprägung der Gemeinschaftsstiftung stellt die **Bürgerstiftung** dar. Bürgerstiftungen sind rechtsfähige Stiftungen des bürgerlichen Rechts. Ihr Ziel ist es, einer größeren Zahl von Bürgern und Unternehmen einer Stadt, eines Landkreises oder einer Region die Verwirklichung verschiedener gemeinnütziger Zwecke unter einem gemeinsamen Dach zu ermöglichen.[3] Laut der *Initiative Bürgerstiftungen* des *Bundesverbandes Deutscher Stiftungen* gibt es (Stand 2015) bundesweit 307 Bürgerstiftungen (die das Gütesiegel des Arbeitskreises Bürgerstiftungen tragen) mit einem Stiftungskapital von zusammen 334 Mio. €. Hinzu kommen noch Spenden von Bürgern,

---

[2] Vgl. Schiffer, Jan K. (Hrsg.): Die Stiftung in der Beraterpraxis, 4. Aufl., (Deutscher Anwaltverlag) Bonn 2015, § 11.
[3] Vgl. Bertelsmann Stiftung: Bürgerstiftungen – Engagement von Bürgern für Bürger, (Eigenverlag) Gütersloh 2006, S. 4.

Unternehmen und sonstigen Institutionen, die sich allein im Jahr 2015 auf insgesamt 15,4 Mio. € beliefen.[4] Aus Fundraising-Sicht können deshalb auch Bürgerstiftungen interessante Ressourcenbereitsteller für gemeinwohlorientierte Organisationen darstellen.

4.2.5 Stiftungs-GmbH und Stiftungs-Verein

Verwirrenderweise wird der Begriff der Stiftung auch auf Konstrukte angewandt, die keine Stiftungen im eigentlichen Sinne sind. So können auch steuerbegünstigte Zwecke verfolgende Gesellschaften wie z. B. GmbHs (**Stiftungs-GmbH**) oder Vereine (**Stiftungs-Verein**) als Stiftungen bezeichnet werden. Dies ist dann zulässig, wenn eine Gesellschaft ein einem bestimmten Zweck gewidmetes Vermögen verwaltet bzw. ein Verein über eine kapitalartige Vermögensausstattung (oder jedenfalls eine gesicherte Anwartschaft darauf) verfügen kann, damit eine dem Wesen der Stiftung entsprechende Aufgabenerfüllung zumindest über einen gewissen Zeitraum sichergestellt ist.[5] Die Rechtsform der GmbH bzw. des Vereins in Verbindung mit dem rechtlich nicht geschützten Zusatz „Stiftung" wird gewählt, um der staatlichen (Rechts-)Aufsicht und Kontrolle zu entgehen, der rechtsfähige Stiftungen des bürgerlichen Rechts unterliegen. Dafür unterliegen Stiftungs-GmbHs und Stiftungs-Vereine uneingeschränkt dem Handels-, GmbH- und Vereinsrecht. Ein weiterer Grund liegt im Wunsch, vom positiven Image der Bezeichnung „Stiftung" zu profitieren.[6]

> **Beispiele**
> - Robert Bosch Stiftung GmbH,
> - Klaus Tschira Stiftung gGmbH,
> - Konrad-Adenauer-Stiftung e. V.,
> - Stiftung Jugend forscht e. V.

Zusätzlich verwirrend ist die Nutzung der Abkürzung „g" für „gemeinnützig" bei Stiftungs-GmbHs. Wie bereits ausgeführt, *müssen* Stiftungs-GmbHs steuerbegünstigte Zwecke verfolgen, weshalb die im Beispiel erwähnte Stiftung von Klaus Tschira, Mitgründer des Software-Unternehmens *SAP AG*, auch mit *Klaus Tschira Stiftung gGmbH* firmiert. Die gemeinnützige *Robert Bosch Stiftung GmbH* hingegen führt die Abkürzung „g" für „gemeinnützig" nicht in ihrer Firmierung. Der Grund für diese unterschiedliche Handhabung liegt darin, dass manche Gerichte die Auffassung vertreten, die Abkürzung

---

[4] Vgl. Initiative Bürgerstiftungen: Bürgerstiftungen in Zahlen, buergerstiftungen.org/fileadmin/ibs/de/8_Presse/2_Pressematerial/IBS_Faktenblatt_2016.pdf (Zugriff am 03.02.2018).
[5] Vgl. Schiffer, Jan K. (Hrsg.): Die Stiftung in der Beraterpraxis, 4. Aufl., (Deutscher Anwaltverlag) Bonn 2015, S. 47.
[6] Vgl. Richter, Andreas; Campenhausen, Axel Freiherr v.: Stiftungsrechts-Handbuch, 4. Aufl., (Beck Juristischer Verlag) München 2014, § 2 Rn. 19.

„gGmbH" stelle keine zulässige Angabe der Gesellschaftsform bei einer gemeinnützigen GmbH dar und könne nicht ins Handelsregister eingetragen werden.[7]

Stiftungs-GmbHs und Stiftungs-Vereine sind als gemeinnützige Körperschaften für das Stiftungs-Fundraising interessant, sofern sie fördernd (und nicht nur operativ) tätig sind (siehe folgenden Abschnitt).

4.2.6 Operative vs. fördernde Stiftungen

Zusätzlich zu den vorgenannten Erscheinungsformen von Stiftungen, die sich aus den einschlägigen Gesetzen ableiten lassen, gibt es noch eine ganze Reihe von Erscheinungsformen von Stiftungen, die aus wissenschaftlich motivierten Systematisierungen entstanden sind. Für das Fundraising von besonderer Bedeutung ist die Unterscheidung zwischen operativen und fördernden Stiftungen. Während eine **operative Stiftung** selbst operativ tätig ist und die Erträge ihres Stiftungskapitals in eigene Projekte investiert, schüttet eine **fördernde Stiftung** (auch **Förderstiftung** bzw. in der Schweiz **Vergabestiftung** genannt) ihre Erträge an Dritte aus, die den Satzungszweck erfüllen können. Es gibt auch Stiftungen, die sowohl operativ als auch fördernd tätig sind. Für das Fundraising sind demnach nur solche Stiftungen interessant, die ganz oder zumindest teilweise fördernd tätig sind.

> **Beispiel**
> Die *Bertelsmann Stiftung* ist eine operative Stiftung, die ihr Budget ausschließlich in Projekte investiert, die sie selbst konzipiert, initiiert und auch in der Umsetzung begleitet.

> **Fazit**
> Im Rahmen des Fundraising können nur solche gemeinnützigen Stiftungen angesprochen werden, die ganz oder teilweise fördernd tätig sind. Dabei ist unerheblich, ob es sich um Einzelstiftungen, Gemeinschaftsstiftungen, Bürgerstiftungen, Unternehmensstiftungen, Stiftungs-GmbHs oder Stiftungs-Vereine handelt.

4.3 Management des Stiftungs-Fundraising

Das Stiftungs-Fundraising bedarf eines systematischen Management. Dieses ist dem Management des Unternehmens-Fundraising (z. B. in Form des Sponsoring) sehr ähnlich (siehe Abschn. 3.3). Abb. 4.1 gibt einen Überblick. Im Folgenden werden die wichtigsten Schritte im Rahmen der Analyse, Planung, Durchführung und Kontrolle überblicksartig

---
[7] Siehe beispielsweise Beschluss des OLG München vom 13.12.2006 (Az. 31 Wx 84/06, NWB 19/2007, 1589).

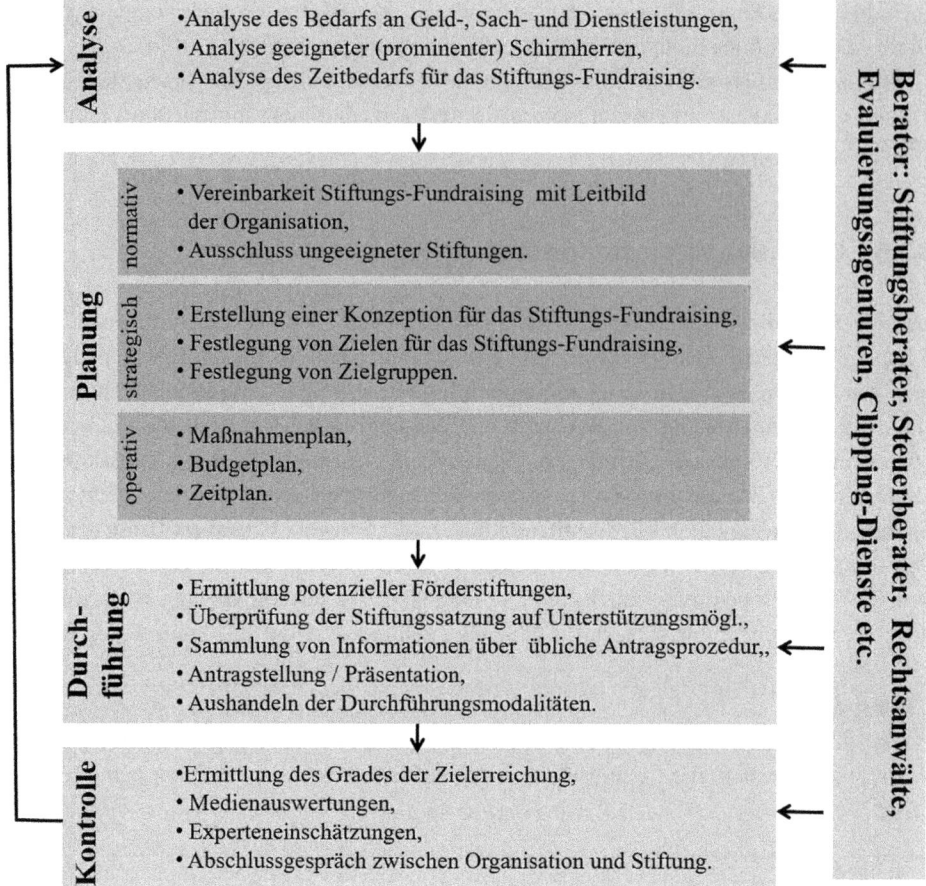

Abb. 4.1 Management des Stiftungs-Fundraising. (Quelle: Eigene Abbildung)

vorgestellt. Eine ausführliche Darstellung aller Schritte würde den Rahmen dieses Buches sprengen. Näheres hierzu findet sich beispielsweise bei *Bortoluzzi-Dubach*.[8]

4.3.1 Analyse

Erster Schritt im Management des Stiftungs-Fundraising muss eine ausführliche Analyse der Ausgangssituation sein. Vor einer Ansprache von Stiftungen als potenzielle Ressourcenbereitsteller sind folgende Fragen von der Organisation zu beantworten:

---

[8] Bortoluzzi Dubach, Elisa: Stiftungen – Der Leitfaden für Gesuchsteller, 2. Aufl., (Huber Verlag) Frauenfeld/Schweiz 2011.

4.3 Management des Stiftungs-Fundraising

- Welches (innovative) Projekt der Organisation ist besonders gut für die Förderung durch eine Stiftung geeignet und lässt sich auch medienwirksam darstellen (Bedarfsanalyse)?
- Welche Leistungen benötigt die Organisation in welcher Höhe und Dauer für dieses Projekt (Bedarfsanalyse)?
- Welche thematischen Bezüge im engeren und weiteren Sinne können hergestellt werden? Beispiel: Für das Stiftungs-Fundraising zugunsten des Parkfriedhofs *Südwestkirchhof Stahnsdorf* können thematische Bezüge zu Stiftungen in den Bereichen Kultur und Botanik sowie zu den (Familien-)Stiftungen der auf dem Friedhof beigesetzten Personen bzw. Familien hergestellt werden.
- Können die benötigten Leistungen von einer Stiftung alleine bereitgestellt werden, oder müssen sie auf mehrere Stiftungen verteilt werden?
- Welche, für eine Stiftung interessanten Gegenleistungen (z. B. Medienaufmerksamkeit) kann eine Organisation anbieten?
- Mit welchem zeitlichen Vorlauf für die Gewinnung von Stiftungen muss eine Organisation vor Beginn des Projektes rechnen?
- Welche (haupt- bzw. ehrenamtlichen) Mitarbeiter innerhalb der Organisation und/oder bei einem externen Dienstleister sollen das Management des Stiftungs-Fundraising durchführen?
- Welchen prominenten Schirmherren (Abschn. 2.6.12) kann eine Organisation gewinnen?

4.3.2 Planung

Wie auch die Planung in allen anderen Bereichen, umfasst die Planung des Stiftungs-Fundraising eine normative (langfristige), strategische (mittelfristige) und operative (kurzfristige) Planungsebene.

Im Rahmen der *normativen* Planung des Stiftungs-Fundraising sind von der Organisation folgende Fragen zu beantworten:

- Ist das Stiftungs-Fundraising grundsätzlich mit dem Leitbild der Organisation (siehe Abschn. 6.2.3) vereinbar? Gegenbeispiel: Verzichtet eine Organisation bewusst auf jegliche Unterstützung von Unternehmen, um sich ihre Unabhängigkeit von Unternehmen zu wahren, so kann sie konsequenterweise auch keine Mittel von den geschätzt ca. 100 Unternehmens-Stiftungen annehmen (siehe Abschn. 4.5).
- Akzeptieren die wichtigsten Stakeholder der Organisation (z. B. Mitglieder, Mitarbeiter, Ehrenamtliche) das Stiftungs-Fundraising?
- Mit welchen (Unternehmens-)Stiftungen sollte eine Organisation (nicht) kooperieren?

Ist ein Stiftungs-Fundraising grundsätzlich möglich, wird auf Basis der normativen Vorgaben und der Analyseergebnisse im Rahmen der *strategischen* Planung von der Organisation eine Stiftungs-Fundraising-Konzeption entwickelt, die insbesondere klare Ziele für das Stiftungs-Fundraising benennen muss. Da sowohl die Stiftung als auch die geförderte Organisation den Erfolg der Förderung nach Durchführung an der Erreichung ihrer jeweiligen Ziele festmachen wird, sind diese vorab möglichst klar zu benennen und zu operationalisieren. Während Stiftungen in der Vergangenheit den Erfolg ihres Input in geförderte Projekte in erster Linie an deren Output festmachten, legen mittlerweile immer mehr Stiftungen (aber auch Unternehmen und öffentliche Geldgeber) Wert darauf, den Erfolg von geförderten Projekten am Outcome und Impact zu messen. Dazu kann die von der *Bertelsmann Stiftung* entwickelte iooi-Methode (Akronym für Input – Output – Outcome – Impact) herangezogen werden, die zwar für die Wirkungsmessung von Engagement im Rahmen des Corporate Citizenship entwickelt wurde, sich aber auch auf die Wirkungsmessung von Projekten ausdehnen lässt, die durch private Großspender, Stiftungen oder öffentliche Ressourcenbereitsteller gefördert werden.

Bei der iooi-Methode werden vier Kategorien zu Grunde gelegt:

- **Input**: Im Rahmen des Projektes eingesetzte professionelle, materielle und finanzielle Ressourcen (z. B. Geld-, Sach- und Dienstleistungen),
- **Output**: Direkte Leistung, die mit dem Input durch das Projekt erzielt wurde (z. B. realisierte Veranstaltungen, dokumentierte Aktivitäten),
- **Outcome**: Ergebnisse und unmittelbare, kurzfristige Wirkung des Projektes für den Ressourcenbereitsteller (Unternehmen bzw. Stiftung), das gemeinnützige Anliegen und die betroffenen Zielgruppen (messbar z. B. in Menge der Teilnehmer an Workshops oder Anzahl der erreichten Personen bei bestimmten Programmen),
- **Impact**: Mittel- bis langfristige Veränderung in der Folge des Projektes in der Gesellschaft, die möglicherweise über den Rahmen und die engere Zielgruppe des Engagements hinaus erreicht wird.[9]

Beispiel

Das unabhängige, gemeinnützige Analyse- und Beratungshaus *Phineo* gAG prüft gemeinnützige Projekte mit einer Analysemethode auf ihre Wirksamkeit, die auf der iooi-Methode basiert. Die Milliardärin *Susanne Klatten* spendete 2016 im Rahmen ihrer Skala-Initiative 100 Mio. € an Organisationen, deren Projekte – durch *Phineo* zertifiziert – Outcome und Impact nachweisen können.

4.3.3 Durchführung

Einen Überblick über die wichtigsten Schritte bei der Durchführung des Stiftungs-Fundraising gibt Abb. 4.2.

---

[9] Vgl. Bertelsmann Stiftung: Corporate Citizenship planen und messen mit der iooi-Methode, (Eigenverlag) Gütersloh 2010.

4.3 Management des Stiftungs-Fundraising

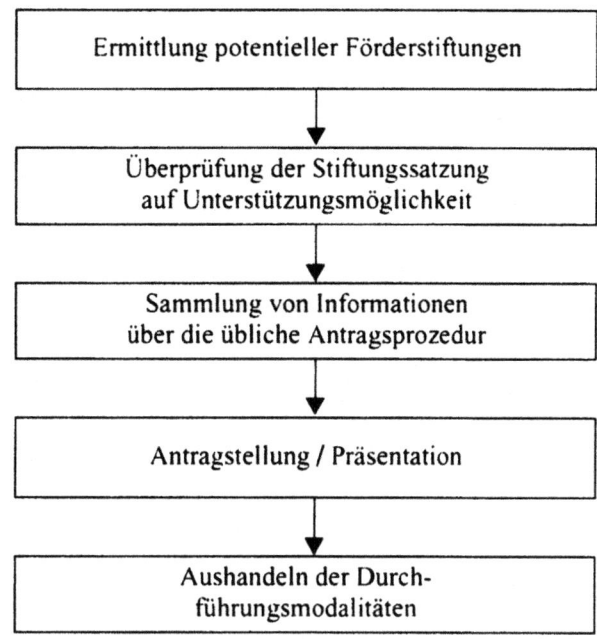

Abb. 4.2 Schritte bei der Durchführung des Stiftungs-Fundraising. (Quelle: Urselmann, M.: Fundraising. In: Arnold, U., Maelicke, B. Lehrbuch der Sozialwirtschaft, 4. Aufl., S. 707–732, S. 729. Nomos, Baden Baden (2014))

In Schritt 1 sind mit Hilfe von Stiftungsverzeichnissen potenzielle Förderstiftungen zu ermitteln, die qua Satzung das zu fördernde Projekt unterstützen könnten. Leider gibt es kein Stiftungsverzeichnis, das alle Stiftungen in Deutschland vollständig auflistet. Folgende Verzeichnisse stehen jedoch zur Verfügung:

- Der *Bundesverband Deutscher Stiftungen* gibt das **Verzeichnis Deutscher Stiftungen 2017** mit mehr als 26.000 Einträgen in drei Bänden und als CD heraus (9. Aufl., Berlin 2017).
- Über das Internet-Portal Stiftungssuche.de ermöglicht der *Bundesverband Deutscher Stiftungen* eine kostenlose Suche (Basic) unter 11.672 Stiftungsporträts, und eine kostenpflichtige Suche (Plus) unter 26.598 Stiftungsporträts (39,99 € für das Monats-Abo für Nicht-Mitglieder, 19,99 € für das Monats-Abo für Mitglieder).
- In der 6. Auflage des **Maecenata Stiftungsführer** (Berlin 2010) werden über 6000 elektronisch erreichbare Stiftungen in einzelnen Stiftungsprofilen vorgestellt.
- Daneben gibt es noch zahlreiche **regionale Stiftungsverzeichnisse** der Bundesländer (z. B. das *Stiftungsverzeichnis für das Land NRW*: mik.nrw.de/nc/stiftungsverzeichnis-fuer-das-land-nrw/stiftungen-suchen.html).

Als Förderer kommen auch **ausländische** Stiftungen (z. B. aus USA, Schweiz und Österreich) infrage, die international fördern. Hier einige Recherche-Möglichkeiten:

- Die umfassendste Datenbank US-amerikanischer – und zunehmend auch global handelnder – Förderer bietet das **Foundation Center** in New York mit Informationen

zu mehr als 108.000 Stiftungen, Unternehmensspendern und öffentlichen Wohltätigkeitsorganisationen an. Insgesamt stellten US-Stiftungen alleine im Jahr 2012 ca. 492 Mrd. US$ weltweit an Fördermitteln (auch an deutsche Organisationen) zur Verfügung.
- StiftungSchweiz.ch bietet Informationen zu 13.000 gemeinnützigen Stiftungen in der Schweiz.
- Die **Eidgenössische Stiftungsaufsicht** bietet online ein Stiftungsverzeichnis mit allen Stiftungen unter Bundesaufsicht an (edi.admin.ch/edi/de/home/fachstellen/eidgenoessische-stiftungsaufsicht/stiftungsverzeichnis.html).
- Eine Übersicht über die Stiftungsverzeichnisse der **kantonalen Stiftungsaufsichten** gibt das Center for Philanthropy Studies (CEPS) (ceps.unibas.ch/de/praxistransfer/stiftungsverzeichnisse).
- Das Verzeichnis von Stiftungen, Fonds und Sponsoren FundRaiso.ch unterstützt kostenlos bei der Suche von Stiftungen und Sponsoren.

▶ **Tipp** Als Netzwerkpartner des *Foundation Center* stellt der *Bundesverband Deutscher Stiftungen* in seinen Räumen in Berlin interessierten gemeinwohlorientierten Organisationen nach Voranmeldung einen kostenlosen Zugang zur Datenbank des Foundation Center für die Recherche U.S.-amerikanischer Stiftungen zur Verfügung.

Wurden geeignete Stiftungen gefunden, so sind deren Satzungen auf Unterstützungsmöglichkeiten zu überprüfen (Schritt 2) und Informationen über das übliche Antragsverfahren zu sammeln (Schritt 3). Im Vordergrund steht die Recherche folgender Aspekte in den Verzeichnissen, Stiftungsunterlagen oder im Internet:

- Gibt es Informationen zur Förderpolitik der Stiftung?
- Gibt es Informationen zum Antragsverfahren?
- Fördert die Stiftung in der benötigten Größenordnung?
- Hat die Stiftung eigene Förderrichtlinien?
- Fordert die Stiftung die Verwendung bestimmter Antragsformulare?
- Welche Projekte fördert die Stiftung aktuell?
- Zu welchen Zeitpunkten schüttet die Stiftung aus?
- Mit welchen Vorlaufzeiten ist zu rechnen?

Im Rahmen eines Telefonates wird das Projekt der Stiftung kurz vorgestellt und geklärt, ob eine Förderung überhaupt in Betracht kommt. Selbst wenn ein Projekt den Satzungszweck voll trifft, kann es trotzdem nicht in Betracht kommen, da

- Fördermittel der Stiftung langfristig verplant wurden,
- die Förderpolitik geändert wurde,
- die Fördertätigkeit wegen sinkender Erträge eingeschränkt wurde,
- in einem bestimmten Jahr andere Förderschwerpunkte bestimmt wurden.

Kommt das Projekt grundsätzlich infrage, so ist noch nach dem richtigen Ansprechpartner für die Antragstellung zu fragen. Die Professionalität, mit der eine Organisation diese Punkte im Vorfeld einer Antragstellung klärt, ist für die Stiftung bereits ein erster Indikator für die Güte der Abwicklung im Falle einer eventuellen späteren Bewilligung.

Bei der Antragstellung selbst (Schritt 4) kommt es darauf an, das Außergewöhnliche, Kreative und Innovative seines Projekts schnell und anschaulich auf den Punkt zu bringen. Die Bereitstellung von Ressourcen durch eine Stiftung stellt eine freiwillige und einseitige Leistung dar. Daraus darf freilich nicht geschlossen werden, dass Stiftungen frei von eigenen Interessen wären. Vielmehr suchen viele Stiftungen unter den Antragstellern Organisationen aus, deren zu fördernde Projekte ein möglichst großes Interesse der Öffentlichkeit bzw. der Medien hervorrufen. Von einer entsprechenden Berichterstattung der Medien profitiert schließlich auch die fördernde Stiftung. Allerdings gibt es – jedoch wesentlich seltener – auch den umgekehrten Fall: Eine Stiftung möchte nicht der Öffentlichkeit erwähnt werden, da sie befürchtet, dadurch zusätzliche Antragsteller anzulocken, die sie aus Kapazitätsgründen gar nicht betreuen kann.

Ein Förderantrag umfasst in der Regel:

- ein kurzes Anschreiben,
- eine kurze Projektvorstellung bzw. -zusammenfassung,
- eine ausführliche Projektbeschreibung,
- einen detaillierten Kostenplan,
- einen Zeitplan und
- Angaben zum Ansprechpartner der antragstellenden Organisation.

Nach Antragstellung kann es sein, dass Rückfragen zu beantworten, Präzisierungen zu geben und noch benötigte Unterlagen nachzureichen sind. Auch ein persönliches Treffen kann sinnvoll sein. Wird eine Förderung durch die Stiftung bewilligt, so sind die Durchführungsmodalitäten auszuhandeln (Schritt 5). Je professioneller die Abwicklung all dieser Schritte durch die beantragende Organisation, umso höher die Wahrscheinlichkeit für eine eventuelle spätere erneute Förderung durch diese oder eine andere Stiftung.

4.3.4 Kontrolle

Wie bereits erwähnt, ist für Stiftung und Organisation von zentraler Bedeutung, den Erfolg des gemeinsamen Engagements während und nach dem Projekt kontrollieren zu können. Der Erfolg des Projektes entscheidet darüber, ob eine Stiftung eine Organisation über das Projekt hinaus unterstützen wird. Zwar fördern Stiftungen ein Projekt i. d. R. nicht langfristig, sie könnten – bei Erfolg – jedoch weitere Projekte der Organisation fördern, oder die Organisation anderen Stiftungen mit ähnlicher Zielsetzung empfehlen. Deshalb ist wichtig, die persönliche Beziehung zu Stiftungen (bzw. den handelnden Stiftungsmitarbeitern) genauso zu pflegen (Relationship Fundraising) wie zu Großspendern (siehe

DANKE AN UNSERE PARTNER

Herzlichen Dank an folgende Stiftungen und Unternehmen, die UNICEF im Jahr 2016 mit Zuwendungen in Höhe von mehr als 50.000 Euro unterstützt haben:

STIFTUNGEN
Auridis gGmbH
Balance-Stiftung
BASF Stiftung
DS Smith Packaging Deutschland Stiftung & Co. KG
Friedhelm Wilmes-Stiftung
Harold A. und Ingeborg L. Hartog-Stiftung
Kiwanis international, Distrikt Deutschland
Klaus-Friedrich-Stiftung
Stiftung Elementarteilchen
Stiftung United Internet for UNICEF
Stiftung The Child & Tree Fund

UNTERNEHMEN
Aachener Zeitung / Aachener Nachrichten – Medienpartner, Spendenaufrufe
Bünting Unternehmensgruppe – Grußkartenverkauf
Commerzbank AG – Unternehmensspende und Veranstaltungen
Deutsche Post AG / Postbank AG – Grußkartenverkauf
Deutsche Telekom AG – Unternehmensspende
easyJet – Kooperationspartner
H&M Deutschland – Kooperationspartner und Kundenspenden
HUGO BOSS AG – Unternehmensspende
IKEA Deutschland GmbH & Co. KG – Kooperationspartner und Grußkarten-

Christian Schneider, Dr. Jürgen Heraeus, Tessa Page, Ralph Dommermuth

STIFTUNG UNITED INTERNET FOR UNICEF
Die Stiftung United Internet for UNICEF ist „UNICEF Germany Partner of the Year 2016". Erstmals zeichnete UNICEF damit eine Unternehmensstiftung für besonderes Engagement aus. In den zehn Jahren ihres Bestehens hatte sie bis Ende 2016 mehr als 35 Millionen Euro für UNICEF bereitgestellt – mit Hilfe der Reichweite von United Internet von über 40 Millionen Online-Nutzern in Deutschland. Die Vision der Stiftung ist es, ein

Abb. 4.3 Dank an Förderstiftungen im Geschäftsbericht. (Quelle: Deutsches Komitee für UNICEF, Geschäftsbericht 2016, S. 32 (Ausschnitt))

Abschn. 2.1.6.2). Wie auch bei den anderen Ressourcenbereitstellern spielt der angemessene Dank eine wichtige Rolle.

> **Beispiel**
>
> Das Kinderhilfswerk *UNICEF* dankt in seinem Geschäftsbericht allen fördernden Stiftungen und Unternehmen mit Zuwendungen in Höhe von mehr als 50.000 € (siehe Abb. 4.3).

4.4 Volumen von Stiftungen zur Verfügung gestellter Ressourcen

Wie schon bei Privatpersonen und Unternehmen, liegen auch bei Stiftungen statt exakter Zahlen zu Anzahl und Vermögen von Stiftungen sowie dem Volumen zur Verfügung gestellter Ressourcen nur grobe Schätzungen vor. Zwar ist – aufgrund des erforderlichen Anerkennungsverfahrens – die Anzahl der rechtsfähigen Stiftungen bürgerlichen Rechts in Deutschland bekannt. Ende 2016 waren es 21.806. Die Anzahl der jährlich neu er-

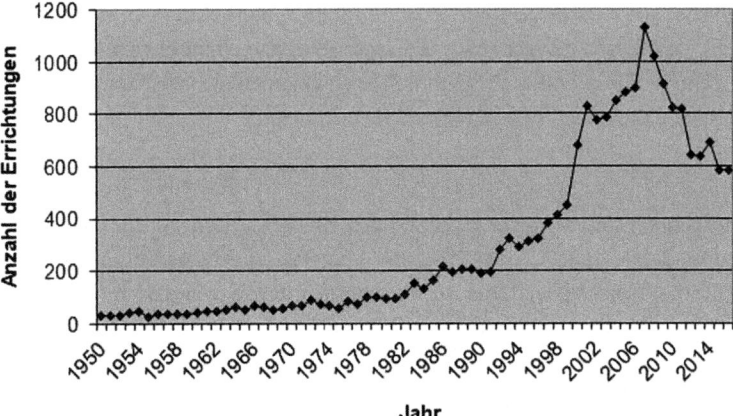

Abb. 4.4 Errichtungen rechtsfähiger Stiftungen bürgerlichen Rechts in Deutschland. (Quelle: Bundesverband Deutscher Stiftungen: Stiftungen in Zahlen)

richten rechtsfähiger Stiftungen bürgerlichen Rechts ist in der Nachkriegszeit bis ins Jahr 2007 kontinuierlich gestiegen, und stabilisiert sich in den letzten Jahren bei ca. 600 Neuerrichtungen pro Jahr (siehe Abb. 4.4). Zum einen liegt dies am wachsenden Wohlstand in der längsten Friedensperiode der deutschen Geschichte. Zum anderen aber auch an den bereits erwähnten Erhöhungen der steuerlichen Förderung aus den Jahren 2000 (*„Gesetz zur weiteren steuerlichen Förderung von Stiftungen"*) und 2007 (*„Gesetz zur weiteren Stärkung des bürgerschaftlichen Engagements (Hilfe für Helfer)"*). Nicht bekannt ist jedoch die Anzahl der nicht-rechtsfähigen Stiftungen (Treuhandstiftungen) in Deutschland. Schätzungen schwanken stark zwischen 20.000 und 45.000.[10] Der *Bundesverband Deutscher Stiftungen* schätzt das Gesamtvermögen aller Stiftungen in Deutschland auf ca. 100 Mrd. €, wovon ca. 70 Mrd. € auf die rechtsfähigen Stiftungen bürgerlichen Rechts entfallen. Die Ausgaben für satzungsgemäße Zwecke schätzt er auf ca. 17 Mrd. €, wovon jedoch nur etwa 5 Mrd. € aus eigenen Vermögenserträgen stammen (der „Rest" aus öffentlichen Finanzierungsanteilen). Der Anteil der gemeinnützigen Stiftungszwecke wird auf 95 % geschätzt.[11]

4.5 Ethische Aspekte des Fundraising bei Stiftungen

Auf den ersten Blick erscheint das Fundraising bei Stiftungen als ethisch unbedenklich; kommen doch sowieso nur als gemeinnützig anerkannte Stiftungen infrage. Gibt es

---

[10] Vgl. Schiffer, Jan K. (Hrsg.): Die Stiftung in der Beraterpraxis, 3. Aufl., (Deutscher Anwaltverlag) Bonn 2012, S. 423.
[11] Vgl. Bundesverband Deutscher Stiftungen 2012 (Das Faktenblatt steht auf www.stiftungen.org zum kostenlosen Download bereit).

jedoch ethische Vorbehalte gegenüber bestimmten Unternehmen bzw. Branchen (siehe Abschn. 3.5), so müssen diese konsequenterweise auch gegenüber Unternehmensstiftungen dieser Unternehmen gelten. Manchmal bestehen auch ethische Vorbehalte gegenüber dem stifterischen Engagement einzelner Unternehmer.

> **Beispiel**
>
> Der Unternehmer und Mitgründer des Metro-Konzerns, *Otto Beisheim*, geriet in Kritik, als bekannt wurde, dass er von 1941 bis 1945 der „Leibstandarte-SS Adolf Hitler" angehört hatte. Sein stifterisches Engagement in Höhe von 10 Mio. € zugunsten des Gymnasiums Tegernsee scheiterte an Protesten gegen eine Umbenennung in „Otto Beisheim Gymnasium". Zu einer anderen Entscheidung kam die private Wirtschaftshochschule „WHU – Otto Beisheim School of Management" in Valender, der Otto Beisheim 1993 50 Mio. Mark spendete.

4.6 Was ich in diesem Kapitel gelernt habe

- Nutzen Sie das große Potenzial, das im Stiftungs-Fundraising steckt!
- Klären Sie mit den wichtigsten Stakeholdern Ihrer Organisation vorab, ob bzw. welche (Unternehmens-)Stiftungen als (nicht) akzeptabel empfunden werden!
- Verschaffen Sie sich mit Hilfe der verschiedenen Stiftungsverzeichnisse einen Überblick über die jährlich wachsende Anzahl von gemeinnützigen Förderstiftungen, die für eine Förderung Ihrer Organisation infrage kämen!
- Recherchieren Sie im Vorfeld einer Ansprache detailliert, ob eine Förderung infrage kommen könnte!
- Haben Sie Geduld, da Stiftungs-Fundraising i. d. R. keine Förderung „von jetzt auf gleich" erreichen kann, sondern einen Vorlauf von bis zu einem Jahr und mehr hat!
- Prüfen Sie auch, ob Ihre Organisation von Bürgerstiftungen gefördert werden könnte!
- Prüfen Sie, ob eine Mischfinanzierung verschiedener Stiftungen und/oder Unternehmen interessant für Ihr Projekt sein könnte!
- Verfolgen Sie regelmäßig, welche jedes Jahr neu errichteten Förderstiftungen für eine Förderung infrage kommen könnten!
- Prüfen Sie (ggf. mit Hilfe spezialisierter Stiftungsberater vor Ort), ob Förderstiftungen im Ausland (z. B. Schweiz, Österreich, USA) für eine Förderung infrage kommen könnten!
- Recherchieren Sie, welche Projekte eine infrage kommende Stiftung in der Vergangenheit gefördert hat!
- Suchen Sie vor einer Antragstellung den telefonischen Kontakt zu einer infrage kommenden Stiftung!
- Respektieren Sie das jeweils von einer Stiftung entwickelte Antragsverfahren und die gewünschten Antragsformulare!

- Stellen Sie Ihr innovatives Projekt kurz und prägnant dar! Achten Sie darauf, dass das Besondere an Ihrem Projekt sofort verstanden werden kann!
- Definieren Sie gemeinsam mit einer fördernden Stiftung vor Durchführung des Projektes die Ziele, anhand deren Erreichung der Erfolg des Projektes anschließend bewertet werden soll!
- Bauen Sie Vertrauen bei Stiftungen auf, indem Sie nach Durchführung des geförderten Projektes nicht nur die Erfolge, sondern selbstkritisch auch die Misserfolge des Projektes benennen!
- Bauen Sie eine persönliche Beziehung im Sinne des Relationship Fundraising zu Entscheidern in Stiftungen auf!
- Vergessen Sie nicht, Stiftungen (wie allen anderen Ressourcenbereitstellern auch) zeitnah und angemessen zu danken!

Weiterführende Literatur

Aktive Bürgerschaft: Diskurs Bürgerstiftungen – Was Bürgerstiftungen bewegt und was sie bewegen. Eigenverlag, Berlin (2013)
Bertelsmann Stiftung: Bürgerstiftungen – Engagement von Bürgern für Bürger. Eigenverlag, Gütersloh (2006)
Bertelsmann Stiftung: Corporate Citizenship planen und messen mit der iooi-Methode. Eigenverlag, Gütersloh (2010)
Bortoluzzi Dubach, E.: Stiftungen – Der Leitfaden für Gesuchsteller, 2. Aufl. Huber, Frauenfeld (2011)
Bundesverband Deutscher Stiftungen: www.stiftungen.org, Zugegriffen: 15.01.2018.
Bundesverband Deutscher Stiftungen: Stiftungen in Zahlen, Errichtungen und Bestand rechtsfähiger Stiftungen des bürgerlichen Rechts in Deutschland im Jahr 2006. Eigenverlag, Berlin (2007)
Bundesverband Deutscher Stiftungen: Stiftungen in Zahlen (2012). www.stiftungen.org, Zugegriffen: 15.01.2018.
Bundesverband Deutscher Stiftungen: Verzeichnis deutscher Stiftungen, 9. Aufl. Eigenverlag, Berlin (2017)
Buss, P.: Fundraising bei Förderstiftungen in der Schweiz. In: Urselmann, M. (Hrsg.) Handbuch Fundraising, S. 195–212. Springer, Wiesbaden (2016)
Initiative Bürgerstiftungen: Bürgerstiftungen in Zahlen. buergerstiftungen.org/fileadmin/ibs/de/8_Presse/2_Pressematerial/IBS_Faktenblatt_2016.pdf, Zugegriffen: 03.02.2018
Haibach, M.: Handbuch Fundraising – Spenden, Sponsoring, Stiftungen in der Praxis. Campus, Frankfurt (2012)
Hoffmann-Steudner, H.: Die Gründung einer Stiftung – Ein Leitfaden für Stifter und Berater. Bundesverband Deutscher Stiftungen, Berlin (2008)
Lindlacher, P., Strachwitz, R.G., Mecking, C.: Stiftungen nutzen – Stiftungen gründen. Verein zur Förderung der sozialpolitischen Arbeit, München (2008)
Mecking, C.: Fundraising bei Förderstiftungen in Deutschland. In: Urselmann, M. (Hrsg.) Handbuch Fundraising, S. 169–194. Springer, Wiesbaden (2016a)
Mecking, C.: Die Stiftung als Fundraising-Instrument. In: Urselmann, M. (Hrsg.) Handbuch Fundraising, S. 213–234. Springer, Wiesbaden (2016b)
Richter, A., v Campenhausen, A.F.: Stiftungsrechts-Handbuch, 4. Aufl. Beck Juristischer Verlag, München (2014)

Schiffer, J.K. (Hrsg.): Die Stiftung in der Beraterpraxis, 4. Aufl. Deutscher Anwaltverlag, Bonn (2015)

Starz, S.: Stiftungsmarketing. In: Fundraising, A. Fundraising – Handbuch für Grundlagen, Strategien und Methoden, 4. Aufl., S. 435–441. Gabler, Wiesbaden (2008)

Strachwitz, R.: Unternehmen als Sponsoren, Förderer, Spender und Stifter. Gabler, Wiesbaden (1993)

Strachwitz, R., Mercker, F.: Stiftungen in Theorie, Recht und Praxis – Handbuch für ein modernes Stiftungswesen. Duncker & Humblot, Berlin (2005)

Toepler, S.: Das gemeinnützige Stiftungswesen in der modernen demokratischen Gesellschaft – Ansätze zu einer ökonomischen Betrachtungsweise. Maecenata, München (1997)

UNICEF: Geschäftsbericht, S. 37 (2011). Ausschnitt

Urselmann, M.: Erhöhung des Stiftungskapitals durch Fundraising. In: Schiffer, J.K. (Hrsg.) Die Stiftung in der Beraterpraxis, 3. Aufl., S. 156. Deutscher Anwaltverlag, Bonn (2012)

Urselmann, M.: Professionelles Fundraising für Bürgerstiftungen. In: Aktive Bürgerschaft Diskurs Bürgerstiftungen – Was Bürgerstiftungen bewegt und was sie bewegen, S. 186. Eigenverlag, Berlin (2013)

Urselmann, M.: Fundraising. In: Arnold, U., Maelicke, B. (Hrsg.) Lehrbuch der Sozialwirtschaft, 4. Aufl., S. 707–732. Nomos, Baden Baden (2014)

Weger, H.-D.: Die Stiftung in der Fundraising-Konzeption. Fachschriften der Bundesarbeitsgemeinschaft Sozialmarketing e. V., Heft 10. Nonprofit Verlag, Bietigheim-Bissingen (1997)

Wigand, K., Haase-Theobald, C., Heuel, M., Stolte, S.: Stiftungen in der Praxis – Recht, Steuern, Beratung, 4. Aufl. Gabler, Wiesbaden (2015)

Fundraising bei öffentlichen Ressourcenbereitstellern   5

In der Definition des Fundraising-Begriffs (siehe Abschn. 1.3) wurden vier Gruppen von Ressourcenbereitstellern (Privatpersonen, Unternehmen, Stiftungen und öffentliche Institutionen) unterschieden. Nach Privatpersonen, Unternehmen und Stiftungen soll abschließend noch das Fundraising gegenüber öffentlichen Ressourcenbereitstellern vorgestellt werden. Zuwendungen der öffentlichen Hand sind für gemeinnützige Organisationen in Deutschland von großer Bedeutung. Sie stellen zwei Drittel der Einnahmen gemeinnütziger Organisationen.[1] Zum Vergleich: In den USA machen öffentliche Zuwendungen nur ein Drittel der Einnahmen gemeinnütziger Organisationen aus.[2] Allerdings ist der Anteil öffentlicher Zuwendungen an den Einnahmen gemeinnütziger Organisationen in Deutschland seit der deutschen Wiedervereinigung rückläufig, weshalb immer mehr Organisationen ihr Fundraising zunehmend auf Privatpersonen, Unternehmen und Stiftungen ausrichten.

Den öffentlichen Ressourcenbereitstellern ist zunächst die Europäische Union (EU) zuzurechnen, die milliardenschwere Förderprogramme auflegt, von denen gemeinnützige Organisationen profitieren können (siehe Abschn. 5.1). Auf nationaler Ebene stellen Bund, Länder und Kommunen öffentliche Ressourcen zur Verfügung (siehe Abschn. 5.2). Selbst Gerichte können in Deutschland den öffentlichen Ressourcenbereitstellern zugerechnet werden, wenn sie Bußgelder und Geldauflagen zugunsten gemeinnütziger Organisationen verhängen (siehe Abschn. 5.3). Gleiches gilt für die Amtskirchen in Deutschland, die als Körperschaften des öffentlichen Rechts aus Kirchensteuermitteln gemeinnützige Organisationen bzw. deren Projekten fördern können (siehe Abschn. 5.4).

Selbst für Experten ist es schwer, den Überblick zu behalten, da öffentliche Zuwendungen in unterschiedlichen Förderrahmen (als institutionelle Förderung oder Projektför-

---

[1] Vgl. Priller, Eckhard; Zimmer, Annette: Der Dritte Sektor: Wachstum und Wandel – Aktuelle deutsche Trends, (Verlag Bertelsmann Stiftung) Gütersloh 2001, S. 28.
[2] Vgl. Salomon, Lester M.; Anheier, Helmut K.: Der Dritte Sektor – Aktuelle internationale Trends, (Verlag Bertelsmann Stiftung) Gütersloh 1999, S. 24.

derung), unterschiedlichen Zuwendungsverfahren (Detailsteuerung, Inkrementalismus, Wettbewerb, Kontrakt-Management oder Runder Tisch), unterschiedlichen Finanzierungsarten (Vollfinanzierung, Fehlbedarfsfinanzierung, Anteilsfinanzierung oder Festbetragsfinanzierung) und auf unterschiedlichen Förderebenen (Kommune, Land, Bund oder EU) vergeben werden.[3] Gerade für Einsteiger ist die Gefahr groß, sich im Dickicht des „Förderdschungels" zu verirren[4], weshalb eine Vielzahl von spezialisierten Beratern, Ratgebern, Aus- und Weiterbildungsangeboten sowie Internet-Plattformen Hilfestellung anbieten (dazu später mehr).

Selbst wenn ein passendes Förderprogramm eines öffentlichen Ressourcenbereitstellers identifiziert werden kann, ist der mit der Antragstellung verbundene bürokratische Aufwand nicht zu unterschätzen. Hinzu kommt, dass öffentliche Zuwendungen meist nur eine Teilfinanzierung ermöglichen – der Differenzbetrag muss anderweitig eingeworben werden. Trotz all dieser Einschränkungen kann das Fundraising gegenüber öffentlichen Ressourcenbereitstellern jedoch sehr lohnenswert sein. Schließlich kann es um hohe Förderbeträge gehen, die – im Gegensatz zur Ressourcenbereitstellung durch Unternehmen und Stiftungen – häufig auch in eine kontinuierliche Unterstützung münden können.[5] Dann sind der hohe bürokratische Aufwand und der lange zeitliche Vorlauf gerechtfertigt.

5.1 Fördermittel der Europäischen Union

Je nach Satzungszweck, können die internationalen Fördermittel der EU ein großes Potenzial für das Fundraising einer gemeinnützigen Organisation darstellen. Europäische Förderprogramme sind in fast allen Einzelbudgets der EU enthalten. Die EU organisiert ihre Förderung im Rahmen jeweils siebenjähriger Förderperioden. In der Förderperiode 2007–2013 förderte die EU im Umfang von insgesamt 975 Mrd. € bzw. ca. 126,5 Mrd. € pro Jahr. Von den jährlich ca. 126,5 Mrd. € flossen

- 36 % (45,5 Mrd. €) in die verschiedenen Europäischen Strukturfonds:
    - EFRE – Europäischer Fonds für regionale Entwicklung,
    - ESF – Europäischer Sozialfonds,
    - EGFL – Europäischer Garantiefonds für die Landwirtschaft,
    - ELER – Europäischer Landwirtschaftsfonds für die Entwicklung des ländlichen Raumes,
    - EFF – Europäischer Fischereifonds.
- 34 % (42,7 Mrd. €) in Direktzahlungen und Marktmaßnahmen für die europäische Landwirtschaft,

---

[3] Vgl. Gahrmann, Christian: Strategisches Fundraising, (Gabler) Wiesbaden 2012, S. 47–49.
[4] Vgl. Pichert, Daniel: Erfolgreich Fördermittel einwerben, (Stiftung Mitarbeit) Bonn 2011, S. 164.
[5] Vgl. Gahrmann, Christian: Strategisches Fundraising, (Gabler) Wiesbaden 2012, S. 50.

5.1 Fördermittel der Europäischen Union

- 10 % (12,4 Mrd. €) in die ländliche Entwicklung,
- 20 % (25,3 Mrd. €) in Programme, die zentral von der EU verwaltet werden („Brüsseler Fördertöpfe").

Über drei Viertel des EU-Haushalts werden von den jeweiligen nationalen und regionalen Behörden verwaltet. Hierbei handelt es sich in erster Linie um die Strukturfonds und Agrarbeihilfen. Die Antragsteller müssen ihre Förderanträge bei den für sie zuständigen nationalen, regionalen und kommunale Behörden einreichen, die auch informieren und unterstützen (siehe Abschn. 5.2). Lediglich Anträge an die zentral verwalteten „Brüsseler Fördertöpfe" sind direkt bei der EU-Kommission oder bei den Exekutivagenturen für die einzelnen Programme einzureichen. Diese Stellen bieten üblicherweise keine umfangreiche Beratung von Antragstellern. Dafür existieren in den Mitgliedsstaaten entsprechende nationale Kontaktstellen, bei denen Antragsteller Informationen, Beratung und Unterstützung bei der Antragstellung erhalten können. In der nächsten EU-Förderperiode (von 2014 bis 2020) wird der neue Finanzrahmen etwas unterhalb bei rund 960 Mrd. € liegen.[6] Die prozentuale Verteilung der Gelder auf die verschiedenen Förderbereiche wird jedoch im Großen und Ganzen vergleichbar zur vorherigen Förderperiode bleiben.

Die EU fördert in großem Umfang Organisationen bzw. deren Projekte im Umwelt- und Naturschutz, in Wissenschaft und Forschung, für nachhaltige Entwicklung, im Bildungs- und Ausbildungsbereich, bürgerschaftliches Engagement, technologische Vorhaben, Jugendprojekte und Integration von benachteiligten Menschen in den Arbeitsmarkt. Der Weg zu den Fördermitteln ist jedoch steinig. *Pichert* beschreibt 10 Stolpersteine und wie sie übersprungen werden können:[7]

- Zu kurze Vorlaufzeit: Anträge auf EU-Fördermittel sind umfangreich und benötigen eine ausreichende Vorlaufzeit sowie eine gute Zeitplanung!
- Unrealistische Erwartungen bzgl. Art und Höhe der Förderung: Die EU leistet überwiegend Projektförderung und keine institutionelle Förderung (Personalkosten)!
- Fehlende internationale Dimension eines Projektes: Viele EU-Programme fördern nur Projekte, die auf einer grenzüberschreitenden Kooperation basieren!
- Eine Projektidee entspricht nicht den Vorgaben: Die EU fördert nur Projekte die ihren formalen und inhaltlichen Förderbedingungen vollständig entsprechen!
- Es gibt keine zentrale Datenbank, die über alle vorhandenen EU-Förderprogramme informiert: Die benötigten Informationen müssen zusammengetragen werden über Informationsveranstaltungen, Internet-Recherche, externe Berater, E-Mail-Newsletter und Publikationen mit Best-Practice-Beispielen (siehe unten)!

---

[6] Vgl. BMWi http://www.foerderdatenbank.de/Foerder-DB/Navigation/Foerderwissen/eu-foerderung.html (Zugriff am 22.08.2013).
[7] Vgl. Pichert, Daniel: Die zehn Stolpersteine des EU-Fundraisings – ... und wie Organisationen sie überspringen können, Berlin 2011. Der Ratgeber kann kostenlos als pdf auf www.europaberatung-berlin.de heruntergeladen werden.

- Das Einwerben von EU-Fördermitteln ist zeitaufwendig und kann nicht „nebenbei" erledigt werden: EU-Fundraising ist „Chefsache" und muss von der Geschäftsführung einer Organisation unterstützt werden oder zumindest in enger Abstimmung mit dieser erfolgen!
- Die EU finanziert meist nur einen Teil des Gesamtbudgets eines Projektes: Die Organisation muss den Restbetrag als Kofinanzierung bei anderen Ressourcenbereitsteller einwerben!
- Die EU stellt Anforderungen an die Rechtsform des Projektträgers: Es muss geklärt werden, ob eine Institution förderfähig ist!
- Die EU bearbeitet nur Anträge, die alle formalen Erfordernisse erfüllen: Antragsunterlagen müssen vollständig eingereicht werden, die gültigen Antragsformulare verwenden, alle benötigten Angaben machen, die erforderlichen Bescheinigungen umfassen, und von der zeichnungsberechtigten Person unterschrieben sein!
- Die entscheidenden Gutachter der EU-Programme erwarten aussagefähige und überzeugende Bewerbungen, nicht oberflächlich ausgefüllte Formulare!

Zusammenfassend gilt es also herauszufinden, *wann* man für *welches* Projekt *wo* mit Hilfe *welcher* Antragsformulare Fördermittel beantragen kann. Dafür leisten Datenbanken eine erste wichtige Hilfestellung. Ähnlich wie bei Stiftungen gibt es zwar auch für EU-Fördermittel kein zentrales Verzeichnis, das wirklich lückenlos alle EU-Förderprogramme auflistet. Zumindest die wichtigsten Förderprogramme können jedoch mit Hilfe der folgenden Förderdatenbanken selektiert werden:

- Förderdatenbank „Förderprogramme und Finanzhilfen des Bundes, der Länder und der EU" des *Bundesministeriums für Wirtschaft und Technologie* (www.foerderdatenbank.de) (siehe Abschn. 5.2),
- Auf ihrer Website europa.eu bietet die EU unter der Rubrik „Wie funktioniert die EU" – „EU-Finanzhilfen" Hilfestellung bei der Suche passender EU-Förderprogramme an.
- Ein umfassendes EU-Fachinformationssystem (EUFIS) bietet die *Bank für Sozialwirtschaft* (seit September 2013 kostenlos) an (eufis.eu). Den Kern der Datenbank bildet die Darstellung der relevanten EU-Förderprogramme inklusive der Strukturfonds. Die Suche nach geeigneten EU-Förderprogrammen in den Bereichen „Soziales und Beschäftigung", „Bildung, Jugend und Kultur", „Gesundheit und Forschung", „Regional- und Strukturpolitik", „Wirtschaft und Information" sowie „Menschenrechte und Migration" wird durch die praxisgerechte Aufbereitung der Ausschreibungstexte hinsichtlich verschiedener Kriterien wie „Antragsberechtigte", „Zielgruppen" oder „Förderzeitraum" unterstützt.

Viel Zeit lässt sich sparen, wenn man (zumindest für den Einstieg) die Unterstützung erfahrener Berater in Anspruch nimmt. Der noch junge Verband *EU-Fundraising Association e. V.* widmet sich der Arbeit rund um europäische Projekte und EU-Fördermittel. Da er noch keine öffentlich einsehbare Dienstleisterliste anbietet, hier eine Auswahl (ohne Anspruch auf Vollständigkeit) bekannter Berater für EU-Fundraising:

- *emcra GmbH* (emcra.eu), Ansprechpartner: Michael Kraack,
- *EU Warehouse* (eu-warehouse.be), Ansprechpartnerin: Kerstin Weertz,
- *Förder-Lotse* Beratung (foerder-lotse.de/beratung.html), Ansprechpartner: Torsten Schmotz.
- *EuropaBeratung Berlin* (europaberatung-berlin.de), Ansprechpartner: Daniel Pichert,
- *Europe Direct* Beratungsstellen (europa.eu/europedirect/index_de.htm).

Wer sich tiefer in das EU-Fundraising einarbeiten möchte, kann sich bei folgenden Anbietern (Auswahl ohne Anspruch auf Vollständigkeit) ausbilden lassen:

- *emcra GmbH*: Zertifizierte berufsbegleitende Weiterbildung „Qualifizierung zum EU-Fundraiser" (emcra.eu/eu-fundraiser),
- *Europäische Fundraising Akademie (EUFRAK)*: 12-wöchige Weiterbildung zum EU-Fundraiser (eufrak.eu/weiterbildungen/eu-fundraiser-in-12-wochen.html),
- *Förder-Lotse* Seminare (foerder-lotse.de/seminare),
- *Europäische Akademie für Steuern, Wirtschaft und Recht*: Master of Management in EU Funds (de.euroacad.eu/veranstaltungen/masterclass-management-in-eu-funds-k-88/).

Aktuelle Informationen zum EU-Fundraising liefern folgende Newsletter:

- EU-Fördertipp (alle 14 Tage kostenfrei herausgegeben durch *emcra*): emcra.eu/foerdertipp,
- FörderInfo Aktuell (herausgegeben durch die *Servicestelle EU-Förderpolitik und -projekte von EKD und Diakonie Deutschland*).
- Xing-Gruppe „EU-Fundraising": xing.com/net/eufundraising.

5.2 Fördermittel von Bund, Ländern und Kommunen

Das Einwerben von Fördermitteln bei Bund, Ländern und Kommunen ähnelt in der Vorgehensweise stark dem Einwerben von Fördermitteln bei der EU. Auch auf nationaler, regionaler und lokaler Ebene gibt es unübersichtlich viele Möglichkeiten von Förderkonstellationen zwischen öffentlichen Geldgebern und nicht-staatlichen, gemeinwohlorientierten Organisationen. Entsprechend langwierig wird die Suche vor allem für noch unerfahrene Akteure, die noch kein Beziehungsnetzwerk aufbauen konnten. Da die Förderziele und Institutionen zu vielfältig sind, und einem zu schnellen Wandel unterworfen sind, gibt es keinen allgemeinen Wegweiser.[8] Einen ersten Einstieg bei der Suche nach öffentlichen Finanzierungsquellen ermöglicht jedoch die im vorangegangenen Kapitel bereits erwähnte Förderdatenbank „Förderprogramme und Finanzhilfen des Bundes, der Länder und der EU" des *Bundesministeriums für Wirtschaft und Technologie* im Internet zur Verfügung (foerderdatenbank.de). Förderprogramme und Finanzhilfen können mit Hilfe einer „Schnellsuche" selektiert werden nach:

- Fördergeber: Bund, Länder, EU,
- Fördergebiet: Bundesland des Antragstellers,
- Förderberechtigte: Existenzgründer, Unternehmen, Bildungseinrichtung, Forschungseinrichtung, Hochschule, Kommune, Öffentliche Einrichtung, Privatperson, Verband/Vereinigung.
- Förderbereich: Existenzgründung & -festigung, Unternehmensfinanzierung, Arbeit, Aus- & Weiterbildung, Außenwirtschaft, Beratung, Energieeffizienz & Erneuerbare Energien, Forschung und Innovation, Gesundheit und Soziales, Infrastruktur, Kultur, Medien & Sport, Landwirtschaft & Ländliche Entwicklung, Messen und Ausstellungen, Regionalförderung, Städtebau und Stadterneuerung, Umwelt- und Naturschutz, Wohnungsbau & -modernisierung.
- Förderart: Zuschuss, Darlehen, Bürgschaft, Beteiligung, Garantie.

Alternativ kann man sich auch durch einen „Förderassistenten" Schritt für Schritt zu infrage kommenden Förderprogrammen führen lassen. Ist ein geeignetes Programm gefunden, unterliegt der zu stellende Förderantrag ähnlich hohem bürokratischen Aufwand wie bei der Beantragung von EU-Mitteln.

5.3 Bußgelder und Geldauflagen

Ebenfalls zu den öffentlichen Ressourcenbereitstellern gezählt werden können Richter und Staatsanwälte sowie ausgewählte Finanz- und Hauptzollämter, die über Zuweisungen in Form von Bußgeldern oder Geldauflagen entscheiden. Zwar sind die Zahlung von Privatpersonen oder Unternehmen zu leisten. Die Entscheidung, ob diese Zahlungen jedoch an die Staatskasse oder eine gemeinnützige Organisation geleistet werden müssen, fällen Vertreter öffentlicher Institutionen. Gemeinnützige Organisationen bemühen sich im Rahmen des **Bußgeld-Marketing** bzw. **Geldauflagen-Marketing** aktiv darum, solche Zuweisungen zu erhalten. Diese spezielle Form des Fundraising gibt es nur in Deutschland. Das Gesamtvolumen der Zuweisungen von Gerichten, Staatsanwaltschaften und Finanzbehörden an gemeinnützige Organisationen wird auf ca. 100 Mio. € pro Jahr geschätzt. Seit Anfang der Nullerjahre ist das Gesamtvolumen jedoch leicht rückläufig. Da

---

[8] Vgl. Belle, Manfred: Fördermittel aus öffentlicher Hand, in: Fundraising Akademie (Hrsg.): Fundraising – Handbuch für Grundlagen, Strategien und Methoden, 5. Aufl., (Gabler) Wiesbaden 2016, S. 583–588.

5.3 Bußgelder und Geldauflagen

die Gelder i. d. R. nicht zweckgebunden sind, sind sie für Organisationen besonders attraktiv.

Die Begriffe „Bußgeld" und „Geldauflage" werden im Fundraising oft synonym verwendet. In Ermangelung eines geeigneten Oberbegriffs wird dann einheitlich von „Bußgeld-Marketing" oder „Bußgeld-Fundraising" gesprochen. Juristisch gesehen, ist dies jedoch nicht korrekt. Ein **Bußgeld** (auch Buße oder Geldbuße) ist eine verwaltungsrechtliche Sanktion, die i. d. R. bei Ordnungswidrigkeiten verhängt wird. Darunter versteht man weniger schwere Verstöße gegen das geltende Recht, die zwar sanktioniert werden, jedoch keine Geld- oder Freiheitsstrafen zur Folge haben (z. B. Falschparken, zu schnelles Fahren, Verstoß gegen Meldepflichten). **Geldauflagen** hingegen können von einem Staatsanwalt (mit Zustimmung des Gerichts und des Beschuldigten) im Zusammenhang mit der Einstellung eines Strafverfahrens erteilt werden (§ 153a der Strafprozessordnung) oder von einem Richter, der eine Freiheitsstrafe zur Bewährung aussetzt (§ 56b Strafgesetzbuch). Gesetzlich sind dabei keine Kriterien festgelegt, wohin das Geld fließt. Bußgelder und Geldauflagen können zugunsten der Staatskasse oder einer bzw. mehrerer gemeinnütziger Organisationen verhängt werden. Die Entscheidung liegt allein beim zuständigen Staatsanwalt bzw. Richter. Es gibt lediglich eine Richtlinie, laut der Staatsanwälte angehalten sind, Einrichtungen der Opferhilfe besonders zu berücksichtigen. Von Bußgeldern und Geldauflagen abzugrenzen sind Geldstrafen, die nur durch ein Urteil oder einen Strafbefehl angeordnet werden und grundsätzlich an die Staatskasse fließen.[9]

> **Beispiel**
>
> Im sog. Mannesmann-Prozess, bei dem es um Prämienzahlungen bei der Übernahme von *Mannesmann* durch *Vodafone* ging, wurde das Gerichtsverfahren 2007 eingestellt gegen Zahlung von Geldauflagen in Höhe von insgesamt 5,8 Mio. €. Mehr als 4000 gemeinnützige Organisationen wollten in den Genuss der Zahlungen kommen. 363 Organisationen erhielten jeweils Beträge zwischen 1000 und 30.000 €. 60 % der Geldauflagen wurden zugunsten der Staatskasse erteilt.

Erfolgreiches Bußgeld- und Geldauflagen-Marketing setzt ein systematisches Vorgehen im Rahmen des Fundraising voraus, das von *Billeter/List-Gessler* beschrieben wird.[10] Um überhaupt Zuteilungen erhalten zu können, ist Voraussetzung, dass sich eine gemeinnützige Organisation bei den Oberlandesgerichten (OLG) in eine dafür vorgesehene Liste aufnehmen lässt. Der offizielle Titel dieses Verzeichnisses ist „Liste der gemeinnützigen Einrichtungen, die an der Zuweisung von Geldauflagen interessiert sind". Irritierender

---

[9] Vgl. Ruh, Sabine T.: Buhlen um die Gunst der Richter: Bußgeld-Fundraising – ein Millionen-Deal, auf: die-stiftung.de – Portal für Stifter und Philanthropen – b Projekte & Praxis – b Fundraising (Zugriff am 26.08.2013).
[10] Billeter, Hanspeter; List-Gessler, Brigitte: Bußgeldmarketing, in: Fundraising Akademie (Hrsg.): Fundraising – Handbuch für Grundlagen, Strategien und Methoden, 4. Aufl., (Gabler) Wiesbaden 2008, S. 410–420.

Weise sprechen jedoch viele Oberlandesgerichte von einer „Bußgeldliste".[11] Die Antragsformulare können auf der Website der jeweils listenführenden Stelle heruntergeladen werden. Als Nachweise sind i. d. R. beizufügen die Vereinssatzung, der Vereinsregisterauszug, der Freistellungsbescheid des für die Organisation zuständigen Finanzamtes (als Nachweis der Gemeinnützigkeit), eine Verpflichtungserklärung zur Mitteilung der zugeflossenen Geldbeträge sowie die Einverständniserklärung, dass der Bericht über die Höhe der erhaltenen Gelder und deren Verwendung veröffentlicht wird. Der Eintrag gilt dann je nach OLG für ein bis zwei Jahre. Die OLGs reichen die Unterlagen der Organisation dann an die mit Strafsachen betrauten Mitarbeiter auch in den nachgeordneten Gerichten weiter.

Die Eintragung in die sogenannten Bußgeldlisten ist zwar conditio sine qua non, reicht alleine jedoch nicht für erfolgreiches Bußgeld- und Geldauflagen-Marketing aus. Da auf einer Bußgeldliste zwischen 500 und 2000 Organisationen verzeichnet sein können, ist es wichtig, die zuweisenden Richter und Staatsanwälte noch einmal individuell auf eine Organisation und ihre Projekte aufmerksam zu machen und in regelmäßigem (schriftlichen) Kontakt zu bleiben. Besonders geeignet für die Kontaktaufnahme sind (ehrenamtliche) Mitarbeiter der Organisation, die selbst Juristen sind (oder waren) und über persönliche Kontakte verfügen. Um bei Richtern und Staatsanwälten in Erinnerung zu bleiben, werden ihnen zwei bis vier Mailings pro Jahr geschickt. Ihre Adressen finden Organisationen im jährlich erscheinenden „Handbuch der Justiz" des *Deutschen Richterbundes*. Allerdings muss noch bei den jeweiligen Behörden recherchiert werden, da nicht einmal die Hälfte der ca. 30.000 Richter und Staatsanwälte als Zuweiser infrage kommt und hohe Fluktuation in den Behörden herrscht. Einfacher ist es, aktuelle Adressen potenzieller Zuweiser bei spezialisierten Dienstleistern bzw. Listbrokern zu mieten (siehe unten).

Im Sinne des Relationship Fundraising ist zu Richtern und Staatsanwälten ein ähnliches Vertrauensverhältnis aufzubauen wie zu privaten (Groß-)Spendern und Entscheidern in Unternehmen und Stiftungen. Am besten gelingt dies durch Service und Zuverlässigkeit. Zum Standard sollte gehören, Richtern und Staatsanwälten Adressetiketten der Organisation zuzuschicken, auf denen auch das Bußgeldkonto angegeben ist (auf das natürlich auch Geldauflagen eingehen können). Die Adressetiketten erleichtern den Zuweisern das Ausfüllen der Bescheide. Auch Überweisungsträger auf die Kontonummer des Bußgeldkontos mit dem Verwendungszweck „keine Spende" gehören zum Standard. Dabei sollte jede gemeinnützige Organisation ein separates Bußgeldkonto (neben dem Spendenkonto) eröffnen, damit die Eingänge von Bußgeldern und Geldauflagen einerseits und Spenden andererseits strikt voneinander getrennt werden können. Dies ist erforderlich, da die Zahler von Bußgeldern oder Geldauflagen keine Zuwendungsbestätigung erhalten dürfen. Sie sollen die Sanktion nicht auch noch steuerlich geltend machen können. Ebenfalls zu gutem Service gehört, den Eingang von Bußgeldern und Geldauflagen zeitnah und vollständig unter Einhaltung des Datenschutzes gegenüber den Richtern und Staatsanwälten zu bestä-

---

[11] Siehe beispielsweise: www.olg-karlsruhe.de/servlet/PB/menu/1187055/index.html (Zugriff am 10.09.2013).

5.3 Bußgelder und Geldauflagen

tigen, damit die Zuweiser sicher sein können, dass eine verhängte Strafe auch tatsächlich und (bei Ratenzahlung) vollständig geleistet wurde. Erleichtert wird die Administration von Bußgeldern und Geldauflagen durch eine professionelle Fundraising-Software (siehe Abschn. 2.1.8). Besonders engagierte Zuweiser sollten zudem – wie Großspender (siehe Abschn. 2.1.6) – individuell behandelt werden.

Da Richter auch online recherchieren, zugunsten welcher Organisation sie ein Bußgeld oder eine Geldauflage verhängen sollen, ist es für eine gemeinwohlorientierte Organisation sinnvoll, auch auf ihrer Website zu kommunizieren, dass sie ein verlässlicher Partner für Zuweiser ist.

> **Beispiel**
>
> Die Hilfsorganisation *Ärzte ohne Grenzen* bietet Zuweisern von Geldauflagen auf ihrer Website einen Ansprechpartner an (siehe Abb. 5.1).

Bei fehlenden Personalkapazitäten kann das Bußgeld- und Geldauflagen-Marketing ganz oder teilweise auf externe Dienstleister ausgelagert werden (Outsourcing). Hier eine (unvollständige) Liste von auf Bußgeld- und Geldauflagen-Marketing spezialisierten Dienstleistern:

Abb. 5.1 Kommunikation eines Ansprechpartners für Zuweiser von Geldauflagen auf der Website. (Quelle: aerzte-ohne-grenzen.de/geldauflagen-bussgeld (Zugriff am 04.02.2018))

- *GFS probono GmbH*, Bad Honnef, Ansprechpartnerin: Sarah Christin Müller,
- *Hans-Peter Billeter Unternehmensberatung*, Pforzheim, Ansprechpartner: Hanspeter Billeter,
- *pro fund Media Services GmbH*, Osnabrück, Ansprechpartner: Wilhelm Heermann,

5.4 Fördermittel aus Kirchensteuern

Neben rein kirchlichen Zwecken werden aus Kirchensteuermitteln auch gemeinnützige und mildtätige Zwecke gefördert. Entsprechend können auch nicht-kirchliche Organisationen (des Dritten Sektors) versuchen, im Rahmen ihres Fundraising **Fördermittel aus Kirchensteuern** einzuwerben.

> **Beispiel**
>
> Organisationen wie Caritas, Kolping und Deutsche Pfadfinderschaft St. Georg (DPSG) erhalten von der katholischen Kirche Gelder aus Kirchensteuermitteln für nicht-regelfinanzierte Leistungen wie z. B. Beratungsleistungen (Allgemeine Sozialberatung, Schuldnerberatung, Schwangerschaftsberatung, Ehe-, Lebens- und Familienberatung, Arbeitslosenberatung, Migrationsberatung etc.) oder Jugendhilfe.

Religionsgemeinschaften wie die katholische und evangelische Kirche, die in Deutschland als Körperschaften des öffentlichen Rechts anerkannt sind, können von ihren Mitgliedern eine (Kirchen-)Steuer erheben. Rechtsgrundlage ist Artikel 140 des Grundgesetzes in Verbindung mit Artikel 137 der Weimarer Verfassung. Als Körperschaften des öffentlichen Rechts werden die Kirchen aus Fundraising-Sicht den öffentlichen Ressourcenbereitstellern zugerechnet. Mit Ausnahme des Kantons Waadt, werden übrigens auch in allen schweizerischen Kantonen Kirchensteuern erhoben, wenn auch in verschiedenen, von den jeweiligen Kantonen individuell geregelten Formen.

Im Jahr 2016 betrugen die Einnahmen aus Kirchensteuern in Deutschland 6,146 Mrd. € bei der *Katholischen Kirche*[12] und 5,45 Mrd. € bei der *Evangelischen Kirche in Deutschland (EKD)*.[13] Groben Schätzungen zufolge, werden bei der *Katholischen Kirche* ca. 10 % der Kirchensteuereinnahmen für den Bereich „Schule und Bildung" sowie weitere ca. 10 % für den Bereich „Soziales und Karitatives" ausgegeben. Bei der EKD werden ca. 10 % für den Bereich „Schule, Bildung, Soziales und Karitatives" ausgegeben. Vergeben werden diese Mittel i. d. R. über die jeweiligen Diözesen bzw. Landeskirchen. Ein einheitliches Antragsverfahren gibt es nicht. Möchte eine gemeinnützige Organisation Mittel aus Kirchensteuern einwerben, wendet sie sich an die für sie zuständige Diözese bzw. Landeskirche, um sich über das jeweils praktizierte Vergabeverfahren zu informieren.

---

[12] Quelle: dbk.de/themen/kirche-und-geld/kirchensteuer/ (Zugriff am 04.02.2018).
[13] Quelle: ekd.de/kirche-und-geld.htm (Zugriff am 04.02.2018).

5.5 Was ich in diesem Kapitel gelernt habe

- Prüfen Sie, ob Sie für Ihre Organisation bzw. einzelne Projekte Fördermittel der EU einwerben können!
- Lassen Sie sich von der verwirrenden Vielfalt der Förderprogramme nicht abschrecken! Versuchen Sie – anfangs am besten mit Hilfe eines kompetenten Beraters – einen schnellen Überblick über Ihre Möglichkeiten zu bekommen!
- Rechnen Sie bei Förderprogrammen der EU mit langen Vorlaufzeiten!
- Erwarten Sie von der EU Projektförderung, keine institutionelle Förderung!
- Wenn Ihr Projekt den Förderbedingungen der EU nicht hundertprozentig entspricht, müssen sie es anpassen – jedoch nicht um den Preis, sich „verbiegen" zu müssen!
- Reichen Sie nur vollständige Anträge bei der EU ein!
- Nutzen Sie bei Ihrer Suche nach öffentlichen Finanzierungsquellen die Förderdatenbank „Förderprogramme und Finanzhilfen des Bundes, der Länder und der EU" des *Bundesministeriums für Wirtschaft und Technologie* im Internet! Sie ist nicht umfassend, liefert aber einen guten Einstieg!
- Wägen Sie ab, ob sich Bußgeld- und Geldauflagen-Marketing für Ihre Organisation rechnet!

Weiterführende Literatur

Belle, M.: Fördermittel aus öffentlicher Hand. In: Fundraising Akademie (Hrsg.) Fundraising – Handbuch für Grundlagen, Strategien und Methoden, 5. Aufl., S. 583–588. Gabler, Wiesbaden (2016)

Billeter, H., List-Gessler, B.: Bußgeldmarketing. In: Fundraising Akademie (Hrsg.) Fundraising – Handbuch für Grundlagen, Strategien und Methoden, 4. Aufl., S. 410–420. Gabler, Wiesbaden (2008)

BMWi. http://www.foerderdatenbank.de/Foerder-DB/Navigation/Foerderwissen/eu-foerderung.html. Zugegriffen: 22. Aug. 2013

Chodzinski, G.: EU-Mittel. In: Fundraising Akademie (Hrsg.) Fundraising – Handbuch für Grundlagen, Strategien und Methoden, 5. Aufl., S. 583–588. Gabler, Wiesbaden (2016)

Gahrmann, C. (Hrsg.): Strategisches Fundraising. Gabler, Wiesbaden (2012)

Hatscher, S.: Kirchensteuer und Kirchgeld. In: Fundraising Akademie (Hrsg.) Fundraising – Handbuch für Grundlagen, Strategien und Instrumente, 1. Aufl., S. 983–992. Gabler, Wiesbaden (2001)

Kraack-Tichy, H.: Chancen als EU-Fundraiser – Analyse des Arbeitsmarktes für EU-Fundraiser im Bildungs-, Jugend-, Sozial- und Kulturbereich. In: Bonn, W. (Hrsg.) Arbeitsmarkt – Bildung, Kultur & Sozialwesen Heft 25. S. 4–8. (2010)

Kröselberg, M., Garben, A.: Geldauflagenmarketing. In: Fundraising Akademie (Hrsg.) Fundraising – Handbuch für Grundlagen, Strategien und Methoden, 5. Aufl., S. 556–569. Gabler, Wiesbaden (2016)

Pichert, D.: Die zehn Stolpersteine des EU-Fundraisings – … und wie Organisationen sie überspringen können. Berlin (2011a). Der Ratgeber kann kostenlos als pdf auf www.europaberatung-berlin.de heruntergeladen werden

Pichert, D. (Hrsg.): Erfolgreich Fördermittel einwerben. Stiftung Mitarbeit, Bonn (2011b)

Stückemann, W.: Transparenz der Vergabe von Geldbußen an gemeinnützige Organisationen – Eine Dokumentation anhand der Praxis der Bundesländer. In: Hüttemann, R., Rawert, P., Schmidt, K., Weitemeyer, B. (Hrsg.) Non profit law yearbook 2009, S. 21–45. Heymanns Verlag, Köln (2010)

Fundraising-Management 6

Aus den vorangegangenen Kapiteln wird deutlich, dass dem Fundraising eine Vielzahl unterschiedlichster Maßnahmen zur Verfügung steht, um benötigte Geld-, Sach- und Dienstleistungen bei Privatpersonen, Unternehmen, Stiftungen und öffentlichen Ressourcenbereitstellern zu akquirieren. Wie bereits in der Definition des Fundraising hervorgehoben (siehe Kap. 1), ist Ziel des Fundraising, die von einer einzelnen Organisation konkret benötigten Ressourcen zu möglichst geringen Kosten zu beschaffen. Oder anders ausgedrückt: Jede Organisation muss den für sie optimalen Fundraising-Mix finden. Optimal ist derjenige Mix, der den Nettoerlös (Summe aller Fundraising-Erlöse minus Summe aller Fundraising-Kosten) maximiert, um den Projekten einer Organisation möglichst viele Ressourcen zur Erfüllung ihrer satzungsgemäßen Aufgaben zur Verfügung stellen zu können. Da unterschiedliche Organisationen immer auch unterschiedliche Ausgangssituationen bzgl. ihrer Lebenszyklusphase, Größe, Satzungszweck, (Föderal-)Struktur etc. aufweisen, kann es nicht den einen optimalen Fundraising-Mix für alle Organisationen geben. Vielmehr muss jede Organisation den für sie optimalen Mix selber finden. Hinter professionellem Fundraising steckt deshalb ein anspruchsvolles Optimierungsproblem, auf das später in Abschn. 6.9 noch ausführlich einzugehen sein wird. Das beschriebene Optimierungsproblem kann aufgrund seiner Komplexität nur mit Hilfe eines systematischen **Fundraising-Management** gelöst werden.

Unter Management soll hier die zielorientierte Steuerung (einer Organisation) unter effektiver (wirksamer) und effizienter (wirtschaftlicher) Nutzung der vorhandenen Ressourcen verstanden werden. Im Sinne einer funktionalen Betrachtung wird Management als ein Komplex von Aufgaben und Prozessen verstanden.[1] Die Überlegungen basieren im Wesentlichen auf dem **Freiburger Management-Modell für Nonprofit-Organisa-**

---

[1] Vgl. Schubert, Herbert: Zur Logik des modernen Managementbegriffs, in: Schubert, Herbert (Hrsg.): Sozialmanagement – zwischen Wirtschaftlichkeit und fachlichen Zielen, 2. Aufl., (VS Verlag) Wiesbaden 2005, S. 63–86.

tionen.[2] Nur im Detail werden Modifikationen vorgeschlagen, auf die an gegebener Stelle eingegangen wird.

Im Freiburger Management-Modell wird die **Steuerung** als die zentrale Management-Aufgabe betrachtet. Die Steuerung umfasst, untrennbar mit einander verbunden, ...

- ... die **Planung** verbindlicher Ziele bzw. Soll-Vorgaben inkl. der **Kontrolle** der Erreichung dieser Soll-Vorgaben nach **Durchführung** (Soll-Ist-Vergleich) ...
- ... im Rahmen der vereinbarten Qualitätsstandards (**Qualitäts-Management**) ...
- ... mit Hilfe des **Controlling** (als Planung und Kontrolle unterstützendes Informationssystem).

Um die Ziele einer Organisation zu erreichen, steuert ein Manager also mit Hilfe der Planung, des Controlling und des Qualitäts-Management. Eine überblicksartige Zusammenfassung und Veranschaulichung aller, in den folgenden Kapiteln detailliert auszuführenden Zusammenhänge liefert vorab Abb. 6.1. In der Abbildung ist das Fundraising-Management dem Ressourcen-Management auf der Beschaffungs- bzw. Input-Seite zuzuordnen.

Neben Planung, Controlling und Qualitäts-Management werden im Freiburger Management-Modell noch die Management-Aufgaben Willensbildung/-sicherung, Führung, Organisation und Innovation genannt. Mit Ausnahme der Willensbildung/-sicherung werden alle Management-Aufgaben in den nachfolgenden Kapiteln näher ausgeführt. In Abweichung zum Freiburger Management-Modell wird die Willensbildung/-sicherung mit ihren vier Phasen (Entscheidungsvorbereitung, Entscheidung, Realisation und Kontrolle) hier als integraler Bestandteil der Planung angesehen, nicht als eine separat zu behandelnde Management-Aufgabe.

Wie im Folgenden noch näher auszuführen sein wird, geht es beim Fundraising-Management also darum, im Rahmen der Fundraising-Planung (siehe Abschn. 6.2) zu entscheiden, welche (realistischen) Fundraising-Ziele mit Hilfe welcher Fundraising-Maßnahmen zu welchen Fundraising-Kosten erreicht werden sollen. Um einschätzen zu können, welche Fundraising-Ziele als realistisch betrachtet werden können, ist jedoch zunächst eine Analyse (siehe Abschn. 6.1) mit Unterstützung des Fundraising-Controlling (siehe Abschn. 6.3) durchzuführen. Dabei wird hier der Schwerpunkt auf das Management des Fundraising bei Privatpersonen gelegt, da das Management des Unternehmens-Fundraising bereits in Abschn. 3.3, das Management des Stiftungs-Fundraising bereits in Abschn. 4.3 und das Management des Fundraising bei öffentlichen Ressourcenbereitstellern bereits in Kap. 5 vorgestellt wurde.

---

[2] Vgl. Lichtsteiner, Hans; Gmür, Markus; Giroud, Charles; Schauer, Reinbert: Das Freiburger Management-Modell für Nonprofit-Organisationen, 8. Aufl., (Haupt) Bern/Stuttgart/Wien 2015.

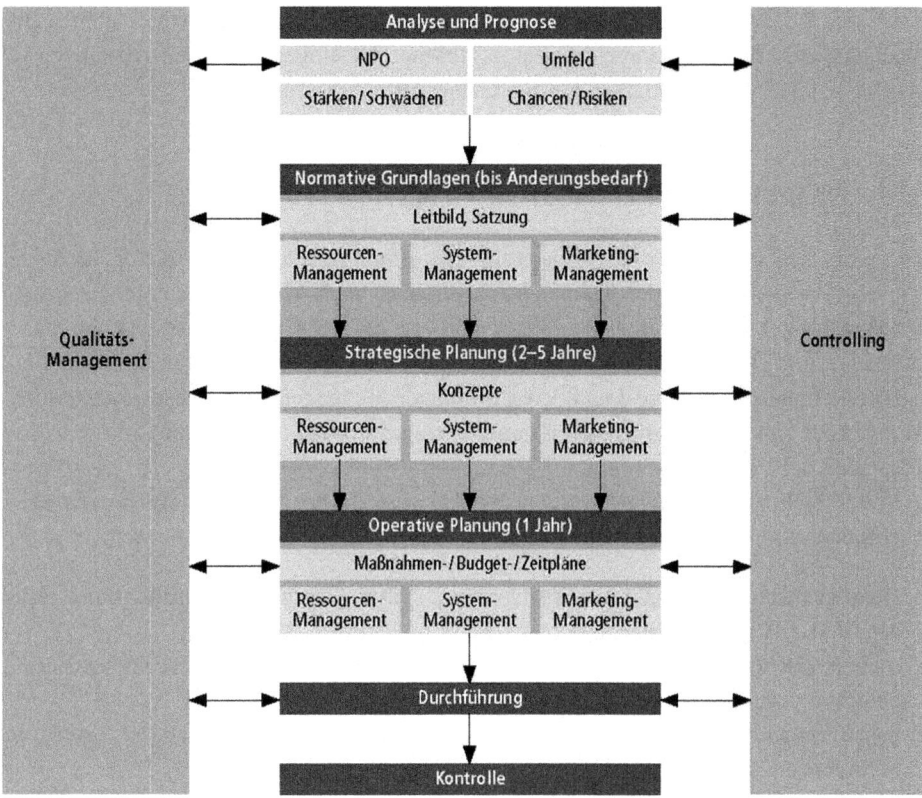

Abb. 6.1 Management-Aufgabe Steuerung, bestehend aus Planung, Controlling und Qualitäts-Management. (In Anlehnung an Lichtsteiner, Hans; Gmür, Markus; Giroud, Charles; Schauer, Reinbert: Das Freiburger Management-Modell für Nonprofit-Organisationen, 8. Aufl., (Haupt) Bern/Stuttgart/Wien 2015, S. 66. Die vorgenommenen Änderungen werden in den nachfolgenden Kapiteln begründet)

6.1 Analyse im Fundraising

Im Rahmen von Marktforschung sind v. a. Größe und Entwicklung des Gesamtmarktes, Zielgruppen und die Konkurrenz zu analysieren. Hinzu kommen Analysen von Kennzahlen zu allen durchgeführten Fundraising-Maßnahmen, die hier jedoch erst später im Rahmen des Fundraising-Controlling (siehe Abschn. 6.3) vorgestellt werden.

6.1.1 Analyse von Größe und Entwicklung des Gesamtmarktes

Differenziert nach den vier Gruppen von Ressourcenbereitstellern, wurden Größe und Entwicklung des Volumens von Privatpersonen zur Verfügung gestellter Ressourcen bereits in Abschn. 2.8 erörtert. Auf Größe und Entwicklung des Volumens von Unternehmen zur Verfügung gestellter Ressourcen wurde in Abschn. 3.4 eingegangen, von Stiftungen in Abschn. 4.4 und von öffentlichen Ressourcenbereitsteller in Kap. 5.

6.1.2 Zielgruppenanalyse im Fundraising

Bevor eine Organisation (potenziellen) Spendern ihre verschiedenen Spendenprodukte (Einzel-, Dauer-, Groß- oder Testamentspende, aber auch Mikro-, Restgeld- oder Anlassspende sowie Spendenaktion) anbietet, muss sie die dafür jeweils infrage kommende Zielgruppe bzw. Zielgruppen vorab präzise identifizieren und segmentieren. Je besser eine Organisation ihre Zielgruppen und deren Merkmale abgrenzen kann, umso gezielter und erfolgreicher kann sie sie adressieren, umso geringer werden (teure) Streuverluste in der Ansprache.

In der **Zielgruppenanalyse** werden üblicherweise folgende **Zielgruppenmerkmale** (von Spendern) unterschieden, die im Folgenden ausführlich dargestellt werden:

- **Demografische** Merkmale des Spenders (z. B. Alter, Geschlecht, Familienstand, Zahl der Kinder, Haushaltsgröße usw.),
- **soziografische** Merkmale des Spenders (z. B. Einkommen, Kaufkraft, Bildung, Beruf, Schichtzugehörigkeit usw.),
- **psychografische** Merkmale des Spenders (z. B. Motive, Einstellungen, Erwartungen, Meinungen usw.),
- **geografische** Merkmale des Spenders (z. B. Region, Stadtteil, Wohngebiet, Straßenzug, Nachbarschaft usw.),
- **verhaltensorientierte** Merkmale des Spenders (z. B. Informationsverhalten, Mediennutzungsverhalten, Freizeitverhalten usw.).

6.1.2.1 Demografische Zielgruppenmerkmale von Spendern
Zunächst ist es für eine Organisation wichtig, **demografische Zielgruppenmerkmale** ihrer Spender zu kennen. Hierzu gehören insbesondere Alter, Geschlecht, Familienstand, Zahl der Kinder sowie Konfession.

Alter Insbesondere das **Alter** eines Spenders ist von zentraler Bedeutung. Eine Faustformel im Fundraising teilt die Menschen in drei Alterskategorien ein:

- Die **Jungen** (bis zu einem Alter von 30 Jahren) haben noch wenig Geld, dafür aber Zeit. Sie engagieren sich gerne mit Zeitspenden (Freiwilligenarbeit, Ehrenamt), können i. d. R. aber noch keine großen Geldspenden leisten.
- Die **mittleren Alters** (von 30 bis 60 Jahren) haben wegen Familiengründung und beruflicher Karriere keine Zeit mehr. Immobilienfinanzierung und Ausbildung der Kinder verschlingen den Großteil ihrer Einnahmen. Wenn sie spenden, dann Geldspenden – in begrenztem, mit dem Alter aber steigendem Umfang.

6.1 Analyse im Fundraising

- Die **Alten** (ab 60 Jahren) haben wieder Zeit und Geld. Für die „richtige" Sache sind viele bereit, beides zu geben.

Mit zunehmendem Alter steigt also die Spenderquote (siehe Abb. 6.2). Unter Spenderquote wird der Anteil an einer bestimmten Gruppe verstanden, der bereit ist, zu spenden.

Deutlich höher liegen die entsprechenden Werte für die Spenderquote nach Alter in der **Schweiz** (siehe Tab. 6.1). Auch hier nimmt die Spenderquote mit dem Alter kontinuierlich zu, von 65 % bei den 15–34 Jährigen bis auf 91 % bei den 55–99 Jährigen.

Mit dem Alter nimmt aber nicht nur die Spenderquote zu, sondern auch das durchschnittliche Spendenvolumen (Jahresspendensumme) pro Person zu (siehe Tab. 6.2).

Die für das Fundraising interessanteste Zielgruppe ist deshalb immer schon die Altersgruppe 60+ gewesen. Doch bei genau dieser Altersgruppe (wie auch bei anderen Altersgruppen) beobachten Fundraiser derzeit einen **Generationenwechsel** – nicht abrupt,

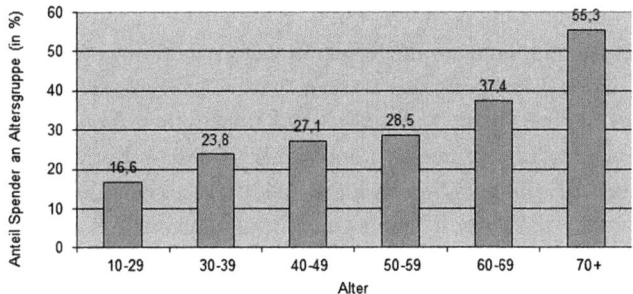

Abb. 6.2 Anteil der Spender nach Altersgruppen. (Quelle: GfK und Deutscher Spendenrat e. V., Bilanz des Helfens 2018)

Tab. 6.1 Spenderquote nach Alter (in der Schweiz). (Quelle: Swissfundraising und DemoSCOPE: Spendenmarkt Schweiz 2016, St. Gallen 2017, S. 6)

Altersgruppe (in Jahren)	Anteil der Spender (2016) (in %)
15–34	65
35–54	88
55–99	91

Tab. 6.2 Durchschnittliches Spendenvolumen pro Person nach Alter (in Deutschland). (Quelle: GfK und Deutscher Spendenrat e. V., Bilanz des Helfens 2018, Berlin 2018)

Altersgruppe (in Jahren)	Spendenvolumen (2017) (in €)
10–29	114
30–39	190
40–49	284
50–59	229
60–69	236
70 und mehr	298

aber zunehmend spürbar. Eine neue Generation ist ab Mitte der Zehnerjahre ins Spendenalter 60+ gekommen und hat deutlich andere Vorstellungen als ihre Vorgängergeneration. Für das Fundraising besteht die Herausforderung darin, die neuen Generationen kennen und verstehen zu lernen, um optimal auf ihre Bedürfnisse eingehen zu können.

Es existiert eine Vielzahl von Vorschlägen, in wie viele und welche Generationen die Bevölkerung eines Landes eingeteilt werden kann. Für Deutschland soll hier die Einteilung des Marktforschungsinstituts *GfK* übernommen werden, um die marktforscherischen Erkenntnisse der *GfK* über diese Generationen nutzen zu können. Die *GfK* teilt die Bundesbevölkerung in sechs Generationen (aus Sicht des Jahres 2017) ein:[3]

- **Wiederaufbauer** (Alter: 66+, Jahrgänge vor 1952),
- **Babyboomer** (Alter: 51–65, Jahrgänge 1952–1966),
- **Generation X** (Alter: 36–50, Jahrgänge 1967–1981),
- **Millenials** (Alter: 22–55, Jahrgänge 1982–1996),
- **iBrains** (Alter: 7–21, Jahrgänge 1997–2011),
- **Smarties** (Alter: Bis 6, Jahrgänge nach 2011).

Um im Fundraising optimal auf den Generationenwechsel unter den Spendern reagieren zu können, muss herausgefunden werden, wie viele Bundesbürger den jeweiligen Generationen zuzurechnen sind. Auf Basis vom *Statistischen Bundesamt* bereitgestellter Daten zu Lebendgeburten einerseits, und aus Sterbetafeln der Jahrgänge 1931–2010 andererseits, haben *Urselmann/Demmel* Stärke und Entwicklung der verschiedenen Generationen nach den zugehörigen Jahrgängen ebenso quantifiziert wie – mit Hilfe des oben bereits dargestellten Zusammenhangs zwischen Alter und Spendenbereitschaft (siehe Abb. 6.2) – den Anteil der Spender an der jeweiligen Generation:[4]

Abb. 6.3 zeigt den Aufbau der **Generation Wiederaufbauer** durch die Lebendgeburten der Jahrgänge 1931–1951 und die anschließend abnehmende Entwicklung durch Ableben der Jahrgänge nach den jeweiligen Sterbetafeln. Vorstellungen und Bedürfnisse dieser Generation prägen das Fundraising seit den Neunzigerjahren. Aufgewachsen in Nationalsozialismus, Krieg und Not der unmittelbaren Nachkriegszeit, stand für diese Generation der Wiederaufbau im Vordergrund. Weitgehend christlich und kirchlich sozialisiert, ist Spenden für die Wiederaufbauer eine Selbstverständlichkeit. Gerne auch für kirchliche und kirchennahe Organisationen, die uneingeschränktes Vertrauen genießen, und von den hohen Testamentspenden dieser Generation besonders profitieren. Präferierter Vertriebskanal dieser Generation ist der Postvertrieb. Gespendet wird am liebsten auf einen Spendenbrief (Mailing) hin. Präferierte Kommunikationskanäle sind Print, TV und Radio. Das Internet spielt in dieser Generation noch keine Rolle. Fundraiser haben in den letzten Jahren und Jahrzehnten gelernt, sich auf die Bedürfnisse dieser Generation

---

[3] Vgl. GfK und Deutscher Spendenrat e. V., Bilanz des Helfens 2018, S. 23.
[4] Vgl. Urselmann, Michael; Demmel, Roland: Herausforderung Generationenwechsel – Was bedeuten neue Spendergenerationen für das Fundraising? in: Stiftung & Sponsoring, Ausgabe 3/2018, S. 22–23.

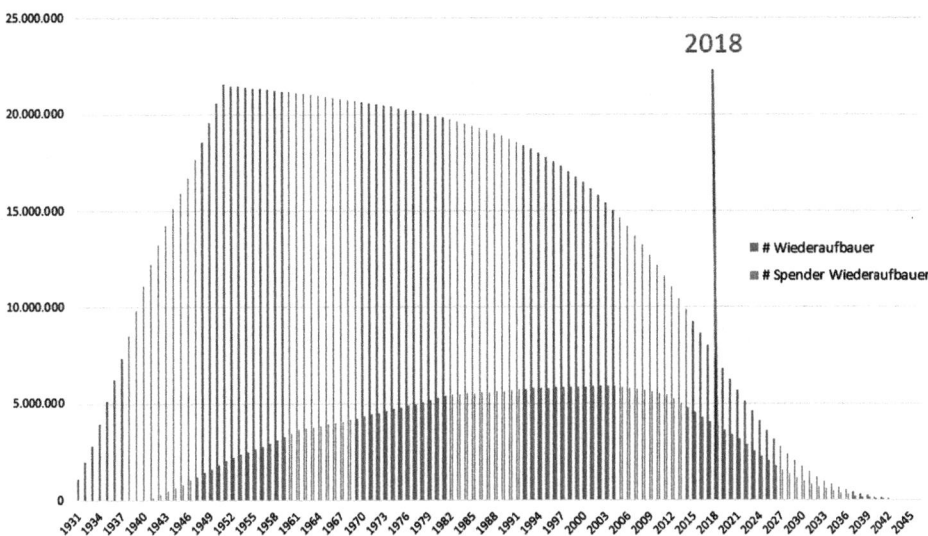

Abb. 6.3 Entwicklung der Generation „Wiederaufbauer" und ihres Anteils an Spendern. (Quelle: Eigene Abbildung)

einzustellen. Abb. 6.3 zeigt jedoch, dass die Anzahl der Spender der Generation Wiederaufbauer 2002 ihren Maximalwert (von 5,9 Mio. Männern und Frauen) überschritten hat und bis 2018 schon deutlich auf 3,8 Mio. Spender gesunken ist. Die Zahlen veranschaulichen, wie diese Generation altersbedingt in den nächsten zehn bis 20 Jahren aussterben wird.

Die nachfolgende **Generation Babyboomer** (Jahrgänge 1952–1966) hat seit 2012 das Alter 60+ erreicht, und wird in den nächsten Jahren die Wiederaufbauer in dieser für das Fundraising so wichtigen Altersklasse nach und nach verdrängen. Wie aus Abb. 6.4 ersichtlich, wird die Anzahl der Spender in der Generation „Babyboomer" zwar erst in ca. zehn Jahren ihren höchsten Wert erreichen. Mit über 5 Mio. Spendern haben die „Babyboomer" die Wiederaufbauer aber schon heute zahlenmäßig überholt. Das hat gravierende Auswirkungen auf das Fundraising. Schließlich unterscheiden sich Vorstellungen und Bedürfnisse der „Babyboomer" grundlegend von denen der „Wiederaufbauer" – auch und gerade im Spendenverhalten.

Aufgewachsen in Zeiten des Wirtschaftswunders, haben Babyboomer – im Gegensatz zu den Wiederaufbauern – Not nicht mehr am eigenen Leib erfahren. Die wirtschaftliche Entwicklung in den prägenden jungen Jahren dieser Generation kennt eigentlich nur eine Richtung: nach oben! Sorgen um Arbeitsplatz und Rentensicherheit betreffen erst wieder nachfolgende Generationen. Nach dem zweiten Weltkrieg zu mehr Kritikfähigkeit erzogen, sind Babyboomer jedoch deutlich kritischer eingestellt – auch Spendenorganisationen gegenüber. Zudem sind sie politischer, ökologischer und konsumkritischer als ihre Vorgängergeneration. Transparenz und Mitsprache spielt für sie eine wesentlich wich-

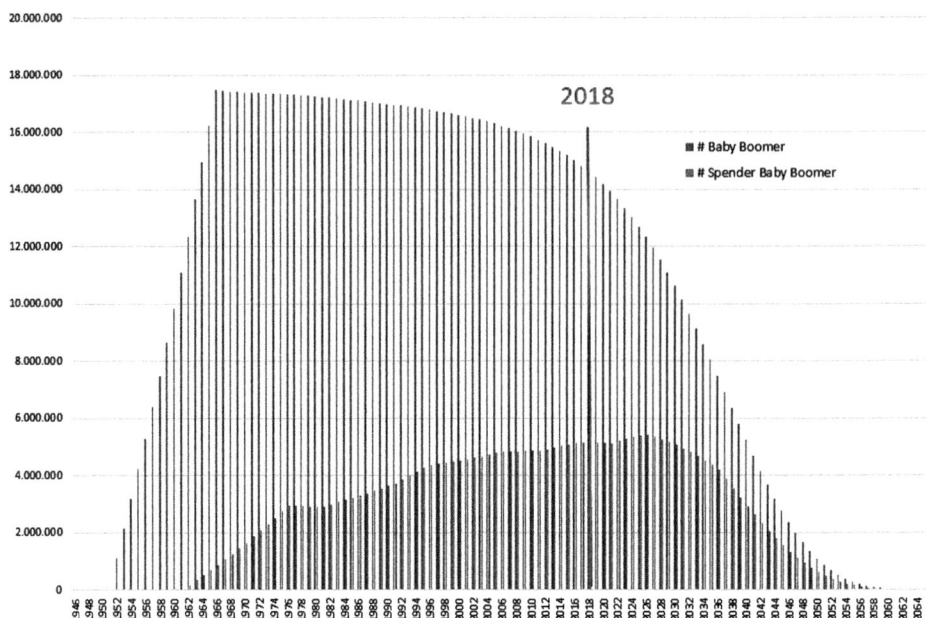

Abb. 6.4 Entwicklung der Generation „Babyboomer" und ihres Anteils an Spendern. (Quelle: Eigene Abbildung)

tigere Rolle. Bezüglich der präferierten Vertriebskanäle gesellen sich zum Mailing das Telefon und teilweise auch schon das Internet. Die präferierten Kommunikationskanäle sind E-Mail und Social Media (insbesondere *Facebook*).

Auswertungen des Panels *GfK Charity Scope* zeigen schon heute die Veränderungen im Spendenverhalten, auf die Fundraiser schnellstmöglich mit neuen Angeboten reagieren sollten. So bevorzugen Babyboomer beispielsweise kleine und transparente Organisationen sowie Projekte am Wohnort. Großen Organisationen gegenüber sind sie skeptisch. Insbesondere, wenn es sich um kirchliche Organisationen handelt, denen sie misstrauen. Frauen sind in dieser Generation deutlich stärker engagiert als Männer. Und es besteht bei Babyboomern ein gesteigertes Interesse an Projekten für Kinder. Ausführliche und detaillierte Zahlen sind erhältlich bei *GfK Charity Scope*.

Wie aus Abb. 6.5 ersichtlich, erreicht die **Generation X** (Jahrgänge 1967–1981) in ihrem Maximum (1981) nur noch 13,5 Mio. Angehörige. Sie ist damit um fast ein Viertel (23 %) kleiner als ihre Vorgängergeneration der Babyboomer mit 17,5 Mio. Angehörigen im Maximum (1966). Hier machen sich die geringeren Geburtenzahlen aufgrund des sog. „Pillenknicks" bemerkbar. Die Generation X befindet sich derzeit in der (für das Fundraising) schwierigen Kategorie mittleren Alters. Im Vordergrund stehen bei dieser Generation momentan die Immobilienfinanzierung (bei stark anziehenden Immobilienpreisen) und die Finanzierung der Ausbildung ihrer Kinder. Das Marktforschungsinstitut *GfK* beobachtet bei der Generation X ein abnehmendes Spendenvolumen im Zeitraum

6.1 Analyse im Fundraising

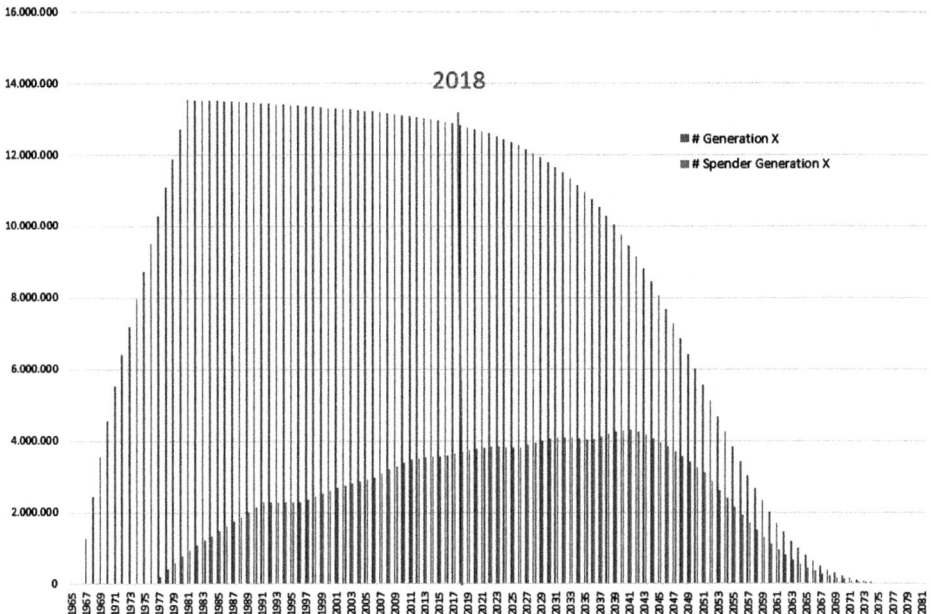

Abb. 6.5 Entwicklung der „Generation X" und ihres Anteils an Spendern. (Quelle: Eigene Abbildung)

2015–2017. Gleichzeitig ist die Generation X die Generation mit dem größten Interesse an Crowdfunding (siehe Abschn. 2.7.1.6).[5] Diese Generation wird ihre wichtigste Rolle für das Fundraising erst ab 2027 spielen.

Wie aus Abb. 6.6 ersichtlich, erreicht die **Generation Millenials** (Jahrgänge 1982–1996) in ihrem Maximum (1996) nur noch 12,3 Mio. Angehörige. Sie ist damit nochmals um fast ein Zehntel (9 %) kleiner als ihre Vorgängergeneration X mit 13,5 Mio. Angehörigen im Maximum (1981). Die Millenials befinden sich derzeit in der Alterskategorie, die aufgrund ihrer Einkommenssituation eher Zeit- als Geldspenden geben kann. Organisationen, die Millenials als Freiwillige und Ehrenamtliche gewinnen möchten, müssen auf die spezifischen Bedürfnisse dieser Generation Rücksicht nehmen. Die Millenials suchen stärker nach sinnstiftenden Tätigkeiten und Selbstverwirklichung. Dabei versuchen sie, eigene Vorteile mit sozialer Verantwortung zu verbinden. Sie sind geübte Teamplayer und Meister der Projektarbeit, die offline und online gut vernetzt sind. Die Zugehörigkeit zu Interessengruppen und der soziale Zusammenhalt sind überdurchschnittlich wichtig, für 75 % der iBrains (siehe unten) sogar essenziell für ihr Wohlbefinden (vs. 43 % bei allen).[6]

---

[5] Vgl. GfK und Deutscher Spendenrat e. V., Bilanz des Helfens 2018, S. 27.
[6] Vgl. Kecskes, Robert: Millenials und iBrains: Zwei Generationen verändern Märkte, gfk.com/de/landing-pages/landing-pages-de/millennials/millennials-und-ibrains/ (Zugriff am 19.03.2018).

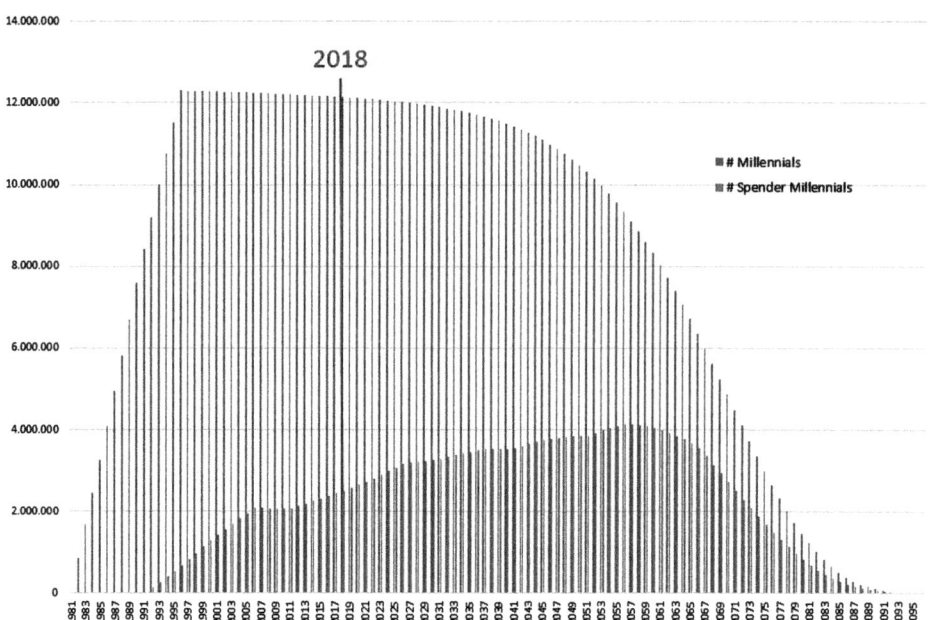

Abb. 6.6 Entwicklung der Generation „Millenials" und ihres Anteils an Spendern. (Quelle: Eigene Abbildung)

Wie auch ihre Nachfolgergeneration, die iBrains, sind die Millenials Digital Natives, die mit dem Internet groß geworden sind. Sie verfügen über entsprechende Medienkompetenzen. Das prägt heute schon ihr Einkaufsverhalten, und wird morgen ihr Spendenverhalten beeinflussen. Massive Teile der Konsumausgaben werden online getätigt: Der E-Commerce-Anteil im Bereich Non-Food liegt bei Millennials derzeit bei über 30 %, bei iBrains sogar bei über 40 % (vs. 20 % bei allen). Dreh- und Angelpunkt ist das Smartphone, das zu vielem benutzt wird, nur nicht zum Telefonieren. Für diese Generationen muss auch das Spenden schnell und bequem über das Smartphone möglich sein. Das erfordert zumindest ein Online-Spendenformular mit Responsive Design (siehe Abschn. 2.7.1.2). Besser noch die Möglichkeit, durch Wiedererkennung mit nur ein, zwei Klicks oder über NFC (siehe Abschn. 2.7.1.4) spenden zu können. Millennials und mehr noch iBrains sind immer und überall online. Jede digitale Kommunikation muss die Möglichkeit zum Antworten, Bewerten, Kommentieren, Sharen und zum „Real life"-Kontakt bieten. Jedes Erlebnis muss teilbar sein, jederzeit und an jedem Ort. Millenials suchen Websites seltener auf als Ältere, dafür aber doppelt so häufig Social Media Sites.[7]

Wie aus Abb. 6.7 ersichtlich, erreicht die **Generation iBrains** (Jahrgänge 1997–2011) in ihrem Maximum (2011) nur noch 10,7 Mio. Angehörige. Sie ist damit nochmals um mehr als ein Zehntel (13 %) kleiner als ihre Vorgängergeneration Millenials mit 12,3 Mio.

---

[7] Vgl. ebenda.

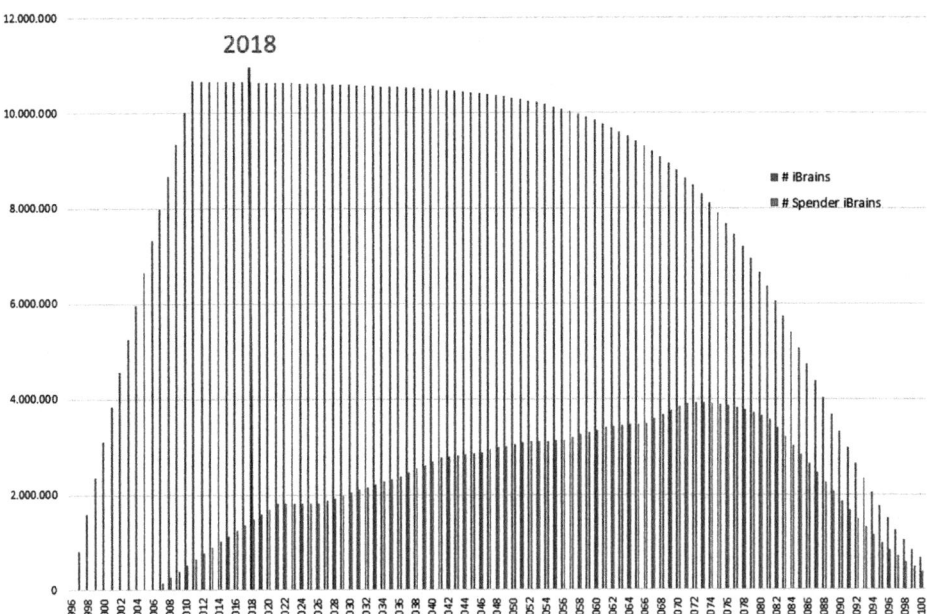

Abb. 6.7 Entwicklung der Generation „iBrains" und ihres Anteils an Spendern. (Quelle: Eigene Abbildung)

Tab. 6.3 Spenderquote nach Geschlecht (in Deutschland). (Quelle: Kantar TNS: Deutscher Spendenmonitor 2017, Berlin 2017)

Geschlecht	Anteil der Spender (2017) (in %)
Männer	39
Frauen	41

Angehörigen im Maximum (1996). Wie auch die Millenials befinden sich die iBrains (als Kinder und Jugendliche) derzeit in einer Alterskategorie, die aufgrund ihrer Einkommenssituation eher Zeit- als Geldspenden geben kann.

Die sechste und letzte von der *GfK* unterschiedene Generation, die **Smarties** (Jahrgänge nach 2011), spielt für das Fundraising noch keine Rolle. Auf diese Generation soll hier deshalb nicht weiter eingegangen werden.

Geschlecht Neben dem Alter hat auch das Merkmal **Geschlecht** Einfluss auf die Spendenbereitschaft. Nach den Erkenntnissen des „Deutschen Spendenmonitors 2017" liegt die Spenderquote der Frauen regelmäßig über der der Männer. Im Jahr 2017 lag die Spenderquote mit 41 % bei den Frauen über der der Männer mit 39 % (siehe Tab. 6.3).

Wiederum deutlich höher liegen die entsprechenden Werte für die Spenderquote nach Geschlecht in der **Schweiz** (siehe Tab. 6.4). Auch hier nimmt die Spenderquote mit dem

Tab. 6.4 Spenderquote nach Geschlecht (in der Schweiz). (Quelle: Swissfundraising und Demo-SCOPE: Spendenmarkt Schweiz 2016, St. Gallen 2017, S. 6)

Altersgruppe	Anteil der Spender (2016) (in %)
Männer	80
Frauen	85

Alter kontinuierlich zu, von 65 % bei den 15–34 Jährigen bis auf 91 % bei den 55–99 Jährigen.

Der Frage, ob und in wie fern Frauen anders spenden bzw. sich anders philanthropisch engagieren als Männer, wird große forscherische Aufmerksamkeit geschenkt. An der US-amerikanischen *Indiana University – Purdue University Indianapolis (IUPUI)* widmet sich innerhalb des *Center on Philanthropy* ein eigenes *Women's Philanthropy Institute* nur dieser Frage. *Haibach* ermuntert Frauen in Deutschland, sich mit ererbten Vermögen stärker philanthropisch zu engagieren.[8]

Familienstand Der Familienstand eines Spenders kann ein relevantes Zielgruppenmerkmal für das Fundraising sein. So können beispielsweise verwitwete Menschen spätestens mit dem Verlust ihres Ehepartners über eine testamentarische Regelung ihrer Vermögensverhältnisse nachdenken. Auch viele (ältere) Alleinstehende möchten in Sachen Vermögen geordnete Verhältnisse hinterlassen. Laut *GfK Charity Scope 2005* können sich dabei immerhin 10,2 % aller Bundesbürger vorstellen, privates Vermögen oder Teile davon an eine gemeinnützige Organisation zu vererben bzw. sie in ihrem Testament zu berücksichtigen. Zusätzliche 13,5 % wären nicht vollständig abgeneigt, dies zu tun.[9] Obwohl das Thema „Tod" und mit ihm auch das Thema „Testamentsspende" immer noch stark tabuisiert ist, sind viele Menschen geradezu erleichtert, wenn es ihnen mit Hilfe einer Organisation ihres Vertrauens gelingt, ihre Vermögensverhältnisse endlich sinnvoll über ihren eigenen Tod hinaus zu ordnen.

Zahl der Kinder Auch die Zahl der Kinder stellt ein wichtiges Zielgruppenmerkmal für das Fundraising dar. So besteht beispielsweise bei der Gruppe der Ehepaare ohne Kinder die höchste Wahrscheinlichkeit für ein Engagement als Testamentsspender. Auch haben Patenschaftsorganisationen festgestellt, dass eine Kinderpatenschaft gerne von jungen Eltern abgeschlossen wird, die aus Dankbarkeit neben ihrem eigenen Kind noch ein Patenkind unterstützen möchten.

Auch in der **Schweiz** ist die Spenderquote in einer Haushaltskonstellation ohne Kinder am höchsten (siehe Tab. 6.5).

---

[8] Haibach, Marita: Frauen erben anders – Mutig mit Vermögen umgehen. Sulzbach im Taunus 2001.
[9] Quelle: GfK Charity-Scope 2005, Nürnberg 2005.

Tab. 6.5 Spenderquote nach Haushaltskonstellation (in der Schweiz). (Quelle: Swissfundraising und DemoSCOPE: Spendenmarkt Schweiz 2016, St. Gallen 2017, S. 6)

Haushaltskonstellation	Anteil der Spender (2016) (in %)
In Paarbeziehung	82
Single-Haushalt	75
Mit Kindern < 16	79
Ohne Kinder	84

Konfession Untersuchungen von Priller/Sommerfeld haben gezeigt, dass das Zielgruppenmerkmal „Konfession" Einfluss auf die Spendenbereitschaft hat. Während von den konfessionell gebundenen Bundesbürgern (ab 14 Jahren) 66 % spenden, sind es bei den konfessionell nicht Gebundenen nur 54 %. Innerhalb der Konfessionsgruppen liegt der Anteil der Spender bei Protestanten bei 67 %, bei Katholiken bei 66 % und bei Sonstigen bei nur 61 %. Noch stärker wirkt sich der Grad der Bindung an die jeweilige Kirche aus: Unter den Bundesbürgern mit starker Bindung an ihre Kirche spenden 81 %, bei mittlerer Bindung immerhin noch 69 %, und bei geringer Bindung nur noch 56 %.[10]

6.1.2.2 Soziografische Zielgruppenmerkmale von Spendern

In ihrer Untersuchung haben *Priller/Sommerfeld* auch einige **soziografische Zielgruppenmerkmale** von Spendern entdeckt, die für das Fundraising von Bedeutung sind. Hierzu gehören insbesondere der Bildungsabschluss, der Erwerbsstatus, die berufliche Stellung und das Einkommen bzw. Vermögen.[11]

Bildungsabschluss Wie aus Tab. 6.6 ersichtlich wird, ist der Anteil der Spender umso höher, je höher der Bildungsabschluss der Bundesbürger ist.

Auch in der **Schweiz** steigt die Spenderquote mit dem Bildungsgrad (siehe Tab. 6.7).

Tab. 6.6 Spenderquote nach Bildungsabschluss (in Deutschland)

Bildungsabschluss	Anteil der Spender (in %)
Hochschulabschluss	79
Fachhochschulreife	69
Abitur	64
Mittlere Reife	64
Volks-/Hauptschulabschluss	61

---

[10] Vgl. Priller, Eckhard; Sommerfeld, Jana: Wer spendet in Deutschland? Eine sozialstrukturelle Analyse. Wissenschaftszentrum Berlin für Sozialforschung (WZB), Berlin 2005.
[11] Vgl. ebenda.

Tab. 6.7 Spenderquote nach Bildungsabschluss (in der Schweiz). (Quelle: Swissfundraising und DemoSCOPE: Spendenmarkt Schweiz 2016, St. Gallen 2017, S. 6)

Bildungsabschluss	Anteil der Spender (2016) (in %)
(Fach-)Hochschule	91
Lehre/Matura	80
Obligatorischer Schulabschluss	64

Erwerbsstatus Wie aus Tab. 6.8 ersichtlich wird, ist der Anteil der Spender sehr stark vom Erwerbsstatus abhängig.

Berufliche Stellung Auch die berufliche Stellung hat einen starken Einfluss auf den Anteil der Spender (siehe Tab. 6.9).

Einkommen/Vermögen Wie aus Tab. 6.10 ersichtlich wird, ist der Anteil der Spender umso höher, je höher das Haushaltsnettoeinkommen der Bundesbürger ist.

Auch in der **Schweiz** steigt die Spenderquote mit dem Haushaltseinkommen (siehe Tab. 6.11).

Tab. 6.8 Spenderquote nach Erwerbsstatus

Erwerbsstatus	Anteil der Spender (in %)
Erwerbstätig	66
Arbeitslos	43
Schüler/in, Ausbildung	36
Hausfrau	69
Rentner	77
Sonstiges	51

Tab. 6.9 Spenderquote nach beruflicher Stellung

Berufliche Stellung	Anteil der Spender (in %)
Arbeiter	49
Angestellter	69
Beamter	85
Selbständiger	75
Sonstige	44

Tab. 6.10 Spenderquote nach Haushaltsnettoeinkommen (in Deutschland)

Haushaltsnettoeinkommen (in €)	Anteil der Spender (in %)
Unter 750	35
750 bis unter 1500	55
1500 bis unter 2500	65
2500 bis unter 4000	75
4000 und mehr	81

Tab. 6.11 Spenderquote nach Haushaltseinkommen (in der Schweiz). (Quelle: Swissfundraising und DemoSCOPE: Spendenmarkt Schweiz 2016, St. Gallen 2017, S. 6)

Haushaltseinkommen (in CHF)	Anteil der Spender (2016) (in %)
Bis 6000	69
6000 bis 10.000	88
Ab 10.000	93

Um in der Fundraising-Datenbank Spender mit hohem (Haushaltsnetto-)Einkommen bzw. Vermögen identifizieren zu können, bieten spezialisierte Dienstleister einen Datenabgleich gegen Listen von Vermögenden an. Wie bereits erwähnt (siehe Abschn. 2.1.6.3), offeriert beispielsweise die niederländische Firma *Major Donor Solutions* den Service *Wealth Overlay*. Ein ähnliches Angebot (nicht nur für spendensammelnde Organisationen) unterbreitet das amerikanische Unternehmen *Wealth-X*.

6.1.2.3 Geografische Zielgruppenmerkmale von Spendern

Auch **geografische Zielgruppenmerkmale** von Spendern spielen im Fundraising eine Rolle. Insbesondere kommt es auf das Bundesland und das Wohngebiet des Spenders an.

Bundesland Aus verschiedenen historischen Gründen haben sich die einzelnen Regionen bzw. Bundesländer in Deutschland ökonomisch unterschiedlich entwickelt. Das spiegelt sich im verfügbaren Einkommen und damit auch in der Spendenbereitschaft der Bundesbürger wider. *Priller/Sommerfeld* haben untersucht, wie hoch der Anteil der Spender in den einzelnen Bundesländern ist (siehe Tab. 6.12).[12]

Insgesamt ist der Anteil der Spender in den alten Bundesländern höher als in den neuen. Innerhalb der alten Bundesländer ist der Anteil der Spender im Süden höher als im Norden.

In der **Schweiz** ist die Spenderquote in den Regionen Deutschschweiz (84 %) und Tessin (84 %) höher als in der Westschweiz (77 %) (siehe Tab. 6.13). Insgesamt ist die Spenderquote im ländlichen Raum (85 %) höher als im städtischen (81 %) (siehe Tab. 6.14).

Wohngebiet Unabhängig von den Bundesländern ist die Spendenbereitschaft auch in Deutschland auf dem Land erfahrungsgemäß etwas höher als in der Stadt. Auch innerhalb der Städte kann die Spendenbereitschaft je nach Wohngebiet noch einmal erheblich schwanken, was wiederum auf die Zusammensetzung der Bevölkerung nach den bereits erläuterten sozio-demografischen Merkmalen zurückzuführen ist. Diese Zusammenhänge werden im Rahmen der **mikrogeografischen Marktsegmentierung** untersucht. Bei der mikrogeografischen Marktsegmentierung wird Deutschland in geografische Mikroparzellen aufgeteilt. Dabei handelt es sich um fest umrissene Gebiete (z. B. Villenviertel, Arbeitersiedlung, Reihenhausquartiere) bzw. Straßenzüge, in denen jeweils sog. „Regio-

---

[12] Vgl. Priller, Eckhard; Sommerfeld, Jana: Wer spendet in Deutschland? Eine sozialstrukturelle Analyse. Wissenschaftszentrum Berlin für Sozialforschung (WZB), Berlin 2005.

Tab. 6.12 Spenderquote nach Bundesländern

Bundesland	Anteil der Spender (in %)
Bayern	72
Nordrhein-Westfalen	68
Rheinland-Pfalz/Saarland	67
Baden-Württemberg	66
Hessen	66
Niedersachsen	63
Schleswig-Holstein	62
Berlin-West	60
Hamburg	60
Bremen	57
Brandenburg	52
Mecklenburg-Vorpommern	52
Thüringen	51
Sachsen	51
Sachsen-Anhalt	51
Berlin-Ost	51

Tab. 6.13 Spenderquote nach Region (in der Schweiz). (Quelle: Swissfundraising und DemoSCOPE: Spendenmarkt Schweiz 2016, St. Gallen 2017, S. 6)

Region	Anteil der Spender (2016) (in %)
Deutschschweiz	84
Westschweiz	77
Tessin	84

Tab. 6.14 Spenderquote nach Wohnstruktur (in der Schweiz). (Quelle: Swissfundraising und DemoSCOPE: Spendenmarkt Schweiz 2016, St. Gallen 2017, S. 6)

Wohnstruktur	Anteil der Spender (2016) (in %)
Städtisch	81
Ländlich	85

Typen" bzw. „Geo-Typen" wohnen, die sich durch typenspezifische Merkmale auszeichnen. Hinter jedem Regio-Typen stehen also Personen mit ähnlichem Status und Lebensstil und damit auch – so wird unterstellt – ähnlichem Kauf- und Spendenverhalten. Die zugrunde liegende Überlegung ist der sog. „Neighbourhood-Effekt", wonach sich „gleich und gleich gerne gesellt". Organisationen können nun mit Hilfe ihrer Förderer-Datenbank analysieren (lassen), ob sich die Adressen ihrer Förderer verstärkt in bestimmten geografischen Mikroparzellen lokalisieren lassen. Dies würde nach der Logik der mikrogeografischen Marktsegmentierung dafür sprechen, dass die Förderer (im Rahmen einer unvermeidbaren Fehlertoleranz) bestimmten Regio-Typen zuzuordnen wären. Kennt man die, hinter den Förderern stehenden Regio-Typen, so kann der Anbieter der Organisation auch weitere (Fremd-)Adressen anbieten, die ebenfalls diesen Mikroparzellen zugeordnet werden können bzw. die in anderen Mikroparzellen jedoch desselben Regio-Typs liegen. Auf diese Weise soll sichergestellt werden, dass die angemieteten Adressen bzw. die dahinter stehenden Personen ein ähnliches Merkmalsmuster aufweisen wie die Förderer der Organisation.

So gliedert z. B. das von *Bertelsmann* auf Basis der mikrogeografischen Marktsegmentierung entwickelte Instrument *Regio Select* die alten Bundesländer anhand von Straßen(-abschnitten) und Hausnummern in ca. 60.000 Mikroparzellen mit jeweils etwa 400 Haushalten bzw. 1000 Einwohnern. Zu jedem einzelnen dieser mikrogeografischen Wohngebiete stehen detaillierte Informationen über die generelle Geografie, die Infrastruktur, die Besitzstruktur langlebiger Konsumgüter innerhalb des Gebietes, allgemeine Konsuminformationen sowie ausführliche soziodemografische Informationen zur Verfügung. Mit Hilfe statistischer Methoden werden diese Parzellen mit ihrem jeweiligen Datenprofil verdichtet, so dass sich sieben Gruppen ergeben, die zusätzlich nach sechs Ortsgrößenklassen (Stadt-/Landorientierung) unterschieden werden. Dies ergibt 42 mikrogeografisch lokalisierbare Marktsegmente (Regio-Typen), die über das gesamte Gebiet der alten Bundesländer verstreut liegen und jeweils durch ein charakteristisches, in sich relativ homogenes, untereinander aber heterogenes Kauf- und Konsumentenverhalten gekennzeichnet sind. Jede der 60.000 Mikroparzellen und somit auch jeder einzelne Haushalt, Konsument oder Förderer lässt sich über die Adresse eindeutig einem dieser Segmente zuordnen.

6.1.2.4 Psychografische Zielgruppenmerkmale von Spendern

Zu den **psychografischen Zielgruppenmerkmalen** gehören die Motive, Einstellungen, Erwartungen, Meinungen und Werte der Spender. Von besonderer Bedeutung für erfolgreiches Fundraising ist die Analyse der **Spendermotive** (siehe Abschn. 2.3.1.1). Erst wenn eine Organisation versteht, welche der fünf Spendermotive nach *Buss* (Verbundenheit, Verantwortung und Einflussnahme, Moral/Ethik/Glaube, Zugehörigkeit, Anerkennung) das Spendenverhalten eines Spenders prägen, kann sie diese im Rahmen ihres Fundraising gezielt adressieren.

6.1.2.5 Verhaltensorientierte Zielgruppenmerkmale von Spendern

Wichtig für das Fundraising sind auch **verhaltensorientierte Zielgruppenmerkmale** von Spendern. Dabei ist natürlich vor allem das Spendenverhalten von Interesse, aber auch das Kommunikations- und Mediennutzungsverhalten sowie das Zahlungs- und Freizeitverhalten von (potenziellen) Spendern.

Spendenverhalten Durch Beobachtung des **Spendenverhaltens** kann ein Fundraiser wichtige Rückschlüsse auf die Spender der Organisation ziehen. Hier einige Aspekte des Spendenverhaltens, die beispielsweise von Bedeutung für das Fundraising sind:

- In welcher Höhe erfolgte die Erstspende? Je höher die Erstspende, umso höher die Wahrscheinlichkeit einer anschließende Spenderbindung.
- In welchem Zeitraum erfolgte die zweite Spende? Erfolgt die zweite Spende in weniger als 12 Monaten nach der Erstspende, so besteht eine hohe Wahrscheinlichkeit für eine hohe Spenderbindung.
- Wann erfolgte bei Mehrfachspendern die letzte Spende? Je kürzer die letzte Spende zurückliegt, umso höher die Wahrscheinlichkeit für eine erneute Spende („Recency").
- In welcher Frequenz spendete ein Mehrfachspender? Je höher die Frequenz seiner Spenden, umso höher die Wahrscheinlichkeit für eine erneute Spende („Frequency").
- Welche Jahresspendensummen spendete ein Mehrfachspender? Je höher die Jahresspendensummen, umso höher die Wahrscheinlichkeit für eine erneute Spende („Monetary Value"). Zur Bedeutung von Recency, Frequency und Monetary Value siehe auch RFM-Analyse (Abschn. 6.1.2.7).
- Für welche Projekte in welchen Ländern bzw. welchen Kontinenten gibt ein Spender?
- Gibt ein Spender nur im Rahmen von Katastrophenhilfe oder dauerhaft und nachhaltig?

Um das Spendenverhalten der Spender detailliert erforschen zu können, werden in der Fundraising-Datenbank die **Kontakthistorien** und **Zahlungshistorien** der Spender (siehe Abschn. 2.1.8.2) systematisch analysiert. Die Organisation kann z. B. auswerten, auf welches Mailing zu welchem Thema ein Spender wann welchen Betrag gegeben hat. Diese Auswertung ist wichtig, um die individuellen Präferenzen eines Spenders herauszufinden. Im Online-Fundraising können nicht nur einzelne Maßnahmen analysiert werden. Durch die Möglichkeiten der Nachverfolgung und Analyse der von einem (potenziellen) Spender bei der Internet-Nutzung hinterlassenen elektronischen „Spuren" („**Tracking**") wird versucht, nach Möglichkeit ein vollständiges Bewegungs- und Handlungsprofil („**Donor Journey**") von jedem Spender zu erfassen und nach Möglichkeit sogar zu steuern (siehe auch Abschn. 2.7.2.4).

Kommunikationsverhalten Neben dem Spendenverhalten kommt auch dem **Kommunikationsverhalten** eines Spenders große Bedeutung für eine optimale Ansprache im Rahmen des Fundraising zu. Hierbei interessiert insbesondere die Frage, welche Kommunikationskanäle ein (potenzieller) Spender präferiert, was wiederum stark von seinem Merkmal „Alter" (siehe Abschn. 6.1.2.1) abhängt:

- Die für das Fundraising wichtige Zielgruppe älterer Menschen wird nach wie vor gerne *schriftlich* (In Form eines Mailings oder einer Spenderzeitschrift) oder *telefonisch* angesprochen.
- Menschen mittleren Alters bevorzugen die Kommunikation über das *Internet* (E-Mail, Social Media, Website, Blogs), die eine höhere zeitliche Flexibilität ermöglicht.
- Junge Menschen kommunizieren vor allem über ihr *Smartphone* (WhatsApp, SMS, Anruf). Sie möchten nach Möglichkeit auch über diesen Kanal spenden.

- Eine Renaissance erlebt das *persönliche Gespräch*. Im Rahmen des „Face-to-Face-Fundraising" kommunizieren Fundraiser und Spender in Fußgängerzonen und an der Haustüre wieder direkt und persönlich (siehe Abschn. 2.5.5).

Mediennutzungsverhalten Eng verbunden mit dem Kommunikationsverhalten eines Spenders ist sein **Mediennutzungsverhalten**. Um ihre (potenziellen) Spender adäquat informieren zu können, muss eine Organisation wissen, welche Medien sie nutzen. Auch das Mediennutzungsverhalten ist stark vom Alter abhängig:

- Ältere Menschen informieren sich hauptsächlich über das (Regional-)Fernsehen, Radio, (Tages-)Zeitungen und Hauswurfsendungen.
- Menschen mittleren Alters beziehen ihre Informationen hauptsächlich aus Fernsehen, Radio, (Wochen-)Zeitungen, (Fach-)Zeitschriften und Magazinen sowie dem Internet (Social Media wie Facebook, Xing und LinkedIn sowie Websites).
- Junge Menschen informieren sich hauptsächlich über das Internet (Social Media wie Instagram, YouTube und Snapchat sowie Websites und Blogs) und eine Vielzahl von Smartphone-Applikationen (Apps). Fernsehen spielt eine untergeordnete, Zeitungen und Zeitschriften kaum noch eine Rolle.

Zahlungsverhalten Auch die Zahlungspräferenzen sind ein wichtiges Zielgruppenmerkmal von Spendern, auf das sich Fundraiser einstellen müssen. Wie schon beim Kommunikations- und Mediennutzungsverhalten spielt auch beim **Zahlungsverhalten** das Alter des Spenders eine große Rolle:

- Ältere Menschen spenden am liebsten per klassischer Banküberweisung. Gerade auf dem Lande werden Dauerspenden (z. B. in Form von Mitgliedsbeiträgen) z. T. sogar noch in bar übergeben. Letzteres gilt auch für die wöchentlichen Kirchenkollekten. Elektronische Klingelbeutel (siehe Abschn. 2.3.2.2) sind – trotz erfolgreicher Tests – noch die Ausnahme.
- Menschen mittleren Alters bevorzugen die Überweisung per Online-Banking, seltener auch per Kreditkarte. Für Dauerspenden und telefonische Einmalspenden (z. B. im Rahmen von TV-Galas) werden das Lastschrifteinzugsverfahren, seltener der Dauerauftrag präferiert (in der Schweiz ist es übrigens gerade umgekehrt).
- Junge Menschen bevorzugen – aufgrund ihres knapperen Spendenbudgets – Kleinspenden über SMS-Spenden (siehe Abschn. 2.3.3.1). Über die Nutzung des Online-Versteigerungsportals *ebay* sind viele jüngere Menschen auch beim Online-Zahlungsverfahren *PayPal* registriert und nutzen dieses Zahlungsverfahren gerne auch für Spenden. Die Zukunft gehört bei dieser Altersgruppe jedoch den mobilen Zahlungsverfahren (siehe Abschn. 2.4.7.7).

In der **Schweiz** dominieren als Zahlungsverfahren für Spenden der Einzahlungsschein am Bankschalter (40 %) und das E-Banking (39 %) (siehe Tab. 6.15).

Tab. 6.15 Nutzung von Zahlungsverfahren für Spenden (in der Schweiz). (Quelle: Swissfundraising und DemoSCOPE: Spendenmarkt Schweiz 2016, St. Gallen 2017, S. 12)

Zahlungsverfahren	Anteil der Spender (2016) (in %)
Einzahlungsschein am Postschalter	40
E-Banking-Auftrag	39
Zahlungsauftrag an Post oder Bank	19
Bargeldzahlung	14
Lastschriftverfahren/Debit Direct	4
Digitale Kanäle, davon:	3, davon:
Digitale Spenden, Kreditkarte	2
Digitale Spenden, PayPal	1
Digitale Spenden, SMS	< 0,5

6.1.2.6 Ganzheitliche Ansätze der Zielgruppenbeschreibung

Komplexer sind Ansätze, die demo-, sozio-, geo- und psychografische sowie verhaltensbezogene Merkmale von Spendern nicht einzeln und isoliert, sondern in **ganzheitlichen Ansätzen der Zielgruppenbeschreibung** (wie z. B. im Rahmen sogenannter Lifestyle-Typologien) gleichzeitig und integriert berücksichtigen. Versucht wird, Spender nicht isoliert nach einzelnen Merkmalen zu erfassen, sondern ganzheitlich nach ihren jeweiligen Lebensstilen bzw. „Spenderstilen". Beispiele für Lifestyle-Typologien, die auch im Spendenbereich eingesetzt werden (können), sind die *Sinus-Milieus* der *Sinus Markt- und Sozialforschung* und die *GfK Roper Consumer Styles* der *GfK Gruppe*. Weiß eine Organisation, welchen Lebensstilen ihre Spender bzw. einzelne Spendersegmente zuzuordnen sind, kann beispielsweise deren Mediennutzungsverhalten abgeschätzt werden. Wenn eine Organisation weiß, welche Zeitschriften ihre Spender lesen, kann sie sie darin gezielt ansprechen. Auch ist es möglich, entsprechend den Lebensstilen der Spender Fremdadressen anzumieten, die diesem Profil entsprechen.

Die *GfK-Gruppe* bietet auch einen ganzheitlichen Ansatz der Zielgruppenbeschreibung von Testamentsspendern an. Mit Hilfe des Verbraucherpanels *GfK CharityScope* werden durch Zielgruppenanalyse potenzielle Testamentsspender einer Organisation anhand folgender Merkmale identifiziert:

- Soziodemografie,
- Einstellungen,
- Freizeitverhalten, ehrenamtliche Tätigkeit,
- Mediennutzung (Print/TV/Internet-Genres),
- bisheriges Spendenverhalten,
- Konfession und Gottesdienstbesuch.

6.1.2.7 Analyse-Methoden

Eine für die Analyse zentrale Frage ist, mit welchen Analyse-Methoden die benötigten Angaben zu den demo-, sozio-, geo- und psychografischen sowie verhaltensbezogenen

Merkmalen von Spendern erhoben werden können? Einige dieser Merkmale lassen sich schon allein aus der **Adresse** eines Spenders ablesen. Andere müssen durch **Befragung** und **Beobachtung** (auch in Verbindung mit **Tests**) erst erhoben werden.

Zu den Zielgruppenmerkmalen von Spendern, die sich aus seiner **Adresse** ablesen lassen, gehören:

- *Geschlecht*: Über den Vornamen eines Förderers kann i. d. R. auf dessen Geschlecht geschlossen werden. Eine Ausnahme stellen lediglich seltene und/oder ausländische Vornamen sowie abgekürzte Vornamen (z. B. A. Schmidt) dar.
- *Alter*: Über den Vornamen kann aber auch mit einer gewissen Sicherheit auf das ungefähre Alter eines Spenders geschlossen werden. Dabei macht man sich zunutze, dass auch die Vergabe von Vornamen vielfach Modeschwankungen unterliegt. So bewirkte beispielsweise der Erfolg des Kinofilms „Kevin allein zu Haus" einen wahren Boom des Vornamens Kevin. Taucht in Zukunft ein Spender mit dem Vornamen Kevin auf, so kann mit einer gewissen Sicherheit davon ausgegangen werden, dass der Spender etwa zur Zeit der Ausstrahlung des Films (1991) oder kurz danach geboren wurde. Benötigt wird eine solche Altersabschätzung der Spender über eine **Vornamenanalyse** beispielsweise, wenn ältere Spender im Rahmen einer Erbschafts-Fundraising-Kampagne angesprochen werden sollen. Aus der Datenbank werden diejenigen Spender selektiert, deren Vornamen mit einer gewissen Wahrscheinlichkeit auf ein Mindestalter von 60 Jahren schließen lassen (wie z. B. beim Vornamen „Ursula", siehe Abb. 6.8). Eine solche Vornamenanalyse führen spezialisierte Dienstleister durch.
- *Bildungsgrad*: Ein akademischer Titel verrät den Bildungsgrad des Spenders.
- *Familienstand*: Doppelnamen weisen oft (aber nicht immer) auf verheiratete Spender hin.
- *Wohngebiet*: Über die Postleitzahl kann geschlossen werden, ob ein Spender in einem eher städtischen oder ländlichen Gebiet wohnt.
- *Soziodemografische Merkmale*: Macht sich eine Organisation zusätzlich die Erkenntnisse der mikrogeografischen Marktsegmentierung (siehe Abschn. 6.1.2.3) zunutze, so kann über die Adresse eines Spenders auch auf Charakteristika des zugehörigen Wohngebietes, Straßenzuges und Nachbarschaft und damit mit einer gewissen Sicherheit auch auf soziodemografische Merkmale rückgeschlossen werden.

Zielgruppenmerkmale von Spendern, die nicht aus der Adresse abgeleitet werden können, müssen durch **Befragung** erhoben werden. Die Fundraising-Agentur *Fundgiver* aus Hamburg hat sich auf **Spenderbefragungen** für gemeinwohlorientierte Organisationen spezialisiert. Dabei werden alle Spender schriftlich befragt, ob sie die verschiedenen Angebote einer Organisation (z. B. ehrenamtliche Mitarbeit, Dauerspenderprogramm, Zeitschriften, Ratgeber, Online-Angebote, Social Media, Teilnahmemöglichkeit an Events, Spenderreisen, Erbrechtsvorträge, Erbschaftsbroschüre u. v. m.) kennen bzw. Interesse daran hätten. Zusätzlich wird nach wichtigen Informationen über den Spender gefragt (z. B. Geburtsdatum, Telefonnummer, E-Mail-Adresse inkl. Permission). Je nach angegebenem

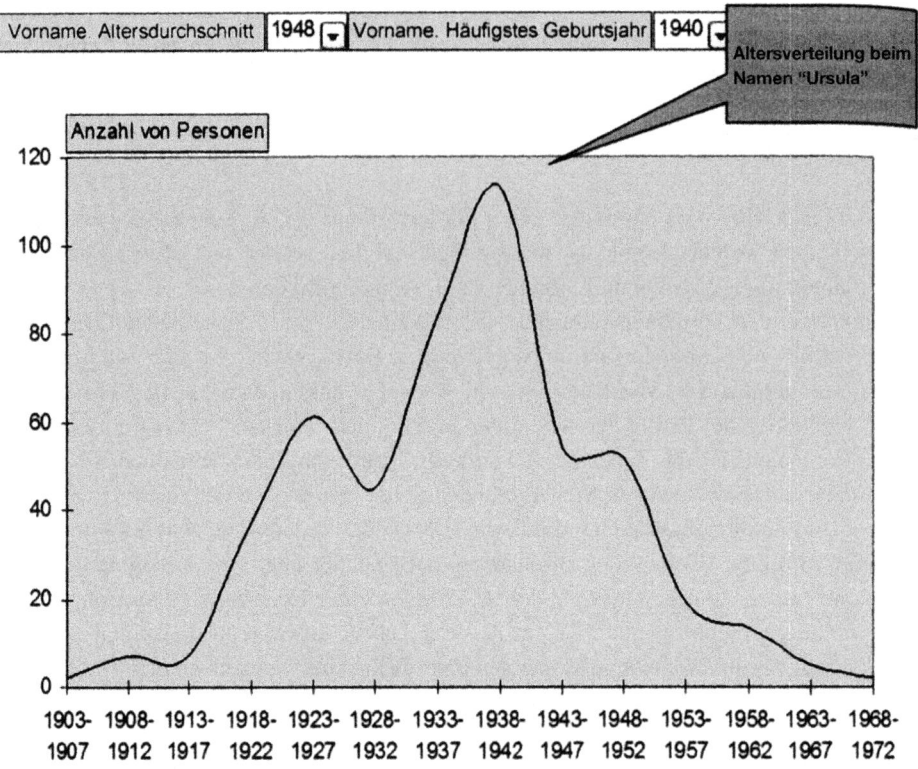

Abb. 6.8 Altersverteilung am Beispiel des Vornamens „Ursula". (Quelle: Iversen-Schwier, P.: Analyseverfahren. In: Fundraising-Akademie (Hrsg.) Fundraising – Handbuch für Grundlagen, Strategien und Methoden, 5. Aufl., S. 283–297. Springer Gabler, Wiesbaden (2016))

Interesse, können die entsprechenden Angebote der Organisation in einem an die Spenderbefragung anschließenden Follow-up dann von der Organisation selbst oder einem beauftragten Dienstleister bereitgestellt werden. Dadurch werden nicht nur Merkmale erhoben, sondern auch Bindung erzeugt.

Beispiel

Die Hilfsaktion *Brot für die Welt* der evangelischen Landes- und Freikirchen in Deutschland führte 2011 eine schriftliche Spenderbefragung bei 75.000 Förderern durch. Die Rücklaufquote betrug 8,1 %, bei Großspendern sogar 15,2 %. Folgende Erfolge konnten erzielt werden:

- 703 neue Interessenten an einer Anlassspende,
- 297 neue Interessenten an einer Zinsspenden,
- 319 neue Interessenten an einer Dauerspende,
- 251 neue Interessenten an einer Testamentspende,

- 104 neue Interessenten an einer Zustiftung,
- Über 15.000 Einzelangaben der Spender zu Einkommen, Alter, Anzahl Kinder, Beruf, Telefon, Email etc.

Der schriftlichen Befragung wurde ein Zahlschein beigelegt. Durch die daraufhin eingehenden Spenden konnten nicht nur sämtliche Kosten für Konzeption, Druck, Porto, Rücklauferfassung, Interpretation und Mehrwertsteuer gedeckt werden, sondern sogar ein Überschuss erzielt werden. Der Return-on-Investment (siehe Abschn. 6.3.3.5) betrug 1,6.

Ein Nachteil von Befragungen ist, dass befragte Spender manchmal lieber sozial erwünschte als ehrliche Antworten geben. Zu objektiveren Ergebnissen gelangt man in solchen Fällen durch **Beobachtung** des tatsächlichen Verhaltens. Beobachtet wird beispielsweise das Spenden-, Informations-, Beschwerde- und Abwanderungsverhalten von Spendern mit Hilfe des **Database Marketing**. Unter Database Marketing im Fundraising versteht man die systematische Auswertung und Nutzbarmachung der in der Fundraising-Datenbank enthaltenen Informationen über die Spender der Organisation. Ziel ist, die Bedeutung eines jeden Spenders für die Organisation bewerten zu können und ihm zum richtigen Zeitpunkt mit den richtigen Argumenten ein möglichst maßgeschneidertes Förderangebot unterbreiten zu können.

Zur Bewertung eines Förderers bzw. dessen (Förder-)Potenzials für die Organisation werden sog. **Scoring-Modelle** eingesetzt. Aufgrund eines individuell festgelegten Punktbewertungsschemas schätzt eine Organisation das (Spenden-)Potenzial jedes ihrer Spender ab. Je mehr Merkmale, die als spendenrelevant erkannt wurden, ein Spender aufweist, umso höher wird seine Punktzahl (engl.: Score). Je höher das Scoring, desto höher ist ein Spender in seiner Bedeutung für die Organisation einzustufen und umso günstiger sind die Aussichten, von ihm weitere Spenden zu erhalten. Das heißt letztlich auch: Je höher das Scoring, umso intensiver muss sich die Organisation um den Spender kümmern.

> **Beispiel**
> Das wohl bekannteste Scoring-Modell im Fundraising ist die aus dem Versandhandel stammende **RFM-Analyse**. Hinter dem Akronym RFM verbirgt sich:
>
> - **R**ecency: Wann hat ein Spender das letzte Mal gespendet?
> - **F**requency: In welcher Frequenz bzw. Regelmäßigkeit spendet ein Spender?
> - **M**onetary Value: In welcher Höhe gibt ein Spender?
>
> Das Scoring, das ein Spender erhält ist demnach umso höher,
>
> - je kürzer seine letzte Spende zurückliegt (Recency),
> - je öfter er im Jahr spendet (Frequency), und
> - je mehr er pro Spende gibt (Monetary Value).

Eine Veranschaulichung der RFM-Analyse liefert Abb. 6.9.

So zeichnen sich beispielsweise Spender in Segment I dadurch aus, dass sie im letzten Jahr über drei Mal gegeben haben, im Wert mehr als 10.000 €[13]. Ihr Scoring wird entsprechend hoch angesetzt. Die Organisation könnte sie als Top Donor definieren und als solche sehr intensiv und persönlich betreuen (siehe Abschn. 2.1.6.2).

Spender in Segment II haben im letzten Jahr zwei bis drei Mal gegeben, im Wert zwischen 1000 und 10.000 €. Die Organisation könnte sie als High- oder Major-Donor definieren und als solche betreuen (siehe Abschn. 2.1.6.3 und 2.1.6.4).

Spender in Segment III haben seit über drei Jahren nicht mehr gespendet. Ihr Scoring ist entsprechend niedrig. In diesem Segment sollte die Organisation über ein Reaktivierungsprogramm versuchen, Spender zurückzugewinnen. Hierfür bietet sich der Einsatz des Telefon-Fundraising an.

Scoring-Modelle helfen also bei der Entscheidung, wie intensiv ein Förderer betreut werden sollte. Damit kann mit Hilfe von Scoring-Modellen auch Antwort auf die Frage gefunden werden, ob und wie oft ein Spender im Jahr angeschrieben werden sollte. Auf diese Weise können Streuverluste beim Versand von Mailings minimiert werden, die dadurch entstehen, dass immer auch (potenzielle) Spender angeschrieben werden, die (gerade) nicht spenden möchten.

Obwohl mit der RFM-Analyse durchaus Erfolge bei der Mailing-Optimierung erzielt werden, liegt die Schwäche der Analyse darin, dass eben nur der Einfluss der drei verhaltensbezogenen Merkmale (Recency, Frequency und Monetary Value) eines Spenders berücksichtigt werden kann. Eine gut gepflegte Fundraising-Datenbank hat jedoch weit mehr Merkmale der Spender gespeichert, die ebenfalls Einfluss auf deren Spendenneigung haben könnten. Dies könnte theoretisch jedes gespeicherte demografische, soziografische, psychografische, geografische oder verhaltensbezogene Merkmale eines Förderers sein.

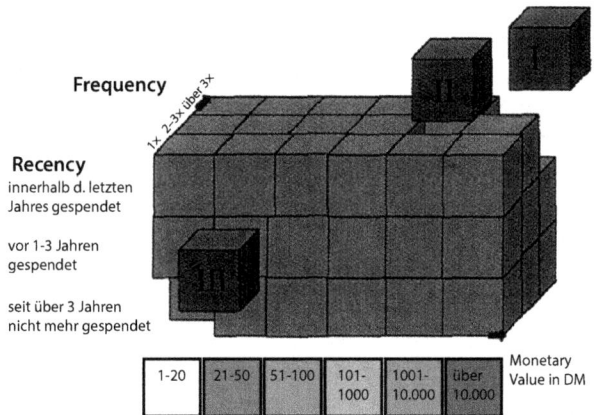

Abb. 6.9 Die RFM-Analyse. (Quelle: Lühe, Markus von der: So gewinnt UNICEF mehr Spender, in: Database Marketing, Heft 1, 1997, S. 14–16, S. 14)

---

[13] Die DM-Beträge wurden der Einfachheit und Aktualität halber durch Euro-Beträge ersetzt.

Zusätzlich können durch gezielte Abfragen der relationalen Fundraising-Datenbank noch weitere interessante Merkmale analysiert werden:

- Gibt ein Spender spontan oder nur auf Ansprache (z. B. durch ein Mailing)?
- Auf welche Themen spricht ein Spender (stärker) an?
- Gibt ein Spender nur zu bestimmten Zeiten im Jahr?
- Welche Zahlungsverfahren bevorzugt ein Spender?

Um aus diesem Berg an Informationen über die Spender die relevanten Informationen ans Tageslicht befördern zu können, wurden verschiedene Methoden das **Data Mining** entwickelt. Eine auch im Fundraising bereits eingesetzte Methode ist *CHAID* (Chi-squared Automatic Interaction Detection). *CHAID* segmentiert eine Menge von Datensätzen (der Spender) hinsichtlich einer abhängigen Variablen (der Spendenneigung) und sucht systematisch nach den besten Prädiktoren, also Merkmalen, die einen gewissen voraussagbaren Einfluss auf die Spendenneigung eines Förderers haben. Durch den Einsatz von *CHAID* konnte bei *UNICEF* das Mailing-Volumen (und damit die Fundraising-Kosten) bei gleichbleibendem Spendenaufkommen drastisch gesenkt worden sein. Ein wichtiger Prädiktor für die Spendenneigung eines UNICEF-Spenders war beispielsweise dessen Themenaffinität (z. B. „Hunger in Afrika" oder „Katastrophenhilfe in Asien").[14]

Liegen die, für eine Analyse der Bedürfnisse und Erwartungen der Spender benötigten Informationen in der Datenbank noch nicht vor, so müssen sie erst durch **Tests** erhoben werden. Profis testen jede Fundraising-Maßnahme bevor sie sie dauerhaft und regelmäßig durchführen, nach Möglichkeit in verschiedenen Varianten. Auf diese Weise sollen Fehlinvestitionen so früh wie möglich erkannt und gestoppt werden. Fundraiser sollten keine Angst haben, auch mal einen Flop zu landen. Flops sind auch den erfahrensten Fundraisern schon unterlaufen. Aber sie sollten Angst davor haben, Flops nicht so früh wie möglich zu erkennen und zu beenden. Schließlich gilt es, das investierte Fundraising-Budget maximal zu vermehren, nicht, es unverantwortlicherweise zu vergeuden. Dabei sind Tests ein wichtiges Hilfsinstrument. So testen beispielsweise viele Organisationen ihre Mailings in verschiedenen Text- und/oder Gestaltungsvarianten. Mal legen sie einem Mailing zusätzlich ein „Give-away" bei, mal nicht. Dadurch soll herausgefunden werden, welche Variante den Bedürfnissen ihrer Förderer am besten gerecht wird. Über die Jahre erhalten sie dadurch detaillierte Informationen über die Erwartungen ihrer Förderer an sie.[15]

Spender geben am liebsten für ein möglichst konkretes Anliegen. Entsprechend wichtig ist es, die Präferenzen jedes Spenders für bestimmte Themen bzw. noch konkreter für bestimmte Projekte zu kennen. Immer mehr multithematische Organisationen, die für sehr unterschiedliche Themen stehen (so sammelt beispielsweise die Caritas im Bereich Altenpflege und Migration ebenso wie für AIDS- und Obdachlosenprojekte), sind des-

---

[14] Vgl. Lühe, Markus von der: So gewinnt UNICEF mehr Spender, in: Database Marketing, Heft 1, 1997, S. 14–16, S. 16.
[15] Vgl. Kachorek, Joseph P.: Direct Mail Testing for Fund Raisers – What to Test, How to Test, How to Interpret the Results, (Precept Press) Chicago 1991.

halb dazu übergegangen, ihren Spendern alternativ verschiedene Themen bzw. Projekte zu verschiedenen Themen anzubieten. Bei einem Mailing braucht ein Spender nur noch die Projektnummer des ihn interessierenden Projektes in den vorbereiteten Zahlschein einzutragen. Das Wahlverhalten eines Spenders ermöglicht der Organisation dann den Rückschluss auf die Themen- bzw. Projektaffinität des Spenders. Auch in diesem Beispiel kann man also von Informationsgewinnung durch Test sprechen.

Ziel ist, jeden Spender möglichst individuell nach seinen Bedürfnissen anzusprechen. In den USA ist UNICEF bereits 1997 dazu übergegangen, Mailings in 24 Textvarianten zu verschicken. Große Organisationen verschicken heute bis zu 100 verschiedene Mailing-Varianten pro Aussendung. Im Computerzeitalter wäre theoretisch sogar eine individuelle Ansprache jedes einzelnen Spenders im Sinne des sog. „One-to-One"-Marketing denkbar. Noch stehen jedoch die Kosten dafür in keinem Verhältnis zu den (zusätzlichen) Erträgen.

Technisch besonders einfach ist das Testen beim Online-Fundraising. Mit Hilfe des **A/B-Tests** wird nach den Regeln der Statistik für eine repräsentative Stichprobe getestet, ob die eine von zwei Varianten (A) bessere Ergebnisse (im Sinne der jeweiligen Zielsetzung) erzielt als die andere (B). Anschließend wird mit Hilfe des Tools automatisch die bessere Variante an alle anderen E-Mail-Adressen (die nicht in der Stichprobe waren) verschickt. Wichtig ist, dass pro A/B-Test immer nur eine (!) Variable verändert wird, um die bessere von zwei Varianten zu ermitteln. Nacheinander können freilich alle Variablen durchgetestet werden, zu deren Einfluss auf den Erfolg eine plausible Hypothese gebildet werden kann.

Die eigene wissenschaftliche Untersuchung ergab, dass diejenigen Organisationen, die die erwähnten Techniken der Erforschung der Spenderpräferenzen systematisch einsetzen, sich als signifikant erfolgreicher erwiesen, als solche, die dies nicht tun! Allen Organisationen kann daher nur dringend empfohlen werden, die Bedürfnisse ihrer Spender durch Befragung und Beobachtung möglichst detailliert zu erforschen![16]

6.1.3 Konkurrenzanalyse im Fundraising

Neben der Analyse von Größe und Entwicklung des Gesamtmarktes einerseits, und der Zielgruppenanalyse bzw. Spenderanalyse andererseits, sollte eine Analyse im Fundraising immer auch eine **Konkurrenzanalyse** umfassen. In Analogie zu den eigenen Entscheidungen im Rahmen des strategischen und operativen Fundraising ist zumindest für die wichtigsten Wettbewerber im Spendenmarkt zu analysieren:

- Welche Ressourcen (Geld-, Sach- und Zeitmittel) akquiriert der jeweilige Wettbewerber in welcher Höhe bei welchen Ressourcenbereitstellern (Privatpersonen, Unternehmen, Stiftungen und öffentliche Ressourcenbereitsteller)?

---

[16] Vgl. Urselmann, Michael: Erfolgsfaktoren im Fundraising von Nonprofit-Organisationen, (Gabler) Wiesbaden 1998, S. 89 f. und S. 158 ff.

- Auf welchen Fundraising-Mix setzt der jeweilige Wettbewerber: Welche Spendenprodukte werden zu welchem Preis über welche Vertriebs- und Kommunikationskanäle vermarktet?
- Wie ist hier die Entwicklung über mehrere Jahre?
- Mit wie vielen haupt- und ehrenamtlichen Fundraisern arbeitet der jeweilige Wettbewerber?

Wie gelangen gemeinwohlorientierte Organisationen an diese Informationen?

- Auswertung der Geschäftsberichte der wichtigsten Wettbewerber,
- Auswertung der Web- und Social Media-Seiten der wichtigsten Wettbewerber,
- Einstellung ehemaliger Mitarbeiter der wichtigsten Wettbewerber,
- Spenden an die wichtigsten Wettbewerber über einen „Strohmann".
- Teilnahme an Benchmarking-Gruppen (siehe Abschn. 6.3.3.1).

Erschwert wird die Konkurrenzanalyse durch die Tatsache, dass es in Deutschland keine Publizitätspflicht für steuerbegünstigte Organisationen gibt. Welche Informationen Wettbewerber über ihr Fundraising auf ihrer Website oder in ihrem jährlichen Geschäftsbericht preisgeben, ist ganz ihnen selbst überlassen. Erst durch die Verleihung des „Transparenz-Preises" durch *PricewaterhouseCoopers* (PwC) seit 2005, sind immer mehr (größere) Organisationen bereit, freiwillig höhere Standards an die Transparenz ihrer Rechnungslegung anzulegen.

6.1.4 Was ich in diesem Abschnitt gelernt habe

- Analysieren Sie die Ausgangslage im Fundraising Ihrer Organisation ausführlich, bevor Sie im Rahmen der Fundraising-Planung Entscheidungen treffen!
- Beobachten Sie kontinuierlich Größe und Entwicklung des Spendenmarktes in dem Sie tätig sind!
- Erheben Sie – im Rahmen des datenschutzrechtlich Zulässigen – die demo-, sozio-, geo- und psychografischen sowie verhaltensbezogenen Merkmale Ihrer Spender und speichern Sie sie in Ihrer Fundraising-Datenbank!
- Informieren Sie sich über die Möglichkeiten der mikrogeografischen Marktsegmentierung.
- Führen Sie zu allen Fundraising-Maßnahmen ständig Tests durch, um unter verschiedenen Varianten diejenige zu finden, die den Erwartungen Ihrer Spender am besten gerecht wird!
- Schaffen Sie sich durch systematisches Database Marketing ein leistungsfähiges Informationssystem für Ihr Fundraising!
- Analysieren Sie mit Hilfe des Database Marketing die Präferenzen Ihrer Spender! Wenn Sie selbst noch keine Erfahrung mit Database Marketing haben, lassen Sie sich anfangs von einem Spezialisten coachen!

- Setzen Sie Methoden des Database Marketing wie beispielsweise das RFM-Modell und CHAID ein!
- Betreiben Sie Konkurrenzanalyse um Ihre Wettbewerber und deren Fundraising besser zu verstehen!

6.2 Planung im Fundraising

6.2.1 Warum Planung?

Planung ist eine zentrale Management-Aufgabe. Bevor mit dem Fundraising begonnen werden kann, sollte – auf Basis der Analyseergebnisse – ausführlich geplant werden. Natürlich löst ein Aufruf zur Planung üblicherweise keine spontane Begeisterung aus. Planung wird gerne als bürokratisch und lästig empfunden, und die dazugehörige Kontrolle als Überwachung und mangelndes Vertrauen missverstanden. Die eigene wissenschaftliche Untersuchung der Erfolgsfaktoren im Fundraising ergab jedoch ein sehr eindeutiges Ergebnis: Diejenigen unter den befragten Organisationen, die intensiv, detailliert und kontinuierlich planten, erwiesen sich als höchst signifikant (!) erfolgreicher als solche, die dies nicht taten. In dieser Deutlichkeit überraschend, erwies sich der Einsatz der Planung damit als einer der stärksten Erfolgsfaktoren im Fundraising überhaupt.[17] Oder umgekehrt: Organisationen, die nicht, nur oberflächlich oder halbherzig planten, waren eindeutig weniger erfolgreich. Die Mühen einer ordentlichen Planung zahlen sich demnach aus! Entsprechend soll diesem Kapitel ein angemessener Platz eingeräumt werden. In einem ersten Schritt ist zunächst zu klären, was unter Planung zu verstehen ist.

6.2.2 Was ist Planung?

Wer plant, trifft heute Entscheidungen darüber, welche **Ziele** er in Zukunft wie erreichen möchte. Dabei lassen sich drei Zeithorizonte unterscheiden:

- Zunächst sind im Rahmen der **normativen Grundlagen** Entscheidungen über die langfristigen Ziele einer Organisation mit einem Zeithorizont von mehr als fünf Jahren zu treffen und in Satzung (in der Schweiz: Statuten) und Leitbild schriftlich festzuhalten.
- Anschließend sind die normativen Grundlagen zu konkretisieren in dem die langfristigen Ziele im Rahmen der **strategischen Planung** auf mittelfristige Ziele (für die nächsten zwei bis fünf Jahre) heruntergebrochen, konkretisiert und in Konzepten schriftlich festgehalten werden.

---

[17] Vgl. Urselmann, Michael: Erfolgsfaktoren im Fundraising von Nonprofit-Organisationen, (Gabler) Wiesbaden 1998, S. 210–221.

- Im Rahmen der **operativen Planung** werden schließlich aus den mittelfristigen systematisch die kurzfristigen Ziele abgeleitet, konkretisiert und in Maßnahmen-, Zeit- und Budgetplänen festgehalten.

Nur die konsequente Ableitung der Ziele über die drei Zeithorizonte stellt sicher, dass eine Organisation im täglichen, operativen Geschäft auch tatsächlich ihre langfristigen Ziele nicht aus den Augen verliert. In der Praxis zeigt sich jedoch immer wieder, dass die meisten Organisationen (auch im Fundraising) bestenfalls Jahresplanungen mit operativen Zielen aufstellen. Zwar haben sich viele Organisationen eine normative Grundlage in Form eines Leitbildes gegeben. Da jedoch oft eine systematisch abgeleitete strategische Planung fehlt, die den Rahmen für die operative Planung vorgeben müsste, stehen Leitbild und operative Planung ohne inhaltlichen Bezug nebeneinander. Dadurch verliert das Leitbild seine Funktion als Orientierungsrahmen. Umgekehrt riskiert die operative Planung, im Alltag die priorisierten langfristigen Ziele aus dem Auge zu verlieren. Viele Fundraising-Führungskräfte wenden ein, dass ihnen im Alltag schlicht die Zeit für strategische Planung fehle. Die Gültigkeit des Graham'schen Gesetzes scheint auch im Fundraising ungebrochen: „Operativ dringende, aber für die Zukunftssicherung unwichtige Fragen verdrängen strategisch wichtige, aber nicht dringende Entscheidungen." Im Interesse eines maximalen Fundraising-Erfolges ist es jedoch originäre und unverzichtbare Aufgabe von Führungskräften im Fundraising, eine systematische, strategische Fundraising-Planung in Zusammenarbeit mit ihren Mitarbeitern im Fundraising sicherzustellen, und sich im Rahmen der dafür benötigten Zeit aus dem Tagesgeschäft auszuklinken.

Im Zusammenhang mit der (Fundraising-)Planung ist in der Praxis noch ein weiteres Problem verbreitet: Geschäftsführung und Vorstand geben im Rahmen der Gesamtplanung für die Organisation zwar strategische Fundraising-Ziele vor. Oftmals jedoch vollkommen losgelöst von einer systematischen strategischen und operativen Fundraising-Planung. Da möge sich das Fundraising im nächsten Jahr doch bitte noch um eine weitere Million bemühen. Davon, wie realistisch dieses Ziel – natürlich ohne ein entsprechend angehobenes Budget – erreicht werden kann, wird gerne abstrahiert. In den folgenden Kapiteln wird deshalb beispielhaft aufgezeigt, wie systematische Fundraising-Planung, eingebettet in die Gesamtplanung einer Organisation über alle drei Zeithorizonte idealtypisch aussehen könnte.

Wer plant, entscheidet also. Eine Entscheidung sollte allerdings erst gefällt werden, wenn eine solide Entscheidungsgrundlage vorliegt. Dazu ist die der Entscheidung zugrunde liegende Ausgangssituation zunächst umfassend und kritisch zu analysieren und zu bewerten. Ohne vorherige **Analyse** (siehe Abschn. 6.1) läuft Planung Gefahr, unrealistische (zu hohe oder zu niedrige) Ziele zu setzen. Beides zieht unerwünschte Folgen nach sich, da an der Formulierung der Ziele auch der Erfolg einer Organisation festgemacht wird. Erfolg wird betriebswirtschaftlich über den Erreichungsgrad der Ziele definiert. Erfolgreich ist demnach, wer seine Ziele erreicht. Waren diese vorab unerreichbar hoch definiert worden, können sie nicht erreicht werden und demotivieren Mitarbeiter auf Dauer genauso wie zu niedrig festgelegte Ziele, bei denen eine Organisation hinter ihren Möglichkeiten zurückbleibt – was auch demotivierend sein kann. Die Kunst des Management besteht also darin, auf Basis solider Analysen zwar ehrgeizige aber realistische Ziele zu formulieren – auch im Fundraising.

Stellt sich als nächstes die Frage, *wer* die Macht hat, im Rahmen der Planung über die Ziele einer Organisation entscheiden zu dürfen? Wer hat die Macht die Zieldefinition einer Organisation beeinflussen zu können? In Profit-Organisationen ist diese Frage relativ leicht zu beantworten: Entscheidend sind zunächst einmal die Anteilseigner (Aktionäre, Gesellschafter etc.) oder neudeutsch **Shareholder**. Fundraising im Sinne der Definition (siehe Kap. 1) wird jedoch von gemeinwohlorientierten Organisationen betrieben. Letztere existieren in Deutschland zum allergrößten Teil in der Rechtsform des eingetragenen Vereins (e. V.), der keine Anteilseigner kennt. Vielmehr gehört ein Verein sich selbst. In Vereinen werden Entscheidungen deshalb nicht von Anteilseignern sondern – nach basisdemokratischen Regeln – vom Souverän eines Vereins getroffen: der Mitgliederversammlung bzw. (zwischen den Mitgliederversammlungen) dem gewählten ehrenamtlichen Vorstand, der bei größeren Organisationen eine hauptamtliche Geschäftsführung berufen kann. Neben Mitgliederversammlung, Vorstand und Geschäftsführung kann es aber noch eine ganze Reihe anderer Anspruchsgruppen (**Stakeholder**) geben, die – je nach Organisation mehr oder weniger – Macht haben, Einfluss auf die Zielentscheidungen des Vereins geltend machen zu können (siehe Abb. 6.10):

- Die wichtigsten Stakeholder **innerhalb** des Systems NPO sind neben den Mitgliedern, Vorstand und Geschäftsführung die haupt- und ehrenamtlichen Mitarbeiter. Wie oben

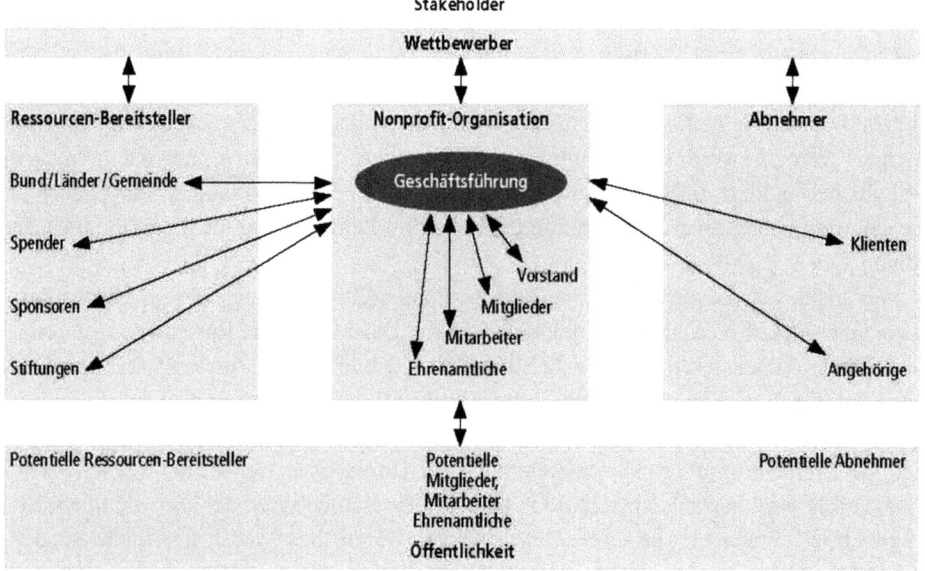

Abb. 6.10 Stakeholder einer gemeinnützigen Organisation

angedeutet, werden demnach auch die Mitarbeiter versuchen, die Zieldefinition in ihrem Sinne zu beeinflussen (**System-Management**).
- Die wichtigsten Stakeholder **außerhalb** des Systems NPO sind auf der **Beschaffungsseite** die verschiedenen denkbaren Ressourcenbereitsteller: Öffentliche Ressourcenbereitsteller versuchen ebenso auf das Zielsystem einer Organisation Einfluss zu nehmen wie Privatpersonen (Spender), Unternehmen (Unternehmensspender, Sponsoren) und Stiftungen. Im Rahmen des hier vorrangig interessierenden Fundraising-Managements müssen also ggf. auch Vorstellungen der Ressourcenbereitsteller Eingang in das Zielsystem einer Organisation finden (**Ressourcen-Management**).
- Wichtige Stakeholder **außerhalb** des Systems sind auf der **Absatzseite** die verschiedenen denkbaren (potenziellen) Abnehmer der Leistungen einer Organisation: Klienten versuchen auf das Zielsystem der NPO ebenso Einfluss zu nehmen wie deren Angehörige (**Marketing-Management**).

Da – je nach Organisation – sehr unterschiedliche Stakeholder Einfluss auf die Zielfestlegung haben können, ist im Rahmen der Analysephase des Management eine **Stakeholder-Analyse** durchzuführen, um die wichtigsten Stakeholder zu identifizieren und sie anschließend an der Planung zu beteiligen. Dazu sollten Ziele nicht einseitig von Geschäftsführung und Vorstand vorgegeben, sondern mit den wichtigsten Stakeholdern ausgehandelt und verbindlich vereinbart werden. Auch im Fundraising sollte die Geschäftsführung einer Organisation die Fundraising-Ziele nicht einfach nur einseitig vorgeben, sondern mit der Abteilungsleitung Fundraising und den zuständigen Mitarbeitern aushandeln und verbindlich vereinbaren. Nur so kann sichergestellt werden, dass die Ziele auch als Maßstab für den eigenen Erfolg von den Mitarbeitern akzeptiert werden.

Alle Stakeholder-Gruppen versuchen also, Einfluss auf die Zielentscheidungen einer Organisation zu nehmen, was in der Praxis zu erheblichen Zielkonflikten führen kann und eine Management-Funktion in einer Organisation zu einer anspruchsvollen Aufgabe werden lässt, die auch großes politische Geschick erfordert. Sind die Ziele zumindest mit den wichtigsten Stakeholder-Gruppen in Form von Soll-Vorgaben vereinbart, ist im Rahmen der Planung anschließend festzulegen, mit welchen **Maßnahmen** die gesteckten Ziele erreicht werden sollen, und wer diese Maßnahmen (Zuständigkeit) wann (Zeit) zu welchen Kosten (Budget) durchführt.

Nach der Durchführung muss zur Planung immer noch die **Kontrolle** hinzukommen, da Planung ohne Kontrolle sinnlos ist, und Kontrolle ohne Planung nicht möglich wäre.[18] *Steinmann/Schreyögg* beschreiben diesen Zusammenhang als „Zwillingsfunktion" von Planung und Kontrolle.[19] Im Rahmen der Kontrolle werden nach Durchführung der Maßnahmen den Plan- bzw. Sollvorgaben die korrespondierenden Ist-Werte gegenübergestellt und dadurch Abweichungsinformationen generiert. Im Sinne eines Regelkreismodells sollen diese Abweichungsinformationen Auslöser für Korrekturentscheidungen

---
[18] Vgl. Böcker, Franz: Marketing-Kontrolle, (Kohlhammer) Stuttgart 1988, S. 22.
[19] Vgl. Steinmann, H.; Schreyögg, G.: Management. Grundlagen der Unternehmensführung – Konzepte, Funktionen und Praxisfälle, Wiesbaden 1991, S. 103.

am Ende (Feedback-Funktion der Kontrolle) bzw. besser noch prozessbegleitend während der Kontrollperiode (Feedforward-Funktion der Kontrolle) sein, um Korrekturen ohne Zeitverzögerung vornehmen zu können.[20] Planung und Kontrolle müssen deshalb in ein entsprechendes Informationssystem, das **Controlling** eingebettet sein, das ständig die benötigten internen und externen Daten, Informationen und Analyseergebnisse zur Verfügung stellt. Das Controlling stellt somit eine wichtige Steuerungshilfe dar, das die Planungs- und Kontrollprozesse durch geeignete Informationsbereitstellung und -koordination unterstützt (siehe Abschn. 6.3).

Um eine möglichst wirksame Kontrolle durchführen zu können, sollten Ziele im Rahmen der Planung SMART festgelegt werden. Ziele sind demnach …

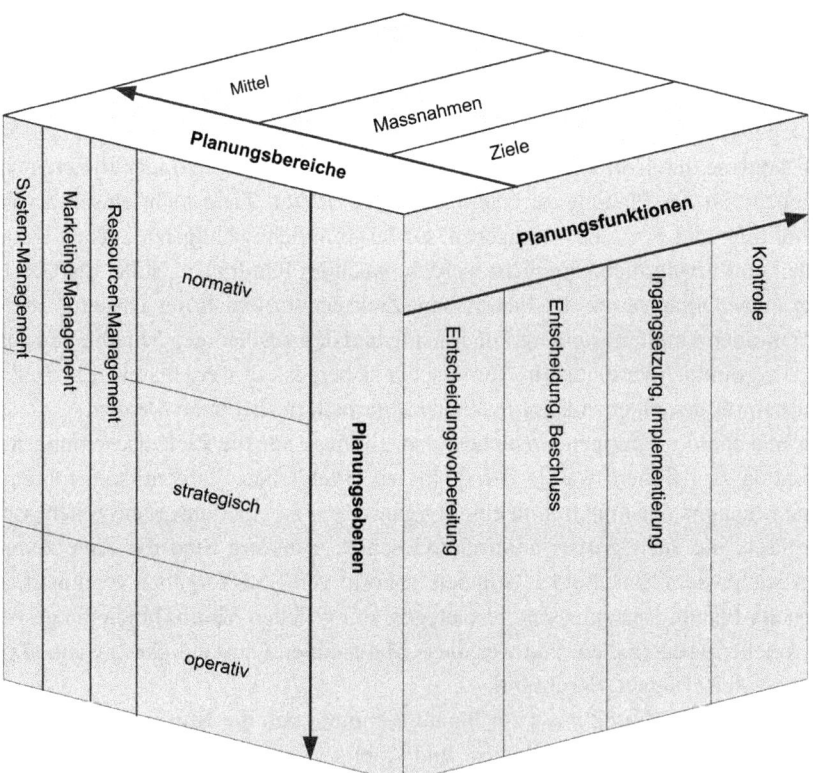

Abb. 6.11 Der Planungswürfel. (Quelle: Lichtsteiner, Hans; Gmür, Markus; Giroud, Charles; Schauer, Reinbert: Das Freiburger Management-Modell für Nonprofit-Organisationen, 8. Aufl., (Haupt) Bern/Stuttgart/Wien 2015., S. 105)

---

[20] Vgl. Weber, Jürgen: Einführung in das Controlling. Teil 1: Konzeptionelle Grundlagen, Stuttgart 1991, S. 87.

6.2 Planung im Fundraising

- **S**pezifisch (konkret und individuell),
- **M**essbar (überprüfbar),
- **A**ktionsbezogen (beeinflussbar),
- **R**ealistisch (erreichbar) und
- **T**erminierbar (den Zeithorizonten zuordenbar) festzulegen.

Zusammenfassend werden im Rahmen der Planung also ...

... zukunftsorientierte Entscheidungen getroffen (Entscheidungsvorbereitung, Entscheidung, Ingangsetzung und Kontrolle) ...

... bezüglich der Ziele, Maßnahmen und Mittel ...

... für die drei Zeithorizonte der normativen (langfristigen), strategischen (mittelfristigen) und operativen (kurzfristigen) Planung.

Eine grafische Veranschaulichung liefert der Planungswürfel in Abb. 6.11.

6.2.3 Normative Grundlagen und ethische Standards

Ausgangspunkt aller Planung (und damit auch der Fundraising-Planung) sind die normativen Grundlagen, die im **Leitbild** einer Organisation festgehalten sein sollten. Das Leitbild ist eine schriftliche Ausformulierung des Selbstverständnisses einer Organisation: Wer sind wir? Wo wollen wir hin (langfristige Ziele)? Was treibt uns an (Werte)?

> **Beispiel**
>
> Im Leitbild des Deutschen Caritasverbandes werden folgende Ziele benannt: „Den Menschen in seiner Würde schützen, Solidarisch miteinander leben in einer pluralen Welt und Verpflichtung über Grenzen hinweg." Die der Zielsetzung zugrundeliegenden Werte werden in der Präambel benannt: „Caritas ist konkrete Hilfe für Menschen in Not. Richtschnur ihrer Arbeit sind Weisung und Beispiel Jesu Christi. Die Hinwendung zu den Hilfebedürftigen und die Solidarität mit ihnen ist praktizierte Nächstenliebe."

Ziel des Leitbildes ist, allen (potenziellen) Stakeholdern das Selbstverständnis der Organisation, ihre Ziele und Werte zu kommunizieren. Die (potenziellen) Stakeholder sollen die Organisation einschätzen und sich entscheiden können, ob sie sich mit dem formulierten Selbstverständnis der Organisation identifizieren können und mit ihr in Austauschbeziehungen treten wollen, oder nicht. Da Leitbilder manchmal umfangreich ausformuliert sein können, machen sich viele (potenzielle) Stakeholder nicht die Mühe des Durchlesens. Deshalb sollte zusätzlich zum Leitbild versucht werden, das Selbstverständnis einer Organisation auf nur einen einzigen Satz, das **Mission Statement**, zu kondensieren.

Beispiele
- Amerikanisches Rotes Kreuz: „Helping people prevent, prepare for and cope with emergencies"
- Amerikanische Pfadfinderinnen: „It is our mission to help each girl reach their own highest potential"
- Amerikanische Heilsarmee: „It is our mission to make citizens out of the rejected"

Ein Leitbild legt eine verbindliche Grundlage für die anschließende strategische und operative Planung. Seine Formulierung kann deshalb nicht nur Sache einiger Weniger (z. B. des Vorstandes oder der Geschäftsführung) sein, die das Leitbild anschließend „von oben nach unten" als allgemein verbindlich erklären. Das Risiko wäre zu groß, dass sich andere wichtige Stakeholder der Organisation in einem als „aufgesetzt" empfundenen Leitbild anschließend nicht wiederfinden können. Das Leitbild verkäme in einer solchen Situation zu einer bloßen Worthülse ohne Bedeutung für die tägliche Arbeit und wäre damit als Steuerungsinstrument wertlos. Wie immer in der Planung, muss vielmehr auch der Formulierung von langfristigen Zielen im Rahmen eines Leitbilds eine entsprechende Analyse und Abwägung in Form einer **Leitbildentwicklung** vorausgehen. An der Leitbildentwicklung müssen Vertreter aller wichtigen Stakeholder der Organisation beteiligt werden. Nur so haben alle die Gelegenheit, an der Formulierung der langfristigen Ziele angemessen beteiligt zu werden. Nur so besteht eine Chance, dass sich anschließend alle (oder wenigstens die meisten) mit dem Leitbild identifizieren und es in der täglichen Praxis auch tatsächlich anerkennen, umsetzen und leben.

Jeder, der den Prozess einer Leitbildentwicklung schon einmal mitgemacht hat, weiß, dass es sich dabei in den meisten Fällen um einen langwierigen und schwierigen Prozess handelt. Im Rahmen der Leitbilddiskussion wird schließlich festgelegt, welches Selbstverständnis sich eine Organisation gibt, und welche Richtung sie langfristig einschlagen möchte. Solche grundsätzlichen und langfristigen Überlegungen sind schließlich unabdingbare Voraussetzung für mittel- und kurzfristige Planung. Wie sonst wollte man planen, wohin man in diesem und den nächsten fünf Jahren kommen möchte, wenn man nicht weiß, in welche Richtung man grundsätzlich gehen will. Aber selbst wenn sich eine Organisation auf ein gemeinsames Leitbild einigen kann, ist es damit nicht ein für alle Mal getan. Vielmehr muss jedes Leitbild in regelmäßigen Abständen hinterfragt und überprüft werden. Spätestens wenn es eine neue Mehrheit für Änderungswünsche gibt, ist es weiterzuentwickeln.

Nicht selten bilden sich Fraktionen, die mit der Organisation in unterschiedliche Richtungen ziehen möchten. Im Extremfall blockieren sie sich gegenseitig und damit die Entwicklung der gesamten Organisation. In der Folge wird dann auch strategisches und operatives Planen unmöglich, da es keine klaren und einheitlichen Zielvorgaben mehr gibt. Gerade dieser Extremfall zeigt, dass eine Leitbilddiskussion trotz aller Konflikte und Schwierigkeiten zu gemeinsamen langfristigen Zielen kommen muss. Lassen sich die Interessen verschiedener Fraktionen nicht mehr „unter einem Dach" bündeln, bricht eine Organisation auseinander bzw. spaltet sich ein Teil der Organisation ab und gründet eine neue Organisation („Spin-off").

6.2 Planung im Fundraising

Beispiele
- Die Organisation *Oro Verde* ist eine Abspaltung des *WWF*.
- Die Organisation *Robin Wood* ist eine Abspaltung von *Greenpeace*.
- Eine Fraktion der *SPD* spaltete sich 2004 ab und gründete die *WASG*, die sich 2007 mit der *PDS* zur neuen Partei *Die Linke* zusammenschloss. Die Fraktion hatte bzgl. der Hartz-Gesetze andere Zielvorstellungen als die Mehrheit der *SPD*.

Für den Einzelnen kann ein solcher Prozess sehr schmerzhaft sein. Aus der Leitbildentwicklung heraus erkennen einzelne Stakeholder, dass eine Mehrheit andere Vorstellungen hat als sie selber. Sie können sich mit „ihrer" veränderten Organisation plötzlich nicht mehr identifizieren. Im Extremfall bleibt dem Einzelnen oder einer Minderheit dann nur noch, die Organisation zu verlassen.

Obwohl ihre Finanzierung einen durchaus wichtigen Teilbereich des Selbstverständnisses einer Organisation ausmacht, umfassen die meisten Leitbilder gemeinwohlorientierter Organisationen keine Vorgaben, die Auswirkungen auf die strategische und operative Fundraising-Planung haben. Dabei gibt es im Zusammenhang mit dem Fundraising zahlreiche Aspekte, die das Selbstverständnis einer Organisation fundamental betreffen: Durch welche Finanzierung können wir unsere Unabhängigkeit garantieren? Wie wollen wir uns finanzieren? Welche ethischen Grundsätze legen wir dabei zugrunde? Wie wollen wir uns nicht finanzieren?

So gibt es beispielsweise Organisationen, deren Selbstverständnis eine Zusammenarbeit mit bestimmten **Ressourcenbereitstellern** ausschließt. Ist eine solche normative Entscheidung im Leitbild einer Organisation verbindlich „verankert", hat dies weitreichende Auswirkungen auf das strategische und operative Fundraising, das auf Geld-, Sach- und Dienstleistungen der betreffenden Ressourcenbereitsteller verzichten muss.

Beispiele
- Die Umweltschutzorganisation *Greenpeace* verzichtet bewusst auf Ressourcenbereitstellung durch Unternehmen, um ihre Unabhängigkeit von der Wirtschaft zu wahren.
- Die Jugendhilfeorganisation *Off Road Kids* verzichtet bewusst auf öffentliche Gelder und setzt ganz auf Fundraising bei Privatpersonen, Unternehmen und Stiftungen.
- Viele Kultureinrichtungen empfinden das Einwerben privater Ressourcen als „peinliche Bettelei" und sehen ausschließlich den Staat in der Pflicht.

Andere Organisationen differenzieren innerhalb einer bestimmten Gruppe von Ressourcenbereitstellern zwischen solchen, bei denen eine Kooperation mit dem eigenen Selbstverständnis vereinbar ist, und solchen, bei denen das nicht der Fall ist.

Beispiele
- Grundsätzlich arbeitet das Kinderhilfswerk *UNICEF* mit Unternehmen als Ressourcenbereitstellern zusammen. Verzichtet wird jedoch auf eine Kooperation mit Unternehmen, die z. B. Alkohol und Tabak herstellen.
- Das christliche Kinder- und Jugendwerk *Die Arche* verzichtete 2006 auf die öffentliche Entgegennahme einer vierstelligen Spende eines Berliner Bordellbetreibers, da es dies nicht mit seinen Werten vereinbaren konnte.

Auch gibt es Organisationen, die bestimmte **Produkte** oder **Vertriebskanäle** des Fundraising für nicht vereinbar mit ihrem Selbstverständnis halten. So lehnten einige Organisationen in den 1990er Jahren das Produkt Testamentspende als „Erbschleicherei" ab. Andere Organisationen stehen bestimmten Vertriebskanälen des Fundraising (z. B. Telefon-Fundraising, Face-to-Face-Fundraising, Mailings, Online-Fundraising) aus grundsätzlichen Erwägungen heraus kritisch gegenüber, und verzichten lieber auf deren Einsatz. Findet eine solche Einschätzung eine Mehrheit in der Mitgliederversammlung (und bei anderen wichtigen Stakeholdern) so entwickelt sie normative Kraft und bindet das strategische und operative Fundraising. Umgekehrt darf aber auch die besonders kritische Sicht einiger Weniger nicht ein Fundraising blockieren, das eine große Mehrheit innerhalb der Organisation bereit wäre mitzutragen. Eine grundsätzliche Klärung und Aufnahme in das Leitbild erscheint deshalb wünschenswert, um klare Vorgaben für das Fundraising zu schaffen.

Das grundsätzliche Einverständnis der wichtigsten Stakeholder ist übrigens schon ganz zu Beginn jeglicher Fundraising-Aktivitäten conditio sine qua non. Ohne das mehrheitliche Wohlwollen von Mitgliederversammlung, Vorstand, Geschäftsführung sowie haupt- und ehrenamtlichen Mitarbeitern ist der Aufbau von Fundraising in einer Organisation nicht möglich. Diese Erfahrung haben beispielsweise deutsche Universitäten beim Aufbau von Fundraising in den Nullerjahren schmerzlich machen müssen, wenn es ihnen vorab nicht gelungen war, Konsens zwischen den wichtigsten Stakeholdern (Präsidium/Rektorat, Dekanate, Professoren, Studierende, bereits vorhandene Fördervereine, Öffentlichkeitsarbeit, Datenschutzbeauftragter, IT etc.) herzustellen. Eine Organisation muss eine gewisse Mindestbereitschaft für den Aufbau von Fundraising aufbringen können, die im Englischen **Institutional Readiness** genannt wird.[21] Erfahrungsgemäß kann davon nicht automatisch ausgegangen werden – und sei der finanzielle Druck auf die Organisation noch so groß. Im Gegenteil: Lang ist die Liste der Vorbehalte. Grundtenor: „Es ist entwürdigend, dass wir jetzt auch noch betteln müssen! Unsere wichtigen Aufgaben hat der Staat zu finanzieren!". Um diesen, sehr ernst zu nehmenden Vorbehalten begegnen zu können, ist ein neu eingestellter Fundraiser gut beraten, zunächst organisationsintern Vertrauen aufzubauen. Ohne die Unterstützung der Leitung und der Kollegen (insbeson-

---

[21] Vgl. Schulz, Lothar: Institutional Readiness, in: Fundraising Akademie (Hrsg.): Fundraising – Handbuch für Grundlagen, Strategien und Methoden, 4. Aufl., (Gabler) Wiesbaden 2008, S. 97–101.

dere auf der Projektseite), oder gar gegen deren Interessen, kann ein Fundraiser nicht erfolgreich arbeiten.

Damit die Stakeholder wissen, welche **ethischen Standards** eine Organistion an ihr Fundraising legt, sollten diese auf normativer Ebene aufgegriffen und im Leitbild explizit verankert werden. Orientieren kann sich eine Organisation an den „Grundregeln für eine gute, ethische Fundraising-Praxis", die für Mitgliedsorganisationen des *Deutschen Fundraising Verbandes* verbindlich sind. Die Grundregeln betreffen wichtige Fragen der Integrität, der Transparenz, der Fairness, der Entscheidungsfreiheit (insbesondere bestehender und potenzieller Förderer), der Privatsphäre, des Datenschutzes, der Mittelverwendung, der Weiterbildung von haupt- und ehrenamtlichen Mitarbeitern im Fundraising, des fachlichen Austausches, der Vergütung von Fundraisern, der Selbstbestimmung, der Befangenheit und Interessenskonflikte sowie der Vorteilsnahme wie Vorteilsgewährung im Zusammenhang mit dem Fundraising (Download: dfrv.de/fundraising-branche/ethik-im-fundraising). Der *Fundraising Verband Austria* hat mit seinem „FVA-Ehrenkodex" ähnliche ethische Standards entwickelt (Download: fundraising.at); ebenso der schweizerische Fundraising-Verband *Swissfundraising* mit seinen „Ethischen Richtlinien" (Download: swissfundraising.org/mitgliedschaft/ethische-richtlinien).

Organisationen, die das **DZI-Spenden-Siegel**, eine Art TÜV-Plakette für geprüfte Spendenorganisationen, tragen wollen, verpflichten sich auf die ethischen Standards, die das DZI im Rahmen seiner „Spenden-Siegel-Leitlinien" definiert. Die Standards betreffen die Zielsetzung, Leitung und Aufsicht, Werbung und Öffentlichkeitsarbeit, Mittelverwendung, Vergütung, Rechnungslegung und Prüfung sowie die Transparenz bei der Mittelbeschaffung.[22] Zur weiteren Konkretisierung der Standards hat das *DZI* gemeinsam mit dem *VENRO* die Handreichung „Ethik in Spenden-Mailings" erarbeitet (siehe Abschn. 2.5.2.4), die auch die *VENRO* Kodizes (*VENRO* Verhaltenskodex und Kodex Entwicklungsbezogene Öffentlichkeitsarbeit) konkretisieren soll.

Einen ethisch-moralischen Kodex für seine Mitglieder definiert auch der **Deutsche Spendenrat** im Rahmen seiner Grundsätze. Der Kodex betrifft

- Geschenke, Vergünstigungen, Versprechen bzw. Gewährung sonstiger Vorteile im Zusammenhang mit der Mitglieder- und Spenderwerbung.
- Provisionszahlungen bei der Einwerbung von Mitgliedern oder Zuwendungen.
- Werbung, die gegen die guten Sitten und anständigen Gepflogenheiten verstößt.
- Berücksichtigung allgemein zugänglicher Sperrlisten und Richtlinien zum Verbraucherschutz.
- Beachtung aktueller datenschutzrechtlicher Bestimmungen.
- Berücksichtigung gesetzlicher Regeln im Umgang mit Spendern.

---

[22] Die „Spenden-Siegel-Leitlinien" stehen auf der Website des *Deutschen Zentralinstituts für soziale Fragen* zum Download bereit (dzi.de/spenderberatung/das-spenden-siegel/fur-organisationen/downloads).

- Wahrung der Persönlichkeitsrechte bei Formen des Direktmarketings wie Brief-, Telefon-, Haustür- und Straßenwerbung.
- Verzicht auf psychischen Druck im unmittelbaren, persönlichen Zielgruppenkontakt.[23]

6.2.4 Strategische Fundraising-Planung

Auf Basis der normativen Grundlagen, und der vom strategischen Controlling zur Verfügung gestellten Informationen (siehe Abschn. 6.3.2), sind im Rahmen der **strategischen Fundraising-Planung** für einen Planungshorizont von bis zu fünf Jahren Entscheidungen zu fällen, welche Ziele mit Hilfe welcher Strategien mittelfristig erreicht werden sollen. Die Entscheidungen sind in einem **Fundraising-Konzept** schriftlich festzuhalten. Eine detaillierte Darstellung des strategischen Fundraising würde den Rahmen dieses Buches sprengen. Dazu wird auf die Arbeit von *Gahrmann* verwiesen.[24] Hier erfolgt stattdessen eine Konzentration auf die wichtigsten strategischen Entscheidungen.

Insbesondere ist zu entscheiden,

- welche Ressourcen insgesamt (in den nächsten fünf Jahren) einzuwerben sind, abgeleitet aus den übergeordneten Entwicklungszielen der gesamten Organisation.
- von welchen Ressourcenbereitstellern (Privatpersonen, Unternehmen, Stiftungen, öffentliche Ressourcenbereitsteller) welche Ressourcen in welcher Höhe eingeworben werden sollen.
- welche Produkte (z. B. Einzel-, Dauer-, Groß- und Testamentspende, aber auch Anlass-, Mikro- oder Restgeldspende sowie Spendenaktion) bei welchen Zielgruppen welche Beträge einwerben sollen.
- über welche Vertriebskanäle (Postvertrieb, Online-Vertrieb, Telefonvertrieb, persönlicher Vertrieb) welche Produkte vertrieben werden sollen.
- über welche Kommunikationskanäle welche Produkte zielgruppenadäquat kommuniziert werden sollen.
- wie bei einer föderal gegliederten Organisation das Fundraising arbeitsteilig zwischen den verschiedenen Gliederungsebenen organisiert werden soll.

Eine Entscheidung ist immer dann von strategischer Dimension, wenn ihre Implikationen von mehrjähriger Auswirkung sind. Da viele strategische Entscheidungen im Fundraising mit größeren Investitionen auf mehrere Jahre verbunden sind, sollten sie nicht ständig kurzfristig wieder revidiert werden, sondern eine gewisse nachhaltige Verbindlichkeit genießen.

---

[23] Die „Grundsätze" stehen auf der Website des Deutschen Spendenrates zum Download bereit (spendenrat.de/ueber-uns/rechtsgrundlagen).
[24] Gahrmann, Christian: Strategisches Fundraising, (Gabler) Wiesbaden 2012.

> **Beispiel**
> Entscheidet sich eine Organisation im Rahmen der strategischen Fundraising-Planung, bislang nicht angesprochene Ressourcenbereitsteller (z. B. Stiftungen) künftig anzusprechen, oder bislang nicht eingesetzte Produkte (z. B. die Testamentspende) künftig einzusetzen, oder bislang nicht genutzte Vertriebskanäle (z. B. das Online-Fundraising) künftig zu nutzen, oder bislang nicht genutzte Kommunikationskanäle (z. B. TV-Spots) künftig zu nutzen, so sind alle diese Entscheidungen zunächst einmal mit mehr oder weniger hohen Investitionen verbunden, die sich in der Regel erst mittelfristig rentieren.

6.2.4.1 Entscheidungen bzgl. der Ressourcenbereitsteller

Wie bereits mehrfach erwähnt, haben die meisten gemeinwohlorientierten Organisationen die Rechtsform eines eingetragenen Vereins (e. V.). Chronologisch gesehen, finanzieren sich neu gegründete Vereine zunächst über Beiträge ihrer Mitglieder und Spenden, also über von Privatpersonen bereitgestellte Ressourcen. Die Entscheidung, in einem nächsten Schritt beispielsweise Unternehmen oder Stiftungen als potenzielle neue Ressourcenbereitsteller anzusprechen (sofern keine normativen Entscheidungen entgegenstehen), ist von strategischer Bedeutung und sollte auch als solche wahrgenommen und behandelt werden. Es ist wenig sinnvoll, in blindem operativem Aktionismus „einfach mal spontan ein paar Unternehmen um Geld zu bitten". Eine Entscheidung für die Ansprache von Unternehmen oder Stiftungen ist von mehrjähriger und damit strategischer Bedeutung. Bevor durch die Ansprache (hoffentlich) zusätzliche Einnahmen generiert werden können, sind zunächst Investitionen in Know-how zu tätigen: Literatur, Seminare, Kongresse, Ausbildungsgänge, Beauftragung von Beratern oder Einstellung entsprechend qualifizierter Mitarbeiter. Bis solche Investitionen die erforderlichen Renditen in Höhe eines Mehrfachen der eingesetzten (Personal- und Sach-)Mittel erbringen können[25], vergeht i. d. R. mehr als ein Jahr. Somit ist eine solche Entscheidung nicht mehr nur von operativer sondern bereits von strategischer Dimension.

6.2.4.2 Entscheidungen bzgl. der anzubietenden Produkte

Ebenfalls in den Bereich der strategischen Fundraising-Planung fallen Entscheidungen darüber, welche (Fundraising-)**Produkte** Ressourcenbereitstellern angeboten werden sollen. Führt eine Organisation bislang beispielsweise kein systematisches Großspender-Fundraising (siehe Abschn. 2.3.5) durch, so ist die Entscheidung, künftig ein oder mehrere Großspender-Produkte anzubieten, von mehrjähriger und damit strategischer Bedeutung. Bevor durch die Ansprache (potenzieller) Großspender (hoffentlich) zusätzliche Einnahmen generiert werden können, sind auch hier zunächst Investitionen in Know-how zu tätigen: Literatur, Seminare, Kongresse, Ausbildungsgänge, Einstellung entspre-

---

[25] Möchte eine Organisation beispielsweise einen Verwaltungskostenanteil von 20 % nicht überschreiten, so bedeutet dies umgekehrt, dass eine durchschnittliche Investition ins Fundraising verfünffacht werden muss.

chend qualifizierter Mitarbeiter, Beauftragung von Beratern etc. Bis solche Investitionen die erforderlichen Renditen in Höhe eines Mehrfachen der eingesetzten (Personal- und Sach-)Mittel erbringen können, vergeht i. d. R. mehr als ein Jahr. Gleiches gilt für Entscheidungen bzgl. anderer neuer (Spenden-)Produkte (z. B. Restgeldspende, Mikrospende etc.).

Da eine detaillierte Analyse im Vorfeld der strategischen Entscheidung ergeben kann, dass die Bedürfnisse von Ressourcenbereitstellern bezogen auf ein bestimmtes (Spenden-)Produkt sehr heterogen sind, kann die Entscheidung für eine **Segmentierung** des betreffenden (Teil-)Marktes erforderlich werden. So können beispielsweise (potenzielle) Testamentspender sehr unterschiedliche Bedürfnisse haben: Während die Einen eine Erbschaft oder ein Vermächtnis bevorzugen, interessieren sich Andere mehr für eine (Zu-)Stiftung oder ein Stifterdarlehn. Je stärker (Spenden-)Produkte ausdifferenziert werden, umso passgenauer können sie die Bedürfnisse der Spender befriedigen. Andererseits erhöht eine Ausdifferenzierung jedoch auch die Komplexität und damit die Kosten im Fundraising. Hier ist im Rahmen der strategischen Fundraising-Planung sauber abzuwägen.

6.2.4.3 Entscheidungen bzgl. der zu wählenden Vertriebs- und Kommunikationskanäle

Im Rahmen der strategischen Fundraising-Planung sind anschließend für jedes Fundraising-Produkt Entscheidungen über die zu wählenden **Vertriebskanäle** zu fällen. Auch diese Entscheidungen sind mit Investitionen von mehrjähriger Auswirkung verbunden und erfordern daher auch mindestens mittelfristige Gültigkeit. Entscheidet man sich beispielsweise, das Produkt „Dauerspende" gegenüber Privatpersonen persönlich mittels Face-to-Face-Fundraising zu vertreiben, so verursacht diese Entscheidung nicht unerhebliche (Anfangs-)Investitionen, insbesondere wenn die Entscheidung zugunsten einer Inhouse-Lösung ausfällt (siehe Abschn. 6.2.4.5).

Erfahrungsgemäß polarisieren Entscheidungen über zu wählende Vertriebskanäle die verschiedenen Stakeholder-Gruppen sehr stark. Der Entscheidung, ob ein Spendenprodukt über den Postvertrieb und/oder persönlichen Vertrieb und/oder Online-Vertrieb und/oder das Telefon vertrieben wird, gehen nicht selten hitzige Debatten voraus. Groß sind die Befürchtungen, dass gerade Vertriebsaktivitäten am Telefon oder im Rahmen des persönlichen Vertriebs (an einem Stand oder der Haustüre) von den Umworbenen als Belästigung empfunden werden könnten. Um diese wichtigen strategischen Entscheidungen nicht zum Spielball situativer Stimmungsschwankungen in unterschiedlichen Gremien werden zu lassen, sollte vorab eine grundsätzliche Klärung auf Ebene der normativen Grundlagen erfolgen.

Langfristig gesehen, müssen jedoch auch Vertriebsentscheidungen selbstverständlich reversibel bleiben, um flexibel genug auf Veränderungen im Umfeld reagieren zu können. So standen Vertriebskanäle wie beispielsweise die Straßensammlung, Haustürsammlung und die (kirchliche) Kollekte praktisch jahrhundertelang im Vordergrund, wurden dann aber (Anfang der 1980er Jahre) stark durch den effizienteren Postvertrieb zurückgedrängt, der seinerseits zunehmend vom Online- und Telefon-Vertrieb verdrängt wird. Auch Vertriebskanäle scheinen so etwas wie einem **Lebenszyklus** zu unterliegen.

Nach dem klassischen Lebenszyklus-Modell sind vier Entwicklungsphasen unterscheidbar:

- *Einführungsphase*: Organisationen nutzen neu entwickelte Vertriebskanäle für ihr Fundraising (Beispiel: Online-Fundraising).
- *Wachstumsphase*: Auch andere Organisationen übernehmen den neuen Vertriebskanal. Der Einsatz des Vertriebskanals wächst stark (Beispiel: Telefon-Fundraising, Face-to-Face-Fundraising).
- *Sättigungsphase*: Der Vertriebskanal ist weit verbreitet, weiteres Wachstum ist kaum noch möglich (Beispiel: Postvertrieb).
- *Degenerationsphase*: Der Vertriebskanal ist aus unterschiedlichen Gründen (der technologischen, politischen oder sozialen Entwicklung) veraltet. Es wird zwar noch eingesetzt, aber mit sinkendem Erfolg (Beispiel: Kirchliche Kollekte).

Wenn die verschiedenen Vertriebskanäle (aber auch Kommunikationskanäle und Fundraising-Produkte) einem Lebenszyklus unterliegen, ist von großer Bedeutung, welche Vertriebskanäle eine Organisation einsetzt. Organisationen, die lediglich Vertriebskanäle in der Reife- oder Degenerationsphase einsetzen, riskieren sinkende Erträge aus den vorhandenen Vertriebskanälen, und an steigenden Einnahmen aus neuen, zukunftsträchtigeren Vertriebskanälen (aber auch Kommunikationskanälen und Fundraising-Produkten) in der Einführungs- oder Wachstumsphase nicht mehr oder zu spät partizipieren zu können und so Marktanteile zu verlieren. Die Erfahrung zeigt jedoch, dass die meisten Organisationen ihre Vertriebskanäle eher zufällig bzw. historisch begründet und reaktiv auswählen, als proaktiv strategisch geplant. Ob der jeweilige Vertriebskanal noch Zukunft hat bzw. Aufwand und Ertrag noch in einem vernünftigen Verhältnis stehen, wird nicht (ausreichend) analysiert und bei Entscheidungen berücksichtigt. Hierbei kann die **Portfolio-Analyse** einen wichtigen Beitrag liefern (siehe Abschn. 6.3.2.2).

Eine empirische Untersuchung ergab, dass es einen sehr signifikanten (!) Einfluss zwischen der Zukunftsträchtigkeit der Fundraising-Produkte, Vertriebs- und Kommunikationskanäle einer Organisation und ihrem Fundraising-Erfolg gibt. Organisationen, die einen zukunftsträchtigen **Fundraising-Mix** aus Fundraising-Produkten, Vertriebs- und Kommunikationskanälen einsetzten, erwiesen sich als deutlich erfolgreicher als andere, die über einen weniger zukunftsträchtigen Fundraising-Mix verfügten.[26]

Fazit: Eine Organisation ist gut beraten, ihren spezifischen Fundraising-Mix regelmäßig darauf zu überprüfen, ob dieser auch einen ausreichenden Anteil an zukunftsträchtigen Fundraising-Produkten, Vertriebs- und Kommunikationskanälen aufweist. Sollte dies nicht der Fall sein, so muss rechtzeitig investiert werden. Rechtzeitig deshalb, weil bei

---

[26] Vgl. Urselmann, Michael: Erfolgsfaktoren im Fundraising von Nonprofit-Organisationen, (Gabler) Wiesbaden 1998, S. 222–230.

der Einführung eines neuen Fundraising-Produktes, Vertriebs- und Kommunikationskanals immer eine gewisse Anlaufzeit benötigt wird. Entsprechend ist es auch nicht möglich, einen veralteten Fundraising-Mix von heute auf morgen fundamental umzustrukturieren. Bis die Umstrukturierung Früchte trägt, könnten die dafür nötigen Investitionen zwischenzeitlich den Verwaltungskostenanteil (siehe Abschn. 6.3.3.5) zu lange zu stark belasten. Der Umstrukturierungsprozess muss deshalb ein kontinuierlicher sein. Der Investitionsbedarf für die kontinuierliche Modernisierung des Fundraising-Mixes muss über einen mittelfristigen Zeithorizont aus Überschüssen der vorhandenen Fundraising-Produkte so finanzierbar sein, dass auch in einer Übergangszeit ein akzeptabler Verwaltungskostenanteil sichergestellt bleibt. Sehr ähnliche Überlegungen gelten für strategische Entscheidungen im Zusammenhang mit der Wahl zukunftsträchtiger **Kommunikationskanäle**, die immer wieder auf das sich ändernde Kommunikationsverhalten der Stakeholder angepasst werden muss.

6.2.4.4 Entscheidungen bzgl. der zu wählenden Zahlungsverfahren

Auch die Zahlungsgewohnheiten der Stakeholder, insbesondere der privaten Spender, ändern sich im Laufe der Zeit. Auf diese Änderungen muss das Fundraising reagieren, um den Bedürfnissen der Spender nachhaltig gerecht werden zu können. Entsprechend muss im Rahmen der strategischen Fundraising-Planung entschieden werden, welche **Zahlungsverfahren** (siehe Abschn. 2.4.7) den Spendern angeboten werden sollen. Auch hier ist die Einführung jedes neuen Zahlungsverfahrens zunächst einmal mit zusätzlichen Kosten verbunden. Kosten verursacht nicht nur das Entgelt für den Anbieter des Zahlungsverfahrens. Auch die (Anpassung der) Kommunikation der Zahlungsverfahren gegenüber den Stakeholdern verursacht Kosten. Entsprechend sollten Entscheidungen zu den Zahlungsverfahren mindestens mittelfristige Gültigkeit haben, und daher auf strategischer Ebene gefällt werden.

Die (strategischen) Entscheidungen bzgl. der zu wählenden Zahlungsverfahren stehen dabei in engem Zusammenhang mit den (strategischen) Entscheidungen bzgl. der zu wählenden Vertriebskanäle für die verschiedenen Fundraising-Produkte:

- Bevorzugte Zahlungsverfahren des Postvertriebs sind Überweisung, Dauerauftrag und Lastschrifteinzug.
- Bevorzugte Zahlungsverfahren des persönlichen Vertriebs sind Lastschrifteinzug und Barzahlung.
- Bevorzugte Zahlungsverfahren des Telefonvertriebs sind Lastschrifteinzug, Kreditkarte, Bezahlung über die Telefonrechnung und künftig Mobile Payment.
- Bevorzugte Zahlungsverfahren des Online-Vertriebs sind Überweisung, Lastschrifteinzug, Kreditkarte und Online-Zahlungsverfahren.

Die stärksten Veränderungen im Zahlungsverhalten von Stakeholdern werden durch die Entwicklungen im Internet getrieben. Die großen Player versuchen, eigene Zahlungsverfahren zu etablieren und zu einem Standard zu entwickeln, den nach Möglichkeit auch andere im Internet nutzen sollen. Wie bereits erwähnt, folgte auf die Entwicklung des Zahlungsverfahrens *PayPal* durch *ebay*, die Entwicklung des Zahlungsverfahrens *Amazon Payments* durch das Online-Handelsunternehmen *Amazon* für seine mehr als 44 Mio. Kunden alleine in Deutschland (Stand 2017). Sobald eine entsprechende Verbreitung von *Amazon Payments* vorliegen wird, dürfte es für die Abrechnung von Spenden ähnlich interessant werden wie *PayPal*. Noch stärker dürfte jedoch der Trend zur direkten Bezahlung über das Smartphone im Rahmen des Mobile Payment werden. Wann eine gemeinnützige Organisation sinnvollerweise in welches neue Zahlungsverfahren einsteigt, ist im Rahmen der strategischen Fundraising-Planung zu entscheiden. Voraussetzung ist, dass im Rahmen des strategischen Controlling (siehe Abschn. 6.3.2) das Zahlungsverhalten der Spender und seine Veränderung kontinuierlich analysiert werden.

6.2.4.5 Entscheidungen bzgl. des Outsourcings von Fundraising-Aktivitäten

Im Rahmen der strategischen Fundraising-Planung ist auch die sog. Make-or-Buy-Entscheidung zu treffen, ob das Fundraising von der Organisation selber (Inhouse) durchgeführt oder ganz bzw. teilweise an externe Dienstleister ausgelagert werden soll (**Outsourcing**). Zwischen kompletten Inhouse-Lösungen und kompletten Outsourcing-Lösungen existieren in der Praxis auch alle denkbaren Zwischenformen. Ein Komplett-Outsourcing kann für Organisationen sinnvoll sein, die bei Null ins Fundraising einsteigen und selbst noch über keinerlei Fundraising-Know-how verfügen. Sie überlassen den Aufbau des Fundraising einer erfahrenen Agentur und entscheiden zu einem späteren Zeitpunkt neu, das bereits aufgebaute Fundraising in die Organisation einzugliedern bzw. Inhouse zu betreiben.

Ebenfalls sinnvoll kann ein weitgehendes Outsourcing für Organisationen in der **Katastrophenhilfe** sein, deren Fundraising-Aktivitäten sehr unregelmäßig und nicht vorhersagbar (weil abhängig von Katastrophen) sind. Das Outsourcing ermöglicht diesen Organisationen eine wesentlich höhere Flexibilität, da die Unwägbarkeiten auf den Dienstleister übertragen werden. Dieser kann beispielsweise aufgrund unterschiedlicher Kunden und anderer arbeitsrechtlicher Möglichkeiten besser die Schwankungen im Fundraising ausgleichen.

In der Praxis können praktisch alle Bereiche des Fundraising auf spezialisierte Dienstleister ausgelagert werden.[27] Es gibt Dienstleister, die sich auf bestimmte

- Ressourcenbereitsteller spezialisiert haben, und bezogen auf das Fundraising gegenüber Privatpersonen, Unternehmen, Stiftungen oder öffentlichen Ressourcenbereitstellern (insbesondere EU) beraten.
- Fundraising-Produkte spezialisiert haben: z. B. Dauerspenden, Großspenden, Testamentspenden, Sponsoring, Bußgeld.

---

[27] Eine umfassende Aufstellung von Anbietern kann kostenlos auf der Website des Deutschen Fundraising Verbandes (dfrv.de) unter „Dienstleisterliste" eingesehen werden.

- Vertriebskanäle spezialisiert haben: z. B. Postvertrieb (Mailing), Telefon-Fundraising, Face-to-Face-Fundraising, Online-Fundraising.
- Kommunikationskanäle spezialisiert haben: z. B. Events, TV-Shows, DRTV-Spots, Plakate etc.
- Fundraising-Infrastruktur spezialisiert haben: z. B. Aufbau, Betrieb und Auswertung einer Fundraising-Datenbank,

Da Outsourcing-Verträge i. d. R. mehrjährig abgeschlossen werden, sind Make-or-Buy-Entscheidungen im Rahmen der strategischen Fundraising-Planung zu treffen.

6.2.4.6 Entscheidungen bzgl. des Aufbaus von Fundraising in föderal strukturierten Organisationen

Wie bereits angedeutet, stehen föderal strukturierte Organisationen mit Bundes-, Landes-, Bezirks- und Kreisverbänden sowie Ortsvereinen (wie z. B. das Deutsche Rote Kreuz, die Arbeiterwohlfahrt oder der Naturschutzbund Deutschland) bzw. landeskirchlich oder diözesan strukturierte Organisationen (wie Diakonie oder Caritas) in Sachen Fundraising vor einer zusätzlichen Herausforderung. In den letzten Jahren wurde begonnen, auf den verschiedenen Ebenen eigene Fundraising-Aktivitäten durchzuführen. Oft leider ohne sich mit den anderen Ebenen des Verbandes abzustimmen. In der Konsequenz kann dies zu unkoordinierter Mehrfachansprache potenzieller Spender durch die verschiedenen Gliederungsebenen einer Organisation führen. Gerade in der Vorweihnachtszeit finden (potenzielle) Spender gleich mehrfach Mailings von ein und derselben Organisation in ihren Briefkästen. Dass die Mailings von verschiedenen Gliederungsebenen eines Verbandes kommen, wird von den Umworbenen gar nicht bemerkt. Da sie von einer Organisation zu kommen scheinen, ist die Verärgerung über derlei Mehrfachansprache und die damit einhergehende Ressourcenverschwendung bei den (potenziellen) Spendern groß.

Ein gemeinsamer, ganzheitlicher Fundraising-Ansatz über alle föderalen Ebenen hinweg, hat nur dann Aussicht auf Erfolg, wenn die Interessen aller betroffenen föderalen Ebenen partnerschaftlich berücksichtigt werden. Das Deutsche Rote Kreuz ist die erste Organisation, die bereits 1999 damit begonnen hat, ein gemeinschaftliches Konzept für ein integriertes Fundraising über die verschiedenen föderalen Ebenen hinweg zu entwickeln. Es basiert auf der Grundüberlegung, dass jede föderale Ebene ihre Adressen von (potenziellen) Spendern in eine gemeinsame, zentrale Datenbank einbringt. Beim Einbringen in die gemeinsame Datenbank wird jede einzelne Adresse auf den jeweiligen „Adresslieferanten" (Bundes-, Landes- oder Kreisverband) codiert, d. h. mit einem Zahlencode versehen, der den Rückschluss zulässt, welche Verbandsgliederung die jeweilige Adresse einmal in die gemeinsame Datenbank eingebracht hat. Werden mit dem zentralen Adressbestand später Fundraising-Aktionen wie z. B. gemeinsame Mailings durchgeführt, so können eventuelle Erträge über die Codierung dem jeweiligen Adresslieferanten eindeutig zugeordnet werden. Mit einer speziellen Abrechnungssoftware werden die zentral realisierten Fundraising-Erträge dann monatlich oder quartalsweise mit den Adresslieferanten abgerechnet.

Der Hauptvorteil des integrierten Fundraisings liegt darin, dass durch das gemeinsame Vorgehen Größenvorteile in Form geringerer Fundraising-Kosten pro Adresse realisiert werden können, ohne die individuellen Interessen der jeweiligen föderalen Ebenen zu vernachlässigen. Solche Größenvorteile entstehen beispielsweise bei Druck und Versand von Mailings. Es macht in Bezug auf die Stückkosten einen großen Unterschied, ob 500 Kreisverbände jeweils 1000 Adressen anschreiben, oder einmal zentral 500.000 Adressen angeschrieben werden. Ein weiterer Vorteil liegt darin, dass durch die zentrale Koordination eine unerwünschte Mehrfachansprache einzelner Spender im Vorfeld ausgeschlossen werden kann. Da alle Ebenen einer föderalen Organisation erst von den Vorteilen des gemeinsamen Vorgehens überzeugt werden müssen, bedarf ein solches Projekt eines mittel- bis langfristigen Planungshorizonts.

Aufgrund des bereits geschilderten Professionalisierungs- und damit auch Kostendrucks werden föderal strukturierte Organisationen ihre Fundraising-Aktivitäten früher oder später koordinieren müssen. Dabei wird integriertes Fundraising bei international agierenden Organisationen nicht auf der Bundesebene haltmachen. Nach demselben Modell zentral geführter, codierter Adressbestände werden Fundraising-Aktivitäten auch international integriert werden können. Mit dem Siegeszug des Euro und des Internets (das keine Ländergrenzen kennt) wird dies spätestens mit Harmonisierung des Gemeinnützigkeitsrechts in Europa der Fall sein.

Gelänge es, teuere Organisationsegoismen zu überwinden, so wäre auch denkbar, dass kirchliche und kirchennahe Organisationen aus ökonomischen Gründen ihre Fundraising-Aktivitäten im Sinne eines integrierten Fundraisings zentral koordinieren ohne andererseits ihre jeweilige Eigenständigkeit aufgeben zu müssen. Die Größenvorteile, die Organisationen wie Misereor, Missio, Adveniat, Renovabis, Sternsinger, Caritas u. a. auf der katholischen bzw. Organisationen wie Brot für die Welt, Diakonie u. a. auf der evangelischen Seite gemeinsam realisieren könnten, wären enorm. Zusammen sind die genannten Organisationen schließlich für ein jährliches Spendenvolumen von bis zu einer halben Milliarde Euro gut.

6.2.5 Operative Fundraising-Planung

Aus der strategischen Fundraising-Planung sind im Rahmen der operativen Fundraising-Planung für einen Planungshorizont von einem Jahr kurzfristige Ziele abzuleiten, zu konkretisieren und schriftlich festzuhalten.

> **Beispiel**
>
> Im Rahmen der strategischen Planung werden Aussagen getroffen, welche Beträge bei welchen Ressourcenbereitstellern (Privatpersonen, Unternehmen, Stiftungen, öffentliche Ressourcenbereitsteller) in den nächsten fünf Jahren in welcher Höhe eingeworben werden sollen. Eine Organisation X, die bislang nur öffentliche Gelder eingeworben hat, setzt sich 2018 zum strategischen Ziel, bis 2023 10 % ihrer Einnahmen aus Spen-

den von Privatpersonen zu bekommen. Dieses mittelfristige Ziel ist nun in kurzfristige Jahresziele herunter zu brechen. 2019 soll mit der Ansprache von Privatpersonen durch Aufbau eines systematischen Fundraising begonnen werden. Da mit drei Jahren bis zum Break Even Punkt gerechnet werden muss, wird das Ziel für die Jahre 2019 bis 2021 noch mit 0 % Einnahmen von Privatpersonen angesetzt. Für das vierte Jahr (2022) steckt sich die Organisation das Ziel, bereits 5 % zu erreichen. Im fünften Jahr (2023) wird dann das operative Ziel auf die 10 % gesetzt, die schon in der strategischen Planung festgelegt worden sind. Anschließend werden für 2019 entsprechende Maßnahmen zur künftigen Einwerbung von Spenden sowie Zeitplan, Zuständigkeiten und Budget geplant.

Beispiel

Im Rahmen der strategischen Planung werden Aussagen getroffen, welche Beträge auf welcher Stufe der Spenderpyramide (Erst-, Mehrfach-, Dauer-, Groß- und Testamentspender) in fünf Jahren eingeworben werden sollen. Eine Organisation Y, die bereits zahlreiche Spender, bisher jedoch noch nie eine Testamentspende erhalten hat, setzt sich 2018 zum strategischen Ziel, bis 2023 3 % ihrer Einnahmen aus Erbschaften und Vermächtnissen zu erhalten. Eine vorangegangene Benchmarking-Analyse (siehe Abschn. 6.3.3.1) hat ergeben, dass einer befreundeten Organisation vergleichbarer Größe gelungen war, erstmals nach fünf Jahren Einnahmen aus Erbschafts-Fundraising in dieser Größenordnung zu erzielen. Daraus leitet die Organisation Y folgende operative Ziele ab: Für die Jahre 2019 bis 2022 jeweils 0 % Einnahmen aus Testamentspenden. Im fünften Jahr (2023) wird dann das operative Ziel auf die 3 % gesetzt, die schon in der strategischen Planung festgelegt worden sind. Anschließend werden für 2019 entsprechende Maßnahmen zum Aufbau des Erbschafts-Fundraising sowie Zeitplan, Zuständigkeiten und Budget geplant.

Beispiel

Im Rahmen der strategischen Planung werden Aussagen getroffen, welche Beträge über welche Vertriebskanäle in fünf Jahren eingeworben werden sollen. Eine Organisation Z, die offline bereits zahlreiche Spenden bekommt, bisher jedoch noch kein Online-Fundraising betreibt, setzt sich 2018 zum strategischen Ziel, bis 2023 5 % ihrer Einnahmen aus Online-Fundraising zu erhalten. Eine Studie, die das Controlling als Entscheidungsgrundlage beisteuern konnte, hat nämlich ergeben, dass dies eine realistische Zielgröße sei. Daraus leitet die Organisation Z folgende operative Ziele ab: Für das Jahr 2019 noch keine Online-Spende, da in diesem Jahr erst die technischen Voraussetzungen für Online-Spenden auf der Homepage der Organisation Z einzurichten sind (Integration eines Online-Spendenformulars etc.). Die entsprechenden Kosten werden budgetiert. Für die Jahre 2020, 2021 und 2022 wird der Anteil der Online-Spenden auf 1, 2 und 3 % an den Gesamtspendeneinnahmen geplant. Im fünften Jahr (2023) wird dann das operative Ziel auf die 5 % der Einnahmen gesetzt, die schon in der strategischen Planung festgelegt worden sind. Anschließend werden für 2019 entsprechende

Maßnahmen zum Aufbau des Online-Fundraising sowie Zeitplan, Zuständigkeiten und Budget geplant.

Für jedes einzelne operative Ziel muss nun festgelegt werden, mit welcher Maßnahme bzw. mit welchen Maßnahmen dieses Ziel mit welchen geplanten Kosten und Erlösen erreicht werden soll. Für jede einzelne Maßnahme ist ein Maßnahmenplan aufzustellen, der aufzeigt, welches Ziel wie mit der Maßnahme erreicht werden soll. Eine solche operative Planung sollte sehr detailliert für alle Fundraising-Maßnahmen bei allen Ressourcenbereitstellern (Privatpersonen, Unternehmen, Stiftungen und öffentliche Ressourcenbereitsteller), allen Spendenprodukten (z. B. Einzel-, Dauer-, Groß- und Testamentspende, aber auch Anlass-, Mikro- oder Restgeldspende sowie Spendenaktion), Vertriebskanälen (Mailings, Telefon-Fundraising, Face-to-Face-Fundraising, Online) und Kommunikationskanälen durchgeführt werden.

▶ **Tipp** Erstellen Sie für die operative Fundraising-Planung Ihrer Organisation eine Excel-Datei, in der alle Fundraising-Maßnahmen bei allen Ressourcenbereitstellern aufgelistet werden:

- Definieren Sie für jede Ressourcenbereitstellergruppe (Privatpersonen, Unternehmen, Stiftungen und öffentliche Ressourcenbereitsteller) je ein Tabellenblatt, das alle für ein Jahr geplanten Fundraising-Maßnahmen inkl. geplanter Kosten und Erlöse auflistet
(Beispiel: Tab. 6.16 zeigt ein Tabellenblatt für alle Maßnahmen bei „Unternehmen").
- Definieren Sie als Unterteilung für die Ressourcenbereitstellergruppe „Privatpersonen" noch für jedes Spendenprodukt (z. B. Einzel-, Dauer-, Groß- und Testamentspende) je ein Tabellenblatt, das alle für ein Jahr geplanten Fundraising-Maßnahmen inkl. geplanter Kosten und Erlöse auflistet
(Beispiel: Tab. 6.17 zeigt ein Tabellenblatt für alle Maßnahmen zum Produkt „Dauerspenden")
- Fassen Sie alle Fundraising-Maßnahmen aller Ressourcenbereitsteller und Spendenprodukte in einem eigenen Tabellenblatt „Übersicht" bzw. „Gesamt" zusammen
(Beispiel: Tab. 6.18 zeigt ein Tabellenblatt, das alle Fundraising-Maßnahmen zusammenfasst)

Bei besonders komplexen Fundraising-Maßnahmen (wie z. B. einem Mailing) ist es sinnvoll, zusätzlich in eine noch detailliertere Feinplanung zu gehen (siehe beispielsweise Tab. 6.20). Im Idealfall werden in der operativen Planung bei komplexen Fundraising-Prozessen alle einzelnen Schritte bzw. Vorgänge in einem Maßnahmenplan inklusive Zeitplan, Zuständigkeitsplan und Budgetplan schriftlich festgehalten. Ohne einen solchen schriftlichen Plan ist eine wirksame Kontrolle oft nicht möglich. Und ohne Kontrolle keine sinnvolle und vollständige Planung!

Tab. 6.16 Operative Planung aller Fundraising-Maßnahmen bei „Unternehmen". (Quelle: Eigene Tabelle)

	Fundraising-Planung "Unternehmen"		
1			
2			
3	Maßnahmen bei Ressourcenbereitsteller "Unternehmen"	Jahr	
4		Plan	Ist
5	**Sponsoring-Projekt 1 (Gewinnung)**		
6	Erlöse		
7	Direkte Fundraising-Kosten		
8	Indirekte Fundraising-Kosten		
9	Überschuss/Unterdeckung		
10	return on investment		
11	**Mailing Firmenspenden (Gewinnung)**		
12	Erlöse		
13	Direkte Fundraising-Kosten		
14	Indirekte Fundraising-Kosten		
15	Überschuss/Unterdeckung		
16	return on investment		
17	**Telefon-Fundraising Firmenspenden (Gewinnung)**		
18	Erlöse		
19	Direkte Fundraising-Kosten		
20	Indirekte Fundraising-Kosten		
21	Überschuss/Unterdeckung		
22	return on investment		
23	**Payroll giving (Gewinnung)**		
24	Erlöse		
25	Direkte Fundraising-Kosten		
26	Indirekte Fundraising-Kosten		
27	Überschuss/Unterdeckung		
28	return on investment		
29	**Event für Unternehmensspender (Betreuung)**		
30	Erlöse		
31	Direkte Fundraising-Kosten		
32	Indirekte Fundraising-Kosten		
33	Überschuss/Unterdeckung		
34	return on investment		
35			
36	**Summe aller Maßnahmen bei "Unternehmen"**		
37	Erlöse		
38	Direkte Fundraising-Kosten		
39	Indirekte Fundraising-Kosten		
40	Überschuss/Unterdeckung		
41	return on investment		

Tab. 6.17 Operative Planung aller Fundraising-Maßnahmen bei „Privatpersonen/Dauerspenden". (Quelle: Eigene Tabelle)

A	B	C	D
Fundraising-Planung "Dauerspender" (Privatpersonen)			
		Jahr	
Maßnahmen auf der Stufe "Dauerspender"		Plan	Ist
Direct Mail an Mehrfachspender (Gewinnung)			
	Erlöse		
	Direkte Fundraising-Kosten		
	Indirekte Fundraising-Kosten		
	Überschuss/Unterdeckung		
	return on investment		
Telefonischer Anruf von Mehrfachspendern (Gewinnung)			
	Erlöse		
	Direkte Fundraising-Kosten		
	Indirekte Fundraising-Kosten		
	Überschuss/Unterdeckung		
	return on investment		
Standwerbung (Gewinnung)			
	Erlöse		
	Direkte Fundraising-Kosten		
	Indirekte Fundraising-Kosten		
	Überschuss/Unterdeckung		
	return on investment		
Gewinnung von Dauerspendern im Internet			
	Erlöse		
	Direkte Fundraising-Kosten		
	Indirekte Fundraising-Kosten		
	Überschuss/Unterdeckung		
	return on investment		
Summe aller Maßnahmen auf der Stufe der Dauerspender			
	Erlöse		
	Direkte Fundraising-Kosten		
	Indirekte Fundraising-Kosten		
	Überschuss/Unterdeckung		
	return on investment		

Tab. 6.18 Gesamtplanung mit Übersicht über alle „Ressourcenbereitsteller" und „Spendenprodukte". (Quelle: Eigene Tabelle)

	A	B	C	D
1	**Fundraising-Planung (Gesamt) Jahr**			
2				
3	Summe aller Fundraising-Maßnahmen		Jahr	
4			Plan	Ist
5	**Privatpersonen**			
6	Interessent	Erlöse	0,00	0,00
7		Direkte Fundraising-Kosten	0,00	0,00
8		Indirekte Fundraising-Kosten	0,00	0,00
9		Überschuss/Unterdeckung	0,00	0,00
10		return on investment	0,00	0,00
11	Erstspender	Erlöse	0,00	0,00
12		Direkte Fundraising-Kosten	0,00	0,00
13		Indirekte Fundraising-Kosten	0,00	0,00
14		Überschuss/Unterdeckung	0,00	0,00
15		return on investment	0,00	0,00
16	Mehrfachspender	Erlöse	0,00	0,00
17		Direkte Fundraising-Kosten	0,00	0,00
18		Indirekte Fundraising-Kosten	0,00	0,00
19		Überschuss/Unterdeckung	0,00	0,00
20		return on investment	0,00	0,00
21	Dauerspender	Erlöse	0,00	0,00
22		Direkte Fundraising-Kosten	0,00	0,00
23		Indirekte Fundraising-Kosten	0,00	0,00
24		Überschuss/Unterdeckung	0,00	0,00
25		return on investment	0,00	0,00
26	Großspender	Erlöse	0,00	0,00
27		Direkte Fundraising-Kosten	0,00	0,00
28		Indirekte Fundraising-Kosten	0,00	0,00
29		Überschuss/Unterdeckung	0,00	0,00
30		return on investment	0,00	0,00
31	Testamentspender	Erlöse	0,00	0,00
32		Direkte Fundraising-Kosten	0,00	0,00
33		Indirekte Fundraising-Kosten	0,00	0,00
34		Überschuss/Unterdeckung	0,00	0,00
35		return on investment	0,00	0,00
36	Zwischensumme "Privatpersonen"	Erlöse	0,00	0,00
37		Direkte Fundraising-Kosten	0,00	0,00
38		Indirekte Fundraising-Kosten	0,00	0,00
39		Überschuss/Unterdeckung	0,00	0,00
40		return on investment	#DIV/0!	#DIV/0!
41	**Unternehmen**			
42		Erlöse	0,00	0,00
43		Direkte Fundraising-Kosten	0,00	0,00
44		Indirekte Fundraising-Kosten	0,00	0,00
45		Überschuss/Unterdeckung	0,00	0,00
46		return on investment	0,00	0,00
47	**Stiftungen**			
48		Erlöse	0,00	0,00
49		Direkte Fundraising-Kosten	0,00	0,00
50		Indirekte Fundraising-Kosten	0,00	0,00
51		Überschuss/Unterdeckung	0,00	0,00
52		return on investment	0,00	0,00
53	**Öffentliche Institutionen**			
54		Erlöse	0,00	0,00
55		Direkte Fundraising-Kosten	0,00	0,00
56		Indirekte Fundraising-Kosten	0,00	0,00
57		Überschuss/Unterdeckung	0,00	0,00
58		return on investment	0,00	0,00
59	**Summe über alle Quellen des Fundraising**			
60		Erlöse (Gesamt)	0,00	0,00
61		Direkte Fundraising-Kosten (Gesamt)	0,00	0,00
62		Indirekte Fundraising-Kosten (Gesamt)	0,00	0,00
63		Verwaltungskosten (Gesamt)		
64		Überschuss/Unterdeckung	0,00	0,00
65		return on investment	#DIV/0!	#DIV/0!
66				

6.2 Planung im Fundraising

Beispiel

Der Gesamtprozess „Versand eines Mailings" ist sehr komplex. Er umfasst die folgenden Teilprozesse:

- Briefing der Agentur durch die Organisation,
- Startmeeting in der Agentur,
- Angebotseinholung bei Lieferanten (Druckerei, Lettershop etc.),
- Präsentation von Entwürfen bei der Organisation,
- Überarbeitung der Entwürfe durch Agentur,
- Freigabe der endgültigen Version durch Organisation,
- Adressverarbeitung,
- Druck,
- Lettershop,
- Postauflieferung,
- Archivierung,
- etc.

Jeder dieser Teilprozesse kann seinerseits aus weiteren (Unter-)Prozessen bestehen. Im Beispiel kann der Teilprozess „Adressverarbeitung" aus folgenden Unterprozessen bestehen:

- Beschaffung von Fremdadressen (besteht seinerseits aus verschiedenen Unterprozessen),
- Bereitstellung der Eigenadressen der Organisation an die Agentur,
- Adressen in ein einheitliches Format bringen,
- Vergabe von Werbecodes,
- Matchcode-Abgleich/Doublettenabgleich,
- Portooptimierung,
- Lieferung der Adressdaten an die Laserdruckerei,
- Meldung der genauen Auflagenhöhe an die Produktion,
- Abrechnungsprotokoll erstellen,
- etc.

An diesem Beispiel zeigt sich, aus wie vielen Teil- und Unterprozessen ein Gesamtprozess auch im Fundraising bestehen kann. Damit wird unmittelbar einsichtig, wie hoch bei dieser Komplexität auch die Gefahr werden kann, dass sich Fehler einschleichen. Um den Überblick nicht zu verlieren, sollte **Projekt-Management-Software** (wie z. B. Microsoft Project) eingesetzt werden. Mit Hilfe dieser Software können alle (Teil-)Prozesse inklusive Zeit- und Zuständigkeitsplan übersichtlich in einer Tabelle aufgelistet werden (siehe Tab. 6.19).

Im Rahmen der operativen Fundraising-Planung werden jedoch nicht nur finanzielle Ziele festgelegt. Es werden auch Ziele für eine ganze Reihe von Kennzahlen definiert,

Tab. 6.19 Beispiel für operative Planung eines Mailings mit Hilfe der Software MS Project (Ausschnitt)

Terminplan
Direktmarketingaktion: DIN Lang-Mailing

Nr.	⊕	Vorgangsname	Dauer	Anfang	Ende	Vorgänger	Ressourcennamen
153		**Adressverarbeitung**	**28 Tage**	**Mi 07.03.07**	**Mo 16.04.07**		
154		Adressdaten Bereitstellung	1 Tag	Fr 06.04.07	Fr 06.04.07	21EA+15 Tage	ADRESS;PROD;Kunde1
155		1. EDV-Spezifik./TPL an EDV - Mark.Research VORBRIEFING	0 Tage	Mi 07.03.07	Mi 07.03.07	6	ADRESS;PROD
156		2. EDV-Spezifik./TPL an EDV - Mark.Research	0 Tage	Do 15.03.07	Do 15.03.07	21	ADRESS;PROD
157		Adressdaten Konvertieren	1 Tag	Mo 09.04.07	Mo 09.04.07	154;155;156	ADRESS;PROD
158		Adressdaten Werbecodevergabe	1 Tag	Di 10.04.07	Di 10.04.07	157	ADRESS;PROD
159		Adressdaten Matchcode-Abgleich	1 Tag	Mi 11.04.07	Mi 11.04.07	158	ADRESS;PROD
160		Adressdaten Portooptimieren Infopost/Postvertriebstück	1 Tag	Do 12.04.07	Do 12.04.07	159	ADRESS;PROD
161		Adressdaten aufbereiten zur Lieferung an Laserdruckerei	1 Tag	Fr 13.04.07	Fr 13.04.07	160	ADRESS;PROD
162		Adressdaten liefern an Laserdruckerei	1 Tag	Fr 13.04.07	Fr 13.04.07	161AA	ADRESS;PROD;EK
163		Adressauflage an PROD/EK	1 Tag	Mo 16.04.07	Mo 16.04.07	161	ADRESS
164		Versandlisten liefern an Lettershop	1 Tag	Mo 16.04.07	Mo 16.04.07	161	ADRESS
165		Adressdaten Abrechnungsprotokoll	1 Tag	Mo 16.04.07	Mo 16.04.07	161	ADRESS;Kunde1
166		Adressdaten Protokolle an Adressdesigner	1 Tag	Mo 16.04.07	Mo 16.04.07	161	ADRESS;PROD
167		Adressdaten Info das geliefert an PRODUKTION	1 Tag	Mo 16.04.07	Mo 16.04.07	161	
168		**Programmierung/Laserbeschriftung**	**18 Tage**	**Mi 25.04.07**	**Fr 18.05.07**		
169		Kundenfreigabe ANSCHREIBEN erteilt ?	1 Tag	Mi 25.04.07	Mi 25.04.07	120	KREA;ADRESS;PROD
170		Brieftext von KREATION an Mark.Research	1 Tag	Do 26.04.07	Do 26.04.07	169	LAY,LAY3;ADRESS;KREA
171		Brieftext an Lektor	1 Tag	Do 26.04.07	Do 26.04.07	170AA	ADRESS
172		Brieftext evtl. Änderungen vom Lektor besprechen	1 Tag	Do 26.04.07	Do 26.04.07	171AA	ADRESS;KREA
173		Brieftext / Programmiervorlage erstellen	1 Tag	Fr 27.04.07	Fr 27.04.07	172	ADRESS
174		EDV-Checkliste erstellen	1 Tag	Fr 27.04.07	Fr 27.04.07	161AA;173AA	ADRESS
175		Brieftext/Prog.vorlage/Checkliste/Datenaufbau an Programmierung	1 Tag	Mo 30.04.07	Mo 30.04.07	173;174	ADRESS
176		Br//Che.... Info das geliefert an PRODUKTION	0 Tage	Mo 30.04.07	Mo 30.04.07	175	ADRESS
177		Beschriftesprogramm erstellen	2 Tage	Di 01.05.07	Mi 02.05.07	175	LiefLASER
178		B/Z gedruckt, am Laser Originalpapier angeliefert für Lasertest ?	1 Tag	Do 08.05.07	Di 08.05.07	152	PROD;LiefB/Z
179		Laserfestandruck erstellen Originalpapier oder PDF	1 Tag	Mi 09.05.07	Mi 09.05.07	162;177;178	LiefLASER
180		Original-Laserfestandruck erstellen Originalpapier oder PDF an Agentur	0 Tage	Do 10.05.07	Do 10.05.07	179	LiefLASER;ADRESS
181		Laserfreigabe von GFS an Laserdruckerei	1 Tag	Fr 11.05.07	Fr 11.05.07	180	ADRESS;LiefLASER
182		Laserbeschriftung	5 Tage	Mo 14.05.07	Fr 18.05.07	181	PROD;LiefLASER
183		gelaserter B/Z liefern an Lettershop	0 Tage	Fr 18.05.07	Fr 18.05.07	182	PROD;LiefLASER
184		**Lettershop**	**35,5 Tage**	**Mo 16.04.07**	**Mo 04.06.07**		
185		Info Adressauflage an Lettershop erhalten?	0 Tage	Mo 16.04.07	Mo 16.04.07	163AA	PROD;EK
186		FOLDER angeliefert ?	0 Tage	Fr 11.05.07	Fr 11.05.07	132	PROD
187		VERSANDHÜLLE angeliefert ?	0 Tage	Do 10.05.07	Do 10.05.07	142	PROD
188		gelaserte B/Z Rollen angeliefert ?	0 Tage	Fr 18.05.07	Fr 18.05.07	183	PROD
189		Versandunterlagen angeliefert ?	0 Tage	Mo 16.04.07	Mo 16.04.07	164	PROD
190		B/Z Schneiden/Falzen	7 Tage	Mo 21.05.07	Di 29.05.07	183AA+30%	PROD;LiefLS
191		Kuvertieren DINLang, 2 Teile	7 Tage	Do 24.05.07	Mo 04.06.07	190AA+50%;142;132	PROD;LiefLS
192		Portovorauszahlung vom Kunden eingetroffen?	0 Tage	Di 29.05.07	Di 29.05.07	195AA-4 Tage	PROD
193		Muster an Agentur	1 Tag	Mi 30.05.07	Mi 30.05.07	191AA+50%	PROD;LiefLS
194		Muster an Kunde	1 Tag	Do 31.05.07	Do 31.05.07	193	PROD
195		**Postauflieferung**	**0 Tage**	**Mo 04.06.07**	**Mo 04.06.07**	**191**	**KREA;PROD;Kunde1;Kunde2;Kur**
196		Lieferantenrechnungen prüfen	1 Tag	Mi 06.06.07	Do 07.06.07	195AA+2 Tage	
197		Lief.rechnung REPORT prüfen	1 Tag	Mi 06.06.07	Do 07.06.07	195AA+2 Tage	EK
198		Lief.rechnung VERSANDH. prüfen	1 Tag	Mi 06.06.07	Do 07.06.07	195AA+2 Tage	EK
199		Lief.rechnung Druck B/Z prüfen	1 Tag	Mi 06.06.07	Do 07.06.07	195AA+2 Tage	EK
200		Lief.rechnung LASER prüfen	1 Tag	Mi 06.06.07	Do 07.06.07	195AA+2 Tage	EK

6.2 Planung im Fundraising

die sich in der Steuerung des Fundraising bewährt haben. Hier eine kurze Übersicht der wichtigsten Kennzahlen, die in Abschn. 6.3.3 noch näher vorgestellt werden:

- Response-Quote,
- Durchschnittsspende,
- Return on Investment (ROI),
- Umwandlungsquote,
- Lifetime Value,
- Verwaltungskostenanteil,
- Kosten für die Gewinnung eines Erstspenders.

> **Beispiel**
>
> Im Rahmen der operativen Planung sieht eine Organisation vor, im nächsten Jahr vier Mailings zu verschicken. Für jedes der vier Mailings werden als Zielvorgabe genaue Soll-Werte für die wichtigsten Kennzahlen definiert, anhand derer der Erfolg der Maßnahmen nach Durchführung evaluiert werden kann. Für jede einzelne Adressgruppe, deren Einsatz in einem Mailing geplant ist, werden Zielvorgaben für die Kennzahlen Response-Quote, Durchschnittsspende und ROI festgelegt (siehe Tab. 6.20). Nach

Tab. 6.20 Beispiel für Kennzahlen in der operativen Planung (Mailing)

Adressgruppe	Anzahl Adressen (Soll)	Anzahl Adressen (Ist)	Anzahl Spender (Soll)	Anzahl Spender (Ist)	Response-Quote (Soll) (in %)	Response-Quote (Ist)
Spender						
Letzte Spende 2005	2431		389		16,00	
Letzte Spende 2004	2016		181		9,00	
Letzte Spende 2003	1874		56		3,00	
Letzte Spende 2002	1589		32		2,00	
Mitglieder	1211		0			
Interessenten						
Kunden Hausnotruf	3621		145		4,00	
Kunden Essen auf Rädern	2158		65		3,00	
Teilnehmer Reise	321		6		2,00	
Besucher	211		3		1,50	
Angehörige	500		10		2,00	
Fremdadressen						
Fremdadressgruppe 1	10.000		100		1,00	
Fremdadressgruppe 2	10.000		100		1,00	
Gesamt	**35.932**		**1088**		**3,03**	

Durchführung der Maßnahme werden vom Controlling auch die tatsächlich erzielten Ist-Werte neben die Soll-Werte eingetragen. Aus dem Vergleich von Soll- und Ist-Werten können dann wichtige Erkenntnisse für den nächsten Planungszyklus gezogen werden.

In den beiden Abschn. 6.7 und 6.8 wird der gesamte Prozess der Fundraising-Planung (im Zusammenspiel mit den anderen Management-Aufgaben Controlling, Qualitäts-Management, Organisation, Führung und Innovation) an zwei konkreten Beispielen verdeutlicht.

6.2.6 Planung unbedingt schriftlich

Sämtliche Planungsschritte vom Leitbild über die strategische bis zur operativen Fundraising-Planung sollten unbedingt schriftlich festgehalten werden. Nur so ist es möglich, am Ende einer Planungsperiode die geplanten Soll-Werte mit den tatsächlichen Ist-Werten zu vergleichen und dadurch wertvolle (Abweichungs-)Informationen als Grundlage für den nächsten Planungszyklus zu erhalten. Im Rahmen der eigenen empirischen Untersuchung konnte für die schriftliche Fixierung der Fundraising-Planung ein höchst signifikanter (!) Erfolgseinfluss nachgewiesen werden.[28] Werden Ziele nur vage formuliert, nicht eindeutig operationalisiert und nicht schriftlich fixiert, ist wirkungsvolle Planung nicht möglich. Natürlich legt sich eine Fundraising-Abteilung mit eindeutigen Zielvorgaben auch fest und kann anschließend daran gemessen werden. Will man das nicht, braucht aufwendige Planung jedoch gar nicht erst betrieben zu werden.

6.2.7 Was ich in diesem Abschnitt gelernt habe

- Planen Sie das Fundraising Ihrer Organisation detailliert und kontinuierlich!
- Klären Sie im Rahmen Ihrer nächsten Leitbilddiskussion, ob Ihre Stakeholder mehrheitlich auf irgendwelche Einschränkungen (z. B. bezüglich der Ressourcenbereitsteller oder der Vertriebskanäle) für das Fundraising Ihrer Organisation bestehen!
- Benennen Sie in Ihrem Leitbild auch Ihre ethischen Standards im Fundraising!
- Machen Sie auf Basis Ihrer normativen Grundlagen eine strategische Fundraising-Planung und leiten Sie daraus eine operative Fundraising-Planung ab!
- Formulieren Sie alle Ihre strategischen Fundraising-Ziele explizit und operationalisieren Sie sie in Form messbarer und überprüfbarer Soll-Werte!
- Leiten Sie aus Ihren strategischen Fundraising-Zielen systematisch messbare operative Fundraising-Ziele ab!

---

[28] Vgl. Urselmann, Michael: Erfolgsfaktoren im Fundraising von Nonprofit-Organisationen, (Gabler) Wiesbaden 1998, S. 210–222.

- Beziehen Sie in die Festlegung Ihrer strategischen und operativen Fundraising-Ziele alle betroffenen Mitarbeiter aktiv mit ein! Jeder sollte diese Soll-Vorgaben akzeptieren können!
- Halten Sie schriftlich fest, mit welchen Maßnahmen Sie Ihre Fundraising-Ziele erreichen wollen (Maßnahmenplan)!
- Machen Sie für jede Maßnahme einen Zeit-, Zuständigkeits- und Budgetplan (Wer macht wann, was und zu welchen Kosten?)!
- Kontrollieren Sie die Einhaltung Ihrer Planung!
- Analysieren Sie Abweichungen von der Planung!
- Kommunizieren Sie Ihren Kollegen, ob die Fundraising-Ziele erreicht wurden oder nicht und warum!
- Planen Sie unbedingt schriftlich!
- Schielen Sie nicht auf den schnellen, sondern suchen Sie den langfristigen und nachhaltigen Erfolg für Ihr Fundraising! Sensibilisieren Sie Ihre wichtigsten Stakeholder (insbesondere Mitgliederversammlung, Vorstand und Geschäftsführung) für diese Sicht!
- Räumen Sie, insbesondere bei Einführung des Fundraising, mit unrealistischen und überzogenen Erwartungen an den kurzfristigen Erfolg Ihres Fundraising auf!
- Sind Sie, insbesondere bei Einführung des Fundraising, mit befristeten Arbeitsverträgen sehr kurzer Laufzeit (unter drei Jahren) vorsichtig!
- Fragen Sie sich, welche Fundraising-Produkte, Vertriebs- und Kommunikationskanäle Ihre Organisation einsetzt und wie zukunftsträchtig diese sind!
- Überprüfen Sie kontinuierlich, ob Ihre Organisation über einen ausgeglichenen Fundraising-Mix mit einem ausreichenden Anteil an zukunftsträchtigen Fundraising-Produkten, Vertriebs- und Kommunikationskanälen verfügt!
- Investieren Sie rechtzeitig in neue, zukunftsträchtige Fundraising-Produkte, Vertriebs- und Kommunikationskanäle!
- Treffen Sie als Organisation, die neu ins Fundraising einsteigt, zunächst eine strategische Entscheidung, welche Fundraising-Produkte, Vertriebs- und Kommunikationskanäle sie in welcher Reihenfolge mit welchem Investitionsbedarf nacheinander aufbauen wollen! Diese Entscheidung dem Zufall zu überlassen oder alle Instrumente gleichzeitig und planlos anzutesten, wäre fahrlässig!
- Vernachlässigen Sie Ihre „traditionellen" Fundraising-Produkte, Vertriebs- und Kommunikationskanäle jedoch nicht, solange sie noch Erträge bringen!
- Wenn Sie in einer föderal, landeskirchlich oder diözesan strukturierten Organisation arbeiten, beginnen Sie rechtzeitig, in Ihrem Verband eine Diskussion über die Integration der Fundraising-Aktivitäten über die verschiedenen Verbandsebenen hinweg zu initiieren! Am besten bevor es zu Verärgerung der Spender durch Mehrfachansprache kommt!
- Nutzen Sie Größenvorteile und Kostenoptimierung durch integriertes Fundraising!

6.3 Controlling im Fundraising

6.3.1 Was ist Controlling?

Neben der Planung ist das **Controlling** ein zweites wichtiges Steuerungsinstrument des Management. Beim Controlling handelt es sich um ein Informationssystem, das das Management kontinuierlich mit planungs- und kontrollrelevanten Informationen über die Organisation und ihr Umfeld versorgt. Das Controlling liefert die (Informations-)Grundlagen für (Ziel-)Entscheidungen, die das Management im Rahmen der Planung zu fällen hat. In der Praxis wird Controlling gerne mit Kontrolle übersetzt. Diese Übersetzung greift jedoch viel zu kurz. Zwar hat Controlling auch etwas mit Kontrolle zu tun. Schließlich liefert es ja Informationen an die Planung, die – wie im vorangegangenen Kapitel ausgeführt – ohne Kontrolle nicht durchführbar wäre. Neben dieser vergangenheitsorientierten hat das Controlling aber auch eine sehr stark zukunftsorientierte Dimension. Durch Bereitstellung möglichst präziser und aussagekräftiger Informationen versucht das Controlling das Management bei seinen, im Rahmen der Planung zu treffenden und auf die Zukunft bezogenen Entscheidungen zu unterstützen. Wie ein Radar liefert das Controlling Entscheidungsgrundlagen ohne selbst zu entscheiden. Das Treffen von Entscheidungen ist dem Management vorbehalten. Zusammenfassend lässt sich sagen, dass Controlling nicht nur vergangenheitsorientiertes Kontroll- sondern auch zukunftsorientiertes Steuerungsdenken umfasst.

Wie bei der Planung wird auch im Controlling eine strategische (mittelfristige) und eine operative (kurzfristige) Dimension unterschieden.

6.3.2 Strategisches Fundraising-Controlling

Das **strategische Controlling** beobachtet kontinuierlich und systematisch das sich immer rascher verändernde Umfeld einer Organisation. Es unterstützt die normative und strategische Planung als Registrator von Umfeldveränderungen und Initiator von internen Anpassungs- und Veränderungsprozessen. Ohne diesen Radar läuft das Management Gefahr, wichtige Veränderungsprozesse im Umfeld nicht oder nicht rechtzeitig zu erkennen. Was zu Fehlentscheidungen führen kann – im Extremfall mit existentiellen Folgen. Ziel des strategischen Controlling ist also, das Management bei seiner zentralen Aufgabe der Existenzsicherung der Organisation zu unterstützen.

Bezogen auf das Fundraising hat das strategische Controlling dem Management beispielsweise Antworten auf folgende Fragen zu liefern:

- In welchen Veränderungen im Umfeld unserer Organisation stecken Risiken für die lang- und mittelfristige Finanzierung unserer Projekte?
- In welchen Veränderungen im Umfeld unserer Organisation stecken Chancen für die lang- und mittelfristige Finanzierung unserer Projekte?

6.3 Controlling im Fundraising

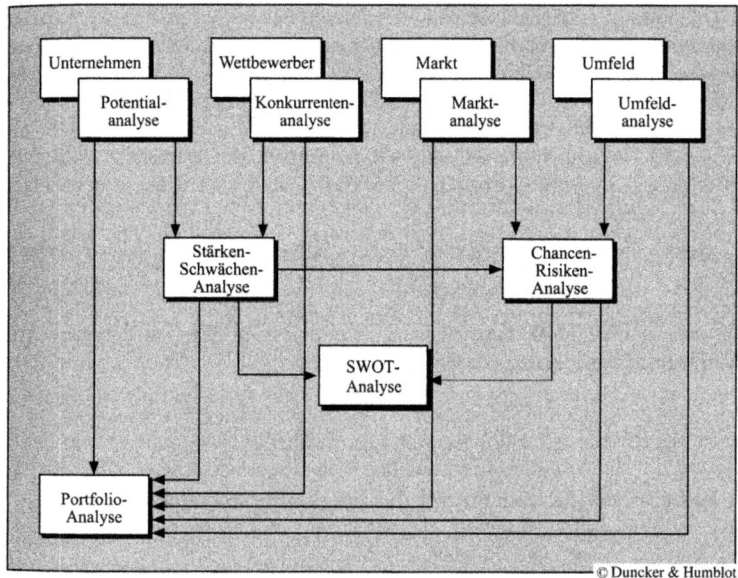

Abb. 6.12 Zusammenhang zwischen SWOT- und Portfolio-Analyse. (Quelle: Nieschlag, Robert; Dichtl, Erwin; Hörschgen, Hans: Marketing, 19. Aufl., Berlin 2002, S. 103)

- Wo hat unsere Organisation (im Verhältnis zu anderen Organisationen) Stärken bzw. Schwächen in der lang- und mittelfristigen Finanzierung der Projekte? Wo könnten (aus dem Vergleich mit anderen Organisationen) Ansatzpunkte für Verbesserungen und Weiterentwicklungen sein?
- Wie entwickeln sich die verschiedenen Fundraising-Produkte sowie ihre Vertriebs- und Kommunikationskanäle, und was heißt das für unser Fundraising?

Aus diesen Fragen wird noch einmal deutlich, dass richtig verstandenes Controlling eben nicht nur vergangenheitsorientiertes Kontroll- sondern zukunftsorientiertes Steuerungsdenken ist, dem im Idealfall sogar eine innovationsfördernde Rolle zukommt. Das strategische Controlling bedient sich einer Reihe von Analyseinstrumenten, die auch für das Fundraising von hohem Interesse sind. Im Folgenden sollen mit der SWOT-Analyse und der Portfolio-Analyse beispielhaft zwei wichtige Analyseinstrumente vorgestellt werden. Einen Überblick über den Zusammenhang zwischen den verschiedenen Analyseinstrumenten gibt vorab Abb. 6.12.

6.3.2.1 SWOT-Analyse

Ein wichtiges und weit verbreitetes Analyse-Instrument des strategischen Controlling stellt die **SWOT-Analyse** dar. Hinter dem Akronym SWOT verbergen sich folgende Begriffe:

Strengths   Stärken der analysierten Organisation
Weaknesses   Schwächen der analysierten Organisation
Opportunities Chancen, die sich aus Entwicklungen in der Umwelt für die analysierte Organisation ergeben
Threats   Risiken, die sich aus Entwicklungen in der Umwelt für die analysierte Organisation ergeben

Bei einer SWOT-Analyse bezogen auf das Fundraising-Management werden einerseits die Stärken und Schwächen im Fundraising einer Organisation mit Hilfe der **Potenzialanalyse** und der **Konkurrenzanalyse** analysiert (siehe unten). Andererseits werden mit Hilfe der **Marktanalyse** und der **Umfeldanalyse** aber auch die Chancen und Risiken analysiert, die sich durch Entwicklungen im Umfeld der Organisation für das Fundraising der Organisation ergeben können. Die Analyse von Stärken und Schwächen beleuchtet dabei die interne Situation der Organisation, während die Analyse der Chancen und Risiken das externe Umfeld der Organisation untersucht. Fundraiser sind ständig gefordert, sich Gedanken zu machen, wie sie durch Förderung der Stärken und Reduzierung der Schwächen in ihrem Fundraising – mittels entsprechender Planung – neue Fundraising-Chancen für ihre Organisation erschließen und Risiken vermeiden können.

Um Entwicklungen im Umfeld systematischer analysieren zu können, wird im Rahmen der **Umfeldanalyse** gerne noch die **PEST-Analyse** hinzugenommen. PEST ist ein Akronym für:

Political   Politisches Umfeld der Organisation,
Economical   Ökonomisches Umfeld der Organisation,
Social   Soziales Umfeld der Organisation,
Technological Technologisches Umfeld der Organisation.

Gemeinsames Ziel von SWOT- und PEST-Analyse ist es, ein systematisches Analyse-Raster für die strategische Planung zur Verfügung zu stellen (siehe Tab. 6.21). Unsere durch Globalisierung und Technisierung geprägte Welt verändert sich aus politischer, ökonomischer, sozialer und technologischer Sicht immer schneller. Diese Veränderungen haben natürlich auch Auswirkungen auf das Fundraising und müssen deshalb in der (strategischen) Fundraising-Planung entsprechend berücksichtigt werden. SWOT- und PEST-Analyse wollen helfen, Chancen und Risiken, die sich aus den Veränderungsprozessen im Umfeld ergeben, so schnell wie möglich erkennen zu können, um sie in der Fundraising-Planung frühzeitig und angemessen berücksichtigen zu können.

6.3 Controlling im Fundraising

Tab. 6.21 Analyse-Raster für SWOT- und PEST-Analyse

	Chancen aus Umfeldveränderungen	Risiken aus Umfeldveränderungen
Politisches Umfeld	Chancen aus politischen Umfeldveränderungen	Risiken aus politischen Umfeldveränderungen
Economical/Ökonomisches Umfeld	Chancen aus ökonom. Umfeldveränderungen	Risiken aus ökonom. Umfeldveränderungen
Soziales Umfeld	Chancen aus sozialen Umfeldveränderungen	Risiken aus sozialen Umfeldveränderungen
Technologisches Umfeld	Chancen aus technolog. Umfeldveränderungen	Risiken aus technolog. Umfeldveränderungen

Beispiele

- **Chancen**, die sich aus Veränderungen im **politischen** Umfeld für das Fundraising ergeben:
  - Der *„Sponsoring-Erlass"* verbessert die steuerliche Behandlung von Sponsoring-Erträgen für steuerbegünstigte Organisationen.
  - Das *„Gesetz zur weiteren steuerlichen Förderung von Stiftungen"* erhöht die Attraktivität von Stiftungserrichtungen.
  - Das *„Gesetz zur weiteren Stärkung des bürgerschaftlichen Engagements (Hilfe für Helfer)"* schafft u. a. höhere steuerliche Abzugsfähigkeit für Spender und Stifter.
- **Risiken**, die sich aus Veränderungen im **politischen** Umfeld für das Fundraising ergeben: Politische Diskussionen über eine Abschaffung der Kirchensteuer stellen ein enormes Risiko für die Finanzierung kirchlicher und kirchennaher Organisationen in Deutschland dar.
- **Chancen**, die sich aus Veränderungen im **ökonomischen** Umfeld für das Fundraising ergeben: Die wachsende Bedeutung des Themas *„Corporate Social Responsibility"* eröffnet neue Chancen für das Fundraising gegenüber Unternehmen als Ressourcenbereitsteller.
- **Risiken**, die sich aus Veränderungen im **ökonomischen** Umfeld für das Fundraising ergeben: Wachstumsschwächen in der deutschen Wirtschaft können das CSR-Engagement vieler Unternehmen reduzieren.
- **Chancen** die sich aus Veränderungen im **sozialen** Umfeld für das Fundraising ergeben: Über siebzig Jahre Frieden seit Ende des zweiten Weltkriegs haben Wohlstand erzeugt, der von Privatpersonen zu immer größeren Teilen auch gemeinnützigen Organisationen zu Lebzeiten oder von Todes wegen zur Verfügung gestellt wird.
- **Risiken**, die sich aus Veränderungen im **sozialen** Umfeld für das Fundraising ergeben: Die Bedeutung gesellschaftlicher Themen kann sich in einer medialen Welt schnell ändern. So haben Themen wie „Entwicklungszusammenarbeit" und „Kirche" in den letzten Jahren an Bedeutung verloren, was sich auch in rückläufigen Spendeneinnahmen niederschlägt.

- **Chancen**, die sich aus Veränderungen im **technologischen** Umfeld für das Fundraising ergeben: Mit Hilfe des Internets kann das Fundraising eine große Anzahl (potenzieller) Spender schnell und günstig erreichen (insbesondere in der Katastrophenhilfe).
- **Risiken**, die sich aus Veränderungen im **technologischen** Umfeld für das Fundraising ergeben: Wird auf die Einführung von SEPA nicht rechtzeitig und umfassend reagiert, birgt dies erhebliche Risiken auch für das Fundraising.

Neben den Ergebnissen der Umfeldanalyse fließen in die Chancen-Risiken-Analyse auch die Ergebnisse der **Marktanalyse** ein, die Kunden und Zielgruppen (im Falle des Fundraising die verschiedenen Gruppen von Ressourcenbereitstellern) analysiert. Derzeit (Stand 2018) liefert die Marktanalyse beispielsweise folgende Ergebnisse: Das Fundraising gegenüber **Privatpersonen** ist geprägt von einem zunehmenden Verdrängungswettbewerb auf dem Spendenmarkt. Wie in Abschn. 2.1 bereits ausgeführt, ist der Anteil der Bevölkerung, der spendet („Spenderquote") von 42,6 % im Jahr 2006 auf 32,7 % im Jahr 2016 gesunken, während die Anzahl der neu auf den deutschen Spendenmarkt drängenden Organisationen kontinuierlich steigt. Das schwieriger werdende Umfeld lässt Fundraiser Ausschau nach neuen Ressourcenbereitstellern halten. **Stiftungen** erlangen als Ressourcenbereitsteller einen immer größeren Stellenwert. Durch zunehmenden Wohlstand und erhöhte steuerliche Förderung, hat sich die Anzahl der Stiftungen seit 2000 stark erhöht (siehe Abschn. 4.4). Der *Bundesverband Deutscher Stiftungen* schätzt, dass sich die Zahl der Stiftungen noch vor 2050 verdreifachen wird.[29] In dieser Entwicklung steckt ein hohes strategisches Potenzial für das Fundraising. Daran ändern auch die derzeit vergleichsweise geringen Stiftungserträge aufgrund der aktuellen Niedrigzinsphase nichts. Aber auch **Unternehmen** gewinnen als Ressourcenbereitsteller an Bedeutung. Die aktuellen Entwicklungen rund um das Thema CSR (siehe Abschn. 3.1) verbreiten Optimismus, dass künftig mit der Freisetzung zusätzlicher Potenziale im Unternehmensbereich zu rechnen ist. Bei den **öffentlichen Ressourcenbereitstellern** dürfte auf nationaler Ebene in den nächsten Jahren mit stagnierenden oder gar sinkenden Potenzialen gerechnet werden. Lediglich auf EU-Ebene scheinen aus deutscher Sicht noch deutliche Wachstumspotenziale vorhanden zu sein. Deutsche Organisationen nutzen Förderprogramme der EU traditionell unterdurchschnittlich. Getrieben durch Berater, die fachliche Unterstützung bei der mühsamen Erschließung des „Förderdschungels" anbieten, ist jedoch Bewegung in diesen Bereich des Fundraising gekommen.

Vor diesem Hintergrund dürfte die strategische Fundraising-Planung in den nächsten Jahren auf eine stärkere Diversifikation bezüglich der anzusprechenden Ressourcenbereitsteller setzen (sofern nicht längst geschehen). Diese Entwicklung sollte jedoch stärker als bisher mit den Bedarfen auf der Projektseite abgeglichen werden, da die verschiedenen Ressourcenbereitsteller unterschiedliche Präferenzen bei ihren Förderaktivitäten haben.

---

[29] Vgl. Bundesverband Deutscher Stiftungen: Stiftungssektor stabil auf Wachstumskurs, Pressemitteilung, Berlin 02.02.2012.

Die meisten Stiftungen und viele Unternehmen sehen sich gerne als „Geburtshelfer" für innovative Projekte. Sie investieren auch gerne in neue Infrastruktur (z. B. Gebäude), nicht jedoch in ihren dauerhaften Unterhalt. Dieser sollte aus verlässlichen, nachhaltigen Quellen finanziert werden. Hierfür kommen eher Privatpersonen, die als Dauerspender oder (Zu-)Stifter für eine Stiftung der Organisation nachhaltig Verantwortung übernehmen. Hier sollten die Präferenzen der Ressourcenbereitsteller im Rahmen systematischer **Bedarfsanalysen** künftig besser mit den Bedarfen auf der Projektseite einer Organisation abgestimmt werden: Welche Projekte brauchen wann warum wieviel Geld? Die Projekte müssen überzeugend und realistisch sein, und schlüssig einen nachvollziehbaren Bedarf darstellen!

Darüber hinaus sind die Ressourcenbereitsteller als **Zielgruppen** des Fundraising im Rahmen der Marktanalyse noch detaillierter zu analysieren und zu bestimmen. Bezüglich der Ressourcenbereitsteller Unternehmen und Stiftungen wurde dies bereits in Kap. 3 respektive Kap. 4 angesprochen. Hier sollen noch Überlegungen zur Marktanalyse bezüglich der Zielgruppe Privatpersonen als Ressourcenbereitsteller angestellt werden. Analysiert werden demografische, soziografische, psychografische, geografische und verhaltensbezogene Merkmale der jeweiligen Zielgruppe für jedes einzelne Fundraising- bzw. Spendenprodukt.[30]

> **Beispiel**
>
> Mit Hilfe des Verbraucherpanels „*GfK CharityScope*" identifiziert das Marktforschungsunternehmen *GfK* durch Zielgruppenanalyse potenzielle Testamentspender einer Organisation anhand folgender Merkmale:
>
> - Soziodemografische Merkmale,
> - Einstellungen,
> - Freizeitverhalten,
> - ehrenamtliche Tätigkeit,
> - Mediennutzung (Print/TV/Internet-Genres),
> - bisheriges Spendenverhalten,
> - Konfession und Gottesdienstbesuch.

Soweit die Chancen und Risiken, die sich aus Veränderungen im Umfeld einer Organisation für ihr Fundraising ergeben (können). Diese Chancen und Risiken müssen als gegeben akzeptiert werden. Eine einzelne Organisation ist nicht in der Lage, sie zu verändern. Sie muss sich also anpassen und in ihrer Planung entsprechend darauf einstellen. Ganz anders bei den Stärken und Schwächen einer Organisation im Fundraising. Wenn sie es schafft, ihre Stärken und Schwächen ehrlich zu analysieren und sie sich schonungslos klarzumachen, kann sie Einfluss nehmen: Stärken ausbauen und Schwächen abbauen. Die

---

[30] Vgl. Urselmann, Michael: Zielgruppenansätze im Fundraising, in: Halfmann, Marion (Hrsg.): Zielgruppen im Konsumentenmarketing: Segmentierungsansätze, Trends, Umsetzung, (Gabler) Wiesbaden 2013.

Analyse von Stärken und Schwächen im Fundraising wird durch Analyse und Vergleich der eigenen Potenziale im Fundraising (im Rahmen der **Potenzialanalyse**) mit den Potenzialen der Wettbewerber bzw. Konkurrenten im Fundraising (**Konkurrentenanalyse** oder **Konkurrenzanalyse**) erreicht (siehe Abb. 6.12).

Eine wesentlich systematischere und effektivere Möglichkeit, die Stärken und Schwächen im Fundraising einer Organisation zu ermitteln, ist das **Benchmarking** (siehe Abschn. 6.3.3.1). Aber auch die regelmäßige Befragung der wichtigsten Stakeholder kann wertvolle und v. a. objektivere Hinweise auf Stärken und Schwächen im Fundraising geben als eine Selbsteinschätzung. Spender und Sponsoren sind i. d. R. ebenso bereit, im Rahmen einer schriftlichen Befragung Feedback zu den Stärken und Schwächen des Fundraising einer Organisation zu geben wie Mitarbeiter und Ehrenamtliche im Fundraising. Um jedoch der Gefahr vorzubeugen, eine wichtige Anspruchsgruppe zu übersehen, empfiehlt es sich, vorab eine systematische **Stakeholder-Analyse** durchzuführen. Die Stakeholder-Analyse ermittelt alle relevanten Stakeholder einer Organisation und priorisiert sie nach der Bedeutung für die Organisation.

6.3.2.2 Portfolio-Analyse

Neben der SWOT-Analyse ist die **Portfolio-Analyse** ein wichtiges Analyseinstrument und eine wertvolle Entscheidungshilfe, die das strategische Controlling der strategischen Planung zur Verfügung stellen kann. Hier soll erstmals der Versuch unternommen werden, die Überlegungen der für kommerzielle Unternehmen entwickelten Portfolio-Analyse auf die nicht-kommerzielle Situation im Fundraising zu übertragen. Dazu werden im Folgenden zunächst die Grundüberlegungen der Portfolio-Analyse in ihrem ursprünglichen kommerziellen Kontext kurz skizziert. Eine ausführliche Darstellung der Portfolio-Analyse findet sich beispielsweise bei *Nieschlag/Dichtl/Hörschgen*, auf der auch die folgenden Ausführungen beruhen.[31]

Bei der Portfolio-Analyse wird ein Unternehmen als Gesamtheit seiner verschiedenen strategischen Geschäftseinheiten (SGE) gesehen. Um die Komplexität strategischer Entscheidungen in Bezug auf gleich mehrere SGEs besser beherrschen zu können, ist Ziel der Portfolio-Analyse, die anstehenden strategischen Entscheidungen zu strukturieren und zu visualisieren. Dazu wird jede einzelne SGE eines Unternehmens, entsprechend ihrer Entwicklungsphase und Bedeutung für das Unternehmen, grafisch in einer zweidimensionalen Matrix abgebildet. Das Management soll dadurch einen besseren Überblick erhalten, sich stärker mit der Zukunft des Unternehmens auseinander setzen und für jede SGE eine zu wählende Normstrategie ableiten können.

Unter den verschiedenen Portfolio-Konzepten, die in der Wirtschaft entwickelt wurden, soll hier exemplarisch das Marktwachstums-Marktanteils-Portfolio des Beratungsunternehmens *Boston Consulting Group* (BCG) vorgestellt werden, da es am bekanntesten geworden ist und sich am besten auf das Fundraising übertragen lässt. Bei diesem Portfolio

---

[31] Vgl. Nieschlag, Robert; Dichtl, Erwin; Hörschgen, Hans: Marketing, 19. Aufl., Berlin 2002, S. 138–143.

werden die verschiedenen SGE in einer Matrix mit den beiden Dimensionen „Marktwachstum" (als umfeldbezogener Parameter) und „Marktanteil" (als unternehmensbezogener Parameter) verortet.

Das Marktwachstums-Marktanteils-Portfolio basiert einerseits auf den Überlegungen des Erfahrungskurvenkonzeptes und andererseits auf dem Produkt-Lebenszyklus-Modell. Das **Erfahrungskurvenkonzept** postuliert, dass sich bei jeder Verdoppelung des kumulierten Absatzes eines Produktes durch Erfahrungseffekte ein Kostenreduzierungspotenzial von ca. 20 bis 30 % ergibt (siehe Abb. 6.13). Daraus wird zum einen abgeleitet, dass ein Unternehmen seinen Marktanteil ausbauen sollte, da Unternehmen mit höherem Marktanteil grundsätzlich ein höheres Kostensenkungspotenzial besitzen. Und zum anderen sollte ein Unternehmen Märkte mit Wachstum bevorzugen, da sich dort die kumulierte Produktionsmenge relativ einfach verdoppeln lässt.

Nach dem **Produkt-Lebenszyklus-Modell** unterliegen Produkte einer Art „Lebenszyklus" bzw. „Lebensweg" aus vier unterscheidbaren „Lebensphasen": Einführungsphase, Wachstumsphase, Reifephase und Rückgangsphase. Manchmal wird auch noch die vorgelagerte Entwicklungsphase als fünfte Phase einbezogen (siehe Abb. 6.14). Dabei findet das stärkste Wachstum in den beiden ersten Phasen (Einführungsphase und Wachstumsphase) statt.

Teilt man die Dimensionen „Marktwachstum" und „Marktanteil" im Portfolio jeweils in die Kategorien „niedrig" und „hoch" ein, so entsteht eine Matrix mit vier Quadranten (siehe Abb. 6.15), in der man jede SGE grafisch verorten kann. Dem unterschiedlich hohen Umsatz der einzelnen SGE trägt man durch entsprechend große Kreise Rechnung. Je größer der Kreis umso größer der Umsatz, den die SGE beiträgt. Auf diese Weise hat

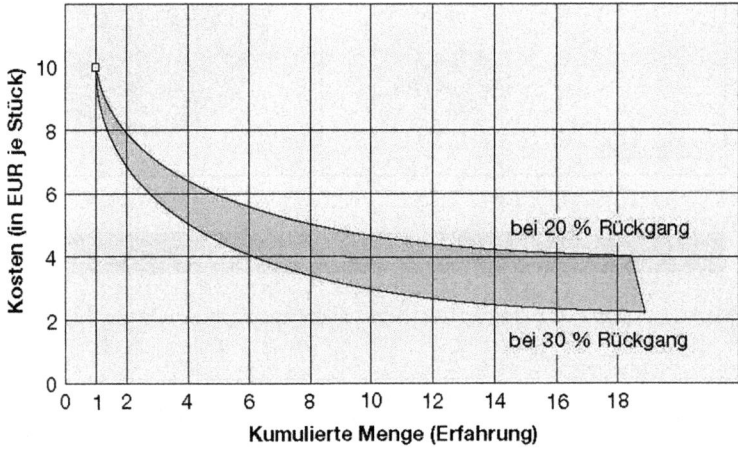

Abb. 6.13 Erfahrungskurve. (Quelle: Meffert, Heribert; Burmann, Christoph; Kirchgeorg, Manfred: Marketing, Grundlagen marktorientierter Unternehmensführung, Konzepte – Instrumente – Praxisbeispiele, 11. Auflage, (Gabler) Wiesbaden 2012, S. 281)

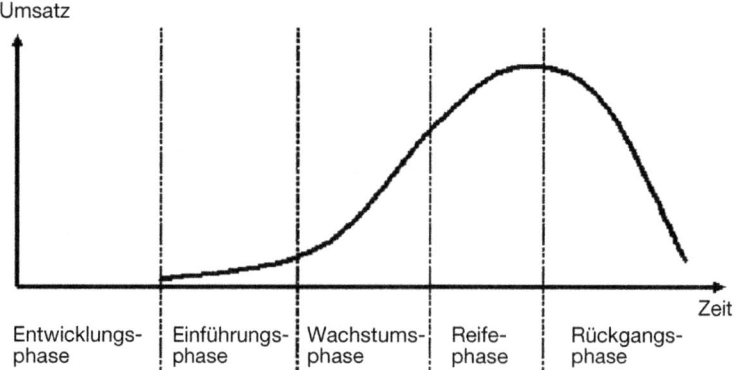

Abb. 6.14 Das Produkt-Lebenszyklus-Modell

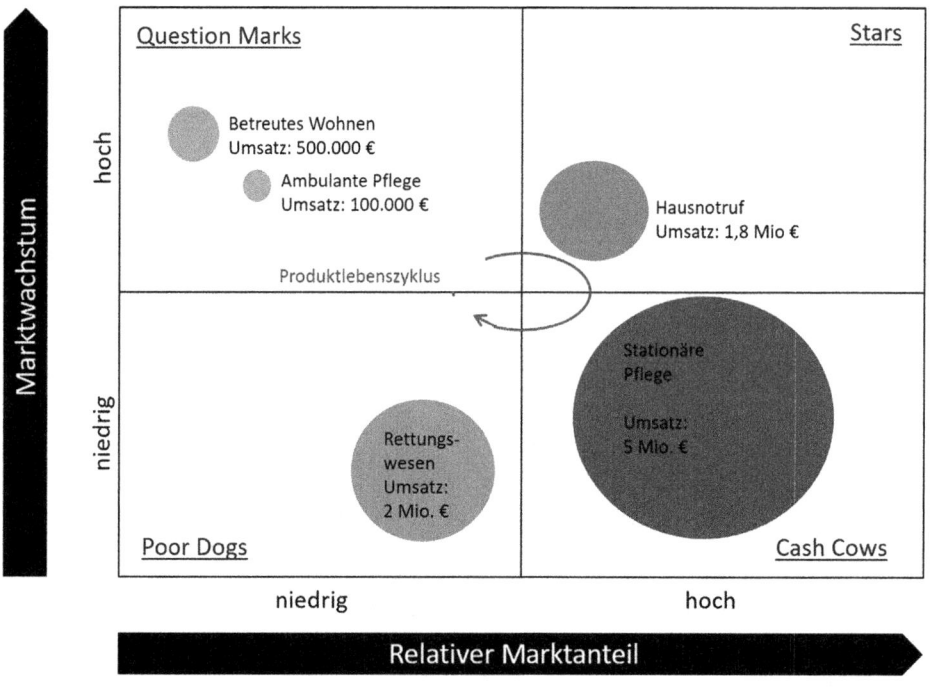

Abb. 6.15 Marktwachstums-Marktanteils-Portfolio einer Organisation. (Quelle: Eigene Abbildung)

man die verschiedenen SGE bereits entsprechend ihres Marktwachstums, Marktanteils und Umsatzes visualisiert.

Je nach Quadrant, in dem eine SGE verortet wird, wird auch eine passende Normstrategie für das SGE vorgeschlagen:

SGE, die in den Quadranten links oben fallen, werden „**Nachwuchsprodukte**" genannt, die sich noch in der Einführungsphase ihres Lebenszyklusses befinden. Sie versprechen starkes Wachstum, weisen aber noch einen geringen Marktanteil auf. Da noch unklar ist, ob sie das Potenzial für eine erfolgreiche Geschäftsentwicklung haben oder nicht, werden sie im Englischen auch „**Question Marks**" („Fragezeigen") genannt. Entsprechend werden zwei Normstrategien vorgeschlagen: Entweder kann sich das Unternehmen für eine Offensivstrategie entscheiden, bei der auf starke Marktanteilsausweitung gesetzt wird, um von Erfahrungskurveneffekten profitieren zu können. Entsprechend muss stark in die SGE investiert werden. Oder aber, das Unternehmen traut der SGE letztlich doch nicht genug Potenzial zu und entscheidet sich für eine Rückzugsstrategie, bei der nicht mehr in die SGE investiert wird. Die SGE wird in diesem Fall aufgegeben bzw. verkauft.

SGE, die in den Quadranten rechts oben fallen, werden „**Stars**" genannt, die bereits in die Wachstumsphase ihres Lebenszyklusses gelangt sind. Sie haben immer noch Wachstumsmöglichkeiten und weisen bereits einen hohen Marktanteil auf. Sie erzielen Gewinne, die aber zugunsten einer weiteren Marktanteilsausdehnung reinvestiert werden sollten. Entsprechend wird für Stars die Investitionsstrategie als Normstrategie empfohlen.

SGE, die in den Quadranten rechts unten fallen, werden „**Cash Cows**" („Melkkühe") genannt. Diese SGE haben die Reifephase ihres Lebenszyklusses erreicht. Aufgrund ihres mittlerweile hohen Marktanteils profitieren sie von Kostenvorteilen. Die entsprechend hohen Gewinne werden nicht mehr reinvestiert, da das Marktwachstum in der Reifephase sinkt. Stattdessen sieht die Normstrategie vor, die erzielten Gewinne in aussichtsreiche Nachwuchsprodukte und Stars zu investieren bzw. abzuschöpfen.

SGE, die in den Quadranten links unten fallen, werden „**Poor Dogs**" („Arme Hunde") genannt, die in der Sättigungs- bzw. Rückgangsphase ihres Lebenszyklusses angekommen sind. Sie verfügen weder über einen hohen Marktanteil noch befinden sie sich in Wachstumsmärkten. Solange sie noch Gewinne erzielen, sollten diese in Nachwuchsprodukte und Stars investiert werden. Sobald die betroffene SGE jedoch in die Verlustzone abgleitet, wird als Normstrategie eine Desinvestitionsstrategie empfohlen. Die SGE ist aus dem Portfolio zu entfernen, wenn sie nicht anderweitige Vorteile (z. B. Cross-Selling-Potenziale für andere SGE) bieten kann.

Beispiel

Eine gemeinnützige Organisation betreibt fünf SGEs (siehe Abb. 6.15). Die größte SGE ist die „Stationäre Pflege" mit 5 Mio. € Umsatz. Deren Gewinne investiert die Organisation zu einem größeren Teil in die SGE „Hausnotruf", die in den letzten Jahren stark gewachsen ist (Umsatz 1,8 Mio. €), und in der die Organisation ihren Marktanteil weiter steigern möchte. Einen kleineren Teil der Gewinne der Cash Cow „Stationäre Pflege" investiert die Organisation in die Nachwuchsprodukte „Betreutes Wohnen" und „Ambulante Pflege". Da das Investitionsvolumen leider nicht für einen zügigen Ausbau beider Nachwuchsprodukte ausreicht, entscheidet das Management für eine Offensivstrategie bzgl. der SGE „Ambulanten Pflege" und eine Rückzugsstrategie bzgl. der SGE „Betreutes Wohnen". Die SGE „Rettungswesen" (Poor Dog) arbeitet schon seit längerem nicht mehr kostendeckend und müsste deshalb verkauft werden.

Übertragen auf das strategische Fundraising, könnte die Portfolio-Analyse beispielsweise bei der Entscheidung darüber behilflich sein, welche (Norm-)Strategie für welches Spendenprodukt (Einzelspende, Dauerspende, Großspende, Testamentspende, Anlassspende, Mikrospende oder Restgeldspende) einer Organisation angewandt werden soll.

> **Beispiel**
>
> Eine Organisation bezieht einen großen Teil ihrer Erträge aus Kleinspenden (siehe Abb. 6.16). Zwar erhält die Organisation immer wieder auch Großspenden. Sie glaubt jedoch, die Erträge mit Hilfe eines professionellen Großspender-Fundraising noch deutlich steigern zu können. Voraussetzung wäre, stärker als bisher in das Großspender-Fundraising zu investieren. Ähnliches gilt für die Dauerspenden. Durch höhere Investitionen in ein systematischeres Dauerspender-Fundraising könnten die Erträge noch deutlich gesteigert werden. Zu dieser Einschätzung kommt die Organisation aufgrund einer SWOT-Analyse und eines durchgeführten Benchmarking (siehe Abschn. 6.3.3.1). Auch führt sie vielversprechende Tests bzgl. Anlassspenden und Spendenaktionen durch. Die Organisation trifft die strategische Fundraising-Entscheidung, Erträge aus den Kleinspenden sowohl in den Ausbau der Produkte Dauer- und Großspenden zu investieren, als auch in den Ausbau der Produkte Anlassspenden und Spendenaktionen.

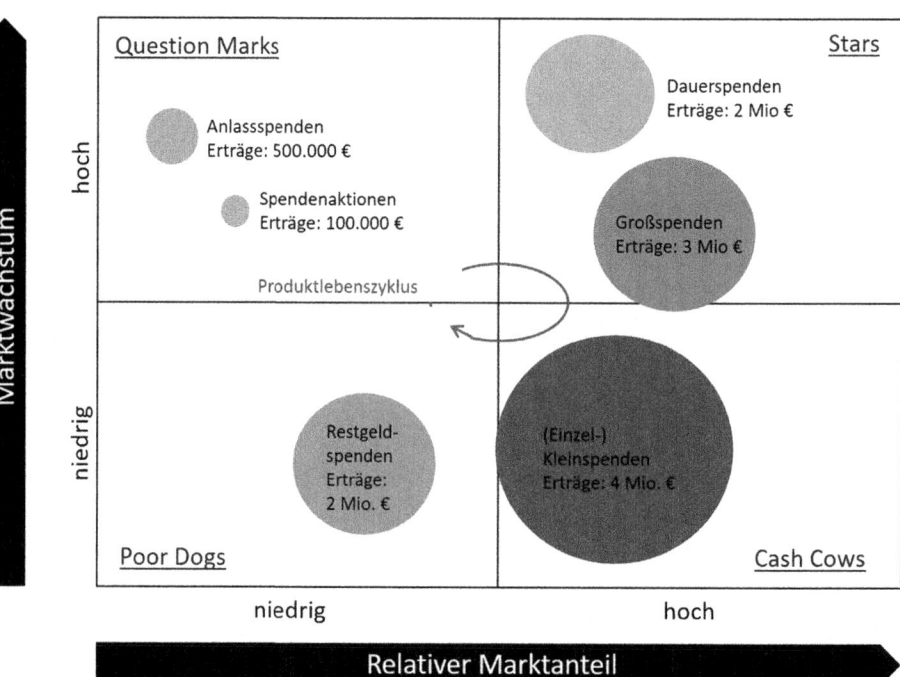

Abb. 6.16 Marktwachstums-Marktanteils-Portfolio Spendenprodukte. (Quelle: Eigene Abbildung)

6.3 Controlling im Fundraising

Neben der Entscheidungshilfe bzgl. der verschiedenen Spendenprodukte, könnte die Portfolio-Analyse aber auch als Entscheidungshilfe bzgl. der Nutzung der verschiedenen Vertriebskanäle des Fundraising eingesetzt werden.

> **Beispiel**
>
> Eine Organisation hat die strategische Entscheidung zu fällen, über welche Vertriebskanäle sie ihr Spendenprodukt Dauerspende vertreiben soll (siehe Abb. 6.17). Jede Nutzung eines neuen Vertriebskanals ist zunächst mit Investitionen verbunden. Die meisten Dauerspender gewinnt die Organisation klassisch über den Postvertrieb, in dem sie in Mailings auf die Möglichkeit der Dauerspende hinweist. Die Gewinnung von Dauerspendern durch Face-to-Face-Fundraising und Telefon-Fundraising wächst stark, benötigt aber weitere Investitionen. Auch die Gewinnung von Dauerspendern im Internet (über die eigene Website und die eigene Facebook-Fanpage) wächst, benötigt aber ebenfalls noch starke Investitionen.

Zusammenfassend lässt sich sagen, dass Organisationen mit dem strategischen Controlling analysieren, ob sie die richtigen Dinge tun („to do the right things"). Bezogen auf das Fundraising-Controlling wird angesichts der rapiden Umfeldveränderungen gefragt: Spricht die Organisation die richtigen Ressourcenbereitsteller an? Hat sie die richtigen

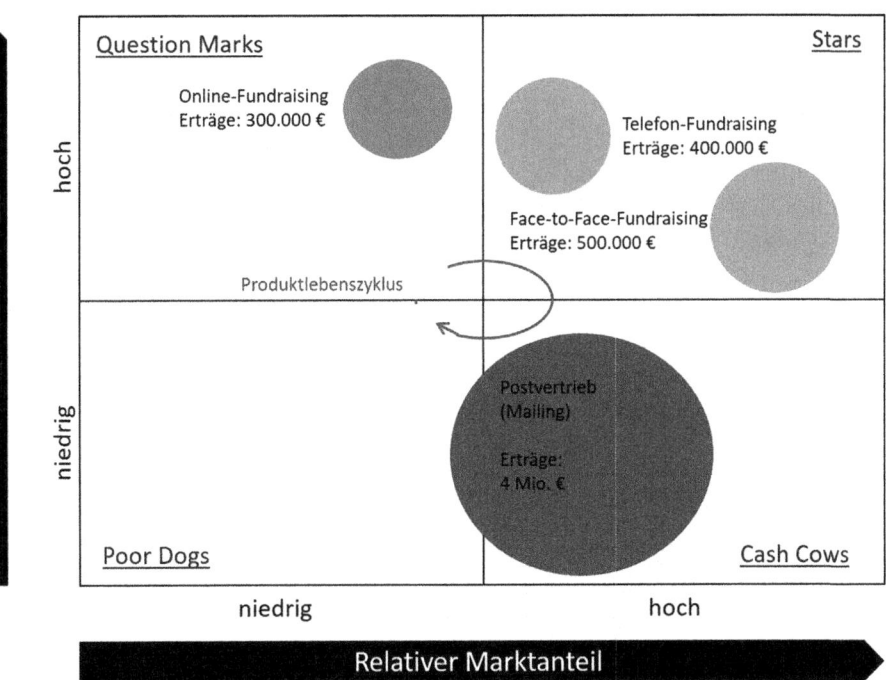

Abb. 6.17 Marktwachstums-Marktanteils-Portfolio Vertriebskanäle. (Quelle: Eigene Abbildung)

Fundraising-Produkte dafür? Nutzt sie die richtigen Vertriebs- und Kommunikationskanäle? In Abgrenzung dazu, fragt das operative Fundraising-Controlling, ob eine Organisation die (mit Hilfe des strategischen Fundraising-Controlling als richtig identifizierten) Dinge dann auch operativ richtig tut („To do things right").

6.3.3 Operatives Fundraising-Controlling

Das **operative Fundraising-Controlling** unterstützt das Management bei der kurzfristigen Steuerung von weitgehend feststehenden Aufgabenbereichen, die vorab mit Hilfe des strategischen Controlling im Rahmen der strategischen Planung festgelegt worden sind. Zusammenfassend lässt sich mit *Horak*[32] festhalten, dass das operative Controlling ...

- primär quantitative Informationen erzeugt (während das strategische Controlling primär qualitative Informationen erzeugt),
- primär intern ausgerichtet ist (während das strategische Controlling primär extern ausgerichtet ist),
- primär kurzfristig ausgerichtet ist (während das strategische Controlling primär mittelfristig ausgerichtet ist),
- primär strukturiert ist (während das strategische Controlling primär wenig strukturiert ist),
- primär formalistisch ist (während das strategische Controlling primär kreativ ist).

Das operative Fundraising-Controlling arbeitet mit **Fundraising-Kennzahlen**, die wichtige Informationen als Entscheidungsgrundlage für die Zielfestlegung im Rahmen der operativen Fundraising-Planung liefern. Im Englischen wird von Performance Indicator gesprochen, bei den wichtigsten Kennzahlen auch von **Key Performance Indicator (KPI)**. Ermittelt werden die Fundraising-Kennzahlen durch systematische Auswertung der Fundraising-Datenbank (**Database Marketing**) und mit Hilfe des **Rechnungswesens**[33], insbesondere der **Kosten- und Leistungsrechnung**.[34] Viele, v. a. kleinere Organisationen verfügen jedoch über keine Kosten- und Leistungsrechnung. Natürlich können sie die wichtigsten Kennzahlen trotzdem ermitteln. Auch wenn dies mühsam und langwierig werden kann, ist das Ergebnis den Aufwand wert. Ganz schwierig wird es, wenn nicht einmal eine geeignete Fundraising-Datenbank vorliegt. Diese ist Grundvoraus-

---

[32] Vgl. Horak, Christian: Controlling in Nonprofit-Organisationen – Erfolgsfaktoren und Instrumente, Wiesbaden 1995, S. 114.

[33] Vgl. Kettern, M.: Rechnungswesen gemeinnütziger Organisationen. In: Fundraising Akademie (Hrsg.) Fundraising – Handbuch für Grundlagen, Strategien und Methoden, 5. Aufl., S. 308–323. Springer, Wiesbaden 2016.

[34] Vgl. Kettern, M.: Kostenrechnung und Kontrolle. In: Fundraising Akademie (Hrsg.) Fundraising – Handbuch für Grundlagen, Strategien und Methoden, 5. Aufl., S. 324–339. Springer, Wiesbaden 2016.

setzung für erfolgreiches Fundraising und sollte deshalb so bald wie möglich angeschafft und eingesetzt werden (siehe Abschn. 2.1.8).

Im Folgenden wird ein Überblick über die wichtigsten Kennzahlen im Fundraising gegeben. Dabei wird der Schwerpunkt auf Kennzahlen des Fundraising gegenüber Privatpersonen als Ressourcenbereitsteller gelegt.

6.3.3.1 Umwandlungsquoten

Eine erste Gruppe von Kennzahlen bezieht sich auf die verschiedenen Stufen der Spenderpyramide. Die Logik des Relationship Fundraising baut darauf auf, Menschen durch systematisches Upgrading immer näher an eine Organisation heranzuführen und sie – bei Interesse – immer mehr Verantwortung übernehmen zu lassen. Durch das eingangs beschriebene Vorgehen versucht eine Organisation durch gezielte Upgrading-Maßnahmen aus Interessenten nach Möglichkeit Erst-, Mehrfach-, Dauer-, Groß- und sogar Testamentspender zu machen. In diesem Zusammenhang stellen die **Umwandlungsquoten** erste interessante Kennzahlen dar. Sie geben Auskunft darüber, in welchem Maße das Upgrading auf jeder Stufe der Spenderpyramide gelingt.

Begonnen wird in der Basis der Spenderpyramide. Als erstes wird die Umwandlungsquote von Interessenten zu Erstspendern ermittelt. Wie viel Prozent der Interessenten können zu Erstspendern umgewandelt werden? Voraussetzung für die Ermittlung dieser Kennzahl ist, dass eine Organisation ihre Interessenten mit Adresse systematisch in ihrer Fundraising-Datenbank erfasst (siehe Abschn. 2.1.2.2), damit später ausgewertet werden kann, welche unter den Interessenten zu einem späteren Zeitpunkt eine Spende getätigt haben. Dabei sollte nicht nur das erste Jahr nach Gewinnung der Interessentenadresse analysieren werden, sondern auch die Folgejahre. Wie bereits ausgeführt, ist es vollkommen normal, dass Interessenten u. U. nicht gleich im ersten Jahr zu einer Erstspende bereit sein werden sondern erst in einem späteren Jahr.

Die verbreitetste Maßnahme, aus Interessenten Erstspender zu machen, ist das (Fremdadress-)Mailing. Hier wird die Umwandlungsquote **Response-Quote** genannt. Sie gibt (in Prozent) an, wie viele der angeschriebenen Menschen auf das Mailing mit einer Spende reagieren. Wie hoch diese Kennzahl ausfällt, hängt von der angeschriebenen Adressgruppe ab. Werden Fremdadressen angemailt, so bewegen sich die Response-Quoten erfahrungsgemäß zwischen 0,1 und 2 %. Mit einer Response-Quote von 1 % können Organisationen heute zufrieden sein. Anfang der 1990er Jahre konnten bei guten Kaltadresslisten noch Response-Quoten von 5 % und mehr erreicht werden. Die ständig wachsende Zahl von Wettbewerbern auf dem Spendenmarkt, die praktisch alle auch Kaltadressen in ihren Mailings einsetzen, hat z. T. zu einer wahren Mailing-Flut in den Briefkästen geführt. Die Angeschriebenen können längst nicht mehr auf jede Anfrage hin spenden. Entsprechend sinkt auch die Response-Quote spürbar. Bei Mailings an „warme" Adressen (von Menschen, die an schon einmal an die Organisation gespendet haben) fallen die Response-Quoten natürlich deutlich höher aus. Sie können 10, 20 oder gar 30 % erreichen – je nachdem wie gut die Adressen im Rahmen des Database Marketing selektiert wurden (siehe Abschn. 6.1.2.7).

> **Beispiel**
>
> Tab. 6.22 zeigt die wichtigsten Kennzahlen, die mit Hilfe des operativen Controlling für ein bestimmtes Mailing (hier: Weihnachts-Mailing 2006) ausgewertet werden. Neben der hier interessierenden Response-Quote werden auch noch die Durchschnittsspende und der ROI analysiert, die im Folgenden noch zu erläutern sein werden.

Die Kennzahl „Umwandlungsquote" wird nicht nur für die Umwandlung von *Interessenten zu Erstspendern* berechnet, sondern auch für die Umwandlung von *Erst- zu Mehrfachspendern*. Erstaunlicherweise gelingt es durch Upgrading-Maßnahmen bei höchstens der Hälfte der Erstspender, sie zu Mehrfachspendern zu machen, die mindestens eine zweite Spende geben. Diese Kennzahl gibt einen deutlichen Hinweis darauf, dass in der Betreuung und Bindung von Erstspendern noch ein großes Potenzial schlummert.

Bei der Berechnung der Umwandlungsquote von *Mehrfach zu Dauerspendern* ergibt sich in der Praxis das Problem, dass selbst Organisationen, die über eine Fundraising-Datenbank verfügen, i. d. R. nicht alle Dauerspender auch als solche identifizieren können. Dauerspender, die eine Lastschrifteinzugsermächtigung erteilt haben, sind in der Datenbank natürlich problemlos erkennbar. Nicht aber solche, die bei ihrer Bank einen Dauerauftrag eingerichtet haben (außer sie haben die Organisation über die Einrichtung des Dauerauftrages informiert, was erfahrungsgemäß nur selten vorkommt). Wie bereits in Abschn. 2.1.5.4 ausgeführt, kann sich eine Organisation jedoch mit dem Geschäftsvorfallscode (GVC) behelfen, der bei der Gutschrift einer Spende per Dauerauftrag im Rahmen des beleglosen Zahlungsverkehrs von der Bank des Spenders an die Bank der Organisation elektronisch mit übertragen wird. Leider ist die Übertragung des GVC vielen Organisationen nicht bekannt.

Auch die Umwandlungsquoten von *Mehrfach- bzw. Dauerspendern zu Großspendern* (bzw. den drei Großspenderkategorien High, Major und Top Donor) und von *Großspendern zu Testamentspendern* können ermittelt werden. Da die Anzahl der Testamentspender bei der großen Mehrheit der Organisationen jedoch relativ gering ist, sollte für jeden Testamentspender einzeln analysiert werden, ob sich dieser vor seiner Testamentspende bereits als Spender engagiert hatte. Es wird also nachgeforscht, ob die Testamentspende Ergebnis des Relationship Fundraising war. Letzteres kann sein, muss aber nicht. In der Praxis erhalten Organisationen immer wieder Testamentspenden von Personen, die vorher nicht schon als Spender in Erscheinung getreten waren. Eine Faustformel besagt, dass dies bei etwa der Hälfte der Testamentspender der Fall ist. Ihre Testamentspende war demnach gleichzeitig auch Erstspende.

Im Idealfall vergleicht eine Organisation ihre so gewonnenen Umwandlungsquoten mit denen anderer Organisationen im Rahmen eines **Benchmarking**. Ganz allgemein, betreiben Organisationen Benchmarking, um sich anhand wichtiger Kennzahlen mit anderen, vergleichbaren Organisationen zu vergleichen. So kann das eigene (Leistungs-, Kosten- oder Qualitäts-)Niveau relativiert werden. Benchmarking kann in allen Bereichen eingesetzt werden, die mit Hilfe von Kennzahlen gesteuert werden.

6.3 Controlling im Fundraising

Tab. 6.22 Kennzahlen für Mailings

Weihnachts-Mailing 2006 (Gesamtkosten 15.887,04 €)	Adress-menge	Adress-menge	Anzahl Spender	Anzahl Spender	Response-Quote (in %)	Response-Quote	Spenden-summe (in €)	Spenden-summe	Durchschn.-spende (in €)	Durchschn.-spende	ROI	ROI
	(SOLL)	(IST)	(SOLL)	(IST)	(SOLL)	(IST)	(SOLL)	(IST)	(SOLL)	(IST)	(SOLL)	(IST)
Eigenadressen												
Spender	**8946**		**1601**		**17,90**		**48.744,00**		**30,45**		**10,48**	
Letzte Spende 2006	3854		987		25,61		30.597,00		31,00		15,27	
Letzte Spende 2005	2698		489		18,12		14.670,00		30,00		10,46	
Letzte Spende 2004	1520		102		6,71		2856,00		28,00		3,61	
Letzte Spende 2003	874		23		2,63		621,00		27,00		1,37	
Mitglieder	**4665**		**385**		**8,25**		**9671,00**		**25,12**		**3,99**	
Ordentliche Mitglieder	1547		83		5,37		1909,00		23,00		2,37	
Fördermitglieder	2687		287		10,68		7462,00		26,00		5,34	
Passive Mitglieder	431		15		3,48		300,00		20,00		1,34	

Tab. 6.22 (Fortsetzung)

Weihnachts-Mailing 2006 (Gesamtkosten 15.887,04 €)	Adress-menge	Adress-menge	Anzahl Spen-der	Anzahl Spen-der	Response-Quote (in %)	Response-Quote	Spenden-summe (in €)	Spenden-summe	Durchschn.-spende (in €)	Durchschn.-spende	ROI	ROI
	(SOLL)	(IST)	(SOLL)	(IST)	(SOLL)	(IST)	(SOLL)	(IST)	(SOLL)	(IST)	(SOLL)	(IST)
Interessenten	**1941**		**69**		**3,55**		**3036,00**		**44,00**		**3,01**	
Durch Plakat geworben	423		26		6,15		572,00		22,00		2,60	
Durch Fülleran-zeige geworben	258		10		3,88		210,00		21,00		1,57	
Auf Homepage geworben	698		23		3,30		2024,00		88,00		5,58	
Durch Beilagen geworben	211		5		2,37		120,00		24,00		1,09	
Besucher Tag der offenen Tür	351		5		1,42		110,00		22,00		0,60	
Fremdadressen												
Fremdadress-liste 1	5000		48		0,96		960,00		20,00		0,37	
Fremdadress-liste 2	5000		74		1,48		1480,00		20,00		0,57	
Fremdadress-liste 3	5000		12		0,24		240,00		20,00		0,09	
Gesamt	**30.552**		**2189**		**7,16**		**64.131,00**		**29,30**		**4,04**	

> **Beispiel**
> Ergibt das Benchmarking einer Organisation, dass die eigene Umwandlungsquote von Erst- zu Mehrfachspendern geringer ist als die vergleichbarer Organisationen, so könnte im Rahmen der operativen Planung das Ziel formuliert werden, die Umwandlungsquote auf einen bestimmten Wert zu steigern. Anschließend sind (siehe Planungswürfel, Abschn. 6.2.2) in der operativen Planung Maßnahmen zu benennen, mit deren Hilfe dieses Ziel erreicht werden kann. Eine solche Maßnahme könnte beispielsweise sein, jeden Erstspender telefonisch zu bedanken um ihn so besser an die Organisation zu binden. Eine andere Maßnahme könnte der Versand des bereits erwähnten Service-Scheckheftes an jeden Erstspender sein. Auch so kann die Bindung und damit potenziell auch die Umwandlungsquote zum Mehrfachspender gesteigert werden.

Kesting unterscheidet zwei Methoden des Benchmarking:[35]

- In **anonymisierten Benchmark-Studien** werden relevante Kennzahlen in einer möglichst großen und repräsentativen Stichprobe erhoben und statistisch ausgewertet. Jede teilnehmende Organisation kann anschließend die eigenen Kennzahlen mit dem Stichprobendurchschnitt und dem Besten in der Stichprobe („Best Practice") vergleichen. Da die Studie anonymisiert ist, kann jedoch nicht festgestellt werden, wer der Beste ist und warum. Diese Form von Benchmarking betreiben auch Wettbewerber gemeinsam, da alle von den Erkenntnissen profitieren, ohne dass der Beste sein „Erfolgsrezept" offenlegen muss.
- Beim **offenen Partner-Benchmarking** werden dagegen nicht nur ein Kennzahlenvergleich angestellt sondern auch Einblicke in Verfahren und Methoden der „Best Practice"-Lösung gegeben. Diese Form von Benchmarking legt „Erfolgsrezepte" offen und wird deshalb v. a. von verschiedenen Einheiten einer Organisation zum organisationsinternen Vergleich herangezogen. So könnten sich im Fundraising beispielsweise Landesverbände einer föderalen Organisation im offenen Partner-Benchmarking miteinander vergleichen und so voneinander profitieren ohne sich zu schaden.

Seit 2011 gibt es auch im deutschsprachigen Raum die Möglichkeit, an einem professionellen Fundraising-Benchmarking teilzunehmen. Gemeinsam mit dem auf Fundraising-Benchmarking spezialisierten Tochterunternehmen *Target Analytics* des weltweit größten Fundraising-Dienstleisters *Blackbaud* (blackbaud.com/target-analytics/donorcentrics) aus den USA, bietet der Autor ein offenes Partner-Benchmarking im Fundraising an (urselmann.de).

Analog zu den Umwandlungsquoten im Upgrading, gibt es natürlich auch Umwandlungsquoten im **Downgrading**. Dabei fällt ein bestimmter (prozentualer) Anteil von Spendern einer bestimmten Stufe der Spenderpyramide auf eine niedrigere Stufe zurück. Das

---

[35] Vgl. Kesting, Verena: Qualitätsmanagement, in: Fundraising Akademie (Hrsg.): Fundraising – Handbuch für Grundlagen, Strategien und Methoden, 3. Aufl., (Gabler) Wiesbaden 2006, S. 200–208, S. 206 ff.

bekannteste Beispiel für diese Art von Umwandlungsquote ist die bereits erwähnte **Attrition Rate**, wörtlich übersetzt „Abnutzungsrate". Diese, vor allem im Zusammenhang mit dem Produkt Dauerspende eingesetzte Kennzahl gibt an, welcher Anteil der (über einen bestimmten Vertriebskanal) gewonnenen (Dauer-)Spender innerhalb einer bestimmten Frist kündigt bzw. storniert, und dadurch auf die Stufe der Interessenten bzw. Inaktiven zurückfällt.

> **Beispiel**
>
> Die Attrition Rate von Dauerspendern, die über den Vertriebskanal Face-to-Face-Fundraising (am Stand) gewonnen wurden, beträgt bis zu 40 % im den ersten 12 Monaten (siehe Abschn. 2.5.5.4).

Zusammenfassend zeigt die Gesamtheit der Umwandlungsquoten über alle Stufen auf, wie steil die spezifische Spenderpyramide einer Organisation ist. Abweichend vom idealtypischen Verlauf in der Spenderpyramide, nehmen Spender in der Praxis freilich nicht immer jede Stufe in der Reihenfolge der Spenderpyramide. Wie am Beispiel der Testamentspender bereits erwähnt, können sie auch eine oder gleich mehrere Stufen überspringen. Ebenso ist es möglich, dass sie von einer höheren wieder auf eine niedrigere Stufe zurückfallen.

6.3.3.2 Wanderungsanalysen

Auf jeder Stufe der Spenderpyramide gibt es also Zugänge von Spendern, die mit einer bestimmten Umwandlungsquote von einer niedrigeren Stufe – ausgelöst durch eine bestimmte Fundraising-Maßnahme – upgegradet, oder von einer höheren Stufe downgegradet wurden. Ebenso gibt es auf jeder Stufe der Spenderpyramide Abgänge von Spendern, die mit einer bestimmten Umwandlungsquote – ausgelöst durch eine bestimmte Fundraising-Maßnahme – auf eine höhere Stufe upgegradet, oder downgegradet wurden. Ein Beispiel für die möglichen Zu- und Abgänge von Spendern liefert Abb. 6.18 für die Stufe der Dauerspender. Sie können analog auch für jede andere Stufe der Spenderpyramide abgebildet werden.

Jeder Spender „durchwandert" im Zeitraum seines Engagements für die Organisation also verschiedene Stufen der Spenderpyramide auf seinem individuell gewählten Weg, in dem er auf die verschiedenen Fundraising-Maßnahmen reagiert bzw. nicht reagiert. So gibt es Spender, die gleich nach der Erstspende wieder inaktiv werden. Entsprechend kurz war ihre Wanderung durch die Spenderpyramide. Andere Erstpender übernehmen gleich im Rahmen des Dankanrufs auf ihre Erstspende eine Dauerspende, geben später zusätzlich noch ab und zu eine Großspende und vermachen am Ende ihres Lebens der Organisation sogar den Rest ihres Vermögens als Testamentspende. Ihre Wanderung durch die Spenderpyramide ist dann wesentlich länger und kann mehrere Jahre oder gar Jahrzehnte dauern. Das systematische Analysieren der Spenderwege bzw. Spenderreise (engl. **Donor Journey**) durch die Spenderpyramide im Rahmen des operativen Fundraising-Controlling soll hier als **Wanderungsanalyse** bezeichnet werden. Ein Beispiel für eine Wanderungsanaly-

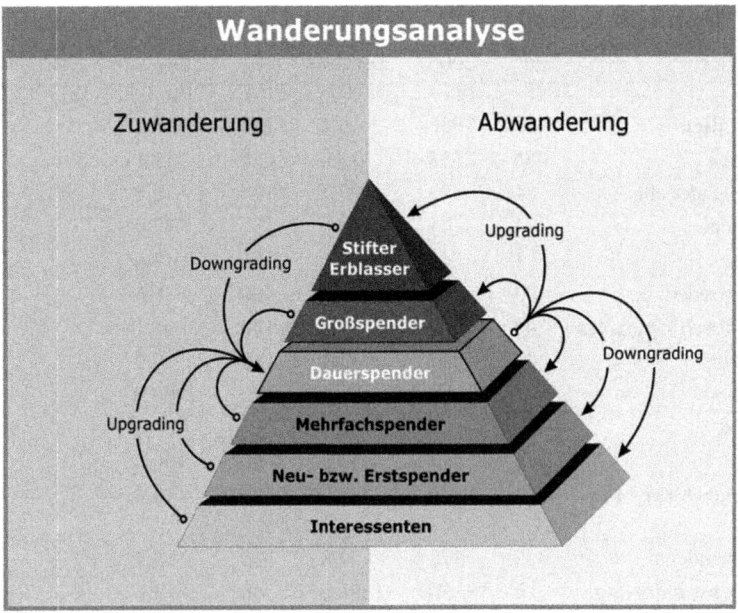

Abb. 6.18 Zu- und Abgänge auf der Stufe der Dauerspender. (Quelle: Eigene Abbildung)

se auf der Stufe der Dauerspender liefert Tab. 6.23. Tab. 6.24 zeigt die Wanderungsanalyse eines bestimmten Zeitraums von allen Stufen zu allen Stufen der Spenderpyramide.

6.3.3.3 Kennzahlen zu Fundraising-Erlösen

Eine weitere zentrale Kennzahl des Fundraising ist der Erlös einer einzelnen Fundraising-Maßnahme bzw. der **Gesamterlös** aller Maßnahmen. Die genauen Erlöse jeder einzelnen Fundraising-Maßnahme sollten im Rahmen des operativen Controlling so detailliert wie möglich erfasst werden.

> **Beispiel**
> In Tab. 6.22 werden die Erlöse eines bestimmten Mailings (hier: Weihnachts-Mailing 2006) ausgewertet, differenziert nach den verschiedenen Zielgruppen des Mailings (Interessenten, Spender, Mitglieder und verschiedene Fremdadress-Listen).

Erfahrene Fundraiser werten ihre Mailings sogar tagesgenau nach Banktagen aus. Banktage sind alle Tage, an denen eine Bank Überweisungen tätigt, also alle Montage bis Freitage ohne Feiertage. Mit den so gewonnenen Analyseergebnissen sind sie anschließend in der Lage, schon kurz nach Postauflieferung eines Mailings bzw. nach wenigen Banktagen eine valide Schätzung für den gesamten, zu erwartenden Erlös für das Mailing abzugeben. Im Rahmen des operativen Controlling wird also versucht, mit Hilfe von Erfahrungswerten aus der Vergangenheit einen Prognosewert für die Zukunft zu errech-

Tab. 6.23 Wanderungsanalyse für die Stufe der Dauerspender

Dauerspender	2005 IST	2006 IST	Zuwachs (in %)	2007 PLAN	Zuwachs (in %)	2007 IST	Zuwachs
Status gehalten	**1023**	**1086**	**6,2**	**1150**	**5,9**		
Neuzugänge	**486**	**553**	**13,8**	**620**	**12,1**		
Neu im Kalenderjahr	81	103	27,2	120	16,5		
Interessenten	1	41	4000,0	50	22,0		
Erstspender	1	44	4300,0	50	13,6		
Mehrfachspender	403	365	−9,4	400	9,6		
Abgänge durch Upgrades	**47**	**51**	**8,5**	**100**	**96,1**		
Major Donors	32	42	31,3	50	19,0		
High Donors	3	4	33,3	20	400,0		
Top Donors	1	1	0,0	10	900,0		
Stiftung	11	4	−63,6	20	400,0		
Abgänge durch Downgrades	**397**	**378**	**−4,8**	**320**	**−15,3**		
Mehrfachspender	397	378	−4,8	320	−15,3		
Verluste (Abwanderung, Tod etc.)	**4**	**56**	**1300,0**	**60**	**7,1**		
Anzahl Dauerspender	**1061**	**1154**	**8,8**	**1290**	**11,8**		

Tab. 6.24 Wanderungsanalyse über alle Stufen der Spenderpyramide. (Quelle: Eigene Abbildung)

6.3 Controlling im Fundraising

nen. Dabei macht man sich zunutze, dass die Verlaufskurve der Anzahl der Spenden pro Banktag einer gewissen Gesetzmäßigkeit unterliegt.

> **Beispiel**
>
> Eine typische Verlaufskurve eines Mailings zeigt Abb. 6.19. Zu den genannten Gesetzmäßigkeiten gehört, dass ...
>
> - die höchste Anzahl an Spenden pro Tag bereits nach wenigen Banktagen (i. d. R. nach drei oder vier Banktagen) erreicht wird.
> - die Höhe dieses ersten Peaks danach in der Verlaufskurve zu keinem weiteren Zeitpunkt mehr erreicht werden wird.
> - am zehnten Banktag etwa die Hälfte aller zu erwartenden Spendeneinnahmen eingefahren ist.
> - nach dem 60. Banktag ein Mailing als abgeschlossen betrachtet wird. Allerdings treffen auch nach dem 60. Banktag immer noch vereinzelte Spenden auf das Mailing hin ein. Dies liegt daran, dass einige Spender ein erhaltenes Mailing zunächst zur Seite legen. Sie wollen zwar nicht sofort spenden, das Mailing aber auch nicht wegwerfen, da sie das Thema interessiert. So wird auf ein Mailing erst gespendet, wenn das nächste Monatsgehalt bzw. im November das dreizehnte Monatsgehalt auf dem Konto eingeht. Oft ist auch der Erhalt eines neuen Mailings Auslöser für eine Spende auf das alte Mailing.

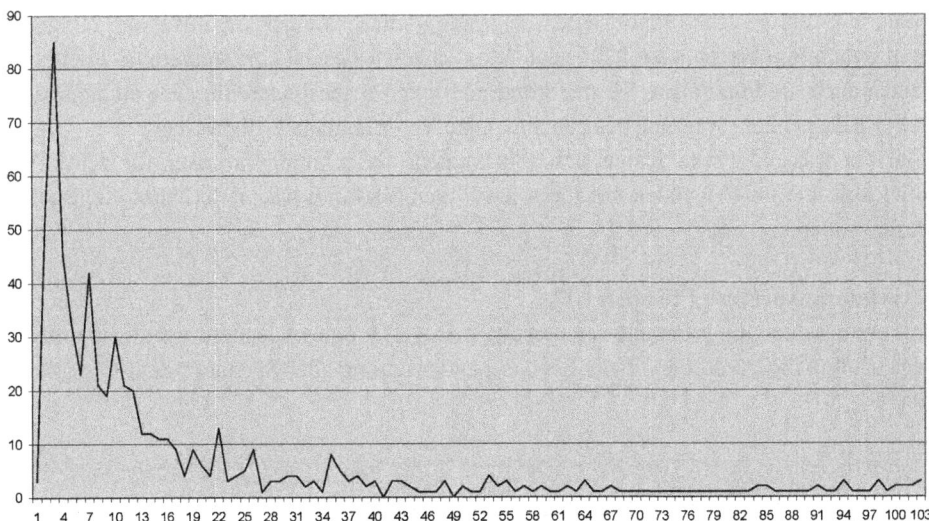

Abb. 6.19 Typische Verlaufskurve eines Mailings. (Quelle: Eigene Abbildung)

Auch die **Durchschnittsspende** ist eine wichtige Kennzahl zu Fundraising-Erlösen. Sie wird errechnet, in dem die Summe aller Spenden, die auf eine bestimmte Fundraising-Maßnahme (z. B. ein Mailing) hin eingegangen sind, durch die Anzahl der Spenden geteilt wird. Im Normalfall bewegen sich Durchschnittsspenden in Deutschland je nach Organisation und gewähltem Vertriebskanal zwischen 25 € (auf ein Mailing) und 90 € (Online-Fundraising).

> **Beispiel**
>
> In Tab. 6.22 wird je nach angesprochener Zielgruppe (Interessenten, Spender, Mitglieder und Fremdadresslisten) mit Durchschnittsspenden von 20 bis 88 € geplant.

Einen Schritt weiter geht die Kennzahl **Lifetime Value** (LTV). Sinngemäß könnte Lifetime Value mit „Lebensspendensumme" übersetzt werden. Sie betrachtet nicht nur den Erlös, den ein Spender auf eine einzelne Fundraising-Maßnahme hin spendet, sondern den Gesamtwert aller Spenden, die ein Spender im Laufe seines Lebens an eine bestimmte Organisation gibt. Genau genommen ist mit „Lifetime" also nicht die physische Lebenszeit eines Spenders gemeint, sondern nur der Unterstützungszeitraum zwischen seiner ersten und seiner letzten Spende an eine bestimmte Organisation. Unterstützt ein Spender mehrere Organisationen, so bezieht sich die Kennzahl LTV nicht auf die Lebensspendensumme, die er an alle Organisationen zusammen gibt, sondern immer nur auf die Lebensspendensumme, die er an eine einzelne Organisation gibt. Ein und derselbe Spender, hat – wenn er mehrere Organisationen unterstützt – für jede unterstützte Organisation i. d. R. also auch einen anderen LTV.

Der LTV ist eine wichtige Kennzahl und Orientierungsgröße, mit deren Hilfe eine Organisation ablesen kann, ob die Professionalisierung ihres Fundraising vorankommt. Durch ein kontinuierlich verbessertes Upgrading sollte es einer Organisation gelingen, ihren dynamisch errechneten LTV nach Möglichkeit jedes Jahr zu steigern. Schließlich steigen auch die Fundraising-Kosten kontinuierlich – insbesondere die Gewinnungskosten für Erstspender (aufgrund des zunehmenden Verdrängungswettbewerbes).

In Theorie und Praxis haben sich verschiedene Berechnungsvarianten für den LTV entwickelt, die im Folgenden mit ihren jeweiligen Vor- und Nachteilen kurz vorgestellt werden sollen.

Berechnungsvariante 1 für den LTV

Eine erste Berechnungsvariante versteht unter dem LTV eines Spenders einer bestimmten Organisation die *durchschnittliche* Lebensspendensumme aller Spender dieser Organisation.

6.3 Controlling im Fundraising

Beispiel

Organisation A hatte nur zwei Spender. Spender 1 hat acht Jahre lang jährlich 100 € gespendet. Seine Lebensspendensumme beträgt also 800 €. Spender 2 hat nur einmal den Betrag von 200 € gespendet, danach nicht mehr. Seine Lebensspendensumme beträgt demnach 200 €. Der LTV der Spender von Organisation A beträgt als durchschnittliche Lebensspendensumme also (800 € + 200 €) / 2 = 500 €.

Bei dieser Berechnungsvariante tritt das Problem auf, zu erkennen, wann eine Spende tatsächlich als die letzte anzusehen ist, die ein Spender gemacht hat. Schließlich kann eine Spende nur dann eindeutig als letzte Spende erkannt werden, wenn ein Spender danach verstirbt. Ein Spender, der noch lebt, könnte theoretisch noch eine weitere Spende geben, auch wenn er schon seit Jahren nicht mehr gespendet hat, z. B. in Form einer letzten Zuwendung von Todes wegen (Erbschaft, Vermächtnis, (Zu-)Stiftung). Streng genommen dürfte der LTV also eigentlich nur über die durchschnittlichen Lebensspendensummen der bereits verstorbenen Spender berechnet werden. Ein solches Vorgehen hätte jedoch den gravierenden Nachteil, dass die Berechnung stark verzögert würde. Schließlich könnten alle Spender nicht sofort, sondern u. U. erst stark zeitlich verzögert nach ihrem Tod in die Berechnung einbezogen werden. Auch kann in der Praxis nicht sichergestellt werden, dass eine Organisation auch immer vom Tod eines Spenders erfährt. Auf jeden Fall wäre ein so berechneter LTV ständig veraltet.

Der Unterstützungszeitraum eines Spenders sollte deshalb auch dann als beendet betrachtet werden, wenn ein Spender als inaktiv definiert wird und die dann (hoffentlich automatisch) einsetzenden Rückgewinnungsmaßnahmen erfolglos blieben (auch wenn sich dieser Spender noch bester Gesundheit erfreut). Wann eine Organisation einen Spender als inaktiv definiert, ist in der Praxis sehr unterschiedlich. Die Spanne reicht von 12 Monaten ohne Spende bis 36 Monate ohne Spende (siehe Abschn. 2.1.3.4). Der Vorteil dieser Berechnungsmethode liegt darin, dass die Aktualität des errechneten Wertes für den LTV deutlich höher ist. Schließlich ist der Wert maximal 36 Monate plus Zeitspanne für die Rückgewinnungsmaßnahme veraltet. Der Nachteil liegt darin, dass der LTV dann zu gering berechnet wird, wenn ein als inaktiv betrachteter Spender wider Erwarten später doch noch einmal spendet (und wenn es „nur" noch einmal von Todes wegen ist).

Diese Überlegungen münden in eine erste Berechnungsvariante für den LTV mit folgendem Vorgehen:

1. Selektion aller verstorbenen Spender und Selektion aller inaktiv gewordenen Spender aus der Datenbank, bei denen Rückgewinnungsmaßnahmen erfolglos geblieben sind. Als Variante könnte bei alten NPO mit langer Fundraising-Historie die Selektion auf diejenigen Spender begrenzt werden, die in den letzten zehn Jahren verstorben oder inaktiv geworden sind, um eine gewisse Aktualität des berechneten LTV sicherzustellen.
2. Errechnung der Lebensspendensumme für jeden einzelnen selektierten Spender.
3. Errechnung des Durchschnitts aller ermittelten individuellen Lebensspendensummen.

Der LTV sollte nur für natürliche Personen berechnet werden, nicht für institutionelle Spender wie z. B. Unternehmen, Pfarrgemeinden oder Ordensgemeinschaften. Letztere müssen also aus obiger Selektion herausgefiltert werden. Bei den natürlichen Personen können in die Lebensspendensumme eingerechnet werden Einzelspenden, Dauerspenden wie (Förder-)Mitgliedsbeiträge (sofern eine Zuwendungsbestätigung ausgestellt wird) und Patenschaftsbeiträge, Großspenden, Erbschaften, Vermächtnisse und Zuwendungen an Stiftungen der Organisation. Da die LTV-Berechnung eine Durchschnittswertberechnung ist, sollten streng genommen immer zwei Werte berechnet werden: Einmal *mit* Berücksichtigung von „Ausreißern" nach oben in Form von Erbschaften, Vermächtnissen und (Zu-)Stiftungen, und einmal *ohne*.

Die so durchgeführte Berechnung kann anschließend noch beliebig verfeinert werden. So wird beispielsweise im Rahmen des operativen Controlling analysiert, ob auf unterschiedlichen Vertriebskanälen (z. B. Kaltadress-Mailing vs. Face-to-Face-Fundraising) gewonnene Dauerspender anschließend auch unterschiedliche LTVs aufweisen.

> **Beispiel**
> Es wird analysiert, ob ein Face-to-Face gewonnener Dauerspender vielleicht leichter gewonnen, nicht aber so gut gebunden werden kann. Sie könnten einen geringen LTV aufweisen, da sie eine höhere Attrition Rate und kürzere Verweildauer aufweisen. Nach dieser Logik wäre folglich derjenige Vertriebskanal einzusetzen, der langfristig für einen maximalen LTV sorgt, und nicht nur kurzfristig einen guten Return-on-Investment (siehe Abschn. 6.3.3.5) erzielt.

Eine weitere Verfeinerung sollte eine *dynamische* Berechnung des LTV sein. So könnte der LTV z. B. immer auf Basis der verstorbenen und inaktiv gewordenen Spender der letzten zehn Jahre berechnet und im Sinne eines iterativen Verfahrens jedes Jahr aktualisiert werden. Auf diese Weise würde berücksichtigt, dass es einer Organisation gelingen kann, den LTV eines Spenders durch Professionalisierung des Fundraising nach und nach zu steigern.

Berechnungsvariante 2 für den LTV

Bei Berechnungsvariante 2 wird der LTV berechnet, indem die Summe aller Spenden (aller Privatspender zusammen) der letzten zehn Jahre geteilt wird durch die Anzahl der Personen, die in den letzten zehn Jahren mindestens eine Spende getätigt haben.

$$\text{Lifetime Value 2009} = \frac{\text{Gesamtspendeneinnahmen 1999}-2008}{\text{Anzahl Personen, die 1999}-2008 \geq 1\times \text{ gespendet}}$$

Der Vorteil dieser Variante liegt unmittelbar ersichtlich darin, dass die Berechnung deutlich einfacher durchzuführen ist als bei der ersten Berechnungsvariante. Der Nachteil ist ein Genauigkeitsverlust, da einerseits Spender in die Berechnung einbezogen werden, die über das Ende des Betrachtungszeitraums hinaus noch weiter spenden werden

6.3 Controlling im Fundraising

(deren Unterstützungszeitraum also noch nicht abgeschlossen ist). Andererseits werden auch Spender einbezogen, deren Spendenaktivitäten *vor* dem zehnjährigen Betrachtungszeitraum begonnen hatten, ohne dass diese Spenden berücksichtigt werden. Bei einer großen Anzahl von Spendern gleichen sich beide Effekte nach dem Gesetz der großen Zahlen jedoch wieder bis zu einem bestimmten Grade aus. Zumal der durchschnittliche Unterstützungszeitraum eines Spenders auf acht bis zehn Jahre geschätzt wird. Diese Berechnungsvariante eignet sich also nur für größere Organisationen (mit mindestens 100.000 aktiven Spendern), die bereits auf mindestens zehn Jahre Erfahrung im Fundraising zurückblicken können.

Berechnungsvariante 3 für den LTV

Eine weitere Berechnungsvariante stammt von Sargeant/Jay[36]. Anstelle einer vergangenheitsbezogenen Durchschnittsbetrachtung wird eine *prospektive* Berechnung eines *individuellen* LTV für jeden einzelnen Spender einer Organisation nach folgender Formel vorgeschlagen:

$$\text{LTV} = \sum_{i=1}^{n} C_i (1+d)^{-i},$$

wobei:

C_i = Nettoerlöse (Erlöse minus Kosten) aller Fundraising-Aktivitäten eines Jahres i,
d = Abzinsungsfaktor (zur Inflationsbereinigung im Betrachtungszeitraum),
n = erwartete Unterstützungsdauer des Spenders (in Jahren).

Bei dieser Berechnungsvariante wird also für jeden *einzelnen* Spender einer Organisation wie folgt vorgegangen:

1. Abschätzung der erwarteten Unterstützungsdauer n des Spenders (in Jahren).
2. Abschätzung der wahrscheinlichen zukünftigen Nettoerlöse aller Fundraising-Aktivitäten (C) für jedes der n Jahre.
3. Abdiskontierung (Abzinsung) der wahrscheinlichen, zukünftigen Nettoerlöse aller Fundraising-Aktivitäten (C) eines Jahres i mit einem Abzinsungsfaktor d auf deren Barwert (Gegenwartswert).
4. Summierung aller Barwerte.

Der Vorteil dieser Berechnungsvariante liegt darin, dass durch die individuelle Betrachtung jedes einzelnen Spenders der großen Heterogenität unter den verschiedenen Spendern besser Rechnung getragen wird als bei der Durchschnittsbetrachtung der anderen Berechnungsvarianten. Kennt man den LTV eines einzelnen Spenders, kann man

---

[36] Vgl. Sargeant, Adrian; Jay, Elaine: Fundraising Management: Analysis, Planning and Practice, (Routledge, Chapman & Hall) London u. a. 2004, S. 144–150 und Sargeant, Adrian; Jay, Elaine: Building Donor Loyalty – The Fundraiser's Guide to Increasing Lifetime Value, (Jossey-Bass) San Francisco 2004, S. 161–170.

auch seinen Beitrag zum Gesamterfolg besser einschätzen. Auch weist die zukunftsorientierte Betrachtung höhere Aktualität auf als die vergangenheitsorientierte Betrachtung der anderen Berechnungsvarianten.

Der Nachteil dieser Berechnungsvariante liegt darin, dass die für die Berechnung benötigten Variablen in der Praxis, wenn überhaupt, nur äußerst schwer zu ermitteln sind. Dies beginnt mit der Abschätzung der erwarteten Unterstützungsdauer eines individuellen Spenders. *Sargeant/Jay* schlagen hierzu aus Vereinfachungsgründen einen fünfjährigen Betrachtungszeitraum vor, obwohl die Unterstützungsdauer in der Praxis deutlich länger sein kann. Auch das Abschätzen künftiger Nettoerlöse mehrere Jahre im Voraus dürfte von der Praxis kaum leistbar sein. Setzt es doch voraus, dass eine Organisation alle ihre Fundraising-Maßnahmen bereits fünf Jahre im Voraus festgelegt sowie deren Erlöse und Kosten errechnet hat. Auch die Abschätzung realistischer Abzinsungsfaktoren ist ein nicht zu unterschätzendes Unterfangen. Der von *Sargeant/Jay* vorgeschlagene Wert von 10 % erscheint in der momentanen Niedrigzinsphase jedenfalls deutlich zu hoch.

Obwohl von hohem Erkenntnisinteresse, stellen in der Fundraising-Praxis bislang nur die wenigsten Organisationen systematische und regelmäßige LTV-Berechnungen an. Es bleibt abzuwarten, welche Berechnungsvarianten sich in der Praxis durchsetzen werden. Interessant wird in diesem Zusammenhang, ob die verschiedenen Berechnungsvarianten zu ähnlichen Ergebnissen bzgl. der Höhe des LTV einer Organisation gelangen werden.

6.3.3.4 Kennzahlen zu Fundraising-Kosten

Den Erlösen der verschiedenen Fundraising-Maßnahmen (im Einzelnen und in Summe) sind ihre jeweiligen Kosten gegenüberzustellen. Entsprechend den Stufen der Spenderpyramide, muss berechnet werden, wie hoch jeweils die Kosten der Gewinnung, Betreuung und Rückgewinnung von Erst-, Mehrfach-, Dauer-, Groß- und Testamentspendern sind. Am einfachsten ist die Kostenberechnung, wenn die entsprechenden Maßnahmen der Gewinnung, Betreuung und Rückgewinnung im Outsourcing von einem Dienstleister durchgeführt werden, der dafür anschließend eine Rechnung stellt. Sobald eine Organisation die Maßnahmen jedoch (ganz oder teilweise) selbst durchführt, wird es in der Praxis erfahrungsgemäß schwieriger mit der Kostenberechnung. In aller Regel verfügen gemeinnützige Organisationen nicht über eine ausgereifte Kostenrechnung. Bei den meisten Fundraising-Maßnahmen stellen die Personalkosten den größten Kostenblock dar. Eine saubere Erfassung und Zuordnung von Personalkosten auf Fundraising-Maßnahmen würde jedoch ein Zeiterfassungssystem erfordern, dessen Nutzung von den Mitarbeitern im Fundraising gerne als „lästiger administrativer Zusatzaufwand", manchmal sogar als „verdächtiges, potenzielles Überwachungsinstrument", missverstanden und folglich abgelehnt wird. Eine zumindest grobe Zeiterfassung und Zuordnung zu einzelnen, später zu bewertenden Fundraising-Maßnahmen sollte jedoch regelmäßig durchgeführt werden.

> **Beispiel**
>
> In einem Mailing zur Gewinnung von Erstspendern werden 10.000 Kaltadressen angeschrieben. Es werden 100 Neuspender gewonnen (Response-Quote: 1 %). Die externen Produktionskosten belaufen sich auf 1 € pro Adresse (inkl. Adressmiete und Porto) bzw. 10.000 € Gesamtkosten, die ein externer Mailing-Dienstleister in Rechnung stellt. Hinzu kommen die internen Personalkosten des Fundraisers, der den Gesamtprozess rund um das Mailing (siehe Abschn. 2.5.2) aus der Organisation heraus steuert. Für die Steuerung des Gesamtprozesses benötigt der Fundraiser laut Zeiterfassung 22 Tage seiner Jahresnettoarbeitszeit von 220 Tagen (= 365 Tage − Wochenendtage, Feiertage, Urlaubstage, Krankheitstage, Weiterbildungstage etc.). Sein Jahresbruttogehalt zzgl. Arbeitgeberanteile für die Sozialversicherungen beträgt 50.000 €. Die anteiligen Personalkosten für das Mailing belaufen sich demnach auf 22 / 220 × 50.000 € = 5000 €. Verteilt man die Summe aus externen Produktionskosten (10.000 €) und internen Personalkosten (5000 €) auf die 100 gewonnenen Erstspender, so belaufen sich die Gewinnungskosten eines Erstspenders auf 150 €.

Dieses Beispiel zeigt, wie sehr die Gewinnungskosten von Erstspendern in den letzten 20 Jahren in dem Maße stark gestiegen sind, wie die Response-Quoten auf Kaltadress-Mailings in diesem Zeitraum auf ein Fünftel (1 % in 2018 im Verhältnis zu 5 % in 1990) stark gesunken sind. Bei einer Response-Quote von damals 5 % verteilten sich die Gesamtkosten von 15.000 € noch auf 500 Erstspender (statt nur 100). Entsprechend lagen die Gewinnungskosten eines Erstspenders bei nur 30 € statt 150 €.

Leider werden die (Voll-)Kosten für die Gewinnung eines Erstspenders (inklusive interner Personalkosten) in der Praxis nur sehr selten systematisch errechnet. Bei weiter sinkenden Response-Quoten ist die Erstspendergewinnung via Kaltadress-Mailing künftig noch solange sinnvoll, wie die dadurch entstehenden Kosten in einem sinnvollen Verhältnis (siehe Abschn. 6.3.3.5) zu den zu erwartenden Spenden bzw. dem LTV der gewonnenen Erstspender stehen. Alleine aus diesem Grunde ist eine Berechnung des LTV im Rahmen des operativen Controlling unverzichtbar. Errechnet man – in Analogie zur (durchschnittlichen) Lebensspendensumme des LTV – eine Kennzahl **Lifetime Cost** (LTC) als „Lebenskostensumme" aller Fundraising-Maßnahmen gegenüber einem einzelnen Spender, wird schnell deutlich, dass die Gewinnungskosten i. d. R. den mit Abstand größten Anteil an den LTC eines Spenders ausmachen. Die anschließend anfallenden Betreuungskosten sind i. d. R. deutlich niedriger.

> **Beispiel**
>
> Der zu Vollkosten in Höhe von 150 € gewonnene Erstspender unterstützt die Organisation durchschnittlich über eine Zeitdauer von acht Jahren. In diesem Zeitraum erhält er durchschnittlich sechs Mailings pro Jahr zu durchschnittlichen Vollkosten in Höhe von 1,50 € pro Stück. Die Betreuungskosten belaufen sich demnach auf 8 × 6 × 1,50 € = 72 €, und liegen demnach deutlich unter den Gewinnungskosten.

Mit ständig sinkenden Response-Quoten werden die Gewinnungskosten von (Erst-) Spendern so stark steigen, dass künftig mehr Augenmerk auf die Bindung aktiver und Rückgewinnung inaktiver Spender gelegt werden muss. Die Budgets dürften in den nächsten Jahren immer stärker in diese Richtung umgeschichtet werden. Auch wird die gängige Praxis stärker zu hinterfragen sein, einmal gewonnenen Erstspendern auch dann noch jahrelang Mailings zuzuschicken, wenn diese schon seit Jahren inaktiv geworden sind, und der Versuch einer Reaktivierung nie unternommen wurde.

6.3.3.5 Kennzahlen zu Verhältnis aus Kosten und Erlösen

Sehr wichtig für die Beurteilung des Erfolges einer einzelnen Fundraising-Maßnahme, oder aller Fundraising-Aktivitäten in toto, sind Kennzahlen, die Kosten und Erlöse ins Verhältnis zueinander setzen. Die im Fundraising am meisten verbreitete Kennzahl dürfte der **Return on Investment (ROI)** sein, der die Spendenerlöse einer Fundraising-Maßnahme (z. B. eines Mailings) ins Verhältnis zu ihren Kosten setzt. Für den ROI gibt es mehrere Berechnungsarten. Die einfachste lautet:

$$\text{ROI} = \frac{\text{Erlöse einer Fundraising-Maßnahme}}{\text{Kosten einer Fundraising-Maßnahme}}.$$

Die Kennzahl ROI kann wie folgt interpretiert werden:

- Ein ROI = 1 (manchmal auch: 100 %) bedeutet demnach, dass die Erlöse einer Fundraising-Maßnahme exakt so hoch waren wie die durch sie verursachten Kosten. Es liegt also Kostendeckung vor.
- Bei einem ROI > 1 waren die Erlöse höher als die Kosten. Die Fundraising-Maßnahme konnte also auf Anhieb einen finanziellen Überschuss erwirtschaften. Ein ROI = 2 (manchmal auch: 200 %) sagt aus, dass eine Maßnahme doppelt so viel erlösen konnte als sie gekostet hat.
- Bei einem ROI < 1 waren die Spendenerlöse kleiner als die Kosten. So besagt ein ROI = 0,1 dass nur 10 % der Kosten gedeckt werden konnten.

Eine weitere wichtige Kennzahl stellt der bereits mehrfach erwähnte **Verwaltungskostenanteil** dar. Immer wieder möchten Spender wissen, welchen Anteil der eingeworbenen Mittel eine Organisation in ihre Verwaltung steckt und damit nicht mehr in die Projekte investieren kann. Auch möchten sie mit Hilfe des Verwaltungskostenanteils die Effizienz von Organisationen miteinander vergleichen können. Lange Zeit war jedoch nicht definiert, was genau unter dem Begriff Verwaltungskosten zu verstehen ist. Das *Institut der Wirtschaftsprüfer* schlägt 1995 ein umfassenderes Begriffsverständnis vor, wonach Verwaltungskosten alle diejenigen Kosten seien, die nicht unmittelbar den Einsatz der Spendenmittel im Rahmen des jeweiligen Förderzwecks betreffen.[37] 2006 legt

---

[37] Vgl. Institut der Wirtschaftsprüfer: Zur Rechnungslegung und Prüfung spendensammelnder Organisationen, Düsseldorf 1995, S. 6.

6.3 Controlling im Fundraising

eine Arbeitsgruppe aus Vertretern des *DZI*, der *DGCS* und zehn Spendenorganisationen ein gemeinsam erarbeitetes Konzept zur Berechnung der Werbe- und Verwaltungskosten vor.[38] Darin werden alle Ausgaben einer Organisation einerseits in Projektausgaben und andererseits in Werbe- und Verwaltungsausgaben unterteilt:

Die **Projektausgaben** umfassen die Ausgaben für

- Projektförderung
  - Unmittelbar satzungsgemäße Ausgaben für Projekte, Programme, Dienstleistungen und Einrichtungen (inkl. projektinterner Verwaltung).
  - Ausgaben für Projekt- und Koordinationsbüros.
  - Satzungsgemäße Unterstützung anderer Organisationen und Projektträger.
- Projektbegleitung
  - Betreuung der Projekte.
  - Einem Projekt vorgelagerte Tätigkeiten (Vorbereitung und Auswahl geeigneter Projekte, Prüfung von Unterstützungsanträgen).
  - Einem Projekt nachgelagerte Tätigkeiten (Controlling, Revision, Evaluierung von Projekten).
- Kampagnen-, Bildungs- und Aufklärungsarbeit (sofern in der Satzung als eigenständiger Zweck verankert).

Die **Werbe- und Verwaltungsausgaben** umfassen dagegen die Ausgaben für

- Werbung und allgemeine Öffentlichkeitsarbeit inkl.
  - Ausgaben zur Beschaffung von Ressourcen von allen Ressourcenbereitstellern.
  - Ausgaben für Selbstdarstellung und Imagearbeit.
  - Ausgaben für Kurzinformationen über Notlagen.
  - Ausgaben für Projektberichterstattung und Rechenschaftslegung.
- Verwaltungsausgaben (zur Gewährleistung der Grundfunktionen der betrieblichen Organisation und des betrieblichen Ablaufs) inkl.
  - Ausgaben für Leitungs- und Aufsichtsgremien.
  - Ausgaben für Finanz- und Rechnungswesen.
  - Ausgaben für Personalverwaltung und Organisation.

Bezogen auf diese Klassifizierung verwendet das *DZI* folgende Einstufung zur Vertretbarkeit von Werbe- und Verwaltungskosten:

- Werbe- und Verwaltungskosten unter 10 % werden als „niedrig" erachtet.
- Werbe- und Verwaltungskosten zwischen 10 und 19 % werden als „angemessen" erachtet.
- Werbe- und Verwaltungskosten zwischen 20 und 30 % werden als „vertretbar" erachtet.

---

[38] Das Papier kann von den Websites des dzi (www.dzi.de) oder der DGCS (www.dgcs.de) kostenlos heruntergeladen werden.

Obige Klassifizierung wird bereits im Rahmen der Prüfungen zur Vergabe des DZI-Spenden-Siegels angewendet. Das DZI-Spenden-Siegel ist eine Art TÜV-Plakette für geprüfte Spendenorganisationen auf dem deutschen Spendenmarkt. Die Klassifizierung wurde mit einem ähnlichen Projekt der ZEWO, der schweizerischen Partnerorganisation des DZI, abgestimmt. Damit existieren in beiden Ländern nahezu identische Werbe- und Verwaltungsausgabendefinitionen.

Obwohl damit eine genaue Definition des Verwaltungskostenanteils (bzw. präziser des Werbe- und Verwaltungsausgabenanteils) vorliegt, kann dieser jedoch nicht ohne weiteres als Vergleichsmaßstab für die Effizienz von Organisationen herangezogen werden. Die Gründe dafür sind vielfältig: Zunächst einmal kann der Verwaltungskostenanteil einer kleinen Organisation nicht mit dem einer großen Organisation verglichen werden. Kritiker weisen darauf hin, dass der Verwaltungskostenanteil kleinere, durchaus leistungsfähige Organisationen benachteiligt, da es für sie, bei ihrem insgesamt kleineren Spendenetat, besonders schwierig sei, die Möglichkeiten der Kostendegression voll auszuschöpfen. Aufgrund des veröffentlichten relativ höheren Verwaltungskostenanteils erhielten sie noch weniger Spenden, was letztlich nur zu einer weiteren Konzentration des Spendenmarktes führen würde.[39] Vollends deutlich wird dieses Argument, wenn eine (kleine) Organisation noch jung und im Aufbau befindlich ist. In dieser Lebenszyklusphase ist die Organisation gezwungen, einen höheren Anteil ihrer Einnahmen in den Aufbau ihrer Verwaltung zu stecken als eine bereits größere und etablierte Organisation.

Darüber hinaus merkt eine eigens eingesetzte *Fund-Raising Costs Task Force* des amerikanischen Fundraising-Verbandes *Association of Fundraising Professionals (AFP)* (vormals: *National Society of Fund-Raising Executives (NSFRE)*) an, dass der Verwaltungskostenanteil auch von der Popularität des Spendenzwecks abhängt.[40] Es ist unmittelbar nachvollziehbar, dass es ungleich mehr (Werbe-)Aufwand bedarf, Mittel für ein Gefangenenresozialisations- oder ein Drogenhilfeprojekt einzuwerben als für ein Kinderhilfsprojekt.

Auch weist das *DZI* in oben erwähntem Konzeptpapier darauf hin, dass der Verwaltungskostenanteil zweier Organisationen mit unterschiedlicher Finanzierungsstruktur nicht miteinander vergleichbar wäre. Erhält eine Organisation einen hohen Anteil öffentlicher Zuwendungen, so würde ihr Verwaltungskostenanteil deutlich geringer ausfallen als bei einer Organisation, die sich ausschließlich aus Spenden finanziert, da öffentliche Zuwendungen mit deutlich niedrigeren Werbe- und Verwaltungsausgaben verbunden wären.

Trotz all dieser Einschränkungen sollte sich jedoch jede Organisation ihre Werbe- und Verwaltungsausgaben als Planungsgröße definieren und über die Jahre beobachten.

---

[39] Vgl. Mann, Robert; Bokatt, Werner: Spendenmarkt Deutschland – Parteien, Verbände, Stiftungen, Wohlfahrtsverbände, Hilfsorganisationen, (Hohenheim) Hamburg 1985, S. 93.
[40] Vgl. Guidelines Useful to Not-for-Profit Organizations for Evaluating the Appropriateness of Their Fund-Raising Costs, hrsg. von der NSFRE, Alexandria (USA) 1995.

> **Tipp** Wenn Sie Interesse an einem vertieften Gedankenaustausch zum Thema Controlling in Nonprofit-Organisationen im Allgemeinen bzw. Controlling im Fundraising im Speziellen haben, dann wenden Sie sich an die *DGCS* (www.dgcs.de). Sie führt regelmäßig spezielle Seminar- und Fortbildungsprogramme zu diesem Thema durch und organisiert Stammtische (Adresse im Anhang).

6.3.3.6 Kennzahlen des Online-Fundraising

Innerhalb des Fundraising kommt dem Online-Fundraising eine immer größere Bedeutung zu. Da alle Maßnahmen des Online-Fundraising im Internet „elektronische Spuren" hinterlassen (können), können Kennzahlen des operativen Controlling besonders gut erhoben und mit speziellen Tools ausgewertet werden – jedenfalls wenn eine Organisation die nötigen technischen Voraussetzungen dafür schafft. Hier eine Übersicht über die wichtigsten Kennzahlen im Online-Fundraising:

Kennzahlen rund um die Nutzung der **Website** einer Organisation:

- Anzahl der Besucher der Website der Organisation (z. B. pro Monat),
- Anzahl der neuen Besucher der Website der Organisation (z. B. pro Monat),
- Anteil der Besucher, der einen E-Newsletter abonniert (Conversion),
- Anteil der Besucher, der eine Einzelspende macht (Conversion),
- Anteil der Besucher, der eine Dauerspende macht (Conversion).

Kennzahlen rund um die Nutzung von **Social Media Sites** einer Organisation (am Beispiel von Facebook):

- Anzahl der Likes der Facebook-Site (Fan Page) der Organisation,
- Entwicklung der Likes der Facebook-Site der Organisation (z. B. pro Monat),
- Engagement-Rate: Wie oft werden Postings auf dem Facebook-Profil der Organisation kommentiert, geliked und geteilt?

Kennzahlen rund um das **Suchmaschinen-Marketing** einer Organisation:

- Anzahl der Impressions,
- Anzahl der Clicks,
- Anzahl der Conversions (im Sinne der Zielsetzung der Werbeanzeige, z. B. Spende),
- Conversion Rate (im Sinne der Zielsetzung der Werbeanzeige, z. B. Spende).

Kennzahlen rund um das **E-Mail-Marketing** einer Organisation:[41]

- Open-Rate: Anteil der zugestellten E-Mails bzw. E-Newsletter, der geöffnet wurde.
- Klick-Rate bzw. Click-Through-Rate (CTR): Anteil der zugestellten E-Mails bzw. E-Newsletter, bei denen auf einen darin enthaltenen Link (z. B. auf eine Landing-Page) geklickt wurde.
- Bounce-Rate: Anteil der verschickten E-Mails/E-Newsletter, der nicht zugestellt werden kann (da die E-Mail-Adresse nicht mehr aktuell ist oder die E-Mail von einem Spamfilter aussortiert wird).
- Response-Rate bzw. Conversion Rate: Anteil der verschickten E-Mails bzw. E-Newsletter, der im Sinne der Zielsetzung (z. B. Spende, Bestellung eines E-Newsletters, Unterzeichnung einer Online-Petition) reagiert hat.[42]
- Abmelderate: Anzahl der Personen, die sich vom E-Newsletter abgemeldet haben.

6.3.4 Was ich in diesem Abschnitt gelernt habe

- Führen Sie – falls nicht schon geschehen – in Ihrer Organisation ein systematisches Fundraising-Controlling ein!
- Führen Sie im Rahmen Ihres strategischen Fundraising-Controlling regelmäßig SWOT- und PEST-Analysen durch, um keine Veränderung im Umfeld Ihrer Organisation zu übersehen, die Auswirkung auf Ihr Fundraising haben könnte!
- Führen Sie eine Stakeholder-Analyse durch um die Interessen der wichtigsten Stakeholder Ihrer Organisation in Ihrem Fundraising angemessen zu berücksichtigen!
- Analysieren Sie ständig, wie sich Ihre Ressourcenbereitsteller, Fundraising-Produkte und Vertriebskanäle verändern und was das für Ihr Fundraising heißt!
- Versuchen Sie, die Überlegungen der Portfolio-Analyse gewinnbringend auf Ihre Fundraising-Produkte und Vertriebskanäle anzuwenden!
- Steuern Sie Ihr (operatives) Fundraising mit Analysen der wichtigsten Fundraising-Kennzahlen!
- Entwickeln Sie für jede Ressourcenbereitstellergruppe, jedes Fundraising-Produkt und jeden Vertriebskanal wenige, aber aussagekräftige Kennzahlen!
- Analysieren Sie bei privaten Ressourcenbereitstellern die Umwandlungsquoten und die Wanderung innerhalb der Spenderpyramide!
- Errechnen Sie den Lifetime Value Ihrer Spender um einen Anhaltspunkt für die Höhe noch vertretbarer Kosten zur Gewinnung eines Erstspenders zu erhalten!

---

[41] Diese Kennzahlen können nur mit Hilfe eines speziellen E-Mail-Marketing-Tools ausgewertet werden. Nicht, wenn der der E-Newsletter über Outlook oder ähnliches verschickt wird.
[42] Vgl. Lehmann, M.: E-Mail-Marketing. In: Fundraising-Akademie (Hrsg.) Fundraising – Handbuch für Grundlagen, Strategien und Methoden, 5. Aufl., S. 737–741. Springer Gabler, Wiesbaden 2016.

- Analysieren Sie zumindest den ROI jeder von Ihnen durchgeführten Fundraising-Maßnahme!
- Versuchen Sie eine vergleichbare Organisation zu finden, die Interesse an einem Benchmarking der wichtigsten Fundraising-Kennzahlen hat!

6.4 Qualitäts-Management im Fundraising

Nach Planung und Controlling soll nun das **Qualitäts-Management** als drittes Steuerungsinstrument im Fundraising-Management vorgestellt werden. Dazu ist zunächst zu klären, was sich hinter dem Begriff des Qualitäts-Management im Allgemeinen und für das Fundraising im Speziellen verbirgt.

6.4.1 Was ist Qualitäts-Management?

Zunächst ist zu fragen, was unter **Qualität** zu verstehen ist. Hierzu liegt eine Definition der ISO-Normenreihe vor: „Qualität ist die Gesamtheit von Merkmalen einer Einheit bezüglich ihrer Eignung, festgelegte und vorausgesetzte Erfordernisse zu erfüllen". Die Qualität einer Sache oder Dienstleistung wird also danach bewertet, in wieweit es ihr gelingt, in Bezug auf ihre (wichtigsten Bewertungs-)Merkmale bestimmte (festgelegte oder vorausgesetzte) Erfordernisse bzw. Erwartungen zu erfüllen. Im Mittelpunkt der Bewertung oder Beurteilung von Qualität steht also der Grad der Übereinstimmung von erwarteter und wahrgenommener Qualität. Ferner muss die Dimension der Nachhaltigkeit hinzukommen. Kurz: Eine Sache oder Dienstleistung ist von hoher Qualität, wenn es ihr dauerhaft gelingt, die in sie gesetzten Erwartungen in hohem Maße zu erfüllen. Es gibt also keine objektive Qualität. Sie ist vielmehr relativ in Bezug auf die in sie gesetzten subjektiven Erwartungen.

Demnach ist auch Qualität im Fundraising subjektiv. Sie hängt vom Erfüllungsgrad der Erwartungen an das Fundraising ab. Wessen Erwartungen? Den Erwartungen der wichtigsten Stakeholder im Fundraising:

- Zuvorderst sind hier natürlich die Spender zu nennen. Sie vertrauen ihre Ressourcen einer Organisation an und erwarten, dass diese – wie ein Treuhänder – die Ressourcen möglichst effektiv und effizient im Sinne der Zielsetzungen der Organisation einsetzt. Qualität im Fundraising bedeutet also, einen möglichst hohen Erfüllungsgrad der Spendererwartungen bzw. eine möglichst hohe **Spenderzufriedenheit** zu erreichen.
- Daneben hängt die Qualität von Fundraising aber auch von den Erwartungen der Mitarbeiter im Fundraising ab. Sie stehen in direktem Kontakt zu den Spendern und beeinflussen dadurch die, von den Spendern erlebte Qualität unmittelbar. Qualität im Fundraising bedeutet also auch, einen möglichst hohen Erfüllungsgrad der Erwartungen der Mitarbeiter im Fundraising bzw. eine möglichst hohe **Mitarbeiterzufriedenheit** in der Fundraising-Abteilung zu erreichen.

- Und schließlich stellt auch die Öffentlichkeit eine wichtige Stakeholdergruppe für das Fundraising dar. Ihr schuldet eine Organisation mittelbar ihre Gemeinnützigkeitsanerkennung und die damit verbundene steuerlich Privilegierung. Es ist in ihrem existentiellen Interesse, den Erwartungen der Öffentlichkeit an Transparenz, Effektivität und Effizienz gerecht zu werden. Zudem befinden sich in der Öffentlichkeit ja auch die potenziellen Spender von morgen. Qualität im Fundraising bedeutet also auch einen möglichst hohen Erfüllungsgrad der Erwartungen in der Öffentlichkeit bzw. eine möglichst hohe **Zufriedenheit in der Öffentlichkeit** zu erreichen.

Fazit: Fundraising ist von hoher Qualität, wenn es die wichtigsten Erwartungen der Spender und Mitarbeiter im Fundraising nachhaltig und in hohem Grade erfüllen kann sowie die Akzeptanz und Unterstützung der übrigen Stakeholder (allen voran der Öffentlichkeit) findet.

Entsprechend ist Qualitäts-Management ein Steuerungsinstrument, das eine kontinuierliche Verbesserung der Qualität aller Leistungen (→ Leistungs- bzw. Ergebnisqualität), Prozesse (→ Prozessqualität) und (Organisations-)Strukturen (→ Strukturqualität) in einer Organisation plant und kontrolliert (bewertet). Von der Systematik her geht Qualitäts-Management in denselben Schritten vor wie die beiden anderen Steuerungsinstrumente Planung und Controlling: Basierend auf einer Analyse der Ausgangssituation können realistische (Qualitäts-)Ziele definiert werden. Anschließend sind Maßnahmen zu benennen, wie die (Qualitäts-)Ziele erreicht werden sollen. Für die Maßnahmen sind Maßnahmen-, Zeit- und Budgetpläne aufzustellen (siehe Planungswürfel, Abschn. 6.2.2). Nach Durchführung der Maßnahmen ist die Zielerreichung zu kontrollieren – ein neuer Planungszyklus beginnt. Wie auch Planung und Controlling, ist Qualitäts-Management niemals abgeschlossen sondern ein fortwährender Prozess der Verbesserung von Leistungen, Prozessen und Strukturen. Die Möglichkeiten der Qualitätsverbesserung in diesen drei Bereichen werden in den folgenden Kapiteln näher vorgestellt und auf das Fundraising bezogen.

6.4.2 Leistungsqualität im Fundraising

Ausgangspunkt des Qualitäts-Management ist die **Leistungsqualität**. Wenn denn Qualität am Erfüllungsgrad der Erwartungen (= Zufriedenheit) der wichtigsten Stakeholder festzumachen ist, dann müssen sich auch die, im Rahmen des Qualitäts-Management festzulegenden Qualitätsziele auf diesen Erfüllungsgrad beziehen. Es gilt, die verschiedenen Qualitätsziele gut gegeneinander abzuwägen, da sie z. T. konfliktär zueinander stehen. So ist beispielsweise eine hohe Spenderzufriedenheit zwar sehr wichtig. Sie kann jedoch nicht beliebig weit ausgedehnt werden, da Maßnahmen zur Erhöhung der Spenderzufriedenheit i. d. R. auch mit entsprechenden Kosten verbunden sind. Zu hohe Kosten würden jedoch der Effizienzerwartung der Öffentlichkeit zuwider laufen, die ja einen geringen Verwaltungskostenanteil erwartet (siehe Abschn. 6.3.3.5).

6.4 Qualitäts-Management im Fundraising

Die auf die verschiedenen Stakeholdergruppen bezogenen Qualitätsziele sind also gut gegeneinander abzuwägen und aufeinander abzustimmen. Wie schon bei Planung und Controlling können deshalb auch im Qualitäts-Management sinnvolle Ziele (Soll-Vorgaben) erst definiert werden, nachdem vorab eine entsprechende Analyse der Ausgangslage (Ist-Zustand) durchgeführt wurde. In einem ersten Schritt muss das Qualitäts-Management im Fundraising also die aktuelle (Ist-)Zufriedenheit der Spender, Mitarbeiter und Öffentlichkeit ermitteln, bevor Ziele in Form von Soll-Zufriedenheitswerten definiert werden können. Im Folgenden wird exemplarisch die Erforschung der Spenderzufriedenheit erläutert. Diese ist bei jeder Organisation unterschiedlich und muss deshalb auch von jeder Organisation individuell erforscht werden. Dazu wird i. d. R. die Methode der Befragung in Form der Spenderzufriedenheitsbefragung durchgeführt.

Eine **Befragung** kann schriftlich (Fragebogen) oder (fern-)mündlich (Interview) durch die Organisation selbst oder ein beauftragtes externes Marktforschungsinstitut bzw. eine Telefon-Fundraising-Agentur erfolgen. Trotz ihrer zentralen Bedeutung glauben viele Organisationen, aus finanziellen Gründen auf die Erforschung der Spenderzufriedenheit verzichten zu können bzw. müssen, und enthalten sich so grundlegende Informationen für ihr Fundraising vor: „Research is one of fundraising's most under-used tools."[43] Eine Befragung zur Spenderzufriedenheit sollte folgende Dimensionen umfassen, und die Spender auch bewerten lassen, welche Bedeutung die jeweilige Dimension für sie hat (da nur die wichtigsten Dimensionen wirklich relevant für die subjektiven Qualitätsvorstellungen sind):

- Gesamtzufriedenheit mit der Organisation:
  - Effektivität (Wirksamkeit) der Organisation,
  - Effizienz (Wirtschaftlichkeit) der Organisation (z. B. Höhe des Vewaltungskostenanteils),
  - Medienberichterstattung über die Organisation,
  - Selbstdarstellung der Organisation in der Öffentlichkeit.
- Zufriedenheit mit den Projekten der Organisation.
- Zufriedenheit mit der Spenderbetreuung:
  - Information der Spender (Newsletter, Geschäftsbericht etc.),
  - Vertriebs- und Kommunikationskanäle (Mailing, Telefon, E-Mail, Homepage etc.)
  - Umfang und Frequenz der Informationen,
  - Rechtzeitige/zuverlässige Zusendung der Zuwendungsbestätigung,
  - Reaktion auf Beschwerden und Anregungen,
  - Erreichbarkeit am Telefon,
  - Freundlichkeit am Telefon,
  - Akzeptanz der Durchführung von Upgrading-Maßnahmen.
- Bereitschaft zur Weiterempfehlung.

---

[43] Burnett, Ken: Relationship Fundraising – A Donor-Based Approach to the Business of Money Raising, (White Lion Publishing) London 1992, S. 68.

Die Bewertung der einzelnen Kategorien kann z. B. nach Schulnotensystem erfolgen. So lässt sich für jede Kategorie aus den Bewertungen aller befragten Spender eine Durchschnittsnote errechnen. Würde beispielsweise die Kategorie „Freundlichkeit am Telefon" eine Durchschnittsnote von 2,5 erhalten, so könnte daraus das (Qualitäts-)Ziel abgeleitet werden, bis zur nächsten Befragung eine Durchschnittsnote von 2,0 als Soll-Vorgabe erreichen zu wollen. Als Maßnahme zur Erreichung dieses Ziels wird eine Schulung aller Mitarbeiter mit Spenderkontakt geplant, wie sie ihre Freundlichkeit am Telefon steigern können. Im Maßnahmen-, Zeit- und Budgetplan wird genau festgelegt, wann diese Schulung wo, mit welchem Trainer, mit welchen Mitarbeitern und mit welchem Budget durchgeführt wird.

Im Idealfall kann eine Organisation alle ihre Spender regelmäßig befragen. Für kleinere Organisationen kann dies auch durchaus ein gangbarer Weg sein. Für größere Organisationen ist dies jedoch unverhältnismäßig aufwendig. Sie beschränken die Befragung auf eine Stichprobe von 1000 bis 2000 Spendern, die repräsentativ für die Grundgesamtheit aller ihrer Spender stehen.

6.4.3 Prozessqualität im Fundraising

Qualität im Fundraising wird über den Erfüllungsgrad der Erwartungen der Spender (und anderer wichtiger Stakeholdergruppen) definiert. Im vorangegangenen Kapitel wurde deutlich, dass die Zufriedenheit der Spender dabei unmittelbar von der Qualität der (immateriellen) Gegenleistung abhängt, die sie für ihre Spende erhalten (Leistungsqualität). Diese hängt ihrerseits jedoch davon ab, in welcher Qualität die hinter der Leistung stehenden Prozesse ablaufen können (**Prozessqualität**). So hängt beispielsweise die (Leistungs-)Qualität einer rechtzeitig mit korrektem Inhalt zugeschickten Zuwendungsbestätigung davon ab, dass der gesamte Prozess von der Erfassung der Spende über die Abfrage der diesbezüglichen Erwartungen der Spender und die Abstimmung mit Bedankungsbriefen bis zum Versand der Zuwendungsbestätigung vorab ordentlich erfasst, optimiert und dokumentiert wurde. Besonders klar wird die Bedeutung der Prozessqualität in diesem Beispiel, wenn eine Zweitschrift für eine Zuwendungsbestätigung ausgestellt werden muss. Hier ist der Prozess noch komplexer und die Fehleranfälligkeit damit noch höher.

Ziel ist eine möglichst hohe Prozessqualität, d. h. alle Prozesse sollen von kontinuierlich hoher Qualität sein. Dies ist im Fundraising mit seinem hohen Personalanteil freilich ungleich schwerer zu erreichen als in einem industriellen Produktionsprozess mit Maschinen. Die **Prozessoptimierung** im Rahmen des Qualitätsmanagement vollzieht sich in folgenden Schritten:

Schritt 1 Jeder Mitarbeiter erfasst (zunächst jeder für sich) seine verschiedenen Aktivitäten, analysiert sie und bringt – wo möglich – bereits Anregungen für Verbesserungen ein.

Schritt 2 Die Aktivitäten der einzelnen Mitarbeiter werden in einer Übersicht zusammengefasst.

Schritt 3 In der Aktivitätenübersicht werden die Zusammenhänge zwischen den einzelnen Aktivitäten, also die verschiedenen Prozesse identifiziert:

- Wer bekommt wann was von wem,
- macht wann was damit und
- gibt es wann an wen wie weiter?

Schritt 4 Zuordnung der verschiedenen (Einzel-)Aktivitäten zu den identifizierten Prozessen in ihrer zeitlichen Reihenfolge. Darstellung in einem Ablauf- bzw. Flussdiagramm.

Schritt 5 Überprüfung, ob einzelne Teilprozesse ohne Qualitätsverlust vereinfacht oder gar weggelassen werden können, oder ob zusätzliche Teilprozesse erforderlich sind.

Schritt 6 Beurteilung der bestehenden Prozesse auf Effektivität und Effizienz.

Schritt 7 Entwicklung von Prozessverbesserungsideen und Festlegung spezifischer Qualitätsstandards für die einzelnen Teilprozesse.

Schritt 8 Test der neu konzipierten Prozesse. Schriftliche Dokumentation der Prozessbeschreibungen in einem Qualitätshandbuch.

> **Beispiel**
>
> In Abschn. 6.2.5 wurde aufgezeigt, wie komplex und damit fehleranfällig im Fundraising der Prozess „Versand eines Mailings" ist. Hier ist eine Prozessoptimierung in den beschriebenen Schritten dringend zu empfehlen. Abb. 6.20 zeigt einen Ausschnitt aus einem Flussdiagramm, das wiederum Teil eines Qualitätshandbuches der Agentur *GFS Fundraising Solutions* ist.

Wie im Controlling können auch im Qualitäts-Management (hier bei der Prozessqualität) verschiedene Kennzahlen entwickelt werden, mit deren Hilfe geplant und kontrolliert werden kann:

- Durchschnittliche Durchlaufzeit vom Buchungsdatum bis zur Bedankung der Spenden.
- Anteil der Beschwerden auf ein Mailing.
- Durchschnittliche Reaktionszeit auf Beschwerden.
- Durchschnittliche Reaktionsdauer auf Anfragen (per Brief, E-Mail)

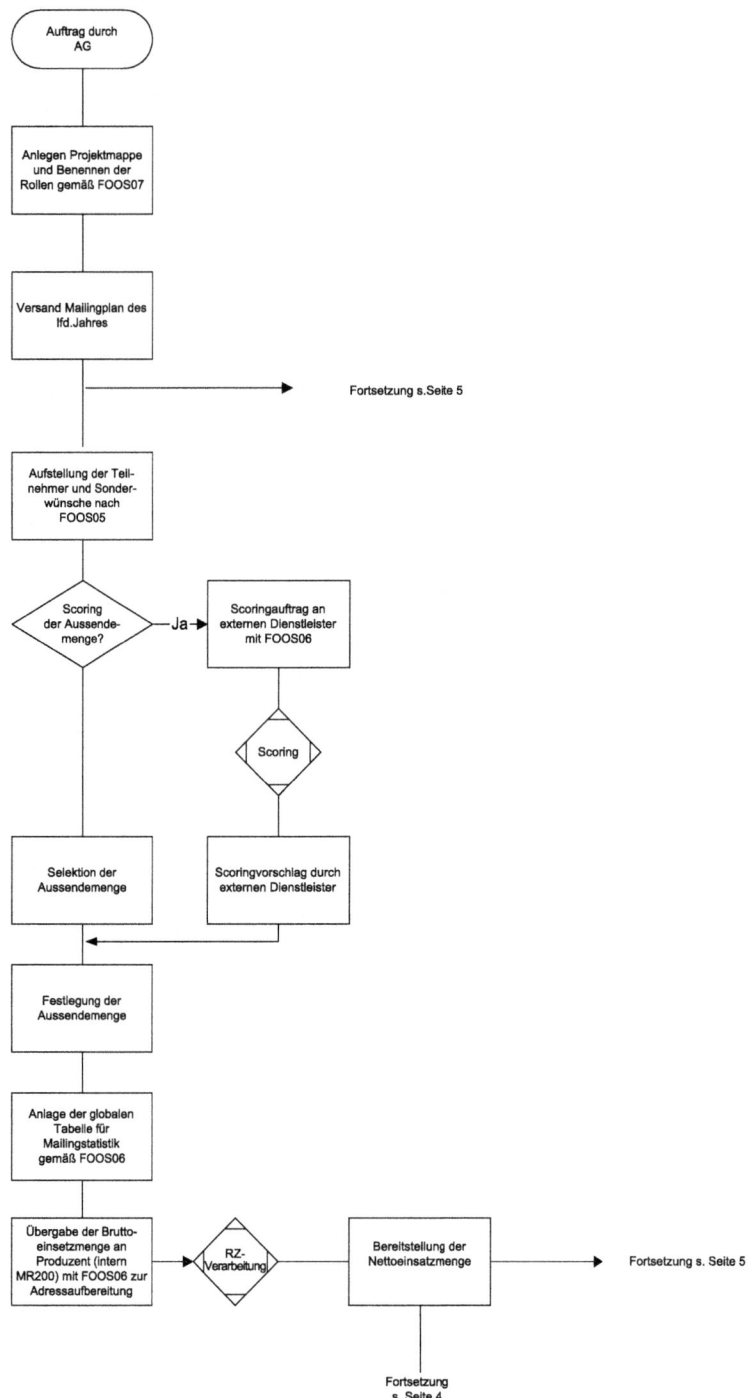

Abb. 6.20 Beispiel für ein Flussdiagramm zum Prozess „Versand eines Mailings" (Ausschnitt)

6.4.4 Strukturqualität im Fundraising

Um eine hohe Leistungsqualität erbringen zu können, bedarf es neben einer hohen Prozessqualität auch einer hohen **Strukturqualität**. Damit sind u. a. folgende strukturellen Voraussetzungen gemeint:

- Anzahl und Qualifikation von Fundraisern: Steht eine, für qualitativ hochwertiges Fundraising ausreichende Anzahl ausreichend qualifizierter Fundraiser zur Verfügung? Wie wird die benötigte Qualifikation sichergestellt? Siehe hierzu auch Abschn. 6.6.
- Technische Infrastruktur: Steht dem Fundraiser ein geeigneter Arbeitsplatz mit Telefon und Internet zur Verfügung? Kann mit einer professionellen Fundraising-Datenbank gearbeitet werden?
- Ist das Fundraising optimal in die Organisationsstruktur eingebunden? Ist der Informationsaustausch mit der Projektabteilung sichergestellt? Siehe hierzu auch Abschn. 6.5.

6.4.5 Qualitäts-Managementsystem TQE

Seit 2006 gibt es in Deutschland ein eigenes, branchenspezifisches Qualitäts-Management-System für das Fundraising. **Total Quality Excellence (TQE)** wurde von der Fundraising Akademie gemeinsam mit Fundraisern verschiedener Organisationen entwickelt. Es basiert auf dem *Total Quality Management (TQM)*, das über die reine Prozessorientierung der DIN EN ISO 9000 ff. weit hinausgeht und Qualität in Bezug zu den Erwartungen der unterschiedlichen Anspruchsgruppen stellt: „Total Quality Management ist eine auf Mitwirkung aller ihrer Mitglieder basierende Management-Methode einer Organisation, die Qualität in den Mittelpunkt stellt und durch Zufriedenheit der Kunden auf langfristigen Geschäftserfolg sowie auf Nutzen für die Mitglieder der Organisation und für die Gesellschaft zielt".[44] Das „Total" beim TQM verdeutlicht den Anspruch, die geforderte Qualitätsorientierung nicht nur auf Prozessoptimierung im Rahmen des Qualitäts-Management zu beschränken, sondern auch auf alle anderen Management-Aufgaben (Planung, Controlling, Organisation, Führung und Innovation) auszudehnen und das TQM dadurch zu einer umfassenden Management-Konzeption zu erheben.

Sehr schön lässt sich dieser Anspruch am Beispiel des Qualitätsmodells der *European Foundation for Quality Management (EFQM)* verdeutlichen, das auf dem TQM-Gedanken basiert. Das EFQM-Modell betrachtet neun, als besonders qualitätsrelevant eingestufte Bereiche der Leistungs-, Prozess- und Strukturqualität (siehe Abb. 6.21). Zu jedem der neun Bereiche gibt es eine Reihe qualitätsrelevanter Aussagen. Die Mitarbeiter der Organisation treffen nun zu jeder Aussage gemeinsam eine kritische Selbstbewertung, die in einer Punktzahl quantifiziert wird. Abb. 6.21 zeigt auch, wie hoch jeder der neun Bereich prozentual in die Gesamtbewertung eingeht. Bei der Selbstbewertung müssen sich

---
[44] Definition des TQM nach DIN EN ISO 8402, 1995.

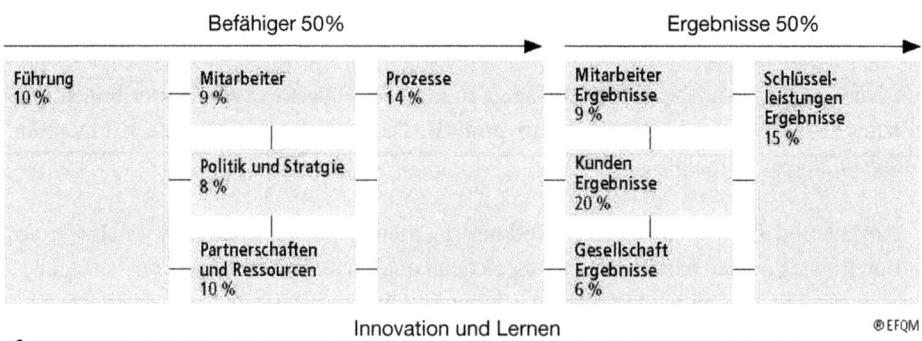

Abb. 6.21 Qualitätsmodell der EFQM

die Mitarbeiter auf eine Punktzahl einigen. Kommen sie zunächst zu unterschiedlichen Einschätzungen, so stellt die entstehende Diskussion den Ausgangspunkt für den anzustrebenden Prozess der Qualitätssteigerung dar.

Das oben erwähnte TQE der *Fundraising Akademie* basiert ebenfalls auf TQM und stellt eine branchenspezifische Variante des EFQM-Modells dar. Es ist das erste und bislang einzige Qualitäts-Managementsystem, das auf die spezifischen Anforderungen des Fundraisings und der Rahmenbedingungen im deutschen Spendenmarkt abgestimmt ist. Dem TQE liegt ein kausales Wirkungsgefüge aus „Treibern", „Befähigern" und „Ergebnissen" zugrunde.[45] Abb. 6.22 liefert eine Übersicht über die als qualitätsrelevant eingestufte Elemente der Leistungs-, Prozess- und Strukturqualität im Fundraising. Zu jedem Element wurden Fragen für die Selbstbewertung entwickelt. Alle Fragen wurden in einem „TQE Kompendium des Fundraisings" zusammengefasst, das gegen Spende zum Download bereitsteht (https://slidex.tips/download/das-total-quality-excellence-kompendium-des-fundraisings). Der TÜV *Rheinland* bietet interessierten Organisationen die Möglichkeit, sich auf Basis von TQE extern zertifizieren zu lassen. Damit kann eine Organisation öffentlich mit dem erreichen Qualitätsniveau werben und Vertrauen aufbauen.

---

[45] Vgl. Kesting, Verena: Qualitätsmanagement, in: Fundraising Akademie (Hrsg.): Fundraising – Handbuch für Grundlagen, Strategien und Methoden, 3. Aufl., (Gabler) Wiesbaden 2006, S. 200–208, S. 202 ff.

6.4 Qualitäts-Management im Fundraising

Treiber

1. Analyse-, Planungs-, Führungs- und Kontrollsysteme

1.1 Geschäftsfeld-Analyse und Geschäftsplanung
   1.1.1 Vision/Mission
   1.1.2 Ethikgrundsätze
   1.1.3 Treuhänderische Grundsätze
   1.1.4 Verbraucherschutzgrundsätze
   1.1.5 Führungsgrundsätze
   1.1.6 Qualitätsziele
   1.1.7 Strategie(n)

1.2 Geschäftsfeld-Analyse und Geschäftsplanung
   1.2.1 Umfeld-/Unternehmensanalyse
   1.2.2 Businessplanung
   1.2.3 Investitionsplanung
   1.2.4 Kennzahlenplanung

1.3 Managementsysteme
   1.3.1 Qualitäts- und Effektivitäts-Management
   1.3.2 Betriebswirtschaftliche Informations- und Steuerungssysteme
   1.3.3 Innovations-/Veränderungs-Management
   1.3.4 Kommunikationssteuerung

1.4 Ermittlung von Anforderungen/ Kampagnendefinition
   1.4.1 Auftraggeber-Anforderungen
   1.4.2 Aktions-/Kampagnen-Definition

1.5 Unternehmensinterne Abstimmung und Partnerschaften

Befähiger

2. Mitarbeiter

2.1 Rekrutierung
2.2 Qualifizierung
2.3 Beurteilung und Entlohnung
2.4 Personalentwicklung
2.5 Personaleinsatz
2.6 Ehrenamtliche/freiwillige Mitarbeiter
2.7 Personalführung

3. Aufbau-/Ablauforganisation und Prozesse

3.1 Aufbau- und Ablauforganisation
3.2 Funktions- bzw. Stellenbeschreibungen
3.3 Prozessplanung, -definition, Spezifikation
3.4 Prozessdokumentation
3.5 Prozesskostenanalyse
3.6 Prozesssicherung und -optimierung
3.7 DRM-Prozess (Donor Relationship Management)

4. Ressourcen und Technik

4.1 Arbeitsmittel/Arbeitsplatzgestaltung
4.2 Spendenverwaltung und DMS-System
4.3 Absicherung der „Know-how"-Verfügbarkeit
4.4 Desaster-Recovery-Ressourcen und Datensicherheit
4.5 Datenschutz

Ergebnisse

5.1 Mitarbeiter-Bezug

5.1.1 Zufriedenheit
5.1.2 Fluktuation
5.1.3 Krankenstand

5.2 Spender-Bezug

5.2.1 Zufriedenheit
5.2.2 Reklamationsquote
5.2.3 Spenderstruktur

5.3 Auftraggeber-Bezug

5.3.1 Vereinbarungserfüllung/Zufriedenheit
5.3.2 KPIs (Key Performance Indicators)

5.4 BWL-/Performance-Ergebnisse

5.4.1 Kostenstruktur
5.4.2 Kostenstellen-/Kostenträger-Ergebnisse
5.4.3 Quartals-/Jahresabschluss-Kennzahlen
5.4.4 Fundraising-spezifische Performance-Ergebnisse

Abb. 6.22 Übersicht über das TQE-Modell

6.4.6 Was ich in diesem Abschnitt gelernt habe

- Führen Sie Qualitäts-Management in Ihr Fundraising ein um neben Planung und Controlling ein weiteres, leistungsfähiges Steuerungsinstrument zur Verfügung zu haben!
- Sorgen Sie für hohe Leistungs-, Prozess- und Strukturqualität in Ihrem Fundraising!
- Erforschen Sie bei der Leistungsqualität zunächst die Zufriedenheit (= Erfüllungsgrad der Erwartungen) der wichtigsten Stakeholder (Spender, Mitarbeiter in der Fundraising-Abteilung und Öffentlichkeit) durch Befragung!
- Sorgen Sie für hohe Prozessqualität in dem Sie die Prozesse in Ihrem Fundraising systematisch analysieren, dokumentieren und optimieren!
- Prüfen Sie, ob Sie das Qualitäts-Managementsystem TQE einführen können!

6.5 Organisation im Fundraising

6.5.1 Was ist Organisation?

Im Rahmen der Management-Aufgabe „Organisation" sind zum einen Strukturen (Aufbauorganisation) und zum anderen Prozesse und Abläufe (Ablauforganisation) so zu gestalten, dass eine Organisation möglichst effektiv und effizient arbeiten kann. Da die Gestaltung und Optimierung von Prozessen (im Fundraising) bereits im vorangegangenen Kapitel zum Qualitäts-Management behandelt wurde, soll in diesem Kapitel der Schwerpunkt auf die Aufbauorganisation (im Fundraising) gelegt werden.

6.5.2 Aufbauorganisation im Fundraising

In den vorangegangenen Kapiteln wurde deutlich, wie wichtig es ist, das Fundraising durch Planung, Controlling und Qualitäts-Management systematisch zu steuern. Professionelles Fundraising ist ein komplexer und zeitaufwendiger Prozess, der nicht „nebenbei" erledigt werden kann. Vielmehr sind Strukturen und personelle Zuständigkeiten zu schaffen, deren Umfang von der Größe der Organisation und ihrer Fundraising-Strategie („structure follows strategy") abhängt. Im Stellenplan der Organisation sind eine oder mehrere **Stellen** für das Fundraising vorzusehen. Ob es sich um eine halbe oder ganze oder gar mehrere Stellen handelt, die ehrenamtlich oder hauptamtlich besetzt werden, hängt von der Größe der Organisation ab. Als Faustformel sollte eine Vollzeitstelle im Fundraising (mittelfristig) Ressourcen im Wert von 300.000–500.000 € pro Jahr generieren. Sehr erfahrene Fundraiser werben sogar bis zu einer Million Euro und mehr pro Jahr ein.

Im Rahmen der **Aufbauorganisation** (des Fundraising) sind Stellen zu beschreiben, ihre Verankerung in der Gesamtstruktur der Organisation zu definieren und in einem Organigramm grafisch zu veranschaulichen. Eine **Stellenbeschreibung** sollte – in Abstimmung mit der, im Rahmen der Planung gewählten Strategie – zumindest folgende Punkte umfassen:

6.5 Organisation im Fundraising

- Genaue Stellenbezeichnung,
- Zielsetzung der Stelle,
- Aufgaben, die durch den Stelleninhaber zu erledigen sind,
- Mindestqualifikation und Anforderungen an die Stelle (Ausbildung, Berufserfahrung, Kenntnisse, Fähigkeiten, persönliche Eigenschaften),
- Kompetenzen und Befugnisse der Stelle,
- Pflichten der Stelle,
- Hierarchische Einordnung der Stelle,
- Stellvertretungsregelung zur Stelle.

Eine solche Stellenbeschreibung bildet die Grundlage für:

- die Personalbeschaffung,
- den Personaleinsatz,
- die Personalbewertung und Vergütung,
- die Weiterbildung des Personals (siehe auch Abschn. 6.6.3).

Mehrere (Fundraising-)Stellen können wiederum eine (Fundraising-)**Abteilung** bilden. Zwischen den Stellen und Abteilungen wird ein hierarchisches Gefüge mit Über- und Unterordnung (bezogen auf die Kompetenzen und Verantwortungen) festgelegt. Untergeordnete Organisationseinheiten berichten an die ihnen übergeordnete(n) Organisationseinheit(en) und haben Weisungsbefugnis gegenüber den ihnen untergeordneten Organisationseinheiten. Die so im Rahmen der Aufbauorganisation gebildete Struktur kann dann in Form eines Organigramms grafisch veranschaulicht werden.

Wie ist das Fundraising in die Aufbauorganisation einer Organisation eingebunden? Die Antwort auf diese Frage hängt, wie bereits erwähnt, sehr stark von der Größe der Organisation, ihrer Entwicklungsstufe und der Bedeutung ab, die dem Fundraising innerhalb der Organisation beigemessen wird. Zunächst ist Fundraising eigentlich „Chefsache". Am besten wäre, wenn (potenzielle) Spender von „höchster Stelle" angesprochen würden. Es wurde bereits mehrfach darauf hingewiesen, dass das persönliche Gespräch im Fundraising unschlagbar ist. Selbst in sehr kleinen Organisationen findet man immer wieder auch (ehrenamtliche) Vorstandsmitglieder, die – im Rahmen ihrer zeitlichen Möglichkeiten – erfolgreich erste Schritte im Fundraising gehen. Mit dem systematischen Ausbau des Fundraising sind sie dann jedoch irgendwann (zeitlich und/oder fachlich) überfordert.

Mit zunehmender Größe einer Organisation muss zur Bewältigung aller Aufgaben früher oder später eine hauptamtliche Geschäftsführung eingesetzt werden. Dem persönlichen Fundraising-Gespräch mit dem Spender stehen dann (Personal-)Kosten gegenüber. Wie oben bereits ausgeführt, stehen diese Kosten i. d. R. nur bei Spendern in der Spitze der Spenderpyramide (Großspendern und Testamentspendern) in einem vertretbaren Verhältnis zu den Spendeneinnahmen. Entsprechend kann Großspender-Fundraising durchaus „Chefsache" auch einer hauptamtlichen Geschäftsführung bleiben.

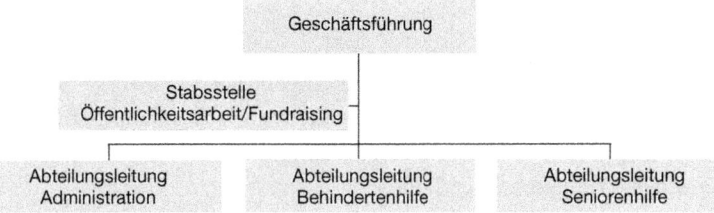

Abb. 6.23 Beispiel Stabsstelle „Öffentlichkeitsarbeit und Fundraising". (Quelle: Eigene Abbildung)

> **Beispiel**
> Bei *Greenpeace USA* hat jedes Vorstandmitglied (Board Member) ein persönliches Jahresziel Fundraising von 300.000$.

In der Praxis tritt jedoch schnell eine zeitliche Überlastung der Geschäftsführung ein. Zu ihrer Entlastung richtet die Geschäftsführung einer kleinen oder mittelgroßen Organisation dann eine (halbe oder ganze) **Stabsstelle** Fundraising ein. Eine Stabsstelle ist eine spezialisierte Leitungshilfsstelle, die fachspezifische Aufgaben (wie z. B. Fundraising, Controlling oder Öffentlichkeitsarbeit) übernimmt, ohne jedoch selbst Entscheidungs- und Weisungskompetenz zu haben. Aufgrund der inhaltlichen Nähe zur Öffentlichkeitsarbeit (siehe Abschn. 2.6.2) ist das Fundraising (zunächst) oft bei einer Stabsstelle Öffentlichkeitsarbeit angesiedelt wird. Entsprechend findet sich im Organigramm so mancher Organisation eine Stabsstelle „Öffentlichkeitsarbeit und Fundraising" (siehe Abb. 6.23).

Größere Organisationen richten eine eigene Stabsstelle „Fundraising" ein, die neben einer Stabsstelle „Öffentlichkeitsarbeit" stehen kann (siehe Abb. 6.24).

Wächst eine Organisation und ihr Fundraising weiter, so gibt es zwei Alternativen:

- Alternative 1: Die Organisation belässt es bei der Stabsstelle und lagert alle zusätzlich erwachsenden Aufgaben nach und nach auf einen oder mehrere externe Dienstleister aus (Outsourcing). Die Stabsstelle beschränkt sich auf die Steuerung des Fundraising, also Planung, Controlling und Qualitäts-Management. Die Durchführung aber überlässt sie den externen Dienstleistern.

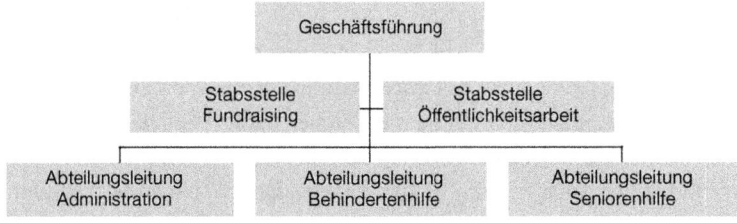

Abb. 6.24 Beispiel Stabsstelle „Fundraising". (Quelle: Eigene Abbildung)

6.5 Organisation im Fundraising

- Alternative 2: Die Organisation baut eine eigene Abteilung auf, die nach und nach mehrere Stellen für das Fundraising umfasst. Oft beziehen sich die verschiedenen Stellen einer Fundraising-Abteilung dann auf die verschiedenen Stufen der Spenderpyramide. Es werden also eigene Stellen (siehe Abb. 6.25) eingerichtet für die Gewinnung und Betreuung von
  - (Erst- und Mehrfach-)Spendern,
  - Dauerspendern (Paten, Fördermitglieder etc.),
  - Großspender,
  - Testamentspender.

Sehr große Organisationen fassen nicht nur ihre Stellen in Abteilungen zusammen, sondern die Abteilungen nochmals in Bereichen. Ein Bereich „Fundraising" kann dann durchaus bis zu fünf Abteilungen mit bis zu 50 Stellen umfassen oder mehr (siehe Abb. 6.26).

Eine Herausforderung für die Aufbauorganisation (insbesondere etablierter) Organisationen stellt regelmäßig das Thema „Online" dar. Online-Experten wurden organisatorisch bislang gerne entweder der Öffentlichkeitsarbeit oder dem Fundraising oder dem Campaigning zugeschlagen. In der Folge wurde dann aber sehr schnell klar, dass Online eine Querschnittsfunktion darstellt, die alle drei genannten Bereiche gleichermaßen betrifft, und zusätzlich noch starke Berührungspunkte mit der Projektabteilung hat. Dies erschwert eine organisatorische Zuordnung erheblich, so dass die ersten Organisationen zwischenzeitlich bereits dazu übergehen, das Thema „Online" als eigene Abteilung mit Querschnittsfunktion zu organisieren, und nicht mehr der Öffentlichkeitsarbeit oder dem Fundraising oder dem Campaigning zu unterstellen.

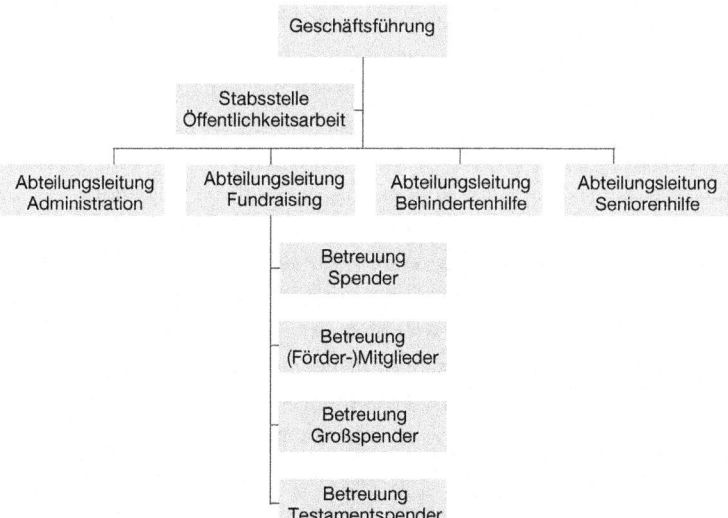

Abb. 6.25 Beispiel Fundraising-Abteilung mit mehreren Stellen. (Quelle: Eigene Abbildung)

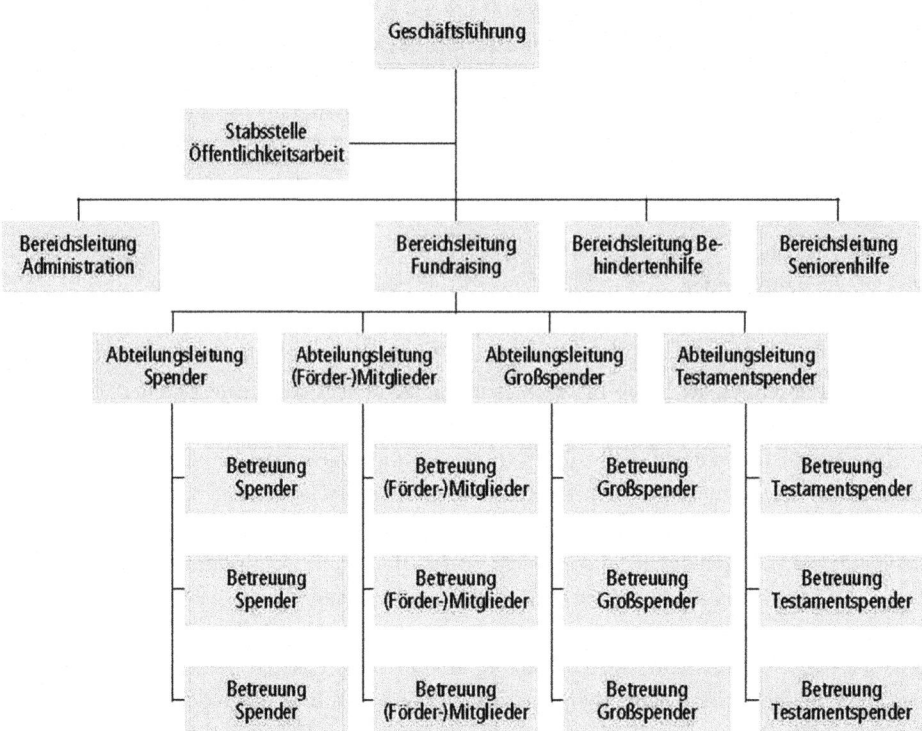

Abb. 6.26 Beispiel Fundraising-Bereich mit mehreren Abteilungen. (Quelle: Eigene Abbildung)

Eine weitere Herausforderung ist aus organisatorischer Sicht zu meistern, wenn eine Organisation in der Rechtsform eines eingetragenen Vereins aus steuerlichen Gründen eine Stiftung gründet, deren einziger Förderzweck die Unterstützung der Projekte des e. V. ist. Durch das *Gesetz zur weiteren steuerlichen Förderung von Stiftungen* sind eine Vielzahl von Stiftungen mit genau dieser Zielsetzung errichtet worden. Erhebliches Konfliktpotenzial birgt die (potenzielle) Konkurrenz, die dadurch im Fundraising von Verein und Stiftung entstehen kann. Im Idealfall gelingt es, organisatorisch Personalunion zumindest in der Leitungsfunktion beider Strukturen herzustellen.

Zusätzlich zu den dauerhaften Strukturen der Aufbauorganisation einer Organisation werden temporäre Strukturen immer wichtiger. Auch im Fundraising steigt die Bedeutung des **Projekt-Management** ständig. Ein Projekt ist ein Vorhaben, das innerhalb eines fest definierten Zeitraums (mit eindeutigem Anfangs- und Enddatum) ein bestimmtes Ziel erreichen soll. Da es sich in der Regel um ein einmaliges Vorhaben handelt, wird dafür keine dauerhafte sondern nur eine temporäre Struktur gebildet.

> **Beispiel**
>
> Soll in einer Organisation eine neue Fundraising-Datenbank angeschafft werden, so ist eine Projektgruppe „Fundraising-Datenbank" aus Vertretern der Abteilungen Fundraising, Buchhaltung und EDV zu bilden, die gemeinsam mit einem externen Berater und dem Anbieter der Software-Lösung für eine reibungslose Einführung der neuen Lösung sorgt und sich anschließend wieder auflöst.

In den beiden Abschn. 6.7 und 6.8 wird der gesamte Prozess der Fundraising-Organisation (im Zusammenspiel mit den anderen Management-Aufgaben Planung, Controlling, Qualitäts-Management und Führung) an zwei konkreten Beispielen verdeutlicht.

6.5.3 Fundraising in föderal strukturierten Organisationen

Neben Stellenbeschreibung und Organigramm werden in der Aufbauorganisation auch die **räumliche Verteilung** (Niederlassungen, Standorte) und **Schnittstellen zu verbundenen Organisationen** (Tochter-, Mutter- oder Partnerorganisation) definiert. Eine besondere Herausforderung stellen in diesem Zusammenhang organisatorische Fragen in föderal strukturierten Organisationen dar. Unterhalb des Bundesverbandes einer Organisation kann es Landes- oder Diözesanverbände geben, die ihrerseits in Bezirks- und/oder Kreisverbände mit Ortsvereinen unterteilt sind. Bezogen auf das Fundraising stellt sich in solchen Organisationen die Frage nach der Zuständigkeit. Auf diese Frage lässt sich erfahrungsgemäß keine allgemeingültige Antwort geben (siehe Abschn. 6.2.4.6). Zu unterschiedlich sind die Strukturen, rechtlichen Grundlagen, Interessen und Machtverhältnisse in den verschiedenen föderal strukturierten Organisationen. Aus Fundraising-Sicht ist immer ein Spagat zwischen zentraler Effizienz und (dezentraler) Ortsnähe hinzubekommen. Dazu zwei grundsätzliche Empfehlungen:

- Die „Massenansprache" der Spender in der Basis der Spenderpyramide (insbesondere in Form von Mailings) sollte aus Kostengründen auf möglichst hoher Verbandsebene zentral durchgeführt werden. Voraussetzung ist jedoch die Bereitschaft der Zentrale, auf die regionalen Besonderheiten der unteren Verbandsebenen individuell einzugehen. So muss beispielsweise jeder Untergliederung auf Wunsch ermöglicht werden, in einem zentral verschickten Mailing individuell auf ihre regionalen Projekte hinweisen zu können. In einem bestimmten Rahmen ist dies sowohl technisch möglich als auch wirtschaftlich vertretbar.
- Die Zuständigkeit für die persönliche Ansprache der Spender in der Spitze der Spenderpyramide (Großspender aufwärts) sollte möglichst dezentral bei den unteren Verbandsebenen liegen. Zum einen ist in föderalen Strukturen die Spendenbereitschaft vieler Spender eher regional als national ausgerichtet. Zum anderen sprechen aber auch rein praktische Erwägungen für eine regionale Ansprache (kurze Anfahrtswege für Treffen,

Dialekt etc.). Die Zentrale sollte ihre dezentralen Gliederungen jedoch bei der Gewinnung und Betreuung der Groß- und Testamentspender mit Know-how und Infrastruktur unterstützen.

6.5.4 Was ich in diesem Abschnitt gelernt habe

- Schaffen Sie in Ihrer Organisation so schnell wie möglich, eigene personelle Zuständigkeiten für das Fundraising, auch wenn diese zunächst nur temporär und ehrenamtlich wahrgenommen werden können!
- Wenn Sie dauerhaft mindestens sechsstellige Beträge aus dem Fundraising erwarten, investieren Sie sobald wie möglich in eine hauptamtliche Fundraising-Stelle!
- Siedeln Sie die erste Fundraising-Stelle als Stabsstelle an der Geschäftsführung an!
- Wenn mit dem Ausbau des Fundraising weitere Stellen im Fundraising benötigt werden, entscheiden Sie, ob Sie diese an einen externen Dienstleister auslagern (Outsourcing), der durch Ihre Stabsstelle gesteuert wird! Oder ob Sie die Stabsstelle zu einer eigenen Fundraising-Abteilung ausbauen!
- Schaffen Sie beim Aufbau einer Fundraising-Abteilung Zuständigkeiten für die verschiedenen Gruppen von Ressourcenbereitstellern (Privatpersonen, Unternehmen, Stiftungen, öffentliche Ressourcenbereitsteller)!
- Schaffen Sie beim Aufbau einer Fundraising-Abteilung Zuständigkeiten für Spender auf den verschiedenen Stufen der Spenderpyramide!
- Definieren Sie für jede Stelle im Fundraising eine aussagekräftige Stellenbeschreibung!
- Sorgen Sie im Fundraising einer föderal strukturierten Organisation für eine sinnvoll Arbeitsteilung zwischen zentralem und regionalem Fundraising!
- Sorgen Sie in Ihrer Organisation für die nötige „Institutional Readiness"! Werben Sie für Ihr Fundraising und seine Notwendigkeit! Informieren Sie und versuchen Sie, zu überzeugen!

6.6 Führung im Fundraising

Fundraising-Management wurde definiert als systematische Steuerung des Fundraising auf Fundraising-Ziele hin, unter effektiver und effizienter Nutzung der vorhandenen Ressourcen. Es gilt also, die im Rahmen der Planung selbst gesteckten Ziele möglichst gut zu erreichen. Dies wird umso anspruchsvoller, je mehr Menschen daran beteiligt sind. Ob am Fundraising Wenige oder Mehrere, Haupt- oder Ehrenamtliche beteiligt sind; damit sich alle nach Kräften dafür einsetzen, die gemeinsamen Fundraising-Ziele möglichst effektiv und effizient zu erreichen, bedarf es entsprechender Führung.

6.6.1 Was ist Führung?

Oft wird der Begriff **Führung** synonym zum Begriff Management verwandt (Management ist Führung). Hier soll Führung im Sinne der Menschen- bzw. Mitarbeiterführung als eine Management-Aufgabe neben anderen verstanden werden. In diesem Sinne ist Führung Verhaltensbeeinflussung, die eine bestmögliche **Leistungsbereitschaft** und **Leistungsfähigkeit** der geführten (haupt- und ehrenamtlichen) Mitarbeiter bewirken soll, um eine optimale Zielerreichung zu gewährleisten. Führung im Fundraising möchte demnach das Wollen, die Motivation der Fundraiser (ihre Leistungsbereitschaft) ebenso positiv im Sinne der verfolgten Fundraising-Ziele beeinflussen wir deren Können, Wissen und Erfahrung (ihre Leistungsfähigkeit).

Wollen und Können eines Fundraisers hängen eng mit seiner Zufriedenheit am Arbeitsplatz zusammen. Im Kapitel zum Qualitäts-Management wurde aufgezeigt, dass die Zufriedenheit der Spender (mit der Qualität des Fundraising) am Erfüllungsgrad der subjektiven Erwartungen festgemacht wird. Analog hängt auch die Zufriedenheit der Mitarbeiter im Fundraising vom Erfüllungsgrad deren subjektiver Erwartungen an ihre Fundraising-Stelle ab. Dabei sind Spender- und Mitarbeiterzufriedenheit unmittelbar miteinander verknüpft. „Spenderzufriedenheit" (als Voraussetzung für das Upgrading in der Spenderpyramide) kann nur mit zufriedenen Fundraisern erreicht werden. Nur Fundraiser, die mit ihrer eigenen Arbeitssituation zufrieden sein können, sind bereit, sich für die Zufriedenheit anderer, in diesem Fall der Spender, einzusetzen. Auch wenn es für diesen Zusammenhang bisher kaum theoretisch fundierte und empirisch auf breiter Basis abgesicherte Ergebnisse gibt, so ist seine Plausibilität doch unbestritten.[46]

Für Organisationen ist die Mitarbeiterzufriedenheit aber auch noch aus einem weiteren Grunde von zentraler Bedeutung. Um den Verwaltungskostenanteil möglichst gering zu halten, werden Mitarbeiter in Organisationen i. d. R. geringer entlohnt als für vergleichbare Tätigkeiten im kommerziellen Bereich. Die materielle Benachteiligung wird von Mitarbeitern jedoch bewusst in Kauf genommen, da die ideelle, gemeinnützige, oft humanitäre Zielsetzung der Organisation als sinnstiftend und befriedigend empfunden wird und dadurch einen immateriellen Ausgleich schafft.[47] *Drucker* ist sogar der Meinung, dass NPOs den POs insofern überlegen sind, als sie aufgrund ihrer ideellen Zielsetzung stärker zur Mitarbeit und zum persönlichen Engagement motivieren.[48] Dieser Zusammenhang gilt in besonderem Maße natürlich für ehrenamtliche Mitarbeiter von Organisationen,

---

[46] Vgl. Töpfer, Armin: Kundenzufriedenheit durch Mitarbeiterzufriedenheit, in: Personalwirtschaft, o.Jg., 1995, Nr. 8, S. 10–15, S. 10.
[47] Vgl. Zimmer, Annette: Management- und Marketingprobleme kultureller Initiativen und Vereine, in: Strachwitz, Rupert Graf; Toepler, Stefan (Hrsg.): Kulturförderung – Mehr als Sponsoring, (Gabler) Wiesbaden 1993, S. 395–412, S. 398–400; Raffée, Hans; Wiedmann, Klaus-Peter; Abel, Bodo: Sozio-Marketing, in: Irle, Martin (Hrsg.): Handbuch der Psychologie, Göttingen 1983, S. 675–768.
[48] Vgl. Drucker, Peter F.: What Business Can Learn From Nonprofits, in: HBR, o.Jg., 1989, S. 88–93.

die ganz auf (materielle) Entlohnung verzichten. Umgekehrt aber läuft eine Organisation, der es nicht (mehr) gelingt, materielle Benachteiligung mit entsprechender Mitarbeiterzufriedenheit und Identifikation auszugleichen, stärker als ein kommerzielles Unternehmen Gefahr, qualifizierte und besonders motivierte Mitarbeiter zu verlieren. Um eine möglichst hohe Zufriedenheit der Mitarbeiter im Fundraising zu erreichen, muss es einer Organisation also gelingen, trotz sparsamer Mittelverwendung die Leistungsbereitschaft und die Leistungsfähigkeit nach Kräften zu fördern.

6.6.2 Förderung der Leistungsbereitschaft der Fundraiser

Die beste Fundraising-Planung nützt nichts, wenn die Mitarbeiter in der Fundraising-Abteilung nicht (mehr) ausreichend motiviert sind, sie auch nach Kräften umzusetzen. Zur Förderung der Motivation der Mitarbeiter im Fundraising stehen einer Organisation grundsätzlich immaterielle und materielle Anreize zur Verfügung. An **immateriellen** Anreizen kann eine Organisation ihren Mitarbeitern im Fundraising folgendes anbieten:

- eine offene Informationspolitik,
- Partizipation,
- eine angenehme Arbeitsatmosphäre,
- Anerkennung.

Die motivatorische Bedeutung einer **offenen Informationspolitik** wird in der Praxis insbesondere der NPO oftmals unterschätzt.[49] Existenz, Inhalt, Qualität und Timing von Informationen beispielsweise über Situation und Entwicklung der Organisation, neue Aktivitäten und Projekte, neue Mitarbeiter, Aus- und Weiterbildung etc. haben auch im Fundraising von NPO einen zu berücksichtigenden Einfluss auf die Motivation der Mitarbeiter und damit auf den Fundraising-Erfolg.

Beispiel

In der UNICEF-Zentrale in New York werden den (Fundraising-)Mitarbeitern Videos über UNICEF-Projekte vor Ort gezeigt, die gleichzeitig informieren und motivieren sollen. Im Alltagsgeschäft weit ab der Projekte würden sonst viele Fundraiser Gefahr laufen, zu vergessen, wofür sie sich eigentlich tag täglich bemühen. Noch informativer und motivierender ist freilich für Fundraising-Mitarbeiter, die Projekte der Organisation von Zeit zu Zeit selbst vor Ort besuchen zu können.

Auch **Partizipation** an Entscheidungen kann (Fundraising-)Mitarbeiter motivieren. Der Partizipationsgrad misst die Beteiligung hierarchisch niedrigerer Stellen/Mitarbeiter

---

[49] Vgl. Klein, Thomas; Endres, Christian: Mitarbeiterinformation – Die unterschätzte Ressource, in: Personal – Zeitschrift für Human Resource Management, o.Jg., 1995, Nr. 6, S. 280–285.

an Entscheidungen höherer Instanzen[50] und ist in unterschiedlich starken Ausprägungen denkbar. Das Spektrum reicht von Nicht-Beteiligung an Entscheidungen, über Förderung der Akzeptanz von Entscheidungen der hierarchisch höheren Stelle (hier der Leitung der Fundraising-Abteilung) durch das Einholen der Meinung der hierarchisch niedrigeren Stelle, bis hin zu Berücksichtigung dieser Meinung bei der Entscheidungsfindung einschließlich einer dauerhaften und „echten" Mitbestimmung und (im weitestgehenden Fall) umfassender Delegation von Entscheidungsverantwortung an hierarchisch niedrigere Stellen.[51]

Als zusätzlicher immaterieller Anreiz zur Förderung der Mitarbeitermotivation wird in der Literatur auch eine **angenehme Arbeitsatmosphäre** bzw. Betriebsklima ebenso genannt wie die **Anerkennung** einer Mitarbeiterleistung durch übergeordnete Stellen. Trotz der hohen Bedeutung des Fundraising für eine Organisation erhalten nur wenige Fundraiser Anerkennung für ihre Leistung. Sie sollte zumindest ausgesprochen werden, wenn im Rahmen der jährlichen Mitarbeitergespräche eine ausreichend hohe Zielerreichung des Fundraisers festgestellt werden kann.

Die wichtigsten **materiellen** Anreize liefern:

- eine leistungsgerechte Entlohnung,
- „Incentives" und
- Aufstiegsmöglichkeiten.

Der wohl wichtigste materielle Anreiz dürfte von einer **leistungsgerechten Entlohnung** ausgehen. Gemeinnützige Organisationen stehen vor dem Dilemma, einerseits möglichst qualifizierte und motivierte Mitarbeiter im Fundraising einsetzen zu wollen, um möglichst viele Gelder einwerben zu können. Andererseits aber nicht die dafür angemessenen Gehälter bezahlen zu wollen, um möglichst viele Ressourcen den Projekten der NPO bereitstellen zu können. Vor diesem Hintergrund erscheint die Frage interessant, welche Erfolgsrelevanz dem Einkommen der Fundraiser beizumessen ist. Auch dieser Frage wurde im Rahmen der eigenen empirischen Untersuchung nachgegangen. Die Ergebnisse werden am Ende des Kapitels vorgestellt.

Im Zusammenhang mit leistungsgerechter Bezahlung werden im kommerziellen Bereich oft auch Fragen der Erfolgsbeteiligung und anderer leistungsabhängiger materieller Anreize („**Incentives**") diskutiert. Unter Erfolgsbeteiligung wird eine Zahlung des Unternehmens/der Organisation an den Mitarbeiter verstanden, die über die reine Entlohnung hinausgeht und die auf längerfristiger Basis an den (wirtschaftlichen) Erfolg einer größeren Einheit (hier der Fundraising-Abteilung) gekoppelt ist.[52] Primäres Ziel der Erfolgsbeteiligung ist, die Motivation der Mitarbeiter zu höherer Arbeitsleistung, Produktivität,

---

[50] Vgl. Steinle, Claus: Delegation, in: Frese, Erich (Hrsg.): Handwörterbuch der Organisation, 3. Aufl., (Schäffer Poeschel) Stuttgart u. a. 1992, S. 502.
[51] Vgl. Staehle, Wolfgang: Management, 5. Aufl., (Vahlen) München 1990, S. 797.
[52] Vgl. Berthel, Jürgen: Personal-Management – Grundzüge für Konzeptionen betrieblicher Personalarbeit, 2. Aufl., (Schäffer Poeschel) Stuttgart 1989, S. 333 f.

Einsatzbereitschaft, Kostenbewusstsein und Identifikation mit dem Unternehmen/der Organisation zu fördern.[53]

Erfolgsbeteiligungen im Fundraising sind bei NPO äußerst umstritten, zumal wenn sie bei organisationsexternen Fundraisern eingesetzt werden. Die Organisationen wissen (bzw. vermuten), dass ihre Spender das Idealbild des ehrenamtlich „Sammelnden" im Kopf haben und eine Erfolgsbeteiligung (in welcher Form auch immer) als unmoralische persönliche Bereicherung und Kommerzialisierung missbilligen würden. Dies dürfte wohl selbst dann noch gelten, wenn es einer Organisation gelänge, durch Erfolgsbeteiligung ihrer Fundraiser nachweislich mehr Geld einzuwerben. Entsprechend lehnt auch der *Deutsche Fundraising Verband* ausschließlich oder überwiegend erfolgsabhängige Vergütung in seinen „Grundregeln für eine gute, ethische Fundraising-Praxis" ab. Der erfolgsabhängige Anteil darf demnach höchstens 50 % der jeweiligen Vergütung betragen (siehe Abschn. 2.5.5.7).

Als eine weitere Möglichkeit, Mitarbeiter durch materielle Anreize zu motivieren, kann das Aufzeigen von Entwicklungs- bzw. **Aufstiegsmöglichkeiten** angesehen werden. Allerdings können nur große Organisationen ihren Fundraisern Aufstiegsmöglichkeiten von der Sachbearbeitung über die Abteilungsleitung zur Bereichsleitung anbieten. Auch zusätzliche Funktionen in verbundenen Organisationen können hierunter fallen (so wird z. B. ein Referent für Groß- und Testamentspender-Fundraising eines Vereins zusätzlich noch zum Geschäftsführer der neuen Förderstiftung berufen, deren Satzungszweck die Förderung des Vereins ist). Kleinere Organisationen ohne diese Hierachieebenen (und das sind die meisten) haben diese Möglichkeiten leider nicht.

Ebenfalls motivierend kann schließlich ein starkes „Wir-Gefühl" innerhalb der Organisation und hohe Identifikation mit den Zielen der Organisation wirken. Gerade in gemeinnützigen Organisationen, mit ihren nicht-kommerziellen, ideellen und damit identifikationsstarken Zielsetzungen, kommt diesem Motivationsaspekt eine besondere Bedeutung zu.

6.6.3 Förderung der Leistungsfähigkeit der Fundraiser

Die **Leistungsfähigkeit** bzw. das fachliche Können eines Fundraisers kann mittlerweile auch im deutschsprachigen Raum durch eine ganze Reihe geeigneter Aus- und Weiterbildungsmöglichkeiten gefördert werden. Diese werden später in Abschn. 7.1 und 7.2 noch näher vorgestellt. Leider investieren viele Organisationen im Sinne sparsamer Verwendung von Spendengeldern zu wenig in die ständige Weiterbildung ihrer Fundraiser.

Umfangreiche statistische Analysen im Rahmen der eigenen empirischen Untersuchungen brachten ein deutliches Ergebnis. Von allen oben genannten Faktoren zur Förderung der Leistungsbereitschaft und Leistungsfähigkeit stellte sich bei den befragten 106 Organisationen die ideelle Förderung der Fundraising-Mitarbeiter als weit wichtiger heraus als

---

[53] Vgl. Scholz, Christian: Personalmanagement, 4. Aufl., (Vahlen) München 1994, S. 483 f.

Partizipation und materielle Förderung. Insbesondere die Motivation durch hohe Identifikation mit den Zielen der Organisation und durch ein starkes „Wir-Gefühl", aber auch durch eine angenehme Arbeitsatmosphäre hatte einen höchst signifikanten Einfluss auf den Fundraising-Erfolg der Organisationen. Organisationen, die die ideelle Motivation ihrer Mitarbeiter also gezielt förderten, erwiesen sich als deutlich erfolgreicher als solche, die dies nicht taten.

Gerade kirchliche Organisationen überschätzen die intrinsische Motivation ihrer (Fundraising-)Mitarbeiter bei weitem. Dies konnte aus den Ergebnissen einer separat durchgeführten Mitarbeiterbefragung ermittelt werden. Viele kirchliche Organisationen gingen wohl stillschweigend davon aus, dass die Arbeit für den guten kirchlichen Zweck selbst schon ausreichend motivieren müsste. Irgendwelche Maßnahmen zur Motivation der Fundraiser wurden nicht ergriffen. Bei anderen Organisationen, die die Identifikation ihrer Mitarbeiter mit den Zielen der Organisation (z. B. durch Projektbesuche, Videos, aber auch viele andere Maßnahmen) immer wieder förderten, wirkte sich dies signifikant auf den Fundraising-Erfolg aus.[54]

6.6.4 Was ich in diesem Abschnitt gelernt habe

- Sorgen Sie im Interesse hoher Spenderzufriedenheit auch für hohe Mitarbeiterzufriedenheit unter den Fundraisern Ihrer Organisation!
- Fördern Sie die Leistungsbereitschaft der Fundraiser Ihrer Organisation durch immaterielle Anreize wie eine offene Informationspolitik, Partizipation, eine angenehme Arbeitsatmosphäre und Anerkennung.
- Fördern Sie die Leistungsbereitschaft der Fundraiser Ihrer Organisation durch materielle Anreize wie eine leistungsgerechte Entlohnung, Incentives und Aufstiegsmöglichkeiten.
- Fördern Sie die Leistungsfähigkeit der Fundraiser Ihrer Organisation durch geeignete Aus- und Weiterbildungsmöglichkeiten für Fundraiser im In- und Ausland!
- Fördern Sie v. a. die ideelle Motivation Ihrer Fundraiser!
- Sorgen Sie für hohe Identifikation Ihrer Fundraiser mit den Zielen Ihrer Organisation!
- Bieten Sie Ihren Fundraisern dazu immer wieder Projektbesuche, Videos über Projekte und jede weitere Möglichkeit an, die den Fundraisern in ihrer täglichen Arbeit die Bedeutung ihrer Tätigkeit für den Zweck der Organisation klar macht!

---

[54] Vgl. Urselmann, Michael: Erfolgsfaktoren im Fundraising von Nonprofit-Organisationen, (Gabler) Wiesbaden 1998, S. 169–175.

6.7 Beispiel 1 für Fundraising-Management

In den vorangegangenen Kapiteln wurde gezeigt, wie das Fundraising einer Organisation mit Hilfe von Planung, Controlling, Qualitäts-Management, Organisation und Führung systematisch so „gemanagt" bzw. gesteuert werden kann, dass die Fundraising-Ziele und damit letztlich auch die Satzungsziele der Organisation erreicht werden. Alle Überlegungen sollen in diesem und dem folgenden Kapitel noch einmal anhand von zwei Beispielen veranschaulicht werden.

In diesem Kapitel geht es in Beispiel 1 um die fiktive Organisation „Kinderhilfe". Sie ist seit fünf Jahren mit zehn Mitarbeitern regional in Berlin tätig. Ihr jährlicher Etat liegt bei 350.000 €. Über die Aufbauphase hinaus finanziert sich die Kinderhilfe bis heute ausschließlich aus öffentlichen Mitteln. Nach den Anstrengungen der Gründungsjahre möchte der Verein eine Zwischenbilanz ziehen und die weitere Zukunft planen. Hier sollen ausschließlich diejenigen Überlegungen vorgestellt werden, die die Kinderhilfe bezogen auf ihr Fundraising anstellt.

In einem ersten Schritt führt die Kinderhilfe eine **SWOT-Analyse** durch, um sich ein Bild von ihren eigenen Stärken und Schwächen, aber auch den Chancen und Risiken zu machen, die sich aus ihrem Umfeld ergeben:

- Als **Schwäche** wird erkannt, dass die Kinderhilfe in ihrer Finanzierung zu 100 % von der öffentlichen Hand abhängig ist und bisher über keine weiteren Geldquellen verfügt.
- Diese Tatsache stellt auch ein erhebliches **Risiko** dar, da die öffentlichen Mittel für den sozialen Bereich seit Jahren gekürzt werden. Es wird befürchtet, dass die öffentlichen Mittel in fünf Jahren deutlich unter dem heutigen Niveau liegen werden.
- Würde die Kinderhilfe ihr Fundraising auf private Geldquellen und Stiftungen ausdehnen, so läge im Thema „Kinder" eine eindeutige **Chance**. Für Kinder können relativ einfach private Spenden mobilisiert werden. Auch gibt es zahlreiche Stiftungen, die das Thema fördern.
- Als **Stärke** sieht die Kinderhilfe, dass ihre Strukturen aufgrund ihrer erst kurzen Existenz noch nicht verkrustet sind. Im Gegenteil ist noch viel von der Flexibilität und dem Engagement der „Gründerjahre" übrig. Einer Ausdehnung des Fundraising auf private Geldquellen und Stiftungen stehen alle Mitarbeiter offen gegenüber.

Bei Gründung der Kinderhilfe wurde ein **Leitbild** entwickelt. Von ihrem darin formulierten Selbstverständnis her, sieht sich die Kinderhilfe als einen unabhängigen, freien Träger. Vor diesem Hintergrund wird aus der SWOT-Analyse das **strategische Ziel** abgeleitet, die finanzielle Abhängigkeit von der öffentlichen Hand Schritt für Schritt zu reduzieren. Dieses Ziel wird wie folgt präzisiert:

- Der Anteil öffentlicher Gelder soll durch den systematischen Aufbau von Fundraising in den nächsten fünf Jahren von 100 % auf 80 % reduziert werden. 20 % der Mittel sollen in fünf Jahren von Privatpersonen und von Stiftungen kommen. Sponsoring möchte

man momentan nicht einsetzen, da man befürchtet, dass die Eltern Unterstützung durch Unternehmen ablehnen. Diese Vermutung soll jedoch noch durch eine Befragung der Eltern verifiziert werden.
- Aufgrund von Erfahrungswerten eines Beraters erwartet man, den Break Even Punkt im Fundraising nach drei Jahren zu erreichen.
- Orientiert an den Vorgaben des DZI sollen nach fünf Jahren die Fundraising-Aufwendungen nicht mehr als 30 % der Erträge ausmachen.

Um diese Ziele erreichen zu können, werden im Rahmen der **strategischen Planung** für die nächsten fünf Jahre die folgenden **Maßnahmen** grob definiert:

- Maßnahmen in Jahr 1:
  - Einrichtung einer halben Stabsstelle Fundraising,
  - Erwerb und Aufbau einer Fundraising-Datenbank,
  - Beginn mit der Interessentengewinnung,
  - Spendergewinnung durch ein erstes Mailing zu Weihnachten,
  - Einwerben von Bußgeldern durch einen vorhandenen Kontakt zu einem Richter,
  - Ansprache von Förderstiftungen,
  - Befragung der Eltern, ob sie mit Sponsoring einverstanden wären.
- Maßnahmen in Jahr 2:
  - Ausbau der Interessentengewinnung,
  - Spendergewinnung durch zwei Mailings (Weihnachten, Ostern),
  - Einwerben von Bußgeldern durch einen vorhandenen Kontakt zu einem Richter,
  - Ansprache von Förderstiftungen.
- Maßnahmen in Jahr 3:
  - Maßnahmen wie in Jahr 2,
  - Spendergewinnung durch drei Mailings (März, Juli, November),
  - Gewinnung und Betreuung von (Förder-)Mitgliedern,
  - Ermittlung der Spenderzufriedenheit durch Befragung.
- Maßnahmen in Jahr 4:
  - Maßnahmen wie in Jahr 3,
  - Spendergewinnung durch vier Mailings (März, Juli, September, November),
  - Gewinnung und Betreuung von Großspendern,
- Maßnahmen in Jahr 5:
  - Maßnahmen wie in Jahr 4,
  - Gewinnung und Betreuung von Testamentspendern.

Einen groben Überblick über die geplanten Aufwendungen und Erträge zu diesen Maßnahmen verschafft Tab. 6.25.

Diese grobe strategische Planung ist nun im Rahmen der **operativen Planung** zunächst für das erste Jahr zu präzisieren. Die operative Planung der Jahre 2–5 erfolgt dann später, immer Mitte des jeweiligen Vorjahres. Zur Veranschaulichung der operati-

Tab. 6.25 Übersicht über die strategische Grobplanung der Kinderhilfe

Kinderhilfe	Jahr 1 (in €)	Jahr 2 (in €)	Jahr 3 (in €)	Jahr 4 (in €)	Jahr 5 (in €)
Erträge	**20.000,00**	**65.000,00**	**90.000,00**	**120.000,00**	**250.000,00**
Spenden	10.000,00	15.000,00	30.000,00	50.000,00	140.000,00
Bußgelder	10.000,00	10.000,00	10.000,00	10.000,00	10.000,00
Stiftungen	–	40.000,00	50.000,00	60.000,00	60.000,00
Aufwendungen	**55.000,00**	**55.000,00**	**65.000,00**	**75.000,00**	**75.000,00**
Personal	25.000,00	30.000,00	30.000,00	30.000,00	30.000,00
Büro, Telefon, Material	5000,00	5000,00	5000,00	5000,00	5000,00
Datenbank	15.000,00	–	–	–	–
Mailings	10.000,00	20.000,00	30.000,00	40.000,00	40.000,00
Ergebnis	**−35.000,00**	**10.000,00**	**25.000,00**	**45.000,00**	**85.000,00**
Ergebnis, kumuliert	−35.000,00	−25.000,00	–	45.000,00	130.000,00

ven Planung sollen hier exemplarisch zwei Maßnahmen herausgegriffen und detailliert im Sinne des Planungswürfels geplant werden. Sowohl für die Maßnahme „Einrichtung einer halben Stabsstelle Fundraising" als auch für die Maßnahme „Erwerb und Aufbau einer Fundraising-Datenbank" zeigen Tab. 6.26 und 6.27 einen schriftlichen Maßnahmenplan inklusive Zeitplan, Zuständigkeitsplan und Budgetplan. Diese Maßnahmenpläne erlauben ein monatliches Controlling zu allen geplanten Maßnahmen.

Tab. 6.26 Maßnahmenplan „Einrichtung einer halben Stabsstelle Fundraising"

Maßnahmenplan „Einrichtung einer Stabsstelle Fundraising"			
Maßnahme	Zuständigkeit	Zeit	Budget (in €)
Formulierung einer Stellenbeschreibung	Geschäftsführung, Berater	Januar Jahr 1	1000,00
Beauftragung eines Personalvermittlers	Geschäftsführung	Januar Jahr 1	1000,00
Personalsuche	Personalvermittler	Januar– März Jahr 1	7000,00
Sichtung der Vorschläge des Personalvermittlers	Sekretariat, Geschäftsführung	März Jahr 1	–
Bewerbungsgespräche mit interessanten Kandidaten	Geschäftsführung, Mitarbeiter	April Jahr 1	1000,00
Ausarbeitung eines Arbeitsvertrages	Geschäftsführung	April Jahr 1	–
Einstellung des geeignetsten Kandidaten	Geschäftsführung	Juni Jahr 1	–
Einarbeitung des neuen Mitarbeiters	Mitarbeiter	Juni Jahr 1	–
		Summe	10.000,00

Tab. 6.27 Maßnahmenplan „Erwerb und Aufbau einer Fundraising-Datenbank"

Maßnahmenplan „Erwerb und Aufbau einer Fundraising-Datenbank"			
Maßnahme	Zuständigkeit	Zeit	Budget (in €)
Bedarfsanalyse und Erarbeitung eines Pflichtenheftes	Fundraiser, Berater, EDV	Juni Jahr 1	2000,00
Marktanalyse und Identifikation geeigneter Anbieter	Fundraiser, Berater, EDV	Juli Jahr 1	1000,00
Einladung und Briefing geeigneter Anbieter	Fundraiser, EDV	Juli Jahr 1	–
Ausschreibung unter geeigneten Anbietern	Fundraiser	August Jahr 1	–
Beauftragung des besten Anbieters	Geschäftsführung, Fundraiser	August Jahr 1	–
Installation der Datenbank und Customizing	Anbieter, EDV, Fundraiser	Sept. Jahr 1	8000,00
Übernahme vorhandener Daten	Anbieter, EDV, Fundraiser	Sept. Jahr 1	2000,00
Schulung zur Nutzung der Fundraising-Datenbank	Anbieter, Fundraiser	Sept. Jahr 1	2000,00
		Summe	**15.000,00**

6.8 Beispiel 2 für Fundraising-Management

In Beispiel 2 geht es um das Fundraising-Management der fiktiven katholischen Organisation *Sanctus*. *Sanctus* wurde nach dem Krieg gegründet und leistet mit heute insgesamt 20 Mitarbeitern Missionsarbeit. Im Fundraising sind drei hauptamtliche Mitarbeiter beschäftigt, die eine eigene, kleine Abteilung „Spendenwesen" bilden. Ein Mitarbeiter ist für Mailings zuständig, ein Mitarbeiter organisiert Haus- und Straßensammlungen und ein Mitarbeiter ist Ansprechpartner für Pfarrgemeinden, die *Sanctus* in Form von Kollekten unterstützen. Die eine Hälfte der Einnahmen in Höhe von etwa 10 Mio. € stammt aus Kirchensteuermitteln, die andere aus bundesweiten Mailings, Haus- und Straßensammlungen sowie Kollekten. Da die Einnahmen seit Jahren rückläufig sind, fordert der Vorstand ein neues, zukunftsträchtiges Fundraising-Konzept.

Mit Unterstützung eines externen Beraters wird zunächst eine **SWOT-Analyse** durchgeführt, um sich ein Bild von den eigenen Stärken und Schwächen, aber auch den Chancen und Risiken zu machen, die sich aus dem Umfeld ergeben. Die Analyse ergibt folgende **Schwächen**:

- Sanctus ist mit den Kirchensteuermitteln zu 50 % von einer **Einnahmequelle** abhängig, die seit Jahren rückläufig ist.
- Der von Sanctus eingesetzte **Fundraising-Mix** umfasst mit den Kollekten Vertriebskanäle, deren Bedeutung im Fundraising schwindet. Zukunftsträchtige Fundraising-Produkte und Vertriebskanäle sind im Mix nicht vertreten.

- Das **Upgrading** von Sanctus endet in der Spenderpyramide auf der Stufe der Dauerspender. Groß- und Testamentspender werden bisher nicht systematisch gewonnen und betreut.

Eine **PEST-Analyse** ergibt folgende **Risiken** im Umfeld von Sanctus:

- **Soziales Umfeld**: Wie auch die evangelische Kirche kämpft die katholische Kirche mit Mitgliederschwund. Neben Kirchenaustritten liegt die Ursache vor allem in der demografischen Entwicklung. Weniger Geburten bedeuten weniger Taufen und damit weniger Kirchenmitglieder. Der Trend zur Verlagerung von direkten auf indirekte Steuern senkt zudem die Berechnungsbasis für die Kirchensteuer. Da bei diesen Entwicklungen keine Trendwende in Sicht ist, werden die Einnahmen aus Kirchensteuern und Kollekten weiter sinken. Dies hat in der Folge auch negative Auswirkungen auf die Einnahmen von Sanctus.
- **Soziales Umfeld**: Der Erfolg im Fundraising ist auch vom Medieninteresse für ein gemeinnütziges Thema abhängig. Aufgrund der Säkularisierung der Gesellschaft geraten religiöse Themen in den Hintergrund. Für Sanctus besteht das Risiko, dass das Thema „Mission" an gesellschaftlicher Relevanz verliert. Entsprechend schwieriger wird es, für das Thema künftig (neue) Spender zu gewinnen.
- **Politisches Umfeld**: Immer wieder flammen in der politischen Diskussion Forderungen auf, die Kirchensteuer ganz abzuschaffen. Sollte diese Forderung eines Tages eine politische Mehrheit bekommen, so würde nicht nur für die Amtskirchen sondern auch für Sanctus ein zentrales Finanzierungsinstrument komplett entfallen.
- **Politisches Umfeld**: Immer mehr Bundesländer verzichten unter dem Vorwand des Bürokratieabbaus auf ihre Sammlungsgesetze, die auch die Genehmigung von Haus- und Straßensammlungen regeln. Da wo Sammlungen künftig ohne Genehmigung durchgeführt werden können, sinkt das Potenzial für Sanctus. Zum einen durch die steigenden Konkurrenz, zum anderen durch die dann wieder zunehmende Verunsicherung der Bevölkerung aufgrund von Meldungen über „schwarze Schafe".

Die **PEST-Analyse** identifiziert aber auch **Chancen**, die sich aus Entwicklungen im sozialen Umfeld für Sanctus ergeben. Der deutschsprachige Raum erlebt derzeit die längste Friedensperiode seiner Geschichte. Dadurch konnten seit 1945 enorme Vermögenswerte aufgebaut werden. Um Erbschaftssteuern zu vermeiden, aber auch weil durch die demografische Entwicklung immer öfter keine natürlichen Erben mehr vorhanden sind, ist ein wachsender Teil der Bevölkerung bereit, auch gemeinnützige Organisationen testamentarisch zu bedenken. Hieraus ergibt sich ein enormes Fundraising-Potenzial. Auch für Sanctus, dessen **Stärke** es ist, über einen relativ alten und oft wohlhabenden Spenderstamm zu verfügen. Durch ihre hohe religiöse Motivation identifizieren sich die Spender sehr stark mit Sanctus.

6.8 Beispiel 2 für Fundraising-Management

Aus den Ergebnissen dieser SWOT-Analyse werden folgende **strategischen Ziele** für die nächsten fünf Jahre abgeleitet:

- Die Abhängigkeit von der Kirchensteuer soll gesenkt, der Anteil von privaten Spenden von 50 % auf 60 % erhöht werden. Da angenommen wird, dass die Kirchensteuermittel in Höhe von derzeit 5 Mio. € in fünf Jahren auf 4 Mio. € zurückgehen werden, sollen die derzeitigen 5 Mio. € aus privaten Spenden in fünf Jahren auf 6 Mio. € gesteigert werden.
- Um die Existenz von Sanctus trotz aller Risiken im sozialen und politischen Umfeld langfristig zu sichern, soll eine Stiftung errichtet werden. In fünf Jahren soll das Stiftungskapital eine Million Euro betragen.

Laut **Leitbild** verfolgt Sanctus mit seinen Missionsprojekten nicht nur pastorale sondern auch caritative Ziele. Nach langen und zum Teil heftigen Diskussionen in der Mitgliederversammlung wird beschlossen, in der Fundraising-Kommunikation künftig auch stärker die caritativen Erfolge der Sanctus-Projekte hervorzuheben um damit auch neue Zielgruppen anzusprechen zu können, die eher „säkular" ausgerichtet sind.

Um diese Ziele erreichen zu können, wird im Rahmen der **strategischen Planung** festgelegt, in den nächsten fünf Jahren das Upgrading in der Spenderpyramide systematisch auf die Stufen der Großspender und der Testamentspender auszudehnen. Folgende **Maßnahmen** werden grob definiert:

- Maßnahmen in Jahr 1:
  - Einstellung eines Großspenderbetreuers,
  - Erstellung eines Großspenderkonzeptes mit Hilfe eines externen Beraters,
  - Gründung einer Stiftung mit Hilfe eines externen Stiftungsberaters.
- Maßnahmen in Jahr 2:
  - Durchführung einer zweistufigen Großspendergewinnung,
  - Erstellung einer Erbschaftsbroschüre.
- Maßnahmen in Jahr 3:
  - Durchführung von Vorträgen zum Thema „Vererben" mit Hilfe externer Fachreferenten der *Deutschen Vereinigung für Erbrecht und Vermögensnachfolge (DVEV)*,
  - Durchführung eines Großspender-Events.
- Maßnahmen in Jahr 4:
  - Organisation einer Großspenderreise in ein Projektland,
  - Durchführung von Vorträgen zum Thema „Stiftung" mit Hilfe externer Fachreferenten der *Deutschen Vereinigung für Erbrecht und Vermögensnachfolge (DVEV)*.
- Maßnahmen in Jahr 5:
  - Durchführung eines Großspender-Events,
  - Durchführung von Vorträgen zum Thema „Vererben" mit Hilfe externer Fachreferenten der *Deutschen Vereinigung für Erbrecht und Vermögensnachfolge (DVEV)*.

Tab. 6.28 Übersicht über die strategische Grobplanung von Sanctus

Sanctur	Jahr 1 (in €)	Jahr 2 (in €)	Jahr 3 (in €)	Jahr 4 (in €)	Jahr 5 (in €)
Erträge Sanctus e. V.	**10.000.000**	**10.000.000**	**10.000.000**	**10.000.000**	**10.000.000**
Kirchensteuermittel	5.000.000	4.750.000	4.500.000	4.250.000	4.000.000
Kollekten	1.000.000	990.000	980.000	970.000	960.000
Haus-/Straßensamml.	1.000.000	980.000	960.000	940.000	920.000
Spenden	3.000.000	3.100.000	3.200.000	3.300.000	3.400.000
Großspenden	–	180.000	360.000	540.000	720.000
(Zu-)Stiftung	**–**	**150.000**	**200.000**	**200.000**	**450.000**
Aufwendungen	**10.000.000**	**10.000.000**	**10.000.000**	**10.000.000**	**10.000.000**
Projekte	8.000.000	7.945.000	7.890.000	7.835.000	7.780.000
Personal	1.000.000	1.020.000	1.040.000	1.060.000	1.080.000
Verwaltung	500.000	510.000	520.000	530.000	540.000
Spendenwerbung	500.000	525.000	550.000	575.000	600.000

Einen groben Überblick über die geplanten Aufwendungen und Erträge zu diesen Maßnahmen verschafft Tab. 6.28.

Diese grobe strategische Planung ist nun im Rahmen der **operativen Planung** zunächst für das erste Jahr zu präzisieren. Die operative Planung der Jahre 2–5 erfolgt dann später, immer zur Mitte des jeweiligen Vorjahres. Zur Veranschaulichung der operativen Planung sollen hier exemplarisch zwei Maßnahmen herausgegriffen und detailliert im Sinne des

Tab. 6.29 Maßnahmenplan „Gründung einer Stiftung"

Maßnahmenplan „Gründung einer Stiftung"			
Maßnahme	Zuständigkeit	Zeit	Budget (in €)
Erstellung eines Stiftungskonzeptes	Großspenderbetreuer, Berater	Juni Jahr 1	4000,00
Präsentation des Stiftungskonzeptes im Vorstand	Großspenderbetreuer	Juli Jahr 1	–
Ausarbeitung Stiftungsgeschäft und Satzung	Großspenderbetreuer, Berater	August Jahr 1	1000,00
Vorabklärung mit Stiftungsbehörde	Berater	August Jahr 1	500,00
Einreichung des Antrags auf Anerkennung d. Stiftung	Berater	Sept. Jahr 1	500,00
Anerkennungsverfahren	Regierungspräsidium	Sept.–März	
Überweisung des Stiftungsvermögens	Stiftungsvorstand	März Jahr 2	50.000,00
Info der Spender über Aufnahme der Stiftungstätigkeit	Großspenderbetreuer	März Jahr 2	–
		Summe	**56.000,00**

Tab. 6.30 Maßnahmenplan „Durchführung von Erbrechtsvorträgen"

Maßnahme	Zuständigkeit	Zeit	Budget (in €)
Erstellung eines Vortragskonzeptes	Großspenderbetreuer, DVEV	Januar Jahr 3	–
Präsentation des Vortragskonzeptes im Vorstand	Großspenderbetreuer	Januar Jahr 3	–
Test des Vortragskonzeptes an zwei Standorten	Großspenderbetreuer, DVEV	März Jahr 3	1000,00
Planung der Vortragsorte und -Zeiten mit der DVEV	Großspenderbetreuer	April Jahr 3	–
Versand der Einladungsschreiben zu den Vorträgen	Großspenderbetreuer	Mai Jahr 3	1000,00
Zusendung der Teilnahmebestätigungen	Großspenderbetreuer	März Jahr 3	500,00
Durchführung der Vorträge	Referent DVEV	Juni Jahr 3	2000,00
Nachsendung des gewünschten Infomaterials	Großspenderbetreuer	Juli Jahr 3	500,00
Evaluierung der Veranstaltungen	Großspenderbetreuer	Juli Jahr 3	–
		Summe	**5000,00**

Planungswürfels geplant werden. Sowohl für die Maßnahme „Gründung einer Stiftung" als auch für die Maßnahme „Durchführung von Erbrechtsvorträgen" zeigen Tab. 6.29 und 6.30 einen schriftlichen Maßnahmenplan inklusive Zeitplan, Zuständigkeitsplan und Budgetplan. Diese Maßnahmenpläne erlauben ein monatliches Controlling zu allen geplanten Maßnahmen.

6.9 Fundraising als komplexes Optimierungsproblem

Wie bereits mehrfach erwähnt, steckt hinter professionellem Fundraising ein anspruchsvolles Optimierungsproblem: Ziel eines Fundraisers muss sein, das ihm anvertraute Fundraising-Budget – abgestimmt auf die individuelle Ausgangssituation der Organisation – so zu investieren, dass der durch das Fundraising erzielte Nettoerlös (Fundraising-Erlöse minus Fundraising-Kosten) maximiert wird, um den Projekten einer Organisation möglichst viele Ressourcen zur Erfüllung ihrer satzungsgemäßen Aufgaben zur Verfügung stellen zu können. Dazu sind im Rahmen der Fundraising-Planung weitreichende Entscheidungen zu fällen:

- Wie ist das vorhandene Fundraising-Budget so auf die verschiedenen Fundraising-Maßnahmen gegenüber den verschiedenen Gruppen von Ressourcenbereitstellern (Privatpersonen, Unternehmen, Stiftungen, öffentliche Ressourcenbereitsteller) aufzuteilen, dass der dadurch erzielte Nettoerlös maximiert wird?

- Wie ist das vorhandene Budget für das Fundraising bei Privatpersonen so auf die verschiedenen Spendenprodukte, Vertriebs- und Kommunikationskanäle aufzuteilen, dass der dadurch erzielte Nettoerlös maximiert wird?
- Wie ist das vorhandene Fundraising-Budget so auf die verschiedenen Fundraising-Maßnahmen der Gewinnung, Betreuung/Bindung und Rückgewinnung aufzuteilen, dass der dadurch erzielte Nettoerlös maximiert wird?
- Wie ist das vorhandene Fundraising-Budget so auf die verschiedenen Fundraising-Maßnahmen aufzuteilen, dass der dadurch erzielte Nettoerlös nicht nur kurz-, sondern auch mittel- und langfristig maximiert wird? Diese Frage ist besonders anspruchsvoll, da sich viele Investitionen in Fundraising-Maßnahmen erst mittel- bis langfristig auszahlen.

Für international oder gar global operierende Organisationen erhöht sich die Komplexität des Optimierungsproblems zusätzlich noch dadurch, dass Entscheidungen zu fällen sind, in welchen Ländern Fundraising in welchem Umfang betrieben werden soll. Die Fundraising-Märkte der verschiedenen Länder befinden sich in unterschiedlichen Lebenszyklusphasen. Einerseits weisen einige Fundraising-Märkte westlicher Industrienationen nach starken Wachstumsphasen durchaus gewisse Sättigungseffekte auf, die durch zunehmenden Verdrängungswettbewerb ausgelöst werden. Andererseits ist in Schwellenländern wie z. B. den BRICS-Staaten (Brasilien, Russland, Indien, China und Südafrika) zwischenzeitlich eine Mittelschicht herangewachsen, die aus einer globalen Perspektive ein interessantes Fundraising-Potenzial der Zukunft mit hohem Wachstum darstellt. Länder, die lange Jahre Empfängerländer waren (und es teilweise auch heute noch sind), werden zunehmend zu Geberländern, in denen globale Organisationen mit eigenen Fundraising-Aktivitäten präsent sein müssen. Auch hier sind Investitionen zu tätigen, die sich erst mittel- bis langfristig rechnen werden. Auch hier können die Überlegungen der Portfolio-Analyse (siehe Abschn. 6.3.2.2) angestellt werden.

Beispiel

Ein *Fundraising Investment Fund Committee* berät bei *Greenpeace*, wie durch globale Budget-Umschichtungen interessante neue Fundraising-Märkte für *Greenpeace* erschlossen werden können. Der Aufbau von Fundraising-Aktivitäten in weiteren Länderbüros erfordert zwar Investitionen, die kurz- und mittelfristig zu Lasten der Fundraising-Budgets in den etablierten Länderbüros gehen, die als Cash Cows fungieren. Diese Investitionen werden sich aber langfristig auszahlen. Ähnliche Überlegungen stellen derzeit immer mehr global agierende Organisationen an.

Bei allen bisherigen Überlegungen wurde von einem fest vorgegebenen Fundraising-Budget ausgegangen. Die Höhe des Fundraising-Budgets selbst wurde dabei aber nicht hinterfragt. Es ist jedoch von größter Bedeutung, sich bei allen Optimierungsbemühungen auch Gedanken über die optimale Höhe des Fundraising-Budgets zu machen und diese nicht einfach als gegeben zu akzeptieren. Tatsächlich dürfte in der Praxis die Höhe des

6.9 Fundraising als komplexes Optimierungsproblem

Fundraising-Budgets einer Organisation nur in den seltensten Fällen das Ergebnis immer wieder neu angestellter Optimierungsüberlegungen sein. Vielmehr scheint eine gewisse historische Kontinuität im Vordergrund der Überlegungen zu stehen. Ob eine substantielle Steigerung (oder Kürzung) des Fundraising-Budgets gegenüber den Vorjahren zu einer deutlichen Optimierung der Gesamterlöses führen könnte, wird in der Praxis nur in den seltensten Fällen systematisch hinterfragt und analysiert.

Eine solche Politik des Nichthinterfragens birgt jedoch die Gefahr, aufgrund eines zu geringen Fundraising-Budgets das Fundraising-Potenzial einer Organisation nicht voll zu erschließen. In der Konsequenz können den Projekten zur Erreichung der Organisationsziele auch nur geringere Mittel zugeführt werden als eigentlich möglich wäre. Eine Organisation bleibt dann hinter ihren Möglichkeiten zurück – letztlich zum Schaden der Projekte bzw. der durch sie unterstützten Menschen. *Steinberg* spricht in diesem Fall von „Underinvestment". Seiner Einschätzung nach sind die allermeisten gemeinnützigen Organisationen in den USA „unterinvestiert". Sie arbeiten mit zu niedrigen Fundraising-Budgets – zu Lasten einer optimalen Erreichung der Organisationsziele.[55] Diese Einschätzung dürfte erst recht für Organisationen im deutschsprachigen Raum gelten. Jede Organisation sollte sich deshalb kontinuierlich hinterfragen, ob nicht noch weitere Optimierungspotenziale – auch durch eine Erhöhung des Fundraising-Budgets – erschlossen werden könnten. Um es klar auf den Punkt zu bringen: Ziel der Optimierungsbemühungen im Fundraising ist nicht die Minimierung des Verwaltungskostenanteils (auch wenn einige Vorstände von Organisationen darauf gerne stolz sind), sondern die Maximierung des Nettoerlöses (Fundraising-Erlöse minus Fundraising-Kosten). Ein möglichst hoher Nettoerlös soll möglichst viele Mittel für die Erreichung der Satzungsziele der Organisation zur Verfügung stellen.

Umgekehrt kann eine Organisation natürlich auch „overinvested" sprich „überinvestiert" sein. Dann ist ihr Fundraising-Budget größer als es sinnvollerweise sein sollte. Eine Kürzung des Fundraising-Budgets würde in diesem Fall zum Optimum führen. Eine Organisation ist ihren Stakeholdern geradezu schuldig, ständig nach diesem Optimum zu streben. Aber wie lässt sich das Optimum für die Höhe des Fundraising-Budgets einer Organisation ermitteln? Dieser Frage kann man sich zum einen *theoretisch* nähern. *Steinberg* leitet das Optimum auf analytischem Wege ab.[56] Seine Überlegungen sollen im Folgenden zumindest in den wichtigsten Grundzügen kurz erläutert werden. *Steinberg* geht von einem, in Abb. 6.27 dargestellten funktionalen Zusammenhang zwischen einem investierten Fundraising-Budget F (in US-Dollar) als unabhängiger Variable und Fundraising-Erträgen C (in US-Dollar) als abhängiger Variable aus.

Steinberg geht davon aus, dass selbst bei einem Fundraising-Budget von $F = 0$ ein positiver Fundraising-Ertrag C erzielt werden kann. Deshalb startet die Spendenertrags-

---

[55] Vgl. Steinberg, Richard: Should Donors Care about Fund Raising?, in: Rose-Ackerman, Susan (Hrsg.): The Economics of Nonprofit Institutions – Studies in Structure and Policy, (Oxford University Press) New York, Oxford 1986, S. 347–364.
[56] Vgl. ebenda.

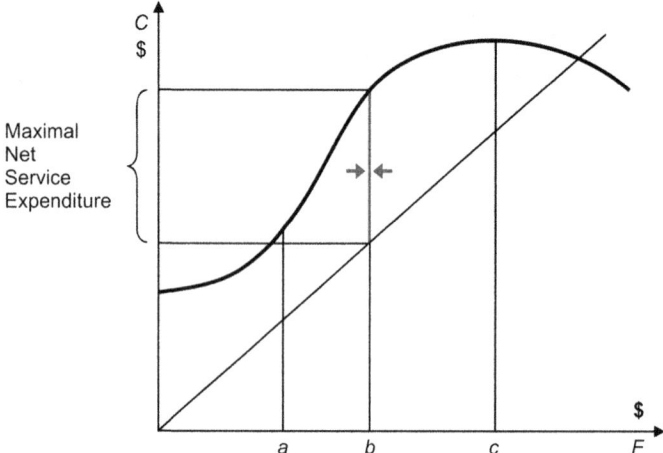

Abb. 6.27 Funktionaler Zusammenhang zwischen den Fundraising-Aufwendungen F und den Fundraising-Erträgen C einer einzelnen Organisation. (Quelle: Steinberg, Richard: Should Donors Care about Fund Raising?, in: Rose-Ackerman, Susan (Hrsg.): The Economics of Nonprofit Institutions – Studies in Structure and Policy, (Oxford University Press) New York, Oxford 1986, S. 349, basierend auf: Boyle, S.E.; Jacobs, P.: The Economics of Charitable Fundraising, Philanthropy Monthly, May 1978)

funktion („Donative Revenue Function") am Nullpunkt der Abszisse mit einem positiven Wert. Dies ist eine realistische Annahme, gelingt es doch kleinen und jungen Organisationen durchaus, ihre ersten Mittel auch ohne Fundraising-Budget einzuwerben indem alle Beteiligten auf eine Vergütung zunächst komplett verzichten (müssen).

Im weiteren Verlauf steigt die Spendenertragsfunktion bis zum Punkt a zunächst nur langsam an. *Steinberg* argumentiert, dass ein geringes Budget zunächst primär in den Aufbau einer Infrastruktur investiert werden muss und nur geringe zusätzliche Spendenerträge erzielt. Das stärkste Wachstum der Spendenertragsfunktion wird im Abschnitt zwischen den Punkten a und b erzielt. Hier gelingt es, durch zusätzliches Budget die besten Spender zu aktivieren. Ab dem Punkt b können durch zusätzliche Budgets nur noch kritischere Spender mit höherem Aufwand gewonnen werden, weshalb die Kurve ab Punkt b in einen weniger steilen, konkaven Verlauf wechselt und in Punkt c ihr Maximum erreicht. Nach Einschätzung von *Steinberg* könnte eine Budgeterhöhung über den Punkt c hinaus sogar ein Gefühl der Bedrängung bei (potenziellen) Spendern auslösen und deshalb kontraproduktiv dazu führen, dass die Spendenerträge wieder abnehmen und ab dem Schnittpunkt mit der der Diagonalen nicht einmal mehr kostendeckend sind.

Ziel der Optimierung ist die Maximierung der Nettoerlöse, also der Differenz zwischen den Fundraising-Erlösen und Fundraising-Aufwendungen (C-F). Grafisch betrachtet geht es also um die Maximierung des vertikalen Abstands zwischen der Spendenertragsfunktion und der Diagonalen. Dieser maximale Nettoertrag (von *Steinberg* „Maximal Net Service Expenditure" genannt) wird beim optimalen Fundraising-Budget b erreicht.

Mathematisch gesprochen hat die Spendenertragsfunktion an dieser Stelle einen Wendepunkt.

Einschränkend weist *Steinberg* noch auf die Problematik hin, dass Fundraising-Verantwortliche gar nicht unbedingt an einer Maximierung der Nettoerträge interessiert sein müssen. Vielmehr scheint es einzelne zu geben, die eher an einer Maximierung des Fundraising-Budgets interessiert sind, weshalb *Steinberg* sie auch „Budget-Maximierer" nennt („Budget Maximizer"). Budget-Maximierer halten auch ein Budget oberhalb des Optimums b für sinnvoll, da bis zum Punkt c eine Steigerung des Fundraising-Budgets ja auch noch eine Steigerung der Bruttoerlöse bedeuten – allerdings auf Kosten sinkender Nettoerlöse. Im Geschäftsbericht der Organisation macht sich eine Steigerung der Bruttoerträge natürlich zunächst einmal sehr gut („Unser Fundraising konnte mehr Ressourcen einwerben"). Der zweite Teil der Wahrheit, dass die Steigerung der Bruttoerlöse mit Einbußen bei den Nettoerlösen – auf Kosten der Projekte – „erkauft" wurden, bleibt – so die Hoffnung der Budget-Maximierer – unerkannt. Als Motivation für Budget-Maximierung vermutet *Steinberg* höheres Prestige für den Fundraising-Verantwortlichen und evtl. auch ein höheres Gehalt.

Soweit die theoretischen Überlegungen von *Steinberg*. Nun zu der Frage, wie das Optimierungsproblem im Fundraising in der Praxis gelöst werden kann. Zum einen ist also das optimale Fundraising-Budget zu ermitteln, mit dessen Einsatz der Nettoerlös aller Fundraising-Maßnahmen maximiert wird. Und zum anderen ist die optimale Aufteilung des Fundraising-Budgets auf die verschiedenen, alternativ zur Verfügung stehenden Fundraising-Produkte, Vertriebs- und Kommunikationskanäle zur Gewinnung, Bindung und Rückgewinnung der verschiedenen Ressourcenbereitsteller zu ermitteln. Hierzu hat die *FundOpt GmbH* aus Berlin ein modellgestütztes, nicht-lineares, dynamisches Optimierungsmodell für Fundraising-Entscheidungen entwickelt, das auf stochastischem Spendenverhalten und einer Migrationsanalyse der Spender basiert. Dieses aufwendige Verfahren lohnt sich für große Spendenorganisationen, die bereits auf mehrjährige Fundraising-Erfahrung zurückblicken können. Kleineren Organisationen bleibt nur, sich in einem iterativen Verfahren, den funktionalen Zusammenhang zwischen der Höhe des Fundraising-Budgets und dem Nettoerlös im Fundraising nach und nach praktisch zu erschließen.

Literatur

Weiterführende Literatur zu Abschn 6.1
GfK: Charity-Scope 2005. GfK, Nürnberg (2005)
GfK, Deutscher Spendenrat e. V.: Bilanz des Helfens. GfK, Deutscher Spendenrat e. V., Berlin (2018)
Haibach, M.: Frauen erben anders – Mutig mit Vermögen umgehen. Ulrike Helmer Verlag, Sulzbach im Taunus (2001)
Hönig, H.-J., Roeb, I.: Zielgruppensegmentierung im Fundraising. In: Fundraising-Akademie (Hrsg.) Fundraising – Handbuch für Grundlagen, Strategien und Methoden, 5. Aufl., S. 428–443. Springer Gabler, Wiesbaden (2016)

Imran, H.: Fundraising: Grundlagen, Database-Marketing und Financial Controlling. AV Akademikerverlag, Riga (2012)

Iversen-Schwier, P.: Analyseverfahren. In: Fundraising-Akademie (Hrsg.) Fundraising – Handbuch für Grundlagen, Strategien und Methoden, 5. Aufl., S. 283–297. Springer Gabler, Wiesbaden (2016)

Kantar TNS: Deutscher Spendenmonitor 2017. Kantar TNS, Berlin (2017)

Kreutzer, R.T.: Database Marketing – Erfolgsstrategie für die neunziger Jahre. In: Dallmer, H. (Hrsg.) Handbuch Direct Marketing, 6. Aufl., S. 623–642. Springer, Wiesbaden (1991)

Link, J., Brändli, D., Schleuning, C., Kehl, R.E. (Hrsg.): Handbuch des Database Marketing. IM Fachverlag Marketing Forum, Ettlingen (1997)

Lühe, von der Markus: So gewinnt UNICEF mehr Spender. Database Mark. **1**, 14–16 (1997)

Neukirchen, T.: Marktforschung. In: Fundraising-Akademie (Hrsg.) Fundraising – Handbuch für Grundlagen, Strategien und Methoden, 5. Aufl., S. 405–412. Springer Gabler, Wiesbaden (2016)

Nichols, J.: Global demographics – fundraising for a new world. Bonus Books, Chicago (1995)

Priller, E., Sommerfeld, J.: Wer spendet in Deutschland? Eine sozialstrukturelle Analyse. Wissenschaftszentrum Berlin für Sozialforschung (WZB), Berlin (2005)

Rodd, J.: Models of database marketing ((Henry Stewart Publications) London). J. Nonprofit. Volunt. Sect. Mark. Inter. J. **2**, 176–183 (1997)

Rodd, J.: Using data analysis in strategic legacy marketing ((Henry Stewart Publications) London). J. Nonprofit. Volunt. Sect. Mark. Inter. J. **3**, 1 (1998)

Rosegger, H., Schneider, H., Hönig, H.-J.: Database fundraising: Wie Sie Ihr Fundraising zum Erfolg führen. Fachverlag IM-Marketing-Forum, Ettlingen (2000)

Swissfundraising, DemoSCOPE: Spendenmarkt Schweiz 2016. Swissfundraising, DemoSCOPE, St. Gallen (2017)

Urselmann, M.: Zielgruppenansätze im Fundraising. In: Halfmann, M. (Hrsg.) Zielgruppen im Konsumentenmarketing, S. 333–349. Springer, Wiesbaden (2014)

Urselmann, M.: Zielgruppensegmentierung im Fundraising bei Privatpersonen. In: Urselmann, M. (Hrsg.) Handbuch Fundraising, S. 101–118. Springer, Wiesbaden (2016)

Urselmann, M., Demmel, R.: Herausforderung Generationenwechsel – Was bedeuten neue Spendergenerationen für das Fundraising? Stift. Spons. **3/2018**, 18–19

Weiterführende Literatur zu Abschn 6.2

Fischer, K.: Strategien im Fundraising. In: Fundraising Akademie (Hrsg.) Fundraising – Handbuch für Grundlagen, Strategien und Methoden, 5. Aufl., S. 173–184. Springer, Wiesbaden (2016)

Gahrmann, C.: Strategisches Fundraising. Gabler, Wiesbaden (2012)

Jastram, S.M.: Strategisches Fundraising. Berlin (2007)

Kasten, A.: Budgetplanung. In: Fundraising Akademie (Hrsg.) Fundraising – Handbuch für Grundlagen, Strategien und Methoden, 5. Aufl., S. 297–307. Springer, Wiesbaden (2016)

Lichtsteiner, H., Gmür, M., Giroud, C., Schauer, R.: Das Freiburger Management-Modell für Nonprofit-Organisationen, 8. Aufl. Haupt, Bern, Stuttgart, Wien (2015)

Urselmann, M.: Erfolgsfaktor Fundraising-Planung. In: Fundraising Akademie (Hrsg.) Fundraising – Handbuch für Grundlagen, Strategien und Instrumente, 1. Aufl., S. 485–498. Gabler, Wiesbaden (2001)

Weiterführende Literatur zu Abschn 6.3

Bono, L.M.: NPO-Controlling – Professionelle Steuerung sozialer Dienstleistungen. Schäffer-Poeschel, Stuttgart (2006)

Greenfield, J.M.: Fund-raising cost effectiveness – a self-assessment workbook. Wiley, San Francisco (1996)
Horak, C.: Controlling in Nonprofit-Organisationen – Erfolgsfaktoren und Instrumente. Deutscher Universitäts-Verlag, Wiesbaden (1995a)
Horak, C.: Stakeholder-Management für Nonprofit-Organisationen. VM **20**(3), 16–26 (1995b)
Imran, H.: Fundraising: Grundlagen, Database-Marketing und Financial Controlling. AV Akademikerverlag, Riga (2012)
Kettern, M.: Rechnungswesen gemeinnütziger Organisationen. In: Fundraising Akademie (Hrsg.) Fundraising – Handbuch für Grundlagen, Strategien und Methoden, 5. Aufl., S. 308–323. Springer, Wiesbaden (2016a)
Kettern, M.: Kostenrechnung und Kontrolle. In: Fundraising Akademie (Hrsg.) Fundraising – Handbuch für Grundlagen, Strategien und Methoden, 5. Aufl., S. 324–339. Springer, Wiesbaden (2016b)
Lehmann, M.: E-Mail-Marketing. In: Fundraising-Akademie (Hrsg.) Fundraising – Handbuch für Grundlagen, Strategien und Methoden, 5. Aufl., S. 737–741. Springer Gabler, Wiesbaden (2016)
Reiss, H.-C.: Controlling und Soziale Arbeit – Ein Beispiel aus der Freien Wohlfahrtspflege. Hermann Luchterhand, Neuwied (1993)
Sargeant, A., Jay, E.: Building donor loyalty – the fundraiser's guide to increasing lifetime value. Jossey-Bass, San Francisco (2004a)
Sargeant, A., Jay, E.: Fundraising Management: Analysis, Planning and Practice. Routledge, Chapman & Hall, London (2004b)
Theuvsen, L.: Stakeholder-Management – Möglichkeiten des Umgangs mit Anspruchsgruppen. Münsteraner Diskussionspapiere zum Nonprofit-Sektor – Nr. 16. (2001)
Urselmann, M.: Zielgruppenansätze im Fundraising. In: Halfmann, M. (Hrsg.) Zielgruppen im Konsumentenmarketing: Segmentierungsansätze, Trends, Umsetzung. Gabler, Wiesbaden (2013)
Warwick, M.: Increase donors' lifetime value. Nonprofit Times **1993**, 58–59 (1993)

Weiterführende Literatur zu Abschn 6.4
Fundraising Akademie (Hrsg.): Das Total Quality Excellence Kompendium des Fundraisings – Der detaillierte Management-Leitfaden für maximale Qualität der Spendenwerbung. Fundraising Akademie, Frankfurt (2006)
Kesting, V.: Qualitätsmanagement. In: Fundraising Akademie (Hrsg.) Fundraising – Handbuch für Grundlagen, Strategien und Methoden, 4. Aufl., S. 200–208. Gabler, Wiesbaden (2008)
Lange, M.: Qualitätsmanagement im Fundraising. Stift. Spons. **2**, 9–11 (2001)
Lersch, A.: Zufriedenheits- und Beschwerdemanagement. In: Fundraising Akademie (Hrsg.) Fundraising – Handbuch für Grundlagen, Strategien und Methoden, 5. Aufl., S. 820–826. Springer, Wiesbaden (2016)

Weiterführende Literatur zu Abschn 6.5
Gubser, M.: Lieber in Würde untergehen. Einige Bemerkungen zur Institutional Readiness FundInfo 1/2005. Schweizer Fundraising-Verband, Zürich (2005)
Haibach, M.: Institutional Readiness: Organisationsentwicklung und Change-Management. In: Fundraising Akademie (Hrsg.) Fundraising – Handbuch für Grundlagen, Strategien und Methoden, 5. Aufl., S. 167–173. Springer, Wiesbaden (2016)
Schreyögg, G.: Grundlagen der Organisation – Basiswissen für Studium und Praxis. Gabler, Wiesbaden (2012)
Schwarz, P.: Organisation in Nonprofit-Organisationen – Grundlagen. Strukturen, Wien (2005)

Wallmeyer, G.: Positionierung des Fundraisings in der Organisation. In: Fundraising-Akademie (Hrsg.) Fundraising – Handbuch für Grundlagen, Strategien und Methoden, 5. Aufl., S. 215–223. Springer, Wiesbaden (2016)

Weiterführende Literatur zu Abschn 6.6
Klein, T., Endres, C.: Mitarbeiterinformation – Die unterschätzte Ressource. Pers. – Zeitschrift Für Hum. Resour. Manag. **1995**(6), 280–285 (1995)
Roßrucker, K.: Arbeitszufriedenheit und ihre Folgen in helfenden Berufen. Peter Lang, Frankfurt/Main (1990)
Staehle, W.: Management, 8. Aufl. Vahlen, München (1999)
Stöger, R., Salcher, M.: NPOs erfolgreich führen: Handbuch für Nonprofit-Organisationen in Deutschland, Österreich und der Schweiz. Schäffer-Poeschel, Stuttgart (2006)
Thom, N.: Personalentwicklung als Instrument der Unternehmensführung, Habil. Schäffer-Poeschel, Stuttgart (1987)
Töpfer, A.: Kunden-Zufriedenheit durch Mitarbeiter-Zufriedenheit. Personalwirtschaft **8**, 10–15 (1995)
Scholz, C.: Personalmanagement, 6. Aufl. Vahlen, München (2013)
Scholz, C.: Grundzüge des Personalmanagements, 2. Aufl. Vahlen, München (2014)

7 Service-Teil: Weitere Informationsquellen zum Fundraising

Wer sein Fundraising-Fachwissen über die am Ende eines jeden Kapitels empfohlene Literatur hinaus vertiefen und ständig aktualisieren möchte, findet mittlerweile auch im deutschsprachigen Raum eine Vielzahl von Aus- und Weiterbildungsmöglichkeiten, Fachzeitschriften und Informationsquellen im Internet.

7.1 Ausbildungsmöglichkeiten im Fundraising

Eisfeld-Reschke und Widera listen 2012 in ihrer Marktstudie nicht weniger als 23 Ausbildungsangebote für Fundraising auf,

- die im deutschsprachigen Raum liegen,
- die einen Umfang von mindestens fünf Tagen aufweisen,
- deren Methodik über reine Wissensvermittlung hinausgeht,
- und die Kontroll- und Prüfungsinstanzen einsetzen.[1]

Exemplarisch sollen hier die beiden wichtigsten berufsbegleitenden Ausbildungsgänge kurz vorgestellt werden:

- *Zürcher Hochschule für Angewandte Wissenschaften (ZHAW)* in Winterthur: Die größte Fachhochschule der Schweiz bietet Interessenten aus dem gesamten deutschsprachigen Raum einen internationalen Diplomlehrgang „Fundraising-Management" an. Das Wichtigste in Kürze:
  - Dauer: 12 Monate,
  - Präsenzphasen: Zwei Intensivwochen und sechs Drei-Tages-Einheiten (Donnerstag bis Samstag). Projektarbeiten, Diplomarbeit, schriftliche und mündliche Prüfungen.

---

[1] Vgl. Eisfeld-Reschke, Jörg; Widera, Patrick: Fundraising lernen! Marktstudie Fundraising-Ausbildungen, (Studie kann über das Internet bezogen werden).

- Abschluss: Diploma of Advanced Studies (DAS), staatlich anerkannt, anerkannt vom Schweizerischen Fundraising-Verband.
- Kosten: 10.600 Schweizer Franken (ca. 9055 €) zzgl. Übernachtung und Verpflegung während der Präsenzphasen (Stand 2018).
- Weitere Informationen: weiterbildung.zhaw.ch/de/school-of-management-and-law/programm/das-fundraising-management.html
- Adresse: Siehe Abschn. 7.5.

• *Fundraising Akademie gGmbH* in Frankfurt/Main: Die Fundraising-Akademie bietet in Deutschland den nationalen Studiengang Fundraising an. Das wichtigste in Kürze:
- Dauer: 24 Monate,
- Vier einwöchige Präsenzphasen, praxisnahe Agenturarbeiten, Hausarbeiten, mündliche Abschlussprüfung.
- Abschluss: Zertifikat „Fundraising Manager".
- Kosten: 9560 € inkl. Übernachtung und Verpflegung während der Präsenzphasen (Stand 2013).
- Weitere Informationen: www.fundraising-akademie.de
- Adresse: Siehe Abschn. 7.5.

• Major Giving Institute: Berufsbegleitende Ausbildung „Großspenden-Fundraiser/-in" in drei viertägigen Blöcken (www.major-giving-institute.org).

7.2 Weiterbildungsmöglichkeiten im Fundraising

Neben den genannten Ausbildungs- gibt es auch zahlreiche Weiterbildungsmöglichkeiten im Fundraising. Hier seien nur die wichtigsten genannt:

• International Fundraising Congress (www.resource-alliance.org),
• Deutscher Fundraising Kongress (www.fundraising-kongress.de),
• SwissFundraisingDay (www.swissfundraisingday.ch),
• Österreichischer Fundraising Kongress (www.fundraisingkongress.at),
• Bad Honnefer Fundraising-Forum (gfs.de),
• Fundraising-Tage (fundraisingtage.de),
• Treffen der 17 Regionalgruppen des *Deutschen Fundraising Verbandes* (dfrv.de/ueber-uns/fundraising-regional).
• SwissFundraising ERFA-Treffs in Basel, Bern, Lausanne, St. Gallen und Zürich (swissfundraising.org).
• Fundraising-Frühstück des Fundraising Verbandes Austria (fundraising.at).
• Fit fürs Internet – Kostenlose Trainings für Nonprofits, betterplace in Kooperation mit der Google Zukunftswerkstatt (betterplace.org/c/neues/fit-fuers-internet-kostenlose-trainings-fuer-non-profits/)

7.3 Fundraising-Fachzeitschriften

Folgende Fachzeitschriften liefern aktuelle Informationen zum Fundraising:

- Fundraiser-Magazin (fundraiser-magazin.de).
- Stiftung & Sponsoring – Magazin für Nonprofit-Management und -Marketing (stiftung-sponsoring.de).
- Die Stiftung (die-stiftung.de).

7.4 Informationsquellen im Internet

Folgende Websites liefern aktuelle Informationen zum Fundraising:

- online-fundraising.org,
- fundraising.de,
- sozialmarketing.de,
- facebook.com/UrselmannFundraisingConsulting,
- moviemondays.com.

7.5 Wichtige Adressen für Fundraiser

AFP Association of Fundraising Professionals
4300 Wilson Boulevard, Suite 300
Arlington, VA 22203-4168
USA
afpnet.org

Aktive Bürgerschaft e. V.
Reinhardtstraße 25
10117 Berlin
aktive-buergerschaft.de

Bundesverband Deutscher Stiftungen e. V.
Haus Deutscher Stiftungen
Mauerstraße 93
10117 Berlin
stiftungen.org

Council on Foundations
2121 Crystal Drive, Suite 700
Arlington, VA 22202
USA
cof.org

Deutsche Gesellschaft für Management und Controlling in der Sozialwirtschaft e. V.
RheinAhrCampus Remagen
Joseph-Rovan-Allee 2
53424 Remagen
dgcs.de

Deutsche Vereinigung für Erbrecht und Vermögensnachfolge e. V. (DVEV)
Hauptstr. 18
74918 Angelbachtal
dvev.de

Deutscher Dialogmarketing Verband e. V.
Hasengartenstr. 14
65189 Wiesbaden
ddv.de

Deutscher Fundraising Verband e. V.
Brüderstr. 13
10178 Berlin
fundraisingverband.de

Deutscher Spendenrat e. V.
Fabeckstr. 55
14195 Berlin
spendenrat.de

Deutsches Zentralinstitut für soziale Fragen (DZI)
Bernadottestr. 94
14195 Berlin
dzi.de

ESB Marketing Netzwerk
Postfach 519
9001 St. Gallen
Schweiz
esb-online.com

7.5 Wichtige Adressen für Fundraiser

European Foundation Center
AISBL
Philanthropy House
Rue Royale 94
1000 Brüssel
Belgien
efc.be

European Fundraising Association (EFA)
Registered Office
Keizersgracht 317
1016 EE Amsterdam
Niederlande
efa-net.eu

Fachverband für Sponsoring-Agenturen und -Dienstleister e. V. (FASPO)
Mittelweg 22
20148 Hamburg
faspo.de

Fundraiser Magazin GbR
Altlockwitz 19
01257 Dresden
fundraiser-magazin.de

Fundraising Akademie gGmbH
Emil-von-Behring-Str. 3
60439 Frankfurt am Main
fundraising-akademie.de

Fund Raising School
Lilly Family School of Philanthropy
University Hall, Suite 3000
301 University Boulevard
Indianapolis, IN 46202
USA
philanthropy.iupui.edu/the-fund-raising-school

Fundraising Verband Austria
Herbeckstr. 27
1080 Wien
Österreich
fundraising.at

Qualitätsinitiative Straßen- und Haustürwerbung e.V. (QISH)
Tegeler Weg 9 a
10589 Berlin
qish.de

Qualitätszirkel Telefon-Fundraising (QTFR)
Beuthstr. 7
10117 Berlin
telefon-fundraising.de

Stifterverband für die Deutsche Wissenschaft
Barkhovenallee 1
45239 Essen
stifterverband.info

Stiftung ZEWO – Schweizerische Zertifizierungsstelle für gemeinnützige, Spenden sammelnde Organisationen
Pfingstweidstrasse 10
8005 Zürich
Schweiz
zewo.ch

Swissfundraising – Der Berufsverband der FundraiserInnen
Rosenbergstrasse 85
9001 St. Gallen
Schweiz
swissfundraising.org

The Resource Alliance
56–64 Leonard Street
London, EC2A 4LT
Großbritannien
resource-alliance.org

Urselmann Fundraising Consulting GmbH
Bismarckstr. 18
53113 Bonn
facebook.com/UrselmannFundraisingConsulting
urselmann.de

Verbandsmanagement Institut (VMI)
Bd de Pérolles 90
1700 Freiburg
Schweiz
vmi.ch

Zürcher Hochschule für Angewandte Wissenschaften (ZHAW)
School of Management and Law
Bahnhofplatz 12
8400 Winterthur
Schweiz
weiterbildung.zhaw.ch/de/school-of-management-and-law/programm/das-fundraising-management.html

Weiterführende Literatur

Alken, I., Kreuzer, T.: Qualifizierung. In: Fundraising-Akademie (Hrsg.) Fundraising – Handbuch für Grundlagen, Strategien und Methoden, 5. Aufl., S. 870–877. Springer Gabler, Wiesbaden (2016)

Eisfeld-Reschke, J., Widera, P.: Fundraising lernen! Marktstudie Fundraising-Ausbildungen. ikosom, Berlin (2012). Studie kann über das Internet bezogen werden

Findert, A.: Fundraising als Beruf. In: Fundraising-Akademie (Hrsg.) Fundraising – Handbuch für Grundlagen, Strategien und Methoden, 5. Aufl., S. 851–858. Springer Gabler, Wiesbaden (2016)

Labaronne, L., Seger, B.: Fundraising management (SML essentials). vdf Hochschulverlag, Zürich (2015)

Müllerleile, C.: Berufspolitik. In: Fundraising-Akademie (Hrsg.) Fundraising – Handbuch für Grundlagen, Strategien und Methoden, 5. Aufl., S. 160–166. Springer Gabler, Wiesbaden (2016)

Reschke, J.: Fundraising lernen – Berufsbild Fundraising, sozialmarketing.de/fundraising-lernen (Zugriff am 10. März 2018)

Anhang

Experten
Die folgenden Fundraising-Experten haben dankenswerterweise mit ihrem Wissen zu diesem Buch beigetragen:

- Johannes Bausch, ANT-Informatik Service GmbH,
- Dr. Roland Demmel, FundOpt Fundraising Optimierung GmbH,
- Eva Fuchs-Mischkulnig, TeleDialog GmbH,
- Sylvia Hartmann, Kindernothilfe e. V.,
- Eva Hieninger, getunik GmbH,
- Jona Hölderle, Pluralog,
- Gregor Jungheim, Die Stiftung,
- Oliver Krems, Kindernothilfe e. V.,
- Dr. Christoph Mecking, Stiftungskonzepte GmbH,
- Holger Menze, FRC Spenden Manufaktur GmbH,
- Harald Meurer, Aktion HelpDirect e. V.,
- Wolfgang Mischkulnig, TeleDialog GmbH,
- Tom Neukirchen, Fundgiver Social Marketing GmbH,
- Stefan Pauer, Bank für Sozialwirtschaft AG,
- Arne Peper, Malteser Hilfsdienst e. V.,
- Katja Prescher, RaiseNow AG,
- Ricarda Raths, WWF Deutschland e. V.,
- Thilo Reichenbach, Aktion Deutschland Hilft e. V.,
- Nicolas Reis, Altruja GmbH,
- Dr. Thomas Röhr, Rote Nasen e. V., QTFR,
- Ralf Rösler, Rechtsanwalt, Datenschutzbeauftragter (TÜV),
- Prof. Dr. Stephan Schauhoff, Flick Gocke Schaumburg,
- Fabian Schreiber, twingle GmbH,
- Julian Schwarze, emcra GmbH,
- Thomas Stolze, Wikando GmbH (FundraisingBox),
- Jan Uekermann, RaiseNow AG,

- Dr. Karin Urselmann, Urselmann Fundraising Consulting GmbH,
- Sabine Wagner-Schäfer, AZ Fundraising Services GmbH,
- Manfred Welzel, MWE – Beratung Manfred Welzel,
- Franz Wissmann, DialogDirect GmbH.

Sachverzeichnis

360-Grad-Video, 80, 237

A

A/B-Test, 310, 353, 366, 367, 496
Ablauforganisation, 431, 568
Abmelderate, 558
Affiliate-Marketing, 358, 410
Affinity Credit Card, 417
Aktion Deutschland Hilft (ADH), 254
Aktionsbündnis Katastrophenhilfe, 254
Alleinstellungsmerkmal, 131
Amazon, 407
    AmazonSmile, 407
Anlassspende, 138, 158
Anschreiben, 264, 278
Anzeige, 29, 38, 59, 109, 114, 147, 159, 258
Application Programming Interface (API), 375
Apps, 340
Association of Fundraising Professionals, 556
Attrition Rate, 45, 237, 544
Aufbauorganisation, 251, 431, 568
Augenkamera, 264
Außenwerbung, 29, 38, 64, 260

B

Bank für Sozialwirtschaft, 194, 202, 462
Banner, 270, 278, *siehe* Online-Banner
Bedarfsanalyse, 531
Befragung, 72, 437, 532
Beihefter, 29, 38, 59, 159, 260
Beikleber, 29, 38, 59, 260
Beilage, 29, 38, 259
Beileger, 59, 109, 159, 184, 273
Benchmarking, 497, 516, 532, 536, 540, 543
Beschaffungsmarketing, 10
Bitcoin, 200, 308
Blogs, 330
Bounce-Rate, 558
Briefhülle, 278
Broschüre, 270
Bündnis Entwicklung Hilft, 254
Bußgeld, 465
Bußgeld-Marketing, 464

C

Call-to-Action, 27, 37, 146, 266, 283, 357
Canvassing, 234
Capital Campaign, 93
Case for Support, 94
Cause-Related Marketing, 271, 405
CHAID (Chi-squared Automatic Interaction Detection), 495
Charity Charge Credit Card, 419
Charity Shop, 12, 338
Charity SMS, 144
Charity-Shopping, 406
Chatbots, 371
City-Light-Boards, 260
City-Light-Poster, 260, 273
Click-Through-Rate (CTR), 558, *siehe* Klickrate
Content Communities, 331
Controlling, 208, 502, 526, 537
    operatives Controlling, 538
    strategisches Controlling, 526
Conversion, 352, 361
Conversion Rate, 558
Conversion-Optimierung, 353
Conversion-Tracking, 309
Cookie, 356
Corporate Citizen, 392
Corporate Citizenship, 433

Corporate Design, 366
Corporate Giving, 395
Corporate Matching Gift, 414
Corporate Social Responsibility (CSR), 8, 271, 392, 435, 436
　CSR-Richtlinie, 392
Corporate Volunteering, 4, 398, 435
Cost-per-Click (CPC), 350, 357
Cost-per-Impression (CPI), 357
Cost-per-Lead (CPL), 357
Cost-per-Mille (CPM), 357
Co-Branding, 418
Crowdfunding, 344
　Crowddonating, 344
　Crowdinvesting, 345
　Crowdlending, 345
　Crowdsupporting, 345
　Donation-based Crowdfunding, 344
　Equity-based Crowdfunding, 345
　Lending-based Crowdfunding, 345
　Reward-based Crowdfunding, 345
Customer Relationship Management, 120

D

Dachverband der entwicklungspolitischen Nichtregierungsorganisationen in Deutschland, 213
Dank, 9, 41
Data Mining, 495
Database Marketing, 195, 207, 493, 538
Datenschutz-Grundverordnung (DSGVO), 209, 310, 356
Dauerauftrag, 69, 197
Dauerspender, 50
Degenerationsphase, 142
Deutscher Fundraising Verband, IX, 598
Deutscher Spendenrat, 507, 598
Deutsches Zentralinstitut für Soziale Fragen (DZI), 213, 225, 598
　Spenden-Siegel, 138
　Spenden-Siegel-Leitlinien, 213
Dialogwerbung, 114, 145, 159, 167, 269
Direktüberweisung, 199
Direkt-Überweisung, 199
Direktwerbung, 114, 145, 159, 167, 262
Display-Advertising, 352
Display-Marketing, 278, 352
Display-Werbung, 352
　Banner, 352

Online-Vermarkter, 355
　Videoanzeigen, 353
Donor Journey, 361, 488, 544
Door-to-Door-Fundraising, 234
Double-Opt-In, 215, 304
Downgrading, 220, 543
DRTV-Spot, 59, 217, 255
Durchschnittsspende, 540, 548
DZI-Spenden-Siegel, 507

E

Ehrenamt, 2, 3
Ehrenamtsbörse, 3
eingetragener Verein, 50
Ein-Cent-(Rück-)Überweisung, 193
Einzahlungsschein, 201, 267
Engagement-Rate, 557
ePrivacy-Verordnung, 215, 226
Erbrechtsvortrag, 112, 491
Erbschaft, 96, 177, 191
Erbschaftsbroschüre, 101, 491
Erbschaftssteuer, 5, 119
Erbschafts-Fundraising, 100
Erfahrungskurvenkonzept, 533
Erstspender, 34, 35
Ethik, 212, 216, 225, 507
E-Commerce-Tracking, 309
E-Newsletter, 113, 270, 361
E-Payment, 198
E-Mail, 167, 198, 360
　Cold-E-Mail, 361
　Dank-E-Mail, 361
E-Mail-Marketing, 360
E-Mail-Signatur, 113, 161, 167, 270
Event, 80, 112, 230

F

Facebook, 322
　Custom Audiences, 328
　Facebook-Messenger, 368
　Insights, 330
　Lookalike Audiences, 329
Facebook-Werbung, 278, 328
Face-to-Face-Fundraising, 56, 226, 228, 242, 489, 506, 510, 537, 544
Fernsehen, 252
Flyer, 270, 278, 293
Folder, 267
Fördermitglied, 51

Fördermitgliedschaft, 168
Fördermittel aus Kirchensteuern, 468
Freianzeige, 258, 355
Freistellungsbescheid, 144, 267, 466
Freiwilligenagentur, 3
Führung, 575
Füllanzeige, 258
Fülleranzeige, 28, 59, 114, 147, 258, 273
Fundraising, 1
    Stiftungs-Fundraising, 443
Fundraising-Datenbank, 120, 160, 195
Fundraising-Konzept, 508
Fundraising-Mix, 129, 145, 159, 167
Fundraising-Software, 126

G
Gamification, 341
Geburtstags-Spendenaktion, 325
Geldauflagen, 465
Geldauflagen-Marketing, 464
Geldbuße, 465
Gemeinnützigkeit, 144, 560
Gemeinsam für Afrika, 254
Generationen
    Babyboomer, 477
    Generation X, 478
    iBrains, 480
    Millenials, 479
    Smarties, 481
    Wiederaufbauer, 476
Geschäftsbericht, 9, 561
Geschäftsbetrieb, wirtschaftlicher, 440
Geschäftsführung, 241, 266, 420, 569
Geschäftsvorfallscode, 69, 540
Gesetz
    zur weiteren Stärkung des bürgerschaftlichen Engagements (Hilfe für Helfer), 13, 190, 381, 455
    zur weiteren steuerlichen Förderung von Stiftungen, 13, 381, 455
Gewerbesteuer, 5, 233
GfK (Gesellschaft für Konsumforschung), 263
Gift Table, 94
Giropay, 199
Give-away, 46, 90, 137, 208, 213, 278, 495
Google
    Google AdSense, 353
    Google Authenticator, 310
    Google Display-Werbenetzwerk, 353
    Remarketing, 355
    Suchanzeige, 350
    Targeting-Tools, 353
Grabspende, 162
Großflächenplakat, 260
Großspender, 73
Grundnutzen, 132

H
Haussammlung, 192, 234
Haustürwerbung, 57
Hauswurfsendung, 268
Heimgesetz, 27
High Donor, 222
Homepage, 278

I
IBAN, 194
Image, 8, 245, 399, 427
Impact, 450
Inbound-Chat, 371
Inbound-Telefonie, 216
Incentive, 66, 577
Infoscreen, 260
Infostandkampagne, 235
Innovation, 139
Input, 450
Institutional Readiness, 506
Intranet, 113, 270
iooi-Methode, 450

J
Jahresbericht, 263, 270

K
Kapitalkampagne, 93
Kennzahlen, 538
Key Performance Indicator (KPI), 538
Kindchenschema, 289
Kinderpatenschaft, 51
Kinowerbung, 257
Kirchenkollekte, 192
Kleinspende, 143
Kleinstspende, 143
Klickrate, 351
Klingelbeutel, 142
Kollekte, 142, 144, 192, 228, 240, 246
Kommunikationskanäle, 22, 27, 54, 69, 106, 156, 174, 217, 249, 251, 262, 271, 297, 395, 508

Kommunikationspolitik, 249
Kondolenzspende, 162, 246
Konkurrenzanalyse, 496, 528
Kontakthistorie, 122, 488
Kontaktloses Bezahlen, 200
Körperschaftssteuer, 5, 233
Kostenrechnung, 552
Kosten- und Leistungsrechnung, 538
Kranzspende, 162
Kreditkarte, 197

L

Landing-Page, 278, 352
Lastschrift, 195
Lastschrifteinzugsermächtigung, 68
Lead, 32
Lebenszyklus-Modell, 511
Legat, 177
Leitbild, 427, 439, 449, 499, 503, 585
Lifetime Cost (LTC), 553
Lifetime Value, 548
Listbroker, 206
Listenprivileg, 209
Litfaßsäule, 260
Live-Video-Spendenaktion, 326
Lotterie, 397
Lotteriesteuer, 397

M

Mailing, 110, 188, 278
  Eigenadress-Mailing, 35, 160, 205
  Fremdadress-Mailing, 35, 182, 206
  Hauslisten-Mailing, 205
  Kaltadress-Mailing, 206
  Prospect-Mailing, 206
  Warmadress-Mailing, 205
Major Donor, 222
Make-or-Buy-Entscheidung, 208, 223, 240, 513
Marke, 138
Marketing-Automation, 361
  E-Mail-Marketing-Automation, 361
Marketing-Mix, 129
Marktanalyse, 528, 530, 531
Marktforschung, 473
Matching-Gift, 82
Mediawerbung, 114, 145, 251
Meet and Greet, 417
Mega-Lights, 260
Mehrfachspender, 47

Member-gets-Member, 66, 238
Messenger-Ad, 369
Messenger-Advertising, 368
Messenger-Marketing, 368
Messenger-Newsletter, 368
Messenger-Werbung, 368
Microblogging, 330
Middle Donor, 91, 222
Mid-Level Donor, 91
Mikrogeografische Marktsegmentierung, 485
Mikrospende, 138, 143
Mission Statement, 503
Mitarbeiterzufriedenheit, 559, 575
Mitglieder, 50
Mitgliedschaft, 168
Mobile Fundraising, 332
Mobile Payment, 200
Mobile Zahlungsverfahren, 200
Multifunktionale Kontonummer, 194, 267
Multi-Channel Distribution, 204
Multi-Channel-Fundraising, 272
Multi-Channel-Kommunikation, 282

N

Neuspender, 35, 217, 269, 553
Newsletter, 267
NFC, 153, 200, 337
  NFC-Aufkleber, 339
  NFC-Sticker, 339
  NFC-Tags, 338
Nichtregierungsorganisation, 6
Nonprofit-Organisation, 5, 502, 557
Non-Cash Assistance, 4, 260
Non-Governmental Organization, 6

O

Öffentlichkeitsarbeit, 19, 21, 206, 213, 250, 272, 317, 357, 555, 570
OffPage-Optimierung, *siehe* Suchmaschine
Omni-Channel-Marketing, 272
One-to-One-Marketing, 89, 496
Online-Banking, 143
Online-Banner, 352
  Frei-Banner, 355
Online-Fundraising, 145, 159, 167, 214, 297, 298, 300, 367
  Multichannel-Online-Fundraising, 373
Online-Petition, 31
Online-Spendenformular, 214, 297, 303

Online-Vertrieb, 105
Online-Zahlungsverfahren, 198
OnPage-Optimierung, *siehe* Suchmaschine
Open-Rate, 558
Opt-in, 209, 304
Opt-out, 210
Outbound-Telefonie, 217
Outcome, 450
Output, 450
Outsourcing, 80, 85, 127, 128, 208, 214, 222, 223, 233, 239, 240, 249, 297, 467, 513, 552, 570
Out-of-Home-Media, 260

P

PageRank-Algorithmus, *siehe* Suchmaschine
Painless Giving, 341, 405, 418
Pareto-Prinzip, 19
Patenschaft, 51
Paydirekt, 199
PayPal, 198
PayPal-Spenden-Button, 198
Payroll-Giving, 155
Pay-per-Click, 350
Peer-to-Peer-Fundraising, 66, 165
Performance-Marketing, 358
Persönlicher Vertrieb, 100, 227
PEST-Analyse, 528, 584
Pfandspende, 157
Plakat, 146, 270
Planned Giving, 174
Planung, 426, 568, 574, 581
Portfolio-Analyse, 511, 527, 532, 588
Portooptimierung, 208
Postvertrieb, 101, 204
Postwurfsendung, 268
Postwurfspezial, 268
Potenzialanalyse, 528, 532
Preispolitik, 179
Printwerbung, 147
Produktdifferenzierung, 142
Produktelimination, 142
Produktlebenszyklus, 142
Produktmodifikation, 142
Produktnutzen, 131
Produkt-Lebenszyklus-Modell, 533
Produktvariation, 142
Projektfortschrittsbericht, 48
Projektorganisation, 431

Projektpatenschaft, 52
Projektreise, 79
Projekt-Management, 572
Prominente, 150, 273, 293
Prospect Research, 75
Prozessoptimierung, 562
Public Fundraising Regulatory Association (PFRA), 236
Publizitätspflicht, 497

Q

QR-Code, 38, 153, 200, 339
Qualität, 226, 227, 244
Qualitätsinitiative Fördererwerbung (QUIF), 236
Qualitätsinitiative Straßen- und Haustürwerbung e. V. (QISH), 236
Qualitäts-Management, 208, 219, 245, 559, 563, 573
   Leistungsqualität, 560
   Prozessqualität, 562
   Qualität, 559
   Strukturqualität, 565
Qualitätszirkel Telefon-Fundraising (QTFR), 224

R

Radio-Spot, 256
Reaktivierungsprogramm, 494
Rechnungswesen, 538
Rechtsform, 50, 225, 500
Relationship Fundraising, 15, 18, 23, 33, 106, 120, 216, 228, 304, 431, 466, 540
Response-Element, 278
Response-Quote, 182, 206, 269, 539, 553
Response-Rate, 558
Responsive Design, 317
Responsiveness, 309
Ressourcen, 1, 6, 9, 10, 12
Ressourcenbereitsteller, 11
Restgeldspende, 153, 192
Retargeting, 355
Return on Investment, 554
RFM-Analyse, 56, 488, 493
Riesenposter, 260
Robinsonliste, 213

S

Sachspende, 49, 66, 137, 234, 242, 397, 440
Satzung, 1, 173, 440, 466

Schaufensterwerbung, 260
Schirmherr, 425, 449
Schuldnerdatei, 125
Scoring-Modell, 493
Secondment, 398
SEPA-Basislastschrift, 196
SEPA-Firmenlastschrift, 196
SEPA-Lastschrift, 196
SEPA-Lastschriftmandat, 196
SEPA-Überweisung, 192
Service-Scheckheft, 43
Shareholder, 500
Shopping-List, 79, 180, 183, 184, 188, 266, 305
Slider, 180, 305
Smartphone, 200
SMS-Spende, 144, 221, 333
SMS-Widget, 334
Social Media, 113, 214, 322, 347, 491
Social Media Site, 270
Social Networks, 322
Social Signal, 350, 363
Sofortüberweisung, 199
Spendenaktion, 164, 308, 314, 325, 411
Spendenbarometer, 183
Spendenbescheinigung, 42
Spendenbox, 153
Spendenplattform, 311, 342, 413
Spendenquittung, 42
Spendenseite, 312
Spenden-Button, 324
Spenden-Shop, 124, 180, 312
Spenden-Siegel, 138
Spenderbefragung, 43, 49, 106, 111, 161, 491
Spenderdarlehn, 169
Spenderjubiläum, 48
Spendermotive, 133, 487
Spenderpyramide, 18
Spenderquote, 17, 475
Spenderreise, 79, 491
Spenderzufriedenheit, 559, 575
Sperrkennzeichen, 213
Sponsored Link, *siehe* Suchmaschine
Sponsoring, 1, 8, 399, 426
    Erlass, 400, 440, 529
    Vertrag, 430, 431
Stadtmöbel, 261, 273
Stakeholder, 8, 241, 250, 376, 427, 438, 449, 500, 532, 562
Stakeholder-Analyse, 501, 532

Stand-Fundraising, 235
Standwerbung, 57, 183, 235
Sterbedatei, 208
Stifterdarlehn, 169
Stiftung, 8, 173, 191, 443, 444
    Bürgerstiftung, 445
    Corporate Foundation, 421
    CSR-Stiftung, 421
    Einzelstiftung, 445
    Familienstiftung, 444
    fiduziarische Stiftung, 445
    fördernde Stiftung, 447
    Förderstiftung, 447
    gemeinnützige Stiftung, 444
    Gemeinschaftsstiftung, 445
    kirchliche Stiftung, 444
    kommunale Stiftung, 444
    nichtrechtsfähige Stiftung, 445
    öffentlich-rechtlichen Stiftung, 444
    operative Stiftung, 447
    privatnützige Stiftung, 444
    privatrechtliche Stiftung, 444
    rechtsfähige Stiftung, 445
    selbständige Stiftung, 445
    staatliche Stiftung, 444
    Stiftung des bürgerlichen Rechts, 444
    Stiftungs-GmbH, 446
    Stiftungs-Verein, 446
    treuhänderische Stiftung, 445
    Treuhandstiftung, 445
    unselbständige Stiftung, 445
    Unternehmensbeteiligungs-Stiftung, 423
    Unternehmensstiftung, 421, 444
    Unternehmensträger-Stiftung, 423
    unternehmensverbundene Stiftung, 423, 444
    Vergabestiftung, 447
Stiftungsfonds, 173
Störer, 312
Storytelling, 293, 330
Straßensammlung, 192, 235
Straßenwerbung, 235
Strategische Fundraising-Planung, 508
Suchmaschine
    Ad Grants, 351
    AdWords, 350
    Keyword, 348
    OffPage-Optimierung, 350
    Onpage-Optimierung, 349
    Page-Rank-Algorithmus, 348

Paid Listing, 350
Sponsored Links, 350
Suchmaschinenoptimierung, 348
Suchmaschinen-Marketing, 214, 347
Suchmaschinenwerbung, 348
SWOT-Analyse, 527, 536, 580, 583

T
Tablet, 200, 238
Tausender-Kontakt-Preis (TKP), 357
Teaser, 263, 268
Telefonische Erstspenderbegrüßung, 217
Telefon-Fundraising, 42, 103, 153, 185, 216, 222, 227, 248, 506, 537
    Aktives Telefon-Fundraising, 217
    Passives Telefon-Fundraising, 216
Telefonvertrieb, 103, 216
Telethon, 254
Testamentspende, 175
Testamentspender, 96, 97, 222
Testimonial, 85
Tests, 495
Themenpatenschaft, 53
Tierpatenschaft, 53
Tombola, 397
Top Donor, 222
Total Quality Excellence (TQE), 565
Tracking, 216, 488
Transparenz, 226, 497, 560
Trash-Rate, 263, 268
Trauerspende, 162
TÜV-Zertifizierung, 556
TV-Spot, 146
Twitter, 330

U
Überweisung, 192
Umfeldanalyse, 528, 530
Umsatzsteuer, 397
Umwandlungsquote, 539, 540
Umzugsdatei, 124, 208
Unternehmenskooperation, 438, 440
Unternehmensspende, 394, 395, 439
Unternehmensstiftung, 423, 435, 440, 456
Upgrading, 19
    Telefonisches Upgrading, 220
USP, 131

V
VENRO (Dachverband der entwicklungspolitischen Nichtregierungsorganisationen in Deutschland), 213
Verarbeitungsverzeichnis, 212
Verkehrsmittelwerbung, 261
Vermächtnis, 96, 177, 191
Verstorbenendatei, 125
Vertrag zugunsten Dritter, 177, 191
Vertriebskanäle, 197, 508
Vertriebspolitik, 203
Verwaltungskostenanteil, 9, 268, 512, 554, 560, 575
Viral-Fundraising, 167, 411
Viral-Marketing, 167, 411
Virtual-Reality-Brille, 80
Visitenkarte, 270
Vornamenanalyse, 491

W
Wanderungsanalyse, 544
Webinar, 319
Website, 113, 161, 167, 198, 270, 311, 557
    mobile Website, 317
    Responsive Design, 332
Welcome Call, 55
Welcome Package, 54
Werbebanner, 278
Werbecode, 123
Werbung, 250
    Dialogwerbung, 27, 37
    Direktwerbung, 27, 37
    Mediawerbung, 27, 37
Wettbewerbsvorteil, 131
WhatsApp, 368
Widget, 304, 339
Wirtschaftlicher Geschäftsbetrieb, 400

Y
YouTube, 331
    Spenden-Infokarte, 331

Z
Zahlschein, 267
Zahlungshistorie, 123, 488
Zahlungsverfahren, 123, 139, 191, 495, 512
Zeitschrift, 267
Zielgruppe, 37, 106, 140, 191, 214, 249, 297, 429, 450, 531

Zielgruppenanalyse, 474
Zielgruppenmerkmale, 474
Zusatznutzen, 137, 143
Zustiftung, 173, 191
Zuwendungsbestätigung, 122, 138, 158, 168
Einzelzuwendungsbestätigung, 42
Sammelzuwendungsbestätigung, 42
Zweckbetrieb, 397
zweistufige Kommunikation, 283, 363

springer-gabler.de

Springer Reference Wirtschaft

Michael Urselmann *Hrsg.*

Handbuch Fundraising

Springer Gabler

Jetzt im Springer-Shop bestellen:
springer.com/978-3-658-08190-4

Printed by Printforce, the Netherlands